咬文嚼字

合订本

2011

上海咬文嚼字文化传播有限公司

上海文艺出版社

图书在版编目（CIP）数据

2011年《咬文嚼字》合订本 / 《咬文嚼字》编辑部编. -- 上海 : 上海文艺出版社, 2020
ISBN 978-7-5321-7629-8

Ⅰ. ①2… Ⅱ. ①咬… Ⅲ. ①汉语－语法分析 Ⅳ. ①H14

中国版本图书馆CIP数据核字(2020)第055360号

责任编辑 朱恺迪
封面设计 何明捷

2011 Nián «Yǎowén-jiáozì» Hédìngběn
书　　名 2011年《咬文嚼字》合订本
编　　者 《咬文嚼字》编辑部
出　　版 上海文艺出版社
地　　址 上海绍兴路7号2楼
邮政编码 200020
发　　行 上海文艺出版社发行中心发行 上海市绍兴路50号
印　　刷 上海春秋印刷厂
开　　本 787×1092 1/32
印　　张 23.375
版　　次 2020年12月第1版 2020年12月第1次印刷
国际书号 ISBN 978-7-5321-7629-8/H.065
定　　价 58.00元（精装）
告 读 者 如发现本书有印刷质量问题请与印刷厂质量科联系
电　　话 021-33854186

咬文嚼字是一种文化自觉

（序）

陈光磊

我爱读《咬文嚼字》。读的时候，还常会想起上世纪60年代陈望道先生同我们讲过的关于开展语文评议的话题。

记得望道先生说过，做好语文规范工作，提高人们的语文修养，有一桩工作很重要，就是展开语文评议。评议得有个标准，要看说话、作文是不是合乎语文的一般规则，也就是合不合社会通用的规范；还要看是不是能够适应一定的题旨情境，也就是能不能根据现实需要恰当地加以变通，甚至创新。这样，对语言文字的使用就要判别正误，论断是非，确立和维护语文规范；同时，又要辨析异同，说明多样性，注意新变化。他还对当时全国人代会上关于"发愤图强"与"发奋图强"用字选择的讨论，谈了自己的看法："愤怒"的"愤"与"奋发"的"奋"，语音相同，语义相关而稍有差异。"愤"，大多是受到外界的刺激而引起的；"奋"，大多是自身的内因起作用的表现，是积极主动的行为。不管有无外部刺激，中国人民历来是奋发有为、自强不息的。因而，用"发奋图强"来描述新中国自力更生的精神风貌似乎更好。半个世纪过去了，望道先生的话语犹然在耳。

今天，看到望道先生的想法正在《咬文嚼字》得到实践，我的心情真是可以用“欢欣鼓舞”四个字来形容。

语言文字的社会性，使得人们因对它有着用的需要而讲究提高效率，同时因对它也有着爱的情怀和美的追求而讲究文化精神。这可以说是一种普遍的社会要求和文化心理。《咬文嚼字》因势而生，也因时而动。在17年的历程里，刊物善于抓住社会语文生活中的热点以至难点，辨析之，讨论之，往往能引起社会大众的围观，进而形成热烈的讲究语文规范的文化氛围，引导社会语文的规范使用。可以说，这正是一种文化自觉。

《咬文嚼字》自1995年创刊以来，一直就以展开语文评议、推行国家通用语言文字规范、促进语言文字健康发展作为自己的一种社会责任和文化担当。刊物的这个定位，编者的这种志向，体现出他们对母语母文的爱与敬，更体现出他们奉献于语言文字事业所具有的那种可贵的文化自觉和文化自信！正是凭着这种自觉与自信，他们把专门纠正语言文字差错这项平凡细微的工作做得有声有色，刊物办得耐人寻味，有趣味更有品位，很实用又很学术。

多年以来，《咬文嚼字》走进社会语文生活，考察复杂的语文现象，经过认真的调查研究，公布常见的重大语文差错，列出具体项目，提请人们纠错改正，发表甚为热用的流行词语，加以解析探讨，引导大家恰当使用，这些都在社会上产生了巨大反响。有心的读者不难发现，《咬文嚼字》并不像有些人想象的那样是冬烘先生，是死守教条的顽固派，而是与时俱进的楷模，在开展语文评议时讲究辩证法，既提倡规范又关心流行，注意新变。维护和宣传规范，却绝不墨守成规，僵化滞后；观察和关注新变，却绝不鼓噪作秀，哗众取宠。正是这种科学态度和忠诚意志，使他们赢得了口碑，刊物成为当代文化的一个品牌，编辑部成了一个颇具权威的语文应用研究中心。

九万里风鹏正举。当下，国家推动社会主义文化大发展大繁荣，大力推行和规范使用国家通用语言文字。在此际会，我们祝福，我们期待，我们相信，《咬文嚼字》必将展出新的身手，亮出新的风采。

2011 年 12 月

（作者系复旦大学教授、中国华东修辞学会会长）

《咬文嚼字》2011年第1—12期(总第193—204期)

总 目 录

(斜线后的数字,前为期数,后为页数)

语林漫步

众矢之的

谁家周刊最给力(三)

谁家周刊最给力(四)

谁家周刊最给力(五)

谁家周刊最给力(六)

谁家周刊最给力(七)

借题发挥

一针见血

语坛掌故

碰 碰 车

文章病院

词语春秋

百科指谬

追踪荧屏

教材扫描

连 珠 炮

热线电话

有此一说

民间语文

独具慧眼

向你挑战

语　丝

雾里看花

火眼金睛

其 他

YAOWEN-JIAOZI

咬文嚼字®

1
2011

欢迎至邮局订阅本刊 邮发代号 4-641
国内统一刊号 CN31-1801/H
定价：3.00元

上海文艺出版(集团)有限公司

新年致读者

编 者

送旧迎新，又是一年，编者在此恭祝各位读者朋友新年快乐。就在一个月前，本刊曾在苏州太湖中的一个岛上，召开了工作会议。对于如何办好《咬文嚼字》，会议提出了以下三点：

一是要站到高处。作为语文刊物，要有自己的立足点。面对空前丰富的当代语文生活，要保持自己的独立思考，发出自己的声音。要善于透过现象看本质，把握语文发展的大势。

二是要搔到痒处。在任何情况下，都不能把读者撇在一边，以自己的兴趣代替读者的需求，自娱自乐。在栏目设计和内容取舍上，一定要有读者意识，捕捉语言生活中的兴奋点，回答语言运用中急需解决的问题，让读者看了过瘾、解渴。

三是要说到妙处。语言刊物要体现语言的美丽，不但要讲究科学性，以严谨示人，还要讲究艺术性，以智慧动人。从标题到正文，做不到妙语连珠，至少不能像毛泽东批评的那样，面目可憎，像个瘪三。

总之，我们希望办一本有个性的刊物，有风骨的刊物，有灵魂的刊物。读者朋友，让我们一起努力吧。

二〇一〇年岁末

卷首幽默

短信疑云

田娟华/文　　叶　珺/画

小张发短信，向来不注意用字规范，同音替代是常有的事。一天，他给妈妈发一条短信，本来想说“我已到家乐福，在门口等你”，但他发出的是“我已到家了伏在门口等你”。妈妈百思不得其解：“这孩子伏在门口想干吗？”

咬文嚼字®

2011年1月1日出版

1

总第193期

主管:上海文艺出版(集团)有限公司
编辑:《咬文嚼字》编辑部
集团网站:http://www.shwenyi.com
E-mail:yaowenjiaozi2@163.com
电话传真:021-64330669
发行电话:021-60878388
邮购电话:021-60878392
地址:上海市打浦路443号荣科大厦17楼
邮政编码:200023
发行:上海市报刊发行局
发行范围:国内外公开
订阅处:全国各地邮局
国内代号:4-641
ISSN1009-2390
CN31-1801/H
印刷:江苏太仓印刷厂有限公司
广告经营许可证:沪工商广字
3100320050020号
定价:3.00元

特　稿

2010年十大语文差错

《咬文嚼字》编辑部

（2010年12月20日）

一、世博报道中经常写错的成语是：美轮美奂。2010年上海世博会成功举办，园区中各国展馆千姿百态，“美轮美奂”便成了媒体描写这些展馆的常用词语，但常常错写成“美仑美奂”或“美伦美奂”。这一成语形容的是建筑物的高大美观，其中的“轮”含义为“高大”，写成“仑”或“伦”，都是别字。

二、世博报道中经常写错的地名是：黄浦江。上海世博会沿黄浦江布局，“黄浦江”因此成为世博报道中的高频词语，但因为“黄浦”和“黄埔”音同形近，往往错成了“黄埔江”。“黄浦江”相传和战国春申君黄歇有关，故名“黄歇浦”，简称“黄浦”，“浦”义为水滨或水流交汇处。“黄埔”位于广东省广州市，因历史上成立过黄埔军校而闻名。

三、统计数量时经常混淆的词是：截止/截至。“截止下午5点，入园参观人数已超过30万。”其中“截止”应为“截至”。“截止”的意思是停止，一般用于某一时间之后，如“活动已于昨日截止”；而用于某一时间之前的应当是“截至”，如“截至昨日，已有上千人报名”。

四、新闻报道中容易用错的词是：侧目。如：“他的研究成果解决了十多亿人的吃饭问题，令世界为之侧目。”“这位小将在广州亚运会上的成绩离世界纪录只有1秒，令人侧目。”这里的“侧目”应改为“瞩目”之类的词语。所谓“侧目”，是指斜目而视，形容愤恨或者畏惧的样子，它和“瞩目”完全是两回事。

五、体育报道中经常用错的词是：囊括。广州亚运会报道中曾有这样的句子："中国军团在2010年广州亚运会囊括金牌199枚，位居金牌榜首位。""宁波选手广州亚运囊括10金。"其中的"囊括"明显用词不当。"囊括"的意思是无一遗漏，只要不是将所有的金牌都收入囊中，就不能用"囊括"。

六、繁体字容易误认的是：晝。"晝"是"昼"的繁体字，常被误认作"書"（书）或"畫"（画）。2010年中央电视台元宵晚会便把古诗名句"花市灯如昼"误读为"花市灯如书"。选入某教材的古文名篇《昼锦堂记》，也被误作《画锦堂记》。这都是因为认错了繁体字"晝"。

七、书名或栏目名称常见的差错是："精粹"误为"精萃"。"精"本指经拣选的好米，"粹"则指纯净而无杂质的米，"精""粹"都是名词，两者并列，引申指提炼出的好东西。"萃"常用义为集聚，是动词，如"荟萃""集萃"等，没有精华的意思。

八、在否定句式中经常误用的词语是：无时无刻。"上海世博会如火如荼，无时无刻都在散发着迷人的魅力。"这里把"无时无刻"与"都"搭配使用是错误的。"无时无刻"是无一时无一刻的意思，其含义与"每时每刻"不同，用法也与后者不同。"每时每刻"常与"都"搭配，而"无时无刻"则须与"不"搭配才能表达肯定的意思。

九、用汉字数字表示年份时常见的差错是：以阿拉伯数字"0"代替汉字数字"〇"。比如将"二〇一〇年"误写为"二0一0年"。表示数的空位，有多种写法：阿拉伯数字写为"0"；汉字的大写数字写为"零"，小写数字写为"〇"。用电脑键盘输入"〇"，要比"0"复杂，不少人就用"0"去代替"〇"，结果把阿拉伯数字混入了汉字的数字系统。

十、引用古诗时容易发生误解的是："忽如一夜春风来，千树万树梨花开。"常有人用这两句诗描写梨花盛开的景色，也有人认为它们写的是冬天的景色，央视"青歌赛"上就曾出现这样的理解。其实这两句诗出自唐朝边塞诗人岑参的《白雪歌送武判官归京》，它们是千古咏雪名句，并非实写梨花，写的是"胡天八月即飞雪"，亦非冬景。

语林漫步

由颂词到谀词到笑料

◎袁　诹

颂词，在我原来的印象中应该是些美好的形容词，比如“光荣”“伟大”“英明”“神圣”之类。近来忽然悟到，其实真正频繁使用的颂词，未必是那类华丽的形容词，倒是一些极其普通的副词、动词，甚至名词性短语也不经意间变身，担当了颂之重任，比如“亲自”“重视”“第一时间”之类。由于这些词语不带光环光晕，在颂扬赞美时往往可以不动声色、不着痕迹，效果较之正统颂词更胜一筹。不过，条件是恰如其分恰到好处，一旦言过其实，颂词就会变为谀词，甚至进而沦为笑料。

“亲自”，其义众所周知，就是没让人代劳的意思，本来是一个很普通的副词，但其中有身份的暗示——相当身份的人才可能事不必“亲自”，事不必“亲自”者“亲自”某事，就突显了该人与众不同的品格，也突显了该事与众不同的重要性。这样的蕴涵一经挖掘和发挥，“亲自”顿时获得了附加的价值和意义。所以在当代语用中，“亲自”基本上是领导的专利，无往不在地塑造着勤政的形象。然而，一旦用滥——事实也是极易用滥，领导不论大小，事情不论巨细，动辄就云“亲自”，颂词就往往沦为谀词。而指甲大的领导，芥菜子大的事情，煞有介事言“亲自”，就有沐猴而冠的滑稽感。于是，常听得“亲自吃饭”“亲自洗澡”“亲自上厕所”的调侃，“亲自”无奈地沦为笑料。

“重要”作为形容词，本来较

为朴实，但“重要讲话”“重要指示”“重要批示”,往往与“关键时刻”“非常作用”相联系,就“颂”得很有力度。而“重视”作为动词,与领导天然相关。而且它只身行动的情况很少,通常总有“十分”“非常”“极其”“高度”等副词开道,其中不仅蕴涵着领导不怒自威的分量，而且也暗示着相关事情的不容小觑。然而,凡事怕滥。各级领导无论大小,一旦讲话、指示、批示,无一例外都是“重要”,而从事此类书写者，轻车熟路，笔下生风,完全不假思索。情况如此,颂词滑向谀词的通道就与生俱来。试想,哪有这么多“重要”?而“重视”的尴尬更在于,“重视”了,还是发生意外,或者意外发生了,才“重视”。不吝修饰地标榜“重视”,其实是极尽夸张之能事。如此愈是妙笔生花，愈是增加坊间的谈资和笑料，愈是难以杜绝治下的悲剧和丑闻。

“第一时间”本来是媒体自我宣传的用语，它标榜的是新闻的及时快捷，乃至新闻报道与新闻事实同步。有电视栏目名、网站名就叫做“第一时间”的。尽管这很难名副其实，但不妨是新闻人的追求目标。接着就出现各个行业打出的“第一时间”标牌。打假维权执法工作向企业承诺：执法人员要第一时间到达现场，第一时间调查取证,第一时间认定处理。消防部门提出:一旦发生情况,能够做到第一时间出动，第一时间到场,第一时间施救。这样的“三连发”虽有以气势夺人之嫌,但作为工作目标和宣传口号，也还是无可厚非。然而,“第一时间”终究难逃用作颂词而迅即用滥的宿命。特别是灾难报道,媒体争说、竞说“第一时间”,实际已流于炒作,是主管部门一再告诫“不要炒作”之后的另一种炒作。正当受众质疑“第一时间”何其多之时,又迸出领导“第一时间”到达现场的说法。或许,将事态进展和信息传递分阶段,确实可以有许多个“第一时间”,甚至,有一个横切面,就有一个“第一时间”。领导得到信息立即赶到,即使事发已久,也不妨说“第一时间”。问题是,这样众多的“第一时间”有什么意义和价值?而让领导轧“第一时间”这个闹猛，不管书写者的主观意图如

“头脑”趣说

◎王尔龄

头脑，倘若撇开口语所指的“首领”这个义项,那是人人都有,无论作“脑筋(思维能力)”或“头绪”解释,任何人尽皆具备。我们不难读到“有头有脑”,是说其人其事有头脑；别处还可见没头脑者，任溶溶的童话人物中就有一个被称作“没头脑”。若说所指为事之无根无绊、不知来由者,则古人已经用过,《古今小说》第九卷写唐代裴度的《裴晋公义还原配》:“谁敢上前把这没头脑的事问他一声。”既可以说“有头有脑”,当然也可以说“没头没脑”,此语也常见。

更胜于“有头脑”的是“好头脑”。《古今小说》第十卷《滕大尹鬼断家私》:“尽你心中拣择个好头脑。”许政扬校注本注“头脑”:“这里是人物、主儿、对象”的意思。“好头脑”,亦可添字而曰“好头好脑”,自属褒义。王周生《生死遗忘》有云:“……急着瞧瞧那个大头大脑成天乐呵呵的外孙。”这里用的“大头大脑”,书面语中比较少见,但也可以理解,似乎仅说形体,其实还兼及思维能力,偏于褒用。

“头脑”是个同义复合词,本无所褒贬，构成四字格短语后有何感情色彩，就看它拆开了再加

何,给人的印象总难脱一个“谀”字。

从颂词到谀词，或许是一个滑行的过程，难以找出一条泾渭分明的界线来；但两者的根本区别还是不难厘定的，那就是颂在实处是为颂,颂到虚处则为谀。切记笔下生花之时莫离事实这个谱，是避免从颂词到谀词到笑料这条堕落路径的要诀。

什么字。所加两字相同，构成的四字格便可概括为“A头A脑”式，大量例证表明它们含贬义者居多。明人小说中已经如此使用过，《古今小说》第一卷《蒋兴哥重会珍珠衫》有云：“(薛)婆子摇手道：‘尚早。……你莫在此探头探脑。’”亦见于今人笔下：“下一刻，小刺猬探头探脑又上来了。”(《生死遗忘》)“探头探脑”的感情色彩在前一句中是中性偏于贬义（讥笑对方有猴急相），在后一句里保持中性而稍稍倾向于褒义（作客观叙述而略示有趣之状）。鲁迅《伪自由书·言论自由的界限》曾言当时还有人不惜像《红楼梦》里贾府焦大似的“忠而获咎”，其人犹如“拿着马粪，前来探头探脑的英雄”，这里形容一些人在门外伸头试探，希冀从“要求言论自由”中获得什么“甜头”的“英雄”行径，当然是贬义的了。

袁俊的剧本里也数见这种语式。《富贵浮云》中有“急头急脑”，《美国总统号》有“晕头晕脑”“傻头傻脑”。此三者所用的贬义一个甚于一个。

这种语言结构在吴方言中尤其多见。程瞻庐《唐祝文周四杰传》中有“寿头寿脑”“滑头滑脑”“拗头拗脑”“憨头憨脑”诸例。再检《简明吴方言词典》，除“寿头寿脑”外，还有“木头木脑”“青头青脑”“粗头粗脑”“戆头戆脑”等，无论哪一个都有贬义。

北方话里这种语式也有运用。以京言京语写作的老舍，在《四世同堂》第一部《惶惑》中说：“瑞丰长得干头干脑的，什么地方都仿佛没有油水。”这“干头干脑”比较特殊，行文中添了“仿佛没有油水”的描述，语意就凸现出来。第三部《饥饿》写冠招弟“缩头缩脑的站在那里，像个乡下来的傻丫头”；《惶惑》里又云“祖父与父母都怯头怯脑的”，已经可以望文生义，无须随文说解了。

南北作家都运用“A头A脑”之语，是因为书面共同语的形成是互为影响的，这往往是双向对流，它的影响力自非土语的异地吸收所能企及。

“A头A脑”式还可能衍成“A头B脑”式，例如不说“油头油脑”、“滑头滑脑”而作“油头滑脑”即其一例。

众矢之的

谁家周刊最给力（一）

本期目标：《第一财经周刊》

2010年第33期

编者按

周刊是期刊界的一支生力军，一向深受读者的喜爱，《咬文嚼字》读者也从中受益良多。为了有所回报，我们根据读者的提议，在2011年针对全国知名周刊，开展一次“咬文嚼字”活动，计划每月“咬嚼”一家周刊。按“咬嚼”顺序，它们分别是《第一财经周刊》(2010年9月第1期)、《凤凰周刊》(2010年10月第1期)、《环球人物》(2010年11月第1期)、《瞭望》(2010年12月第1期)、《瞭望东方周刊》(2011年1月第1期)、《南都周刊》(2011年2月第1期)、《南方人物周刊》(2011年3月第1期)、《南风窗》(2011年4月第1期)、《三联生活周刊》(2011年5月第1期)、《新民周刊》(2011年6月第1期)、《新周刊》(2011年7月第1期)和《中国新闻周刊》(2011年8月第1期)。在此，我们感谢十二家周刊的勇敢参与，也感谢广大读者朋友的积极支持。

电子产品哪有“绯闻”

◎廖振泰　屠林明

《第一财经周刊》2010年第33期第38页，刊载了一则短文《iPad的绯闻对象》。乍看标题，有点犯疑：iPad是电子产品，它的“绯闻对象”是啥呢？读了短文内容，还真有点儿哭笑不得。原来文章说的是，神州数码等几家公司日前或发表声明，或传出消息，称前些时候坊间关于它们获准销售

iPad 的说法是不实的，“相关表述不够严谨，造成了媒体误读”。根本就没有“绯闻”嘛！

“绯”，本义是红色的帛，引申指红色。常用的词语有“绯红”“绯闻”等。“绯闻”又称桃色新闻，即有关男女关系的传闻。因桃花的颜色多为粉红色，成熟的桃子也多为粉红色，古人常用“桃色”来比喻美女面容的艳丽，如“人面桃花相映红”；后来又用“桃色”指称男女情爱、不正当的男女关系。

该刊同一页上的文章《iPad 让人望眼欲穿》说，媒体上关于神州数码等公司销售 iPad 的消息是不真实的，仅仅是“传说”，甚至是“谣言”。看来，《第一财经周刊》是把“传闻”和“绯闻”混为一谈了。

“祭祀”与“祭奠”

◎杨昌俊

据《坠机之后》报道，黑龙江伊春空难事件发生后，得知噩耗的家属们陆续赶往现场善后。“邹权（遇难者之一郑秋贵的岳父）向工作组提出三点要求，取回遗物，去机场祭祀，尽快见到遗体”（第 50 页）。这里的“祭祀”应改为“祭奠”。二者虽然都是“祭”，但目的、方式都有差异，不宜混为一谈。

何谓“祭”？《礼记·祭统》中说“祭者，所以追养继孝也”；祀，是指古代对鬼神、先祖所举行的祭礼。“祭祀”是指备供品向神佛或者祖先行礼，以表示崇敬并祈求保佑，其功能在于维护慎终追远的伦理道德。相对于生者而言，祭祀的对象往往是个抽象的概念。有些大型祭祀活动，多由政府出面组织，如对黄帝、炎帝的盛大祭祀。

“祭奠”，是指置放供品于灵前或墓前，为死者举行仪式，表示追念。奠，是指献上酒食向死者致祭。祭奠的对象，与生者的关系近得多了，也具体得多，多为亡故的亲友。其仪式一般也不像祭祀那样繁复。现在祭奠的方式又有所变化，祭奠的对象也不再限于亲友。比如，汶川大地震、舟曲山洪泥石流灾难发生后，国家设立全民哀悼日，降半旗致哀。有的网民还自发地网上献花、点燃蜡烛，对死难者遥寄哀思。

“家属赴机场吊唁”？

◎易　君

《坠机之后》一文的最后一部分“离开”中，有这样的叙述：“下午两点，家属赴机场吊唁。数十台大巴和公交车缓缓驶入伊春机场，在场工作人员正装肃立。”（第51页）其中的“吊唁”，应改为“哀悼”。这两个词语适用的语境不同。

“吊唁”是指哀悼死者并慰问生者。它是一个复合词。“吊”与“唁”有区别：“吊”指祭奠死者或对遭遇丧事的人家、团体给予慰问，如“吊丧”；“唁”仅仅指对遭遇丧事的人表示同情或慰问，如“唁电”“唁函”，就分别是指慰问死者家属的电报、信件。

“哀悼”指悲痛地追念死者，如“沉痛哀悼”“表示深切的哀悼”。它也是一个复合词，两个语素意义相近。其中的“哀”有慰问、悼念之义，特指居亲丧。《礼记·杂记上》：“祭称‘孝子孝孙’，丧称‘哀子哀孙’。”而“悼”则特指对死者的怀念、哀痛。

可见，“哀悼”的主体既包括死者的家人、亲属，也包括闻丧而来的朋友、宾客。“吊唁”的主体有限制，只能是赴丧慰问的外人，不会是死者亲属。上述报道中的“家属赴机场吊唁”云云，“吊”字虽有着落，“唁”字却无从论起了。

“享誉盛名”叠床架屋

◎寇　尔

第75页的《杰尼亚百年庆典　荣耀绽放上海滩》，是一篇介绍杰尼亚公司在上海举行百年庆典活动的报道。文中说上海的杰尼亚全球概念店，“由享誉盛名的建筑大师 Peter Marino 设计”。其中的“享誉盛名”搭配不当。

“享誉”为动宾结构的动词，义为在社会上取得声誉，享有盛誉，如：“《义勇军进行曲》又享誉于国际，在全世界传播，成为在反法西斯战线上和世界革命运动中代表中国人民最强音的一支高昂的战歌。”它的后面，通常跟上表示时间、空间范围的词，比如“享誉百年”“享誉已久”“享誉世界”“享誉海内外”“享誉文坛”，等等。

“盛名”就是很大的名望，如“盛名之下，其实难副”。“名”与“誉”是近义词，“盛名”就是“盛誉”。在“享誉”后再接上“盛名”，既“享誉”又“享盛名”，叠床架屋，很是累赘。如果围绕“盛名”一词来措辞，可以说成“享有盛名”“久负盛名”等。

对待工作岂可“信手拈来”

◎饶中源

第92页《无处不在的嫉妒心》一文说：“职场中有人能力突出或情商很高，工作信手拈来，又常受到客户或老板的赞美，这就可能导致同事的羡慕嫉妒。”句中的“信手拈来”用得很不恰当。

“信手”即随手；“拈来”就是轻松地拿取。“信手拈来”，字面意思就是不假思索地随手拿来。常用于形容写作诗文时运用材料、驾驭语言的随意或从容。

那么，“工作信手拈来”怎么理解呢?照字面解释，就是工作可以随手拿来。这就容易产生歧义，让人发生误解。误解一：职场环境宽松，工作可以随意挑选，爱干啥就干啥（这不但和文章讨论的嫉妒心问题风马牛不相及，而且在职场中也是不可能的）。误解二：工作随心所欲或漫不经心，想怎么干就怎么干。误解三：工作中拈轻怕重，出工不出力。试想，以如此态度对待工作的员工，不管他能力有多强，情商有多高，恐怕都会被炒鱿鱼的，又怎么可能“导致同事的羡慕嫉妒”呢?

显然，是文章作者误解了“信手拈来”的含义。揣摩语境可知，作者想说的其实是，如果某人具有较强的能力，工作上得心应手，游刃有余，常受到客户与老板的赞美，那么他就容易成为同事羡慕嫉妒的对象。既然如此，就应把“信手拈来”改成“得心应手”或“游刃有余”一类的说法。

借题发挥

轨道交通首班车“处女航”？

◎屠林明

7号线处女航未遇大客流

轨交东安路站出入口增至5个

本报讯（记者 晏秋秋 通讯员 袁思翔）今天上午7时，7号线首班列车青春世博号，静卧在锦秋路上的陈太路停车场。两个小时后，7号线通车试运营首班车开始处女航。

这是一次没有仪式的始发。青

2009年12月5日，上海轨道交通7号线通车试运营，当天的《新民晚报》对此作了报道，报道的标题是：“7号线处女航未遇大客流”。报道正文中也有“首班车开始处女航”的语句。题、文中的“处女航”一语，似不妥当。

“处女”作形容词用，比喻第一次的。例如，某人写出了第一篇（部）作品，这作品就是其“处女作”。轨道交通7号线建成后开出首班车，这或许可以用“处女”一词，然而不宜称作“处女航”。

航，即航行，指船舶在江河湖海里或飞机在空中行驶，如航海、航空、航运等。随着科技的发展，又出现了“航天”一词，指人造卫星、宇宙飞船、航天飞机等航天器在地球附近空间或太阳系空间飞行。但不管如何，“航”“航行”总是在水里或空中（包括太空）进行的，不能用于陆上交通。

轨道交通当然也是陆上交通。一定要用“处女”一词的话，不妨造一个“处女行”之类的，决不能说是“处女航”。

『墙倒众人推』的情感倾向

◎吴导民

2010年8月30日《扬子晚报》A20版上，刊出《请辞全部职务，李一墙倒众人推》一稿。标题中的“李一墙倒众人推”十分刺眼，笔者以为表述不当。

“墙倒众人推”的含义是“比喻在失势或倒霉时，备受欺负”，多用于针砭世态炎凉。从标题用字看，标题拟制者是想为道士李一鸣不平，李一现在“失势、倒霉”了，你们这家那家都来“欺负、非难和攻击”他，有失厚道。事实并非如此。从报道内容可知，这个李一道长并非善类，有着种种弄虚作假的行径。他利用已有的社会地位，玩弄骗人手法，通过办“养生班”使多人受害。现在他为非作歹的真相毕露，重庆市北碚区民宗局、税务局、法院等诸多部门开始对他依规依法清查或审理，完全是正当的，合情合理的。如此，怎么好说是对“失势”的李一群起而推之呢？李一倒了是事实，但那是“自作孽”的结果。

标题中误用俗语“墙倒众人推”，结果传达出了错误的情感倾向。

请辞全部职务，李一墙倒众人推

民宗局要查他虚假宣传，税务局要查他偷税漏税，法院开查他的财产

重庆官方的华龙网28日夜间发布消息说，中国道教协会已同意接受重庆北碚缙云山绍龙观道士李一辞去中国道教协会副会长等职务，李一还提出了辞去第三届重庆市政协委员的申请。

据重庆北碚区民宗局称，原名李军的李一已向中国道教协会、重庆市道教协会、北碚区道教协会、缙云山道教协会提出了辞去相关职务的申请。中国道协官方网站28日发布的消息，李一在23日提交给中国根据税收征管法及相关规定，责令缙云山国学院限期补交相关税费，依法加收滞纳金，并按规定给予处罚。

同时，北碚区民宗局还认定李一涉嫌虚假宣传属实，该局已责成李一进行纠正。目前，绍龙观已删除了自办网站上的不实内容，拆除了绍龙观内有不实内容的宣传栏和宣传牌，查封了《绍龙观简介》等宣传资料。

目前李一仍在闭关，工商局将查称，2002年重庆市大渡口区法院在关于大渡口区乡企公司与重庆润达公司借款合同案件执行过程中，查明润达公司无资产可供执行，但部分借款用于了李一任会长的北碚区保护道教文化促进会修建绍龙观。目前，大渡口区法院已再次启动财产调查程序，将根据调查结果按照相关法律规定处理。北碚区民宗局也将根据法院的裁定，敦促绍龙观管委会偿还欠款。

此外，针对有媒体质疑李一可能

好成绩是"炮制"出来的吗

◎贾春霖

2010年9月3日《信息日报》05版有则信息的标题是"新学期如何炮制好成绩",其中"炮制好成绩"的说法令人费思量。

"炮制"是古今汉语中常见的一个动词。在今天,其常用含义有二:

其一,指中药药材的加工方法,即用烘、炒等方法将中草药原料制成中药。目的主要是加强药物效用,减除毒性或副作用,便于贮藏和便于服用等。东汉张仲景《金匮玉函经》中就有"方药炮制法"的记载。

其二,引申指编造、制订,有贬义。如"这个经验介绍的讲话,是他在家里冥思苦想炮制出来的"。

把取得好成绩说成"炮制好成绩",是不妥当的。这会让人误以为是在教唆学生用不正当的手段获取高分。这样的宣传文字,恐怕"每个学生和家长"读了不是看到了"希望",而是大失所望吧。

新学期如何炮制好成绩

新学期开始,每个学生和家长都希望在新的学期能够,一个很好的成绩,但是也让很多学生和家长揪心的是怎样才能有一个好的成绩呢?

九州教育自创办以来,就一直致力于重抓教学质量,用张校长的话说"金杯银杯不习成绩不好,就好比是一个人生了病一样,需要去看医生,能不能治好病就看医生的水平怎么样,首先是医生能不能找到病因,这是关键!其次就是开的药效如何,如果医院的没有什么好药,即使知道什么病,也没有办法的心愿:"我的一个理想就是想办一个学习医院,专门为那些学习成绩好的人锦上添花(补充营养),为那些成绩不好的人雪中送炭(诊断及治疗),我们九州教育教师口号是:没有教不好的学生只有不会教的老师。"

“饥饿难奈”应为“饥饿难耐”

◎李　霞

饥饿难奈，他举起板砖砸向存款机

18岁少年逃亡途中带着负罪感写下《逃亡者日记》

□通讯员 章伟聪 记者 陈 文

晨报讯　半夜不堪饥饿，想买夜宵却身无分文，未成年人脱某竟打起了自动存款机的主意，举起板砖向其砸去。没想到，存款机的结实程度远远超过他的预期，脱某没能用手中的砖头砸开“钱罐子”，反而把自己砸进了监狱。他在逃跑途中还写起了《逃亡者日记》。近日，长宁区法院以盗窃罪判处脱某有期徒刑2年，并处罚金4万元。

1992年出生的甘肃小伙脱某生性要强。2006年小学刚毕业，他就独自离家到新疆打工，2008年又到上海谋生。性格独立的他并未去找之前来沪打工的哥哥，而是一人独自寻找工作。案发前不久，倔强的他刚因与老板发生冲突失去了工作。

今年6月2日深夜11时许，从饥饿中醒来的脱某，走出宿舍想买点吃的，但他发现身上没钱

□街面图像监控系统使警方能够快速抓获现行和快速侦破各类违法犯罪案件

掌中电脑 聪明探头 万兆宽带

醉酒驾车强行冲卡　套牌赃车一举败露

晨报通讯员俞大雷 记者罗剑华报道　在多方警力的协作下，一起发生在夜间的强行冲卡事件，目前有了初步结论。宝山警方昨天宣布，肇事司机陶某除存在醉酒驾车的行为外，其驾驶的套牌轿车还是一辆被盗车辆。目前，陶某已被警方控制。

19日晚8时许，宝山交警在长江西路、通河路路口进行设卡检查时，发现一辆黑色桑塔纳轿车的行驶轨迹不正常。民警当即上前，示意驾驶员靠边停车接受检查。不料该车非但没有减速靠边，反而加速强行冲卡。民警随即通知前方卡点进行拦截。

在多名警力协作下，这辆车牌为“豫S5008X”的轿车终于被截停。车辆停稳后，民警上前要求驾驶员打开车窗接受检查。在拖延了

《新闻晨报》2010年10月21日A26版有一则社会新闻《饥饿难奈，他举起板砖砸向存款机》。标题里的“奈”字为误用，应改为“耐”。

该篇报道讲述的是一个18岁少年无钱购买食物，不堪饥饿之苦，便打起了自动存款机的主意，举起板砖去砸自动存款机。难以忍受饥饿的折磨，这一意思应说作“饥饿难耐”。其中的“耐”是受得住、禁得住的意思。“饥饿难奈”则不成话。“奈”有两个用法：①对付、处置，如“奈他不得”“奈之何”；②“无奈”“怎奈”的省文，如“奈其年尚幼小，未可深责”。“难耐”误成“难奈”，恐是音同致误。

少了一个"的"

◎凌　名

2010 年 7 月 30 日《解放日报》"经济新闻"版的头条消息,以"首架租赁进口客机飞抵浦东机场"为引题,以"上海综保区融资租赁'零突破'"为主标题,报道了上海综保区的一项创新工作。

不过,读者可能要问,这里的"零突破",到底是说有了突破,还是没有突破?

我们知道,"零"义为没有、无。例如:零距离、零风险、零增长等,义即距离、风险、增长为零,亦即没有距离、没有风险、没有增长。照此类推,"零突破"也就是没有突破。

根据报道的内容,上海综保区的融资租赁工作,因为首架租赁进口客机的到来而有了突破,实现了从无到有的发展。正确的说法应是"零的突破",就是突破了"零",实现了从零到有亦即从没有到有的突破。类似的说法并不少见。例如,国家体育总局刘鹏局长在北京奥运会中国体育代表团报告会上说:"在北京奥运会上,……我国很多项目实现了奥运史上金牌和奖牌'零'的突破。"值得注意的是,"零的突破"与"零突破"虽然只差一个"的",意思却正好相反。

首架租赁进口客机飞抵浦东机场

上海综保区融资租赁"零突破"

本报讯（记者 杨群）昨天上午，春秋航空公司以融资租赁方式从上海交银金凤凰飞机租赁有限公司租赁的A-320民航客机顺利飞抵浦东国际机场，这是全国首架以租赁方式报关进口的民航客机，也是真正意义上符合国际惯例的融资租赁SPV业务。

据了解，这架A-320民航客机为单业务的成功，意味着自6月27日融资租赁项目宣布启动后，上海综合保税区凭借"境内关外"的特殊优势，各政府职能部门的通力合作下，短短一个月左右时间内实现了单机融资租赁业务"零的突破"。

飞机、船舶等大型设备的租赁业务是融资租赁的重要领域，有数以租赁方式引入，而以往，国内融资租赁还刚刚起步，飞机租赁的绝大部分业务被外资租赁公司垄断。

上海综合保税区相关负责人表示，发展航运金融服务，开展单机单船融资租赁业务，是上海率先转变经济发展方式、实现产业结构优化升级的一项重要举措。以融资租赁SPV业务运中心的建设创造新的经济增长点。

据介绍，在单机融资租赁业务试点推进的过程中，上海海关积极探索新型监管模式，通过流程再造和管理优化，对在综合保税区内开展单机融资租赁等业务的监管方案和流程进行了周密论证，解决了多项关键问题。在具体操作环节中，上海海关相关部门以企业需求为导向，以最快速度办妥海关登记、账册登记、关税减免、进境备案等相关手续。

上海综合保税区管委会透露，将以这个"零的突破"为契机，加大金融改革和功能创新力度，积极搭建融资租赁业务与大飞机、船舶制造等优势产业的对接平台，做大做强融资租赁业务，把上海综合保税区建成融资租赁业务的集聚地。

“李小龙暴猝”？

◎王　灿

在《成龙的侠骨柔情》(团结出版社,2006年9月第1版)一书中,有一个用错的词语:

在李小龙暴猝之前,《死亡游戏》拍了五分之三,还有五分之二就是由唐龙这个替身来做假的李小龙,拍他侧面,背面,拍他打,用的是远景,还有以前一些NG(导演术语NO GOOD的缩写,即不好、通不过的意思)的镜头,所以大家也看不出来。由此可以想见,当时的香港市场是多么需要“假李小龙”。

这个“暴猝”似是而非。现代汉语中,有“暴卒”(zú)一词,意即得急病突然死亡,“卒”是“死亡”之义;也有“猝(cù)死”一词,医学上指不是由于暴力而是由于体内潜在的进行性疾病引起的突然死亡,“猝”是“突然”之义。将“暴卒”和“猝死”杂糅使用,显然说不通。

“一箭之遥”未为近

◎李荣先

2010年9月12日《现代快报》A22版《邱淑贞的幸福死心眼》一文说:“最后她选择的男人也不错,生意越做越大,越来越有钱,人家夸她长了一副‘旺夫相’,人活到这个时候,离完美幸福只有一箭之遥,只要生个儿子(便完美无缺了)。”

用“一箭之遥”来形容已经迫近最终目标,属用词不当。

刀和箭均为兵器,前者在近处发威,后者则在远处伤敌。一箭之射程,未为近也。《西厢记》里,有孙飞虎兵围普救寺之情节。张生让长老出面,要求贼兵暂退“一射之地”。一射之地,即一箭之射程。它足以在双方之间留出安全地带,是不能算近距离的。

若要表示已经十分接近,可以说“一步之遥”。

尺和寸哪个长

◎王殿雷

《名人传记》2010年第8期发表的文章《季承：我不认识你们所说的季羡林》中写道："季老虽然是众人景仰的学者，但也是尺长寸短的普通人，普通人身上的缺点他也免不了。""尺长寸短"说倒了，正确的应为"尺短寸长"。

汉语中有"尺短寸长""尺有所短，寸有所长"等说法，释义基本一致：寸比尺短，但用于更短处则显其长；尺比寸长，但用于更长处，则显其短。比喻人各有其长处，也各有其短处。

并非"经纬可辨"

◎单永玉

2008年7月8日凤凰网的《凤凰论坛》栏目所载文章《法国现在才知中国游客多重要》，在对比了法国与美国对中国游客的不同态度后说："第一批赴美游客就受到美国商务部长亲自接待，待遇和受尊重程度同法国相比，经纬可辨。"此处的"经纬"当为"泾渭"。

"经纬"本指织物的经纬线，引申指地球表面和地图的经纬度、画图时在纸上画的等距离的纵线和横线。"经纬可辨"让人莫名其妙。表示二者区别很明显这一意思，应说成"泾渭分明"。古代相传泾河水清，渭河水浊，泾河水流入渭河时，清浊分明，不相混杂。于是人们多用"泾渭分明"来比喻是非分明，界限清楚。

普京怎么捕鲸？

◎林　廉

2010年8月27日《福州晚报》A37版登出一幅照片《普京捕鲸》，副标题为"手持强驽再展硬汉风采"。

"驽"指跑不快的劣马。普京怎么会手持劣马去捕鲸？照片的说明文字为："当地时间8月25日，俄罗斯总理普京在勘察加半岛附近的奥尔加港参与科学考察时，乘坐橡皮艇，手持劲弩，再次秀了一把用弩箭猎捕灰鲸的硬汉风采。”原来是标题出了别字，误“弩”为“弩”了。弩，本指一种用机械力量射箭的弓，后泛指弓。

“桔”与“枳”

◎屠　岸

《文汇报》2005年7月21日有一篇文章《布什还在找台阶》。其中有句曰：“应了中国古话：淮南之桔，淮北为橘。”中国有这么一句古话吗？没有。正确的应是：“淮南之橘，淮北为枳。”

《晏子春秋·杂下》说：“婴闻之：橘生淮南则为橘，生于淮北则为枳。叶徒相似，其实味不同。所以然者何？水土异也。”橘是常见的水果，而枳（zhǐ）结出的浆果味酸苦。后来人们就用“橘逾淮而化枳”比喻人由于环境的影响而品质变坏。

“桔”和“枳”不同。“桔”本义读jié，如植物名桔梗，但又是“橘”的俗体字，读jú。“淮南之桔，淮北为橘”，桔、橘同字，怎么讲得通呢？

没有“榨蚕丝被”

◎何立洲

2010年10月29日的《新民晚报》“读者之声”有一条报道《380元能买100%蚕丝被？》，标题下的“内容提要”说“业内人士介绍：相对较差的榨蚕丝被，两公斤成本也要五六百元”。其中“榨蚕丝被”应是“柞蚕丝被”。

茧丝是宝贵的纤维资源。蚕的种类较多，有桑蚕、柞蚕、蓖麻蚕、天蚕（日本柞蚕）、樟蚕、樗蚕等。蚕的种类与它们所食不同植物的叶子有关。“榨”的本义是挤压出物体中汁液的器具，古代的压榨器具是用木料制作，故字从“木”。蚕中并无“榨蚕”一类。从报道的行文来看,“榨蚕”应是“柞蚕”之误。

柞蚕幼虫的食料是柞(zuò)树的叶子。柞树是栎树的俗称。柞蚕不像桑蚕那样在室内饲养,而是在室外人工放养。柞蚕幼虫通体绿色,有红、黄斑点点缀,体上有许多瘤状突起,令人生畏。幼虫成熟后,就在树上枝叶间吐丝做茧。

马克思不可能哼过《国际歌》

◎朱建芳

2010年10月2日《宜春日报》刊载《献给祖国的歌》一诗,其中写道:“我想起了/马克思的嘴里哼着/让旧世界瑟瑟发抖的/《国际歌》”。说马克思哼唱过《国际歌》,这是个误会。

马克思生于1818年,死于1883年,活了65岁。而《国际歌》是法国工人狄盖特于1888年6月根据巴黎公社诗人鲍狄埃所创作的诗篇谱成的,同年7月23日由作曲者领导的合唱团“工人的里拉”在里尔的售报工人集会上首次演唱。19世纪末《国际歌》始用于国际无产阶级隆重集会,并逐渐流传至世界各地。马克思决不可能哼过《国际歌》。

“条分屡析”不成话

◎吴尚达

2010年10月14日《人民日报》第15版载有《一杯咖啡打不倒中华文化》一文,其中有句话说“郑欣淼院长条分屡析,娓娓道来”。“条分屡析”说不通,其中的“屡”是“缕”之误。

“屡”“缕”,音同义不同。“屡”,副词,意思是一次一次的;“缕”,本为名词,作副词用,意思是一条一条的。“屡析”,就成了“一次一次地分析”。“条分”与“缕析”意义相近,合在一起就是“分析得详细而有条理”。没有“条分屡析”这么个说法。

“敕”只有皇帝才能用

◎村　友

2010年版电视剧《三国》某集中,庞统投效刘备后,因容貌

丑陋受冷落。谋士孙乾对刘备建议说："主公可敕封他为耒阳县令。"（字幕）

孙乾作为刘备的属下，也未免太信口开河了。"敕"是皇帝的诏令，"敕封"就是皇帝诏令封官赐爵。庞统投奔刘备时，刘备不过是荆州牧，虽有皇叔之尊，但毕竟不能和皇帝相提并论。一个荆州牧的部下竟敢请主子"敕封"属下，这不是把主子当成皇上了？

老子说过"厚德载物"吗

◎朱天恩

《老人春秋》2010年第8期（上半月）刊有《由瀑布想到的》一文，文中说"老子曰：'上善若水，厚德载物'，说明他在两千年前就看到了水的神圣"。这个说法有问题。"上善若水"是老子的话；而"厚德载物"不是老子的话，且与水无关。

"厚德载物"出自《周易·坤》："《象》曰：地势坤，君子以厚德载物。"意思是坤象征大地，大地孕育万物，君子应该效法大地，胸怀宽广，包容万物。

"启用"与"起用"

◎丁　益

日本任命民间人士为驻华大使。央视《中文国际》频道2010年7月30日的《今日关注》栏目播报这条新闻时，打出的题目为"日驻华大使启用民间人士"。这个标题大有问题。

首先，此处"启用"一词的使用未见其安。"启用"只能用于物，义为开始使用（机关印信等）；"启"表示打开。人的任命则应用"起用"。"起用"义为重新任用已退职或免职的官员，或者提拔使用。

更严重的问题是，上引标题存有歧义：是谁在任用"民间人士"？从原题看，既可以理解成日本政府起用民间人士当驻华大使，也可理解为"日驻华大使"任用民间人士。根据报道内容，是日本政府任命民间人士为驻华大使。故标题可改为："日起用民间人士为驻华大使"。

语坛掌故

胡适的『咬文嚼字』癖

◎陈新

胡适晚年，翻书读文，谈笑闲聊，最喜欢“咬文嚼字”，说其成癖，当不为过。胡颂平《胡适之先生晚年谈话录》一书，记录甚多，几乎俯拾皆是。一代大学者认真学问，可见一斑。

胡适多次谈到文章的“通”与“不通”，认为做文章“先要把句子做通”，“通就是通达”。他常常指出古人诗文中的不通。苏轼的词《临江仙》有“家童鼻息已雷鸣”一句，胡适说：“儿童是没有鼻息的，就是有鼻息，也决不可用雷鸣二字。这就是说得太过分了。”杜甫的《秋兴八首》，胡适说：“我总背了几千遍，总觉得有些句子是不通的”，如“‘闻道长安似弈棋’这一句就不通”。归有光的《先妣事略》是台湾中学教科书里的范文，胡适却看出多处不通。如“周氏家有‘羊狗之疴’……死三十人而定”，他说：“‘羊狗之疴’，何不说羊癫风？‘死三十人而定’，都是死于羊癫风的毛病吗？”还有“孺人中夜觉寝，促有光暗诵《孝经》，即熟读无一字龃龉，乃喜”。他说：“中夜觉寝”，不通，“即”应作“必”字。他偶翻《四部读本》选的《归震川集》里的《韦节妇传》，指着“尤善哭其夫”一句说：“他说节妇善哭其夫，哭得好听，这成什么话！”又说：“归震川时代已不是古文时代，勉强要做古文，这就是‘做作’了。”

“咬文嚼字”可以说是胡适的一种生活方式，他随时随地会指出文字上的错误，推敲文字的意思和读音，考虑最佳的用句。1959年他在病床上重读了四大本《基度山恩仇记》，在错字、错译处一一作了记号，交启明书店存留备改。读《利玛窦传》也是如此。他还指出启明书店出版的《侠隐记》将

名人拆字论道

◎侯振海

中国五千年的文化史，底蕴丰厚，博大精深。尤其是汉字，饱含着深刻的哲理，给人无限的启迪。徜徉其中，陶醉沉迷，流连忘返。下面借三位名家的拆字论道，品味一下中国文字蕴含的奥妙。

陈道明说“品”

驰骋影视圈二十余年，陈道明的艺术成就是有目共睹的，他的艺德也是有口皆碑的。北京大学生电影节上，有大学生问陈道明：“您心目中优秀演员的标准是什么？”陈道明不紧不慢地回答说：“第一要有好的人品，第二要有好的作品。人品对于一个优秀的演员来说至关重要。‘品’是三个口：下面第一个口代表知名度，一炮而红，广为人知，这是一个知名的演员；下面第二个口代表认

“火枪”译作“毛瑟枪”的错误。他说，17 世纪哪里会有 19 世纪的“毛瑟枪”呢？胡适看过的《张荫麟集》上有许多红色圆珠笔批语，在译笔不通的地方都画上了红杠。

有一晚辈青年来信，称胡适为“太老师”，自称“太门生”。胡适告诉他从来没有自称“太门生”的，应该叫“小门生”。《联合报》报道国民党政要董显光的儿子死了，用的标题是“董显光失明之痛”。胡适说：如果不看下面的话，“我还以为董显光的眼睛看不见了”。《礼记·檀弓》有“子夏丧其子而丧其明”，后世因称子死为“丧明”，没有叫“失明”的。1961 年美国总统肯尼迪生日，报上用了“过生”，胡适说“看来总不顺眼”。胡适在《民主潮》上看到《论思想或观念的僵窒和简化》一文，大加赞赏之余，用红笔勾画了几下，将题目改成“论思想的简化”，俨然是个编外编辑。

读到此，我仿佛看见胡适先生把笔一掷，往藤椅背上仰身一靠，清癯的脸上露出他招牌的笑容，“其喜洋洋者矣”！

可度，演技深厚，佳品纷呈，这算是一个成功的演员；上面一个口代表美誉度，专心演戏，踏实做人，这才能算得上是一个优秀的演员。'品'缺少下面的一个口，尚且还是个字，但倘若缺少了上面的一个口，那就什么都不是了。”他的回答赢得掌声一片。

“做人先于演戏，人品重于戏品”是陈道明驰骋影坛经久不衰的一个重要因素，也是大家耳熟能详的一个观点。如果再说一些平淡无奇的陈词滥调，很难激发听众的兴趣。陈道明在此出语不凡，巧借“品”字构成，用三个“口”层层递进地阐述了演员的三种境界，生动地说明了人品的极端重要性。精辟的话语，既是他对自己多年演艺历程的贴切总结，也是他辉煌艺术生涯的真实写照。

厉以宁的“四个境界”

在光华新年论坛上，厉以宁教授以一种独特的方式对目前社会上流行的企业生财之道谈了自己的理解：“挣钱、生钱、赚钱、来钱是生财的四个境界。挣钱是最辛苦的方法，'挣'字就是摊开一双手，只有参与到社会竞争中去，通过辛勤劳动才能有所得。生钱则不同，'生'字是一个平台上一头牛，牛市牛市，意思是要上市。赚钱又上了个层次，把'赚'字拆开，'贝'就是钱，'兼'意味着兼并，就是说只有兼并才能做大，才能有钱。来钱是最高境界，'来'字的繁体是'來'，中间是个'十'字架，表明企业要有一定的基础才能扎实，另有三个'人'字，表明能把人才网罗到一起自然就来钱。”

企业生财之道是目前社会上的一个热点问题，如果说不出新意，就是讲得再天花乱坠也激发不起听众的共鸣。厉教授不仅是一位著作等身、蜚声海内外的经济学大师，还是一位聪颖睿智、才思敏捷的语言高手。他在用创新的思维理念影响中国经济政策的同时，还用极具魅力的口才打动着人心。在演讲中，他独辟蹊径地用拆字的方法来议论生财，巧妙地将“挣、生、赚、来”四字拆而释之，阐述了自己对企业生财之道四种境界的理解。别出心裁的思维，绘声绘色的话语，没有老套之言，给人耳目一新的感觉。

“赢”字有玄机

2009 年 3 月，青岛啤酒股份有限公司董事长金志国在北京出席全国人代会时，有记者采访他：“你准备如何在危机中求赢？”金志国略一思考，回答说：“‘赢’字我们首先看到的是一个‘亡’字在上面，死的机会大部分都在危机里，你不管理好危机，你就会死掉，怎么能赢呢？所以，要赢首先要不死。赢字中间是个‘口’，那就是品牌、信誉、诚信铸就的口碑；赢字的左旁是个‘月’，月就是日积月累；赢字的右边是个‘凡’字，平凡的凡，就是要做好每件平凡的小事，追求精细化管理。只有这些都有了，才有赢字当中那一个我们追求的宝贝的‘贝’字——财富。所以想要在危机中求赢，我们首先要解读这个赢字，看这个赢字给我们带来什么，我们怎么追求赢字，这是很关键的一步。”

有趣！企业如何在危机中求赢，是一个复杂艰涩的问题，如果用行业术语来回答，恐怕讲上几个小时，大家都未必能懂。金志国把“赢”字拆成五个部分，然后巧妙地结合企业管理知识进行分析，环环相扣，因果相连，让人听了印象深刻。

三位名人的言说并非传统的说文解字，而是借“字”发挥，把听者从枯燥乏味中解脱出来，让人在聆听他们精思妙想的哲理阐析时，兴致盎然。

我们不由得感叹，起源于象形文字的汉字，在智者的口中仿佛具有了鲜活的生命，充满了生活情趣。借字喻理，妙趣横生。

语丝

最高层

◎张群益

宋代的王安石，被誉为中国十一世纪的改革家。他在《登飞来峰》一诗中写道：

飞来峰上千寻塔，
闻说鸡鸣见日升。
不畏浮云遮望眼，
只缘身在最高层。

即景抒怀，虚实结合，表现出了改革家的高瞻远瞩和乐观自信，千百年来传诵不衰。

赵朴初先生一次坐在飞机上，突然想起了这首诗，却从『最高层』联想到了现实生活。他反其意而吟道：

快然自足飞机上，
珠穆昆仑脚底行。
但畏浮云遮望眼，
应知身在最高层。

和王诗相比，赵诗饱含历史的沧桑和个人的感悟，充满哲理，耐人寻味。

关于林晓霖的误传

◎滕叙兖

《咬文嚼字》2010年11期有一篇文章《林立衡不是林家唯一健在的人》，该文作者指出，林彪的女儿除了林立衡，还有长女林晓霖，这是正确的。但是，作者在介绍林晓霖和母亲张梅历史的时候，有多处不准确的表述。

作者说张梅和林彪“1942年1月夫妻因性格不合，矛盾越来越大，在苏联正式提出离婚”。这是一个误传。本人曾采访过张梅老人，也从林伯渠女儿林利等人的回忆录中找到历史根据。林彪与张梅的离异有其复杂的原因，不全是性格不合，在苏联养病的林彪就曾背着张梅追求别的女性。他们更没有在苏联正式提出离婚。林彪回国前还叮嘱张梅“带好孩子，学好俄语，回国给我当俄语翻译”。1947年，罗荣桓夫妇到莫斯科，带来林彪给张梅的信，告诉她林彪和叶群结婚了，有了两个孩子，让张梅再找别人。经历了二战磨难并一直等着林彪的张梅读了信，大哭了一场。

作者说“‘九一三’事件后林晓霖被隔离审查，精神上遭到极大摧残”。这也说得不对。“文革”一开始，哈军工学员林晓霖因为反对“造反有理”而得罪了叶群。在林彪的默许下，林晓霖被骗上飞机，等于被绑架到新疆大漠深处某国防试验基地，其间经历过九死一生的折磨。要说林晓霖的“精神上遭到极大摧残”，是从1966年8月开始的。“九一三”事件后，在云南大山里的林晓霖夫妇被审查，但没有隔离。

作者说“为了忘掉不堪回首的过去，林晓霖改名‘黎明’”。这也不合史实。其实林改名是在飞往新疆的飞机上，押送她的干部奉命逼迫她改名，因为怕暴露她是副统帅女儿这一身份。

“首辅的令尊”何错之有

◎杨庆铎

《咬文嚼字》2010 年第 10 期刊载了居十方先生的《错把母亲当父亲》一文，指出“令尊”“令堂”一般不拿来称呼第三方的父母亲，并批评《万历首辅张居正》里的“首辅的令尊”“首辅大人的令尊”一类的说法不妥当。这一批评值得商榷。

其实，作为褒义词，“令”字的意思是美和善，所以可用作敬辞。它既可用于第二人称，当然也可用于第三人称。用于后者的情况比较少见，以致一般人误以为不能用。试举数例：

①《红楼梦》第二回：“雨村笑道……因此他(甄宝玉)令尊也曾下死笞楚过几次，竟不能改。”

②《红楼梦》第九十二回：“冯紫英又问：‘东府珍大爷可好么？我前儿见他，说起家常话儿来，提到他令郎续娶的媳妇，远不及头里那位秦氏奶奶了。’”

③清梁绍壬《两般秋雨庵随笔》卷三：“昨宵疑有雨，深院更无人。商宝高先生令爱咏菊也。”

④明梦觉道人辑《三刻拍案惊奇》第二十六回：“连他令兄也觉为难。”

可见，“令”字也用于第三人称。《万历首辅张居正》里演员称张居正的父亲“首辅的令尊”，应该不算一个错吧。

《火眼金睛》提示

图 1，“竞标赛”应为“锦标赛”。“锦标”本是锦制的旗帜，古代用以赠给竞渡的优胜者，后泛指授给竞赛优胜者的奖品。“竞标”是投标者竞争标的，体育比赛中没有“竞标赛”。

图 2，“版权”二字属于补充说明性质，其上的标点用错了，应改用括号。

图 3，“腊”字应改成“蜡”字。“香蜡店”，即卖香火、蜡烛的店铺。

图 4，“兰天”应为“蓝天”。

"司空"没有"见怪"

◎京　翔

《辽沈晚报》2010年9月9日刊出的《寻找陈忠实》,是该报记者与作家陈忠实先生的对话。在"赵树理是儿时的启蒙老师"这一小标题下,陈先生说道:"我在初中二年级的文学课本上学到了赵树理的《田寡妇看瓜》,很惊讶,这样的乡村中司空见怪的人和事能写小说,我也能写,便在作文课上写下我平生的第一篇小说《桃源风波》。"这里的"司空见怪"无法解释,应改为"司空见惯"。

汉语里常用"司空见惯"来称那些时常能见到的事物。这一成语出自唐刘禹锡《赠李司空妓》诗:"鬖髿(wǒtuǒ,形容发髻美好)梳头宫样妆,春风一曲《杜韦娘》。司空见惯浑闲事,断尽江南刺史肠。"唐孟启的《本事诗·情感》中记载说:"刘尚书禹锡罢和州,为主客郎中、集贤学士。李司空罢镇在京,慕刘名,尝邀至第中,厚设饮馔。酒酣命妙妓歌以送之。刘于席上赋诗。"刘禹锡从和州(今安徽和县)刺史任上调回长安任职,李绅请他到家中饮宴,命歌妓助兴。刘在席上写了这首诗。"司空"是对工部尚书的俗称。李绅当过工部尚书,所以被称为"李司空"。刘禹锡认为表演的歌妓妆扮好,唱得好,虽然主人李绅听惯了觉得很平常,而他这个从南方回来的前刺史却感到非常之好。"杜韦娘"原是一歌妓,转而成了一支教坊曲名。"断肠"在这里不是极端悲痛,而是感到荡气回肠,觉得特别的好。

鳝鱼的孩子哪里来

◎梧叶

我在安徽省岳西县从事中等职业学校的语文教学。打开2010年6月版的《语文学习指导与能力训练》，在第21页看到一篇短文，题为"生命之爱"。文章一开头就说：

看见报上的一幅图画，一口烧热的油锅中一条鳝鱼弓着身。图画的说明是，下油锅的鳝鱼极力弓起身体，厨师不解，拿出鳝鱼用刀剖之，才知其腹内有一条小鳝鱼，它是为了保护腹中的小生命，努力弓起了腹部。

要说这鳝鱼真值得敬佩，作为母亲，她在临死之前，还努力地弓起腹部保护体内的孩子，崇高的母爱简直催人泪下。

可是，问题跟着就来了。请问，鳝鱼能怀胎吗？鳝鱼是胎生还是卵生？只要稍微有点动物学常识的人都知道，鱼类都是卵生。动物的繁殖方式不外两大类：一类是胎生。哺乳动物采取这种方式，即受精卵没有类似于蛋壳的外壳，而在母体内生长成个体。另一类是卵生。爬行类、鸟类、鱼类、昆虫等都采取这种方式，即受精卵被包裹在蛋壳或软膜内，在体外（极少数在体内）孵化成个体。即使像对待"子女"疼爱有加的海马这种动物，它也是先分泌受精卵，然后将受精卵含在嘴里孵化，再用雄海马胸前的"育儿袋"养育小海马；或者像在澳大利亚昆士兰州的森林里发现的一种奇怪的青蛙，它虽是将"子女"从胃里孵化出来，但是仍然先产卵，然后吞下去，在胃里孵化八个星期，再从嘴里吐出小青蛙。

鳝鱼属于鱼类，它们从不对"子女"进行哺乳。那么把孩子怀在腹内云云，是根本不可能的。我小时候在田间、池塘见得多了。每年暮春，鳝穴周围有大量的黄色鳝卵浮出水面，一周后孵成衣针长短的幼苗，黑黝黝一片在水里快活地游动。这些幼苗都是雄鳝第一次性变（雌雄同体，无需受精）之后产卵在水中孵化而成的。既然不是从"腹内"分娩出来的，又何谈腹内还有"一条小鳝鱼"？

并非“形单影只”

◎宋桂奇

《南方周末》2010年8月2日F30版刊登了一篇题为“在美国转飞机”的文章,作者在叙述夜间纽约候机大厅中乘客稀少时这样写道:

候机大厅里的乘客已经形单影只,清洁工在黑暗的角落里清吸地毯。大多数服务部门都下班了,会讲汉语的职员也下班了。我有点慌起来。同机的约翰或者玛丽报告航空公司的职员,指出我是中国人,不通语言,于是我得到特别的照顾……

笔者以为,此中的“形单影只”不切语境,属于误用。

“形单影只”,语本韩愈《祭十二郎文》:“吾上有三兄,皆不幸早世,承先人后者,在孙惟汝,在子惟吾,两世一身,形单影只。”其中“单”和“只”均为“单独”之义。“形单影只”也可写作“影只形单”或“影单形只”,如清沈复《浮生六记·坎坷记愁》:“因得常哭于芸娘之墓,影单形只,备极凄凉。”无论是何种写法,其字面义均是“一个身子一个影子”,故人们便用它来“形容孤独,没有伴侣”。

明确了“形单影只”的意义之后,我们再回看前述文章:当时,除了“我”之外,至少还有“同机的约翰或玛丽”。这便意味着,候机大厅里的乘客至少还有两人,而这,便与“形单影只”的孤单一人之意相悖了。故应改“形单影只”为“寥寥无几”“屈指可数”之类的说法。

『闲』得无聊

◎荣先申

以痛斥『丑陋的中国人』著称的柏杨先生,文字辛辣,下笔全无顾忌,有时看似粗俗,却又别具情味。下面的这首小诗《闲坐》,便是他在『闲』得无聊时写下的,让人读后忍俊不禁:

窗外雨打无芭蕉,
小鸟欲唱缺树梢。
饭罢闲坐全无事,
忽然一屁惊睡猫。

语丝

深秋何来『熏风』

◎王震华

2010年10月27日《山西工人报》刊有通讯《开拓道路的先行者》，第一句话是这样写的：“深秋吕梁景中行，车驰大道沐熏风。”把“深秋”与“熏风”连在一起，错了。深秋何来“熏风”？

“熏风”，《现代汉语词典》的释义为：和暖的南风。那么，“熏风”“南风”是什么季节吹的风呢？从白居易的两首诗中，我们可知大概。一首是《首夏南池独酌》：“熏风自南至，吹我池上林。”从诗题可以看出，这说的是夏季的事。一首是《观刈麦》：“夜来南风起，小麦覆陇黄。”既然小麦黄了，要收割了，这“南风”也当属夏季的。说“熏风”刮在“深秋”，显然是不合实际的。

那么，深秋该刮什么风？答案是：金风。

“金风”就是秋风。古代以阴阳五行解释季节演变，秋属金，故称秋风为“金风”。这同样可以用唐诗宋词来印证。唐李商隐《辛未七夕》诗有“由来碧落银河畔，可要金风玉露时”之句；宋秦观词《鹊桥仙》有“金风玉露一相逢，便胜却人间无数”之句。这两句诗词中的“金风玉露”，皆是描述秋令的，义指秋风、白露。至于中唐诗人戎昱《宿湘江》诗中的“金风浦上吹黄叶，一夜纷纷满客舟”，则把“金风”与落叶连在一起，显然是指深秋了。

张恨水讽贪

◎召 安

一九四五年抗战时期，重庆国民政府贪污腐化，很失民心。财政部直属税署署长高秉坊贪污案被举发后，初审判死刑，轰动全城。至二审时，改判为无期徒刑，大失民望。张恨水写了几首『听包公戏』的诗，以讽时事。其一云：

反映人心鼓板前，
放粮断狱美如仙；
无非大嚼屠门意，
转觉愚民太可怜。

此诗说包公陈州放粮、沿途断狱的故事被人们传为美谈，搬上了戏剧舞台。听包公戏，就像过屠门而大嚼，虽口中无肉，却可在想象中自我安慰。老百姓渴盼清官而不得，真是太可怜了。

谁建了醉翁亭

◎辜良仲　叶桂珍

2010年7月9日《中国纪检监察报》“清风文苑”版刊有赵春先生的散文《欧阳修的“醉翁”之缘》，文章第二段写道：

……欧阳修知滁州的第二年夏天，在半山游玩时偶遇一眼山泉。欧阳修围着泉水转了几圈，把它上下左右打量一番，忽然拍手大笑：“好泉，好泉！”一个享誉千年的名胜，就在这赞叹中应运而生。回到衙门的欧阳修做了三件事：一是将此泉命名为“幽谷泉”并加以兴修，二是在“幽谷泉”旁加修“丰乐亭”，三是在一山之隔的地方再修“醉翁亭”。

读罢此段文字，心生疑惑：是欧阳修建了“醉翁亭”吗?答案是否定的。符合史实的说法是：智仙和尚建亭；欧阳修为亭命名，并撰写了千古绝唱《醉翁亭记》。

欧阳修在《醉翁亭记》首段中如是写道：“峰回路转，有亭翼然临于泉上者，醉翁亭也。作亭者谁?山之僧智仙也。名之者谁？太守自谓也。太守与客来饮于此，饮少辄醉，而年又最高，故自号曰醉翁也。醉翁之意不在酒，在乎山水之间也。山水之乐，得之心而寓之酒也。”你看，谁建的亭，谁取的名，取名的用意，欧阳修交代得都很清楚。

史料记载，宋仁宗庆历五年(1045)，欧阳修被贬来到滁州，认识了琅琊寺住持僧智仙和尚，两人很快成为知音。为了便于欧阳修游玩，智仙特在琅玡山麓建造了一座小亭。欧阳修常同朋友到亭中游乐饮酒，也常在此亭办公。明代文人苏茂相有诗赞曰：“为政风流乐岁丰，每将公事了亭中。”

赵春先生的“回到衙门的欧阳修……在一山之隔的地方再修‘醉翁亭’”云云，是没有依据的。

李白没有自署"海上骑鲸客"

◎张宏星

1997年3月版《辞源》"骑鲸客"词条曰:"骑鲸背以游海上。喻仙家、豪客。唐李白自署曰'海上骑鲸客'。"笔者查阅了多种版本《李太白集》,未发现李白在所写的诗词文赋表书中署名"海上骑鲸客"。

据宋赵令畤《侯鲭录》卷六曰:"李白开元中谒宰相,封一板,上题曰'海上钓鳌客李白'。"宋王谠《唐语林》卷五有相同文字。

有关李白骑鲸而去的传说,明冯梦龙《警世通言》第九卷《李谪仙醉草吓蛮书》有这样的叙述:"李白在江头畅饮……忽然江中风浪大作,有鲸鱼数丈奋鬣而起……只见李学士坐于鲸背,音乐前导,腾空而去。"又,杜甫《送孔巢父谢病归游江东兼呈李白》诗末句:"南寻禹穴见李白,道甫问讯今何如?"清仇兆鳌注曰:"南寻句,一作'若逢李白骑鲸鱼'。"

凡此种种说明,称李白为"海上骑鲸客"系后世文人所为。李白曾自称"海上钓鳌客",未曾自署"海上骑鲸客"。

《天价大红袍》参考答案

1. 美喻——美誉
2. 不仅是……,而是……——不仅是……,而且是……
3. 武夷制茶始于唐代、宋代……、元代……、明末……。——句中顿号均应为逗号
4. 供品——贡品
5. 全发酵类茶——半发酵类茶
6. 边缘地带,——边缘地带;
7. 姣姣者——佼佼者
8. 20万8千元——20.8万元
9. 毫不逊色与母树——毫不逊色于母树
10. 不知所踪——不知所终

『讳莫高深』？

◎陈迪中

《特别文摘》2010年第10期《断点》一文中有一句话：

领导的表情讳莫高深，先是问她会议通知的结果，然后才用温柔的语气说：“你上午辛苦了……”

汉语中只有“讳莫如深”，没有“讳莫高深”一说。

春秋时，鲁国公子庆父弑国君鲁庄公后，去了齐国。据《左传·庄公三十二年》中“经”部记载：“公子庆父如齐。”但在“传”中没有提及这一事件。而《谷梁传·庄公三十二年》作“传”时却说：“公子庆父如齐。此奔也，其曰‘如’，何也？讳莫如深，深则隐。苟有所见，莫如深也。”意思是说，《春秋》上记载公子庆父去齐国，实际上是逃亡、出逃。而用一个“如”字带过，表明这是为国家隐瞒篡弑的事情，而且隐瞒得很严实（“深”），唯恐泄露。

在古汉语中，“莫”有“无”“没有”等含义。如果将成语“讳莫如深”逐字对译，就是“隐讳真相没有什么像‘如’字的运用这样深重严实”，后指把事情瞒得很紧，不肯走漏一点消息。如柳青《创业史》第二部：“杨加喜！精灵鬼！看你讳莫如深笑着的样子吧！卢支书能看透你杨加喜的心肺。”

“表情”可以说“故作高深”或“高深莫测”，说成“表情讳莫如深”也还能通，但“讳莫高深”却是说不通的。

黄策行善对

◎流云

相传广东郁南县名中医黄策行，自幼博览群书，能诗善对。十五岁那年一个月夜，他与老师谈诗论文。老师见皓月当空，触景生情，随即出了上联邀对：『圆月照方窗，有规有矩。』黄策行一时对答不上，老师有意夹了块鱼给他。黄策行顿有所悟，随即对出下联：『长竿垂短钩，能屈能伸。』上下联皆分成两短句，虚实结合，以实壮虚，相得益彰。

语丝

词语春秋

“吹嘘”溯源

◎薛海丹

日常口语中，我们对“吹嘘”一词的理解，接近于吹牛、吹捧。这与《现代汉语词典》等工具书中的释义基本上是一致的，即夸大地或无中生有地说自己或别人的优点。不过在古代汉语中，“吹嘘”可不仅仅是“吹牛”的近义词，它还包含了一般人所不知的用法。

“吹嘘”是一个合成词。“吹”是合拢嘴唇用力出气，“嘘”是慢慢地吐气，两个字意义相近。“吹嘘”的本义为呼气。如晋代诗人左思《娇女》诗：“心为荼荈(chuǎn，晚采的茶)剧，吹嘘对鼎鬲(lì，鼎一类的烹饪器具)。”诗歌形象地表现出急于想品香茗而对着炉中火苗直呼气的情景。这里的“吹嘘”就是呼气。《庄子》中记述了一套气息修身术：“吹嘘呼吸，吐故纳新。”其中“吹嘘”的意思正与呼吸接近。

从“吹嘘”的本义“从口中呼气”，引申出“以气拂物”的意思，多用以表现风的动态，如吹拂、吹扬。孟郊《秋怀》诗：“冷露多瘁索，枯风晓吹嘘。秋深月清苦，虫老声粗疏。”诗中描绘的是凄清秋色，清晨萧索的秋风吹拂而过，更增添了寒意。再看《隋书·儒林传·王孝籍》：“咳唾足以活枯鳞，吹嘘可用飞穷羽。”本来已经或枯死或穷败的鳞羽，得了唾沫星子，被吹了一口气，结果又活过来了。此处的“吹嘘”用来比喻使力极小而成就大事。又如，南朝人徐陵在《檄周文》中鼓舞士气时说道：“叱咤而平宿豫，吹嘘而定寿阳。”此处的“吹嘘”，义为可以轻易地夺下宿豫和寿阳，取得战斗的胜利。

进一步说，本来是自己很难完成的任务或事业，借助他人的力量或社会关系来办事，则容易完成。他人的称扬、举荐，亦可称“吹嘘”。这在唐代日常用语中已经比较普及了，阅读唐诗的时候常会遇见它。如杜甫《赠献纳使起居田舍人》诗：“扬雄更有《河东赋》，唯待吹嘘送上天。”当年扬雄因向汉成帝献上《河东赋》陈述自己的政治理想而获得重视，现在杜甫自比扬雄，委婉地说出自己希望得到引荐的想法。又如韩愈《荐士（荐孟郊于郑余庆也）》诗：“青冥送吹嘘，强箭射鲁缟。”利箭可轻易射穿鲁地产的薄绢，而鸟儿借助风的吹嘘可直入云霄。诗人以此为比喻来推荐孟郊，希望他能获得提拔的机会。

与此同时，同一语义场的“吹拂”“吹扬”等词语，也在表示“微风吹动”义的基础上，和“吹嘘”一样引申为称扬、举荐之义。《宋书·王微传》：“江（湛）不过强吹拂吾，云是岩穴人。”意思是，江湛极力称扬我，说我是隐士。苏轼《上监司谢礼上启》：“勉知策厉之勤，少答吹扬之赐。”大意是，知道您经常鼓励我，我这里稍微答谢您对我的举荐之劳。“吹拂”“吹扬”在各自语境中都解释为称扬。不过，这种用法在现代已不常见。

举荐、汲引的对象若是徒有其名，名不副实，“吹嘘”就变成了夸张的吹捧、说大话。这一词义在南北朝时就有了，不过用得不多。如颜之推《颜氏家训·名实》：“有一士族，读书不过二三百卷，天才钝拙而家世殷厚，雅自矜持，久以酒犊珍玩交诸名士，甘其饵者，递共吹嘘。”颜氏告诫子弟，没有真才实学而靠玩物交友，即使他人宣扬，也仅仅是不真实的大话。在现代汉语中，“吹捧、说大话”成了“吹嘘”的主要意义，如曹禺的剧作《北京人》第一幕：“他也好吹嘘，总爱夸显过去他如何的阔绰豪放。”

现在，“吹嘘”的本义和诸多引申义在日常口语乃至书面语中差不多“销声匿迹”了，它的常用义和方言口语里的吹牛、吹呼、吹嗙、吹大气儿等词一样，是夸口、夸张地宣扬。

今天你织"围脖"了吗

◎崔素丽

如果到现在，你还没在网上织过"围脖"，那你可真有点儿out了。

"围脖"是"微博"的谐音昵称。这个小尤物自横空出世以来就一直受到追捧。好莱坞明星2008年就已经把微博Twitter玩得热火朝天。去年中国的明星们也开始织起了"围脖"。继"织男"欧阳奋强成为"围脖"红人后，姚晨以幽默风趣的文字后来居上。赵薇、李宇春等明星也都不甘落后，纷纷当起了"织女"。一时间，中国的"围脖"大军，蔚为壮观。

微博是传统博客文章功能的简版，也是为大众提供娱乐休闲服务的信息平台。最早的微博Twitter源于美国旧金山，成立至今仅有三年零八个月的历史。随后国内陆续出现了饭否、叽歪、嘀咕等一批仿效Twitter的微博网站。"Twitter"取源于英文"tweet"，本源义是"(小鸟)叽叽喳喳地叫"，引申指"不同的个人见解"。微博确实使人们的交流能够如小鸟一样畅快、活泼、随心所欲。博主可以在140字符的范围内，把自己的所见所闻所感发到微博网页上；也可以针对一句话、一个人或一个话题随时随地进行评论、转载。如：

①争气，不要生气；生气，不要怄气；怄气，不要泄气；泄气，不要赌气。——心乱他弟转引星云大师语录

②王选说过一句话：所谓名人和非名人的区别，就是当你老了的时候，是名人叫你王老，不是名人叫老王。——任卫新

这两条微博都是直接转引别人的话语，表达自己对某一观念、态度的认同。

③很多家长都说"不能让孩子输在起跑线上"，于是形形色色的

以收费为商业模式的教育项目风起云涌。但家长们或许忘了:人生是长跑,不是短道速滑。对跑马拉松的人来说,起跑的时候站得靠前点靠后点,对终点在四十二公里之外的赛事基本没有什么影响。——王　冉

④穷不会让人更有美德,反而会让人丧失机会、没有发言权、找不到女朋友、社会地位低下。不要歧视穷人,但也不可歌颂贫穷。如果有人这么做,他不过是想利用穷人。——连　岳

这两条微博都是针对社会上的某一现象,言简意赅地亮出自己的观点,颇有点微型杂文的意味。

⑤六个月前飞到岛上的犀鸟鲁鲁,嘴也很大,嘿嘿:)——姚　晨

⑥姚晨闺蜜:你为什么老在你的围脖上写老凌,这么迷恋你家老公呢?

姚晨回复:咋啦,那总比迷恋你家老公强吧,切!

这两条微博,展现了姚晨活泼、风趣的一面,让人感觉特亲切。

微博具有巨大的传播功能。其传递方式有一对多、多对一、多对多等多种形式,在这个大平台上,我们可以把自己关注的信息传播得更远、更广。如在青海玉树地震发生时,一条微博称:"急需棉衣、棉被、帐篷、药品和食物。请直接寄往灾区!地址:玉树州人民政府救灾物资办;邮编:815000。黄立明(青海玉树州人民政府副秘书长);电话:15352985890。"这条微博在短短24小时内,经过网友超过20万次的转发,迅速传播开来。结果几个小时后,筹集到的救灾物资就远远超出了预期数量。

微博的最大魅力在于,你可以凭借无处不在的网络以及高度普及的手机,在任意时间、任意地点迅即发布信息,同时也可以在第一时间获知你所关注的人或事的最新进展。随着信息社会的到来,人们的生活节奏越来越快。疲惫的人们越来越不适应长篇的阅读和表达,而微博简洁又随心所欲的语言形式,正可以给人们带来片刻的轻松。微博成了当下年轻人网络生活的新方式。在一定程度上,微博开创了一种新型的人际沟通方式。

想成为微博时代的信息达人吗?那就快上网去编织你自己的"围脖"吧。

志愿军用了“方口炮”吗

◎李景祥

《三十九军在朝鲜》(吴信泉将军著,辽宁人民出版社出版)第三章《首战告捷》中讲道,1950 年初冬中国人民志愿军出国第一仗云山战役中，三十九军一一五师三四五团一营三连连长周仕明率领全连战士攻打诸仁桥的守敌时,“他带领一排从正面攻，副连长带领二排从左侧插过去，形成钳形,全连以机枪、迫击炮、方口炮集中起来对桥头敌人阵地猛烈轰击,终于把桥头拿了下来”。(第 66 页)读到这里,心生疑问:“方口炮”是什么炮?

我们参观中国人民革命军事博物馆时，看到过展出的很多火炮。不论大小,所有火炮的炮口都是圆形的,并没有什么“方口炮”。带着问题去向几位 60 年前曾跨过鸭绿江去抗美援朝的老同志请教。他们都说没听说过“方口炮”,更不用说看见或用过了。请老同志们聚到一起回忆当年在朝鲜战场上都见过或用过什么炮,每种炮都是什么样的。大家你一言,我一语,却始终与“方口炮”对不上号。正在百思不得其解时,一位老同志突然想起，是不是书里把字写错了呢。他提醒大家从用字上想想。终于弄明白了。根本就没有什么“方口炮”,那应该是六〇炮。可能是书稿上的字写得潦草,编辑、校对等有关人员又缺少兵器知识,误把“六〇”看成了“方口”,于是“六〇炮”就讹成了“方口炮”。

六〇炮,也写作“六零炮”,是 60 毫米口径迫击炮的简称。在迫击炮家族中,炮口口径有 51、60、

61、81、82、105、107、120、180、240毫米等多种，炮筒的长短粗细也各不相同。六〇炮属于轻型的，全炮重量也就是20千克左右，一个人就能拿得动。迫击炮是步兵使用的常规兵器之一，在朝鲜战场上发挥过很大作用。周仕明率领的连队用的是六〇炮，也就是炮口口径60毫米的迫击炮，不是“方口炮”。

周连长的部队同时还用了另一种型号的迫击炮，书中没具体交代多大口径的。都是迫击炮，只是为了方便，人们习惯于把60毫米口径迫击炮称为六〇炮，而不称为迫击炮，这就是书中把机枪、迫击炮、六〇炮三种兵器并列的原因。

朱元璋对谁说『荆条除刺』

◎刘启松

《读者》2010年第1期《犹豫之美》一文有一个典故：

朱元璋把所有的开国元勋统统杀净，孙子允炆劝他要讲仁道，他把一根长满刺的藤条扔在地上，让孙子捡起来，孙子怕扎手，不敢捡。朱元璋说：“我现在把上面的刺都给你捋干净了，你还不感谢我？”

历史学家经常援引这一典故，用来解释朱元璋当上皇帝后屠戮功臣的动机。然而朱元璋的“荆条除刺”理论是对他的孙子朱允炆说的吗？不是。

“荆条除刺”出自明邓士龙辑录的《国朝典故·翦胜野闻》：“及太后崩，帝惨不乐，愈肆诛虐。太子谏曰：‘陛下诛夷过滥，恐伤天和。’帝默然。明日，以棘杖委于地，命太子持而进。太子难之。帝曰：‘汝弗能执欤？使我运琢（拔除棘刺）以遗汝，岂不美哉？今所诛者，皆天下之刑馀（判过刑的罪人）也，除之以安汝，福莫大焉。’”显然，朱元璋把“棘杖”扔给了太子朱标，而非太孙朱允炆。朱标因病早死。朱元璋死后，皇位传给了朱允炆。

一只“桃”？两只“桃”！

◎朱明静

《文摘周报》2010年9月14日第10版《毛泽东为何反对搞掉戴笠墓》一文说：“春秋时有‘一桃杀三士’的传奇故事，而乾隆墓中随葬的‘九龙宝剑’更厉害，应该是‘一剑杀四士’，凡是接触了这把宝剑的人，先后都是非正常死亡——孙殿英，被俘后死于解放军的大狱；戴笠，飞机撞山；马汉三，被枪毙；川岛芳子，死刑。”这段文字有一个知识性差错。所谓“一桃杀三士”，应是“二桃杀三士”之误。

“二桃杀三士”的故事出自《晏子春秋·谏下二》。其梗概是：齐景公有三员大将，一个叫公孙接，一个叫田开疆，一个叫古冶子。他们自以为天下无敌，非常傲慢，甚至在路上遇见相国晏婴也不理睬。于是晏婴就向齐景公献计，准备除掉这三个人。齐景公依计而行，派人送了两只大桃子给这三人，让他们按功劳大小分配。看到桃子，公孙接说：“我曾杀虎救主，我该吃桃子。”田开疆说：“我带兵击退了外国的入侵，我也该吃桃子。”于是他们二人分别拿一个桃子吃起来。古冶子见没桃子了，愤愤不平地说：“我也曾杀鳖救主，功劳也很大，为什么我不能吃桃子？”欲与他们二人动手。公孙接、田开疆见古冶子动了气，过意不去，于是拔剑自刎。古冶子见他们二人自杀了，心里很难过，觉得自己为了争桃子而逼死他们是不仁不义的，于是也自刎而死。宋代郭茂倩《乐府诗集》中《梁甫吟》慨叹此事：“步出齐城门，遥望荡阴里。里中有三墓，累累正相似。问是谁家墓？田疆、古冶子。力能排南山，文能绝地纪。一朝被谗言，二桃杀三士。谁能为此谋？国相齐晏子。”后来，人们往往用“二桃杀三士”来比喻借刀杀人。

丘处机不是"南宋人"

◎影　强

《文史知识》2010年第11期刊载的《中国民间艺术奇葩——马街书会》一文,介绍我国北方三大书会之一的河南省宝丰县马街书会。在讲到书会程式中的"上香叩头,祭拜祖师"时,说"邱长春,南宋人,全真教七子之一,被说书艺人尊为开山祖师"。邱长春即丘处机,他在世时,华夏大地上有两个政权南北对峙。南方是南宋,北方是金。丘处机一直生活在北方,怎么能说他是"南宋人"呢?

丘处机(1148—1227,清初因避孔丘讳,改丘为邱)字通密,自号长春子,登州栖霞(今属山东)人。19岁时到宁海昆嵛山(在今山东牟平东南)拜道士王重阳为师,出家修道。王重阳死后,金世宗大定十四年(1174)他入磻溪穴居,乞食度日,出行常携一蓑衣,被称为"蓑衣先生"。随后他又赴陇州龙门山隐居潜修,创龙门派。金宣宗兴定四年即元太祖十五年(1220),应元太祖成吉思汗之召,率弟子18人远赴西域大雪山。元太祖问为治之方,对以敬天爱民为本;问以长生之道,答以清心寡欲为要。元太祖大悦,尊为"神仙",赐爵"大宗师",命其"总领天下道教"。丘处机卒于金哀宗正大四年(1227),埋骨于今北京白云观丘祖堂。

道教全真道创始人王重阳的七大弟子,包括丘处机在内,都是元世祖至元六年(1269)被赠封为"真人"的。到元武宗至大三年(1310)又都加封为"真君"。他们七个人被称为"北七真"。丘处机自号"长春子",曾住持长春观,又被封为"长春演道主教真人",所以人们又称他为"丘长春"。

丘处机一生都生活在北方,在金国的治下,所以只能说他是金人,不宜称他为"南宋人"。

三十年前无"欧元"

◎王 飞

《微型小说选刊》2010年第17期刊登一篇名为"一个垃圾工的梦想"的小说。小说讲述30多年前德国麦森陶瓷厂因唯一技师突然离厂，垃圾工贝特格挺身而出化解技术难题的故事。文中多次出现货币单位"欧元"，如：

厂方问贝特格："你有什么需要，尽管提出来。"贝特格说："我现在的月工资是20欧元，能不能将我的月工资提高到30欧元？"

在这里，作者犯了一个常识性错误。欧元作为欧洲货币联盟国家统一法定货币，1999年1月1日才在欧元区正式启动。30年前，欧元尚未诞生，德国货币自然不是欧元。

1991年12月10日，欧共体首脑会议通过了《欧洲联盟条约》(通称"马斯特里赫特条约")，决定将欧共体改称为"欧洲联盟"。《条约》规定，最迟在1999年1月1日，经欧洲理事会确认，如达到"趋同标准"的成员国超过7个，即可开始实施单一货币。1994年12月15日，马德里首脑会议决定将欧洲单一货币定名为"欧元"，取代埃居。1998年5月，布鲁塞尔首脑会议正式排定欧元11个创始国名单。1999年1月1日，欧元正式启动，1月4日，欧元在国际金融市场正式登场。2002年1月1日，欧元纸币和货币正式进入市面成为流通货币。2月28日，成员国本国货币全面退出流通领域，欧元与成员国货币并存期宣告结束。

上世纪90年代初德国统一前，西德货币叫"德国马克"(又称西马克)、东德货币名字也叫"马克"(又称东马克)，德国统一后西马克取代东马克，统称"马克"。从《一个垃圾工的梦想》的故事背景看，当年德国使用的货币应该是"马克"。虽属小说，基本史实不应混淆。

南北对峙是“划江而治”吗

◎易　樊

在《枪杆子 1949》（张正隆著，人民出版社 2008 年 9 月版）154 页中有段文字：“长江这条中国最大的河流，滋润着华夏的山野沃土，养育着炎黄子孙，也见证着国家、民族的衰沉、分裂。历时最久的南北朝，划江而治达 200 多年，其后的宋金王朝，隔江对峙也有百年历史。”此处“划江而治”“隔江对峙”的说法不准确。

中国历史上有过多次南北分治，但几乎没有划江而治的。一旦北方强盛得可以饮马长江，衰弱的南方只能俯首就降，国家统一也为期不远了。偏安南方的东吴、东晋，南北朝的宋、齐、梁、陈，与北方政权的边界大多在今淮河一线，有的还进入今山东境内。只是到了国势不强的陈，才退守长江，这时离隋的统一已经没多久了。同样，南宋与金的边界也在今淮河秦岭一线，所以词人张孝祥在《六州歌头》中有“长淮望断，关塞莽然平”之说。直至蒙古大军占领杭州灭了南宋，扬州、淮安仍在宋军手中。

一部中国历史，很少有划江而治的。守江必守淮，淮河不保，江南就无法偏安。历史上的南北朝对峙、宋金对峙，都不是划江而治。

“卧榻”“染指”莫杂凑

◎杨昌俊

2010年10月8日的《杂文报》第4版有篇文章《康有为失策》，其中有这么一段话：“卧榻之侧岂容他人染指，康有为要搞君主立宪，首当其冲的乃是与慈禧关系的调理。”且不说“首当其冲”不应误当作“首先”来用；“卧榻之侧岂容他人染指”语义纠缠，其实它是“卧榻之侧岂容他人鼾睡”与“染指”这两个典故的杂糅，显得不伦不类。

“卧榻之侧岂容他人鼾睡”，其中的“卧榻”，指矮床，后泛指床。典故出自《类说》卷五十三引宋杨亿《谈苑》：“开宝中，王师围金陵，李后主遣徐铉入朝，对于便殿，恳述江南事大之礼甚恭，徒以被病，未任朝谒，非敢拒诏。太祖曰：‘不须多言，江南有何罪？但天下一家，卧榻之侧，岂可许他人鼾睡？’”960年，宋太祖赵匡胤建立宋朝，他采取各个击破的战略，先后消灭了荆南、后蜀等国。974年，他召南唐后主李煜到汴京（今河南开封）朝见。李煜担心自己被扣押，就派吏部尚书徐铉到汴京求和。宋太祖直截了当地说：“卧榻之侧，岂容他人鼾睡？”这句话很形象，后常被用来比喻不允许别人侵占自己的利益或侵入自己的势力范围。

“染指”的典故出自《左传·宣公四年》：春秋时，郑国大臣子公每逢食指动，都会吃到好东西。有一次，郑灵公赐大家吃鼋肉，故意不给子公吃。子公一气之下，用指头往鼎里一蘸，尝了一口。“染指”常用来比喻分取利益，多指分取非分利益。

上述文章要表达的意思，只需用两个典故中的一个就可以了。

“红军”称谓的由来

◎路晓月

《翠绿掩映井冈山》(《南阳广播电视报·都市周刊》2010年6月17日刊载)一文称:“1927年10月,毛泽东、朱德、陈毅、彭德怀、滕代远等老一辈无产阶级革命家率领中国工农红军来到井冈山……”此处表述混乱,有违史实。

其一,中国工农红军,是由中国工农革命军及其他革命武装于1928年5月下旬陆续改称而来的。毛泽东于1927年9月9日在湘赣边界领导秋收起义,创建了中国工农革命军第一师。随后向井冈山进军。29日到达江西永新的三湾村,改编整顿为一个团,称为工农革命军第一军第一师第一团。10月27日到达井冈山茨坪。1928年2月毛泽东在井冈山创建了第一个农村革命根据地。1927年秋到1928年春,在南昌、湖北东部、湖南南部、广州、广东东部等地起义失败后保留下来的部队,都称“工农革命军”。1928年5月25日,中共中央发布《军事工作大纲》,规定“割据区域所建立之军队,可正式定名为红军,取消以前工农革命军的名义”。随后,各地工农革命军陆续改称“中国工农红军”。

其二,1928年4月28日,毛泽东领导的井冈山革命根据地的工农革命军,同朱德、陈毅等领导的南昌起义后保留下来的部队和湘南起义的农军在井冈山会师。5月4日两军在宁冈砻(lónɡ)市组成中国工农革命军第四军,5月25日改称中国工农红军第四军。

其三,1928年12月11日,彭德怀、滕代远等率领红五军主力到达井冈山,在宁冈与红四军会合。

以上史实,清清楚楚,《翠绿掩映井冈山》的作者也许为了行文方便,一句话里合说多事,结果弄成了一笔糊涂账。

追踪荧屏

淮海战役中的“碾庄圩”

◎鹏　宇

2010年国庆期间，军旅作家王树增再次做客《百家讲坛》，解读淮海战役。在10月2日播出的《艰苦的初战》一集里，王树增先生多次提到徐蚌会战中的一个重要战场——碾庄圩。圩，王先生读作xū。从语境看，读作wéi似乎更合适。

查《汉语大字典》，“圩”字两读：一读作wéi，一读作xū。在读wéi时，多和堤坝类的建筑布局有关。考其本源，“圩”最初是指那种低洼地区周围防水的堤。《宋史·范仲淹传》说“江南之圩田，浙西之河塘，隳废者可兴矣”。明代的字典《字汇》说：“圩，圩岸。”《正字通》：“今江淮间，水高于田，筑堤扞水而甸之，曰圩田。”可见在我国用圩的历史比较早。即便今天，在江淮地区这种土堤依然常见。过去，习惯于称呼那些修筑圩田的人叫“圩丁”，耕种圩田的农户叫“圩户”，主管圩田堤防事务的人叫“圩长”。

从音义上看，“圩”大概和包围、围绕的“围”有密切的关系。“围”是一个从囗韦声的字，囗像用篱笆或城墙围起来的一个区域。和“圩”相关的词语，其词义也多与此有关。如在旧社会，农村实行保甲制度，在土匪横行的地区，保长和乡绅往往组织村民筑起一道环村一周的土堤。这种土堤除土木结构外，为增加抗击打力，有时还筑有砖石，配有土楼和土炮。在圩子外，挖有护庄的水沟。这一类的村庄因有圩子结构的存在，也多称“圩”。白天，村民出去种地放羊，傍晚把牲口赶进圩子里，以防土匪。今天，这一类的建筑大多

“就木”不是“就墓”

◎何立洲

2010年10月14日央视10套《百家讲坛》播出刘强主讲的《竹林七贤》第5集《风云突变》。太傅司马懿与大将军曹爽争权。司马懿称病不朝，曹爽不放心，派心腹荆州刺史李胜前去刺探虚实。司马懿躺在床上，装出病势沉重的样子，说自己“已到了行将就mù之年”。此时，屏幕上却打出了“行将就墓”字样。显然，“就墓”是“就木”之误。

“行将就木”的“木”，指棺材；“就木”，意为入棺，即死亡。语本《左传·僖公二十三年》：晋国公子重耳娶季隗……重耳为避难，要到齐国去，临走时对季隗说：“等我二十五年，我若不回来你就改嫁。”季隗回答说：“我二十五年后又如何改嫁呢？那时，我恐怕已进棺材了。请让我等你吧！”后以“行将就木”比喻人的寿命已经不长，快要进棺材了。

“墓”是埋葬死人的地方。人死了称“就木”，不称“就墓”。

已不复存在，但这些带“圩”字的村名还依然保留。如安徽省固镇县的王圩、李圩、赵圩、黄圩等村庄。

而“圩”字读作xū时，一般和集市相关。如我国湘、赣、闽、粤等南方地区多称集市叫“圩(xū)”。赶集叫“赶圩”，集市码头叫“圩埠”，开市的日子叫“圩日”。此时的“圩”，有时也写作“墟”，大概是“墟”的异体字。《正字通》：“今俗，商贾货物辐凑处谓之墟，亦谓之集。”从“墟”“圩”的使用时间和范围上来看，作为集市的“圩”很可能是“墟”的俗字。

碾庄圩在江苏省徐州东部，笔者曾为此问过徐州当地的村民，“圩”确实是读为wéi的。碾庄圩以“圩”为名，大概也是和有防备作用的土圩结构相关。也正是因为有这种土圩的存在，当黄百韬兵团进驻之后，稍加修整便成为工事，易守难攻，使这场战役打得异常惨烈。王树增老师称其为淮海战役中“艰苦的初战”，名副其实。

侍女·仕女

◎京 翔

2010年10月23日央视10套《百家讲坛》播出《东汉开国(一) 没落的皇族》。在讲到汉景帝之子长沙定王刘发的来历时，说汉景帝刘启有一次酒后要临幸程姬，程姬叫她的一位唐姓侍女当了替身。结果唐女怀孕，生下刘发。唐女也不再是侍女，而是晋升为唐姬。主讲老师讲的是“侍女”，可是字幕上却一共12次打出“仕女”。都弄错了。

我国古时称那些在皇宫里侍奉帝王后妃的女子为“侍女”。如杜甫《观公孙大娘弟子舞剑器行》一诗中有“先帝侍女八千人，公孙剑器初第一”之句。再如，昭梿《啸亭杂录》说：“苏麻喇姑，孝庄文皇后之侍女也。”

仕女，旧时指官宦人家的女子。孟元老《东京梦华录》：“内有仙洞仙桥，仕女往往夜避，吃茶于彼。”现代汉语里虽然一般不说“仕女”了，但还能看到国画中有很多仕女图。那上面画的都是旧时上层女子的生活情景。在古代，侍女与仕女虽然都是生活在深宫大院或官宦人家，但地位高下大不相同。侍女是仆，是侍候人的；仕女是主子，是被人侍候的。“侍女”与“仕女”音同义殊。

把“侍女”“仕女”用错了的例子，我们在报纸上曾多次见到过。如《沈阳日报》2010年10月29日报道辽沈名家书画展的新闻《翰墨留真，移动传芳》一文中，就有“如今98岁高龄的晏少翔先生依然笔耕不辍，其工笔侍女形神兼备”之句。晏老先生是沈阳鲁迅美术学院的教授、京津画派的代表人物之一。他画的那是工笔“仕女图”，并不是“侍女图”。中国画史上只有仕女图，并没有过“侍女图”。记者也是没有弄清“仕女”与“侍女”，把字用错了。

谁人给关羽『刮毒』

◎钟明荣

网络评论家赵育兵在看了人民网上的《2007反腐大棋局：中央严查“情妇腐败链”》专题文章后，为中纪委的刮骨疗毒叫好。在自己的博客里，他写道：“在业界的评价中，大多把中纪委根治‘情妇腐败’惯称为‘刮骨疗毒’。中纪委自十六大以来的‘扁鹊式刮毒’法已经取得了重大成就……”

不难看出，赵先生把“刮骨疗毒”的主刀医生当作扁鹊了。然而，事实并非如此。故事中的主刀医生是华佗。在《三国演义》第七十五回“关云长刮骨疗毒　吕子明白衣渡江”中，有详细的叙述：有一次，在战斗中关羽右臂中了毒箭，毒已入骨，不能动弹。名医华佗听说后，前来为他刮骨去毒。“佗用刀刮骨，悉悉有声。帐上帐下者，皆掩面失色。公(关云长)饮酒食肉，谈笑弈棋，全无痛苦之色。”这段故事，突出了关羽的大丈夫气概，也赞颂了华佗的高明医术。这是一个家喻户晓的故事。赵先生恐怕是随手写来，误把华佗当扁鹊了。

扁鹊真名叫秦越人，是战国初年齐国渤海郡鄚(今河北任丘)人，也是一位名医。关于他的故事有不少，比如收录进中学课本里的《扁鹊见蔡桓公》，但从无“扁鹊式刮毒”一说。

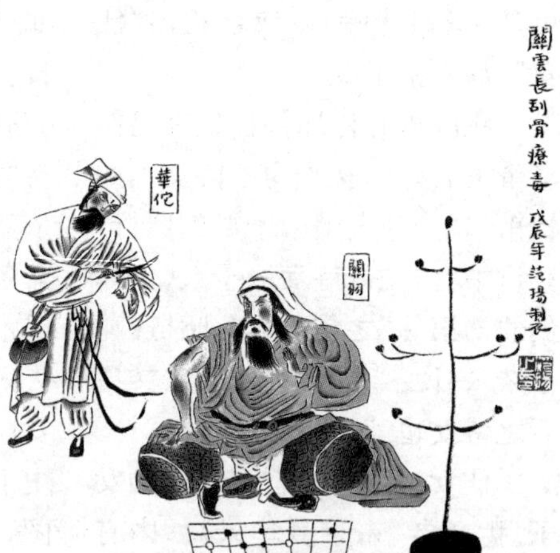

“黄发”老人，“垂髫”儿童

◎张　勇

中央电视台奥运频道2008年8月13日的《奥运二十四小时》节目中，报道了美国广播公司一位六十五岁的老摄像来北京报道奥运会的故事。记者评论这条新闻时用了“黄发垂髫”一语，说“老摄像黄发垂髫的年纪”还来报道奥运，其精神让人钦佩。

无独有偶，2008年8月9日《温州晚报》中的《王顺德——教农民诵〈论语〉的老人》一文中也用了“黄发垂髫”：“这是一个特殊的学习班，学员多为龙湾四甲村的孔子后裔，有黄发垂髫少年，也有耄耋老人，高声诵读的是享誉中外的孔子语录《论语》。”

“黄发垂髫”说的是老人和儿童，以上两处的“黄发垂髫”显然用得都不正确。

“黄发”是指老年人，这个词最早出自《诗经·鲁颂·閟宫》中的诗句“黄发台背”。“黄发”是说老年人头发由白变黄；“台”通“鲐”，“台背”是说老年人背上生斑，如鲐鱼背。东汉王充《论衡·无形》中也曾说“人少则发黑，老则发白，白久则黄”。古代文献中，常用“黄发”来形容年老高寿者。“髫”，儿童垂下的头发。“垂髫”是指孩童。古人蓄发，孩童头发自然下垂，而到成年之后，便束发行冠礼。

“黄发垂髫”最出名的用处是在陶渊明的《桃花源记》：“黄发垂髫，并怡然自乐。”把“黄发垂髫”仅仅理解为是指老人或指孩子，都是不正确的。“黄发垂髫”的“黄发”，与“黄毛丫头”的“黄毛”不是一回事。

薛涛的年代与身份

◎梅晓华

高中《语文》第四册（人教社2002年必修版）收录的《闺塾》一文，对“薛涛笺”的注释为：“薛涛，唐末四川名妓，善诗文，工小楷，自制红色的彩笺。”笔者认为此注有误。

首先，说薛涛是“唐末”时期的人不准确。

中国文学史根据唐诗的发展，将唐代分为四个时期。从唐王朝建立到睿宗时期为初唐，这一时期以“初唐四杰”和陈子昂为代表。唐开元、天宝年间称盛唐，其间产生了伟大的诗人李白和杜甫。其后从代宗到敬宗宝历年间称中唐，最有名的是代宗时期的“大历十才子”和白居易、韩愈、柳宗元等。从文宗太和、开成之后到唐亡的七八十年，一般称晚唐，最有名的是杜牧和李商隐。

薛涛生于代宗大历元年，也即公元766年，卒于文宗太和五年，也即公元831年，享年六十五岁。死时，剑南节度使段文昌为她亲手题写了墓志铭，并在墓碑上刻写“西川女校书薛涛洪度之墓”。当时与薛涛交往的名流才子甚多，著名的诗人白居易、刘禹锡、张祜以及高官牛僧孺、令狐楚等人都与薛涛有诗文酬和。唐宪宗元和四年（809）春，薛涛与监察御史元稹相爱，并一起度过了一年多的甜蜜时光。

由此可知薛涛主要生活在中唐时期，也即德宗至敬宗期间。

其次，注释中称薛涛为“名妓”，似也欠妥。现代汉语中的“妓”“妓女”义为以卖淫为业的女人。一看到“名妓”二字，就让人以

“刮目相看”与“另眼相看”

◎杨韦萍　周正夫

目前，湖北省小学生使用的是义务教育课程标准实验教科书，四年级下册《语文》课本中有一篇小文章《手不释卷》，讲的是吕蒙勤奋好学的故事。文中鲁肃称赞吕蒙，吕蒙回答说：“人分别三天，就得另眼相看，咱们分别这么久，你怎么还用老眼光看我呢?”生活中，常用“士别三日，当刮目相看”来形容一个人前后变化大，有很大的进步，人们不应再用老眼光看待他。教科书中的“另眼相看”，应改为“刮目相看”。

“刮目相看”的故事，出自《三国志·吴志·吕蒙传》裴松之注引的《江表传》，原文是：“肃拊蒙背曰：‘吾谓大弟但有武略耳，至于今者，学识英博，非复吴下阿蒙。’蒙曰：‘士别三日，即更刮目相待。’”

“刮目相看”与“另眼相看”看似意思差不多，实则差别很大。“刮目相看”强调“用新的眼光看待”；而“另眼相看”强调“用另一种眼光去看待，即特别重视”。这两个成语都有比较的意味，但比较的对象不同。“刮目相看”是纵向比较，比较的是一个人（或团队）的前后期，比如吕蒙之前是一个只懂武略的将军，他听从了孙权多读书的建议，成了学识广博的儒将，进步很大，当然不能再用老眼光来看待他了。而“另眼相看”是横向比较，比较的是某个人（或某种人）与所属的团体的其他人，如：“工作上他总是兢兢业业，从不耍小聪明，同事们对他总是另眼相看。”

为薛涛是一位有倾国倾城之貌的风尘女子，其实不然。薛涛十四岁时，曾在京都任过官吏的父亲溘然长逝，抛下她及母亲裴氏。她凭着自己的天生丽质和通晓诗文、擅长音律的才情，开始在欢乐场上侍酒赋诗，弹唱娱客，并成了成都红得发紫的高级歌妓，又被人们称为“诗妓”。诗妓卖艺不卖身，不同于娼妓。

向你挑战

天价大红袍

（文中有10处差错，你能都找出来吗？答案见本期）

◎毛素云　设计

前不久，市场上出现了10万元1斤的天价大红袍。人们不禁好奇：大红袍为何这么贵？

大红袍产自素有"碧水丹山"美喻的武夷山区。这里不仅是风光秀丽的景区，而是历史悠久的茶乡。武夷制茶始于唐代、宋代列为供品、元代设置御茶园、明末清初开始研制乌龙茶。

武夷山乌龙茶为全发酵类茶，以岩茶品质为优。武夷岩茶中，正岩茶最优，产自武夷山岩中心地带；半岩茶次之，产自武夷山岩边缘地带，洲茶再次之，产自武夷山区溪涧两岸。武夷山以外的"岩茶"为外山茶，已非正宗了。

大红袍茶树仅6棵，长在武夷山区中心部位九龙窠的峭壁之上，树龄已有数百年。由于生长环境优异，大红袍成品香浓味厚，"岩韵"独特，为武夷岩茶中的姣姣者，号称"武夷茶王"。

6棵古树在年成好时，产茶也不过数百克，价格历来昂贵。民国时1斤大红袍值64块银元，当时可买大米4000斤。2005年，20克大红袍拍出了20万8千元的高价，算来1斤要超过500万元了。

10万元1斤的大红袍并非产自古树，当地政府几年前就已将它们封存保护了。目前武夷山种植的大红袍，都是以6棵古树为母本，用无性繁殖的方法育苗推广的。据专家鉴定，优质的种植大红袍，品质毫不逊色与母树。人工培育的成功，使普通消费者享用稀世大红袍成为可能。然而，大红袍虽好，"天价"频现的市场，却潜伏着巨大的危险。

前几年，普洱茶经历过一次疯狂炒作，价格屡创新高。而今，泡沫破灭，当年的天价普洱已不知所踪，受到伤害的是茶农和盲目跟风者。前者采下的茶青，价钱一跌再跌，而后者高价囤积的普洱，再也没有机会解套。

但愿大红袍不会成为又一个普洱茶。

"我也是90后啊！"
——本刊祝贺顾问张斌教授90大寿

记者　金柬生

张老手捧鲜花，笑容可掬

欣逢著名语言学家张斌教授90大寿，本刊于2010年12月为张老举行了庆祝宴会。

寿宴由本刊主编郝铭鉴先生主持，副主编王敏、黄安靖分别向张老敬献鲜花与寿礼，感谢张老16年来对本刊的支持与指导。金文明先生代表编委向张老致辞，敬佩张先生宝刀不老，老当益壮。何伟渔先生、金文明先生和郝铭鉴先生都是张老的学生。何伟渔先生代表"老弟子"向恩师拜寿，恭祝张老身体健康，长命百岁。

张斌教授生于1920年1月，如今实龄已超过90岁，他因此笑称："我也是90后啊！"张老的幽默赢得大家开怀欢笑。

张老将自己度过的90年分为三个30年，每个30年都可用两个字来概括。第一个30年（新中国建立前）是"求生"，那时候物价飞涨，战争不断，连生存都不容易。第二个30年是"求安"，生存没问题了，但"运动"连连，多有折腾，所以要力求安定、安宁、安心。第三个30年（改革开放后）是"求得"，这个"得"是"心得"之"得"，是收获，是学术成果。张老说，最近30年，才是自己学术研究收获最大的时期。

寿翁与编辑部同仁合影

张老与何伟渔编委亲密交谈

图中差错知多少？

彭　玮　孙荣欣
木子李　景　祥　供稿

（答案在本期找）

	1
3	2
4	

YAOWEN-JIAOZI

咬文嚼字®

2
2011

欢迎至邮局订阅本刊 邮发代号 4-641
国内统一刊号 CN31-1801/H
定价：3.00元

上海文艺出版(集团)有限公司

雾里看花

“交物”何物

黄庆春

这张照片拍于山西省太原市某处。有人说，这是一家位于“交物路”上的“桥建设有限公司”；也有人说，这是一家取名“山西交物”的“路桥建设有限公司”。其中的“交物”究竟指什么呢？猜猜看，答案见本期。

卷首幽默

“公鸡蛋”？

张应族/文　　叶　珺/画

曾到某超市买过一袋鸡蛋，回家一看，条码标签上印的竟然是“无害公鸡蛋”。真是咄咄怪事，公鸡下蛋的事情居然成真了！丝毫不敢大意，赶紧回超市问个明白。原来是电脑录入员粗心，将“无公害鸡蛋”误成了“无害公鸡蛋”！

“鸡蛋”前冠以“无公害”三字，其实也是商家摆的一个噱头，姑且不去说它。

咬文嚼字®
2011年2月1日出版
2
总第194期

主管：上海文艺出版（集团）有限公司
编辑：《咬文嚼字》编辑部
集团网站：http://www.shwenyi.com
E-mail：yaowenjiaozi2@163.com
电话传真：021-64330669
发行电话：021-60878388
邮购电话：021-60878392
地址：上海市打浦路443号荣科大厦17楼
邮政编码：200023
发行：上海市报刊发行局
发行范围：国内外公开
订阅处：全国各地邮局
国内代号：4-641
ISSN1009-2390
CN31-1801/H
印刷：江苏太仓印刷厂有限公司
广告经营许可证：沪工商广字
3100320050020号
定价：3.00元

特稿

2010年十大流行语

《咬文嚼字》编辑部

说明

2010年十大流行语是由本刊广大读者推荐，经语言文字专家多次讨论评议后共同选定的。以下三种情况未列入评选范围：第一，一般的新闻词语，比如"世博会""房产税""富士康"等。第二，指某种文体的，比如因其作者获鲁迅文学奖而引起热议的"羊羔体"，"爱××，不爱××"的"凡客体"等。第三，按一种模式形成的临时组合，如涨价系列中的"蒜你狠""豆你玩""姜你军""糖高宗""油你涨""苹什么"等。

一、给力 字面意思是"给予力量"，引申指"酷""棒""爽"。它出自网友配音的日本动画片《西游记·旅程的终点》——唐僧师徒历经磨难到达天竺，发现那里只有一面写着"天竺"二字的小旗，孙悟空抱怨道："这就是天竺吗？不给力啊！"该动画受到网友追捧，"给力"也由此流行。2010年11月10日，"给力"登上《人民日报》头版头条，这被视为权威媒体认可网络词语的标志性事件，美国《纽约时报》也因此发文介绍"给力"。

二、神马都是浮云 "神马"非马，而是"什么"的谐音；"浮云"则指转瞬即逝的事物。两者结合，意思就是"什么都不值得一提"。它的流行，源于2010年国庆期间的网络"小月月"事件。风传一时的"小月月"，以匪夷所思的言行雷倒众生，引得网友感叹："神马网络豪放女，浮云！都是浮云！"流行语"神马都是浮云"由此产生，它可用于抱怨，可用于感叹，还可用于表达超然的心态，成为许多人的口头禅。

三、围脖　“织围脖”是当今时尚。其中的“围脖”，指的是“微博”，是“微型博客”的简称。“织围脖”即“写微博”。与博客相比，“微博”使用方法更简便，信息传播更迅捷，因此深受用户青睐。如今互联网已迅速进入“围脖时代”，不仅名人热衷于“织围脖”，普通人也乐于成为“织男”“织女”。

四、围观　无事围观，曾被鲁迅斥为国人陋习。但如今流行的“围观”义为关注，不再含有贬义。《南方周末》曾发表文章《关注就是力量，围观改变中国》，认为公民的围观，民意的关注，可以“让良知默默地、和平地、渐进地起作用”，最终会促进公权力的合理使用。广州亚运会期间，从抵制番禺垃圾焚烧，到呼吁改变地铁惠民方式，自发的公民“围观”引人瞩目。

五、二代　“代”有世系相传的辈分的意思，“二代”即第二代。如今社会，“二代”丛生：官二代、富二代、穷二代、文二代（作家子女）、星二代（明星子女）、农二代（农民工子女）、独二代（第二代独生子女）……，甚至姚明的孩子也被戏称为“姚二代”。“二代”如此流行，是与社会结构的板结化不无关系的。

六、拼爹　“拼爹”的“拼”是比拼。短兵相接要“拼刺刀”，扳手腕要“拼力气”，马拉松要“拼耐力”。“拼爹”则拼的是“爹”的地位和实力。“我爸是李刚”“我叔是金国友”，都是典型的“拼爹”语言。这类词语的流行，反映的是大众对社会不良现象的不满情绪。

七、控　如今，超喜欢长头发的人叫“长发控”，半夜醒来还忍不住要发一条微博的叫“微博控”，拿着世博护照遍场跑馆盖章的人叫“敲章控”，疯狂参加圣诞活动的叫“圣诞控”。这些“控”，是指极度喜欢某种事物的人。“某某控”的结构是从日语借来的，而日语中的这个“控”则源于英文单词complex（情结）。日语中“控”的读音与complex开头的音相近，日本人就用“控”来表示具有某种情结的人。用“控”对译complex（情结），既有读音的对应，又有意义的结合——深爱某个对象，不就在相当程度上被控制了吗？

八、帝 帝，本义是封建社会的最高统治者，如中国的“康熙皇帝”，外国的“彼得大帝”。流行语中指某些领域成就大、造诣高的人，如“影帝”。如今，只要拥有某一特点即可称“帝”。2010年，各种人物频频称“帝”，如“数钱帝”“表情帝”“体操帝”“贺岁帝”等，而最有名的“帝”却不是人而是预测南非世界杯足球赛的德国章鱼保罗，它预测八场，场场皆中，被称为“章鱼帝”“保罗帝”“预测帝”。

九、达人 中国古代就有“达人”一词，指通达事理的人。“达人”被借入日语后含义发生了变化，如今又从日语传了回来，指见多识广、对某方面懂得透彻的人，如“网络达人”“理财达人”“社交达人”等。2010年东方卫视举办的选秀节目“中国达人秀”，引得万众瞩目，“达人”一词更是遍地开花。

十、穿越 传统的“穿越”，对象是空间，如“穿越边境”“穿越沙漠”；现在流行的“穿越”，则是“穿越时空”的简称，是文艺作品中一种展开情节的流行手段。穿越电影、穿越电视剧、穿越小说等共同的特点，是人物会不断地往来于不同的时空。这种时空的错乱，容易造成受众的费解或误解，于是，“穿越”又有了“玄”“乱”“令人莫名其妙”等意思。

语丝

聂耳妙对惊四座

◎耿永德

一九三五年夏，聂耳到日本后受到音乐界友好人士的热烈欢迎。席间，一个自称精通汉语的日本记者问聂耳：各个国家都有国歌，你们共产党人何时才能建立起新国家，拥有自己的新国歌？聂耳说：我们在不久的将来会建立和平民主的新中国，届时国歌也会随之而生。

那记者嘻嘻一笑：你能对上我的出句吗？随即吟道：

各国国歌歌各国

四座友人都替聂耳捏了一把汗。

聂耳从容不迫，说道：我先解释一下，我国古代宫殿前装饰用的大石柱叫『华表』……说罢即吟出对句：

中华华表表中华

现场掌声雷动，经久不息。

众矢之的

谁家周刊最给力(二)

本期目标：

《凤凰周刊》

2010年第28期

何来“惮精竭虑”

◎陈关春　屠林明

2010 年第 28 期第 10 页刊载的《国民党当心骨牌效应》一文说：“上面那一段子贡谈话当然不是在帮商朝纣王讲话，而是藉着商纣在讲一个道理，那就是统治者从坐上位子的第一天起，就要惮精竭虑为民服务……”其中的“惮”字应为“殚”。

“殚”读作 dān，尽、竭尽的意思；“殚精”，拿出全部的精力。在语法结构上，“殚精”与“竭虑”都是动宾式，“殚精竭虑”是一个并列式的联合短语，意思是用尽精力，费尽心思。我们在说到一个人对工作与事业十分专注、高度投入时，往往描述他是“殚精竭虑”，这便是对他的一种肯定与称誉。鲁迅《花边文学·商贾的批评》：“着眼在经济上，当然可以说是进了一步，但这‘殚精竭虑用苦工夫去认真创作’出来的学说，和我们只有常识的见解是很不一样的。”

“惮”和“殚”形似音近，读作 dàn，怕、畏惧的意思，说的是一种心理状态。比如，“不惮”就是不惧怕；“肆无忌惮”就是任意妄为，毫无顾忌。“惮精竭虑”，无论在意思上还是结构上都是讲不通的。

“中澳两地”提法大不妥

◎黄典荣

澳门特别行政区直属中央人民政府管辖。屈指算来,其成立至今已有11年。但是在一些媒体的文字表述上,仍然出现“中澳”的说法,把“中国”与“澳门”并提。《凤凰周刊》在其2010年第28期刊载的《何、霍共治“澳博”幕后》一文中,竟两次出现“中澳两地”的措辞:

① 摆在霍家眼前的,是如何稳定澳门霍英东基金会的资金来源,不影响中澳两地的公益事业。

② 据悉,霍英东为其慈善事业打下千秋万世基础,希望细水长流,造福中澳两地。

上述两句话中的“中澳”,显然是指“中国”和“澳门”。这无疑是一种在政治上很不得体的提法。

众所周知,澳门包括澳门半岛、氹仔岛、路环岛三部分,自古以来就是中国的领土。16世纪中叶以后,葡萄牙殖民者开始陆续侵占澳门。1987年,两国政府签署《中葡关于澳门问题的联合声明》,约定中国政府对澳门恢复行使主权的具体日期。1999年12月20日,澳门如期回归祖国大家庭的怀抱。权威机构对新闻报道中的有关用语曾作出明确规定。2006年公布的《新华社新闻报道中的禁用词(第一批)》中说:“香港、澳门是中国的特别行政区,台湾是中国的一个省。不得将台湾、香港、澳门与中国并列提及,如‘中台’‘中港’‘中澳’等。”《凤凰周刊》在华人社区有着相当的影响力,在涉及国家领土、主权的大问题上,应特别注意遣词造句的准确性。

“征订”与“订阅”

◎李荣先

第28期《凤凰周刊》刊有一幅发行广告(第59页)。广告中说:“《凤凰周刊》征订的读者可享受……”，“凡180元征订本刊的用户……”。这就不免让人产生疑惑：到底是谁在搞“征订”？分明是期刊社在向读者“征订”，怎么能说“征订本刊的用户”？上述广告中的两个“征订”，均应改为“订阅”。

“征订”与“订阅”都是动词，词义有别，主要是行为主体不一样。

所谓“征订”，就是征求订阅。其行为主体是出版发行单位。在报刊图书的征订活动中，出版发行单位是主动者，是施事一方，而潜在的读者则是受事一方。

所谓“订阅”，则是预先付款订购将要出版的报纸、期刊等。其行为主体是广大订户。比如，“订阅各种报纸，关心时局动向”。

上述《凤凰周刊》的广告，是在邀请读者预订其出版物。但由于误用了“征订”一词，就把施事与受事搞颠倒了。

“伐柯伐柯，其则不远。”在第95页还有一则该刊的发行广告，广告中说“欢迎订阅2011《凤凰周刊》”。其中的“订阅”用得就十分准确。

给“历任总统”送表？

◎裘简洁

第28期《凤凰周刊》封底，在介绍了REVUE THOMMEN表厂出品的“总统表”名称的由来后，先说1947年杜鲁门总统对此表产生兴趣并购买了一枚；接着又说，“自此，每位美国总统上任时，瑞士驻美国大使都会代表REVUE THOMMEN表厂赠送一枚机械响闹表予历任总统”。这话大有问题。试问，谁人有能力给美国“历任总统”送表？

“历”，统指过去的各个或各次；“历任”，过去每一任。按照上述广告语的字面意思，从第33任总统杜鲁门开始，每当新的一任美国总统上任时，其他“历任总统”都会跟着沾光，获赠一枚机械响闹表。这就闹了笑话——在“总统表”问世的1947年，杜鲁门之前的美国总统大都已不在人世，瑞士驻美国大使又怎么去给他们送表呢?

事实上，我们揣摩文意不难明白，广告是想说自杜鲁门开始直至奥巴马的12任总统，每位在上任时都获赠了一枚 REVUE THOMMEN 表厂出品的机械响闹表，如此而已。可是，笼而统之地来一个“历任总统”，就把话说得无法收场了。

是“弟子”，但非“私淑弟子”

◎李景祥

《凤凰周刊》登载的《此情可待成追忆》是一篇书评，其中讲到了书的作者赵越胜的一段交游经历：“赵越胜年轻时，因偶然的机缘结识北京大学伦理学教授周辅成先生……听课、赠书、通信、喝茶聊天、漫步未名湖畔的精神游荡、学理上的循循善诱，让年轻时有点不知天高地厚的赵越胜，一步步地趋近西方哲学传统中最精义的核心……周先生对古典音乐的爱好……影响着他这个私淑弟子的精神成长。”这里的“私淑弟子”用得不妥。

“私淑弟子”语本《孟子·离娄下》：“予未得为孔子徒也，予私淑诸人也。”赵岐注：“淑，善也。我私善于贤人耳。盖恨不得学于大圣人也。”后来用“私淑”表示未能亲自受业，但敬仰其学术并尊之为师。“私淑弟子”，就是未亲身受业的弟子。比如，爱国民主人士柳亚子先生从未见过革命导师列宁，曾自称是“列宁私淑弟子”，还刻有一方“私淑列宁”的闲章。朱自清《燕知草序》一文中也用过这个词：“所奇者，他的文笔，竟和(俞)平伯一样，别是他的私淑弟子罢。”要言之，凡谓甲是乙的“私淑弟子”，则表明甲与乙并没有学业上的直接接触。

根据上述文章的内容，赵越胜与周教授结缘三十余年，两人已不是泛泛之交。赵直接聆听过周的课，两人之间还有“赠书、通信、喝茶聊天”等亲密交往。既是如此，又怎能说赵是周的“私淑弟子”呢?

借题发挥

如此倡议太荒唐

◎刘文华

2010 年 10 月 19 日,《新安晚报》A15 版有篇报道:《圆明园发布流散文物全球倡议书》。乍一看,让人哭笑不得:难道早已成为废墟的“万园之园”的文物流散得还不够,还要倡议全球加大力度继续流散?

“流散”即“流落散失”,圆明园遗址公园绝对不会倡议“流散”园中的文物。该报道抬头有“据新华社电”字样,笔者上网搜索相关电文,原电分明是“圆明园遗址公园向全球发出流散文物回归倡议书”,并且还授予成龙先生“圆明园文物回归形象大使”称号。《新安晚报》竟然遗失了“回归”一词,意思全拧了!编辑先生,不能不慎啊!

> **圆明园发布流散文物全球倡议书**
>
> 成龙担任文物回归形象大使
>
> **据新华社电** 一个半世纪前的10月18日,一场熊熊燃烧的大火将圆明园这座人类艺术的瑰宝化为灰烬;一个半世纪后的10月18日,屹立了百年的残梁断柱在蒙蒙细雨中向世人诉说着它过往的沧桑。

“冠”能“折”吗

◎陈关春

2010年11月18日，《解放日报》第6版刊有《通用汽车IPO扩容有望全球折冠》的文章，其中说的是：通用汽车公司首次公开募股（IPO），投资者认购热情高涨，融资可能超过中国农业银行221亿美元的规模，成为全球最大规模的首次公开募股。

标题中的“折冠”，用法有误。我们经常看到和使用的是“折桂”或“夺冠”，而不是什么“折冠”。《晋书·郤诜传》记载，郤诜举贤良对策，名列第一，皇帝问他有何感想，他说：“臣举贤良对策，为天下第一，犹桂林之一枝。”“桂林一枝”乃郤诜自谦之词，后世便以“折桂”喻指科举及第，今常用以比喻考试或比赛获第一名。上述标题如用“折桂”庶几可通。

古希腊人将月桂树枝叶编成冠冕，授予杰出诗人或竞技优胜者，后来便以“桂冠”指光荣的称号，现在多指竞赛中的冠军称号。既然有“桂冠”一词，是否能把夺得桂冠说成“折冠”呢？不能。因为“桂冠”即用桂枝编织的帽子，帽子是不能折的。如果把“折冠”的“冠”读成guàn，理解成“冠军”之义，可不可以呢？还是不行。因为冠军是体育健儿凭借自己的竞技能力“夺取”的，而不是“折”的，所以获得冠军常说“夺冠”，而不说“折冠”。

上述标题的“折冠”，可能是“折桂”与“夺冠”相混而成。

投资者热情高涨，美政府将持续出售股票以收回救助款

通用汽车IPO扩容有望全球折冠

新华社供本报特稿（杜鹃）熟悉通用汽车公司首次公开募股（IPO）情况的消息人士16日说，鉴于投资者认购热情高涨，通用汽车首次公开募股规模可能扩大31%，不排除成为全球最大。

美联社援引拒绝公开姓名消息人士的话报道，通用汽车首次公开募股规模将扩大31%至4.78亿股股票。通用汽车本月初宣布，首次公开募股将出售3.65亿股股票。大部分新增股票将信托基金也将增售一小部分股票。

通用汽车公司本月初向美国证券交易委员会递交首次公开募股申请，计划公开发行100亿美元普通股和30亿美元优先股。加上超额配售，首次公开募股有望融资156亿美元。

根据消息人士所说，如果算上通用汽车即将出售的优先股，首次公开募股可能融资超过220亿美元，超过威士（又译“维萨”）公司2008模，成为美国历史上最大规模首次公开募股，甚至可能超过中国农业银行221亿美元的融资规模，成为全球最大规模首次公开募股。

通用汽车已连续三个季度盈利。首次公开募股的消息宣布后，投资者认购热情高涨。路透社17日援引知情人士的话报道，截至16日晚些时候，通用汽车获得的普通股认购单价值已超过700亿美元。

标签的重要一步。美联社报道，政府期望利用这次公开募股，以及在今后两年多时间里继续出售通用汽车股票，收回所有救助款。美联社预测，如果政府在首次公开募股时以每股33美元价格出售4.12亿股，将盈利136亿美元，所持股份将降至33%；如果政府今后以每股将近53美元价格出售手中剩下5亿股，可赚取264亿美元。另外，美国政府年内有望获得通用汽车偿还的95亿美

露葵如何"辄"

◎安克富

2010年9月15日,《中华读书报》第19版刊有《山中习静观朝槿　松下清斋辄露葵》一文。文章题目取自唐代诗人王维《积雨辋川庄作》诗,熟悉这首诗的人一看便知,其中"辄露葵"之"辄"是"折"字之误。

习静：习养静寂的心性。朝槿:木槿,夏季开花,朝开暮落,故称朝槿。清斋:吃素。王维奉佛,不吃荤菜。露葵:一种蔬菜,以霜落时最佳,故称露葵。"山中习静观朝槿,松下清斋折露葵"的意思是,我在山中修身养性,有时观看朝开暮落的木槿花,有时在松下采摘露葵。诗句描绘了诗人隐居辋川山庄极富禅意的生活情景,颇为生动。

"折露葵"即采摘露葵。辄,古代本指车厢左右两板,后用作副词,表示擅自、就、总是等义。"辄露葵"显然讲不通。

山中习静观朝槿　松下清斋辄露葵

"真是一派天机流行,了无阻碍。倚回廊,观游鱼,往来自如,倏忽聚散,明白濠上鱼乐的一点真谛。"

这段文字说鱼藻画的笔墨布局,品画作里透出的真意,并能更上层楼,由此看到我古典文化的精微之美,点出"活泼泼地"生生不息之境界。

在《王羲之和中国书法》一章里,作者描摹自晋代至民国的书法历程,并一语道著书法的精义:"连最抽象的意识,书法都能曲予传达,如龙飞凤舞的运动感,庄严方正的立体感,轻云蔽月之缥缈感,落拓不羁的豪放感,……

论美谈艺的文字,他是继宗白华先生之后的又一人,文字境界上,二位又各有胜场。宗先生的文字空灵清雅,极善以最精微的文字做高远且准确的概述,比如他的《论〈世说新语〉和晋人的美》,其中说到魏晋人向外发现了山水自然的美丽,向内发现了自己的深情。这对后来读者而言,便是如醍醐灌顶的豁然开朗。

而李霖灿的文字,少概述,多精醇本色的细致描摹,用他的话说,"这是由于我是西湖艺专的学生,对绘画有入门之功。而且还由此形成……

道释仙佛的画像讲古代的肖像画:"肖像画的最高追求,不仅是形似的准确,更重要的是神情的摄取。道释画的最高目标则在于由平凡人的躯壳中,用艺术的手法,传达出超凡入圣的道行光辉。"

在《中国的花鸟画》(下)中说题跋对于画作的重要意义:"题跋正是图画的第三度空间。同样一幅果菜,一经品题,或牢骚满腹,或精彩绝伦,或严如秋霜,或美如春华,悲不可抑,乐不可支,都在作家大笔一挥之间。造化在手,喜乐由人,无适而不可也,不亦奇乎?"

一针见血

梅兰芳何曾“蓄发停演”

◎周　振

2010年11月22日—28日《书刊报》B3版《程砚秋挥拳打特务》一文有句话说：“梅兰芳也蓄发停演，坚决不做有辱民族气节的事情。”句中的“蓄发”是“蓄须”之误。梅兰芳从事京剧表演艺术，演的是旦角，男扮女装，所以平时他理西式发型，不留胡须，保持俊秀的外貌。上世纪30年代中期，日寇制造“华北事变”占据平津等地以后，梅兰芳不愿为日本侵略者服务，隐居起来，且不刮胡子，蓄留胡须，铁心不再唱戏。这叫“蓄须停演”。梅兰芳不是光头，干吗要“蓄发”！

范进不是清朝人

◎刘启松

那个时代，文人们的精神真是开朗向上，社会也真是和谐风雅。诗人赛诗，歌女唱诗，梨园弟子弹琴助兴，这是何等令人神往的事啊！再看看清朝范进中举的愚昧和疯狂，我们能不感慨吗？

这是《蒙曼说唐：长恨歌》(下)(陕西师范大学出版社出版)第183页中的一段话。《范进中举》是中学语文课本中的传统篇目，故事出自《儒林外史》，大家都很熟悉。把范进说成清朝人无疑不对。

《儒林外史》为吴敬梓(1701—1754)所作，吴敬梓是完完全全的清代人，生活的年代距明亡已近百年历史。但当时士林尚存明季遗风，士子们除作八股文外，对外事多不关心，以致人格畸形变态，成为“禄蠹”。吴敬梓对“八股取士”的制度深恶痛绝，作《儒林外史》旨在针砭科举之时弊。《儒林外史》反映的是康乾时期的士人生活，假托的故事却发生在明朝，说的是“明朝那些事儿”。对此学界没有异议。笔者在中学时学《范进中举》，记得课文插图中的人物就是明朝人的装束打扮。

“人言言殊”?

◎陈以鸿

2010年10月27日《新民晚报》A4版《海宝夜谈》栏目刊有《馆无第一》一文,文中有这样一句话:“出人意料的，却是人言言殊,各有所爱。”句中“人言言殊”应该是“言人人殊”之误。“言人人殊”是个成语,意思是:所说的话人人都不相同，指各人有各人的见解。汉语中没有“人言言殊”的说法。如果真是“人言言殊”,那就是一个人每句话都不同，一会儿这样说,一会儿那样说。这大概不是作者所要表达的意思吧。

“足足”的误用

◎程立海

《青年报》曾刊有题为“玉米痴等12小时　宇春：你好,谢谢!”的一篇文章,其中有这样一句话:“在玉米望眼欲穿地等待了足足半个多月之后，去年的超女冠军李宇春终于来到了上海,为她的首张个人专辑《皇后与梦想》举行签售。”“足足”有“丝毫不少,完全够数”的意思,其后一定要跟一个确数,而不是概数。如:他足足等了两个半钟头；写这本著作足足用去我一年时间。而“半个多月”是个概数,与“足足”搭配使用显然不通。

三十晚上月亮大?

◎鲜伟国

2010年7月5日,《中学生学习报》刊有《王羲之妙书春联》一文,文中讲了这样一个故事:人们十分喜爱王羲之的书法，常在夜里将王羲之贴在门上的春联揭走。不得已王羲之在一年除夕那天,让家人先将对联剪去一截,把上半截先张贴在门上——“福无双至,祸不单行”。夜里果然又有人来偷揭,可在月色下一看……

一般认为，春联是在五代才出现的,王羲之所在的东晋是没有贴春联的习俗的。况且大年三十是看不到月亮的，故事中“月色”用得也欠思量。总之，这个故事讲得漏洞百出，不合情理。

“观者如堵”无关交通

◎李光羽

《民国多少事》（九州出版社2008年版）第39页把“观者如堵”解释为“观看告示的人堵塞了交通”，此解有误。

“观者如堵”出自《礼记·射义》：“孔子射于瞿相之圃，盖观者如堵墙。”射为古代“六艺”之一，孔子射艺高超，观看的人围成了一道墙。“观者如堵”是“观者如堵墙”之省称，其中的“堵”指墙，与堵塞交通无关。

“吸吮”的“吮”如何读

◎王自治

《多情的土地》是一首深情动听的歌曲，经过男中音歌唱家杨洪基和女中音歌唱家关牧村的演唱，此歌家喻户晓。但美中不足的是，两位歌唱家都把“我时时都‘吸吮’着大地母亲的乳汁”一句中的“吮”唱成了 yǔn。大概两位歌唱家犯了读半边音的错误。“允”确实读 yǔn，但加上“口”旁的“吮”应读 shǔn，再读 yǔn 就错了。

陶渊明发现了“桃花源”？

◎李万辉

不久前，湖南电视台娱乐频道的《绘声绘色》栏目播出了一个《寻找桃花源》的节目。节目中女主持人提到了东晋诗人陶渊明及其作品《桃花源记》，她说：“《桃花源记》说的是有一天陶渊明发现了桃花源这个地方……”此言差矣。

《桃花源记》原是陶渊明《桃花源》诗前的序文，所叙述的故事纯属虚构。文章开头是这样的：“晋太元中，武陵人捕鱼为业。缘溪行，忘路之远近。忽逢桃花林，夹岸数百步，中无杂树，芳草鲜美，落英缤纷。渔人甚异之，复前行，欲穷其林。”由此可见,《桃花源记》描述的是武陵郡(今湖南常德)一渔人无意中发现了桃花源,而不是作者陶渊明自己发现了桃花源。

“属”字的读音

◎解志维

2010 年 4 月 20 日,央视“科学·教育”频道《百家讲坛》栏目播放袁腾飞先生讲述的《断腕太后》。辽太后生有三子,太宗驾崩,太后临朝称制,属意三子耶律李胡。袁先生把“属意”的“属”读作了 shǔ,这明显有误。属有二音。一读 shǔ,表示从属、归属、属相、金属、家属等;一读 zhǔ,表示连接、撰写、专注等。属意,即意向专注于(某人或某事物)。其“属”是“专注”之义,所以应读 zhǔ。

“武大郎开殿”?

◎高良槐

2010 年 9 月 24 日,《杂文报》第 6 版刊有《赵丹遗言的人才考量》一文,文中说:“如果选才、用才总把‘政治正确’放在第一位,要求人才听话、驯服,那就只能是‘武大郎开殿’,在客观上压制、扼杀人才。”引文中的“武大郎开殿”应为“武大郎开店”。

人们常把那些压制、打击别人,不择手段抬高自己的行为,喻之为“武大郎开店”。这和漫画家方成先生的一幅作品有关。店指出售货物的铺子。殿指高大的房屋,特指供奉神佛或帝王接受朝见、处理国事的高大房屋。看过方成作品的人都知道,武大郎开的是“店”,只招收比自己矮的店小二,和“殿”沾不上边。

苏洵怎能“六国封相”

◎忻达理

2010 年 2 月 2 日,央视戏曲频道曾播出《淮剧一家人·陈澄》,在提到传统戏《苏秦六国封相》时,字幕上出现的却是《苏洵六国封相》。这是哪儿跟哪儿呀!

苏秦(?—前 284),战国时期的政治家,东周洛阳(今河南洛阳市东）人。曾鼓吹“合纵”政策说服六国联合抗秦，秦国因此十几年不敢向函谷关以东用兵。所以苏秦有六国封相之荣耀。苏洵（1009—1066）字明允，眉州眉山（今属四川）人，北宋散文家，与其子苏轼、苏辙合称“三苏”，俱被列入“唐宋八大家”。此“苏”非彼“苏”，岂可混为一谈！

怎能“陪他上路”

◎齐门居士

《武汉晚报》曾刊有《安保队员勇斗歹徒殉职　众人含泪送别英雄》一文，其中有这样一段话：“他不是一个人。清晨的武昌殡仪馆，父母亲朋来了，并肩作战的队友来了，被他帮助过的百姓自发来了。还有，虚弱的妻子带着腹中的宝贝，陪他上路……”其中“陪他上路”让人毛骨悚然。

陪，即随同作伴，也就是别人做什么也跟着做什么。迷信认为人死后灵魂去往阴间，“陪他上路”即陪同他到阴间去。英雄去世后，其妻子绝不能带着腹中的宝贝“陪他上路”！如果把“陪”改成“送”就无问题了。

谁被判处火刑

◎李德辉

《中国少年儿童百科全书》（浙江教育出版社出版）中有《生命换来的“血液循环”》一文，文中说：英国生理学家威廉·哈维（William Harvey, 1578—1657）因发现人体血液循环，冲破了古罗马医学家盖伦（Galen, 129—199）关于血液流动的错误论断，而触犯了当时教会的权威，此学说被当作异端邪说。哈维因此被宗教法庭判处火刑，最终被烧死。这一说法是不正确的。

其实，因“血液循环理论”而被宗教法庭判处火刑的人是西班牙生理学家塞尔维特（Servetus, 1511—1553）。塞尔维特通过对人体解剖生理学的研究，发现了血液小循环（即心肺循环）。1553 年，他出版了《基督教的复兴》一书，其中用 6 页左右的篇幅描述了血液小循环的情景。塞尔维特的学说触犯了宗教的权威，被扣上异端的罪名，革除教籍并判处火刑。1553年10月27日，塞尔维特在刑场被火烧死。

英国生理学家威廉·哈维虽然在“血液循环理论”研究方面也取得了辉煌的成就，其《动物的心血运动及解剖学研究》，成为奠定近代生理学基础的伟大著作之一，但他并未因此被判处火刑。

向中国借炮的是苏俄红军

◎朱建芳

2007年12月27日，《江南都市报》B19版刊有《苏联红军曾向中国借大炮》一文，文章说：1919年中国海军为彰显主权，北上至黑龙江口北岸庙街一带。新生的俄国苏维埃政权的军队，为了对付白俄军队和日本干涉军，向中国海军借大炮。但此文的大小标题均称苏俄红军为“苏联红军”，这是一个违背历史常识的错误。

1917年，俄国十月革命成功之后，列宁创建了红军。但这时的红军应称苏维埃红军或苏俄红军，而不能称苏联红军。因为苏联即“苏维埃社会主义共和国联盟”，是1922年底由俄罗斯联邦、乌克兰、白俄罗斯和外高加索联邦（阿塞拜疆、亚美尼亚、格鲁吉亚）四个苏维埃社会主义共和国组成的。后来加盟共和国扩大到15个。1991年底苏联解体，前后存在了69年。所以，只有在1922年底至1991年底苏联存在的69年中，其军队才叫苏联红军。

“两权相害取其轻”？

◎阳拥军

电视连续剧《我的青春谁做主》第11集中，雷蕾对霹雳说：“两权相害取其轻……”同步字幕上也作：“两权相害取其轻……”毫无疑问，这是“两害相权取其轻”之误。权，即权衡。“两害相权取其轻”，意思是在无法避免的两种伤害中权衡，通常都会选择伤害较轻的一种。“两权相害取其轻”则说不通。

万物皆可“控”

◎章彦婷

我是标准的睫毛控、面条控、袜子控，非典型的学院风控、包包头控，你是什么控？

我是魔兽控、蹭饭控、塔罗牌控。

别见怪，这可不是江湖侠客在对暗号，而是“控”一族相识时的开场白。眼下，“控”正华丽地登上时尚的舞台，掀起滚滚热潮。不说“××控”，就如被撕下了个性标签，只能泯然众人矣。

“控”者何意？简单地说，“控”就是对某些事物超级着迷、疯狂爱好的人。资深的“控”一族这样解释道：

(1)比如说你喜欢穿高跟鞋，然后买了N双高跟鞋，还是觉得不满足，继续买，继续穿，那么，你可以称为“高跟鞋控”。(《今日早报》2009年2月10日)

(2)某女超爱带格子的东西，买了很多巴宝莉的产品，那么她也算得上一个“格子控”了。(《熟男熟女》2009年第9期)

“控”来源于日本的动漫文化，最初指热切追求ACG(动画、漫画、游戏的简称)作品中各种角色的爱好者，后传入我国并迅速从各类动漫论坛风行开来，泛指极度喜欢某些事物而产生强烈情结的人。“控”出自日语“コン(con)”，取英文单词“complex(情结)”开头的近似音，音译为汉字就成了“控”。这个“控”字显然是日本文化渗入的一种表现形式。

“控”通常以“××控”的词形

出现,“控”是词缀,而喜欢的事物名称要出现在“控”字之前。例如:“绿茶控”,喜欢喝绿茶到了一看见就要买的程度的人;“镜子控”,对镜子很是喜爱,热衷于不断照镜子的人;“萝莉控”,对可爱的小女孩或者貌似小孩的年轻女子有特殊喜好的人;“御姐控”,非常迷恋成熟的强势女性的人。此外还有“明星控”“冰山控”“制服控”“烹饪控”等等。

“控”表示强烈的嗜好或喜爱,有时会给人走向极端的感觉,从而带有一点贬抑的色彩。但随着时间的推移,现在大家把普通的喜欢某些事物的人也称为“××控”,并不含贬义。

“控”作为词缀,几乎可以加在任何一类表示喜欢的事物的词语后面,因此有人形象地称之为“万金油词缀”。归纳“××控”的搭配情况,大体上可以分为三类。

第一种,“控”跟在名词后面,表示非常喜欢某物的人。例如:

(3)我同桌是零食控,我爸是电脑控,我妈是名牌控。(《楚天金报》2009年10月8日)

(4)为了换得更多更好的别致徽章,有的“徽章控”甚至到网店专门定制热门徽章,用来到园区内和他人交换。(《新闻晨报》2010年7月8日)

第二种,“控”跟在动词的后面,指痴迷于某种行为的人。请看:

(5)从《变形金刚》两部电影上映时的火热,不难看出年轻一族对童年向往所产生的“怀旧控”势不可挡。(《山东商报》2009年9月24日)

(6)很多年轻人一般不说我有发呆的兴趣爱好,但是可以冠冕堂皇地说我是“发呆控”,喷饭吧?(《今日早报》2009年2月10日)

第三种,“控”跟在形容词的后面,意为向往或喜欢处在某种状态中的人。例如:

(7)不仅国际上,放眼身边,“可爱控”比比皆是,不难发现时尚女孩身上的众多的可爱元素,蝴蝶结发卡、卡通手机袋,甚至连挎包上都会用一两个毛绒玩具来做装点。(《山东商报》2009年9月24日)

除了“可爱控”,还有“成熟控”“温柔控”“冷漠控”“强大控”

“给力”:从网络走向社会

◎金易生

江苏“给力”文化强省

这是《人民日报》(2010 年 11 月 10 日)头版头条的文章标题。广大读者对这个标题好评如潮。有的评论“给力”走进权威报纸是因为网络和现实生活的迅速互动;有的称赞《人民日报》正在“给力”地调整语言风格,更注重用读者喜闻乐见的亲民方式来表达;有的高呼《人民日

“傲娇控”等。

对于“控”的流行,浙江大学的黄健教授指出(参见《今日早报》2009 年 2 月 10 日):“控”跟以往的“兴趣爱好”“癖好”“粉丝”“迷”等词的意思相近,只是在形式上换了一件马甲。但对追求潮流时尚的“控”一族来说,马甲够新颖够劲爆才能充分彰显个性。“兴趣爱好”充满了上世纪的陈腐气息,“癖好”总有些贬斥的意味,“粉丝”关注的焦点仅是他人,“迷”温柔有余却冷峻不足。只有“控”,够潮够酷,动感十足,活力无限。在读音上更有一种不容分说的权威感和自尊感。

在“控”一族眼中,“控”不是恶趣味和怪癖,更不同于强迫症和偏执狂,而是一种积极的生活态度和生活方式。“‘控’是将个人健康积极的能量和个人的喜好最大化。”(《天津日报》2008 年 3 月 21 日)“控”给了他们施展个性的空间,也为他们打开了一扇特别的窗户,去尽情感受生活的精彩。

报》真“给力”,很“给力”,太“给力”了。可以说,这个标题成了新词“给力”从网络流行语走向社会流行语、从小众走向大众的转折点。

“给力”,在当时对于许多读者来说,可能是陌生的。《人民日报》编辑们机智而巧妙地在主标题之上添加了一个引题:

改革攻坚迸发动力,政策创新激发活力,厚积薄发释放能力

在读者的眼里,“迸发动力”“激发活力”“释放能力”简直就像“给力”的绝佳注解。

一石激起千层浪。一方面,从第二天起,“给力”如雨后春笋般地出现在各类媒体上,几乎没有一家报刊不用“给力”;另一方面,人们纷纷探求起“给力”的来源来。

开始的时候,称“给力”源于方言的有四种不同的说法:一、北方土话;二、东北话;三、闽南话;四、海南话。但是谁都没有提供可靠的“证据”。事实上查遍各种方言词典也找不到“给力”的踪迹。看来方言说只能“存疑”。

比较靠谱的源头也有两个版本。

第一,2009 年 12 月,几个学文学的大学生创立了一个“给力网”,倡导“雷人文化,给力生活”,希望大众能拥有激情、震撼和刺激的人生。“给力”与“不给力”是他们评判一篇文章精彩与否的标准。一个月后,给力网的注册会员达 2000 多人,这两个词就在这个圈子里流传和应用。2010 年 5 月南非世界杯期间,网友们喜欢用“给力”“不给力”评论球赛,如“西班牙太给力了!”“德国不给力!”渐渐地这两个词就成了网络流行语了。

第二,2010 年“五一”假期前,中国传媒大学播音与主持艺术专业 06 级四名同寝室男生决定用配音的方式纪念即将告别的学生时代。他们采用自己寝室里经常说的富有感染力和幽默感的语词,为日本搞笑动画片——“日和”之《西游记:旅程的终点》进行中文配音。5 分钟的动画一开始,唐僧师徒三人(猪八戒已仙去)历经磨难到达天竺,却发现所谓天竺只有一面上

书“天竺”二字的小旗子,孙悟空抱怨道:“这就是天竺吗?不给力啊!”该动画视频贴到网上,点击量居然突破一百万,不经意间“给力”“不给力”便成为网络流行语了。

也许正是这两个来源交相作用,提升了“给力”在网上的知名度和流行度。

据四人配音组成员说,“给力”这个词,是他们在寝室里从大一一直说到大四的。类似的语词还有一些,都是为了娱乐自己和周围的人。由此似乎可以推断,“给力”是一些大学生造出来的新词。

从构词的角度看,“给力”是动宾结构,完全符合汉语构词法。在现代汉语里,有一批“动词性语素+力”的词,如“卖力、发力、使力、用力”等。最近还有一个“给力”的近义词“助力”也十分流行。请比较两个标题:

(1)好天气“给力”飞行表演(《文汇报》2010年11月18日)

(2)科学发展助力产业转型(《文汇报》2011年1月5日)

这两个标题中的“给力”“助力”如果互换,全句意思基本不变。

在现代汉语中,也有一些“给+名词性语素”的词,如“给脸”等。北方话中有一个“给劲”也可看作“给力”的近义词。例如:

(3)腰,腿,全不给劲喽!无论怎么提腰,腿抬不起来;干着急!(老舍《骆驼祥子》)

“给力”起初是形容词,可以表示“牛”“棒”“酷”“爽”“精彩”“出色”等意思,而“不给力”则表示“失望”“遗憾”“不爽”“不好”等。例如:

(4)发黄金,发白银,长江村很给力。(《新民晚报》2010年12月4日)

(5)成绩“不给力”,透过分数看问题。(《新闻晨报》2010年11月31日)

后来,“给力”也常用作动词,表示“给予力量”“给予支持(帮助)”“加油”“加一把力”。《人民日报》的那个标题以及上文例(1)的“给力”都带了宾语,无疑是动词。也有不带宾语的,例如:

(6)职教,政府、行业、企业三驾马车“给力”。(《人民政协报》2010年12月29日)

话说“秋千”

◎陈璧耀

秋千作为一种游戏，现在多为儿童所喜爱。1986年国家体委曾制定过《秋千竞赛规则》(草案),此后秋千便被列入全国少数民族体育运动的正式比赛项目。

关于秋千的定义，各家辞书说法不一。《辞海》说是“体育活动用具”,《辞源》说是“传统游戏器械”,《现汉》说是“运动和游戏用具”。三者之中,似以《现汉》所说为好,比较全面。

关于秋千的起源,一般认为源自汉武帝的后庭绳戏。宋朝张有《复古编》说:“词人高无际作《秋千赋》。汉武帝后庭绳戏,本云千秋,祝寿词也。语讹转为秋千,后人讹为秋千。”按唐代词人高无际的说法,“秋千”原来是叫“千秋”的,取义“千秋万寿”,专用于祈祝汉武千秋之寿。汉武帝当年曾有长生之求，所以后宫盛行此千秋绳戏，无非是迎合武帝长生的欲望。只是后来不知何故，也不知何时颠倒了词序，错讹成了秋千,就一直错到了现在。

秋千自汉武帝的后庭绳戏至今已有两千多年的历史了，原来流行于北方，大致在南北朝时传到了南方。作为一种游戏,秋千在唐代时很盛行，是当时类似狂欢的一种娱乐节目。五代王仁裕《开元天宝遗事·天宝下》有一节文字叫“半仙之戏”,说:宫中妃嫔体态轻盈,在秋千上凌空飘荡时,身上的彩衣和绣裙随风飞舞，犹如飞天的仙女自天而降，唐明皇看得高兴,就赞之为“半仙之戏”。上有所好，下必甚焉。皇帝既有此喜好,长安市民自然竞相仿效,于是风靡一时。杜甫《清明》诗句“万里秋千习俗同”,所反映的便是当时这种风靡全国的景象。到了宋朝,秋千又翻出新的花样来，从陆地移到了水上，被称为“水秋千”。宋朝孟元老《东京梦华录》中就描绘了水秋千的表演情景：先是杂耍艺人在船尾表演上竿，然后是水秋千表演者登上秋千架荡秋千，荡到踏板与秋千架横梁将平之时的最高处，表演者就双手脱开绳索，凭借秋千的荡力，腾身跃至空中，并在空中翻筋斗，然后入水。这种表演，和现在的跳水运动非常相似。

秋千游戏，在古代多为女子尤其是大家闺秀“释闺闷”的主要娱乐活动。一般官宦之家的后花园似乎也多有秋千架。如《金瓶梅词话》二十五回写“吴月娘春昼秋千”，就描写了西门府众女眷在花园中扎秋千架和荡秋千的经过。此外，秋千在古代还常是一种季节性的活动，一般在清明寒食期间比较多。《古今艺术图》说“每至寒食为之”。之所以在清明寒食时比较多，唐人段成式《酉阳杂俎》解释说是“寒食有内修之虞，故令人作秋千蹴鞠之戏动荡之”。意思是说寒食节吃冷食难以消化，所以用荡秋千和蹴鞠的方式来活动筋骨，帮助消化。

“秋千”以前也写作“鞦韆”，这是因为古人拴秋千的绳索有以兽皮制成的缘故，所以以“革”为形符。革就是没有毛的兽皮。但“鞦韆”是后起的，曾是繁体的写法，现在汉字简化后又还原写作“秋千”了。

除了认为源自汉武绳戏之说外，还有认为“秋千”源自山戎的。清翟灏《通俗编》卷三一引《古今艺术图》说：“秋千，北方山戎之戏，以习轻趫者。齐桓公伐山戎，传入中国。”此说认为秋千原是古代北方少数民族山戎的一种游戏，是随着齐桓公打败山戎才传入中原的。也有认为源自古代西南的一个少数民族彝族，进而推论源头在古印度，是从南亚传到中国来的。这些说法皆属推测之辞，很少有人采信。

《火眼金睛》提示

图1，“售馨”应为“售罄”。
图2，“徤儿”应为“健儿”，“广洲”应为“广州”。
图3，“羸大奖”应为“赢大奖”。
图4，“吻我香”应为“闻我香”。

“光棍”考

◎薛万鹏

11月11日和1月1日，人们戏谑地称之为“大光棍节”和“小光棍节”。为什么把这两天称为“光棍节”呢？因为这两天的数字全由“1”组成，“1”看起来像一根“棍子”，这两天的数字全是“棍子”，故称“光棍”。“光棍”即单身汉。笔者要讨论的是，单身汉为什么称“光棍”呢？

还得先谈谈“棍”字。唐代李绅《拜三川守诗序》：“又里巷比多恶少，皆免帽散衣，聚为群斗或差肩追绕击大球，里言谓之打棍谙论，士庶苦之。车马逢者不敢前，都城为患日久。”这段话的意思是说：有一群恶少年，整天衣冠不整，群聚打架，或者并肩追逐，打球为乐，人们都不敢靠近，搞得官员百姓都很头痛，人们称他们为“打棍”。其中的“击大球”其实是唐代的一种徒步以棍击球的体育项目，类似于今天的曲棍球运动，又叫做“步打球”。李绅所描写的是一群恶少年，举着击球的棍子，在人群拥挤的街巷，打闹玩耍。后来这类恶少便称“棍”。《清稗类钞·棍骗类·善棍》：“俗称无赖之徒曰棍徒，又曰地棍，又曰土棍，亦曰痞棍，盖俗以棒为棍，状其凶恶，如以棒击人也。其名所由起，则原于李绅《拜三川守诗序》。是则凡得恶名者，始可曰棍。”《清稗类钞》也认为称恶人为棍起源于李绅诗序。可见“棍”用来称呼坏人在唐代就有了。元以后，人们多用“~棍”或“棍~”来称呼坏人，如称歹徒、无赖、骗子、地痞、流氓、诈骗犯为恶棍、棍蠹、棍骗、棍精、棍虎等，现在我们还说“恶棍”“赌棍”“淫棍”等。

元代人们称流氓为“光棍”。为什么“棍”前加了一个“光”字？也许因为这类人通常一无所有吧。《元杂剧·杀狗劝夫》楔子：“却信着这两个光棍，搬坏了俺一家儿也。”这里的“光棍”即指地痞、流氓、无赖。李鉴堂《俗语考原》：“俗谓无赖、匪徒、以敲诈为事者为光棍。”《六部成语注解·刑部》：“光棍，诈骗之匪也。”“光棍”明清两朝非常流行。明朝英宗时期有严惩“光棍”的条例，《大明律·户律》：“舍人、军余、家人结成群党，打搅仓场库务，冲市人集之处，挟制唬吓、诈骗财物，合谓之‘打光棍’。合照无籍户、游食、帮凶伴，当拟断编发充军。”在《大清律》中则有“光棍例”。“例”始于秦汉，盛行于两宋和元明清诸朝，内容多为司法中成功案例的规范化、条文化，为统治者所重视。如交结衙役吏典为恶、讼师诬告、科场舞弊、盗墓、囤积居奇、抗粮、巫术、拐卖妇女等均照“光棍例”处分或照“光棍例”议罪。

“光棍”被赋予单身汉含义大概最早出自明代。冯惟敏《僧尼共犯》第一折：“自有佛法以来，把俺无知众生，度脱出家，削发为僧，永不婚配，绝其后嗣……哄俺弟子，剃做光头，不好看像，佛公佛母，辈辈相传，生长佛子，哄俺弟子，都做光棍，一世没个老婆，怎生度日。”洪楝园《后南柯·招驸》：“妹妹已有人家，阿兄犹然光棍，岂不愧煞人也。”这里的“光棍”都是指“没妻子的人”。《俗语考原》释曰：“光棍，今俗亦以无妻之独夫，谓为光棍汉。”但是为什么“光棍”又用来称谓“无妻之独夫”，《俗语考原》没给我们答案。有人认为此“光棍”源自“旷鳏”。宋代《增修互注礼部韵略》：“男子壮无室曰旷鳏。”男子壮年还没有妻室就叫“旷鳏”，“旷鳏”与“光棍”音相近，后讹为“光棍”。笔者认为，作为单身汉的“光棍”是作为恶徒的“光棍”演变来的。两者是有因果联系的。因为“光棍”无家业、无职业，“光棍”游手好闲、好吃懒做，专门靠欺诈、勒索、偷摸等无赖手段为生，这样的人怎能娶上媳妇？久而久之“光棍”也就被赋予了“单身汉”的意思。

文章病院

哪来的“扛鼎背锅”

◎沈阳仁

2010年12月9日,《沈阳日报》A6版刊有《官员一出事,“补丁”很体贴》一文,文中说:河南洛宁县邮政局谷青阳局长酒后驾车夺去了5名中小学生的性命,而赔偿金由邮局和乡镇拿出。文中由此发出议论:“体制如此对官员关爱有加,哪怕闯了祸,也有公家来扛鼎背锅揩屁股……”

扛(gāng)鼎、背锅之事,确实有过。史书上说楚霸王力能扛鼎,是说项羽力气很大,能用两只手把很重的青铜鼎举起来。电影里也常见炊事班的战士们背着行军锅前进的镜头。但这扛鼎的、背锅的都与闯了祸的官员沾不上边儿。似乎是文章把“顶缸”与“背黑锅”给弄错了。

“顶缸”的意思是代人受过、代人承担责任。《红楼梦》六十一回:“这样说,你竟是个平白无辜的人了,拿你来顶缸的。”现在口语里也常用。上述文章是把音同而词序不同的“顶缸”与“扛鼎”记混了吧?

“背黑锅”比喻代人受过,在口语里常用,写入文章的也不少见。如老舍《四世同堂》:“既不沾亲,又不欠债,你何苦替他背着黑锅呢?”不论书面还是口头,都没有把代人受过、受到冤枉说成“背锅”的。这个“黑”字,丢不得。

局长闯下祸,却由公家承担赔偿金,也就是由与案件无关的公家顶缸、背黑锅,让公家当冤大头。如此“对官员关爱有加”,是应予挞伐的。不过,应该把词儿用准。

『摸顶』不是佛中语

◎解志维

2010年《老人世界》第7期刊有《西藏，说不完的梦境》一文，文中这样说：“每每提到西藏，我们总会联想到那些震撼人心的场景：喇嘛们静坐于幽暗的酥油灯下思索佛陀的教诲，朝圣者冒着严寒和风雪朝着圣域拉萨磕着等身长头，襁褓中的婴儿在诵经中接受活佛摸顶赐福，手持转经筒的老人拖着夕阳的余晖围着神山圣湖转山朝拜。”这是一幅多么神圣的图画呀！但其中的“摸顶”应当写作“摩顶”。摩mó，即抚摩。摩顶，佛教名词，指佛在授法时，用手抚摩弟子的头顶。《法华经·嘱累品》：“释迦牟尼从法座起，现大神力，以右手摩无量菩萨摩诃萨顶……”后世“摩顶”成为佛家授戒传法时的仪式。摸mō，用手接触或接触后轻轻移动。虽然“摩”与“摸”字义大同小异，但作为佛教中的专用词语，“摩顶”是不能写作“摸顶”的。

『折戟尘沙』？

◎杨昌俊

2010年《银潮》第5期有篇文章《何镜堂：“东方之冠”的建筑大师》，讲述了何镜堂参与上海世博会中国馆设计的心灵历程。其中说道：“参赛意味着挑战和风险，万一被淘汰出局，折戟尘沙，便有可能会影响其声名。”“折戟尘沙”应写为“折戟沉沙”。

沉，本指没入水中，与浮相对。引申为沉埋、埋没。戟，是古代的一种兵器。“折戟沉沙”是个成语，出自唐代诗人杜牧《赤壁》诗：“折戟沉沙铁未销，自将磨洗认前朝。东风不与周郎便，铜雀春深锁二乔。”这首诗是作者经过赤壁古战场时，有感于三国时代的英雄成败而作。“折戟沉沙”即戟折断了埋没在泥沙里，成了废铁，形容惨重的失败。

尘，本义是指尘土，引申为尘污、尘染。“折戟尘沙”讲不通，汉语中没有这个词语。

供品不是贡品

◎黎金祥

唐卡，藏族一种独有的卷轴布画。2010年《文史知识》第10期《说“唐卡”》一文对此有详细介绍。其中说：在制作唐卡之前“需要举行一定的仪式，诸如念诵经文，奉献贡品，发放布施等”。句中的“贡品”应为“供品”。

《书·禹贡》：“任土作贡。”孔颖达疏：“贡者，从下献上之称。”封建时代人民、官吏或藩属国奉献给帝王的物品就叫贡品。进献贡品这一行为称为进贡。现在虽然没有什么封建帝王了，还有人把向有权有势的人送礼、行贿称为进贡的呢。

唐卡多以佛、菩萨、佛经故事、藏医藏药等为题材，色彩鲜艳，形象生动，多用来装饰寺庙殿堂，宣传佛教教义。绘制唐卡，那是一件非常严肃、郑重的事情，所以在开始前要举行仪式，如念经、上供等。上供即在祭祀神佛或祖宗时，把酒食瓜果等物品奉献给所要祭祀的对象。上供用的物品就叫供品。《红楼梦》第七十七回：“当下因八月十五日各庙内上供去。”句中的意思是，过中秋节要往各庙送供品祭神佛。现在我们到寺庙去游览都会看到在神或佛像前摆放有上供的物品。

贡品与供品虽然音同，并且都是泛指献上的物品，但对象不同，不能用错。制作唐卡举行仪式要用供品敬佛，佛不是封建帝王，他只能享受供品，却不能收受贡品。

《“交物”何物》解疑

笔者向有关人员打听，原来这是“山西省交通物资供应总公司”下属的“路桥建设有限公司”，“交物”是“交通物资供应总公司”的缩略。怎么样，有脑子被搞了的感觉吧？

“没齿难忘”的误用

◎村友

万卷出版公司出版的《刘备不是传说：三国不是演义》第140页有这样一段话：

人民选择逃离，必然与曹操的残暴有关。曹操屠城的往事，也许他自己已经淡忘，但人民不会忘记。荆州是逃难者的乐园，来自徐州的难民对曹操的暴行更是没齿难忘。

“没齿难忘”在这里用得不妥。“没齿”借指“终生”。“没齿难忘”是个成语，意思是终生难忘。《镜花缘》第四十五回：“惟求法外施仁，没齿难忘。”亦作“没齿不忘”。《西游记》第七十回：“长老，你果是救得我回朝，没齿不忘大恩！”这个成语形容的是对别人的恩情或关怀终生不忘。百姓对曹操屠戮人民的暴行，不该用表达感激之情的“没齿难忘”来形容。

应是“盆满钵满”

◎王德彰

2010年11月22日《燕赵都市报》第2版《“公示垄断行业工资”基本上是白公布》一文中，在讲到垄断行业职工之所以收入高是因为行政垄断优势而非能力强时，有一段说：“他们为什么不差钱，为什么能赚得盆满苯满，并不是他们经营和赢利能力很强。”这里的“盆满苯满”显然是“盆满钵满”之误。

钵，音bō，陶制的器具，形状像盆而较小，如“饭钵”“乳钵”（研药末的器具）。钵盂是古代和尚用的饭碗，底平，口略小，形稍扁。成语“盆满钵满”，是说盆里钵里都满了，形容赚的钱很多。也可以写成“盆满钵盈”“盆满钵溢”。而苯（读běn），则是有机化合物，是一种无色液体，有芳香气味，容易挥发和燃烧，可做燃料、溶剂等。可能作者或编者将“钵”误读为“běn”，进而误成了“苯”。

毛泽东用错一个关联词

◎陈石林

在抗日战争年代，针对我党有不少干部文化水平较低这一现实，当年凯丰(何克全)、徐特立和范文澜诸同志特地编写了一本《文化课本》。毛泽东同志非常重视，对其赞赏有加，并于1942年1月17日撰写了一篇含意深远、短小精悍的“序言”。在这篇“序言”中，毛泽东同志从正反两方面深刻阐述了学好文化的重大意义，并向全体革命干部发出一定要学习好文化的号召。该文以前未曾公开发表过，现被收入人民出版社出版的《毛泽东文集》第2卷，是我们学习和研究毛泽东思想的一篇弥足珍贵的重要历史文献。但细检该文，我们发现有一处关联词语用得不当，值得提出来商榷：

不管课本内容还须随时改正缺点，推陈出新，但有了这个课本，就打开了学习文化的大门。(《毛泽东文集》第2卷第387页，人民出版社1999年版)

句首的关联词语应是“尽管”而非“不管”。“不管”是条件关系复句经常使用的关联词语，表示带有假设意味的条件。在“不管”后常带有疑问代词或并列短语，表示在任何条件下结果或结论都不会改变，后一分句常用“都”“也”“总”“一直”“始终”等予以呼应。如:“不管有什么困难，我们都要勇敢向前。”“不管白天还是黑夜，战士们一直守卫在祖国的边防线上。”而“尽管”是转折关系复句中的关联词语，表示姑且先承认某一事实，后一分句常用“但是”“但”“可是”“可”“却”“然而”“还是”“仍然”等词与之照应。如:

何为『苦主』

◎阎德喜

《典型文坛》(湖北人民出版社出版)中有《凋碧树——逝世二十周年说丁玲》一文,文中有句话说:“她生命中的苦主之一刘白羽……”这句话让我大吃一惊:翻翻词典便知,“苦主”“指人命案中被害人的家属”。丁玲一生虽然坎坷,但并不存在人命案。她的第一任丈夫胡也频被国民党反动派杀害,这似乎不能称之为“人命案”。退一步说,就算是人命案,“苦主”也应该是丁玲自己,不可能是刘白羽。因为刘白羽与丁玲、胡也频都非亲非故,更不用说是“家属”了。

出现上述错误,可能是相关人员把“苦主”理解为“造成痛苦的主儿”了。1955年丁玲与陈企霞,被打成“丁陈反党小集团”。在此事件中,刘白羽是关键的当事人之一。据此,说刘白羽是丁玲的对头,甚至说得更重些是她的冤家对头,都可以,就是不能说成“苦主”。

“他尽管身体不大好,但仍然坚持工作。”

《〈文化课本〉序言》这句话,前一分句很明显表示姑且承认已存在的事实(课本有“还须随时改正缺点,推陈出新”等情况),后一分句表示转折,用“但”与前一分句相照应。因此,该处前一分句应用关联词语“尽管”而不能用“不管”。用“不管”就会令人感到语气不畅,语句别扭。

这可能是毛泽东同志的笔误。由于该处并非属于“论断”问题(为了尊重历史,“论断”问题,应保持原貌),而是关联词语用得不当,属语法错误。对这一笔误也应像“校正文稿中的错字、漏字、衍字及明显有错误的标点”(见该书出版说明)一样,予以匡正。

热线电话

“你好，我是64330669……”（25）

◎姚博士

@：你从何而来

问：随着电子邮件的普及，地球人都知道@这个符号，它用在电子邮件地址的用户名与网站域名之间。@在电子邮件地址中代表什么意思？如何读？

——北京　张春林

答：@是英文符号，代表介词at，相当于中文中的“在”。它的来源有多种说法。一位意大利学者称，@最早出现在商品价目中，表示葡萄酒的计价单位。在中世纪的欧洲，由于印刷机尚未发明，出版图书需要手工刻写。at的使用频率很高，为图简便，僧侣们便用作为葡萄酒计价单位的@代替at。@可一笔刻成，确实比刻at简便。这样一来，@就成了代表英文at的符号。

@用于电子邮件中，始于就职于美国国防部的电脑工程师雷·汤姆林森。1971年，汤姆林森奉命寻找代表电子邮箱地址的表现格式。在用户名与信箱域名之间用一个什么符号连接呢？汤姆林森立马就选中了@这个特殊的字符。@即at，“用户名at网站信箱域名”代表“在某网络信箱中的某用户”，正好表明了用户名与信箱域名之间的关系。另外，在电子信箱地址中，用户名一般会用人名表示，而@绝对不会在人名中出现，可以清楚地标示用户名与信箱域名的区别。并且书写简短、便捷。依照这一格式，汤姆林森为自己创造了一个世界上最早的电子信箱 tomlinson@bbntenxa。

@ 既然代表 at，其读法就应该与 at（爱特）保持一致。也有人根据 @ 的外形称呼。英文中称其为 “a-tail”（带尾巴的 a）、“monkey tail”（猴尾巴）；中国大陆称其为“圈 a”、“花 a”或“小老鼠”，台湾称其为“小老鼠”。

广西广东：“广”是何意

问：我国的省市名称，蕴含了丰富的地理知识，如山东山西中的“山”指太行山，湖北湖南的“湖”指洞庭湖。广西广东的“广”指什么？

——湖北　唐晓明

答：汉朝是我国古代一个强大的帝国。西汉建国以后，不断开疆拓土，先后在边远地区设置了一些新县，地名中不少带有“广”字，如北方的有广川、广乡、广平、广成、广阳、广阿、广武、广昌、广牧、广衍、广饶等，南方的有广汉、广至、广郁、广信、广柔、广都等。这些“广”字都含有遥远、边远之意。到了三国时期，吴国又将南方的南海、苍梧、郁林、高梁四郡（今两广地区）合成一个新的行政区域，定名为广州（即远方的一个州）。北宋初年，中央政府在五岭以南设岭南转运使，因其辖区即为以前的广州，故又称广南路。不久，其地划分为广南东路和广南西路，简称广东路和广西路。到了清代，又分别设置为广东省和广西省。

略谈“师座”“军座”的“座”

问：在以民国时期史事为题材的影视作品中，经常看到“师座”“军座”的说法，请问“座”如何解释？

——广西　韩梅君

答：座，本指座位。古代在许多严肃的场合中，除特殊情况外，只有尊者或长官才有座位，其他人都站着。比如朝廷上，皇帝坐着，文武大臣站着议事；军营中，主帅坐着，众将站着听令。可能因为如此，座又用来作为对长官的尊称。《二十年目睹之怪现状》第八十八回：“事情已妥，帅座已经首肯。”民国时期，“国军”中就用“座”尊称长官。“师座”“军座”是当时部属对师长军长的尊称。

“三不知”的含义

问：人们经常说“一问三不知”，其中的“一问”好理解，请问“三不知”如何解释，是哪三不知？

——上海 张 鸣

答：“一问三不知”原作“三不知”，出自《左传》。晋国攻打郑国，齐国派大夫陈成子带兵援郑。部将荀寅报告说：“有人告诉我说，晋军准备用一千辆战车袭击我军。”陈成子听了，大骂道：“晋军就算出动更多的战车，我也不能避而不战。你竟敢壮敌威风灭己志气！”荀寅自知失言，感慨说：“君子之谋也，始衷（同“中”）终皆举之，而后入焉。今我三不知而入之，不亦难乎？”意思是说，聪明人谋划事情，对事情的开始、过程、结果都要考虑到，然后才向上级报告。现在我对这三方面都不知道就向上报告了，难怪遭骂。可见“三不知”原指对事情的开始、过程、结果一无所知。后人用“三不知”指对内情一无所知，多就装糊涂而言。后来其前加上“一问”二字，逐渐变成了“一问三不知”。

“一根稻草”为何能压倒骆驼

问：近来社会上对房产税的讨论不绝于耳，报刊上有这样的话：“对于房产税的开征，有人希冀它是压倒房价这只‘骆驼’的最后一根稻草。”根据生活经验，稻草很小，很轻，一根稻草怎么能压倒骆驼呢？

——山西 振 华

答：“最后一根稻草”的说法来自国外。英语中“the straw that breaks the camel’s back”，翻译成

中文就是“那根压断了骆驼背的稻草”。它的意思是说，即使是负重能力很强的骆驼，如果一根一根地往它身上堆稻草，最后也总有一根能将它压垮。当事情的发展已经到达极限，哪怕只增加像一根稻草那么一丁点儿的负担，也会造成彻底的崩溃。因此，人们常用“最后一根稻草”(the last straw)来比喻“超过极限、造成崩溃的最后一点因素”。

如今人们关注房产税，是因为高房价已经成了普通人不能承受之重。为控制房价，政府部门采用了多种手段，但效果不佳。征房产税是可能采用的新政策，人们希望它能够成功遏制房价的上涨，因此称它是可能“压倒房价这只‘骆驼’的最后一根稻草”。

再说“触詟”应为“触龙”

问：《咬文嚼字》2010年第11期刊有《〈触龙说赵太后〉中的“趋”》一文。“触龙”这一人名，我记忆中应是“触詟”。查阅辞书，“詟”也没有简化成“龙”。缘何贵刊将“触詟”写为“触龙”呢？望能给予解答。

——江西　邹统锦

答：我刊在1997年第6期曾刊文《“触詟”应是“触龙”》，解释这个人名为何应是“触龙”而不是“触詟”。近来，又有多位读者来信提到这个问题，看来还有解释的必要。现将其中缘由简述如下：

“触詟”和“触龙”的歧异由来已久。《触詟说赵太后》出自《战国策》，而宋元以来流传的《战国策》中，历来用的就是“触詟”。正是出于对通行《战国策》版本的尊重，虽然《史记》及《说苑》均作“触龙”，而且清代的训诂大师王念孙也曾精辟地指出，《战国策》中的“左师触詟愿见太后”应为“左师触龙言愿见太后”，“今本‘龙言’二字，误合为‘詟’耳”(竖排文字中，“龙言”二字易因字距相近而误成“詟”字)，但是在上世纪80年代之前的古文选本，多从“触詟”。

然而1973年，情况发生了变化。湖南长沙马王堆三号汉墓出土了一部记载战国史事的著作，被定名为《战国纵横家书》。该书第十八章的内容，与宋元本《战国策·赵策》中的“触詟说赵太后”基本相同，而“左师触詟愿见”一句，新出土的文献正作“左师触龙言愿见”。此后，学界就依据汉代钞本，将“触詟”还原为“触龙”，而《触龙说赵太后》也不再写成《触詟说赵太后》了。

“衣裳”的读法

问：我在背诵《闻官军收河南河北》时发现，“剑外忽传收蓟北，初闻涕泪满衣裳”中的“衣裳”，有的书注音为“yīshang”，有的书注音为“yīcháng”。我是小学生，搞不清到底该读什么，请帮帮我。

——浙江　徐星濡

答：我们现在经常说的“衣裳”泛指身上穿的各种衣服，其中的“裳”字念轻声 shang。但是在古代汉语中，“衣裳”却是特指，衣指上衣，裳指下裙。在《诗经·齐风·东方未明》中，有句云：“东方未明，颠倒衣裳。”《毛诗故训传》在解释时说：“上曰衣，下曰裳。”当“裳”特指遮蔽下体的衣裙时，它的读音就是 cháng（常）。古代有霓裳、罗裳、锦裳等词语，这些“裳”字都读 cháng。

据语音学家的研究，“裳”字读成轻声 shang 的情况大概是 20 世纪才发生的事，此前一直都是读 cháng。今天我们在古诗文诵读中如果遇到“衣裳”的读音问题，需要掌握两条基本原则，就是意义和押韵。

（1）如果“衣裳”特指上衣下裙，则“裳”一定读 cháng，如《诗经》中的“颠倒衣裳”；如果“衣裳”泛指衣服，没有上衣下裙之分，则“裳”读轻声也无妨，如陶渊明《桃花源》诗中的“衣裳无新制”。

（2）如果“衣裳”的“裳”字处于诗词等韵文押韵的位置，则无论是否特指下裙，均以读 cháng 为宜，因为韵文是没有以轻声押韵的。

“剑外忽传收蓟北，初闻涕泪满衣裳”中的“衣裳”，如果念“yīshang”泛指衣服，从意义上看是能通过的，但考虑到诗歌的韵律，还是读“yīcháng”更好。

十字街头

此“一百”非彼“100”

◎王大新 张舒杰

“哈一百”是哈尔滨最大的百货商店之一，也曾经是全国十大百货商店之一。在后来的“转制”过程中，被“大商集团”（大连商业集团有限公司）收购了，改名为“新一百”。

日前走过“新一百”，发现它的正门及两边的侧门都有英文的翻译，写作“NEW-100”。

我觉得这样的翻译极为不妥。

英文“NEW-100”中的“100”是数词，也就是自然数从“1”数到“100”的那个“100”；而“新一百”中的“一百”并非是自然数的“100”，而是个专有名词。

年龄在40岁以上的人大概都知道，我国的计划经济时代，全国的商业系统都归“百货公司”管。许多城市都有数家百货公司，都按顺序排列，称“×××一百”“×××二百”“×××三百”等。当时哈市共有12家百货公司：“一百”“五百”在道里区，“四百”“八百”在道外区，“七百”“九百”在南岗区……这些“百”都是专有名词，指百货公司，其前的数字表示排列序数。

也就是说，“哈一百”的全称是“哈尔滨

『¥』后不必用『元』

◎陈关春

笔者曾乘过宁波至上海的第380次动车，车票上的票额是"¥103.00元"。"¥"与"元"一起使用，显然没有必要。

¥是人民币符号。1955年3月1日，中国人民银行发行第二套人民币，正式确定¥为人民币符号。为什么采用这样一个符号呢？人民币单位为"元"，中国人民银行于是采用"元"字汉语拼音字母中的第一个字母Y作为人民币符号。为了避免Y跟阿拉伯数字之间的误认和误写，又在Y上加上汉字"元"字的上面的两横而写成了¥。

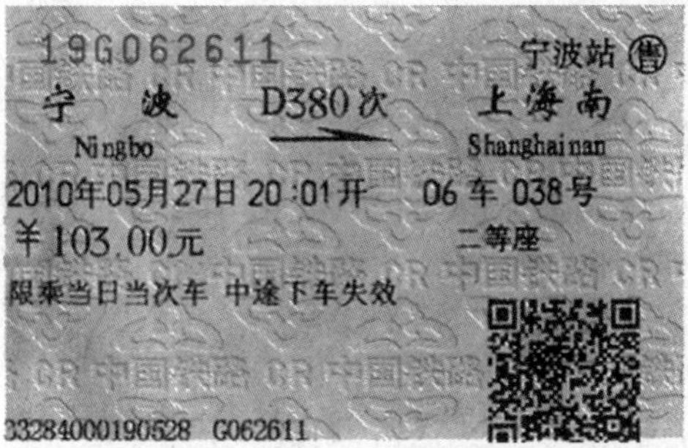

在财务系统中，¥既作为人民币的符号，又表示人民币的单位"元"。在财务往来和会计核算中，用阿拉伯数字填写金额时，在金额首位数字之前加¥，表明这是人民币的金额数量。¥本身可表示人民币的单位"元"，所以凡是在金额前加了¥的，金额后就不需要再加"元"字了。

第一百货公司"或"哈尔滨百货公司第一商店"。你总不能把这时的"哈一百"翻译成"Ha-100"吧？同理"新一百"也不能译成"NEW-100"。

上海第一百货公司位于上海繁华的南京路，其英文作Shanghai NO.1 Department Store，译得还是准确的，如果依此例，"新一百"是否可译成NEW NO.1 Department Store？读者诸君可探讨。不过"NEW-100"是错误的译法，这是可以肯定的。

钱文忠误读"谄富"

◎周 振

2010年7月25日中午，央视10套《百家讲坛》播的是《解读〈弟子规〉(十八)"泛爱众"之二》。在说到"勿谄富，勿骄贫"时，复旦大学钱文忠先生从始至终把"勿谄富"的"谄"字都读作xiàn。钱先生还说道：谄，其基本含义古今大致相同，即奉承、献媚。

谄，《现代汉语词典》《新华字典》等都注音为chǎn。那么，这个字历史上是否曾经读过xiàn呢？没有，即使以收录异读音最多的古代韵书《集韵》来看，它也只收了丑琰切(chǎn)一个读音。钱先生把"谄"读作xiàn，或许是受"谄"的形近字"馅"的影响，因为"馅"读xiàn，而且，"馅"字很常见，也常说，如"馅饼""饺子馅"等。

节目中钱先生还说道：战国时宋国的曹某出使秦国，对秦君阿谀献媚，秦君赏赐他100辆车。庄子批评了此人，说"xiàn富傲贫"的行为是不可取的。字幕根据钱先生的念法把"xiàn富傲贫"打成了"羡富傲贫"。这无疑也不对，应是"谄富傲贫"。"谄富"是用卑贱的态度去讨好、献媚于富人；"羡富"是羡慕财富，希望自己也能过上富裕的生活。"谄富"令人鄙夷，是一种卑劣的行为；"羡富"是人之常情，是一种正常的心理状态。不可取的显然应是"谄富"而非"羡富"。

“金屋藏娇”藏的是什么

◎张迎宝

新版电视剧《三国》第 8 集中，董卓应王允之邀入司徒府饮酒赏梅,入府后,董巧遇貂蝉(实则是王允蓄意安排),于是三人之间便有了下面的一段对话：

貂蝉:奴蝉拜见相国。

董卓:这这这……这是……

王允:这是小女貂蝉。

董卓:王允哪,王允哪,你是金屋藏娇啊!你看,你看,就是这洛阳、长安两都,都找不出这么一个仙人来啊!

看完这番对白，我们不禁要问:“金屋藏娇”用于此种语境是否合适?

“金屋藏娇”亦作“金屋贮娇”,典出汉班固《汉武故事》:“帝以乙酉年七月七日旦生于猗兰殿。年四岁,立为胶东王。数岁,长公主嫖抱置膝上，问曰:‘儿欲得妇不?’胶东王曰:‘欲得妇。’长公主指左右长御百余人,皆云不用。末指其女问曰:‘阿娇好不?’于是乃笑对曰:‘好!若得阿娇作妇,当作金屋贮之也。’”由此典故来看,“金屋藏娇”的原意应是幼时的汉武帝许诺要用金屋来迎娶自己喜欢的阿娇为妇。

但值得注意的是，我们在对《四库全书》与《中国基本古籍库》进行了穷尽性查考后，却发现无论“金屋藏娇”还是“金屋贮娇”都不见于汉代至魏晋的典籍之中。也就是说，此时的“金屋藏娇”“金屋贮娇”还未结构化为固定的成语。而南北朝至隋唐五代的文学作品中只见“金屋贮娇”。从总体看,这一时期使用数量很少,并且使用者随自己的需要确定其形式。如:南朝陈沈炯《八音诗》:“金屋贮阿娇,楼阁起迢迢。”唐李商隐《茂陵》:“玉桃偷得怜方朔，金屋修成贮阿娇。”

“金屋藏娇”较早的用例出现在宋代的诗词中。南宋周密《倚风娇近·填霞翁谱赋大花》：“生怕春知，金屋藏娇深处。”在元明清的文学作品中，“金屋藏娇”的使用已较为普遍。基本意思是营华屋以居所爱之女子。可指娶妻。如清邹弢《三借庐赘谭》：“金屋藏娇，玉台留聘，重寻一段前缘。”可指纳妾。如清黄小配《廿载繁华梦》第二十三回：“当时佘老五恋着雁翎，周庸佑也恋着雁翎，各有金屋藏娇之意。”可指藏外宠。如清王端履《重论文斋笔录》：“遂宁张船山太守移疾去官，侨寓吴阊，别营金屋藏娇，夫人不知也。”

现在，我们再回过头来看新版《三国》中的这段台词就发现其中的问题了。首先，宋代才出现的“金屋藏娇”，被《三国》中的东汉末年人随意使用，让人有“时空穿越”之感。其次，即使我们对这种“小节”不予细究，将“金屋藏娇”运用于此种语境，意义上也难以讲通，因为“貂蝉”是王允的义女，非妻妾更非外宠。

语丝

于谦妙言对巡按

◎丁金华

有着『大明救时宰相』美誉的于谦，从小就因能说会道闻名乡里。当时的浙江巡按久闻其名，便到家探访，想试一试他的才华。巡按以『孝』为题，要于谦即兴写篇文章。于谦也不客气，胸有成竹地写了起来。由于人小身矮，其父便站在一旁为他研墨、整理纸卷。

文章不一会就写好了，文笔流畅，立意深刻。巡按见一下子没难住他，便故意将写好的文章一扔，说：『父站，子坐。礼乎？孝乎？』意思是说，你文章写得好又怎样呢？你父亲一旁站着，你却在那坐着，这是孝吗？合乎礼吗？于谦并不慌张，起身拱手答道：『嫂溺，叔援。权也！变也！』这是孟子的主张。孟子认为男女授受不合乎『礼』，但嫂子溺水了，小叔子还是应该伸手拉她救她的，这是权宜之举，变通之举，是不违反『礼』的。这番回答掷地有声，却又不失分寸，巡按听罢，哈哈一笑，露出赞赏之意。

“舔着脸”及其他

◎胡守贵

近日，正在收看河北有线数字电视频道播出的连续剧《天高地厚》。电视剧反映当代农村改革，表现了当代中国农民的精神面貌，很是吸引人。遗憾的是剧中许多台词听来让人感觉别扭，文字差错也层出不穷。试举几例：

第9集中，荣汉俊对父亲荣爷说要与妻子姚来香离婚，姚来香是“文革”时期荣家极端贫穷的时候嫁给荣汉俊的，荣爷坚决反对离婚，命令荣汉俊说：“不许胡来啊，我是觍着脸求人家，来香才嫁给你的。”这里字幕将“觍着脸”的“觍”打成了“舔”。“舔”是用舌头接触东西或取东西。而“觍”的意思有二：一是书面用语，形容惭愧，如觍颜；二是口语，厚着脸皮叫觍着脸。荣爷显然是说那时自己家条件差，是厚着脸皮求自己的老战友把女儿嫁给自己儿子的，所以应是“觍着脸”。

还是第9集，荣汉俊与弟弟荣汉林商议，如何阻止自己心爱的女人鲍月芝改嫁，对给鲍月芝说媒的周五婶颇为不满。他对弟弟说：“周五婶的话你也能信吗？八竿子打不着的事，她都能说得天作地合的，恨不得所有的天鹅都能吃上癞蛤蟆的肉。”（字幕逐字打出）成语中有“天作之合”，出自《诗经·大雅·大明》：“文王初载，天作之合。”原本是说文王娶太姒是上天所赐配的，后常用以祝人婚姻美满。电视剧中说的应是“天作之合”，而不是什么“天作地合”。“癞蛤蟆想吃天鹅肉”，是人们常常用来比喻人没有自知之明，一心想谋取不可能到手的东西的话。电视剧说的应该就是这个意思。而说成“所有的天鹅都能吃上癞蛤蟆的肉”，真让人啼笑皆非。在中国文化系统中，天鹅多是高贵的象征，它怎么会去吃癞蛤蟆的肉？

第10集中，鲍月芝想叫醒刚从城里打工回来睡懒觉的女儿鲍真，鲍三爷心疼外孙女，说：“让她多睡会吧，她们在城里打工也够可怜的，一天到晚能睡几个踏踏实实的囫囵觉啊。”“囫囵觉”是整夜不被惊醒的睡眠，或整宿的觉。严格说，这样的觉一天只能有一个，怎么会有几个呢?就算这里说的“囫囵觉”泛指睡得完整的觉，那一天要睡几个“囫囵觉”的要求，也太过分了。应该说“一年到头也睡不上几个囫囵觉”，才能表达鲍真外出打工生活的辛劳。

顺便还想说一下，该剧中在称呼鲍家人时，“鲍”都读的是阴平调bāo，其实正确的读法应是bào。

光绪皇帝不能下“懿旨”

◎沈华山

2010年11月15日，央视科教频道《探索·发现》栏目播出纪录片《北洋军覆灭记(二)》。其中说道：慈禧太后接受李鸿章生前的建议，任命袁世凯为直隶总督、北洋大臣兼练兵大臣，要在全国编练三十六镇新军，载沣等皇族权贵提出异议，光绪皇帝也“秘密传递懿旨：袁贼不死，后患无穷”。光绪皇帝因戊戌政变而恨透了袁世凯，所以反对任袁以要职，但光绪皇帝秘密传递出来的不是“懿旨”。

懿，指美好。封建时代，皇太后、皇后下的命令叫懿旨。慈禧太后垂帘听政，手握国柄，说一不二，但她的身份还是太后，她发出的命令，称懿旨。光绪皇帝虽然被关在瀛台，没有人身自由，更没有什么权力，但他名义上还是大清国的皇帝。封建时代，皇帝施于臣下的文书、命令等等，统称为谕旨。“谕”是上告下的通称，“旨”是帝王的指示、命令等等。圣谕、上谕、诏谕、圣旨等词都是由此而来的。

光绪皇帝从瀛台秘密传出的，只能是谕旨，慈禧太后发下的，那才是懿旨。

“张扬姿色”？

◎张兆前

2010年11月21日上午，上海电视台艺术人文频道《光影随行》播出专题节目《电影斗士奥立佛·斯通》。片中，上影集团导演郑大圣谈及斯通的越战片时，说斯通是“长枪大戟，wāng yáng zì sì”，后四字屏幕上打出的是“张扬姿色”。

我不禁哑然失笑。“姿色”特指女子美好的容貌，岂可用在堂堂须眉奥立佛身上！即使是说斯通在片中“张扬姿色”，也说不通。因为斯通的《野战排》《生逢七月四日》等越战片，以及描写肯尼迪遇刺、尼克松下台等的政治片，多为男人戏，并没有什么“张扬姿色”的内容。《生逢七月四日》中，倒是有一个妓女的裸镜，那是为了表现主人公因负伤丧失了性能力的痛苦，为其反战意识的觉醒作铺垫，是刻画人物、深化主题的需要。况且镜头一带而过，并没有为这个妓女“张扬姿色”。

其实，郑导演说的是“汪洋恣肆”或“汪洋自肆”。汪洋是水宽广无际的样子，常用来借指人的气度或文章的气势。恣肆，有二义：一是放纵而无所顾忌，二是指人的言谈文章恣意发挥，不受拘束。自肆，指放纵任意。“汪洋恣肆”和“汪洋自肆”都是形容人的气度或文章气势宏大磅礴。归有光《与潘子实书》：“听其言，汪洋恣肆。”柳宗元《宣城开国伯柳公行状》：“凡为文，去藻饰华靡，汪洋自肆，以适为己用。”归柳二人，一用“恣肆”，一用“自肆”，前者用于言谈，后者用于文章，为准确使用这两个词提供了很好的例证。

再回到斯通。他的越战片和政治片，场面宏大，冲突激烈，思想无所顾忌，批判不留情面，郑导用“长枪大戟，汪洋恣（自）肆”来形容，可谓异国知音，得其三昧。若说“张扬姿色”，岂不笑煞斯通？

百科指谬

曾子何尝开玩笑

◎高　仁

2010年7月30日,《杂文报》第3版刊有《建“失信榜”,意义非凡》一文,文章中说:“有些‘父母官’,经常失信于民,还自以为是‘五大圣人’之一的曾子,跟‘子民’说话像对儿子开玩笑——‘好好听话,回家杀头猪给你吃肉’……”句中的意思说,曾子对儿子开玩笑了,但典籍中不是这么说的。

《韩非子·外储说左上》载:“曾子之妻之市,其子随之而泣。其母曰:‘女还,顾反为女杀彘。’妻适市来,曾子欲捕彘杀之。妻止之曰:‘特与婴儿戏耳。’曾子曰:‘婴儿非与戏也。婴儿非有知也,待父母而学者也,听父母之教。今子欺之,是教子欺也。母欺子,子而不信其母,非所以成教也。’遂烹彘也。”意思是说:有一天,曾子的妻子要上街去,她的儿子哭着叫着,也要跟着上街。妈妈骗他说:“你回去吧,我上街回来杀猪给你吃吧。”妻子从街上回来,看见曾子正在准备杀猪给孩子吃,妻子急忙阻止他:“怎么啦,你真的要杀猪给孩子吃吗?我原是说着骗骗孩子的。”曾子说:“对小孩子怎么可以说谎话呢?孩子们一举一动,都是跟爸爸妈妈学的,你撒谎欺骗了孩子,就等于叫他学撒谎,这样教育孩子是要不得的。”曾子终于杀了猪。

这则曾子杀猪的故事流传颇广,其中跟儿子开玩笑的是曾子的妻子,曾子不肯失信于孩子,何曾对儿子开玩笑?

“席地而坐”需要足够木材？

◎周　振

2010年9月6日—12日《书刊报》第3版刊有一篇《“席地而坐”为何从历史上消失？》的文章，文中认为：“我们从一个席地而坐的民族，变成了一个坐椅子的民族”，“原因正在于资源压力——如果席地，需要多少木材？相比整个地面都要用木板铺起来，座椅的用料无疑少了很多”，“五代十国以后……没有席地而坐需要的足够木材，中国人生活习惯的改变也就在这个时期开始”。

先秦时代的华夏民族确实习惯席地而坐。但是，那时的席不是用木料做的，而是以莞草或蒲（一种水生植物）等编织成的草席。古人室内铺席，登堂入室先脱鞋，然后坐在席子上。席地而坐的姿势有多种。一种就叫做“坐”：两膝着地，两脚背朝下，臀部落在脚踵上。一种叫做“跪”：两膝着地，两脚背朝下，挺身直腰，臀部不得落在脚踵上。在古汉语中，跪可言坐，但坐不可言跪。最不恭敬的一种坐法叫做“箕踞”：臀部贴地，两腿张开，平放而伸直，像箕一样。《礼记·曲礼上》：“立毋跛，坐毋箕。”《史记·刺客列传》：“（荆）轲自知事不就，倚柱而笑，箕踞以骂。”

在上古，“席”与“筵”都是铺在地上的用具。区别在于，筵用竹篾编织而成，且比席大，是直接铺在地上用以垫席的。席比筵小，铺在筵上，人坐在席上。后来，筵字用来表示酒席，“筵席”也用于指宴会。

由此观之，席地而坐不需要木材，更无须“整个地面都要用木板铺起来”。诚然，席地而坐除了要紧的席以外，还需要与之相配套的家具，如几、案、榻等，确实需要木材。但由于这些家具是与“席地而坐”相配套的，都比较低矮，所需木料也降到了最低程度。例如，河南郸城发现的汉代王君石坐榻，全高仅 19 厘米。

总之，席地而坐不仅不需要很多木材，而且与现代人坐木椅木凳相比，还会节约木材，上述文章“席地而坐需要足够木材”的说法，是没有依据的。

吮脓汁者谁

◎谷士锴

《向毛泽东学管理：中国离不开毛泽东》（当代中国出版社出版）第 116 页有这样一段话：

《史记》中有这样一个故事，西汉时期很有名的“飞将军”李广，一向以爱兵如子著称。一位士兵腿上长了疽，他亲自用嘴为他吮出脓汁。可士兵的母亲听到这个消息后，不仅不感激，反而号啕大哭。旁人不解，问她为什么。这位母亲说，李将军对士兵好，是为了让士兵打仗时为他卖命。我丈夫就是这样阵亡的，看来我的儿子也保不住了。

西汉名将李广确实与士卒同甘共苦，深得部下拥戴。但为士兵吮吸腿上脓疮的事李广没干过。干这事的人是早于李广二百多年的战国名将吴起。看过《史记·孙子吴起列传》的人都知道，吴起曾在鲁国为鲁君效力，齐国人攻打鲁国，鲁君想拜吴起为元帅，但因为吴起的媳妇是齐国人，担心吴起不为鲁国尽心，因此没有拜吴起为帅。吴起竟杀了老婆，表示与齐国没有私恩。鲁君这才用吴起统兵，吴起果然不负鲁君重托，大败齐军。

吴起身为元帅，与士兵穿同样的衣服，吃一样的饭食，不打仗时不骑马，歇息时不设榻，与军卒同甘共苦，甚至用嘴为腿上生疮的士兵吮脓水。吴起虽然干过杀老婆的恶事，但他爱惜士兵的事情一直为后世称道。

鲤鱼跃龙门：龙门在何处

◎辜良仲

2010年《廉政瞭望》8月上刊登一张图片《大水冲了龙王庙》，其说明写道："7月24日，'鲤鱼跃龙门'典故发源地——四川南充高坪区龙门镇，嘉陵江边的龙王庙被滚滚洪水淹没。"

其实，"鲤鱼跃龙门"中的"龙门"，并非四川省南充市高坪区龙门镇，而是禹门口：在山西河津西北与陕西韩城市东北附近。黄河至此，两岸峭壁对峙，形如门阙，故名龙门。《书·禹贡》："导河积石，至于龙门。"

"鲤鱼跃龙门"故事，正式见诸文字记载的是汉代辛氏所著《三秦记》(书已失传)。据《艺文类聚》《太平广记》中引述的文字来看，《三秦记》中曾多处提到"鱼跃龙门"的传说。譬如："河津一名龙门，水险不通，鱼鳖之属莫能上。江海大鱼薄集龙门数千，不得上，上则为龙也。"再如："龙门山在河东界……每暮春之际，有黄鲤鱼逆流而上，得者便化为龙。"《竹书纪年》中有"龙门赤河"的记述。每年春季大批鲟鱼回游至龙门穴洞之处集结，并在临产卵前两三天内频繁跳跃。跃出水面时，鲟鱼充血发红的鱼鳍也露出水面，一时间成千上万条大鱼在河面翻动，远望一片红光，此即"龙门赤河"。因鱼多，可长达数里，亦可持续数日，所以古书中也有"赤河三日""赤河三里"之说。

"鲤鱼跃龙门"中所说的"鲤鱼"实际上是"鲔鱼"或称"鳣鱼"，又名"鲤鱼"或"鳇鱼"，也就是鲟鱼。鲟鱼是江海回游的鱼类，体长约2米，最大可达5米。由于古代大鲤亦名"鳣"，故古人将"鲔鳣"与大鲤相混，传为"鲤鱼跃龙门"。

乾隆给英国女王写信？

◎村友

《每天读点季羡林全集》(石油工业出版社出版)第139页有这样一段话：

乾隆曾在写给英国女王信中称："天朝物产丰富，无所不有，原不假外夷货物以通有无。"

乾隆皇帝是给英国国王写过信，但不是英国女王，而是英国国王乔治三世。《清史稿·高宗本纪》中提到：乾隆五十八年(1793)，英国国王雅治三世遣使臣马戛尔尼来华，请求在北京派驻使节，并在浙江宁波、天津、广州等沿海城市开放口岸，互通贸易。"雅治三世"就是乔治三世。乾隆拒绝了英国的要求。直到乾隆死后20年即1819年，19世纪唯一的英国女王维多利亚才出生。当维多利亚18岁登基时，乾隆宾天已38年，不可能致信于她。

武松杀了阎婆惜？

◎邢家盛

翻阅旧报纸，见到2009年4月4日《天天新报》B04—05版《做客复旦大学上海视觉艺术学院 姜昆谈中国曲艺艺术的魅力》中的一段话：姜昆先生说"王少堂先生讲《水浒传》，有一讲专讲武松，这一讲就比现在的《水浒传》整本书还长。他在讲武松杀阎婆惜时，讲他用刀挑窗户，把脚伸进屋里，讲了两个半小时，怎么伸这脚，扣人心弦、引人入胜"。

姜昆先生说得不准确。

众所周知，在《水浒传》中，武松杀的是潘金莲。潘金莲与西门庆通奸，事情败露后，又用西门庆送来的砒霜毒死了武大郎。武松调查清楚此事后，在武大郎灵前杀死了潘金莲。阎婆惜是宋江的外室。晁盖等人智取生辰纲后事情败露。宋江赶到晁盖家通风报信，使晁盖安全逃脱，上了梁山。为了感谢宋江的救命之恩，晁盖派人给宋江送来了感谢信和黄金百两。阎婆惜用晁盖的信件，要挟宋江。宋江在忍无可忍的情况下，杀了阎婆惜。不知是姜昆先生忙中出错，还是记录者笔下有误，总之比较遗憾。

马拉松赛跑不设障碍

◎黄典荣

余秋雨《都江堰》中说："水在这里，吃够了苦头也出足了风头，就像一大拨翻越各种障碍的马拉松健儿，把最强悍的生命付之于规整，付之于企盼，付之于众目睽睽。"（见华东师范大学出版社2006年版全国高教自考指定教材《大学语文》第130页）其中"翻越各种障碍的马拉松健儿"之说，无疑隐含着一种认识：马拉松赛跑的赛程中设置有障碍物。其实不然。

查《辞海》释义可知：马拉松赛跑是径赛中超长距离赛跑之一。比赛的起点和终点均设在田径场内，其余赛程在公路或近似公路的道路上举行。公元前490年，希腊人在马拉松平原同波斯军队作战获胜，希腊士兵菲迪皮茨从马拉松镇出发，不停顿地跑到雅典（全程40公里）报捷后即因过度疲劳而死去。为纪念历史上这一事迹，1896年在希腊雅典举行的近代第一届奥林匹克运动会上，决定用这个距离设立一个赛跑项目，定名为马拉松赛跑。后从1924年起，其距离改为42.195公里。

没有任何资料证实运动员在马拉松赛跑中需要"翻越各种障碍"。

比赛中需要越过障碍物的径赛项目是障碍赛跑（赛程中设置一定数量的栏架和水池等障碍物）、跨栏赛跑（设一定数量的栏架）以及越野障碍赛跑（在途中设置若干篱笆、壕沟等障碍物）。余先生一不留神而把马拉松赛跑同这几种径赛中的某一项混为一谈了吧？

“南朝宋”不是“南宋”

◎李荣先

“在这条小小的羊王庙弄里，曾经有两幢羊王庙，一座是羊太傅庙，供奉的是西晋贤臣羊祜(hù)，另一座是羊太守庙，不知是不是机缘巧合，供奉的这位也姓羊，他便是南宋吴郡太守羊玄保。”这是2010年《苏州广播电视》报第22期B12版《羊王庙里忆春秋》中的一句话。

人们看到“南宋”一词时，会想起岳飞、文天祥，会想起辛弃疾、陆游，等等。因为这些人都是元朝之前的“南宋人”。然而，上引句子中的羊玄保并不是这个时代的人。

熟悉历史的人都知道，在隋代之前的南北朝时期，南方先后有宋、齐、梁、陈四个政权出现，此曰南朝。羊玄保就是南朝宋之人。不过此“南朝宋”后世一般不称“南宋”。《辞海》有“南宋”条目，指从1127年到1276年定都于杭州的赵家王朝，而不是“南朝宋”。两者前后相距640多年。

上引句子将“南朝宋”简称为“南宋”，无疑不对。

语丝

棋语

◎杨彦成

将　看上去驾驭一切，其实也不过是下棋者手中的傀儡。

士　跟领导跟得最紧，关键时刻就常被用来垫背。

相　步法固然潇洒，却始终走不出既定的圈子。

马　歪门邪道有时是捷径，有时也是死路一条啊！

车　本事再大，只会直来直去，还不是照样靠边站。

炮　很像一种人：最拿手的是躲在背后置人于死地。

兵　要是给它一条退路，还会像现在这样一往无前吗？

《永乐大典》与朱元璋无关

◎王在恩

2010年《散文选刊》7月下半月刊刊有《进退守止"半哲"中》一文，文章谈及《永乐大典》时这样说道："他（解缙）曾经领导三千多人，用三年时间，完成了三亿七千多万字、卷帙达二万多的宏大类书《永乐大典》。朱元璋对此十分满意……"《永乐大典》与朱元璋一点关系也没有，朱元璋不可能"十分满意"。

明太祖朱元璋驾崩后，朱棣后来坐了皇位。鉴于古今事物散记于各书，不易查阅，1403年（永乐元年）朱棣命翰林院侍读学士解缙等人，组织编纂一部便于查索的大型类书。当时规定：自古以来的"经史子集百家之书，至于天文、地志、阴阳、医卜、僧道、技艺之言，备辑为一书，毋厌浩繁！"第二年，解缙等人编出《文献大成》，朱棣认为过于简略，又于1405年命大臣姚广孝、刘季篪和解缙等人，组织人力重修。这次参加编纂缮写工作的官员、文士，多达二千一百六十九人，至1408年（永乐六年）冬全部完成，由朱棣将该书定名为"永乐大典"。

《永乐大典》乃明成祖朱棣下令编写，和明太祖朱元璋没有任何瓜葛。

《吴冠中"烧楼"》参考答案

1. 大名顶顶——大名鼎鼎
2. 标干——标杆
3. 暇疵——瑕疵
4. 19世纪50年代——20世纪50年代
5. 熔于一炉——"付之一炬"或"烧毁"之类
6. 一副《巴黎蒙马特》—— 一幅《巴黎蒙马特》
7. 不以为然——不以为意
8. 婉惜——惋惜
9. 更加弥足珍贵——"更加珍贵"或"弥足珍贵"
10. 等……——等。

向你挑战

吴冠中“烧楼”

（文中有10处差错，你能都找出来吗？答案见本期）

◎庞劲梅　设计

在当代中国画坛，吴冠中大名顶顶，有“当代中国最贵画家”之称。这可不是浪得虚名，他的《长江万里图》在2010年拍出了5712万元人民币，创造了内地中国油画作品拍卖的新标干。可你知道吗，这样一位“落笔成金”的画家，多年来一直保持着烧画的习惯，如果他觉得作品有暇疵，便会忍痛烧毁。

19世纪50年代，吴冠中创作了一组井冈山风景画，后来他感到不满意，便陆续烧掉了。1966年，他把从法国留学回来后画的几百张作品熔于一炉。改革开放后，他的作品很受欢迎，市价一路高涨。1980年，他在东京举办个人画展，一副《巴黎蒙马特》卖出了104万港元。然而，到了1991年，他将自己多年来不满意的作品集中起来，一次烧了200多张。那次烧画，有人撞见了，大为惊讶，说：“您的画价等于楼价，这不是烧楼吗？”

吴冠中生前说起“烧楼”的事，总是哈哈一笑。看似不以为然，其实他也心疼。他在《毁画》一文中说，撕画时是满怀婉惜之情的，“我往往叫儿媳替我撕，我确乎也有不忍下手的隐痛”。

那他对自己的作品为何如此苛求呢？原来，在他心里，只有让明天的行家挑不出毛病的画才值得保留。他说：“作品表达不好一定要毁，古有‘毁画三千’的说法，我认为那还是少的。”

毁去了不满意的，留下的自然更加弥足珍贵。但吴冠中不是为自己、为家人留的。他对家人说：“我的作品不是遗产，房子、钱可以留给你们，但作品要捐给国家……”在他生命的最后几年，吴冠中散尽所藏，将画陆续捐赠给了北京故宫博物院、中国美术馆、新加坡国立美术馆等……

吴冠中“烧楼”，和某些“书画大师”的“流水式作画”相比，其境界不啻有天壤之别。

2010 年 10 月 17 日至 10 月 22 日，“咬文嚼字”讲习所第十一期成功举办。本期学员分别来自 10 个省市的 18 家新闻出版、文化教育单位。

“咬文嚼字”讲习所第十一期剪影

编者

结业考试一等奖获得者：河南教育报刊社赵平。

结业考试二等奖获得者（从左到右）：大连出版社刘春艳、张丽娜，南京信息工程大学期刊社沈丹。

结业考试三等奖获得者（从左到右）：河南教育报刊社李志刚、译林出版社黄颖、宁夏大学学术期刊中心蒋宇、北岳文艺出版社贾江涛、解放军理工大学杂志社张琦、现代传播科技有限公司上海分公司金琼。

火眼金睛

图中差错知多少？

（答案在本期找）

张应族　吴国梅　宋文洪　姚宏涛　提供

1　2　3　4

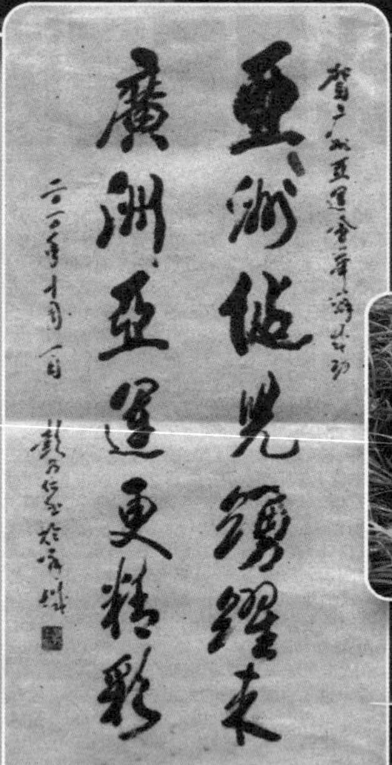

ISSN 1009-2390
9 771009 239111 02>

YAOWEN-JIAOZI

咬文嚼字®

是"洋车"，还是"三轮车"？

请阅读第 8 页相关文章

3

2011

欢迎至邮局订阅本刊 邮发代号 4-641
国内统一刊号 CN31-1801/H
定价： 3.00元

上海文艺出版(集团)有限公司

雾里看花

“专业漏水”？

王治民

这张照片拍摄于湖北省鄂州市街头。如今的社会生活日益丰富，服务内容也五花八门。这辆小车上的人是提供什么服务的？猜一猜，答案见本期。

主编荐书

《咬文嚼字》2010 年合订本

2010 年，《咬文嚼字》的重头戏是“点击文坛十二家”。这台大戏，是由作家、读者、媒体和编者联袂完成的。重读这一年的刊物，不由想起“当年鏖战急”的情景，分外感到亲切。我从中看到的是以铁凝为代表的中国作家的虚怀若谷，是风雨同行的广大读者的热情似火，是执着于新闻的媒体人的慧眼如剑。是的，这是值得回味的一年，也是耐人寻味的一年。这里本人想特别推荐各位读一读合订本的序。这篇序由十二家媒体共同写就，单就形式而言，我敢说是史无前例的。这也正是《咬文嚼字》不断创新的一个缩影。

——郝铭鉴

2010年 平装合订本 28元
2010年 精装合订本 35元

网购地址：http://shop63693308.taobao.com

邮购请汇款至：上海咬文嚼字文化传播有限公司。邮购免邮费，每个邮包请另付3元挂号费。

地址：上海市打浦路443号荣科大厦17楼 邮政编码：200023 电话：021-60878392

卷首幽默

郑渊洁“绝育”？

梁　木/文　　叶　珺/画

童话作家郑渊洁，一次带自己的波斯猫“白虎”到动物医院做去势手术。手术结束后，兽医开具治疗证明，问：“名字？”郑渊洁答：“白虎。”兽医纠正道：“只能填主人的名字。”他于是报上了自己的姓名。拿到治疗证明一看，他哭笑不得——上面的姓名一栏填的是“郑渊洁”，手术名称一栏填的是“绝育”。

咬文嚼字®

2011年3月1日出版

3

总第195期

主管：上海文艺出版(集团)有限公司
编辑：《咬文嚼字》编辑部
集团网站：http://www.shwenyi.com
E-mail：yaowenjiaozi2@163.com
电话传真：021－64330669
发行电话：021－60878388
邮购电话：021－60878392
地址：上海市打浦路443号荣科大厦17楼
邮政编码：200023
发行：上海市报刊发行局
发行范围：国内外公开
订阅处：全国各地邮局
国内代号：4－641
ISSN1009－2390
CN31－1801／H
印刷：江苏太仓印刷厂有限公司
广告经营许可证：沪工商广字
3100320050020号
定价：3.00元

好一个“全民造句”

◎江之北

今日的全民造句之风，似可追溯到早两年的“假如”造句，其中“假如七个仙女都愿意嫁董永，那么所有好房子都会降价”，至今令人神往。前年，“贾君鹏，你妈妈叫你回家吃饭”引发空前热情，造出各种方言版之外，呼唤的对象也不断变换，尤堪玩味的则是“官员们，你妈妈叫你回家吃饭”，母在家中望儿归，回家吃饭的自由，值得珍惜！造句成风则在去年。7月凡客体，10月羊羔体，几乎同时，还有“我爸是李刚”的造句，谓之“李刚体”。11月3Q战中Q方“刚刚作出一个艰难的决定”，腾讯体浴火而出。年底，电影《让子弹飞》《非诚勿扰2》问世，就有了“葛优体”“见与不见体”以及“让……飞”的仿句。今年伊始，“丹丹体”又拔地而起……

所谓造句，其实是一种模板写作，在修辞学中叫作仿拟——仿照人们熟知的语言材料如成语、谚语、名言、警句、诗词等，根据表达的需要创造出新的语句篇章。由于本体为人所熟知，仿体发生的变化就易于引起阅读的期待和寻味，因此这种形式有着与生俱来的特别表现力和特别风味。这情形如同表演艺术或现实生活中，模仿某人声口，很自然就妙趣横生。可谓精彩就在仿拟中。

造句运动由两方面促成。一方面，互联网的普及，为大众的信息传递、思想交流、情感表达提供了硬件的便利；与此相应，人们追求表达形式的精彩，有展示文采才情、语言智慧的欲望。另一方面，影视、广告、微博……凡有语文应用处，不时产生鲜活的语言材料，为人们的表达提供了足以引发模仿冲动的蓝本。犹如奔突的激流找到了一个口子，大众的诉求借造句喷薄而出。

所有造句的原始模板都相当有特色，为各自的翻版给出了极佳的创造空间。凡客诚品广告，不从商品着笔，却简笔勾勒代言人："爱网络，爱自由，爱晚起，爱夜间大排档，爱赛车，也爱29块的T—SHIRT……""爱表演，不爱扮演；爱奋斗，也爱享受；爱漂亮衣服，更爱打折标签……"这无异是韩寒、王珞丹的"说明书"，简明扼要幽默，将其"基本性质"概括无遗，所推商品顺势嵌入其中，波澜不惊。"爱……不爱……是……不是……我是……" 看似朴实无华，其实不动声色臧否人事物，极富表现力。于是仿作迭起，从名人明星到隔壁邻居，从新闻人物到历史人物到神话人物到章鱼保罗……形成凡客体漫画像的长廊。武汉市纪委书记车延高的诗集，获鲁迅文学奖遭质疑，被攻击为口水诗，谐音延高而被戏称为羊羔体。我认为，车诗得鲁迅文学奖或欠火候，但羊羔体的"零度抒情"和回车键诗行，却不妨在诗歌园地聊备一格；网民纷纷戏仿，题材广泛，有趣也有力度，正是羊羔体价值的证明。宋丹丹认为潘石屹盖的楼难看，有损北京形象，而她的表达绝对体现了一个演员的看家本领："潘总：我就是个演员没多少钱，我请你喝拉菲，别盖楼了，真的，求你了！"向人发难却作情辞恳切状，那种调戏的过瘾感极易激发模仿欲，一时间，"真的，求你了"成为弱者叫板强者的不统而一的口径。

这场造句运动是全民的幽默动员，更是全民的幽默接受能力和理解能力的培养和锻炼。一些原本严肃的文本，开始尝试幽默。号称"河北保定交通局宣"的标语在网上流传："朋友开慢点，你爸不是李刚！"嘉定"公安微博"以丹丹体告诫市民远离酒驾："开车的朋友，我就是个老百姓，没有多少钱，我请你喝茶喝咖啡，别再喝酒了，真的，求你了！"

可以预言，丰富的社会生活不断产生新的表达需求，相应也不断有新的语言形式以供利用。造句运动方兴未艾，新体新句必将绵绵瓜瓞，我们的语文生活因而兴奋连连。

"稳操胜卷"之类

◎梁爱华

老师让给孩子买一本叫"稳操胜卷"的练习册。开始我以为孩子错把"稳操胜券"记成"稳操胜卷"。但到书店一看,果然有吉林大学出版社出版的《稳操胜卷》系列练习册。细细品来,"稳操胜卷"自有它的妙处,但对于一年级的小学生而言,它的妙处恐怕就可能是一个误导了。小学生知识基础薄弱,不要说成语,就连汉字一般也仅能认一二百个。他们的认识水平有限,很容易将修辞的"谐音"误认为"正音"。

"稳操胜券"的"券",与"卷"字不但音近,而且形似。稳,有把握;操,掌握;胜券,取胜的凭证。成语的意思为稳稳地把握住取胜的关键。胜卷:勉强可释为"能够制胜的卷子"。对比起来,一年级的小学生更容易理解"胜卷"的含义。为了不让孩子混淆,我费了很大的力气给她解释"稳操胜券"的含义。

无独有偶,在书店我还发现另外一个系列的练习册《锦囊妙记》。将"计"改成"记",显然后者和练习册的内容更加贴切,但将两个本来就容易混淆的字有意错用,这不免也有误导之嫌。

社会语文运用会对学生的语文学习产生影响。近年来国内一些商家为吸引"眼球",玩起了文字游戏,将一些成语改头换面。如热水器广告:"随心所浴"(仿"随心所欲");治咳药的广告:"咳不容缓"(仿"刻不容缓");电熨斗的广告:"百衣百顺"(仿"百依百顺")。我们不反对企业进行创意十足的广告设计,但"稳操胜卷"之类,已在相当程度上产生了不良影响,不利于人们正确传承民族文化。诸多混淆视听的仿拟,对受众尤其是对学习基础知识的青少年可能会产生误导,这是应当警惕的。

众矢之的

谁家周刊最给力(三)

本期目标：

《环球人物》

2010年第29期

是“俄罗斯”，不是“苏联”

◎杨昌俊

2010 年出版的第 29 期《环球人物》，刊有《“人民币先生”的应战》一文，其中说到美国紧逼人民币升值，“他们希望人民币汇率能够完全放开，甚至提出中国应效仿当年苏联对经济实行的‘休克疗法’，将人民币完全市场化”。这就张冠李戴了，当年对经济实行“休克疗法”的是俄罗斯，而非“苏联”。

俄罗斯是苏联的继承者。“苏联”是苏维埃社会主义共和国联盟的简称，它曾是世界上领土面积最大的国家。随着东欧剧变，苏联的加盟共和国政府纷纷宣布脱离苏联而独立。1991 年底，俄罗斯联邦总统叶利钦同白俄罗斯及乌克兰的总统签约，成立“独立国家联合体”取代苏联。苏联在此时已经名存实亡。1991 年 12 月 25 日，苏联总统戈尔巴乔夫宣布辞职，将国家权力移交给俄罗斯联邦总统叶利钦。次日，苏联最高苏维埃通过最后一项决议，宣布苏联停止存在。苏联解体后，俄罗斯联邦继承了苏联的大部分家底。

“休克疗法”这一医学术语，于上世纪 80 年代中期被美国经济学家杰里·萨克斯引入经济领域。叶利钦认为，零星改革断送了苏联的前程，俄罗斯要避免重蹈覆辙，就应该大刀阔斧地改革。

1992 年初，一场以放开物价、大规模快速彻底私有化为主要内容的“休克疗法”改革，在俄罗斯联邦全面铺开。这套激进的经济改革，完全背离了俄罗斯的国情，失败是必然的。叶利钦被迫在 1994 年 2 月的国情咨文中，宣布放弃“休克疗法”，并在 1996 年大选时承认“过去在改革中试图抄袭西方经济的做法是错误的”。

苏联并没有搞过“休克疗法”。

“用箭”误为“用剑”

◎梁 凯 大 新

《李敖父子坦陈国事家事》一文，是对李敖父子的访谈文章。文中，李敖先生在谈及《阳痿美国》一书时，引用了杜甫《前出塞》中的诗句，他说：“杜甫曾有一首诗说：‘挽弓当挽强，用剑当用长。射人先射马，擒贼先擒王。’”此处的“用剑”，当是“用箭”。

古代的“剑”，由于在格斗中其功能以推刺为主，故又称“直兵”。在东汉以后，剑的实战作用逐渐降低。到了唐代，剑则主要作为王公贵族和文武官员的佩饰品。“箭”，又名“矢”，是中国古代借助于弓、弩发射的具有锋刃的远射兵器。箭由箭镞、箭杆、箭羽组成。箭镞用于射击目标，箭杆用于撑弦承力，箭羽则使箭在飞行中保持稳定。有弓必有箭。古代有所谓“强弓硬弩”之说，再配之以长箭，由膂力过人的好汉操持，则极具杀伤力。杜甫说“挽弓当挽强，用箭当用长”，意谓使用弓箭，应当挑选强弓和长箭，这样杀伤力才强大。从修辞上看，如果把“用箭”改为“用剑”，则不但与上句“挽弓”不呼应，也使下句的两个“射”字顿失依凭。

骆驼祥子拉的是三轮车吗

◎李荣先

第 6 页《本刊驻外记者连线》一栏，载有该刊驻法国记者的一篇报道：《巴黎，坐三轮车上班》。报道中说：巴黎的公交车、地铁司机跑到街上游行，这可害苦了上班族，他们只能各显神通。不过，也有人看到了商机。“前两天，我在巴黎看到了一个更有意思的现象：有人操起了骆驼祥子的生计，蹬着带篷的三轮车，专拉上班族。”报道的上方还配有一幅图片——一个年轻的女人力车夫，正坐在一辆三轮车上等客。笔者感到不解的是：骆驼祥子当年拉的是“三轮车”吗?

骆驼祥子是老舍先生名著《骆驼祥子》里的人物。小说讲的是旧中国北平城里一个人力车夫祥子的悲剧故事。祥子从乡间来到城市，渴望以自己的诚实劳动创造新的生活。他试过多个工作，最后选中了拉洋车。洋车不同于三轮车。广义上看，三轮车和洋车均属于人力车范畴，但二者又有着明显的区别。顾名思义，三轮车有三个轮子，是一种脚踏、手摇或机动的有三个轮子的车辆；而洋车又叫“人力车”或“黄包车”，是旧时一种用人拉的车，有两个橡胶车轮，车身前有两根长柄，柄端有横木相连。三轮车的车身之下，有着传动装置——链条；而洋车则无。再者，三轮车是20世纪30年代才出现在上海街头的；而洋车要早得多，是19世纪从日本传入我国的。

图片中的法国“女人力车夫”，所操的并非骆驼祥子的生计。

既说“驾鹤西归”，何来“双目未瞑”

◎饶中源

《梁启超之孙的“苦行僧”生活》一文里有这么一句话：“……‘中国民间环保领袖’梁从诫先生，走完了他78年的人生旅程，在北京世纪坛医院驾鹤西归，双目未瞑。”这话说不通。

“驾鹤西归”源于典故“驾鹤”。据汉刘向《列仙传·王子乔》载，王子乔从浮丘公学道，30余年后，有人见其乘白鹤停留在缑氏山的山巅，数日而去。后因以“驾鹤”比喻得道成仙；以“驾鹤西归”美誉逝者在人世修炼圆满，了无牵挂地潇洒升天。上述文章称梁从诫先生的逝世为“驾鹤西归”，即“仙逝”，照理说应该是走得很潇洒、很安详的。这一说法也表达了作者对梁先生的崇敬和美好祝愿。但奇怪的是，文章紧接着转而又说梁先生“双目未瞑”。前后用语反差太大，极不协调，令人难以接受。“双目未瞑”也就是死不瞑目，多谓死者是抱憾而终的，其去世时的心情自然不可能是轻松的，更谈不上什么潇洒了。

阅读全文，文章作者的用意还是可以揣摩得到的。梁先生被赞誉为“具有良知的知识分子”，去世时还挂念着生前为之奋斗的环保事业。只是有所牵挂，而非有什么冤仇未了。既然如此，那么，文章说梁先生去世时“死不瞑目”就显得极不贴切了。

俄罗斯哪有“国家杜马上院”

◎黄典荣

《铁腕市长空降莫斯科》一文，介绍的是俄罗斯独立以来的莫斯科市第三任市长谢尔盖·索比亚宁。文中写道：“1996 年，索比亚宁进入俄国家杜马上院——联邦委员会。”按照句中破折号所示，“国家杜马上院”和“联邦委员会”系同位概念。然而，事实并非如此。

“杜马”是俄文 Дума的音译，原是沙皇俄国时期的中央和地方咨议机关的名称。从 1993 年 12 月起，俄罗斯联邦议会下院也称“国家杜马”。1993 年俄罗斯宪法规定：俄罗斯实行总统制的联邦国家体制；联邦议会实行两院制，由联邦委员会（上院）与下院组成。联邦委员会由俄罗斯联邦每个主体，包括直辖市、共和国、边疆区和州等，各派 1 名国家权力机关代表和 1 名国家权力执行机关代表组成，应有议员为 178 名；下院由 450 名代表组成，其中半数由全俄划分出的 225 个选区各选出 1 名代表，另一半则从参加竞选的党派和社会团体中产生。可见，当今俄罗斯联邦议会上院即其“联邦委员会”，称之为“国家杜马上院”是说不通的。

查资料可知，谢尔盖·索比亚宁 1958 年 6 月 21 日出生于秋明州别廖佐夫斯基区的一个小镇，仕途一帆风顺。1996 年 1 月进入俄罗斯联邦议会上院。他没有进入过什么“俄国家杜马上院”，因为这是一个子虚乌有的机构。

借题发挥

吓人的采血量

◎左照环

2010年11月2日的四川《宜宾日报》B2版刊载一则消息,标题为:“今年我市采血量预计突破十万吨”。

看了这一标题,真的吓了一大跳!10万吨血液,可是一个天文数字啊!一个宜宾市一年就能采集到这么多血液?

据相关资料:一个人的全部血量大约为4000毫升,若换算成重量,约为4公斤吧。250人的总血量约为1吨。那么采血10万吨则需2500万人的全部血量,而整个宜宾市(9县1区)的总人口才535万,仅与2500万的零头差不多。如以平均每人每次采血400毫升计,也需2.5亿人才能采集到10万吨。果真如此的话,目下全国的“血荒”应将不复存在。

从报道内容可知,该市截至2010年10月底,采血总量为7698850毫升,换算成重量为7.69885吨。那么预计全年的采血量将突破10吨。如此无厘头的标题,不知是怎么出现的。

今年 我市采血量预计突破十万吨

本报讯(记者 王春艳 实习生 张茂洁)连日来,昆明、成都、北京相继出现“血荒”情况,迫使多台手术不得不延期施行。许多急需在手术中进行输血的病患对此情况感到忧心忡忡。昨(1[illegible]日,记者从我市中心血站获悉,今年我市采血量预计将突破十万吨,血液供需有保障,市民不必心慌。

记者在市中心血站血源科提供的8.55吨,而在今年,我市采血量预计将突破10万吨。“我市血站血液库存量充足,全市用血情况能够得到有效保障。”他明确表示。

据了解,在我市,由于高校较少,所以学生献血比例相对其他城市偏小,献血志愿者人群主要来自企业、街上流动献血志愿者、机关干部。截至今年10月底,市中心血站统计的实际

之一。输血在医疗过程中本属于最不得已的手段,而有些医疗机构滥血现象比较严重,导致宝贵的血液源得不到有效利用。因此,他建议加强临床医疗机构的规范操作,实科学用血的规范指导。医生在给患进行诊疗时注意做到不该用的血不用,能少输血就少输血,能不输就不输血。

韩美军演能称"亮剑"吗

◎王　宪

25日，美国"乔治·华盛顿"号航母离开韩国釜山港前往韩国东部海域参加联合军演。　新华社发

韩美海空主力联合亮剑日本海

20余艘舰艇200余架战机参演，日自卫队官员登航母观摩演习

美军航母"华盛顿"号参加的韩美军演，对我国安全利益构成威胁，我国政府多次表示反对和抗议。《新京报》在2010年7月26日报道有关新闻时，却用"韩美海军主力联合亮剑日本海"作标题。"亮剑"一词显然褒贬失当。

此次韩美军演缘起于2010年3月韩国"天安"舰爆炸沉没事件。在外交等手段没有奏效的情况下，美国再次充当"世界警察"，执意在黄海与韩国举行联合反潜演习。名为针对朝鲜，威慑中国意图明显。尤其是"华盛顿"号航母的雷达和战斗机，搜索和作战半径覆盖我国京津地区甚至纵深，是对一个主权国家的公然挑衅。我国在抗议的同时于东海举行一系列演习以反制。

近年来流行的"亮剑"一词，源于电视剧《亮剑》。剧中的所谓"亮剑"，就是面对强敌，敢于抗争；即使倒下，也要成为一座山、一道岭，宣扬的是一种大无畏的精神。后来泛指一切勇于迎接严峻挑战的壮举。"亮剑"无疑是个褒义词，只能用在正义一方。韩美军演是个很不友好的举动，岂能美其名曰"亮剑"！

“与邻为壑”？“以邻为壑”？

◎林　明

壑，山沟或大水坑；沟壑，山间的流水沟；千山万壑，形容山多沟壑也多；欲壑难填，是说欲望像沟壑一样深，形容贪得无厌，很难满足。2010 年 6 月 13 日《解放日报》第 2 版头条《“与邻为壑”还是“与邻为友”》，标题很成问题。

“与邻为友”，即与邻居做朋友，自然很好理解。但“与邻为壑”让人纠结。无论是和邻居挖沟壑，还是与邻居充当沟壑，都是说不通的。

汉语中有“以邻为壑”，即拿邻国当作大水坑，把本国的洪水排泄到那里去。《孟子·告子下》记载：白圭对孟轲说，我治理水患比大禹还强。孟轲说，你错了。禹治理水患，是顺着水的本性，所以“禹以四海为壑”；而你现在是“以邻国为壑”。后来就用“以邻为壑”比喻嫁祸于人。

然而，即使用“以邻为壑”来替代上引报纸标题中的“与邻为壑”，还是不符合报道的本意——越来越独立的私人空间，隔绝了人际交往。“以邻为壑”不能表达这一意思。

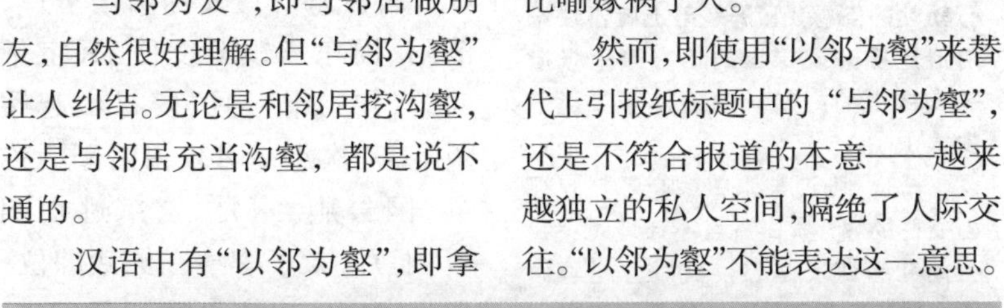
“与邻为壑”还是“与邻为友”

——从世博会看“人和”空间的塑造

本报记者　孙刚　彭德倩

市文明的发展，足以令人自豪，也伴生种——越来越高的楼房，容纳了剧增人口，了敞开的心；越来越独立的私人空间，使“与邻为友”成了“与邻为壑”；越来越宽，带来了便捷交通，却隔绝了人际交往，一条马路已是“望洋兴叹”。

代城市规划，难道必须以牺牲“人和”空价？

徉世博园区城市最佳实践区，种种案例

生活的最显著标志之一。如今国内不少居住小区，每家每户都拥有完全独立的居住空间，这比过去的“七十二家房客”显然是巨大的进步，市民可以确保私人生活的便利和隐秘；但有的地方“矫枉过正”，公共场所非常局促，密集的楼群间只有窄小的草坪和健身点作为点缀，不多的空地也被停泊的车辆占据。于是，小区似乎只是上下班的通道，家的范围似乎只限于自己的一方“蜗居”，邻里多

在温哥华案例，我们听到这样一个故事。上世纪 60 年代，政府为了提速经济发展，计划将一条高速公路引进市中心。没想到居民闻讯联名要求三思而行，提出此举将破坏原有的居住环境。最终意见被采纳，高速公路计划搁置，很多市民都认为，正是这一关键决定，才将温哥华导向如今繁荣、宜居的发展道路，而此后城建规划中更是进一步确定“减少对汽车的依赖”，如市中心 2/3 行程可通过步

的和谐。”唐子来说，如果不通过多种建互组合，形成层次感和序列感，巨大的空会引起人的渺小感，对人群聚集、交流产作用。另一方面，空间与市民日常生活的也是决定是否“人和”的关键。张闳说，现规模越来越大，加上不合理的规划，使居他活动相隔越来越遥远，超过了心理与正常距离。结果是虽然美轮美奂的“地标筑不断涌现，但这些空间却“飘浮”在真市居民生活之外，无法留下“记忆和情感成了观光客的风景。

连珠炮

《“靠山”》靠不住

◎苏开省

靶文

哪来的“靠山”

禾　丰

“靠山”出自安禄山篡唐的事。唐玄宗李隆基非常宠信出身胡人的安禄山，竟要提升他为宰相。右相杨国忠知道后，便向皇上进谏不要重用野心勃勃的安禄山。于是皇上就不让张洎拟定提升安禄山的诏书了。张洎是安禄山的好友，把这件事告诉了安禄山。

一次，张洎与李白谈起了与安禄山交往的事。李白直言不讳地说：“我看胡儿有谋反之心，到时会连累你的。你万万不可靠山！还是靠近皇上吧！”张洎听从了好友李白的劝告。不久，安禄山果然起兵反唐，张洎却仍受到皇上的重用。张洎感慨道：“幸亏我没有靠山啊！”“靠山”一词，从此流传开来。

（原刊2010年9月1日《中老年时报》第6版）

“叛唐”还是“篡唐”？

第一句话就靠不住。“篡”，武力夺取，特指臣子夺取君位，如王莽篡汉。从安禄山的言行看，只能算作“叛唐”，根本谈不上什么“篡唐”。

唐玄宗时，安禄山任平卢、范阳、河东三镇节度使。天宝十四载（755）十一月，安禄山起兵叛乱，于次年一月攻占洛阳后称帝，国号燕。六月，玄宗逃亡四川。七月，太子李亨在灵武即位，是为肃宗。肃宗至德二载（757）一月，安禄山被其子安庆绪杀死。代宗宝应二年（763）一月，安史之乱被平定。

在长达7年多的安史之乱中，唐王朝中央政府依然存续。相关史料均言“安禄山叛唐”，未见

“篡唐”之说。一字之别，性质迥异。

拟写诏敕的是“张洎”吗

不是，应是“张垍(jì)”。玄宗曾准备提升安禄山为同平章事（事实上的宰相），并令太常卿张垍草拟诏敕。后因右相杨国忠进谏极力反对而中止。而张洎(jì)是宋代太宗时的翰林学士，曾与寇准同为宰相。

“垍”与“洎”音同形近，致误似情有可原，但“张洎”确有其人，说张洎为唐玄宗起草诏书，岂非“关公战秦琼”！

张垍“仍受到皇上的重用”？

没有。史载，玄宗提升安禄山未成，在安禄山离开长安前，命高力士为他饯行。一则出于礼仪，二则观察安禄山的言行。高力士一回宫，玄宗便急忙问道：“禄山慰意乎？”高力士回答说：“观其意快快，必知欲命为相而又中止故也。”此事本属机密，知之者不多。于是玄宗责问杨国忠，杨则推说一定是草拟诏敕的太常卿张垍泄漏的。结果张垍及其兄刑部尚书张均都被贬黜。

公元755年安禄山起兵反唐后，张氏兄弟等一大批唐廷官吏投降安禄山并任伪职。公元757年10月，唐平叛军队收复长安，捕获投敌官员300余人，其中就有张垍兄弟。肃宗念与张说（张氏兄弟之父）旧情，叩请太上皇玄宗免其死刑。太上皇不准，但看在肃宗分上，将张垍流放岭南，张均则仍处死刑。

安禄山和张垍是“靠山”故事中的主角。《中老年时报》短短二百来字的短文，不但六误“张垍”，而且错称安禄山的举动，反说张垍的命运，你说靠得住吗？

《“专业漏水”？》解疑

笔者询问答案。车上的人解释说，他们是专门处理房顶的渗水、漏水问题的。原来如此！词不达意的“专业漏水”，不能准确地表达服务内容。如此雾蒙蒙的文字，说不定已经让他们错过了不少生意呢。

一针见血

哪有“望年之交”

◎胡南芬

《中国老年》2010 年第 9 期(上)刊发《独立的晚年,自在的生活》一文,其中写道:“知道老人喜欢鲜花,年轻房客上门时常常带上一束,两人也就成为望年之交。”

这里“望年之交”的“望”应为“忘”。“忘年之交”亦称“忘年交”,指年岁差别大,行辈不同而交情深厚的朋友。语出多门。较早见诸《南史·何逊传》:“弱冠州举秀才,南乡范云见其对策,大相称赏,因结忘年交。”又如,清冯桂芬《陈君若木家传》:“余与君同客裕靖节所,君年长以倍,为忘年交。”

“立冬”与“冬至”

◎陈关春

2010 年 11 月 3 日《解放日报》第 6 版登有《中药博物馆周末迎客》的报道,其中说:“中药博物馆将于今年冬至日 11 月 7 日开馆。”这就说错了。11 月 7 日是立冬,而非冬至。进入立冬,天气逐渐转冷,表示冬季开始了。2010 年的冬至是 12 月 22 日,这个“至”的意思不是“到”,而是“极”。冬至与立冬相隔一个半月,中间隔着小雪、大雪两个节气。

先行者不称“先趋”

◎阳　俊

2010 年 10 月 30 日《人力资源报·旧闻周刊》有篇文章《甲骨文带来的神秘诅咒》,说到最初搜集、研究甲骨文的两位学者王懿荣、刘鹗的遭际。其中有这么一句话:“从 1900 年发现甲骨文仅十年时间,研究甲骨的两位先趋相继惨遭噩运,离开人世。”其中的“先趋”应为“先驱”。

“驱”,本义是策马前进,引申出驱逐、行进、逼迫等义。“先驱”,本谓走在前面开路、引导,也指开路、引导的人，引申指某一事业的先行者。

趋，疾走，快步而行。“先趋”与“先行者”相去甚远。

误引《论语》一例

◎长　军

2010年10月29日《杂文报》第4版有篇文章《叶名琛玩“中庸”》，涉及儒家中庸思想。其中有这么一段话：“程子曰：……‘小钓而不钢，戈不射缩’……这些都是‘中庸’。”这里的“小钓而不钢，戈不射缩”简直不知所云。

记得《论语·述而》中有“子钓而不纲，弋不射宿”句，是对孔子行为的描述，表达了孔子的仁爱感情。“纲”指鱼网上的总绳，代指鱼网；一说是在水面上拉一根大绳，在绳子上系许多鱼钩来钓鱼。“弋”指用带绳子的箭射取；“宿”指已经归巢歇息的鸟。这句话大意是说，孔子只钓鱼，而不用大网捕鱼；孔子射鸟，而不射栖息在巢中的鸟。上述引语多有错讹，而且张冠李戴。

《故事新编》中没有“竹林七贤”

◎乔世华

《神话、历史与现实的交响》（《文学自由谈》2010年5期）一文，在评论周实的小说时说：“这样的内容，自然会让人联想到鲁迅的《故事新编》。但是，鲁迅笔下的是老子出关、竹林七贤这样的真实历史人物”，而周实的小说“处理的，是‘上古茫昧无稽考’的神话人物”。

关于《故事新编》的说法是错误的，因为其中并无“竹林七贤”。

《故事新编》是从历史与传说中取材的一组小说，其中表现真实历史人物的有五篇，即写伯夷、叔齐不食周粟的《采薇》，写老子出函谷关的《出关》，写“彼亦一是非，此亦一是非”的庄子的《起死》，写墨子止楚伐宋的《非攻》和写大禹治水的《理水》。另外三篇则全取材于神话传说，也未涉及“竹林七贤”。竹林七贤是魏晋之际的七位名士，包括阮籍、嵇康、山涛、刘伶、阮咸、向秀、王戎等七人。

“岌岌”与“汲汲”

◎杲　良

2010年10月25日《福建日报》第12版上，刊有《会讲故事的史景迁》一文。在论及晚明士绅阶层衰落的缘由时写道：“可以看出，其中隐含的原因有两个：一是晚明的江南地区，纵乐之风盛行，社会萎靡，士大夫生活日益精致，亦导致注重声色犬马，岌岌于个人享受……”

引文中的“岌岌”应为“汲汲”。“岌岌”有两个义项：①形容高耸的样子。如屈原《离骚》：“高余冠之岌岌兮，长余佩之陆离。”王逸注：“岌岌，高貌。”②形容危险的样子。如岌岌可危、岌岌不可终日。显然，“岌岌于个人享受”说不通。

“汲汲”的“汲”，本义是从井里打水、取水。“汲汲”，形容心情急切的样子，表示急于得到或急切追求，如汲汲以求、汲汲于名利。又如陶渊明《五柳先生传》：“黔娄之妻有言：‘不戚戚于贫贱，不汲汲于富贵。’”

“具体而微”不是具体而卑微

◎宋桂奇

《南方周末》2010年9月30日刊登了一篇题为“人人说出真问题，内政才会更修明”的时事评论，文中有这么一句：“其实，温家宝言及的种种困难，其最先与最后的承担者，是一个个具体而微的中国人。”笔者以为，此中“具体而微”属于误用。

“具体而微”义为总体的各部分都具备而形状或规模较小，语出《孟子·公孙丑上》：“子夏、子游、子张，皆有圣人之一体；冉牛、闵子、颜渊，则具体而微。”朱熹集注：“具体而微，谓有其全体，但未广大耳。”意谓冉牛等弟子大体近于孔子，却不如他那样的博大精深。后世多用这一成语来状物，偶尔用在“人”身上。宋沈括《梦溪笔谈·杂志一》：“今成皋、陕西大涧中，立土动及百尺，迥然耸立，亦雁荡具体而微者，但此土彼石耳。”上文作者犯了望文生义之病——将“具体而微”直解为“具体而卑微”了！

纳兰容若有原型吗

◎马鸿斌

《王国维点评红楼梦》(时代文艺出版社 2010 年 7 月第 1 版）一书中有这样一句话:“有人考证《红楼梦》写的是明珠的家世,宝玉就是隐明珠之名,是纳兰容若的原型。”(第 182 页)无独有偶,在《模范村的大家闺秀》(2010 年 9 月 20 日《文汇报》“笔会”版）一文中也有类似的一句话:“钱钟书《围城》中的才子董斜川夫人董太太是母亲的原型。”贾宝玉和董斜川夫人分别是《红楼梦》和《围城》中虚构的人物，纳兰容若(1655—1685)和上文中的母亲(指贺翘华女士,1913—2008）是现实中的人。小说中的人物形象怎么反倒成了现实中的人的原型了呢?

“原型”,原来的类型或模型。特指叙事性文学作品中塑造人物形象所依据的现实生活中的人。原型只能是现实生活中的人,而不能是小说中的虚构人物。上面的两句话可以改说为“纳兰容若是宝玉的原型”,“母亲是董太太的原型”。

“涉嫌”越位

◎李胜类

2010 年 11 月 1 日“四川在线”上有报道《四川开江 3 名副局长进入被封煤窑内导致中毒身亡》。其导语部分说“不料 3 人全部涉嫌一氧化碳中毒身亡”。其中“涉嫌”的用法有问题。

“涉嫌”指有跟某件事情发生牵连的嫌疑，几乎都用于有违法违纪的嫌疑但尚未最终确认的委婉表述。譬如“19 则涉嫌违法违规电视购物广告被曝光”。

根据上下文，上述三名副局长的“擅自”行动是否“涉嫌”违法,正处于全面调查阶段,真相尚无定论,故应当皆为“疑似”一氧化碳中毒身亡;退一步来说,排除上下文的提示，从纯语法的角度来说,“涉嫌”随后应当紧跟具体的“罪名”而非致命的“原因”,其搭配亦属失当。

“一臂之力”“鼎”不出来

◎吕镇光

《新民晚报》2010年11月9日“夜光杯”所刊一篇文章《“慢递”的魅力》中说：“我区的父母官、静安区文化局局长张爱华女史鼎一臂之力……”其意思大致可以明白，只是在文词的选用上似有欠缺：一个区的文化局长按旧时的概念是否称得上“父母官”，又该不该称“父母官”，这里姑且不去细究；“鼎一臂之力”的表述，我觉得难以理解。“鼎”者，大也。我们常用“鼎力相助”表示用很大的力量来帮助。“鼎”是“力”的修饰用词。上述“鼎一臂之力”不免叫人坠入五里雾中。

谈及帮助他人时，常用“助力”“助一臂之力”等说法。

“鸭有反哺之义”？

◎黄欢成

2010年10月12日中午，央视1套《今日说法》栏目播出题为“九十三岁老母谁来养”的节目，讲述一位老人摔伤卧床后，子女们互相推诿、不尽赡养义务的案例。节目接近尾声时，主持人请出一位法学专家，让他谈谈对该案例的看法。这位专家一开口就引用了中华民族孝文化的一句名言：“yā有反哺之义，羊有跪乳之恩。”不料荧屏字幕中出现的是“鸭有反哺之义”。“鸭”字应为“鸦”。

相传，乌鸦能反哺其母。《本草纲目·禽三·慈乌》：“此乌初生，母哺六十日。长则反哺六十日，可谓慈孝矣。”后世多用“鸦有反哺之义”来劝人尽孝道。至于鸭的孝行，则闻所未闻。

重复的“全都和盘托出”

◎周　振

2010年9月27日—10月3日《书刊报》第2版刊载的《1947年“中共情工半壁天下”险被搞垮》一文，有这样的叙述：“1947年9月29日，这个情报系统（指中共北方情报系统，笔者注）的负责人王石坚在西安被秘密逮捕。王石坚被捕后很快叛变,将他领导的我华北、西北、东北全部情报组织全都和盘托出,导致44名地下情工人员被捕入狱,牵连被捕123人。”其中“全都和盘托出”的“全都”是多余的。

“和盘托出”是个成语,本义是端碗时连盘子也端出来了,比喻把真实情况全都说出来,没有丝毫隐瞒。既然“和盘托出”已包含“全都”之义,再用一个“全都”去修饰它,就显得叠床架屋了。

死的到底是谁

◎古　桥

很不幸,2010年11月2日,在浙江嘉兴中环南路与中环西路口,发生了一场车祸。一辆载有两名年轻女子的电动车与集装箱卡车激烈相撞,导致一人当场死亡,一人送医院抢救无效死亡。《南湖晚报》在第二天刊登了有关报道。也许是事故现场的惨状让记者乱了方寸,其中的一句话,真是乱到家了:“地上流了触目惊心的血,围观的人哀叹不已,其中一人当场死亡。”

当场死亡的人是谁?从这句话来看,只能是“围观的人”。所谓“其中”,就是“围观的人中间”,舍此别无解释。然而事实并非如此,当场死亡的和抢救无效死亡的,都是骑电动车的年轻女子。围观的人哀叹不已,但并没有因“哀叹”而死亡。

并非“无疾而终”

◎袁正建

2010年10月15日《新华每日电讯》刊登了一篇《神马都是浮云》的文章,其中有一段写道:

10月12日,中国男篮在河南许昌和巴西男篮进行第三场热身赛。本该是场波澜不惊的友谊赛,却因为朱芳雨的一次冲动,引发两队数十人的群殴。最终,巴西队愤然退场,比赛无疾而终。

这里的“无疾而终”使用不当。“无疾而终”是指没有病就死了,引申为事物未受外力干扰就自行消灭了。这场篮球比赛是因为“群殴”而不得不停赛的,事出有因,显然不是“无疾而终”。

热线电话

“你好，我是64330669……”(26)

◎姚博士

天子“青衣”啥颜色

问：《礼记·月令》中说，古代天子衣服的颜色随季节而变换，春季为“青衣”，夏季是“朱衣”，秋季乃“白衣”，到冬季则为“黑衣”。查《现代汉语规范词典》，说“青衣”即黑色的衣服，且多为地位低下的婢女、差役等所穿。我想请教，天子于春天所穿的“青衣”是黑色的吗？

——江苏　成紫斌

答：“青”这种颜色，其内涵是很丰富的。它可指绿色，如“青草”“青苗”；可指蓝色，如“青天”“青筋”；还可指黑色，如“青丝”“青布”。我们常见的“青衣”，指的是青布所制的衣服，自然是黑色的。“青衣”在传统戏曲中特指青衣旦，是旦角的一种，因大都穿黑色衣衫而得名。然而，古代帝王的春服，却并非黑色的。《礼记·月令》中说“孟春之月”，“天子居青阳左个。乘鸾路，驾仓龙，载青旗，衣青衣，服仓玉”。鸾路即鸾辂(lù)，天子王侯所乘之车。青阳，古代天子明堂的向东的房间。左个，左边的偏室。这里所说的颜色——“苍”(“仓”通“苍”)和“青”，都是春天的颜色，是指草木初生的绿色。春天万物生长。天子所为，“皆所以顺时气也”，其衣食住行均不会离开这个主题，所着“青衣”也是生命的颜色——绿色。

“50余亿元”，还是“50亿余元”？

问：请问“余”跟数字应该怎样使用，比方说是“15万余人”，还是“15余万人”？还有像生产总值是说“50余亿元”，还是说“50亿余元”？这些用法具体有什么区别？

——上海　陈美玲

答：如果一个数字，个位数上不是零，后面就不能加“余”，比如“3”“14”“126”“2478”等。如果个位数上是零，则可以，比如“10余人”“100余斤”“1130余册”等。

“十”“百”“千”等后可以直接加“余”，如“十余”“五十余”，“百余”“三百余”，“千余”“六千余”等。

“万”“亿”与“余”搭配使用，要看“万”“亿”前数字的情况而定。如果个位数上不是零，“余”就加在“万”“亿”后，如“15万余”“27亿余”等。如果个位数上是零，则“余”既可以用在“万”“亿”的后面，也可以用在前面。“余”的位置不同，表达的意思有区别。比如“50亿余元”，一般指的是超过“50亿元”不到“51亿元”；而“50余亿元”，一般指的是超过“51亿元”不到“60亿元”。

榜首可以“雄居”吗

问：请问“雄踞榜首”“雄据榜首”“雄居榜首”哪个正确？我倾向于“雄居榜首”，因为“居”有“处于”的意思，不知对否？

——河南南阳日报社　曹立峰

答：“雄踞”“雄据”“雄居”，三种说法都能说通。其中，“雄踞”和“雄据”意思是一样的。“踞”有两个意思：一个是蹲、坐，如“龙盘虎踞”；还有一个是占据，如“踞守”“盘踞”。表示占据的“踞”，是可以写成“据”的。“踞守”“盘踞”可以写成“据守”“盘据”。

“雄踞”和“雄据”均已凝固为词，相比之下，“雄居”的稳固性较差，多数辞书未收列。而且，“居”有处于的意思，却没有占据的意思，与强有力的“雄”搭配，显得力度不够。从实际运用的情况来看，“雄踞”使用得最多，这大概是因为“踞”会引发人们对“龙盘虎踞”的自然联想吧。

有此一说

也释“收官”

◎何根基

“收官”的解释，关键是怎样理解“官”这个字。《辞源》：“官，公有。”“官方”指公家一方，“官立”就是公立，“官书”就是公文，“官课”指公家拟征的税收，“官价”指公家订定的价格，“官产”就是公家的产业，“官地”就是公家的土地，“官中的”就是公家的，“官报私仇”就是公报私仇。“官”的范围有大小：“官课”现在就分为国税和地税，“官产”可以是国资委旗下的央企，也可以是弟兄俩未析产前的共业。围棋中的“官”即“官地”，就是指黑白双方共有的地盘，表现在棋盘上就是还没有归属的空位。

“收官”是围棋的最后阶段。这时，双方棋局的死活已明朗化，只剩下彼此犬牙交错的交界双方共有的空位尚待角逐。下到共有地盘的子叫“官子”，“官”指双方尚待争夺的共有地盘。如果把“收”讲成结束，那么“收官”就是结束争抢公有空位的战斗；如果把“收”讲成收取，那么“收官”就是把共有的空位通过交锋收归各自所有。不管“收”字怎样讲，“官”都是指双方共有而尚待最后确定归属的空位。就整个争夺的过程和目的说，“收官”是最后的斗争。一旦彼此围地界限最终确定，每一个点都有所归属，一局棋的战斗即告结束。

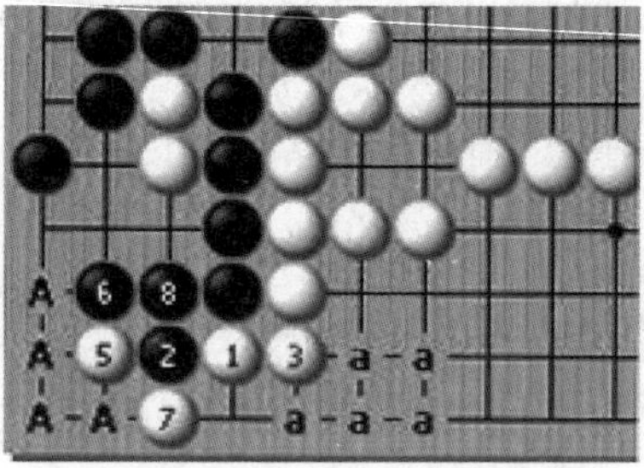

娶妻为何需『斧』

◎吴早先

《咬文嚼字》2010年第11期刊载程瑞雪《做媒为何称"作伐"》,文中说做媒雅称为"作伐",源于《诗经》中的《伐柯》一诗,应该说是有道理的,但这只是表层的原因。究竟为什么"作伐"和做媒能联系到一起呢?值得进一步追溯。

我们还是从《伐柯》一诗说起吧!"伐柯如何?匪斧不克。取妻如何?匪媒不得。"在《诗经》时代,通过媒人举行仪式来完成男女结合,已被人们广泛认可接受并自觉遵守,"无媒不成婚"。

我们先来看看"斧"与"媒"是什么。斧,一般认为"从斤,父声",其实"斧"也"从父",从读音来看,音近义通,"斧父"同源,"斧"源于"父"。"父"是什么?甲骨文中分明就是手执圆头椎体的石斧,从今天考古发掘出的石斧形状来看,许多专家认为与其说是斧,不如说是男性生殖器的象形。《诗经·破斧》:"既破我斧,又缺我銶。"据叶舒宪先生考证,这首诗实为西周阉人的表白,是一批受宫刑处罚的男子被征召加入周公东征的军队而对自己的悲惨命运发出的哀叹。"斧破銶缺",不是农具或兵器被毁,而是生殖器被毁坏,至今陕西方言中仍把男性生殖器呼为"毬"。

斧有开辟破开的功能。神话传说中,盘古就是拿着大斧来开天辟地的。如果说"斧"隐指男性性器,那么以斧"伐柯"隐指什么呢?其实就是行破处之礼。甲骨卜辞"东方曰析",东方的主宰神叫做"析"。"析",从木从斤。从字形上看就是用斧劈木。东方之神就是春神,也就是男性的高禖(méi,古代求子的祭祀)神,禖神名"析",正是象征他可以掌管男女交合的事。

《诗经》中多次提到"伐薪""析薪""伐柯""伐其条枚",几乎全都和婚娶有关。这绝对不是偶然的。"薪"有生长快速、繁衍众多、柔韧等特点,自然可以隐喻青春少女,希望女子婚后多繁衍后代。那么，谁来行破处之礼呢？先民认为破处时流出的血是邪恶的，对男性有伤害，会带来不祥，所以破处不是普通人能干的，而必须由能沟通人和神的“媒（禖）”来担当。能做媒（禖）的，只能是部落德高望重的头人酋长之类。先民相信这些头人神灵附体法力通天，能沟通天人，他们的神性可以战胜不祥之血中的恶魔，让新郎和族人免于恐惧和危险。“媒（禖）”也是他们的“父”。“父”在上古泛指男性长辈，可分为生物性的“父”和社会性的“父”。正像基督教婚礼由神父来主持，上古时婚礼也必须由社会性的“父”来操作。这个社会性的“父”，这个“媒（禖）”就义不容辞地接受了破处的重大使命。这初开的工具并不是什么真正的斧头，而是头人首领的阳具。

“伐柯”“伐薪”用“斧”，娶妻凭“媒（禖）”凭“父”。所以《伐柯》中才会说“取妻如何？匪媒不得”。

不过后来“做媒”渐渐丧失了它的起源义，变成一种代代相传的空壳式活动，按照文化传统的巨大惯性在人类历史的长河中行进。古老原始甚至有些野蛮的风俗不复存在，但“非媒不成婚”的古礼、做媒称“作伐”的雅言却沿袭保留了下来。

语丝

讽汉奸联

◎一得

抗战期间，有一副嘲讽汪伪政权的对联，极具妙趣。联曰：

近卫，汪精卫，你自卫，我自卫，兄鲁弟卫；
陈群，李士群，来一群，去一群，狗党狐群。

这副对联，巧借人名做文章，讽骂皆有具体内容。上联：『近卫』指当时的日本首相近卫文麿，曾利诱国民党副总裁汪精卫在南京成立伪政权。『兄鲁弟卫』的『鲁』，指大汉奸王叔鲁，曾出任伪华北行政委员会委员长；而且，『兄鲁弟卫』还一语双关，暗用典故——孔子说过：『鲁和卫两国的政事，就像兄弟（的关系）一样。』联语讥讽王叔鲁和汪精卫的伪政权，乃一丘之貉。下联：李士群，国民党党员，汪伪政权的特务头子，后被日本人毒死；陈群，国民党老党员，李的继任者。『狗党狐群』，直刺国民党中的败类。

“邂逅”本为菱角

◎陈运舟

“邂逅”是一个并不陌生的动词，然而它的本义可能一般人并不熟悉。邂逅，本作薢茩，原义为菱角。《广雅·释草》：“菱、芰(jì)，薢茩也。”菱和芰都是菱角，只是角的多寡不同。两角为菱，三角、四角的叫芰。李时珍《本草纲目·芰实》：“其叶支散，故字从支；其角棱峭，故谓之菱，而俗呼为菱角也。昔人多不分别，惟伍安贫《武陵记》以三角、四角者为芰，两角者为菱。”

菱角，属菱科，一年生蔓性水生草本植物。菱的茎，蔓生，多分枝，叶柄组织疏松，内贮空气，便于浮在水面，其果菱角便随茎叶在水面荡漾，类似浮萍，随水漂泊，随聚随散。动词“邂逅”是由名词“薢茩”而来。清人张振鋆《厘正按摩要术·述古斋医书叙》里，“邂逅”正是作“薢茩”的：“余耳筱衫名久矣，已丑七月始薢茩于扬州。”“耳”，这里作闻、听说讲。整句意思是说，我很久就听说筱衫这个人的大名，在已丑年的七月，我才在扬州与他邂逅相遇。

动词“邂逅”，出现得很早，在两千多年前周朝的《诗经》里，我们已可以见到它。其中《野有蔓草》一首，写一位青年人，有天清晨草上还滚动着晶莹的露珠的时候，在郊野里忽然遇见了他的心上人，喜悦的心情难以自禁，于是吟唱道：“有美一人，清扬婉兮。邂逅相遇，适我愿兮。”毛亨注释说：“邂逅，不期而会。”

“邂逅”“邂逅相遇”，是偶然相逢。因此，“邂逅”又作“偶然”讲。文天祥在他的《指南录后序》里说：“出入乱尸中，舟与哨相后先，几邂逅死。”“几邂逅死”，是说差点儿因偶然与追捕的元军相遇而被害。

由“偶然、偶尔”义，“邂逅”又引申出“万一遇到”“万一”的意思。《资治通鉴·汉献帝建安十三年》中，孙权对周瑜说：“邂逅不如意，便还就孤。”这是要周瑜万一遇到不如意的事（婉言战场上失利），就退兵回来。

辨字析词

“论谭”非“论坛”

◎曹志彪

媒体上经常会辟有一个栏目或板块叫作“××论坛”,互联网上更是常见，几乎每家网站都开有这么一块,如“用户论坛”。但是细心的人们会发现，这样一个板块的名称有时会被写成“论谭”，如某知名晚报上的“星期天夜光杯·国学论谭”，某省基础教育资源中心网站上的“校长论谭”,某新闻网站上的“国际论谭”,等等。如此一来，读者不免产生疑惑：“论谭”和“论坛”是一回事?

《说文》对“坛”的解释是:坛，祭场也,从土,亶声。“坛”本义就是以土石筑成用来祭祀或朝会、盟誓的高台。由于面向公众发表言论也经常要登上高台，故引申为讲学或发表言论的场所,如“讲坛”。再进一步抽象则引申为媒体上用以发表言论的板块，如“论坛”。《现代汉语规范词典》对“论坛”的解释就是“公开发表议论的场合，包括新闻媒体组织的座谈会或开辟的栏目等”。在网络成为社会生活重要内容的当今，还应该添加非常重要的一部分——网络上供网民发表议论的板块。

“论谭”中“谭”是表示谈论的“谈”的通假字。通假是古代汉语中的一种常见语言现象，是书写时以音同或者音近的字代替本字的做法。《康熙字典》引《正韵》解释:与“谈”同。如《三国志·魏志·管辂传》:“此老生之常谭。”《庄子·则阳》:“夫子何不谭我于王。”“谭”作为“谈”的通假字还存在于一些含有通假字“谭”的词语里，例如:谭吐(谈吐)、谭笑(谈笑)、谭说（谈说）、谭论（谈论）、谭笺（谈笺）、谭燕（相聚谈论）、谭艺（谈论文章）等。流传下来的一些成语也有“谭”与“谈”相通的例子，如：谭虎色变、纸上谭兵、谭何容易、高谭清论、谭天说地、谭言微中、街谭巷议、天方夜谭等。

明白“谭”即“谈”，“论谭”的意思自然明了，那就是论谈、谈论。在现有通行的词典中都没有收录“论谭”这一词条，但无论古代汉语还是现代汉语都在使用。古籍中的例子，如元代陈基《夷白斋稿》卷二十二：“终日论谭，非古今理乱，则政事得失。”又如清代李清馥《闽中理学渊源考》卷三十三：“暮年与同辈论谭，淋漓翰墨。”在现代汉语中“论谭”一词偶有出现，常见于书名和文章题目中，含义基本没有变化，如《世界文苑论谭》（黎跃进，中国社会科学出版社）、《编辑出版论谭》（刘伯根，中国大百科全书出版社）、《太极拳论谭》（沈寿，人民体育出版社）、《花山申遗论谭》（杨炳忠等，广西人民出版社）等。“论谭”的使用面相当窄，通常只作标题用语，就像“××摭谈”“××管见”，已经明显固化，很不活跃，几乎不进入日常的语言表达和交流。

如果单就静态考察，“论坛”与“论谭”是容易分辨的：从内部结构关系看，“论”和“坛”两个语素构成偏正关系，“论坛”可以理解为“论之坛”；而“论”和“谭”是并列关系，“论谭”义为“论与谭（谈）”。从词性来看，“论坛”是名词，“论谭”是动词，它们所扮演的角色、所起的作用就不同，如“论谭”可以带宾语构成“论谭（谈）××”，“论坛”却不能。

放到“××论坛/论谭”结构中来看，出现在“××”位置的词语常会有两种情况：一是表示议论的主体，即发表议论的人，二是表示议论的对象或主题。前者如“校长”“研究生”“用户”等，这时只能用“论坛”而不能用“论谭”。后者如“经济”“文化”“国际问题”等，这时似乎两者都能用，但在表意上有区别：“××论坛”表示是围绕这个主题发表议论的一个场所、空间、板块或平台，座谈会形式的论坛，可以多人一次进行或者分期进行，平面媒体形式的则可能多篇文章同

“年近”“年届”莫含糊

◎欧　鹏

2010年10月19日《科技日报》刊发了文章《吴孟超院士的幸福生活》，其中有这么一句话：“在全国重要新闻媒体刊发的与胡主席握手的照片上，年届九旬的吴孟超院士鹤发童颜，精神抖擞，表现出与其年龄完全不符的样子……”句中的“年届九旬”用得不准确。

“旬”字表示年龄，“十岁为一旬”，如“八旬老母”“年过七旬”。“九旬”就是九十岁。“届”字，跟时间有关的意思有两个：①动词，义为到(时候)，如“届时”“届期”；②量词，略同于“次”，用于定期的会议或毕业的班级，如“历届”“六八届毕业生”。那么，“年届九旬”只能理解为“年龄到了九十岁”。

据中国科学院官方网站的资料，著名医学家吴孟超院士出生于1922年8月31日。到《科技日报》的文章刊发时，他只有88岁，显然不能用“年届九旬”来描述。

要保持文体风格的话，“年届九旬”可以换成“年近九旬”或“年逾八旬”之类。近，即接近，是一个模糊概念。“年近”和“年届”虽然只有一字之差，但表义有别。对事实应尊重，不能含糊。

时刊载或者分批刊载，网络论坛则在开放期间让网民们随时参与发表议论，可见发表议论者一般应该有多人，而不是“一言堂”的地方。然而，“××论谭”则常指关于这个主题而发表议论的特定行为，现在几乎只适用于议论性文章标题或研究性论著的题目中，完全是作者就某一问题的议论了。

总而言之，“论谭”是论谈的意思，“论坛”是开展“论谭”的场合或媒体板块。如果是供公众发表议论的会议场所、媒体板块等，都应该叫“论坛”。“论谭”是古语词的残存，属冷僻词，除了做文章标题或书名，其他场合几乎不用了。明乎此，就知道“国学论谭”之类，是要打个问号的。

“揪着耳朵叮嘱”？

◎田　勇

“耳提面命”是一个常见成语，也作“面命耳提”，意思是“形容恳切地教导”。对于这个成语的意思，人们一般不会有异议，而对于它的具体解释，很多人，甚至很多工具书的理解都不太妥当。例如《汉语成语词典》（上海教育出版社，修订本）解释为：“不但当面指教，而且提着耳朵叮嘱，希望他永不忘记。”《现代汉语规范词典》解释为：“不仅当面指点，而且提着耳朵叮咛。”中学生常用的《汉语成语词典》（内蒙古人民出版社，最新版）、《现代汉语词典》（商务印书馆，第5版）也都分别解释为“提着耳朵，当面教导、叮嘱，希望永不忘记”“不但当面告诉他，而且揪着他的耳朵叮嘱”。这些工具书都将“耳提”解释为“提着耳朵”“揪着耳朵”之类，这是一个很大的误解。

“耳提面命”，典出《诗经·大雅·抑》：“匪面命之，言提其耳。”对于这句话的意思，最权威的解释当数唐人孔颖达的注。其注曰：“非但对面命语之，我又亲提撕其耳，庶其志而不忘。”很多工具书在解释“耳提面命”这一词条时，也都引用了这一注解。然而，许多人把注解中的“提撕”错误地读为 tísī，进而错误地解释为“提着、撕扯”。

其实此处的“撕”应读 xī。北宋《广韵》注为：“先稽切。”折合成现代汉语读作 xī。《汉语大字典》“撕”字下收有“提撕”词条，释为“提醒，警觉”；《辞源》也收有这一词条，释为“提醒，振作”；《辞海》

“茹毛饮血”不是凶残

◎董鸿毅

2010年第3期《上海民进》载有一篇文章《“坐文化”刍议》，文中有一段话写道：“交椅，演绎权力分配；座次，界定门第尊卑、权势强弱、身价贵贱……长江滚滚东流水，翻卷多少为争夺交椅、座次，刀光剑影、茹毛饮血、尔虞我诈、明争暗夺、同室操戈、弑父杀兄（弟）……的活剧。其中以争夺皇冠、龙廷最为激烈。”作者用“茹毛饮血”一语来形容“争夺交椅”行为的血腥和残暴。这就用错了。其实，这个词语只是形容先民的生活状况而已，因为在上古时期先民们不知道用火，只能连毛带血地生吃捕获的禽兽。

《礼记·礼运》篇里说：“未有火化，食草木之实，鸟兽之肉，饮其血，茹其毛。”说的就是太古之时人们还不知熟食，只能生食禽兽的生活状况。南朝梁萧统《文选序》里也有用例：“冬穴夏巢之时，茹毛饮血之世。”

所以，为突出某种行径的凶暴残忍，上文中的“茹毛饮血”似应改为“血腥杀戮”一类的语词比较相宜。

《古今汉语词典》都解释为“提醒”。《朱子全书·存养》中有“只要常自提撕，分寸积累将去，久之自然接续，打成一片耳”，其中“提撕”也是提醒的意思。

总之，孔颖达所说的“提撕其耳”并非“提着、撕扯耳朵”，而是“贴着耳朵提醒”。依据生活情形想当然地解释“耳提面命”，是不可取的。

古印无『秦钵』

◎徐世华

岭南画派，即广东画派，因地处五岭（越城、都庞、萌渚、骑田、大庾）之南，故名。高剑父（1879—1951）、高奇峰（1889—1933）、陈树人（1884—1948），被誉为“岭南三杰”，简称“二高一陈”。2010年12月30日《文汇报》第12版刊有一篇关于该画派的论文：《岭南画派何以在上海崛起》。该文有一段写道：

首先值得一提的是，德高望重的海派书画领袖吴昌硕给“二高一陈”以宝贵的扶植，与他们相处友善，当喜好篆刻的高剑父带着自己的印稿去请教吴昌硕时，缶翁对其篆刻的刀法、字法及师承等作了具体的指导，让他从此改学秦钵。

显然，此处“秦钵”有误，应为“秦鉨”，即“秦玺”。

“钵”，亦作鉢、盋，后者乃本字。《说文新附·皿部》：“盋，盋器，盂属。从皿，犮（bá）声，或从金，从本。”义项有二：①饮食用的敞口器皿。②僧人的饭碗。梵语“钵多罗”（pātra）的简称。“秦钵”，汉语无此词，当是形近致误。

“鉨”，乃玺的古字。此字古玺常见，但一段时期无人识得，属疑难字。清乾隆五十二年（1787），精于考据的经学家程瑶田（1725—1814），在《看篆楼古铜印谱序》中，首次考释作“玺”，遂一锤定音。玺，本义为印。汉蔡邕《独断·上》：“玺者，印也；印者，信也。”古时尊卑通用，秦始为皇帝专用，后又适用于诸侯王、皇后。如：淮阳王玺、皇后之玺。玺，本作壐。《说文·土部》：“壐，王者印也，所以主土。从土，尔声。籀文从玉。”玺以玉制，为皇权的象征。唐李商隐《隋宫》（其二）诗：“玉玺不缘归日角，锦帆应是到天涯。”

“秦玺”，即秦印，是通称，指战国末至西汉初的印章。印文多作小篆，字形生动，章法灵活，极富自然美。秦印与汉印各有千秋，均被奉为经典，但在艺术上，前者更胜一筹。

“梅博士”头衔的由来

◎刘振修

《文饭小品》(上海书店出版社出版)中有《〈梅兰芳〉与梅兰芳》一文,里面谈到京剧大师梅兰芳博士头衔的由来:

梅兰芳早年通称为“梅老板”,后来被昵称为“梅郎”,但到了去美访问演出之后,大家改称为“梅博士”。当然只是名誉博士,这个博士的来历却知者不多。苏州东吴大学有一位挂名校长叫杨永清,实际职务是“国联”的秘书,长年在国外,出身是美国南加利福尼亚大学的博士,由他介绍梅兰芳捐助该校美金四万元,得授以名誉博士学位。近世有博士学位的人多矣。惟有梅兰芳和基辛格的大名与“博士”衔头同垂不朽。

梅兰芳是京剧“四大名旦”之一。难道梅兰芳也像当今那些图慕虚名之辈,到外国花钱弄个假学位来招摇撞骗?据笔者所知,“梅博士”头衔的得来,与钱无关。

1930年,梅兰芳率团赴美国访问,他的演出受到美国人民的热烈欢迎。尤其在洛杉矶演出时,技惊艺坛,也得到了学术界的认可,当地波莫纳学院决定授予他荣誉博士学位。梅兰芳一向谦虚谨慎,不敢有此奢望,想要推辞,院长晏文士博士力劝,梅兰芳盛情难却,终于决定接受这个荣誉。但想不到对方授予学位的时间,是全校举行毕业典礼的6月16日,而梅兰芳有约在先,须于6月6日到檀香山演出两周,因此6月16日不可能参加该校毕业典礼。根据学院的规定,博士学位必须颁给本人,否则就不能授予。这急坏了院长,后来院长同全体校董商量,看能否变通一下。最后大家想了个办法:召开一个特别校董大会来颁授学位。但召开这个特别大会,仍然需要校董们投票。好在梅兰芳演出的声誉极好,这个变通的方

人文版《红楼梦》注释一误

◎杨忠锦

人民文学版《红楼梦》(2007 年校注本三版)第四十四回《变生不测凤姐泼醋　喜出望外平儿理妆》，文接上一回，由贾母提议，大家伙儿凑份子给凤姐做生日。书中写道:“贾母不时吩咐尤氏等:‘让凤丫头坐在上面，你们好生替我待东，难为他一年到头辛苦。’”页末有注释:“待东——款待东家，指凤姐”(上册第 586 页)。笔者认为，编者此注差矣。

《汉语大词典》收有“待东”一词，释义为:“替主人招待客人”，书证即取《红楼梦》中的这一条。“东”即主人(古时主位在东，宾位在西)，“东道”“东道主”谓以酒食请客者。而“待东”的“待”字，有“执”“扶持”“主持”的意思。朱骏声《说文通训定声》:“待，叚(假)借为持。”《仪礼·公食大夫礼》:“左人待载。”郑玄注:“古文‘待’为‘持’。”

贾母尤氏等大小人众凑份子庆贺凤姐的生日，贾母是请客的主人；而凤姐，充其量只能说是主客，而不是主人。贾母“本来自己懒待坐席，只在里间屋里榻上歪着和薛姨妈看戏”，便有一番吩咐尤氏的话语。这里的“待东”，是贾母吩咐尤氏等人代替她自己做东家款待凤姐。

案获得全票通过，于是颁授学位的大会得以改在 5 月 28 日举行。梅兰芳如期而至，戴上了博士帽。后来南加州大学也抢在梅兰芳赴檀香山之前，为他颁授了博士学位。

据梅兰芳先生的哲嗣梅绍武回忆:对于父亲获得“博士”头衔，国内大多数人是心存敬佩的。但也有人带有讥笑揶揄的口气，总觉得自己寒窗多年，满腹经纶，尚且没有获得这一荣誉，而一名青年演员(当时梅兰芳才 36 岁)却赢得这一称号，很不服气。这种人内心仍把梅兰芳视为旧社会身份低微的一介戏子。

顾恺之怎么吃甘蔗

◎宋传恂

2010年10月29日《杂文报》发表了马军先生的文章《倒过来的智慧》,看了此文确实有些启发。但文中的一处说法,似可讨论:

唐代著名画家顾恺之每吃甘蔗,必从根端开始,当人们讥笑他时,他则笑眯眯地说,这样吃,可以渐入佳境。

"唐代著名画家顾恺之",这是一个知识性错误。顾恺之父亲叫顾悦之,顾悦之生于东晋元帝司马睿太兴三年(320)。父亲是东晋人,儿子顾恺之怎么可能是唐朝人?毫无疑问,他的儿子顾恺之当然也是东晋人了。顾恺之大约生于345年,卒于409年,离唐朝建立尚有200多年,父子二人《晋书》里都有传。至于"吃甘蔗,必从根端开始……这样吃,可以渐入佳境"云云,则是又犯了一个常识性错误。我们先看看史书上的原文吧,《晋书》记载:"恺之每食甘蔗,恒自尾至本,人或怪之,云:'渐入佳境。'"尾者,梢也;本者,根也。吃过甘蔗的人都知道,甘蔗的梢部和根部的味道是大不一样的,梢部的味道淡,根部的味道浓。本人吃甘蔗的时候也喜欢"自尾至本",这样吃不但越吃越甜,而且浪费也不大。

「金乌」借指太阳

◎王浩杰

最近读纳兰秋先生的大著《情到深处即为诗——诗人的眼泪》,书中的《李益,那段抹不掉的悔恨》一文中有这样一段话:

不知不觉时候不早了,金乌早就升起,洒下一片清辉。鲍十一娘引李益到西院休息。华屋似梦,李益似醉非醉,心旌摇曳,如此清凉之夜要是能够和小玉姑娘共拥衾被,同赴鸳盟,那该多好啊……

此段话中以"金乌"指代月亮,我认为不妥。中国古代关于月亮的美称和雅号很多,例如玉兔、夜光、素娥、冰轮、玉轮、玉蟾、桂魄、蟾蜍、婵娟、玉弓、玉桂、玉盘、玉钩……但没有"金乌"这个代称。

其实,"金乌"即"三足乌""阳乌",是用来指代太阳的。传说古人看见太阳黑子,认为是会飞的黑色的鸟——乌鸦;又因为不同于自然中的乌鸦,加一脚以辨别,谓"三足乌";又因与太阳有关,为金色,故为三足金乌。三足乌(阳乌)是神话传说中驾驭太阳神车子的神鸟名。《玄中记》:"蓬莱之东,岱舆之山,上有扶桑之树,树高万丈。树颠常有天鸡,为巢于上。每夜至子时则天鸡鸣,而日中阳乌应之;阳乌鸣则天下之鸡皆鸣。"《艺文类聚》卷一百引《黄帝占书》:"日中三足乌见(同"现",出现)者,大旱赤地。"

由此可见,"金乌"自古以来就是指代太阳,和月亮没有关系。

宋楚瑜的五『解』

◎韩湘远

台湾宋楚瑜先生在为一本书写的《推荐序》中,表达了自己对发展两岸关系的想法:『两岸不只要三通,更要心灵相通。只有两岸双方对彼此有更多的「了解」,才能消除「误解」、产生「谅解」,再找出方法「化解」,进而产生可长可久的「和解」。』五个『解』字组成的词语,层层递进,简洁而准确地勾勒出两岸关系循序发展的必由之路。

语丝

词语春秋

好色之徒为何称“色狼”

◎游修龄

凡是涉及性犯罪的案件，大多出现“色狼”一词。但是查看《汉语大词典》《辞源》《辞海》等工具书，却不见这个词的踪影。古人形容好色都是直说的，如梁惠王对孟子说：“寡人有疾，寡人好色。”孔子说：“吾未见好德如好色者也。”或者用“色荒”“色欲”“色鬼”“色魔”等形容。“色狼”这个贬称不知道起于什么时候。

其实，狼的交配行为是很有节制的。据动物生态学者对营养条件良好的、围养的狼群的观察，在一个典型的狼群中，一头雄狼担任首领，它有一个固定的配偶，其余便是一批随从的雄狼和雌狼。在这种“一夫一妻”的制度下，首领雄狼和它的配偶年年都要交配，而群体中的其他成员即使性成熟了，也不得进行交配。首领雄狼如果对某头随从的非配偶的雌狼发生兴趣，并试图与它交配时，随从的雌狼绝不会同意。它会夹起尾巴，避开首领雄狼的进逼。至于随从的雄狼，只有强壮到能够斗败首领雄狼，取而代之，才能获得交配的权利。这种群体的生育节制行为，对于整个狼群的生存是最为有利的。如果狼群毫无节制地交配繁殖，“狼口”激增，它们将找不到足够的捕食对象，到头来挨饿死亡的是它们自己。这不是狼群独有的选择，许多动物都有这种自我调节的本能。可见把“色狼”这个蔑称加在狼的头上，是多么荒谬无稽。

人们对狼印象不佳，似乎中外皆然。欧洲的文学作品中充满了有关狼的可怕故事。在以英语为母语的国家里，不少故事中，狼总是扮演着可恶的角色，如狼假扮外婆想吃小孩等。孩子从小就不断听大人讲狼吃人的故事。中国的《中山狼传》寓言，讲的是战国时有个叫赵简子的人，在山中打猎，射中了一只狼。这只带箭的狼向过路的东郭先生求救，东郭先生替它拔出箭头，帮它躲过追捕，想不到狼却反过来要吃东郭先生。在这个故事里，中山狼成了“忘恩负义”的代名词。

人之所以恨狼，是畜牧业与狼的矛盾引起的。欧洲和中国西北都是畜牧业发达的地区，羊群是狼经常攻击的对象。野生的羊，奔跑速度快，狼只能捕获个别落后的羊。人工饲养的羊，食物有保障，长得膘肥体胖，奔跑速度下降了不少，是狼群最理想的、容易到手的猎物。狼群伤害大批的羊，人当然恨之入骨。而且人为了保护羊群，也有可能被狼咬伤甚至被咬死，特别是羊群多由小孩看管，更易受到狼的袭击。因而出现了很多有关狼的不好的故事。但这些都是人类发明、使用枪支以前的事，自从有了枪支以后，狼绝非人的对手，“狼口”正在急速减少。矛盾缓和了，故事却一代代流传下来。

生态学的知识告诉我们，北美草原狼的食谱是很复杂的，它们除了攻击羊群之外，还吃田鼠、野兔、鼹鼠、野鸡、自然死亡的羊等。如果把草原狼彻底消灭，那么田鼠、野兔等啮齿类野生动物就失去了天敌，它们将会无限制地大量繁殖起来，草原将遭到严重破坏，羊群将吃不到丰富的草料，羊反而难以生存，牧场主的损失就更大了。反之，如果听任狼繁殖，羊也将无法摆脱厄运，人也不安全。所以最好的办法是采取防御控制的策略，不要把狼消灭光。过去，苏联由于不断猎杀老虎，狼没有了天敌，繁殖就很快。狼的天然食物不够了，就拼命攻击羊群。当狼群大批侵袭羊群时，牧民们就是用机关枪扫射，狼的数量还是不断增加。后来该国改用保护一定“虎口”的办法，狼群的数量就得到了控制，羊群也安全了。

“糗”从何来

◎陆红星

这些年的网络和纸质媒体中，忽然冒出了一个熟悉的陌生人——糗。遇到尴尬的事儿，自嘲一句“糗事”。大庭广众之下做出了一件令自己感到羞愧、难为情的事，叫做“出糗”；要是出的丑还比较严重呢，那就是“糗大了”。这个字还被用来修饰人，有部小说就叫“糗女大翻身”。一句话，凡是有些丢人、尴尬的事，似乎都可名之曰“糗”。在词义上，“糗”比“丑”要轻一些。

糗，读作 qiǔ。古代有一种干粮，叫“糗粮”。明代宋应星《天工开物》记载说：“若贫苦之家，苦于无霁，将湿谷升于锅内，燃薪其下，炸去糠膜，收炒糗以充饥。”可见，糗粮本是贫穷人家的一种临时救急的食品，不是正常制作的，吃起来恐怕也未必美味可口。有一个成语叫“饭糗茹草”，形容所吃的东西极为粗陋，引申指贫贱。《孟子·尽心下》说上古的大舜“饭糗茹草”。干炒的米麦有一股香味，装在口袋里也可以用嗅觉分辨出来，因此“糗”字以“臭(xiù)”为声符，兼表意。

《现代汉语词典》中“糗”的解释有两个：一，古代指干粮。二，方言用法，饭或面食成块状或糊状。

还是回到正题上来。长期以来，人类一直给狼戴着“色狼”这顶并不合适的帽子，现在，该是主动给狼正名的时候了。笔者以为，“色狼”之“狼”，当是“郎”之谐音。“郎”是青年男子的称呼，如《三国志》里称周瑜为周郎。古诗中说：“还家十余日，县令遣媒来，云有第三郎，窈窕世无双。”（《孔雀东南飞》）另外，妻子称丈夫也叫“郎”。流传到现在，仍称恋爱对象为“情郎”，称新婚男子为“新郎”，等等。那么，形容好色的男人为“色郎”，是很自然的事。由于“色郎”是贬义词，在运用过程中，用“色狼”代“色郎”，无非是进一步的蔑视。狼若会人语，想必会提出抗议，说它们才是严格遵守一夫一妻制的呢。

没有收录“糗”表示“尴尬、令人不好意思”的义项。那么，这一新用法从何而来呢？语言生活是丰富的，辞书的记录总是落后于生活的。新鲜的“糗”字的来由，答案或许还得到方言里去找。

在日常生活里，煮熟的水饺、面条、稀粥，放的时间长了，就会黏在一块，或者变稠。北方地区的人就说它“糗”或是“坨”了。有的方言里甚至说是“烂”了。过犹不及，糗了的食物，吃起来口感显然会变差，这是人们一般不愿意看到的。比如，在吃有点变凉了的面条时，人们端起碗，一般会先用筷子上下搅动几下，使有些“糗”的面条松散一些，变得滑爽可口。

在北方的不少地区，不但食物的形态变化可用“糗”字描述它，凡是不好的、不理想的、不正常的事物，皆可谓之“糗”。许宝华主编的《汉语方言大词典》收录了东北官话、北京官话、胶辽官话里“糗”字的使用情况。比如，北京话里有“糗疙瘩”，表示衣服皱巴巴的；山东寿光话里有“糗猴子”，意思是怪模怪样的，引人发笑的。

有的网友介绍了家乡方言里“糗”字的使用情况。在济南话里，“糗”字可以用来指人。比如，“我都糗在这里好几年了”，意思就是我一直呆在那里无所事事地，已经有好几个年头了；再如，“上了班，你就干糗着，么都不干”，意思就是你有意磨洋工，干活不积极，在应付差事。这种说法，应该说是一种生动的比喻。一个人不灵活、不运动、不积极，不正像凝固成一块的熟面条吗？

概括起来，“糗”字在很多北方方言里，是一个有点消极的字眼；说到“糗”字，往往会令人有不太愉快的联想。由不可口、不正常、不理想，引申出令人尴尬、令人不好意思等新的义项，应该说是比较自然的。这些年媒体流行的“糗”字新用法，其根源大概也就在此吧。

表示尴尬义的“糗”字，大多流行在网络及其他新兴媒体上，不像“买单”“忽悠”“山寨”那样步履清晰地从某处走来。它是尺波不兴地悄然渗透过来的，从原本的冷僻字迅即发展为热词。

笔者还请教了浙江师大的方言专家王洪钟先生。他说，从共时角度，可以把新用法的“糗”与传统意义的“糗”看作同形同音词。笔者手头见到的辞书，都未收录“糗”字的新用法。但是，台北《重编国语辞典修订本》网络版已收录了“糗”字的形容词用法，释义为“形容当场出丑、不知所措的样子”，举例为“好糗”“糗呆了”。

一个人活着，难免会碰到一些糗事的。面对种种糗事，也不必太在意，别让它们成为一种负担。因为，糗事毕竟还不是“丑事”。有人说：“敢于自嘲的人，是勇士；善于自嘲的人，是智者。”自嘲，实在是破解糗事的一把锐器。信吗？不妨一试。

“七十三、八十四”的含义

◎高良槐

老人们常忌讳七十三、八十四这两个岁数，民间有“七十三、八十四，阎王不请自己去”的说法。不少人认为，“七十三、八十四”是人生进入老年之后的两道“坎”。活到这两个年龄的人，危险性大，出现三长两短的危险多。有的老年人对于这两道“坎”，就像西方人忌讳“十三”这个数字一样，避之唯恐不及，在年龄的“说法”上，或者“蹲它一年”，或者“跳它一年”，对“七十三、八十四”采取一种“不承认主义”。有的老年人过这两道“坎”时，显得心有余悸，格外谨慎，甚至按照“传统”做法，扎上条红腰带，以求消灾避难，实现“平稳过渡”。

其实，把七十三、八十四两个年龄定为难以跨过的“坎”，是没有道理的，完全是一种迷信，毫无科学根据。

考证起来,“七十三、八十四”这两个数字，只不过是我国历史上两位圣人归天时的虚龄而已。一位是春秋时的孔老夫子（前551—前479)，活到七十三虚龄时去世。另一位是战国时的“亚圣”孟老夫子(约前372—前289)，年届八十四虚龄而终。因为孔孟历代都被奉为“圣人”,所以他们归天的年龄，也就被后人看成是不吉利的数字和难以逾越的界限了。这就是“七十三、八十四，阎王不请自己去”这句俗话的来历。

破除了对于这两个数字的误解,“七十三、八十四”就显得既不神秘,也不可怕了。

“七十三、八十四”也用来形容“人老不能自理,老而无用,活着惹儿女辈嫌弃的状态”。《太行风云》第四十二回:“元他娘把散乱的白头发,往耳鬓后边一收,瓷起两只灰蒙眬眼，说:‘人老了就不中用了。七十三,八十四,不死也是儿女眼里一根刺。’”这种说法似乎是老人自己说的多些。

这句俗语在古汉语中还有另一种含义：用来形容说话东一句,西一句,唠唠叨叨,没完没了。《水浒传》第二十一回：“那婆子坐在横头桌子边,口里七十三、八十四只顾嘈。”《醒世恒言》第十三卷:“却有一个三都提事使臣,姓冉名贵……只管天南海北,七十三、八十四说开了去。”《醒世姻缘传》第四十八回:“打得那素姐口里七十三、八十四无般不骂。”然而,这种用法似乎已经失传,不为一般人所知了。

《赵氏孤儿》参考答案

1. 震憾——震撼
2. 战国——春秋
3. 殉难?——殉难。(殉难,)
4. 生死悠关——生死攸关
5. 调包记——调包计
6. 含辛如苦——含辛茹苦
7. 骄健——矫健
8. 洗涮——洗刷
9. 谦疚——歉疚
10. 传诵——传颂

“围观”即共同关注

◎马三生

《文汇报》2011 年 1 月 26 日刊载了一篇文章《春晚,别成为逐年变“小”的套娃》。文中有一句话,如果写在两年前,恐怕没有人看得懂:

(1) 热推荐与冷围观的对比,将办了 20 多年的央视春晚,推到了不得不变的拐点。

什么叫“热推荐与冷围观的对比”?“热推荐”可以理解,就是热情地推荐;而“冷围观”却似乎无法“破译”。

“围观”本是常见的词,只有一个义项,就是许多人围起来观看。这个义项至今仍在应用。例如:年初,苏州发生一起“人跪狗”事件,两名男子选择给狗的尸体下跪,“当时,附近聚集了七八十名围观的群众”。(新华社 2011 年 1 月 15 日电讯稿)可是例(1)的“围观”用的是词典上尚未收录的近年问世的新义:关注。

临近春节,一方面央视春晚不再闭门彩排,“官方”不断“泄密”排练的进度,连央视新闻频道的滚动新闻,也到了天天报道的地步,这便是所谓的“热推荐”;另一方面,观众看不看春晚的态度,已经从往年“为什么看”,变成了今年“凭什么看”,也就是说,人们不再热情地关注春晚,而是显得较为冷淡,这便是所谓的“冷围观”。

“围观”,怎么会从原义“许多人围起来观看”演变出新义“关注”来呢?

据说,南方有一家报纸的国际版曾经开辟了一个栏目,取名“围观中国”,该栏目专门刊登外国作者撰写的“如何看待中国”

的文章。众所周知，改革开放之后，中国是世界各国政府和人民十分关注的对象。因此，“围观中国”也包含了“关注中国”的意思。

还有，2010 年人称中国微博元年。微博的特点是集成化和开放性，时效性强，一经在网络上发出，很快就会引来上百人，上千人，乃至上万人的观看和关注，有人就把这么多人的观看和关注称作“围观”。

以上两方面原因导致“围观”衍生出新义：“关注”。准确地说，“围观”的新义应该表述为“一起关注”“共同关注”。

今天，“围观就是力量，关注就是力量”逐渐成为人们的共识。有人认为：

（2）以最大多数普通人的力量，从日常生活中，围观善也围观恶，鞭挞恶更奖掖善、传播善和践行善，这就是中国围观时代的至高主题。（《东方早报》2010 年 12 月 27 日）

一个多次被评为上海市徐汇区“先进个体劳动者”的修鞋老人，年过八旬，仍在风雪中为上海市民修鞋。他的故事被传上微博后，立即受到网民们的围观。网友纷纷表示钦佩和敬意，并且为老人捐款，去住处看望老人，帮助老人过一个温暖的春节。——这就是“围观善”“奖掖善”的实例。（详见新华社 2011 年 1 月 25 日电讯稿）

温州市鹿城区原区委书记“裸官”杨湘洪出逃（以出国考察为名滞留国外）的消息被 703 网站爆出，马上受到网民们的围观。最终杨湘洪被双开。——这就是“围观恶”“鞭挞恶”的实例。（《环球人物》2010 年第 21 期）

《南方周末》2010 年 1 月 13 日评论员文章是如此评价“围观”的：“一个公共舆论场早已经在中国着陆，汇聚着巨量的民间意见，整合着巨量的智力资源，实际是一个可以让亿万人同时围观，让亿万人同时参与，让亿万人默默地做出判断和选择的空间，即一个可以让良知默默地、和平地、渐渐地起作用的空间。每次鼠标点击都是一个响亮的鼓点，这鼓点正从四面八方传来，汇成我们时代最壮观的交响。”本文谨借用这段话作为结束语。

百科指谬

柏杨先生的一个误说

◎李光羽

柏杨先生对于中国历史，可以说滚瓜烂熟，那一摞摞的《柏杨版资治通鉴》《柏杨版通鉴纪事本末》，大陆就少有能与之比肩者。可是，专家学者有时也会犯低级错误，这不，现代出版社的新书《酱缸：搅动看真相》第115页，就有这么一句话："杨继盛先生进谏朱由校先生……"

杨继盛是谁？中国历史上赫赫有名的忠贞刚烈的谏臣。嘉靖（1522—1566）中，他任兵部员外郎时，上疏劾严嵩十大罪、五奸，被杖下狱，受尽折磨，惨遭杀害。我游览济南趵突泉，在壁上见他写的对联"铁肩担道义，辣手著文章"，顿时肃然起敬。

朱由校呢，也很著名，是明末倒数第二位皇帝，年号"天启"者是也。他那个时候，也有一大奸臣，比严嵩还坏的魏忠贤。

从嘉靖到天启（1522—1627），其间明朝皇帝有隆庆、万历、泰昌，全都是父子相传。换句话说，嘉靖是天启爷爷的爷爷，天启是嘉靖孙子的孙子。还有一证：明朝皇帝起名字以五行相生排辈分，嘉靖名朱厚熜（cōng），火；火生土，隆庆朱载垕（hòu）；土生金，万历朱翊钧；金生水，泰昌朱常洛；水生木，天启朱由校，木。瞧，嘉靖和天启，两人是高祖和玄孙啊！

再看年份，杨继盛死于1555年，半个世纪后的1605年，朱由校才出生。杨继盛怎么可能"进谏"朱由校呢？

宣德皇帝派郑和“七下西洋”吗

◎易　君

《文史参考》2010 年第 20 期有篇文章《名扬天下宣德炉》，提到明朝宣德皇帝时期的盛世景象，其中有句话：“他（宣德皇帝）命郑和先后七下西洋，进一步沟通中外文化交流。”史实是不能戏说的，郑和七下西洋不都是受宣德皇帝的派遣。

郑和七下西洋，是中国历史上的大事件，从 1405 年到 1433 年近 30 年时间里，郑和带领船队从西太平洋穿越印度洋，直达西亚和非洲东岸，一共到过印度洋沿海 30 多个国家和地区，最远到达非洲的木骨都束国（在今索马里的摩加迪沙一带）。民间故事《三保太监西洋记通俗演义》，将他的旅行探险称之为“三保太监下西洋”。

郑和原本姓马，小名叫三保，云南昆阳（今云南省晋宁县）人。后进燕王宫里当了太监，在靖难之役中为燕王立下战功，得到明成祖的信任，被赐姓郑，封为“三保太监”。郑和的名字就是明成祖给起的。

明成祖朱棣，年号永乐，在位 22 年。史料记载，郑和前六次下西洋，均是受命于明成祖。第一次是在永乐三年六月十五日（1405 年 7 月 11 日，这一天被国务院定为中国“航海日”）。1425 年，朱瞻基即位，次年改元为宣德。宣德皇帝继承祖父明成祖的伟业和雄心，再次派遣郑和远航，这才有了郑和下西洋的第七次，也是最后一次。郑和在返航途中于 1433 年 4 月初在印度西海岸古里病逝。

爷爷是爷爷，孙子是孙子，莫要混为一谈哦。

“三大平原”是指哪三个

◎高 怀

蒋子龙先生在2010年10月4日《人民日报》第4版上发表文章《伊犁三章》，文中说：“山高地阔，成就了伊犁千里沃野，其河谷平原是中国三大平原之一；也成就了伊犁‘塞外江南’、‘瓜果之乡’的美誉。”

伊犁的河谷平原，真的是“中国三大平原之一”吗？不是。中国三大平原是东北平原、华北平原和长江中下游平原。

东北平原面积35万平方公里，是我国最大的平原。整个平原包括三部分，即由黑龙江、松花江、乌苏里江冲积而成的三江平原，松花江、嫩江流域的松嫩平原，还有辽河流域的辽河平原。

华北平原西起太行山，东到海滨，北依燕山，南至淮河附近，与长江中下游平原相接，跨冀、鲁、豫等省和京津两市，面积约30万平方公里，为我国第二大平原。

长江中下游平原，跨鄂、湘、赣、皖、苏、浙六省和上海市，主要由汉江平原、洞庭湖平原、鄱阳湖平原、苏皖平原及长江三角洲等平原组成，面积约16万平方公里。

如果说中国四大平原，就是以上三大平原加上珠江三角洲平原。伊犁河谷平原不在“中国四大平原”之列，更不在“中国三大平原”之列。

蒋先生的这一失误怎么发生的呢？可能与一次评选活动有关。由《中国国家地理》发起的“圈点新天府”评选活动，2008年2月公布了最终结果。十大“新天府”的排名是：成都平原、台湾嘉南平原、伊犁河谷、山东半岛、闽南丘陵平原、三江平原、雅鲁藏布大拐弯地区、呼伦贝尔、苏北平原、宁夏平原。这些地方物产富饶，生态良好，居民安居乐业，发展可持续，拥有健康的生活方式。看来，蒋子龙先生是误把伊犁河谷平原居“中国十大新天府”之第三，误作“中国三大平原”之第三了。

“三鼎甲”非“三元”

◎高桂清

羊城晚报出版社出版的《中考复习指南——语文》(2010 年 2 月第 3 版)“文学文化常识专题”练习中，有这样一道题:“古代的三鼎甲是指哪三种?”该书的“参考答案”为:“解元、会元、状元。”这里编者显然是误将“三鼎甲”等同于“三元”了。

明清时期，科举考试分为四级，即:院试、乡试、会试、殿试。凡习举业的读书人，在没有取得生员资格以前皆称“童生”。

院试在县、府举行，童生可以参加院试，考中者称“生员”即秀才。

乡试一般每三年在各省省城举行一次，生员才有资格参加，考中者称为“举人”，举人第一名称为“解元”。

会试在乡试后第二年于京城礼部举行，举人才有资格参加，考中者称为“贡士”，贡士第一名称“会元”。

殿试在会试当年举行，是最高级的考试，由皇帝亲自主持，贡士才有资格参加。录取分为三甲：一甲三名，赐“进士及第”的称号，其中第一名俗称“状元”，第二名俗称“榜眼”，第三名俗称“探花”。二甲若干名，赐“进士出身”的称号。三甲若干名，赐“同进士出身”的称号。一、二、三甲统称“进士”。

解元、会元、状元，合称“三元”。在乡试、会试、殿试中接连考取解元、会元和状元，得了三个第一名者称“三元及第”或“连中三元”。

因为殿试一甲共三名，鼎多为三足，故将状元(亦称鼎元、殿元)、榜眼、探花合称“三鼎甲”。“三鼎甲”和“三元”不是一回事。

吴玉章参加长征了吗

◎文昌聿

2010年2月11日《北京青年报》连载的《我与丁玲五十年——陈明回忆录》(陈明口述/查振科、李向东整理),说到徐特立时写道:“他和吴玉章、林伯渠、谢觉哉是参加过长征的延安著名的‘四老’。”这个说法恐怕不合史实。

历史上没有延安“四老”的说法,倒是有延安“五老”。一定要说延安“四老”,“四老”中也没有吴玉章。

早在中央苏区,何叔衡、徐特立、谢觉哉、林伯渠、董必武5人因年纪较大,资历较深,德高望重,被誉为苏区“五老”。1934年10月,除何叔衡留在苏区继续战斗外,其他“四老”随中央红军长征到延安。苏区“四老”加吴玉章称“延安五老”。“延安五老”在一些辞书有条目,参加过长征的都有说明。吴玉章,1927年参加南昌起义,任革命委员会委员兼秘书长。同年10月去莫斯科中山大学特别班学习。曾任东方大学中国部主任,并参加第三国际第七次代表大会。1938年回国。长征时吴玉章还在国外,不可能参加长征。

陈明是94岁的老人,时过境迁,对历史久远的人和事记忆有误,可以理解,但整理者须对历史事件甚至一些细节逐一核实,确保真实性。

班固的女儿班超？

◎王树凡

《安徽商报》2010 年 10 月 21 日有一篇“读史闲记”《环境创造美名》，说的是东汉和帝的皇后邓绥，在不同的政治环境下，采取不同的处事方法，为自己赢得美名的故事。文中有这样几句：

邓绥当上皇太后，召集班固的女儿班超修史，担任后宫嫔妃的老师，她自己也经常学到深夜……

班固和班超本是亲兄弟，此文却将他二人说成是父女，岂不荒唐？汉和帝时期，奉命修史、担任皇后和嫔妃的老师的，是班固和班超的妹妹班昭。他们的父亲是著名史学家班彪。

班彪（3—54），东汉史学家，字叔皮，扶风安陵（今陕西咸阳东北）人。以《史记》所记史实，止于汉武帝太初年间，班彪乃收集史料，作《后传》六十余篇。其子班固继续修成《汉书》，其女班昭等又补充其兄所未完成者。班彪、班固、班昭等人共同完成史学名著《汉书》。

班昭（约 49—约 120），又名姬，字惠班。史学家、文学家。奉命与马续共同续撰《汉书》。汉和帝时，她常出入宫廷，担任皇后和嫔妃的教师。以其夫为曹世叔，故被称为曹大家（gū）。她去世时，皇太后亲自素服举哀，为她行国葬之礼。

上述文中两字之差，就把班氏兄弟说成了父女。这个玩笑开大了。

元宵节不能用“一元复始”

◎京　翔

《沈阳日报》2011 年 1 月 13 日 A4 版以“今年元宵节有望在家门口闹花灯”为题，报道正在召开的沈阳市人代会上一位代表的提议。文后的《延伸阅读·元宵节》介绍元宵节时说：“正月十五日是一年中第一个月圆之夜，也是一元复始，大地回春的夜晚，人们对此加以庆祝，也是庆贺新春的延续。”正月十五确实是夏历一年中的第一个月圆之夜，但“一元复始”却不是欢庆元宵节该用的词。

“元”，本义为头，首，始。“一元”是事物的开始。董仲舒《春秋繁露·玉英》：“谓一元者，大始也。”《汉书·董仲舒传》：“《春秋》谓一元之意。一者，万物之所以始也；元者，辞之所谓大也。谓一为元者，视大始而欲正本也。”“复始”是回复到初始，也就是重新开始。《史记·封禅书》：“天增授皇帝太元神策，周而复始。”

“一元复始”，说的是新一年又开始。旧的一年过去，新的一年又开始了，岁月循环就是这样年复一年周而复始的。新的一年是从正月初一开始的，这“一元复始”只能用在夏历新年也就是春节上，不能用于元宵节。早年流传下来的春联中就有四字句的“一元复始，万象更新”。

新年又称元旦、元正、元朔，元宵又称元夜、元夕、上元，两个传统节日的名称中都有个“元”字，却不是指同一天。韩偓《元夜即席》诗：“元宵清景亚元正，丝雨霏霏向晚倾。”就把两个节日分得很清楚。描述正月初一的“一元复始”，不能用到正月十五的元宵节上。

且莫随意『驾崩』

◎陈晓云

41 集电视连续剧《卧薪尝胆》中，吴王夫差出使越国返吴后，太宰伯嚭(pǐ)告诉他："太子波驾崩了！"意思是说太子波死了。《中国电视报》2007 年第 1 期在介绍该剧第 7 集剧情时说："稽会即将为王的前夜，被黑翼在扶同的安排下刺死。(越王)允常承受不了这突然的刺激，猝然驾崩。"这两个"驾崩"都说错了。

先说"驾"。"驾"的本义是把车套在马等牲畜的身上。引申为出动兵车，后特指帝王乘坐的车马轿舆，并借指帝王。例如，《后汉书·郭宪传》："建武七年，代张堪为光禄勋，从驾南郊。"《三国志平话》卷上："当日，驾因闲游，至御园。"这两个语例中的"驾"，都特指皇帝。

次说"崩"。"崩"的本义是"山坏也"。意思是山土塌裂陷落。后来，规模巨大的崩塌就叫"山崩"。因此，可以喻指天子之死为"崩"。《礼记·曲礼下》中说："天子死曰崩，诸侯死曰薨(hōng)，大夫死曰卒，士曰不禄，庶人曰死。"可见，古代对社会地位不同的人的死，称呼是有严格区分的。

"崩"，也可指太后或皇后的死。如《史记·魏其武安侯列传》："建元六年，窦太后崩。"《汉书·外戚传》："许后立三年而崩，谥曰恭哀皇后。"

据上所述，只有天子和太后、皇后之死，才可以称"崩"。"驾崩"更是如此，只是这个说法出现得稍晚一点罢了。例如，明代都穆《都公谭纂》卷下："遂籍群优于教坊，群优耻之，驾崩，遁归于吴。"《说唐》第十四回："当文帝驾崩时，并无遗诏。"当今的历史剧，把诸侯及其太子的死称做"驾崩"，是不符合历史真实的。

世上哪有『贵州市』

◎梁 健

网络中有不少“贵州市”,可谓俯拾皆是:“贵州市雷山‘村村通’惠及119个广播电视盲村”(2010年12月8日飞象网);“所在地区:贵州市神奇路”(2008年6月8日环球经贸网);“贵州市公交线路一览”“贵州市游泳场馆一览”“贵州市按摩场馆名录”(2008年10月16日贵阳旅游网);“因非法印刷知名酒外包装纸箱,贵州省贵州市一印刷厂遭查处”(2006年3月18日中国纸业网);等等。

在电视中,也同样不少见:2008年3月8日夜间的中央电视台科教频道《铿锵玫瑰》节目里,字幕多次把“贵阳市公安局刑侦支队”误打成“贵州市公安局刑侦支队”。2008年6月12日,奥运圣火在贵阳传递,中央电视台奥运频道的主持人说了这样一段话:“208棒火炬手出现了,这就是贵州市的市长袁周。这是贵州市人民政府选送的……”

日常生活中,也不乏此类笑话。本人上大学时,有一位来自山东的同学。他的一位同学从老家给他写来一封信,信封上收信人的地址是这样写的:“贵阳省贵州市贵州大学中文系。”弄得大家哭笑不得。

有一次乘火车,一个侃侃而谈中国地理的人,谓自己的足迹涉及中国各地,对各地皆了如指掌。大家对他的见识好不赞叹。一位乘客问他:“下一站是哪里?”他说:“下一站是贵州市了。”此话一出,四座捧腹。

其实,稍微有点地理知识的人都知道:贵州省简称“黔”,位于中国的西南部,东与湖南,南与广西,西与云南,北与四川、重庆等省(市)相连,它的省会是贵阳市。而所谓的“贵州市”根本不存在,这不过是有些人缺乏地理知识的误说罢了。

在英国观莱茵河落日？

◎村　友

电视连续剧《南下，南下！》某集里，吉林对魏九斤说："如果普邢天想当一个剥削阶级，想当一个资产阶级大少爷，没有人比他更有那个条件，他现在不是待在这里，而是早在英国听着歌剧，喝着红茶，看莱茵河的落日了。"

剧中的普邢天，解放前曾在英国留学。吉林说普邢天如果想当资产阶级大少爷，那他早就在英国享受优越的生活了。这话可以理解。但是说普邢天在英国看莱茵河的落日，则是个错误，因为莱茵河不流经英国。

莱茵河是欧洲第三大河，在欧洲大陆，发源于瑞士阿尔卑斯山，沿瑞士和奥地利边境，瑞士和德国边境，德国和法国边境，经德国西部，在荷兰境内汇入北海。沿岸重要城市有荷兰的鹿特丹、德国的波恩和科隆等。

英国位于北大西洋海岛，其主要河流是泰晤士河。泰河发源于大不列颠岛南部布里斯托尔湾附近，自西向东，流入北海。伦敦即位于河口不远处。在伦敦喝着红茶，看泰晤士河的日落是可能的。如果看莱茵河日落，需要到德国或法国、荷兰等国去。

《火眼金睛》提示

图1，"国际"应为"国计"。"国计民生"，指国家经济和人民生活。

图2，"茶捨"应为"茶舍"。这是误用繁体字惹的祸。表示房屋、居室、客舍等义的"舍"，自古就写作"舍"，并非"捨"的简化字。"捨"表示废止、舍弃义，简化后写作"舍"。

图3，"凉"应为"晾"。把东西放在通风或阴凉的地方使之干燥，叫"晾"。

图4，上行"裁"应为"栽"，下行"碟"应为"蝶"。

向你挑战

赵氏孤儿

（文中有10处差错，你能都找出来吗？答案见本期）

◎张　兵　设计

历史上有这样一则震憾人心的故事。

战国时期，晋国奸臣屠岸贾作乱，以前相国赵盾犯有“弑君”罪为名，于晋景公三年（前597年）诛灭了赵氏家族。赵朔（赵盾之子）的妻子因为是晋景公的姑姑，躲在宫中避祸而免难。当时，她已有身孕。

阴霾笼罩着晋国。一天，赵朔的好友公孙杵臼碰到了赵朔的门客程婴，问他为何没有为主人殉难?程婴回答说：“主人的妻子已经有孕，假如有幸生了男孩，那么我将抚养他，助他复兴赵氏；假如是女孩，那么我还是会殉难的。”公孙杵臼与程婴心意相通，为了救援赵氏后代而结成了生死之交。

不久，赵朔的妻子生下了一个男婴。屠岸贾听说后，就带人到处搜寻。城里的风声越来越紧。

在这生死悠关的时刻，公孙杵臼和程婴肝胆相照，密议保护赵氏孤儿的计策。经过反复权衡，两人决定上演一出“调包记”。当时，程婴的儿子正好与赵氏孤儿差不多大。公孙杵臼便抱着程婴的儿子躲进山中。程婴则故意跑去向屠岸贾告发，说公孙杵臼抱着赵氏孤儿藏在山里。屠岸贾迅即带兵捕杀了公孙杵臼和“赵氏孤儿”。

真正的赵氏孤儿以“程婴的儿子”的身份得以逃过厄运。之后，程婴背着卖友的恶名，忍辱偷生，含辛如苦地抚养赵氏孤儿。赵氏孤儿长到十五岁的时候，成了一名身手骄健的少年。程婴决定向他揭秘，告诉了他当年赵家被灭门的真相。于是，赵氏孤儿找准时机，联合诸将，一起除掉仇人屠岸贾，成功地为家族复了仇。

这时，程婴觉得自己的使命已经完成，恶名也已洗涮。对公孙杵臼的早死，他一直怀有谦疚之情。为了到地下报与赵盾和公孙杵臼知道复仇已经成功，他毅然选择了自杀。

程婴和公孙杵臼舍生取义的事迹，被后世广为传诵。

广角镜

『十大差错』『十大流行语』广受关注

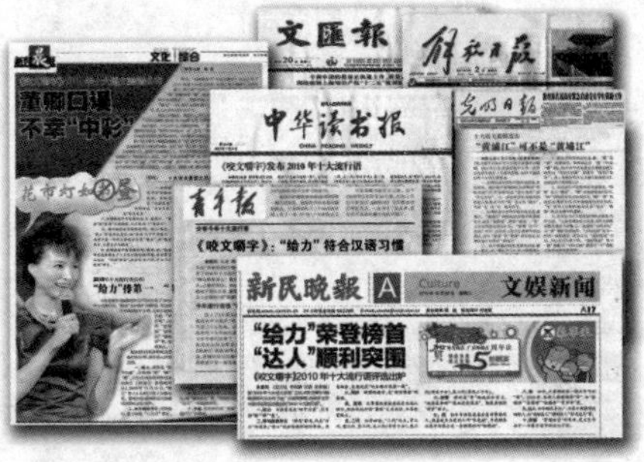

去年年底，我刊同时发布 2010 年度的“十大语文差错”和“十大流行语”，引起了社会媒体的广泛关注。

新华网、新民晚报、解放日报、文汇报、新闻晨报、青年报等率先报道，新华每日电讯、光明日报、中华读书报、北京晨报、新京报、北京青年报、河南日报、成都日报、长春晚报、长江日报等随后跟进。中央人民广播电台、广西卫视等播报了相关内容。人民网、凤凰网、搜狐、网易、中国台湾网、香港文汇网、联合早报网等转载了相关新闻。我刊在新浪博客发布了“十大语文差错”和“十大流行语”，新浪网连续两天在首页推荐，赢得了数十万网友的点击。

有网友评价，《咬文嚼字》连续五年推出“十大语文差错”，对社会语文运用起到了良好的引导作用。还有不少网友认为，2010 年的“十大流行语”很“给力”。

编 者

图中差错知多少?

（答案在本期找）

彭力军　高鸿儒
贺　林　杨昌俊　供稿

1
2
3
4

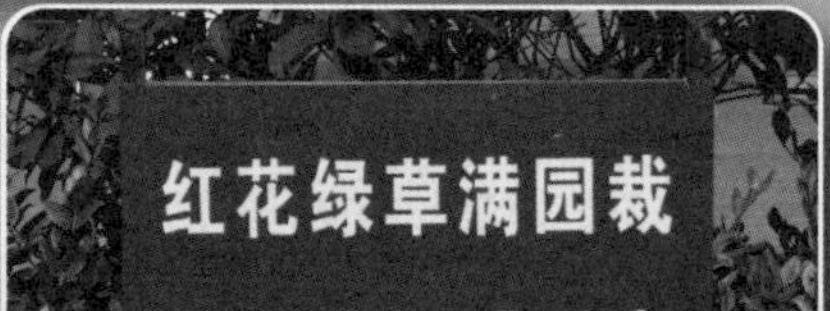

ISSN 1009-2390
9 771009 239111 03>

YAOWEN-JIAOZI

咬文嚼字®

由此到东北是“入关”吗？

请阅读第36页相关文章

4
2011

欢迎至邮局订阅本刊 邮发代号 4-641
国内统一刊号 CN31-1801/H
定价： 3.00元

上海文艺出版(集团)有限公司

雾里看花

为啥“走火”

张惠木

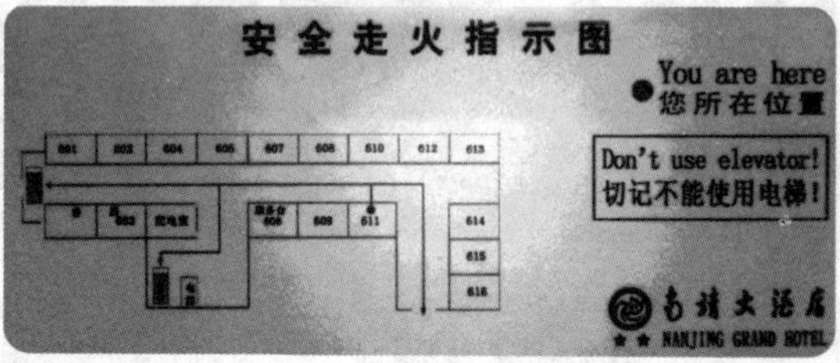

曾住某县城的一高级宾馆。该宾馆的每个房间都有一张“安全走火指示图”。初看时笔者百思不得其解：“走火”本指不慎触动扳机使枪械射出子弹，也指电线破损跑电引起燃烧，还可指失火。这些和“安全”有什么关系？干吗还要用一个图特别“指示”？猜猜看，答案见本期。

主编荐书

《探名——破译名称的奥秘》

本书是《咬文嚼字文库 · 典藏书系》中的一种。自从“典藏书系”问世以后，不断有人和我谈起这本书，报刊上也看到转载。读者谈得最多的，是本书的准工具书的特点。全书 6 个大类，576 题，洋洋大观，而且知识性和趣味性兼具，比如二胡为什么叫二胡，琵琶为什么叫琵琶，蚕豆为什么叫蚕豆，南瓜为什么叫南瓜...... 让你读后不但能了解这些名称的奥秘，还能在不知不觉中获得文化的熏陶。读这类书，从小处说，可以增添茶余饭后的谈资；从大处说，可以激发治学问道的热情。失之交臂是可惜的。

——郝铭鉴

定价：18.00 元

卷首幽默

吃“野鬼”

萧　辉/文　　叶　珺/画

旅游途中，到一家路边饭店用餐，只见菜单上有一道菜：爆炒野鬼。这是啥玩意？在好奇心的驱使下，一致同意点了这一道菜。待到端上桌来，才知道是一盘生炒兔子肉。原来店家把“野兔”误写成了“野鬼”。

咬文嚼字®

2011年4月1日出版

4

总第196期

主管：上海文艺出版（集团）有限公司
主办：上海咬文嚼字文化传播有限公司
编辑：《咬文嚼字》编辑部
集团网站：http://www.shwenyi.com
E-mail：yaowenjiaozi2@163.com
电话传真：021－64330669
发行电话：021－60878388
邮购电话：021－60878392
地址：上海市打浦路443号荣科大厦17楼
邮政编码：200023
发行：上海市报刊发行局
发行范围：国内外公开
订阅处：全国各地邮局
国内代号：4－641
ISSN1009－2390
CN31－1801／H
印刷：江苏太仓印刷厂有限公司
广告经营许可证：沪工商广字
3100320050020号
定价：3.00元

语林漫步

名人也有失误时

◎游修龄

这里说的名人，是指以作家、学者为主的文化人。他们在自己的学问领域，自有独到的功夫，常人无法比肩；但正如鲁迅所说，名人说出来的，并不一定就是名言。名人也有失误的时候。这里且举几例：

王国维《人间词话》第二条中引“衣带渐宽终不悔，为伊消得人憔悴”，认为这是欧阳修的词。该书第一百零一条说得尤为明白：“《蝶恋花》独倚危楼一阕，见《六一词》，亦见《乐章集》。余谓屯田轻薄子，只能道‘奶奶兰心蕙性’耳。‘衣带渐宽终不悔，为伊消得人憔悴’，此等语非欧公不能道也。”这里的“屯田”是指柳永，“欧公”即欧阳修。王氏凭个人记忆，以为“衣带渐宽终不悔，为伊消得人憔悴”是欧阳修的词，柳永那样的轻薄文人，是写不出如此高境界的文字来的。有趣的是，这阕《蝶恋花》恰恰是柳永的作品。

郭沫若在《青铜时代》一书中，曾把甲骨文的“物”字，考证为左半部分是“牛”，右半部分的“勿”，像行进中的犁把泥土翻起的形状，由此说殷人已用牛耕田。但在解释甲骨文“眾”字时，又说“眾”的上半部分是烈日，下半部分像大批奴隶在烈日下劳动，用的工具是耒耜，即殷人还处于人力的“耜耕”阶段。真是此亦一是非，彼亦一是非，两者互相矛盾。其实，殷人牛耕是不合史实的。

果戈理长篇小说《МЕРТВЫЕ ДУШИ》，鲁迅把书名翻译为“死魂灵”。原文中的“ДУШИ”有两义，通常指灵魂，但在古俄语中专指农奴，尤其是世袭的农奴。小说讲的是收买死去的、尚未注销的农奴户口，类似中国所谓的“吃空额”。这里的“Д УШИ”正是指这类农奴，而非灵魂，可见鲁迅译的书名并不贴切。

林语堂用英文翻译了大量中国古典文学作品，这对于西方人了解中国文化有很大的功劳。外国人懂中文者，虽然也可以翻译中文，但往往难以把中文字面背后的意蕴表达出来。譬如英国人翻译《红楼梦》时，认为红色在英国是不祥的颜色，于是将其译成《绿色楼房里的梦》，这与“红楼”(兼指贵族闺阁女子的居所）的含义简直是风马牛不相及了。林语堂偶然也有失手，如他英译杜甫《石壕吏》中的最后一句“天明登前途，独与老翁别”，他把“独与老翁别”误译成“独与老妪别”，即把 him 误作 her，致使上面老妪的“请从吏夜归”一大段话失去照应。

诗人艾青谈到唐朝陈子昂的《登幽州台歌》时，认为“前不见古人，后不见来者，念天地之悠悠，独怆然而涕下”既不整齐，又不押韵，更没有比兴，却响彻千古，颇有点不以为然。殊不知这一说法，忽略了古今语音的变化。《读书》杂志曾刊发黄克定的文章，指出陈诗中的“者”和“下”在唐时是押韵的，并举杜甫诗《玉华宫》为证：“溪回松风长，苍鼠窜古瓦。不知何王殿，遗构绝壁下。……忧来藉草坐，浩歌泪盈把。冉冉征途间，谁是长年者？”诗中“瓦、下、把、者”四字押韵，现在“瓦、下、把”仍同韵，但“者”已不同韵，难怪艾青有此误会。

这样的例子还有很多，再说一个王蒙吧。作家王蒙在其幽默小说《缘木求鱼》中说：“远古时代，地球上的某个角落，有一部落以狩猎为主，但知狩猎，不知捕鱼，更不知稼穑种植为何物。”“稼穑”和“种植”连用，这也是经不起推敲的，正确的说法应是“更不知稼穑为何物”，或“更不知种植为何物”。因为“稼穑”就是耕种和收获，其中已包含了“种植”的意思。

罗列名人的失误，绝对没有自鸣得意的意思。我只是想说明两点：一是名人也是人，失误是难免的，常人不必迷信，要养成独立思考的习惯；二是名人要有健康的心态，遇到别人纠错，要看到这是别人对自己的爱护，不能一触即跳，拒批评于千里之外。

咬咬京剧唱词

◎叶景烈

京剧是我国的民族文化瑰宝。但早期的京剧唱词很少有范本依据，科班里的京剧艺人学唱都是口耳相传。由于艺人的文化程度不高，唱词多有讹传，因此一些传统剧目在语言使用上还有许多可以商榷的地方。为了更好地传承京剧艺术，很有必要“咬咬”京剧唱词，去除瑕疵，让京剧这个瑰宝更加绚丽多彩。

2010年中国京剧入选联合国“人类非物质文化遗产代表作名录”，为了庆贺这一喜事，当年12月23日和25日，有关单位在上海大剧院举行了京津沪京剧流派对口交流演唱会。演唱会上，来自北京、天津、上海的当代京剧名家，演唱了京剧传统剧目中的一些精彩唱段。这次演唱会所选唱段就存在一些瑕疵。

花脸领军人物、上海京剧院演员尚长荣演唱的《坐寨》选段，第二句唱词是“我与同众贤弟叙一叙衷肠”。听到“与同”二字，普通听众肯定会感到别扭。虽然在元明两代偶尔出现过“与同”一词，但使用频率非常低，并且清代以来，基本见不到踪影。这种叠床架屋的用法，不符合汉语用词的一般习惯。又如，小生领军人物、北京战友京剧团演员叶少兰演唱的《罗成叫关》选段，有一句唱词是“尉迟恭在床前身染重病”。其中的“前”字也可商榷。生重病自然躺在床上，如果还能坐在床前，“重”字何处着落？所以把“前”改成“上”字更妥帖。

京剧的流派是京剧一大特色。生旦净丑都有不同流派，尤以生、旦最为突出，所谓“四大名旦”（梅兰芳、程砚秋、荀慧生、尚小云）、“四大须生”（马连良、谭富英、杨宝森、奚啸伯）都是流派创始人。某个流派特有的剧目，唱腔是统一的，唱词一般也只有一个版本。不同流派都演的剧目，则有不同的唱腔，也有不同的唱词。因此，京剧演员在“咬”“嚼”唱词时应该打破门户之见，勇于取他人之长补自己之短。

这次演唱会上，天津京剧院杨派老生杨乃彭演唱了《空城计》选段。其中有两句唱词：“评阴阳如反掌保定乾坤”和“东西战南北剿博古通今”。这两句是诸葛亮关于文才和武功的自诩之辞。仔细品味一下，每句前边六个字和后边四个字在意义上不大连贯。因为“评阴阳如反掌”与“保定乾坤”、“东西战南北剿”与“博古通今”没有必然的联系或者联系不是那么紧密。殊不知这两句也有人唱成“评阴阳如反掌博古通今”“东西战南北剿保定乾坤”。这样唱两句都很连贯，很顺畅。为什么杨乃彭等不采用这个版本呢？上海京剧院梅派青衣史依弘演唱的《断桥》选段，有句唱词是“腹内还有你许门的儿男”。“儿男”即男孩子，自古以来都是这个意思。如元代无名氏《张协状元》戏文第二十一出：“别无儿男，只有一女，小字胜花。”这句唱词是白素贞对许仙说的话，意思是“我肚子里已怀上你许家的儿子”。还没生育怎么知道怀上的是男孩呢？有的演员唱这句时不用“儿男”，而用“香烟”二字。“香烟”本指焚香所生的烟，后借指子孙对祖先的祭祀，也指“子孙后代”，没有男女之别。模糊些不是更好吗？史依弘如这样唱就好了。

要传承和发展作为“人类非物质文化遗产代表作”的京剧，有许多工作要做。“咬咬”京剧唱词，从事京剧工作的人们应该做，关心京剧发展的人士也应该做。当然，有些问题可能是为了考虑唱腔的需要而形成的，但在唱腔与语词之间应该找到最佳的平衡点，不能因为唱腔而牺牲了语词的准确性。

众矢之的

谁家周刊最给力（四）

本期目标：

《瞭 望》

2010年第49期

舍生取义是“殉节”

◎景 祥 昌 俊

“五一二”汶川地震后，全国人民援建灾区。2010 年 12 月 6 日出版的第 49 期《瞭望》，刊有《登高壮阔江油关》一文，说到了由唐山市帮助重建的川北古镇南坝镇。其中涉及该镇的人文历史：公元 263 年，魏国大将邓艾率兵伐蜀，蜀国江油关守将马邈献关投降。“马邈妻李氏唾夫寻节后，人们为她立下了墓碑……” 此处的“寻节”，应为“殉节”。

马邈献关，其妻自缢的故事，见于《三国演义》第 117 回“邓士载偷度阴平，诸葛瞻战死绵竹”。邓士载即邓艾。书中说他“引二千余人，昼夜倍道来抢江油城”。马邈想要投降。其妻李氏大怒，“唾邈面曰：‘汝为男子，先怀不忠不义之心，枉受国家爵禄，吾有何面目与汝相见耶？’”马邈投降后，其妻“自缢身死”。这本是小说家言，史书《三国志》上并未记载这一情节，只是说马邈“慌忙出降”。京剧《李氏殉节》就取材于《三国演义》。

“殉”读作 xùn，常用词如“殉国”“殉职”“殉难”等。“殉节”的一个义项，是指战争失败或国家灭亡后因不愿投降而牺牲生命。“节”指人的操守、气节。汉语中没有“寻节”一说。

“箭跺”应是“箭垛”

◎李大新

《登高壮阔江油关》一文说，唐山建设者重建江油关时，查阅了大量的史料，根据秦汉建筑风格，设计出江油关的关楼模型：“下部是青砖砌成的门洞，中部是箭跺环绕的廊道，上部为瞭望平台和箭楼。”其中的“箭跺”应写作“箭垛”。

“垛”与“跺”形近义不同。“垛”是一个多音字，有 duǒ 和 duò 两个读音。读 duǒ 时，一可指箭靶。古代笑话中有一则《垛子助阵》，说的是某将军战败溃逃，突然有神兵天降，让他反败为胜。将军感激涕零地说：“鄙人何德何能，敢劳尊神相助?”他得到的答复是：“我是垛子也。谢你平日从不以一箭伤我。”这里的“垛子”便是箭靶。二是指墙上或建筑物上突出的部分。呈凹凸形的雉堞便可称“箭垛”，因其突出的部分有箭靶的功能。江油关在古代是战略要地，关楼作为重要的防御建筑，环绕其廊道的应该是“箭垛”。

“跺”音 duò，指提起脚用力向下踏。常见的词语有“跺脚”等，常用来表示着急、生气、悔恨等情绪。“箭跺”根本说不通。

“变相”有贬义

◎达　理

《能源“十二五”变革期待》一文认为，能源技术创新将保障国家能源安全，展现中国发展的特有模式，“将来中国出口的就不只是鞋子、袜子、打火机这样的低端商品了，我们就可能通过出口制造能源的设备变相成为出口能源了”。这里的“变相”一词，用得很不恰当。

“变相”在现代汉语里有两个义项：一是改变原来的模样，如曹靖华《飞花集·到赤松林去》：“莫斯科变相了！变得几乎认不出来了。”但这种用法不常见。更多的用法，是指不改变内容，只在形式上有某种变化，有贬义色彩。对于这一义项的感情色彩，一般词典都有说明。《现汉》提示说“多指坏事”，举的两个例子是“变相剥削”“变相贪污”；《现规》也说“多指不好的事”，举的两个例子是“变相涨价”“变相走私”。可见，这一用法的“变相”，修饰的对象都是消极的、否定性的东西。

上述文章的本意是说，我国的能源技术到了“十二五”末期，就可以领先于世界，甚至进而带动世界的技术创新，我国通过出口高端的能源制造设备，间接地出口能源。这显然是一件于中国、于世界都有利的好事，怎么能用“变相”一词来表述？

冤枉了唐山援建者

◎杨宏著　中　源

12月6日出版的《瞭望》刊载了《登高壮阔江油关》一文，文中说：“唐山建设者们用两年多的辛勤汗水，使雄关涅槃，浴火再生……”这个句子有问题，冤枉了辛勤的唐山援建者。

“涅槃”是梵文 Nirvāṇa 的音译，原指佛教全部修习所要达到的超脱生死的境界，后世把它作为佛或僧人等死亡的代称。江油关既不是佛也不是僧人，把它因地震灾害而毁灭称为“涅槃”，显得不伦不类。就算只取“涅槃”中的“死亡”义，说唐山援建者“使雄关涅槃”也不对，因为这等于说江油关是让援建者给毁灭的，意思完全说拧了。

“浴火再生”是一个先死复生的过程。典故源自西方古代的神话传说：任何时候，世界上凤凰只有一只，其寿命很长。它在将要死亡时，用芳香树枝和香料造巢，然后将巢点燃而自燃于其中。这时，在燃烧的火堆中，会跳出一只新的凤凰来。这意味着凤凰复活或再生了。郭沫若曾写过长诗《凤凰涅槃》，讲的就是凤凰集木自焚、浴火再生的故事。唐山援建者是建设者，只是使江油关获得再生，并未让其“浴火再生”。

“言教”乎，“严教”乎

◎董鸿毅

《瞭望》新闻周刊刊登的短文《禁酒不须令》，是一篇读后感。作者所读文章的内容是：某单位工作日中午实施“禁酒令”，局长率先垂范，雷打不动在机关吃“廉政饭”，结果是不“令”而“禁（酒）”了。作者感叹道：“这篇200字的文章，读后令人难忘：局长身教重于严教只是一个方面，重要的是‘禁酒不须令’这个事实，其语言简洁而深邃。”姑且不论“深邃”一词是否得体，这里的“严教”肯定是说不通的，应该用“言教”。

谈到教育别人，汉语中有“言传身教”“身教重于言教”等俗语。所谓“言传”“言教”，是说用言语传授教育他人；所谓“身教”，指的是用自己的行动作榜样以达到教育影响他人的目的。

上述文章把“身教重于言教”说成“身教重于严教”，是不妥当的。“严教”，可以理解为严格的教育，与松散的教育相对而言。“严教”不可与“身教”相提并论，因为它们没有可比性，不存在谁比谁重要的问题。“严”，严厉、严格，“严教”讲的是教育的态度；“身”，自身，亲身，“身教”讲的是教育的方式。从某一角度来看，“身教”未尝不是一种特殊的“严教”。

《“母教”胜于“父教”》参考答案

1. “养不教，父之过”。——“养不教，父之过。”
2. 反应——反映
3. 颁布——公布
4. 尽管——不管
5. 期间——其间
6. 近400多——近400或400多
7. 5:4——5∶4
8. 秘码——密码
9. 首当其冲——处于第一位
10. 健康成长——能否健康成长

借题发挥

“令人发指”不可乱指

◎陈德兵

2010年12月14日，《东莞时报》B03版头条是这样一条新闻：《强到令人发指　横到人间罕见》。新闻报道的是西班牙足球甲级联赛中，巴塞罗那队以5：0战胜皇家社会队的赛况。笔者想说的是，标题中的“令人发指”用得不是地方。

“发指”即头发竖起来，形容愤怒到了极点。“令人发指”出自《庄子·盗跖》：“盗跖闻之大怒，目如明星，发上指冠。”后世用“令人发指”形容使人极度愤怒，多用来指称那些让人无法容忍的人和事。清朝岭南羽衣女士《东欧女豪杰》第二回：“历年以来，不知害了我们多少同志，说来真真令人发指。”

再看看开头的赛事报道。“最近6场比赛加在一起，巴塞罗那的总比分是26：0！”记者为此大发感叹：“在这个星球上，只

“亲生”“亲身”莫相混

◎屠林明

“亲身父母掌掴打死女儿事件引发关注”，是2010年4月10日《新闻晚报》B08版一则报道的肩题，其中“亲身父母”一语不妥，正确的说法应是“亲生父母”。

“亲”意为亲自、自己；“生”即生育。亲生，即自己生育的，或生育自己的。亲生父母，即生育自己的父母；亲生子女，即自己生育的子女。

“身”与“亲”字意义相近，即自己、自身。“亲身”即亲自、自身。现代汉语中，“亲身”多作副词，用于修饰动词，比如“亲身前往”“亲身过问”等。“亲身父母”是说不通的。

“亲生”与“亲身”读音极近，但结构意义用法均不同，不可混淆。

上周，广东、浙江两个9岁和3岁的女童被自己的亲身父母掌掴打死，而起因不约而同的都是“望女成凤”。两个文化水平不高家庭，为什么出现如此雷同的悲惨情节？为了让孩子读好书，实现鲤鱼跳龙门而打骂孩子的家庭还有多少？记者采访心理学家、教育剧的发生和眼下一些父母自身缺乏安全感、充满焦虑情绪有密切关系。

亲身父母掌掴打死女儿事件引发关注

心理焦虑造就“恶毒父母”

有巴塞罗那能够做到这般强横，只有巴塞罗那强横到令人发指！”巴塞罗那表现如此优异，怎么就得罪了这位记者，让他感到怒不可遏？实在让人百思不得其解。揣摩句意，其实记者想说的意思应是“不可思议”。

应是"荼蘼"

◎王　宣

2011年1月16日，《汕头都市报》第10版刊有《开到荼靡花事了》一文，讲的是一年轻女子甘当“小三”，最终却没有结果的故事。标题中的“荼靡”错了，正确的应是“荼蘼”。

“靡”读mí，义项有：①牛缰绳；②束缚；系住。其义与“花事”毫无关系。草头的“蘼”也读mí。荼蘼，花卉名，落叶小灌木，茎绿色有棱生刺，初夏开花，白色，有香气，是很好的蜜源，也可提炼香精油。古人把荼蘼花开之时当作一年花季的终结。宋代王淇《春暮游小园》：“开到荼蘼花事了，丝丝天棘出莓墙。”天棘即天门冬，其苗蔓生，好缠竹木上，叶细如青丝。诗句的意思是：荼蘼花开花事便结束，只有丝丝天棘伸出莓墙之外。

上述文章用王淇诗句比喻人物的遭遇，目的是增加文采，可惜写了一个别字。

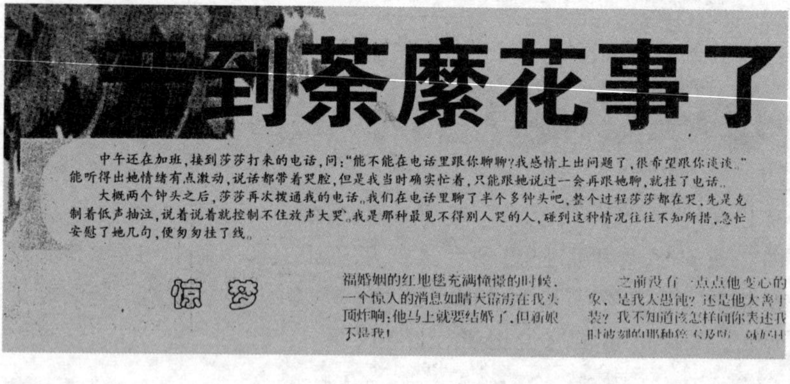

到荼靡花事了

中午还在加班，接到莎莎打来的电话，问：“能不能在电话里跟你聊聊？我感情上出问题了，很希望跟你谈谈。”能听得出她情绪有点激动，说话都带着哭腔，但是我当时确实忙着，只能跟她说过一会再跟她聊，就挂了电话。

大概两个钟头之后，莎莎再次拨通我的电话。我们在电话里聊了半个多钟头吧，整个过程莎莎都在哭，先是克制着低声抽泣，说着说着就控制不住放声大哭。我是那种最见不得别人哭的人，碰到这种情况往往不知所措，急忙安慰了她几句，便匆匆挂了线。

惊梦

福婚姻的红地毯充满憧憬的时候，一个惊人的消息如晴天霹雳在我头顶炸响：他马上就要结婚了，但新娘不是我！

之前没有一点点他变心的象、是我太愚钝？还是他太善于装？我不知道该怎样向你表述我

『火眼真眼』岂能识假

◎尹长生

2011年1月7日，《郴州日报》刊有《瞒着交警套假牌，火眼真眼识破》一文，说的是郴州交警机警地识破了一个想瞒天过海使用假牌照的司机，并将其绳之以法。笔者要讨论的是，标题中的“火眼”“真眼” 用得对吗？

“火眼”，按照中医的说法，是一种眼病，指急性结膜炎。“真眼”与“假眼”相对，指真实的眼球，比如某人有一只眼坏了，安了一个假眼球，那么他一只眼是“真眼”一只眼是“假眼”。围棋中，一方棋子所围的空点称为眼，如果对方可以在此眼中落子而叫杀，则此眼为假眼，如果不能，那么这个眼就是“真眼”。无论怎样理解，“火眼”“真眼”都和识假、辨假扯不上关系。

其实倒有一个现成的用法：“火眼金睛”。《西游记》第七回写孙悟空被囚在太上老君的八卦炉里受炼，他眼睛被炉烟熏红而成“火眼金睛”，能识别各种妖魔鬼怪。后以“火眼金睛”指犀利敏锐、洞察一切的眼力。

瞒着交警套假牌　火眼真眼识破

本报讯（通讯员 曾祥武 侯显华）去年12月31日上午，嘉禾县公安局交警大队在辖区查处了一起套用他人行驶证的严重违法交通行为。

当日，嘉禾交警一中队在县城人民路一十字路口开展涉牌涉证专项整治，下午4时许，一辆号牌为湘L660××黑色小轿车，躲躲闪闪有意避开交警，民警立即示意停车接受检查。民警环视着整个车身，推断该车应该在前年10月至去年10月期间购买的，而湘L660××号码段的车牌应该在2007年底就已经发放完毕了，因此这很有可能是一辆套牌车。于是民警示意司机下车，拿着行驶证上载明的车架号和发动机进行了比对，果然是套牌车辆。

经民警询问，小轿车司机终于如实说出了事实的真相。其人三年前购买了一款黑色小轿车，2008年10月被盗，之后就买了这台和原车款式相似的小轿车，为省上户费用，于是选择了套户，本想瞒天过海，没有料到被交警查扣。

一针见血

误用“当仁不让”

◎周 振

2010年7月12日至18日一期《书刊报》第14版有一篇《张桃芳虎口脱险》的书摘，其中这样说道：“对于完成这个任务，连长董正山首先想到了他的老部下高志平，所以这个任务也就当仁不让地落到了九班。”

句中“当仁不让”使用不恰当。“当”读dāng，即面对着；仁即正义的事、应该做的事；让即谦让、退避。此成语出自《论语·卫灵公》：“当仁不让于师。”意思是说：面对实践仁道的时候，即使涉及老师也不必谦让。后泛指遇到应该做的事情，就积极主动去做，不谦让，不退避，不推诿。上文写的是连长把任务派给高志平所在的九班，我们可以说九班“当仁不让”地接受了“这个任务”，却不能说“这个任务”“当仁不让”地分配到了九班。“当仁不让”的必须是能承担责任的行为主体。

错矣，“寥若星辰”！

◎王殿雷

“寥若晨星”常被误为“寥若星辰”，连《人民日报》也未能幸免，2010年12月1日便有一例。该日第20版刊有《华罗庚留给我们什么》一文，其中说：“随着综合国力的日益增强，能够提供给我们科学研究的条件早已不可同日而语，然而，何以像华老这样具有国际影响的大师却依然寥若星辰，这不能不引起我们的深刻的反思。”看，又是“寥若星辰”！

寥：稀少。晨星：早上的星星。根据我们的生活经验，随着晨光越来越亮，能看见的星星会越来越少，晨星有稀少的特点。“寥若晨星”，即像早晨的星星一样稀少。孙中山《建国方略之二》：“资本家之在中国,寥若晨星,亦仅见于通商口岸耳。”星辰,即星星的统称。天上星星数不清,所以“寥若星辰”是讲不通的。

麦皮麸子谷皮糠

◎文昌聿

2010年11月25日,《健康时报》刊有《名医饿肚写食疗方》一文,文中说:“麸子,就是米剥下来的那个壳,也叫糠。”

麸子和糠其实不是一回事。麸,麦旁夫声;糠,米旁康声。形符一为麦一为米,含义很清楚。《现代汉语词典》:麸“通常指小麦磨成面筛过后剩下的麦皮和碎屑。也叫麸皮”。糠是“稻、谷子等作物子实的皮或壳(多指脱下来的)”。谈食疗的文章,连麸、糠都没分清楚,疗效不知究竟如何。

“挽惜”应为“惋惜”

◎高良槐

2010年11月19日,《杂文报》第8版刊有《不要再等了》一文,文中说:“后来,那只与妻子手上一模一样的,透明的,别致的手镯,我寻找了几十年,几十年里都没有再见过它,而挽惜的心情,一直保留到了今天。”

引文中“挽惜”应为“惋惜”。惋:表示痛惜和同情。惋惜:同情别人的不幸,对某些不如意的事感到遗憾。挽,本义是拉,引申指牵引,还指挽歌(古代牵引灵柩的人所唱的哀悼死者的歌)、哀悼死者等。“挽”没有表示痛惜和同情的意思,“挽惜”讲不通。

不该用“让贤”

◎梁德祥

电视剧《永远的田野》第3集里,朱乡长谈到村主任黄榆时说,当年我们俩同时被上面看中了,但只能提拔一个到乡里,我以为黄榆会和我争,“没想到他让贤了”。“让贤”是让给德才比自己强的人。别人把重用的机会让给自己,怎么能说“让贤”呢?这不等于说自己的德才比别人强吗?这不符合中国人的表达习惯。“让贤”不应该由受让的一方来说。

误用“耀武扬威”

◎高　良

2010年12月2日,《南方周末》E21版刊有《这对许多国家来说是不可思议的》一文,文章中说:“晚会中有一段舞蹈叫《打破坚冰》,台上电闪雷鸣,音乐强劲,一群男舞蹈演员表现出一种奋争、耀武扬威的感觉,‘大家一看都知道,就是讲的改革开放’。”

引文中的“耀武扬威”用得不妥。耀:显扬。“耀武扬威”,即炫耀武力、显示威风,形容傲气十足的神态。它是贬义成语,近义词有张牙舞爪、飞扬跋扈、作威作福等。用“耀武扬威”形容我国改革开放后人们的精神面貌,显然是不妥的,不妨改为“扬眉吐气”。“扬眉吐气”,即扬起眉头、吐出胸中的郁闷之气,形容摆脱长期受压抑和欺凌的困苦处境后无比高兴的神态和心情。

“下风”误为“下峰”

◎杨昌俊

2010年《文史参考》11月(下)刊有《国共隐蔽战线较量真相》一文,其中说道:“蒋介石利用特务成功地拉拢、收买和瓦解了多数地方军阀,对中共的隐蔽斗争却一度居于下峰。”句中的“下峰”有误,应作“下风”才对。

“下风”与“上风”相对。“上风”是指风吹来的那一方,比喻优势或有利地位,如“占上风”;“下风”是指风吹向的那一方,比喻处于下位,如“甘拜下风”。

峰,本义是指山顶,亦指高而陡的山,借指状如山峰之物。汉语中有“上峰”一词,本指“高峰”,引申指“上司”。但没有“下峰”一词。

“物埠民丰”?

◎良　木

2010年《海峡通讯》第11期

刊有《魏文侯为何誉为战国第一贤君》一文，文章中称："一年内邺县就重新繁荣起来，百姓安居乐业，出逃的民众纷纷回归……邻县的百姓向往邺县物埠民丰，要求迁徙到邺县。"

引文中的"物埠民丰"应为"物阜民丰"。物阜民丰：物产丰富，人民富足。阜(fù)：盛多，丰厚。"埠"(bù)，义项有三个：1. 码头；2. 有码头的城市，也泛指城市；3. 旧指与外国通商的城市。可见"物埠"不通，也没有"物埠民丰"这个词语。

何来"福址"

◎程家双

"有人在网上贴出美国兰德公司'中国分析报告'，说中国人只在乎他们直系亲属的福址，对自己毫不相关的人所遭受的苦难视而不见……"这是2010年《杂文月刊》12月(上)所载《随感录》一文中的话。其中"福址"的"址"是个别字。

址：从土，止声，本义指地基、基部，现指建筑的位置、处所。这个字是无论如何同"福"扯不上关系的。同福有关的应是"祉"字。祉：从示，止声，本义即福。文中"福址"当为"福祉"。"福祉"就是幸福啊！

何人识"坤干"

◎郑宗德

2011年1月6日，《新民晚报》B5版刊有《庚寅感事二章》，其中第一章的颔联为："世博百年迎海宝，金融二载扭坤干。"这里的"扭坤干"应该是"扭坤乾"之误。

乾和坤都是中国古代八卦的卦名。乾代表天，坤代表地，乾坤即天地。"扭乾坤"即扭转天地，指从根本上改变已成的局面。为了押韵，诗人将"扭乾坤"写作"扭坤乾"，这是允许的。"金融二载扭坤乾"的意思是，在世界金融危机的两年中，我国采取了各种有效政策措施，终于克服了负面影响，扭转了不利局面，使经济依然保持高速增长的势头。

为什么会产生这样的错误呢?“乾”字本有两个不同的读音:gān和 qián。读 gān 时,义为干燥,跟“湿”相对;读 qián 时,即上面所讲的八卦卦名,也表示天。汉字简化时,将读 gān 音的“乾”字,简化成了“干”;但读 qián 音的“乾”字,却仍旧保留。不知原委的人,常误以为“乾”字全都简化成“干”字了,便把“乾坤”误写成“干坤”。

“搭乘”还是“搭载”?

◎刘菊春

高速公路上汽车出故障,乘客离车横穿公路被撞死,搭乘该乘客的汽车司机被告上了法庭。

这是 2010 年 11 月 16 日《人民法院报》第 3 版《横穿高速路身亡　抛锚司机不担责》一文的开头一句。其中“搭乘乘客”的说法不通。

“搭乘”即乘坐,其主体是乘客;“搭载”即运载,其主体是司机。对司机而言,是“搭载乘客”;对乘客而言,则是“搭乘汽车”。所以上文“搭乘该乘客”改为“搭载该乘客”才对。

不是“巢窠”

◎高　牧

2010 年《名家讲坛》杂志 5 月(上)封二刊有《唐朝歌妓关盼盼的情与累》一文,文中说:“考其诗,情真意切,尤其‘任从蛛网任从灰’一句可称绝唱,但并不脱‘闺怨’巢窠。”古汉语中确实有“巢窠”一词,指盘踞之地,但这显然不符合句子的意思。

揣摩句意,当是“窠臼”之误吧。窠臼:旧式门下承受转轴的臼形小坑,比喻写作或其他艺术创作方面现成的格式、陈旧的手法。如:文章没有新的创意,就难免落入窠臼。这个词很符合上述句子的意思。

《火眼金睛》提示

图 1,“距献”应为“巨献”。

图 2,“格尽职实”应为“恪尽职守”。

图 3,“已醜”应为“己丑”。

图 4,“公朴”应为“公仆”。

热线电话

“你好，我是64330669……”(27)

◎姚博士

“全武行”的“行”如何读

问：经常看到“全武行”的说法，其中的“行”有人读 háng 有人读 xíng。请问这个“行”字怎么读才准确？

——湖南娄底　吴振国

答：“全武行”的“行”，原为戏剧中“行当”的意思。京剧戏班的舞台表演人员有“七行”之称。七行包括老生行、小生行、旦行、净行、丑行、武行和流行。武行又包括武生、武净、武丑、武旦以及其他扮演有武艺的演员，现在也通称在武戏中担任英雄、打手、兵勇、喽啰等专门从事武打的角色。因此，“武行”就是武打这一行当。前面加上“全”字，就指各种角色的武打，用于生活中，则引申指很多人参加的暴力行为。这个“行”字既然原指“行当”，那就应该读 háng，不能读 xíng。

何以称“牧师”

问：人们通常称基督教中讲经传道的人为“牧师”，请问这一称呼是怎么来的。

——上海崇明　张可珍

答：“牧师”的称谓古已有

之，本来是指我国古代掌管牛马猪羊等牲畜的官员。《周礼·夏官》有“牧师”一职，东汉郑玄注：“〔牧师〕主牧放马而养之。”近代基督教新教传来中国后，其传道人员也有被称为“牧师”的。这一称谓，在拉丁文中原作 pastor，意思是“牧羊人”。源出《新约圣经·约翰福音》，耶稣基督说：“我是好牧人，好牧人为羊舍命。”这里，耶稣以牧羊人自称，而他为之舍命保护的羊群则是广大的教徒。后来新教便以 pastor（牧羊人）来称呼主持教务和管理教徒的人。但汉语在翻译时并未译作“牧羊人”，而是比较文雅上口的“牧师”。

泽被乡里：“被”读何音

问：曾在一部电视剧中看到一块匾额，上书“泽被乡里”四个字。这个“被”有人读 bèi，有人读 pī，究竟该读什么音？

——广东韶关　黎青枫

答：在古代，“泽”和“被”经常连用，但它们并没有结合成一个词。“被”有时放在“泽”前，而且中间还可插入其他字词，例如《汉书·严助传》中的“南越被泽”，《后汉书·郎颉传》中的“广被恩泽”。两例中的“被”字，前者可释为“承受”，后者可释为“施加”。但在大多数情况下，“泽”和“被”连用都是“泽”前“被”后，而且中间不插其他字词，如“泽被生民”“泽被四海”“泽被无疆”等等，其中的“被”都是“施加”或“遍及”之意，在所有古汉语字、词典中一律读 bèi。当然，“被”还有另外的读音 pī，但读 pī 音者其义通“披”，它有“穿着”“披着”“将衣搭在肩背”等意思，用于“泽被”而义为“施加”或“遍及”的“被”，只能读 bèi 而不能读 pī。

何为“阁揆”

问：本人常关注港台地区的新闻，发现当地媒体上经常出现“阁揆”一词，如有报纸称：“英国首相卡麦隆是英国近200年来最年轻的阁揆。”请问“阁揆”究竟是什么意思，为什么叫“阁揆”？

——江西　曹玉林

答：“阁”本指古代的国家藏书楼，后指中央政府机关或其办公处所。也称“内阁”。“揆”在古汉语中可指“政事”“事务”。《书·舜典》：“纳于百揆，百揆时叙。”周秉钧《尚书易解》：“百揆，百事也。”后引申指“掌管”“管理”。古代宰相掌管百官百事，遂可称“揆”。民国时期，人们用“阁揆”指一个国家的政府首脑，一般指资本主义国家中总统组阁所任命的内阁总理或内阁首相。新中国成立以后，“阁揆”一词主要在港台地区使用，大陆用得很少。

“牛棚”的含义

问：经常在一些回忆文章及文学作品中见到“牛棚”一词，但一般辞书不见收录，感觉上既熟悉又生疏，说不清它的准确含义。您能告诉我吗？

——福建　赵长志

答：“文革”初期，《人民日报》曾发过一篇社论：《横扫一切牛鬼蛇神》。随着“文革”的狂风暴雨，很多老干部、知识分子以及无辜的群众遭到迫害，被强加上走资派、反动学术权威、漏网右派、叛徒、特务、反革命分子等罪名而强行关押，这些人便被统称为“牛鬼蛇神”。许多地方私设监狱，不经任何法律程序剥夺“牛鬼蛇神”的人身自由，强制进行劳动改造，强迫其接受批斗。后来，这种非法关押“牛鬼蛇神”的地方被称为“牛棚”。北京大学著名学者季羡林教授著有《牛棚杂忆》一书，以自己的回忆，真实地记录了“文革”对知识分子的迫害。著名作家冰心也曾关进“牛棚”，在烈日之下遭受造反派的批斗。巴金《迎接社会主义文艺的春天》：“我虽然被诬蔑为‘牛鬼蛇神’、‘反动权威’待在‘牛棚’，经常给揪出去批斗，但我却没有被逮捕。”

说“镢”道“钁”

◎金文明

在当代编纂出版的大中型字典或词典中，一般都收有“镢”和“钁”两个字。例如2009年版《辞海》：

镢〔鐝〕(jué)撅土的工具。

钁〔钁〕(jué)大锄。《淮南子·精神》：“繇者揭钁臿。”……

显然，在《辞海》编者的眼里，“镢”和“钁”是两个意义不同的字。其形制和功能并不一样：“撅(掘)土”，一般是往前上方掘起，而“锄”则向下向后耙动，将泥块打碎并除去杂草。

但是，在另外一些字典或词典中，“镢”和“钁”却成了音义完全相同的异体字。例如：

钁(镢)jué(钁头)刨土的工具。(1972年版《新华字典》)

钁(镢)jué〈方〉钁头。

【钁头】jué·tou〈方〉刨土用的一种农具，类似镐(gǎo)。(1979年版《现代汉语词典》)

这里，《新华》和《现汉》两部比较权威的工具书，不但认为“镢”和“钁”音义相同，而且实际上还将“镢”作为“钁”的异体字废除掉了。虽然到了2005年版《现汉》中又将“镢”和“钁”分立为两个字头（镢〔鐝〕jué同“钁”。钁〔鐝、鐝〕jué〈方〉名 钁头），但其存“钁”废“镢”的用意并没有改变。这样的处理是否妥当呢？下面，我们就来对“鑺”“镢”二字的产生时代和历史演变作一简要的分析。

从现存的文献资料来看，“鑺”和“镢”在古代是音义都有别的两个字。“鑺”最早见于战国时代的典籍《墨子·备穴》和《六韬·军用》，东汉末年被许慎收入《说文解字·金部》，释为：

鑺，大鉏（即锄）也。从金，矍声。

这个字及其释义，后来一直被历代的字书或韵书收录，并不断出现在一些重要典籍和作家的诗文字帖中。“鑺”在中古韵书《广韵》中属于入声药韵。

“镢”字的问世要比“鑺”晚得多。最早出现在辽代（时间相当于北宋）僧人行均所撰的字典《龙龛手镜·金部》：

【镢】俗【鐅】正。其月反。磨鐅之皃（貌）。

从上引注文可知，在行均所撰的《龙龛手镜》中，“镢”当时只是民间手写用的俗体字，它的正体“鐅”，义为“磨鐅之皃”，即摩擦的样子，应当是个形容词。而更早的南朝梁顾野王所撰《玉篇·金部》则释为“鐅，磨也”。“磨”可作名词“石磨”解，也可用为动词“搓磨”或“磨砺”，但无论怎么说，“鐅（镢）”与“鑺”的意思总是扯不到一块儿去的。再看读音，“鐅（镢）”，其月反，《广韵》在入声月韵，与“鑺”所属的药韵不同韵，足证两个字在中古时读音确实不同。按理说两者是不该通用的。然而在古代一些通俗文学和反映民间生活的作品中，“镢”（不包括“鐅”）字却出现了与“鑺”意义和性质相似的用例，如：

元无名氏《马陵道》楔子：“我只看几个人将着锹镢，从这土坑边开通一道深沟。”

明魏大中《浚濠工竣疏》：“锹镢以归监督盔甲厂主事沈棨。”

甲戌本《红楼梦》第十五回：“宝玉一见了锹、锄、镢、犁等物，皆以为奇。”

以上三例中的“镢”，可以说已经在作为“鑺”的同义异体字使用了。不过这样的古汉语用例很少，我只找到了三条，而且从辽代的《龙龛手镜》以后，到清代最大的字书《康熙字典》，再到民国时期出版的《新字典》(1913)、《中华大字典》(1915)、《辞源》(1915)、《辞海》(1937)、《国语辞典》(1947)等新编的工具书，都一律只收“钁”而不收“镢”。这就表明，作为俗体的“镢”字，在新中国成立以前的漫长岁月中，始终没有为辞书界所承认。

解放以后，随着普通话和汉字简化的日益推广，“镢”与“钁”的普通话读音已完全相同，“镢”比“钁”无论偏旁是否简化都少了8画，书写起来比较简便，因此在不少当代作家作品中，“镢”又作为“钁”的异体字出现了，特别是“镢头”和“钁头”经常作为同义异形词随意使用，而前者的使用频率要远高于后者。例如：

赵树理《地板》：“说着他就放下箩头，拿起镢来刨给我看。”又：“用镢刨……刨不到根上。”

赵树理《套不住的手》：“他们父子俩一钁头一钁头剜开。”

魏巍《东方》第五部第四章：“大伙儿收了镢头。”

李准《参观》：“抡起镢头，向地下挖起来。”

秧歌剧《刘顺清》第五场：“现在有了镢头总算能够开荒了。”

从以上这些当代用例来看，“镢头”和“钁头”作为一组同义异形词似乎已没有什么疑问。但“镢”和“钁”作为两个异体字究竟存谁废谁呢？按照过去的惯例，一般应取使用频率较高而笔画又比较简省的一体作为正体。这样，存“钁”废“镢”的做法显然是违背常例的。那么反过来存“镢”废“钁”呢？我认为眼下也不一定合适。因为在不少重要的古代典籍中，人们还会时常读到“钁”字，如果“钁”被废掉而读者又想不到去查“镢”(《异体字》表中未将“镢”“钁”作为异体字收入)，就会引起困惑。所以在目前有关职能部门对此尚未作出规范并公布以前，作为古今兼收的字典或词典，还是应当将“镢”“钁”二字分别立目收录，各自注音、释义和引例，以适应不同层次读者查检使用的需要。

“呕心沥血”辨

◎柴　舟

“呕心沥血”是个常用成语，使用频率颇高，然而，并不是所有的人都能准确地理解、运用这个词。比如2010年《意林》杂志第2期《久别》一文中说：“妈妈想起临别时安安呕心沥血的哭喊、凄惨的哀求：‘妈妈——安安也要——进城去——买书——’”这里的“呕心沥血”就使用不当。笔者试辨之。

“呕心”出自《新唐书·李贺传》。李贺每日起床后拉出毛驴，并让书童带着书囊一起出外周游，遇到好的素材，便立刻记下来丢进书囊，回家后写成诗篇。其母知道儿子勤奋创作的习惯，又知道他的身体很差，便“使婢探囊中，见所书多，即怒曰‘是儿要呕出心乃已耳’”。“呕”即“吐”，“呕心”即把心吐出来，形容费尽心思。

“沥血”出自韩愈《归彭城》诗：“刳肝以为纸，沥血以书辞。”意思是割下肝来作纸，滴出血液作墨汁，形容写文章时费尽心思。

后世用“呕心沥血”比喻穷思苦索，费尽心血，多用于干工作、写文章等。叶圣陶《抗争》：“啊，我的舞台，几年来在这里演呕心沥血的戏，现在被撵下来了！”臧克家《老舍永在》：“算算看，这十多年来，他写了多少东西啊，呕心沥血，讴歌社会主义，受到群众的欢迎。”

引文中安安与妈妈分别，其情状凄惨，但使用“呕心沥血”明显不当，建议改用“撕心裂肺”。“撕心裂肺”，即把心、肺都撕裂了，形容某事令人极度悲伤。

“帝”的传奇

◎韦文娟

在我国，封建帝王制已退出历史舞台多年，今天我们只能在戏剧、影视、书籍中找到皇帝的踪影。而汉字“帝”却并未随之被尘封在历史的书橱里，反而历久弥新，在2010年大放异彩，成为时尚词语奇葩中的一枝。

只要在某一方面做到极致，有令人惊叹不已的才能、特点，都可用“帝”表示。目前，“表情帝”风头正盛。只要你够大胆，表情够夸张就有可能获赠“表情帝”的称号。东方卫视播出的《中国达人秀》，一小伙杨迪上台短短一分钟，却凭借其夸张搞怪的表情逗得观众乐不可支，被戏称为“表情帝”。中央电视台举办的青歌赛中也出现一位“表情帝”李鳌。他演唱《塞维利亚理发师》，表情时而愤怒时而狂喜，淋漓尽致地表现了歌曲中人物的性格，给观众留下了深刻的印象。

这儿，还想提一下“粉笔帝”。“粉笔帝”侯政峰的绝技令人瞠目结舌，他用粉笔画出的3D立体图，效果逼真。比如，一层层楼梯以假乱真，使人误以为可以直接由此下楼；栩栩如生的菜苗从大理石板上长出来，不知情的人还真怕踩坏了菜苗……他的粉笔画被众多网友疯狂转发，看过的人都惊呼“太牛了”。

“帝”偶尔也用于动物，如“预测帝”保罗。南非世界杯不仅给观众带来了欢乐，给商家带来了利润，还捧红了一只章鱼——保罗。

保罗预测南非世界杯赛事八次全中，令世界球迷大为叹服。保罗因此被称为最伟大的足球预言家，加冕为“预测帝”。可惜由于年纪大了，没多久保罗就在德国奥博豪森水族馆去世。该水族馆特地降了半旗，工作人员臂缠黑纱并设立小型灵堂悼念保罗。

其实“帝”的这种时尚义，是从“帝”的本义引申出来的。战国以前，“帝”多指神话传说中宇宙的创造者、主宰者，如天帝、上帝。战国时，“帝”除了指宇宙的创造者、主宰者，也可指人间君主。公元前288年之前，列国都把自己国家的君主称为“王”，为了用一个更尊贵的称号替代“王”，齐国、秦国借用天神之名称呼国君，当时齐滑王称东帝，秦昭王称西帝。秦始皇统一六国，开始以“皇帝”作为君主名称，此后，“帝”作为皇帝的简称一直沿用下来。

从“帝”的古代义项到“帝”的时尚义项，其间还有一个过渡引申义，那就是指因特别擅长某种艺术而在一个领域中处于领先地位者。如南唐后主李煜，有人说他虽然不会治理国家，但“在词中仍不失为南面王”，有人更是直接称他为“词中之帝”。熟悉影视的朋友知道，周润发、梁朝伟有“影帝”之称，孙红雷、张国立也有“视帝”之称。只是，可以如此称“帝”的范围较为狭小，多为文学、影视这一块。

近两年，原本庄重严肃的“帝”穿上了时尚的外衣，来到普通民众中间，反映了人们对有惊人特长、鲜明特点的人物的钦佩之情，当然，还有一些娱乐调侃的意味。你看，一个多月投了160份简历被12家单位录用的“offer帝”；不怕露财，敢于在地铁内点万元巨款的“数钱帝”；因积极的生活态度、合理规划收入分配而蹿红网络的“理财帝”；20秒洗掉21个碟子的“洗碗帝”；在澳大利亚各地面试426次均以失败告终的“面试帝”；另外还有家喻户晓、最有观众缘的“贺岁帝”葛优……不管是褒扬还是调侃，加入到“帝”家庭中的成员均有过人之处。“帝”十分给力地紧跟时代步伐，走在词语新潮的前沿，演绎新的传奇。

不拘一格降“达人”

◎余双人

热词“达人”已经“热”了好多年了。2010 年由于东方卫视举办“中国达人秀”(第一季)活动,“达人”就“热”上加“热”,几乎人人皆知，达到了“普及”的程度。

在现有的古代文献中,“达人”最早见于《论语·雍也》:“己欲立而立人,己欲达而达人。”意思是:自己要立身修德,也要使别人能立身修德;自己要通达事理,也要使别人能通达事理。显然,这里的“达人”是动宾结构(使动用法),还不是名词。名词“达人”首先出现在《左传·昭公七年》:“圣人有明德者,若不当世,其后必有达人。”其中的“达人”,是指通达事理的人。所谓通达事理,就是见多识广，对各种事情理解得又深又透。通达事理的人往往也是心胸豁达的人，同时又是能够审时度势、安于天命的人。安于天命这一点在唐代王勃的《滕王阁序》中说得很清楚:“君子见机，达人知命。”——君子能看到事情发展变化的关键因素，达人知道天命。(“君子”与“达人”,在这儿似应看作互文。)

后来,汉语的“达人”被日语借去,成为日语的“汉字词”(用汉字书写的词),词义也有了变化。日语中的“达人”专指在某一领域通过经年累月的磨炼,终于获得该领域真谛而出类拔萃的人。通俗地说,“达人”是某领域中非常专业的人,是“高手中的高手”。十多年前,此“达人”又从日语回来,回归汉语,回归故乡。此后流行的“达人”大多采用这个义项，泛指精通某种技艺或学术的人。比如“旅游达人”“针灸达人”“书法达人”“数学达人”等。《咬文嚼字》编辑部配合“我爱低碳生活”徐汇杯咬文嚼字大赛，编写了一本书，书名就是——“谁是低碳达人”。

2010年，东方卫视举办了收视率居全国选秀节目之冠的“中国达人秀”，这个节目是购买了洋节目“英国达人”的版权之后“拷贝”而成的。于是就有了第三个“达人”——译自英语的talent。从talent到“达人”，是音义兼顾的巧译、妙译。英语talent指“有才能的人”，含“天才”之意，跟汉语原来的“达人”在词义上相通；而talent与“达人”在语音上又有相谐关系。因此，这一新“达人”迅速融入汉语，为人们所认可。

“中国达人秀”虽说是“拷贝”“英国达人”的，却也进行了“本土改造”。中国化的“达人秀”，是从草根大众中海选出有绝活的人和天才来。荣获第一名的无臂钢琴王子刘伟，用双脚在钢琴上弹奏出美妙乐曲，便是举世无双的绝活。他不仅获得了中国观众的激赏，还到维也纳的金色大厅演奏，赢得了世界的瞩目。

“达人”的新义，不妨概括为：有着特殊才艺的普通人。“时尚七太”跳肚皮舞，六旬老汉反串跳“喜儿”（芭蕾舞），肢体残缺的青年男女跳出高难度的双人舞，一群来自西藏的盲童唱出扣人心弦的天籁……这一切，无不属于普通人在展示惊人的才艺。

如今，热词“达人”在媒体上遍地开花，它的词义和用法还在演变中。《新闻晨报》2010年12月27日发布“娱乐圈2010达人”，我们摘引其中数例，可见“达人”演变之一斑。喜欢写微博的影视明星姚晨被评为“微博达人”，新婚并捐献全部礼金的海派清口演员周立波被评为“婚姻达人”，甚至票房破纪录的进口大片《阿凡达》（不是“人”，但其主人公是“人”）竟被称为“吸金达人”。看来，“达人”的未来真值得我们关注啊！

话说『红尘』

◎陈璧耀

“红尘”指人世间。如“看破红尘”即看清人世间的一切，“红尘滚滚”即纷繁撩乱的人世间。那么，人世间为什么称“红尘”呢？

还得先从“尘”说起。“尘”繁体作塵，鹿土会意，表示鹿群奔跑时扬起的尘土，本义即尘土。白居易《卖炭翁》“满面尘灰烟火色”，“尘”用的就是本义。尘土给人以污浊的联想，因而佛教传入我国以后，“尘”就被借来作梵文 rajas 的意译词，义为能污染人清净之心的外物。《净心诫观》说：“云何名尘？纷污净心，触身成垢，故名尘。”

佛教以“尘”指“纷污净心”的外物，这外物按佛教的说法就是色、声、香、味、触、法，合称“六尘”。佛教认为这外部的“六尘”一旦和人的“六根”（眼、耳、鼻、舌、身、意）相接触，也就是眼与色、耳与声、鼻与香、舌与味、身与触、意与法相接触之后，人原先的“净心”就会被染污，从而导致烦恼。

佛家认为，人世间充满了各种诱惑，最容易给“清净之心”带来污染，所以“尘”又用来表示人世间。陶渊明《归园田居》诗“误落尘网中，一去三十年”，“尘网”即人世间现实生活的罗网。大约在唐代，人们开始用双音节词“尘世”指人世间。如元稹《度门寺》诗：“心源虽了了，尘世苦憧憧。”

在古汉语中，人们也用“红尘”称尘土。东汉班固的《西都赋》：“阗城溢郭，旁流百廛。红尘四合，烟云相连。”其中的“红尘”即“尘”。也许在古人的生活里，“尘”的产生多与车马扬土有关，而车马又是繁华的象征，“尘”字前故加一“红”而成“红尘”。在古代汉语里，“红尘”还可指繁华之地。南朝陈徐陵《洛阳道》诗之一：“绿柳三春暗，红尘百戏多。”其中的“红尘”就是这种用法。正因为如此，大约明代以后佛门僧徒也用“红尘”指尘世。

文章病院

不该送的“祝福”

◎邹身坊

2010年11月15日，上海胶州路一高层公寓遭遇大火，上海人十分揪心。两天后的11月17日《新民晚报》A18版“亚运会特别报道”刊有一篇文章，其标题是：“家乡人民遭火灾，邓帅羊城送祝福。”文章中也说：“邓华德的家乡在哪里？在上海！‘在我的家乡上海，发生了一件不幸的事情，我对那些在灾难中受到伤害的家庭表示最诚挚的祝福，并为他们默默地祈祷。’”文章标题及文中的“祝福”用得很不妥当。

“祝福”的关键在“福”，其使用前提是对方本身是幸福的或安好的，祝福者前去表示一下自己的恭贺或祝愿。比如：“祝福某某健康高寿”；“祝福某先生身体康复，愉快出院”；“祝福某某先生夫妇与爱子重逢，阖家团聚”；“祝福某某喜得贵子”；“祝福某某先生与某某小姐喜结良缘”……“健康高寿”“身体康复，愉快出院”“与爱子重逢，阖家团聚”“喜得贵子”“喜结良缘”等等，都是幸福的事情。“祝福”不用于出现不幸的时候。对别人的重大不幸，比如出了重大车祸，或遭到其他毁灭性的灾难，应该送出的是关怀、安慰或哀伤，而不是祝福，因为事情本身是悲哀的，根本无福可言。

也许是邓帅用词不当，也许是报纸弄错了，但不管怎样，“祝福”用得不是地方，这是令人非常遗憾的。

“祭丁”不是祭祖

◎李景祥

远方出版社出版有《笑林广记》(李捷译注)一书,第一页上登载的两则笑话中都用到了“祭丁”一词:“我想祭丁的猪羊,有这般肥大便好。”(《辞朝》)“祭丁过,两广文争一猪大脏,各执其脏之一头。”(《争脏》)译注者把这两处“祭丁”都释为“祭祀祖先”,弄错了吧?

“祭丁”亦称“丁祭”,祭祀的对象是大成至圣先师孔子,祭祀的地点在京城和曲阜以及各州府县的孔庙。祭孔是我国古代社会的一项重要典礼,自从汉武帝接受董仲舒的建议独尊儒术以后,孔子的地位被提得很高,历代帝王都带头祭祀孔老夫子,祭孔大典也就日臻盛大了。起初,祭孔的日子并不固定,唐武德年间在中丁日(每月中旬逢丁之日)祭祀,唐开元后改为仲春仲秋的上丁日(上旬的丁日)祭祀。因为祭典都在丁日,故称“祭丁”或“丁祭”。祭孔时的供品主要是用太牢,也就是三牲(牛、羊、猪),祭典结束后,有关人员要分食胙(zuò)肉,也就是把那三牲的肉分给有关人员让他们拿回家去吃。

《笑林广记》上的这两则笑话,《辞朝》中讲的是有人看到大象后想到祭孔的三牲如果能像大象那么肥大才好,《争脏》讲的是祭祀完毕分胙肉时两个广文(儒学教官)争抢猪内脏的丑态。讲的都是与祭孔有关的笑话,与祭祖是毫无关联的。

祭丁在“五四”新文化运动后越来越少了,1949年之后几近绝迹。近年随着国学热的兴起,我国内地又有人举行祭丁了。报载

“刀马生活”？

◎沈阳仁

2011 年 1 月 4 日，《辽沈晚报》B16 版连载长篇历史小说《大帅府》，其中有句话这样写道：“戴宪玉被惊醒的同时，张作霖也醒了，多年的刀马生活使他养成了一个习惯，不管睡得多么死，只要有一点儿特殊的动静马上就会醒。”张作霖的一生从绿林好汉到奉系军阀首脑，都没离开过刀枪战马。不过，这类生活经历，通常说的是“戎马生涯”“戎马生活”，还没见过称之为“刀马生活”的。

《说文》：“戎，兵也。”“戎”是兵器的总称，也是军队、士兵的代称。现在一些用“戎”组成的词，大多与军事有关。如“戎旅”即军中，“戎衣”即军装，“从戎”即从军，等等。“戎马”本是军马，转而借指战争、军旅。如《颜氏家训·风操》：“汝曹生于戎马之间，视听之不晓，故聊记录，以传示子孙。”

“戎”是兵器的总称，刀是兵器之一，却没有见把“戎马”一词中的“戎”换成“刀”的。“刀马”只用在“刀马旦”一词上。刀马旦是传统戏曲演出中专门扮演提刀跨马、武艺高超的巾帼英雄的演员，如京剧《战金山》中的梁红玉，《穆桂英大破天门阵》中的穆桂英。张作霖一生过的是戎马生活，而不宜说成“刀马生活”。

2010 年 3 月 27 日，以孔子后裔为主的一些人在上海孔庙举行了一场祭丁，就是一例。参与祭丁活动，对孔子后裔来讲，当然也是祭祖，对众多的非孔子后裔者来说，祭丁只是祭孔，不是祭祖。

“入关”与“出关”

◎刘长俊

2009 年 3 月 2 日，《光明日报》第 9 版刊有《气势逼人的〈东北民主联军之歌〉》一文，其中有这样的话：“入关部队与由原东北抗日联军改编的‘东北人民自卫军’合编为‘东北人民自治军’。”这里的“入关”应是“出关”之误。

所谓“关”是指秦皇岛市东北 15 公里处的山海关。它是连接华北与东北的要冲，其东为关外，其西为关内。从东北到华北地区经过山海关是入关，从华北到东北经过山海关是出关。《中国共产党的七十年》（中共党史出版社）第 259 页：“根据中共中央部署，东北野战军主力在辽沈战役结束后不久……挥师入关。”这里的“入关”指的是部队从东北到华北参加平津战役。用得很准确。

花木兰何曾“充军”

◎潘传国

2010 年《章回小说》第 12 期有篇题为“作弊”的小说，其中有这样一句话：“古时候花木兰代父充军，我们为什么不能让男生代替女生替考呢?”这里的“充军”乃“从军”之误。

充军，古代的一种流刑，把罪犯解到边远地方当兵或服劳役。可见，被充军的人一定是犯过罪的人。花木兰显然与“充军”无关。

木兰代父从军的故事可谓家喻户晓，它出自北朝民歌《木兰诗》：“昨夜见军帖，可汗大点兵，军书十二卷，卷卷有爷名。阿爷无大儿，木兰无长兄，愿为市鞍马，从此替爷征。”木兰的父亲并不是因为犯了罪而被“充军”，而是在可汗“大点兵”的背景下被召从军的，可见“充军”是一处笔误。另外，上引句子中的“替考”也属误用，改为“考试”才对。

何来『一推三六九』

◎金世华

2010年12月10日，《杂文报》头版刊有《新闻中的案子》一文，其中有段话这样写道：

两条新闻放在一块能说明许多问题，一快一慢，一是草木皆兵指鹿为马反应过度，一是漠视人命大事化小一推三六九。

这里的“一推三六九”一语欠妥。办事部门对应办之事推三阻四，或一推了之干脆拒办，描述此类事情该用的一句老话是“一推六二五”，而不是“一推三六九”。

“一推六二五”，出自旧时珠算口诀的“一退六二五”。旧制一斤为十六两，凡按斤论价之物，买进卖出不足整斤时，必先将每斤价格除以十六算出每两价格，再乘成交斤两算出价钱。为了计算方便，提高效率，先人编成口诀在算盘上应用，口诀共十六句，第一句即“一退六二五”。如果买一两干贝，单价每斤四十元，营业员在算盘上“一退六二五”地拨弄几下，就报出价来：二元五角。因为“退”谐音“推”，人们就把“一退六二五”说成“一推六二五”，用以讽喻遇事推诿。

放下架子叫“纡贵”

◎杨昌俊

2010年《文学自由谈》第6期刊有《让人记得住的文人》一文，在谈到屈原时该文说道：“凡清高者，不能降尊汙贵……”句中的“降尊汙贵”应写为“降尊纡贵”。

纡，读作yū，本义是屈曲、曲折。“降尊纡贵”也写作“纡尊降贵”，意思是地位高贵者放下架子降低身份，谦以自处。梁启超《中国专制政治进化史论》：“乃实由纡尊降贵，自放弃其贵族之特权，以结欢于处士。”

汙，读作wū，是污的本字，本义指停积不流的水。停积不流的水自然容易浑浊变脏，所以也泛指脏东西，又引申指污秽、不廉洁、玷污等意思。

有身份、有地位的人能够“降尊纡贵”，不失为一种美德，一点也不会“玷污”其尊贵，其结果只会给自己加分。

校园丛谈

《钢铁是怎样炼成的》是保尔写的？

◎林弼远

八年级《语文》(人民教育出版社）的名著导读提到了世界名著《钢铁是怎样炼成的》。广州出版社出版的一本同步训练对此书作了介绍，其中有这样一句话："1934 年，在母亲、妻子以及同志们的帮助下，他的自传体长篇小说《钢铁是怎样炼成的》终于出版了！保尔高兴极了，他又有了新的革命武器——写作。"笔者读过《钢铁是怎样炼成的》，知道保尔确实写出过一本小说，但这部小说并不是《钢铁是怎样炼成的》。

《钢铁是怎样炼成的》是苏联作家尼古拉·奥斯特洛夫斯基所著的一部长篇小说，于 1935 年写成。保尔是这部小说中的主人公，作者通过他的成长道路，告诉人们只有在革命的艰难困苦中战胜敌人也战胜自己，把自己的追求和祖国、人民的利益联系在一起，才会创造出奇迹，成长为钢铁战士。小说中，保尔在 1927 年完全瘫痪，继而双目失明。在极端困难的条件下，保尔开始了文学创作，写出了一部小说，后来小说得以出版。这部小说究竟叫什么名字呢？书中这样写道："保尔开始工作了。他打算写一部中篇小说，描写科托夫斯基的英勇的骑兵师，书名不用考虑就出来了：暴风雨所诞生的。"可见这部书的书名是"暴风雨所诞生的"。即使是不同版本存在翻译方面的差异，应该也不会有人把"暴风雨所诞生的"翻译成"钢铁是怎样炼成的"。至于这部小说究竟是中篇还是长篇，有不同的说法，姑且不论。

有“第二元首”吗

◎刘君产

《新课程下我们怎样当老师》(华语教学出版社)第18页，引述了一个广为流传的“让世界感动的周恩来的事例”：

1976年1月8日，中国人民敬爱的周恩来总理去世，联合国降半旗致哀。要知道，这面于1945年10月24日在美国纽约升起的旗帜，目睹了众多国家元首的相继去世，30多年来从没有为他们的离去而动心。为此，一些国家有意见，他们的外交官质问联合国总部官员：我们国家的第一元首去世，联合国的大旗高高飘扬，中国的第二元首去世，你们却为其降半旗，为什么？

这里的“第一元首”“第二元首”之说明显不妥。

“元”和“首”是两个同义语素，本义均指“头”。“元首”即头，古代也指君主。作为现代政治概念，元首指一个国家在实际上或形式上对内对外的最高代表，即一个国家实际上的最高领导人或最高权力的象征。国家元首对外代表国家，在国际交往中享有礼仪上的特殊待遇；对内享有公布法律权、发布命令权、任免权、召集议会权、统帅武装部队权、赦免权、荣典权等。由于各国政体不同，国家元首可以分为两类：君主制国家的元首是皇帝或国王，如英国、日本、泰国等国的元首；共和制国家的元首是总统或主席。后者又分两类，内阁制的国家元首，如德国、以色列的总统，一般不直接掌握国务实权，只以国家的名义，从事一些象征性和礼仪性的活动，因而被称为虚权元首；总统制国家的元首，如美国、韩国的总统，他们既是国家最高权力的象征，又是政府首脑和三

“道狭草木长”：长读 cháng 还是 zhǎng

◎罗祥炼

《归园田居》(其三)，是东晋诗人陶渊明的代表作之一。其中“道狭草木长，夕露沾我衣”一句中的“长”，读 zhǎng 还是 cháng？八年级上册《语文》课本(人教版2001年12月第1版）在注解中注为：zhǎng。笔者认为，读 cháng 比较妥帖。

从词义而言。“长”如读“cháng”，诗句指小路两边的草木很茂盛，以致从狭窄的小路经过的时候，草木上的露水打湿了衣服。诗句意思连贯顺通。“长”如读“zhǎng”，则上句“道狭草木长”表示草木在狭窄的道路两边生长，这与下句“夕露沾我衣”缺乏必然的联系。

从词性而言。“长”如读 cháng，“道狭草木长”，意为“道路狭窄，草木茂盛”，“狭”是形容词，“长”也作为形容词用，前后词性一致。“长”如读为zhǎng，则是动词，前后词性不一致了。

从平仄而言。“草木”皆为仄声字，如“长”再读“zhǎng”，则三个仄声相连，读来不够顺口。而读“草木 cháng”则为仄仄平，音节协调。

总之，笔者认为，还是读“cháng”为好。

军统帅，对国家重大决策的制定和执行均负有实际的直接的责任，拥有很大权力，被称为实权元首。

国家元首既然是一个国家实际上的最高领导人或最高权力的象征，自然不应有第一第二之分。中国的国家元首应是国家主席，但当时没有国家主席，毛泽东是国家最高领导人，他应是中国实际上的国家元首。周恩来担任的是总理，不是国家元首！

是谁登上幽州台

◎魏 燕

人民教育出版社2009年版义务教育语文教科书八年级下册第226页有《登幽州台歌》，其旁边附了一幅画，画的题目是“刘子昂登幽州台”，作者为刘旦宅。这个题目有问题。

《登幽州台歌》是唐代诗人陈子昂的名篇，全诗仅四句：“前不见古人，后不见来者。念天地之悠悠，独怆然而涕下。”陈子昂(661—702)，唐代文学家，字伯玉，梓州射洪(今属四川)人。出身豪富。早年“驰侠使气”，览经史百家，24岁中进士，曾任麟台正字和右拾遗。先后两次从军，屡次上书揭露时弊，陈述民疾，议论军务，都因“言多切直”未被采纳，还受到排挤、打击。38岁辞官还乡。后被县令段简害死狱中，年仅42岁。幽州台，即蓟北楼，故址在今北京西南。《登幽州台歌》深刻地表达了诗人怀才不遇、寂寞无聊的情绪，塑造了千古以来正直却遭排斥的知识分子孤独苦闷的形象，其语言苍劲奔放，富有感染力，成为历代传诵的名篇。

刘子昂，则不知何许人也，遍寻史册，不见其名。即使历史上真的有这么一个叫刘子昂的人登上过幽州台，与《登幽州台歌》这首短诗又有何干？

张冠李戴，改名换姓是出版物中的常见差错，但作为教材，竟也错得如此荒诞，让人难以接受。

刘子昂登幽州台（刘旦宅）

新版电视剧《三国》说讹

◎刘学海

新版电视连续剧《三国》曾在各大电视台热播，据说观众反响还是不错的。我断断续续地看了几集，发现还是有许多差错，现提出几条与剧组商榷。

一、“献帝”使用太超前。曹操与袁绍的官渡之战是史上以少胜多的著名战例。官渡之战前，谋士荀彧和程昱向曹操建言献策，分析形势，多次称汉帝刘协为“献帝”，说有“献帝”在手，可以挟天子以令诸侯，在政治上主动。此时的刘协可称作“汉帝”“天子”或蔑称“小皇帝”等，但不可称为“献帝”。《后汉书·献帝纪》：建安五年(200)“曹操与袁绍战于官度(渡)，绍败走”。“建安二十五年(220)冬十月乙卯皇帝(刘协)逊位，魏王丕称天子。奉帝为山阳公。”此时称“山阳公”，也不能称“献帝”。“魏青龙二年(234)三月庚寅山阳公薨。自逊位至薨十有四年，年五十四，谥孝献皇帝。八月壬申以汉天子礼仪葬于禅陵。”可见，“献”是刘协的谥号，是他驾崩后才有的称号。从官渡之战的建安五年到刘协去世得谥号“献”的魏青龙二年，相去34年。作为曹操重要谋士的大学问家荀彧超前34年使用“献帝”，真是有点荒唐了。

二、不知所云的“贫妾”。在谋划赤壁之战的那几集里，小乔在周瑜面前谦称“贫妾”，这叫人有点不知所云。《辞海》释“贫”有三个义项：(1)穷，与富对；(2)不足，缺乏；(3)谓絮烦可厌。小乔在丈夫面前称“贫”，似乎与这三义都不相干。大都督的夫人会贫穷吗？会不

白露在何时

◎梁 芃

电视剧《神探狄仁杰4》第12集中，为破金银失窃案，狄仁杰去小刘庄调查银马车去向。卖菜的刘老汉说在九月底白露刚过的一天晚上，见到五辆马车从门前经过，还强调说时间不会记错。后来在作案情分析时，狄仁杰再次提到九月二十六日这天是白露。

白露是二十四节气之一，一般在每年的公历9月8日前后，白露到来，气温开始下降，天气转凉。白露不会在9月底。况且，在武周时代，当时社会通用的是农历，不是今天所用的公历。白露在农历七八月，不会到九月份去的。《月令七十二候集解》中说："八月节，秋属金，金色白，阴气渐重，露凝而白也。"所以，唐朝的"刘老汉"所说的白露，根本不会在当时的九月，更不要说是九月二十六日了。

足吗？小乔美且贤，多才多艺，也并不絮烦可厌。我猜想这里所谓"贫妾"者，可能是从"贫道""贫僧"套用过来的。僧、道靠施主布施，吃百家饭，穿百衲衣，谦称"贫"，好理解。小乔与周瑜是夫妻，是一家人，妻子在丈夫面前称"贫"，这岂不是变着法子向丈夫叫板吗？

三、误说司马氏。谋士陈群向曹丕介绍司马懿时，说司马懿的谋略胜自己十倍，且司马懿有二子，特别是"长子司马昭"绝顶聪敏，年纪不大，一部《论语》倒背如流。其实司马懿的长子是司马师，非司马昭。《晋书·景帝纪》："景皇帝讳师，字子元，宣帝(司马懿)长子也。"《晋书·文帝纪》："文皇帝讳昭，字子上，景帝之母弟也。"可见司马昭是司马师的弟弟，不可能是司马懿长子。其实司马懿父子都没做过皇帝。泰始元年(265)司马昭长子司马炎受禅称帝，追尊司马懿曰宣皇帝，司马师为景皇帝，司马昭为文皇帝。司马懿与陈群、吴质、朱铄号称四友，陈群会不知道司马懿的长子是司马师吗？

科举考生不称“试子”

◎倪 今

2010年10月16日，央视科教频道《探索·发现》栏目播出纪录片《南铜北运》（上）。其中有这样一段介绍：清朝初年，因缺少铸钱用的铜料，康熙十七年科举考试，皇帝亲自出的殿试题目是“铜源”。见到这样的考题，shì子们都不知该如何回答。其中的“shì子”，字幕上两次打出的都是“试子”。弄错了，其实应是“士子”。

士，本是我国旧时对读书人的通称，士子也就是读书人。《穀梁传·成公元年》：“古者有四民，有士民、有商民、有农民、有工民。”何休注：“士民，学习道艺者。”明代叶宪祖《鸾镲记·催试》：“今当大比之年，士子们纷纷上京应举。”鲁迅《五猖会》：“赛会虽然不像现在上海的旗袍、北京的谈国事，为当局所禁止，然而妇孺们是不许看的。读书人即所谓士子，也大抵不肯去看。”

明清两代，殿试是科举中最高一级的考试，由皇帝在殿内亲自主持。考毕分为三甲录取：一甲三名赐进士及第，其第一名称为状元，第二名称为榜眼，第三名称为探花。二甲若干名皆赐进士出身。三甲若干名皆赐同进士出身。所有考中者，不论名列哪一甲，都统称进士。进士们由朝廷分别授予不同官职。进京参加会试的人，未中进士之前，其资格还都是读书人，是士子。不能因为是进京应科举考试，就称之为“试子”。

刘备的身份

◎何立洲

2011 年 1 月 14 日，央视 10 套《百家讲坛》播出《向诸葛亮借智慧》第 1 集，主讲者说：刘备一顾草庐，向童子自报身份，“汉左将军、宜城 tíng 侯、领豫州牧、皇叔刘备……”其中“tíng 侯”二字字幕打的是“廷侯”。其实当时列侯中只有“亭侯”，未闻有“廷侯”。

“亭”是秦汉时基层行政单位，《汉书·百官公卿表》：“大率十里一亭，亭有长，十亭一乡。”刘邦在起义前就是“泗水亭长”。“亭侯”，爵名，按汉制，列侯大者食县，小者食乡、亭。亭侯即指列侯食邑为亭者，封爵不世袭。三国魏文帝制定爵别，亭侯为第九等，位在乡侯下、关内侯上。据《三国志》记载，刘备曾被汉献帝封为宜城亭侯，关羽被封为汉寿亭侯。张飞、诸葛亮、赵云先后被刘备、刘禅封为西乡侯、武乡侯和永昌亭侯。宜城、汉寿、西乡、武乡、永昌皆地名。

“廷”即朝廷，是古代帝王接受朝拜和办理政事的地方，与列侯食邑无关。

应是“颐养”

◎王　宣

电视连续剧《大宋提刑官Ⅱ》第十集中，剧中人说到“yí 养天年”时，字幕出现的是“贻养天年”。正确的写法其实应是“颐养天年”。

“贻”主要义项有：①赠给。②遗留。组成的常见词语有“贻患”“贻害无穷”“贻人口实”“贻笑大方”等等，未见“贻养”一词，也讲不通。“颐”即“保养”，《辞海》：“颐者，养也。”“颐养”也即“保养”。汉语中只有“颐养天年”，没有“贻养天年”！

居丧应称“守制”

◎张应族

2010 年 12 月 8 日，央视科教频道《百家讲坛》栏目播出《鲜为人知的杨家将》第五集《英雄六郎》。讲述者有段话这样说道：“老英雄杨业死后，并不是我们想象的，杨六郎杨延昭身穿孝服，抹干眼泪，拎枪跨马，就去前线抗辽了，不会的，古人父死要守 zhì，杨六郎将近三年时间，一直待在郑州的家中给父亲守孝。”其中“守 zhì”一词字幕打的是“守志”，其实应该作“守制”。

汉语中有“守志”一词，义项有两个：其一是“坚持志向不变”；其二是“女子不改嫁”。它们放在上述语境中都讲不通。

“守制”是我国古代的居丧制度。《现汉》：“封建时代，儿子在父母死后，在家守孝二十七个月，谢绝应酬，做官的在这期间必须离职，叫做守制。”《汉语大词典》：“守孝，遵行居丧的制度。在守制期内谢绝一切应酬，不得应考、婚嫁，现任官员须离职。”现在不少地方父母去世后的首个春节期间，子女不出门拜年、探亲访友，在一段时间内家中不能嫁娶，这其实就是古代“守制”习俗的遗留。

出现这一差错，系两词读音相同所致。

《为啥“走火”》解疑

笔者向宾馆工作人员打听，原来这是一张安全通道指示图，告诉旅客万一发生火灾等事故后如何逃离。这里的“走火”是方言，意思是“逃离火灾现场”。宾馆是公共场所，当用普通话。“安全走火指示图”还是改成“火警安全指示图”更好懂。

错怪了黄继光的母亲

◎许　晟

《书刊报》某期曾刊登一篇《黄继光母亲邓芳芝给毛泽东的信》,信中英雄的母亲称黄继光为“二级战斗英雄”。2009 年第 9 期《咬文嚼字》上有《黄继光并非“二级战斗英雄”》一文,文中认为称黄继光为“二级战斗英雄”不妥,因为黄继光是“特级战斗英雄”,这种称呼“简直是贬低这位大英雄的功勋”。

黄继光,生于四川省中江县,本是中国人民志愿军第四十五师一三五团六连的通讯员(牺牲前被任命为六班班长),1952 年 10 月 19 日,在朝鲜上甘岭地区 597.9 高地阵亡。根据战地目击者描述,黄继光在志愿军进攻部队受到机枪火力压制时负责爆破任务,他先投掷了一枚手雷,但未能奏效。最后他用身体挡住了机枪枪口使得后续部队能够攻下高地。当时目睹这壮烈场面的有二营代参谋长张广生、六连指导员冯玉庆及六连连长万福来。张广生与冯玉庆在此后的决定性反击中牺牲了,万福来也在 11 天后的战斗中身负重伤,被送回国内治疗。

或许是开始对情况不甚明了,上甘岭战役结束后,志愿军总部根据简略的上报材料,仅追授黄继光“二级战斗英雄”称号。这个称号,伴随英雄身后有近半年的时间。英雄母亲写信的时间,是在 1953 年 1 月 22 日,这个时候,黄继光确实是“二级战斗英雄”。

北京军事博物馆有一张照片，是黄继光战友在朝鲜战场上拍摄的，照片上是一块镌刻有“中国人民志愿军二级战斗英雄黄继光同志以身殉国永垂不朽”字样的石碑。据称：“黄继光牺牲后，由于战况紧迫，战友们先将其埋在雪地里，战事稳定后才将其遗体从雪地里挖出来，换上新的衣服安葬。”这块碑很可能是当时安葬烈士的墓碑。

回国的万福来连长，当时在黑龙江哈尔滨近郊的阿城县医院养伤，在报上得知黄继光仅仅被授予“二级战斗英雄”，感觉作为唯一幸存的英雄壮烈献身场面的见证人，有责任如实向上级报告全部情况。由于万福来识字不多，遂由他口述，请人代笔，记录下了10月19日夜晚中国英雄诞生的全过程，然后将材料直接寄给了第十五军政治部。

1953年1月7日，第十五军政治部决定：在五圣山正面一方巨大石壁上，镌刻“中国人民志愿军马特洛索夫式的战斗英雄黄继光以身许国永垂不朽”，以彰显千秋。1953年4月8日，中国各大报纸登载新华社消息：中国人民志愿军领导机关最近发布决定，撤销以前追授的黄继光烈士“二级战斗英雄”称号，追记特等功一次，并授予“特级战斗英雄”称号。至此，黄继光的称号便从“二级战斗英雄”改为“特级战斗英雄”。

邓芳芝，四川中江人，1952年黄继光牺牲后，又相继送一个儿子、三个孙子、两个孙女参加中国人民解放军，自己坚持生产劳动，并经常到部队讲述黄继光烈士的事迹。1956年后两次被评为全国烈军属社会主义建设积极分子。1957年加入中国共产党。1965年参加中国人民赴朝访问团，获朝鲜民主主义人民共和国一级国旗勋章。上述《黄继光并非“二级战斗英雄”》一文还说：“邓芳芝是一个农村老年妇女”，“只知道自己儿子是一个很了不起的志愿军英雄，但究竟是什么‘英雄等级’她也不知道，可能是那位代笔先生自作聪明……”这完全是“自作聪明”的臆断。

“胥”确实不能参加科举考试

◎杨艺华

《原来袁世凯》一书讲到古代的“童试”，说“除奴仆、娼、优、皂、隶及胥户等贱籍外”，“男性平民均可报考”。《咬文嚼字》2010年12期《“胥户”是“疍户”之误》一文，“猜测”其中的“胥户”是“疍户”之误。该文道：“‘胥’在古代指官府中级别较小的官。”“小官也是官，难道就不能参加科举考试?”这话意思是“胥”是可以参加科举考试的。然而，事实并非如此。

首先，“胥”不是古代官府中级别较小的“官”，而是“小吏”即差役。《汉语大词典》：“古代官府中的小吏。《逸周书·作雒》：‘凡工、贾、胥、市……’朱右曾校释：‘胥，庶人，在官给徭役。’”《辞海》：“有才智者之称。后指官府中书办之类的小吏。”“胥”“吏”常合用。《辞源》释“胥吏”为“官府中办理文书的小吏”。

其次，科举制度使有条件的平民庶人也能参加考试，从而进入仕途，但是胥吏和奴仆、娼、优等贱民一样，被拒于科考门之外，明清时代更是如此。据王学泰《吏胥之害》(《读书》2010年第3期)一文可知，明《太祖实录》卷67载朱元璋明确诏示，天下“胥吏”不准应试：“科举初设，凡文字词理平顺者，皆预选列，以文激劝。惟吏胥心术已坏，不许应试。”到了清代，则不仅不准胥吏本人参加科考，连同其子孙后代也不准参加科考。《清稗类钞·考试》记载了一则故事，说江西铅山某富翁，因为“起家胥吏”，其子参加县试，“格于向例”，被人反对，后来花了很多钱费尽心机才勉强进了考场。可见“向例”是不准胥吏之子孙参加科考的。

百科指谬

《老子十八讲》讲错一个人

◎杨　光

王蒙先生的《老子十八讲》，结合个人丰富阅历，把抽象的哲学道理讲得明白而亲切，让广大读者真正走进了老子的世界。然而，书中也有个别讲解不确切的地方，姑举一例。

在春秋战国时期，有一个赵括谈兵的故事，就是这个人特别喜欢研究军事问题，而且讲得特别好，什么时候讲都头头是道。后来诸侯要任命赵括带兵，他爸爸就急了，说你可别任命他，任命他，他打了败仗你们可别杀我们这些亲属族人，我可是早说了他根本不行，我这小子我不知道吗，他哪里懂打仗，他会说打仗，不等于他能打仗。果然他去打仗，败了，大败，就由于他爸爸先说了这个话了，才不至于株连九族。（第116页）

这是历史上很有名的“赵括将兵”，人们耳熟能详。但劝阻任赵括为将的可不是他的爸爸。请看《史记·廉颇蔺相如列传》：

赵括自少时学兵法，言兵事，以天下莫能当。尝与其父奢言兵事，奢不能难，然不谓善。括母问奢其故，奢曰：“兵，死地也，而括易言之。使赵不将括即已，若必将之，破赵军者必括也。”及括将行，其母上书言于王曰：“括不可使将。”……王曰：“母置之，吾已决矣。”括母因曰：“王终遣之，即有如不称，妾得无随坐乎？”王许诺。

后来，在秦、赵的长平之战中，秦将白起大败赵军，赵括被射

大洋彼岸："洋"是大西洋吗

◎沈华山

2010年9月25日，《时代商报》A08版刊有《美国魔术师登上沈阳"二人转"舞台》一文，报道"来自美国好莱坞的著名魔术师欧文从美国飞到上海，再从上海飞到沈阳"，"千里迢迢从遥远的大西洋彼岸来到咱们东北，不仅是为了给沈阳观众带来别样的魔术表演，而且也是为了圆自己的一个二人转情结"。这里有一个问题：欧文是从大西洋"彼岸"来的吗？

美国在北美洲中南部，东临大西洋，西临太平洋，我国在亚洲东部，东临太平洋。中美两国隔着太平洋遥遥相对。"彼"是与"此"相对的。说另一方是"彼岸"即隐含着自己一方是"此岸"。从我国这面看，美国是在太平洋的彼岸；从美国那面看，我国在太平洋的彼岸。欧文是美国好莱坞的著名魔术师，好莱坞在美国太平洋岸边的加利福尼亚州西南部的洛杉矶市西北郊。从洛杉矶到上海、到沈阳来，从我们这方说，正是从"太平洋彼岸"来的。我国不在大西洋岸边，没有什么"大西洋彼岸"的说法。

死，赵军四十多万人也被俘后坑杀。从此赵国的实力大大削弱了。可能王蒙先生对赵括之父、赵之名将赵奢的印象太深刻了，而忽略了赵括母亲这位了不起的女性，以致记错了。秦与赵兵相拒长平，在赵孝成王七年，此时"赵奢已死"，他不可能劝阻赵王任括为将。

再补充一点。重病中的蔺相如也曾劝谏赵王："王以名使括，若胶柱而鼓瑟耳。括徒能读其父书传，不知合变也。"赵括的失败，给后人留下了"纸上谈兵"这个成语，愿空谈理论、不切实际者戒之！

严嵩不是阉党领袖

◎黎金祥

中国华侨出版社出版有《中国蒙学经典大全集》一书，此书在《百家姓》一节中“严”姓下介绍了严嵩，说他是“明朝嘉靖年间的大奸臣，阉党的领袖，也是一位书法家”。《明史》把严嵩列入《奸臣传》中，他确实是个大奸臣。不过，他不是什么“阉党的领袖”。他是不是书法家，也有不同的说法。

严嵩(1480—1567)字惟中，一字介溪，号勉庵，江西分宜人。明弘治十八年(1505)中进士，入翰林院，以后步步高升。嘉靖十五年(1536)主持重修《宋史》。嘉靖二十一年(1542)拜武英殿大学士、入直文渊阁。嘉靖二十三年(1544)任首辅。他前后专权二十余年，操纵国事，杀害政治对手，干了许多坏事。失去皇帝信任后，被革职，家产抄没。抄出黄金三万二千余两，白银二百多万两，还有数千件珠玉宝玩。

阉，指太监，一些依附于太监的官僚们结成的宗派称为阉党。《明史》上有《阉党传》。明朝弄权的太监，先后有英宗时的王振，宪宗时的汪直，武宗时的刘瑾，熹宗时的魏忠贤，等等。魏忠贤最为有名，其下有五虎、五彪、十狗、十孩儿、四十孙等。他们排斥异己，广收财贿，屡兴大狱，罪行罄竹难书。思宗即位后，魏忠贤逆案案发，其党羽分六等予以严惩。

严嵩掌权时，太监们接受刘瑾垮掉的教训，没有结党作恶。严嵩不是太监，当然不会是“阉党的领袖”了。

浙江怎会在『南海之滨』

◎陈关春

从维熙先生是位很受读者欢迎的作家，曾写有一篇《古洞探幽——行走中国》的文章。文中说：“钻进南海之滨的浙江温岭一个名叫‘长屿洞天’的古洞时，昔日石洞的色泽，瞬间似乎化为乌有——我被其独有的奇特景观惊呆了。”（见 2010 年 11 月 29 日《解放日报》第 15 版）我同样“惊呆”的是，浙江温岭怎么会是“南海之滨”呢？

我国有内海渤海及三大边缘海黄海、东海、南海。南海之滨，主要在两广（广东、广西）和海南沿海一带，东海与南海“以广东省南澳岛到台湾省本岛南端（一说经澎湖到台湾东石港）一线”为界，朝北为东海，往南是南海。浙江温州显然是在东海之滨。

另外，“长屿洞天”的“洞”字当地多写作“硐”。硐，音 dòng，指山洞、窑洞或者矿坑。该景区的主要景观，是人工开凿的石硐，是开采石板后留下的。千百年来，当地人因山取石，靠一钎一锤的击打，凿出了上千个硐窑。这些石硐聚而成群，姿态万千，“虽由人作，宛若天成”，成为别具一格的石文化景观。所以笔者认为，“长屿洞天”写作“长屿硐天”更为恰当。

严嵩的字，据说写得确实不错，不过留存下来的不多。传说北京六必居酱园那块“六必居”三字，山海关城楼上“天下第一关”五字大匾，山东曲阜孔府门上“圣府”两字，都是严嵩题写的。还有人说，在北京故宫、北海、景山、什刹海等处，都有严嵩写的字。所有传为严嵩写的字，都没有落款，真假难辨。邓拓就曾说六必居那块匾并非严嵩所写。严嵩的人品不好，也就很少有人评论他的书法了。

“九一八”事变与“东北易帜”

◎周 振

2010年11月22日至28日一期《书刊报》第4版刊有《九一八事变前，日军心里也没底》一文，其中有这样的话：“张学良执政后，耐心说服元老派放弃割据思想，使他们逐渐赞同统一救国的方针。在他的努力下，国奉合作谈判进展很快，至1931年7月中旬，东北易帜大计基本确定。日军眼见张学良改旗易帜不可逆转，便贸然发动了‘九一八’事变。”

照此说法，张学良直至1931年7月中旬才“基本确定”“东北易帜大计”，日本发动“九一八”事变是为了阻止张学良的“改旗易帜”，让张学良“实现国家民族统一”的主张落空。此大谬矣！事实上，“九一八”事变与“改旗易帜”没有关系，因为张学良早在1928年底已实现了“东北易帜”。

1928年4月7日，蒋介石在徐州誓师“北伐”，讨伐控制北京北洋政府的奉系军阀张作霖及依附北洋政府的张宗昌等北方旧军阀。北伐部队攻势强大，进展顺利，到5月底6月初，已对北京形成包围之势。6月3日，奉军被迫放弃北京，退往关外。当时，张作霖与日本的关系复杂，他既投靠日本，又不完全顺从，在出卖国家民族利益时留有底线。在全国反帝怒潮的影响下，张作霖未能满足日本在东北筑路、开矿、租地、移民等要求，并且还有所抵制。日本关东军决定除掉张作霖，于6月4日制造了皇姑屯事件，张作霖罹难。张学良继任东北保安总司令。6月8日，北伐部队进入北京城。6月20日，南京国民政府明令改直隶省为河北省，改北京为北平。张学良从皇姑屯事件中清醒过来，身负国耻家仇，经过与南京国民政府反复接洽，不顾日本一次次威胁、阻拦，于12月29日毅然向全国发布通电：“……于

黄埔军校的开办时间

◎杨顺仪

《我的父亲胡宗南》(见 2010 年 10 月 15 日《每周文摘》)中说道:“1921 年暑假,他听说黄埔军校开始招收青年学生,他把年龄改小了后进入黄埔一期就读。”这里把黄埔军校开始招生的时间说成 1921 年是不准确的。

1921 年底,共产国际代表马林经李大钊引荐会晤了孙中山先生。马林向孙中山提了两点建议,其中一点就是建立革命武装,创办军官学校,培养军事人才。孙中山非常赞同。1924 年 1 月孙中山主持召开中国国民党第一次全国代表大会,促成了第一次国共合作。此后孙中山在苏联和共产党的帮助下,在广州创办了黄埔陆军军官学校。从 1924 年到 1927 年,共办了 6 期。

所以,黄埔一期不会早到 1921 年去招生。

即日起宣布遵守三民主义,服从国民政府,改易旗帜。”东北三省同时换下原北洋政府的五色旗,挂起南京国民政府的青天白日满地红国旗。这就是中国近代史上具有里程碑意义的“东北易帜”。它标志着北洋军阀的最终覆灭和国民政府形式上对全国统一的完成,暂时粉碎了日本分离中国东北地区的图谋。

“九一八”事件发生在 1931 年 9 月 18 日,是日本帝国主义为武装侵略中国东北而制造的事件。9 月 18 日,日本关东军蓄意炸毁柳条湖附近南满铁路的一段路轨,反诬中国军队破坏,以此为借口,突然向沈阳中国驻军的北大营发动进攻,次日占领沈阳。随后向辽宁其他地区并向吉林、黑龙江进攻。张学良部执行蒋介石不抵抗命令,撤回关内。1932 年 2 月 5 日,关东军占领了东北全境。

可见,“东北易帜”与“九一八”事变毫无关系。上述文章硬把“东北易帜”的时间推迟,和“九一八”事变拉在一起,岂不谬乎!

向你挑战

“母教”胜于“父教”

（文中有10处差错，你能都找出来吗？答案见本期）

◎立　青　设计

“养不教，父之过”。这是中华民族的古训，它的意思是，生养了孩子不去好好教育，是父亲的过错。这句话反应了我国古代社会的“父权家长制”特点。然而，日前颁布的一项研究成果表明：尽管在先天遗传还是后天开发方面，母亲对儿童的影响都要超过父亲的影响。

这项研究成果，是中国儿童医学专家经过10年时间的努力所取得的。期间，专家们在最先进的儿童智力研究理论的指导下，采用世界上一流的分析工具，对近400多名儿童进行了跟踪调查，对影响儿童智商的因素进行了全面分析。专家发现，在先天遗传方面，母亲对儿童智商的影响与父亲对儿童智商的影响作比较，比值约为5:4。专家推测，这种现象可能与决定智力的遗传秘码多分布在X染色体上有关，因为女性有两条大小、形态相似的X染色体，而男性只有一条。在后天智力开发方面，专家们把对儿童智商影响最大的23个因素进行定量和定性研究。结果发现，在众多的影响中，首当其冲的是家庭教育，其次是母亲的文化素质，而在最重要的家庭教育中，母亲的作用又占主导地位。其他影响儿童后天智商开发的因素，依次是胎次、父亲文化素质、怀孕月份等等，母亲的比重也比父亲大。

专家最后指出，母亲要不断提高自身的科学文化素养，扮演好在儿童教育中的角色。女性能否发挥正面而有效的作用，是儿童健康成长的关键。

图中差错知多少?

钱逢宜 马启俊 吴 铭 边之文 供稿

1 2 3 4

（答案在本期找）

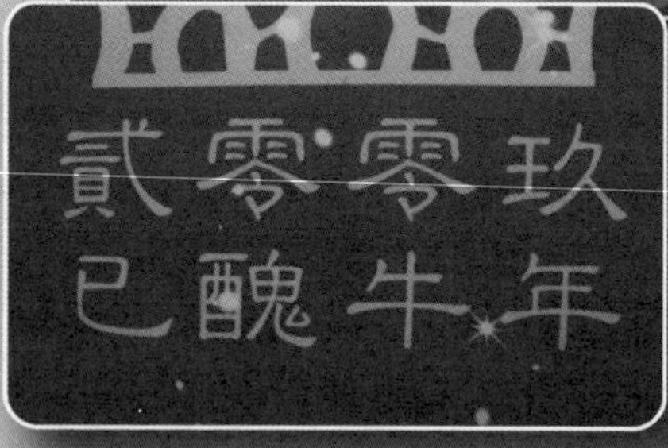

ISSN 1009-2390
04
9 771009 239111

YAOWEN-JIAOZI

咬文嚼字®

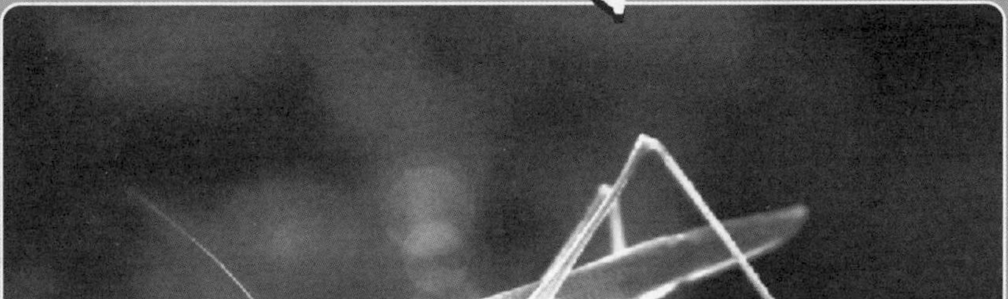

请阅读第42页相关文章

5
2011

欢迎至邮局订阅本刊 邮发代号 4-641
国内统一刊号 CN31-1801/H
定价: 3.00元

上海文艺出版(集团)有限公司

雾里看花

问君识得几个字

游业雄

某先生去广东游玩，获赠一件唐装衫，上面印有金黄色的四行字。他左看右看，觉得韵味十足，可惜一个字也不认识。现刊布如右。你能认出几个吗？万一你也不认识，请参看本刊刊登的古文字专家给出的答案。

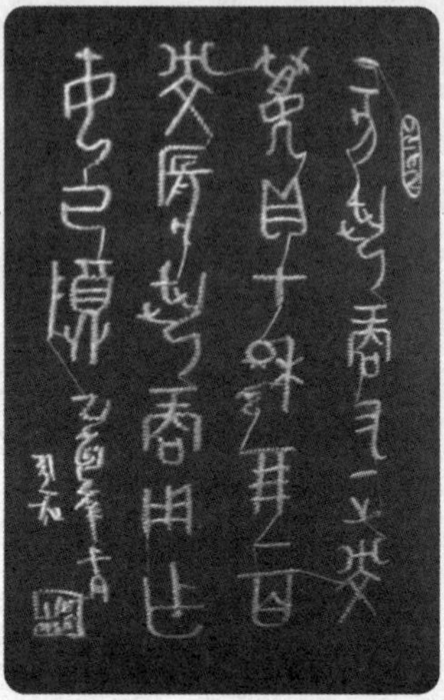

主编荐书

《生正逢时》

自本期开始，《咬文嚼字》连载屠岸先生的《语林拾遗》。在阅读校样时，我想起了他的口述作品《生正逢时》。这是屠岸先生对过往岁月的一次潜心回顾。屠岸先生今年已 88 岁，一次次的政治运动，一场场的人生坎坷，在他的叙述中，却始终是这样淡定，这样从容，无怨无悔。他甚至借用吴祖光先生的话来概括自己的一生：生正逢时。我们从中看到的，是他的宽容与豁达，反思与自省。了解了这位忠厚长者，你再读他的诗歌作品，会感受到一种别样的真诚和热诚；包括读他的《语林拾遗》，也会感受到一种别样的严谨和坦率。

——郝铭鉴

屠 岸　口述

定价：34.80 元

卷首幽默

刘邦“屯军坝上”?

尝　君/文　　叶　珺/画

某杂志今年第一期登载一篇文章《三个古人的眼光》。文中说刘邦率先入关后,住在秦宫享乐。这时一位将军劝告他:“想得天下,就赶快离开这些金钱美女。”刘邦于是“幡然醒悟,立刻搬离秦宫,封好府库,屯军坝上”。奇怪!坝是截河拦水的堤堰,刘邦的数十万大军,怎么会驻扎在一条河坝上呢?史实是,刘邦当时“屯军霸上”。“霸”今写作“灞”,“霸上”是古地名,因地处霸水西高原上得名。一字之误,闹出了大笑话。

咬文嚼字®

2011年5月1日出版

5

总第197期

主管：上海文艺出版(集团)有限公司
主办：上海咬文嚼字文化传播有限公司
编辑：《咬文嚼字》编辑部
集团网站：http://www.shwenyi.com
E-mail：yaowenjiaozi2@163.com
电话传真：021-64330669
发行电话：021-60878388
邮购电话：021-60878392
地址：上海市打浦路443号荣科大厦17楼
邮政编码：200023
发行：上海市报刊发行局
发行范围：国内外公开
订阅处：全国各地邮局
国内代号：4-641
ISSN1009-2390
CN31-1801/H
印刷：江苏太仓印刷厂有限公司
广告经营许可证：沪工商广字
3100320050020号
定价：3.00元

嘴巴要有个“站岗的”

◎立　青

近年来，媒体上时常报道，一些公众人物自降文明底线，在方便、迅捷、自由的大众传播平台上泄私愤，爆粗口，社会影响十分恶劣。去年12月9日，《人民日报》还发表了一个题为“公众人物如何用好话语权”的社论，对此种行为进行了严厉批评。据笔者观察，公众人物的不文明言行，大致有这样两种类型：

说脏话。今年2月22日下午，民间自发组织的第二届华语最差电影“金扫帚奖”颁发，冯小刚获得“最令人失望影片”“最令人失望导演”和“最令人失望广告植入影片”三个奖项，台湾人气女星大S获得“最令人失望女演员”大奖。央视国际频道新闻主播鲁健对“金扫帚奖”提出了批评，认为这是一种旨在“博眼球”的炒作。当有人提出不同意见后，他破口大骂：“×，就事论事会吗？那些起哄放×的，你×以为骂几句妈×就可以代表人民了，就可以装×草根为民请命了，老子只代表自己，难道你妈×从小到大随时随地代表别人吗？……”其中的“×”全是不堪入耳的污言秽语。

吐恶语。去年11月20日，第47届金马奖揭晓，《唐山大地震》颗粒无收，本抱厚望的冯小刚沉不住气了，在微博上炮轰评委会主席，说评委会的评选“有失专业水准”“假装内行”“装孙子”。当网友发表不同意见后，冯大导演便骂网民是“脑残”“白痴”。更胜一筹者，当然要数“上海宝贝”周立波。周立波发表“网络公厕”论后，有位叫王思想的网民在网上提出了严厉批评。周立波见后大发雷霆,骂道:“您说上海没风骨?但上海也找不到您的尸骨啊!枉您还敢起名叫思想,您上辈子一定是缺思想,才喷出您这么个妄想狂吧?”冯小刚、周立波表面上看比鲁健“文明”多了,字里行间并没有出现让人引述时必须用×来代替的脏字,但只要用根棍子撩一撩就知道,其实质却并不比×干净多少。

如今,是一个信息传播高度发达的新媒体时代,个人自由发表意见的渠道得到了充分扩展,甚至每个人的发言都可以通过博客、微博等手段进入大众传播平台。与报刊广播电视等传统媒体相比,新媒体的“过滤”功能大大减弱了,传播者几乎不需要经过编辑等专门人员的任何“把关”,就可以直接把个人言论放入大众传播平台,迅速而广泛地传播。况且,为了“夺眼球”,有些媒体还自撤“过滤网”,故意对名人的不雅言行进行“客观”报道。这种因“过滤网”的缺失或功能弱化而产生的问题,确实已经到了不容忽视的程度。

也许有人认为,每个人都有真实表达意见甚至是宣泄情绪的权利,公众人物也是人,别人骂他,他为什么不能骂?周立波显然就是这么想的。他提起自己的“骂人”风波时,就曾振振有词地说道:“有人也劝我,你是名人,别跟他们一般见识,就不能忍忍吗?但是名人难道不是人吗?谁敢骂我我就骂他,谁敢揍我我就揍他……我又不是人民币,不可能做到人人喜欢!”看,说得多么“理直气壮”!问题是,公众人物具有普通人难以企及的社会影响力,还可能是某类人群的偶像,拥有一定规模的粉丝,其言行有惊人的传播速度和影响范围,还会成为年轻人的模仿对象。公众人物的不文明行为,会对社会造成严重伤害!况且,公众人物比普通人占有较多的社会资源,可以获取更多的社会利益,作为对社会的回报,道理上也应该比普通人承担更多的社会责任。所以,公众人物要以高于普通人的道德标准要求自己,在大众传播平台上发表意见,嘴巴里要有个“站岗的”,自觉设置一张“道德过滤网”,谨

无限风光在“车博”

◎杨红兵

而今，走在街头巷尾，有心人不难发现一种新文化——车贴文化。有关车贴的新闻也不时见诸媒体。报载，某男子开车外出，路上看到前面一辆小汽车的后挡风玻璃上贴着一条横幅，字太小，看不太清，于是他加大油门想靠近

言慎行，为社会树立良好的典范。

美国高尔夫名将伍兹曾在比赛中说脏话，引起球迷不满，过后他向球迷道歉：“因为说脏话，我遭到一些批评。在第三轮结束之后，我立即进行了道歉。在比赛中，要克制自己，不说脏话有时是很难的，我想说的是，我要努力做到这一点。”道歉，是改过自新的第一步。我们希望曾在大众传播平台上传播过不雅言词的人，都真诚地向社会大众道歉，并勇于改过自新。值得一提的是，鲁健后来也发表了道歉声明，并删除了不雅微博。我们相信鲁健的道歉是真诚的，悔过是真心的，希望他引以为戒，重新塑造良好的社会形象。遗憾的是，绝大多数曾爆粗口的公众人物，没有反思的勇气，未见他们有任何道歉、悔过的举动。

我们也呼吁相关单位加强对员工的监管，并可在法律和道德范围里，追究所属人员在大众传播平台上散布不雅言论的责任。其实，已经有单位在这方面做出了榜样。在广州市黄埔大道交通整治工作会上，有记者就封闭部分行车道是否应该征询市民意见采访天河区有关部门时，部门负责人梁建春粗暴地回答：“我是不是拉屎也要告诉你啊？臭不臭也要告诉你啊？”事件披露后，舆论一片哗然，网民将此言论封为“最牛官腔”。后来广州市政府组成调查组，对此事进行了周密调查，撤销了梁建春的职务，责令他对不当言论作出检讨并公开道歉。广州市政府的做法，是值得肯定的。

望涉事诸公戒之！

看个究竟。孰料，此时前车忽然减速。幸亏他反应敏捷，猛踩刹车，才没酿出车祸。心有余悸的他，现在终于看清了这条个性车贴："当你看清这行字的时候，你离我太近啦！"

所谓车贴，就是粘贴在车身上的告示语。公车一般没有车贴，即使有，其用语也平实直白。近十年来，私家车的迅猛发展，催生了丰富多彩的车贴语文。在今天这一张扬个性、以另类为时尚的时代，一些年轻车主崇奉"娱乐至死"，不屑于"保持车距""小心驾驶"之类的老套直陈。他们的个性车贴，在拓展传统功能之余，争奇斗怪，面目也变得五花八门。车贴——汽车的后窗文化，跃跃然加入了语言狂欢的行列，成为潮人们表达自我的新平台。有人联想到当下热闹非凡的微博，戏谓之"车博"。

新手上路，大多希望熟手们谅解自己的初级车技；不过，今天的他们，大都舍弃了千篇一律的"实习""新手，请多关照"之类的表述。很受女性车主青睐的一条车贴是："女司机＋磨合＋头一年＝女魔头"。用一个趣味横生的数学等式，点出车主的性别、汽车状态以及驾龄，仿佛让人看到一个调皮的女孩正在向路人扮鬼脸，请人包涵自己的稚嫩车技。而着眼于开得慢的新手车贴，更是精彩纷呈：有的谐音动漫人物"奥特曼"，意谓"哦，特慢"，诙谐幽默，趣味盎然；有的自嘲自贬，让人有火发不出——或曰"你就把我当成红灯吧"，或曰"移动障碍物，请绕行"，等等。这些车贴，别出心裁地自我调侃，闪现着语文智慧，透露出草根式的幽默，让人会心一笑，而且能为车主赢得谅解甚至帮助。

提醒其他车辆保持距离，是众多车贴的一大主题。潮人们又是南拳北腿，各显神通。"距离产生美"，简洁、含蓄、大气，把此车贴粘在爱车上的车主，应该是一位谦谦君子，或者秀外慧中的女士吧；"你希望我做点什么？我希望你离我远点"，这条车贴采用问答体的语言形式，一问一答，谑而不虐，亦不乏情趣；至于"我手潮，离我远点"，则让人有些不敢恭维，因为车主把自己主动定位为不安全因素，且有些听之任之的腔调,其责任意识是否薄弱了点呢?

网络上还热传着一条搞笑系数很高的车贴:“让列宁同志先走”。此典出于苏联电影《列宁在1918》中的一句台词。有关情节是,1918年的某天,列宁在一家剧场演讲完毕后,走下讲台准备离开。此时,热情高涨的群众聚拢过来,兴奋地呼喊着,抢着和他握手,簇拥着他走向出口。列宁走出大门后,后面的群众也欲跟着涌出大门。情形有些混乱。当时反革命的暗杀活动十分猖獗,演讲现场就暗藏着一名女杀手。作为革命领袖,列宁的安全非常重要。这时,现场一名男子一边伸开双臂竭力遮拦人潮,一边高喊:“让列宁同志先走!”后来,人们就用“列宁同志”来指代需要特殊照顾、特殊保护的人。影片中的“让列宁同志先走”,体现的是苏联人民对领袖的由衷爱戴;今天的车贴搬用这句台词,化庄为谐,故作大言不惭状,其幽默等级俨然又上了一个台阶。

也有少量的车贴,已经越出了搞笑、搞怪的界限,用语不很友善,有类《水浒》里泼皮牛二的腔调。瞧瞧,“路考五次不及格!”“买的证,租的车,您看着办!”,隐隐地透着一股蛮横之气;“我是新手我怕谁”,“本车撞过十次,九赢一平”,多少带点霸道与挑衅的意味。这样的车贴,拿无能当资本,咄咄逼人,难怪令不少司机反感。

当代社会,推崇自由、多元。表现在大众语文生活中,则是百舸争流的万千气象,层出不穷的鲜活语言。街头流动的车贴,是一个个微缩的交际文本,是社会文化生态的一部分。形形色色的车贴,体现的是不同车主的个人言语修养。得体、礼貌的车贴,既有提醒作用,还能彰显车主的个性和言语品位,传递积极向上的文化气息。

妙语角

有一回,纪晓岚生了病,延医诊治,因为治疗方法不对头,结果吃了不少苦头。后来病好了,医生还来求取对联,以显名声。纪晓岚灵机一动,于是把唐诗名句“不才名主弃,多病故人疏”调整了一下语序,变成了一副讽刺联:“不明才主弃,多故病人疏。”“才”谐音“财”。上联讥讽这个庸医医术不高,遭到财主们的嫌弃;下联讥讽他给病人诊治多出事故,所以被病家疏远。

众矢之的

谁家周刊最给力(五)

本期目标：

《瞭望东方周刊》

2011年第1期

“丝丝相扣”没法“扣”

◎屠林明

2011年第1期《瞭望东方周刊》的“社评”，是《食品安全需要长治久安》。文中说：“……现代人生活中面对的食品如汪洋大海，食品生产销售的上下游环节丝丝相扣，单靠一个或几个监管部门是无能为力的。”这里的“丝丝相扣”说不通，应改说成“丝丝入扣”或“环环相扣”。

“丝丝入扣”，本义说的是织布的事。“丝丝”，每一根丝；“扣”，同“筘”，织机上的主要机件之一。织布时每条经线都要有条不紊地从筘齿间穿过。比喻一一合度，丝毫没有差错。清张潮《讨蜘蛛檄》：“廓垂天之网，不须轧轧鸣机；布络地之绳，亦且丝丝入扣。”食品生产销售的上下游环节紧密结合，用“丝丝入扣”来形容是十分贴切的；改说成“丝丝相扣”，则整个句子就难以索解。“相”，副词，义为互相；“相扣”，字面意思只能是相互套住或搭住；“丝丝相扣”，既不紧密也不牢靠，很容易滑脱，不能用来表达相互紧密合拍的意思。

“环环相扣”，一环接着一环，形容紧密连接。此处的“扣”，是动词，义为套住或搭住。环是圆圈形的物品，环与环相互套在一起，很牢靠，没有脱落之虞。比如自行车的传动链条，就是“环环相扣”，一节与一节衔接得很牢固。

“丝丝相扣”是“丝丝入扣”和“环环相扣”杂糅的产物，不切合语境要求。

怪异的“直系子女”

◎钱新生

本期《瞭望东方周刊》第 8 页刊载了一封读者来信《拼爹》，说到某单位与其附近的重点中学建立了共建关系：“学校每年给该单位职工的直系子女一些升学指标，共建单位要向学校交一笔捐资助教款。”这就奇怪了，何谓“直系子女”?莫非还有“旁系子女”不成?

亲属关系有“直系”和“旁系”之分。词典中解释说，所谓“直系亲属”，是指和自己有直接血缘关系或婚姻关系的人，如父母、夫妻、子女等。所谓“旁系亲属”，指直系亲属以外，在血缘上与自己同出一源的人及其配偶，如兄弟、姐妹、伯父、叔父、伯母、婶母等。有一种特殊情况，收养的子女是否属于“直系亲属”?我国的《收养法》给出了答案：“自收养关系成立之日起，养父母与养子女间的权利义务关系，适用法律关于父母子女关系的规定；养子女与养父母的近亲属间权利和义务关系，适用法律关于子女与父母的近亲属关系的规定。”由此可见，只要收养是符合法律规定并且履行了相关的法律手续的，养子女可以成为养父母的直系亲属。

法律关系上称为“子女”的，并无“直系”和“旁系”之分。上述“直系子女”中的“直系”，不但多余，而且容易引起误解，应径直删除为好。

“意象派”?“朦胧派”!

◎陈林森

《瞭望东方周刊》第 1 期刊载的《三大贺岁片批判》一文说：“姜文的上一部作品《太阳照常升起》，抱歉我真的看不太懂，犹如看上世纪 80 年代的意象派诗歌。”这个比喻不恰当。对看不懂的电影，可以把它比作朦胧派诗歌，而不宜比作“意象派诗歌”。

意象派是现代西方文学流派，20 世纪初由英美等国青年诗人在伦敦组成。它的产生，源于对浪漫主义的批判，是针对当时统治英美诗坛的后期浪漫主义即维多利亚诗风的反弹。这一诗歌流派，主动接受东方古典诗歌的影响，提倡一种“坚实”的诗风，强调用客观、准确的意象代替主观的情绪发泄。“看不懂”不是它的特点。意象派诗歌对 20 世纪 20 年代中国新诗初期的诗体建设产生过巨大影响。

上世纪 80 年代影响最大的中国诗歌流派是“朦胧派”。其代表人物有北岛、顾城、舒婷、江河、杨炼等。其作品追求意象的象征性和意蕴的不确定性。朦胧诗大量采用象征、隐喻、反讽、通感、暗示等艺术手段，呈现出一种隐约、朦胧、含混甚至歧义纷呈的诗意氛围，因此不少读者抱怨朦胧诗难懂。“朦胧诗”这一称谓，最初是含有贬义的。上文作者说自己对姜文的电影《太阳照常升起》“看不太懂”，那么把它比作“朦胧诗”是贴切的。

“洪水滔天”怎“奈何”

◎李大新

《三大贺岁片批判》一文说：“冯小刚倚仗多年品牌积累，以‘坐着赚钱’之姿态，鸟瞰大众，大有‘我身后，奈何洪水滔天’之无畏。”此处表达有误。引文想用的是法国国王路易十五的那句臭名昭著的狂言，不过，路易十五的原话是：“我死后，哪管它洪水滔天！”

路易十五(1710—1774)是法国有名的暴君，他的家族延续到他这一代的时候，已经是苟延残喘了。路易十五即位时才五岁，继续享用路易十四的奢侈豪华的宫殿。当时法国社会分为三个等级：第一等级是僧侣，第二等级是贵族，第三等级是平民。前两个等级是特权阶层，阶级矛盾尖锐。第三等级呼吁要为君主制的法兰西制定一部宪法。其时，法国的财政状况困难，国内一片混乱，国外则由于印度和北美殖民地的丧失，国际地位也下降了。然而，路易十五和朝臣们懒惰又自私，对这一切危机熟视无睹，继续肆意挥霍，荒淫无度。无耻者无畏，他们的态度是：“我死后，哪管它洪水滔天！”

路易十五的名言，原本表达的是一种极端自私、极不负责的心态。上述文章把“哪管”改为“奈何”，意思就给说拧了。“奈何”，表示没有办法，意思跟“怎么办”相似。“奈何洪水滔天”，意谓“对洪水滔天怎么办呢”。这分明是畏惧的口吻，袒露着对死后审判受罚的担心，惶恐中夹杂着些许懊恼、后悔，哪还能说是“无畏”呢！可见，“‘我身后，奈何洪水滔天’之无畏”是一个矛盾的表达。

“1000 米长跑”？

◎忻达理

《瞭望东方周刊》第 1 期刊登的《“疯投”再现》一文，说本土创投基金数量的增长速度，远远超过了行业成长的速度，创投业也到了钱多人傻的地步，行业十分混乱。文中引述了一位业界人士的话：“100 米短跑、1000 米长跑、马拉松选手挤在了同一个赛道上，争先恐后，不分彼此，都是冲刺的速度……” 用不同的田径项目选手来比喻不同类型的创投基金，是完全可以的，但问题是有“1000 米长跑”这种说法吗？

体育常识告诉我们，短跑一般包括 50 米跑、60 米跑、100 米跑、200 米跑、400 米跑，以及 4×100 米接力跑，4×400 米接力跑等几项。中距离跑包括男、女 800 米和 1500 米。长距离跑包括男子 5000 米和 10000 米，女子 3000 米、5000 米和 10000 米。中距离跑和长距离跑，习惯上合称“中长跑”。

在“短跑”“长跑”“马拉松”“选手”等词语组成的语义场中，“长跑”就是指田径运动项目之一的“长距离跑”，即女子 3000 米、男子 5000 米以上的各种赛跑，而不是指一般锻炼身体的长距离跑步。上述“1000 米长跑”云云，在体育赛事中是不存在的；用作喻体，也影响了比喻的效果。另外，“赛道”一般指专门为赛车设计的跑道，这里还是说“跑道”更清楚。

借题发挥

“女性化”质疑

◎凌　明

艾滋病受影响人群扩大，呈“女性化趋势”

据新华社北京11月28日电（记者李菲）全国妇联
席、书记处书记甄砚28日在北京说，艾滋病病
染者和病人中，女性占30.5%，经异性传播
44.3%。对于女性艾滋病病人和感染者来

沉重、她们对权利的需求更为迫切、她们面临的心理
压力更为沉重。

甄砚是在由全国妇联权益部和法律帮助中心举办
的“妇女权益与艾滋病”高层论坛暨社区行动试点启

危人群疫情严重，艾滋病受影响人群扩大，并
女性化趋势。因此，维护艾滋病病人和感染
尤其是女性病人和感染者的合法权益，改善
的生活状况是包括妇联在内各有关部门义不

2010年11月29日的《新华每日电讯》有则消息的标题是：“艾滋病受影响人群扩大，呈‘女性化趋势’”。这实在令人无法理解。

“女性化”之“化”，属词的后缀，加在名词或形容词之后共同构成动词，表示转变为某种性质或状态。例如：“绿化”，通过栽种树木花草，使环境向绿色增多方向发展；“美化”，让环境或事物变得美好；“机械化”，让某种劳动作业从手工转变到使用机械设备，以减轻劳动强度，提高劳动效率；等等。

照此，“女性化”就是原本不是女性或不具备女性特征的人，通过医药手段、整容手术等，或由于某种变故，产生女性特征，甚至变成女性。那么，说艾滋病受影响人群呈“女性化趋势”，就等于说艾滋病受影响人群正在变成女性。这如何说得通？

这一消息中写道：“艾滋病病毒感染者和病人中，女性占30.5%。”文中没有交代女性艾滋病病毒感染者和病人数量增减的状况。但据其他媒体报道可知，女性艾滋病病毒感染者和病人呈逐年增多之势。照此，上引标题中的呈“女性化趋势”，宜改为呈“女性增多之势”。

并非“四面楚歌”

◎刘盛嶷

去冬今春，北非中东一些国家局势动荡。2011 年 2 月 16 日《重庆晨报》第 14 版用一整版的篇幅，图文并茂地对此予以报道，并冠以大字标题“埃及推倒多米诺　中东四面楚歌”。其“导语”说：“14 日，伊朗、也门、巴林、阿尔及利亚四国民众举行反政府示威游行。”

这个标题中的“四面楚歌”，用得不恰当。

“四面楚歌”，语本《史记·项羽本纪》：“项王军壁垓下，兵少食尽，汉军及诸侯兵围之数重。夜闻汉军四面皆楚歌，项王乃大惊曰：‘汉皆已得楚乎？是何楚人之多也？’”后用“四面楚歌”比喻处于四面受敌、孤立无援的困境。伊朗、也门、巴林、阿尔及利亚四国民众举行反政府示威游行，怎么能说是“四面楚歌”呢？

中东的这些国家局势动荡，经济社会和安全受到严重冲击，民众生活受到很大影响，这是这些国家内部的事，不能说这些国家四面受敌。其实，在这些国家国内局势动荡中，突尼斯的本·阿里、埃及的穆巴拉克等人，四面受敌、孤立无援，才真的称得上是“四面楚歌”。

埃及推倒多米诺
中东四面楚歌

连珠炮

姜昆书法的"相声"效果

◎王　飞

姜昆，大名鼎鼎的相声表演艺术家，每次听他的相声，都笑得前仰后合。2010 年 12 月 11 日，《美术报》几乎以整版的篇幅，刊登姜昆先生的书法作品。想不到的是，我在灯下欣赏时，竟像听相声一样，差点笑出声来。

这幅作品，姜昆先生没有题款，但稍有文学知识的人都知道，书写的是陆游的《卜算子·咏梅》。陆游的这首词，本不是宏篇巨制，没有大的影响，可自从毛泽东“反其意而用之”，写下了“风雨送春归，飞雪迎春到”的名句以后，顿时名声大振。

我之差点笑出声来，并不是说姜昆先生的书法水平不高，说句实话，本人于书法缺乏常识，不敢妄加评判；只是在这短短8句44字中，接连发现文字差错，姜昆先生就像表演相声一样，抖出了一个接一个包袱，你不笑还不行。

“开”在何处？

陆游词开始的两句是：“驿外断桥边，寂寞开无主。”这个“开”字耐人寻味。荒郊野外，人烟稀少，梅花在默默地绽放。它既得不到护理，更得不到喝彩，但仍然鲜艳地开着，顽强地开着。“开”的灿烂和“花”的无主，形成了鲜明的对照。正是这个“开”字，渲染了花的寂寞。可是，在姜昆先生的笔下，“开”却不见踪影，动态的“开无主”变成了静态的“花无主”，诗味大减。

此“己”非“已”

陆游词的三四句是：“已是黄昏独自愁，更著风和雨。”汉字中有些字，就像孪生兄弟一样，字形高度相似。“己已巳”便是典型的例子。小学生都知道，这三个字的区别是：“己”字不封口，“已”字半封口，“巳”字全封口。可是，你看看姜昆先生的“已是黄昏”的“已”字，分明是“自己”的“己”，不是“已经”的“已”。难道是在“逗你玩”吗？

“炉”字大谬

陆游词的五六句是：“无意苦争春，一任群芳妒。”妒，是一种饱含醋意的心理状态，汉字造字时用了一个“女”字旁，把这种心理状态和女性挂起钩来，这里显然有着性别歧视。梅花凌寒开放，孤傲挺立，无意与百花争春，一任群芳暗中忌恨。这是诗人陆游借梅花独标高格，表达了决不献媚取宠的品质。没想到姜昆先生把“妒”字写成“炉”字——“一任群芳炉”，这还像话吗？

“尘”“泥”颠倒

陆游词的第七句是：“零落成泥碾作尘”。这一句，姜昆先生倒是每个字都写对了，可是顺序给弄颠倒了。本是“零落成泥”，现在成了“零落成尘”。梅花遭到风吹雨打，凋零落地，与泥水混杂，不辨何者是花，何者是泥；风干后，又被车轮碾压，化作尘土扬起。这是符合逻辑的，是符合常识的。姜昆先生别出心裁地写成“零落成尘”，可是，有谁见过梅花一凋零就变成灰尘的呢？说不通啊，姜老师！

“依有”逊色

最后一句，原词是“只有香如故”，诗人以此振起全篇，把前面所述梅花的诸般不幸——风雨侵凌，凋残零落，成泥作尘的凄凉、悲戚，尽皆抛去，表露自己孤高自赏的气节和矢志不移的意志。姜昆先生把“只有”误为“依有”，一字之差，含义有别。“只有”，是说一切都随风而逝了，但是梅香还残留枝头，留芳人间。“依有”，即使这种说法可以说通的话，也只是说梅香依旧存在，但并不排斥梅花的其他特色。这就不符合陆游写作此词时的语境了。当时，诗人已被罢免官职，功名利禄皆已抛弃，唯一存留的是自己坚持抗金的理想和意志。显然，“依有”不如“只有”。

当然，上面这些差错，都是枝节问题，无碍姜昆先生书法的风采；但短短一首词中，一连有五处差错，还是让我吃惊。这恐怕和书法功力无关吧？

『钱归你，奖归我』

◎王观宇

二○○一年十二月初，第二届霍英东杰出贡献奖在广州番禺颁奖。该奖得主之一钱学森先生因行动不便不能前往，组委会邀请八十二岁的钱学森夫人蒋英教授出席领奖。去广州前，钱学森当着儿子钱永刚的面，与夫人打趣道：『钱归你，奖（蒋）归我。』

蒋英立即会意：『那咱就说好了，你要奖（蒋），我要钱。』说罢两人相视而笑。

语丝

一针见血

谁是“六贼之首”

◎愕　然

2009年7月18日《北京晚报》登载一篇文章《最怕贪官爱书画》,文末竟如是说道:

北宋被称做“六贼之首”的大奸臣严嵩,权倾一时恶贯满盈,深为百姓痛恨,老年失宠被流放岭南。从开封到长沙一路没人卖给他一粒粮一滴油,亦无人收留,最后连病带饿,死在长沙城南一座破庙里……

读罢此段文字,读者为之愕然:北宋何有被称做“六贼之首”的大奸臣严嵩?!稍有一些文史知识的都知道:严嵩是明代大奸臣,罪大恶极,死有余辜;而蔡京才是北宋末年被称做“六贼之首”者。

“六贼”指北宋末年蔡京、朱勔、王黼及宦官李彦、童贯、梁师成六人。他们在位时货赂公行,党羽满朝。徽宗宣和七年(1125)太学生陈东上书请诛杀他们,称之为“六贼”。

林黛玉不长“鹅眉”

◎东　林

2011年3月4日《扬子晚报》A33版刊登了一篇题为“刘旦宅:一生画尽‘红楼梦’”的文章,文中写道:“在刘老先生笔下,黛玉葬花,紧蹙鹅眉,凝眸处直叹‘天尽头,何处有香丘’……”汉语中没有“鹅眉”的说法,应为“蛾眉”之误。

“蛾眉”,指女子细长而弯的眉毛。因蚕蛾触须细长而弯曲,故用来比喻女子美丽的眉毛。《红楼梦》第五十二回:“晴雯听了,果然气的蛾眉倒蹙,凤眼圆睁。”“蛾眉”也借指美女。苏曼殊《东居杂诗》之十八:“空山流水无人迹,何处蛾眉有怨词?”

蜂王有多大

◎严志清

2011年2月26日《新民晚报》上有篇题为“蜜”的文章,其第一段中写道:“蜂蜜甘甜，但蜂皇浆辣辣涩涩的难吃，但正是这种难吃的东西，能将普通的母蜂喂养成体积大于普通蜂几十倍上百倍的蜂王，确保了蜂群的繁衍。”这个说法不对。

在我国饲养最多的蜂种是意大利蜂和中国蜂。笔者曾养过10多年中国蜂。中国蜂的体长1.3厘米左右；意大利蜂比中国蜂略长些,约1.5厘米。一只蜂王的体长相当于一般蜜蜂2倍多一点,即3厘米左右。试想,就算一只普通蜂体长1.3厘米,如果按上述比例来算,那蜂王的体长就要有几十厘米甚至1米多。这样大的蜂王,蜂箱里怎能容得下?

除夕夜能见到“皎洁的月亮”吗

◎曹沁曜

近日,我读2011年第2期《作文通讯》,看到《除夕之夜》一文,感到作者对月亮的描写不切实际。

文章的第五自然段有“望向窗外的除夕之夜,繁星偎依着皎洁的月亮,编织成明亮的花边铺满了整个黑夜……”等描写。我们知道,除夕夜即农历一年最后一天的晚上。农历每月的最后一日,月球运行到太阳和地球之间，跟太阳同时出没,地球上看不到月光。而该文却说“除夕之夜……皎洁的月亮”,实在有点离谱。接着作者还写道:“妈妈在不知不觉中已站在我身旁,望着月亮悠悠地说……”此时没有月光,妈妈怎么能“望着月亮”呢?而且,“繁星”也不可能“偎依着皎洁的月亮”。

“五行八作”泛指各行各业

◎杨昌俊

《杂文月刊》2011年1月（上半月版)刊有《“盗德”》一文,其中说道:“现在七行八作、各行各业都有自家的行业要求和对员工的行为规范,也就是‘职业道德’。”句中的“七行八作”应写为“五行八作”。

“五行八作”,在古代是对各行各业的俗称。在不同时代,其具体所指有所不同。据吴自牧《梦粱录·团行》记载,南宋各种行业分别称为“团”“行”“市”“作分”(作坊)等。团、行、市多为商业,作分则是小手工业。元、明、清至民国，仍然沿用。其中，“五行”指车行、船行、店铺行、脚行、衙役行(或牙行)。这“五行”民间认为多有打劫敲竹杠的行径，有着不好的评价，所以俗语称“车船店脚衙(牙)，无罪也该杀”。“八作”分别指金匠、银匠、铜匠、铁匠、锡匠、木匠、瓦匠、石匠等八种作坊。这些行当的从业者以走街串巷为生，吆喝叫卖是他们谋生的手段。经过数代人的不断改进，“五行八作”的吆喝成为民间艺术。在北京厂甸庙会上，“五行八作”的吆喝表演就是一个最受欢迎的项目。

“红尘”应当是“风尘”

◎吴尚达

《驻地记者》(新华出版社2009年9月第1版)第114页写道：“第二次见到雪儿，她已经在楚天酒店当了服务员。看见雪儿能够走上正路，我十分高兴。这种发自内心的欣喜，直到现在我也搞不明白是为什么。也许是不想看到一个清纯的女孩坠入红尘，也许是把雪儿当成了失散多年的表妹。”其中的“红尘”应当是“风尘”。

红尘，本谓闹市的飞尘，借指繁华的社会；佛教用以指称人世间。“风尘”的用法比较丰富，其中一个是指风月场，即以色相谋生的场所，特指沦为娼妓的境地。雪儿不是天上的仙女，“我”当然不会怕她坠入“红尘”成了凡人，而是怕她坠入“风尘”。

兵败岂是“势如破竹”

◎欧阳国亮

2010年10月5日的《贵州都市报》娱乐版，在介绍某部即将开拍的电视剧时，有这样一句话：“这部电视剧讲述了解放战争时期，国民党势如破竹，解放军乘胜追击，最终解放海南岛的故事。”

“势如破竹”语本《晋书·杜预传》：“今兵威已振，譬如破竹，数节之后，皆迎刃而解。”本义是指形势像劈竹子，头上几节破开以后，下面各节顺着刀势就分开了。比喻作战或工作节节胜利，毫无阻碍。从其比喻义可见，“势如破竹”是褒义词，用“势如破竹”来形容“国民党军”的迅速溃败，显然不妥当。可以改为“一溃千里”或“兵败如山倒”，这样才切合语境。

“功败垂成”的含义

◎黄凤初

2010 年 10 月 25 日看央视体育频道举重比赛。当 85 公斤级某运动员在抓举中稳稳地举起 160 公斤杠铃时，场上的观众报以热烈的掌声，而解说员则高声叫喊：“哎呀，不容易啊！功败垂成啦！”我正疑惑：既然已经举起，是成功了，为什么说“功败垂成”呢？此时，屏幕上显示运动员成绩表：第一把下面现出红灯——失败；第二把下面也现出红灯——失败；最后的第三把则是现出白灯——成功了。这时我才明白，原来是解说员说错了，以为此成语中先出现“败”字后出现“成”字，就望文生义把它当成“先失败后成功”的意思了。

“功败垂成”不是成功，而是失败，而且是快要成功的时候却遭到失败。“垂”，近于，快要；事情快要成功而遭到失败。含有惋惜之意。

“难咎其责”难理解

◎黄金许

2010 年 8 月 21 日《中国青年报》第 2 版上有一篇文章《“金镜头”奖：对人性回归的一声呐喊·〈挟尸要价〉引争议》，其中有这样的话：“国家是公民的庇护所，发生挟尸要价这种丑闻，地方政府难咎其责。”“难咎其责”殊难理解。

“咎”有两个基本含义：一是名词，灾祸、罪过；二是动词，憎恨、追究罪责。“难咎其责”，是动宾结构，如以“追究罪责”来解释“咎”，那么，其意思就是“（地方政府）难以追究其（挟尸要价者）罪责”；若用“憎恨”来解释，就是“（地方政府）难以憎恨其罪责”。这样一来，政府就变成了挟尸要价的同情者，这与原文要表达的意思岂非相悖？

杂糅的“言过其辞”

◎宋桂奇

《杂文报》2011 年 2 月 25 日

第 7 版刊登了一篇题为“公子和才子”的文章，文中有这么一句：“据说乔冠华年少时曾口出惊人之语：‘天下文章李、杜、乔。’这句话虽然言过其辞，但乔冠华敢与千古诗人李白、杜甫相比，足见他少年时代的豪气。”此中的“言过其辞”是错误的说法。

汉语之中，有两个意义相近的成语——“言过其实”和“夸大其辞”。前者义为“说话过分，不符合实际”。后者义为“说话或写文章不切实际，扩大了事实”。“言过其辞”是这两个成语的杂糅。

中国最早铁路被“掷入大海”？

◎王　哲

岳麓书社出版的《普通高中课程标准实验教科书·历史必修（Ⅱ）·经济成长历程》第 59 页中有这么一段话：“1876 年 6 月，英国商人未经允许建造了一条从上海至吴淞的客运铁路。不久，火车在江湾一带轧死行人，导致民情汹汹。清政府遂以 28.5 万两白银赎回淞沪铁路，拆毁并掷入大海。”

淞沪铁路是中国最早的铁路，它虽因非法运营而被拆毁，却并未被掷入大海。真实情况是，该铁路拆毁后，两江总督兼南洋大臣沈葆桢专门派轮船“登瀛洲”号将器材运达台湾。这些器材在台湾海滩上无人过问，到 1881 年，有人看到这些器材几乎成为废料。枕木已逐渐被白蚁蛀空，机件和路轨已经盖上一层铁锈，车厢正在朽烂。1883 年这批材料又运回上海，再从上海运到开平矿区，作为开平铁路之用。不知“掷入大海”一说从何而来。

那时不称“中央电视台”

◎毛纬武

《演讲与口才》2011 年第 3 期刊登的《华罗庚妙释“运筹学”》一文说：“1961 年秋末冬初，享誉世界的数学家华罗庚做客中央电视台……”1961 年时还没有“中央电视台”的名称。中国第一座电视台于 1958 年 5 月 1 日开始试播，是年 9 月 2 日正式播出，当时名为“北京电视台”，20 年后的 1978 年 5 月 1 日才更名为“中央电视台”。

也说“陵”与“林”

◎张虹倩

《咬文嚼字》2010 年第 12 期发表了《袁世凯墓不能称“袁林”》一文（以下简称《袁》文），笔者认为该文有多处观点值得商榷。

其一，《袁》文说：“在我国古代，坟墓是按照严格的等级来称谓的……”这里的“我国古代”太宽泛，应该是“西汉之后”。西汉之前并无类似较为严格的规定。《史记·高祖本纪》中，刘邦曾历数项羽罪状：“烧秦宫室，掘始皇帝冢，私收其财物。”称秦始皇的坟墓为“冢”而不称“陵”。西汉以前，虽然也有将国君的坟墓称为“陵”的，如《史记·秦始皇本纪》记载秦惠文王葬公陵，悼武王葬永陵，孝文王葬寿陵，但秦昭襄王和庄襄王都是“葬茝阳”。所以说只是从西汉开国皇帝汉高帝葬长陵起，以后历代皇帝才较为固定地葬“某陵”，如汉文帝葬灞陵、汉景帝葬阳陵等。

其二，《袁》文中“皇帝的墓称‘陵’”一说不太确切。五胡十六国时期，前凉明王张寔葬宁陵，前凉文王张骏葬大陵，西凉武昭王李暠葬建世陵，等等，这些君主均只称“王”而未称“帝”，但死后其墓亦称“某陵”。但若由此得出结论，认为“陵”专指“帝王的坟墓”，也是不正确的。因为“陵”中并非只有皇帝，皇后一般合葬其中。如《后汉书·皇后纪》记载，光烈阴皇后死后与光武帝合葬原陵，明德马皇后死后与明帝合葬显节陵，章德窦皇后死后与章帝合葬敬陵。当然也有例外，如汉文帝的母亲薄太后的坟墓称为“南陵”,她并未与丈夫汉高帝刘邦合葬长陵。此外,明清两代皇陵中除了皇帝皇后,妃嫔也往往随葬其侧。如明十三陵中有7座妃子的墓地,葬有30余妃嫔。清东陵也葬有136位妃嫔,不过皇后之墓称“陵寝”,而妃嫔之墓只能称“园寝”。综上,我们认为“陵”的含义应修正为“西汉后,指帝王与皇后的皇家墓地。帝王与皇后一般合葬其中,而妃嫔也往往随葬其侧”。

其三,《袁》文中的“王侯的墓称‘冢’,平民百姓的墓称‘坟’”一说,也值得商榷。岳飞墓又称“岳坟”,岳飞非平民而其墓称“坟”。其墓碑上书“宋岳鄂王墓”,岳飞被追封为王,而其墓也是称“墓”而不称“冢”。又如:蜀相诸葛亮墓前有两碑,一书“汉丞相诸葛忠武侯之墓”,另一书“汉诸葛武侯之墓”,均未称“冢”。

其四,《袁》文称“只有圣人的墓才称‘林’,中国历史上最受人们称道的‘圣人’有两位”,一位是孔子,另一位是关羽,“只有他们的墓才分别被称为‘孔林’和‘关林’”。此说亦可讨论。

中国历史上的“圣人”为数不少。《史记·殷本纪》就记载道:“(商王)武丁夜梦得圣人,名曰‘说’……于是乃使百工营求之野,得说于傅险中。是时说为胥靡,筑于傅险。见于武丁,武丁曰是也。得而与之语,果圣人,举以为相,殷国大治。故遂以傅险姓之,号曰傅说。”商相傅说也是史籍所载的圣人,比孔子还早几百年。而后世官方追尊的圣人,还有“亚圣”。关于“亚圣”,史上还曾有颜回和孟子之争。原来唐玄宗曾尊颜回为“亚圣”,而元文宗又尊孟子为“邹国亚圣公”,最后清乾隆帝尊孟子为“亚圣”,颜回为“复圣”,曾参为“宗圣”,子思为“述圣”。“亚圣”之争才告结束。此外,“诗圣”杜甫、“医圣”张仲景、“茶圣”陆羽等,也普遍为后世所认可。

再者,《袁》文认为中国只有两个“林”,这个说法也不准确。事实上,中国历史上墓地称“林”的共有四处——曲阜孔林(又称“至圣林”)、邹城孟林(又称“亚圣林”)、洛阳关林、灵石介林(又称“神林”)。其中孔林和孟林,均为

梅兰芳"蓄须停演"的原因

◎宋宝祥

《咬文嚼字》2011 年第 2 期载有《梅兰芳何曾"蓄发停演"》一文。文中称:"上世纪 30 年代中期,日寇制造'华北事变'占据平津等地以后,梅兰芳不愿为日本侵略者服务,隐居起来,且不刮胡子,蓄留胡须,铁心不再唱戏。这叫'蓄须停演'……",据笔者所知,梅的"蓄须停演"惯称"蓄须明志",起因和时间与"华北事变"无关。

"华北事变"发生在 1935 年 5 月至 7 月间。此时,梅兰芳并不在国内,而是率剧团去苏联和欧洲作访问演出和戏剧考察。出访时间是 1935 年 2 月 21 日至 8 月 3 日。因此,"华北事变"之发生与结果他无从知晓,也不存在因此而"蓄须"。而他蓄须的真正时间应该是在 1941 年 12 月初。当时他隐居在香港半山寓所,得知日本偷袭珍珠港成功,日军向香港展开全面进攻,太平洋战争已经爆发,于是蓄起了唇髭。为何在此时蓄须?他对家人解释说:"别小瞧这一小撮胡子,不久的将来,可能会有用处。日本人假定蛮不讲理,硬要我出来唱戏,那么,坐牢、杀头,也只好由他……"梅兰芳这"蓄须明志"的壮举,一直坚持到抗日战争的最后胜利。

孔孟及其后裔的墓地;关林,相传为埋葬关羽首级的地方;而介林,则是东周晋国名臣介子推的墓地,在四人中年代是最早的。但介子推可为贤人而无圣人之号,因此若认为只有圣人的墓才称"林"是不对的。许慎《说文解字》曰:"林,平土有丛木曰林。""林"字包含的"多"义,在"孔林"与"孟林"中得到了体现,因为二林都是孔孟及其后裔的家族墓地;而在"关林"与"介林"中,"林"字则反映的是后人对圣贤的崇敬之情。因此,我们认为应将"林"解释为"圣贤的墓地,有时也指圣贤及其后裔的家族墓地"。

文章病院

语林拾遗(一)

屠 岸

编者按

屠岸先生是江苏省常州市人,生于1923年,今年已88岁。先生是著名的诗人,有《屠岸十四行诗》《哑歌人的自白》等作品问世;也是一位杰出的翻译家,译作《济慈诗选》《英国历代诗歌选》等广受好评,2010年曾获“中国翻译文化终身成就奖”;又是一位优秀的出版家,曾任人民文学出版社总编辑。

除上所列,编者想特别介绍的是,屠岸先生还是一位咬文嚼字的高手。《咬文嚼字》创刊不久,先生便予以密切关注,不时给予指点。以后每当发现语言文字问题,先生总会给编者来信,阐述自己的见解,并会细心地附上复印材料。先生来信一般不长,但有理有据,一语中的,显示出了扎实的语言功力。现征得先生同意,将来信摘要刊出,以飨读者。

"绝唱"不是"绝句"

《咬文嚼字》2010年第8期孙贞错文,指出《南国早报》2009年12月21日一文有误,这是对的。苏轼在写那首《水调歌头》时,确实还没有“东坡居士”这个号。但孙文忽略了另外一个错。请看《南国早报》的原文:苏轼“在一个中秋之夜,他喝醉了,写下了‘明月几时有?把酒问青天’,‘我欲乘风归去,又恐琼楼玉宇,高处不胜寒’的千古绝句”。把《水调歌头》称作“千古绝句”,这是站不住的。

“绝句”是个专门名词,指古诗中近体诗的一种体裁。一首绝句由四句组成, 有一定的韵式和平仄安排要求。每句五字的叫五言绝句,简称五绝;每句七字的叫七言绝句,简称七绝。苏轼的《水调歌头》是词,又名长短句。词有多种词牌,“水调歌头” 是其中的一种。它怎么可以与“绝句”混同呢?

作者想说的,可能是“绝唱”,而不是“绝句”。“绝唱”指诗文创作的最高造诣,成语“千古绝唱”即此意。苏轼的《水调歌头》,被称为“千古绝唱”是适宜的。可惜,错了一个字,变成“千古绝句”,便张冠李戴了。贵刊编辑, 也疏忽了吧?(2010-08-03)

鲁迅的「薪水」

《文艺报》2010 年 10 月 25 日登出第五届鲁迅文学奖特刊,每一位获奖者都有感言发表。诗歌奖获奖者刘立云写了一篇《让我们仰望星空》,其中说到鲁迅在 1935 年向陕北发出贺电的事:“他当年向延安发出的那封贺电,是多么的高瞻远瞩!要知道,先生当时拿的是围剿这支队伍的那个政权所属单位的薪水, 住在那个政权统治下的城市……” 这样说有根据吗?

查《中国大百科全书·中国文学》卷可知:“1935 年 10 月红军经过二万五千里长征到达陕北,鲁迅受到鼓舞,托史沫特莱经巴黎致电中共中央, 想要庆祝这个伟大胜利。”当然,还有另外的说法, 说鲁迅的贺电是贺红军于 1936 年东征等等。此事姑且不论,这里说“薪水”问题。

1935 年,鲁迅在上海,靠卖文得稿酬(版税)为生,并没有拿什么薪水。那时上海是在国民党政府的统治下,说鲁迅“住在那个政权统治下的城市”是对的。但说什么 “先生当时拿的是围剿这支队伍的那个政权所属单位的薪水”，真是天方夜谭！

鲁迅在北京时曾任职于当时北洋军阀政府教育部，当佥事，拿薪水，但那时不是1935年！那个政府也没有“围剿”红军，虽然也是反共的，张作霖还下令将共产党领导人李大钊处以绞刑。但与“围剿”红军无关。鲁迅于1926年8月离开北京，南下到厦门，次年到广州，之后到上海，定居于上海。鲁迅早已不是北洋政府教育部的职员了！（2010-10-28）

拿破仑的“东山再起”

《参考消息·北京参考》2010年11月23日8版上有文章《管理故事集萃》，其中有一段，小标题为“被流放的拿破仑”。文中说：“滑铁卢一役战败后，叱咤风云的拿破仑与其妻约瑟芬被流放到地中海的圣赫勒拿岛……”接着说，约瑟芬呵斥海港边的正在卸货的水手，拿破仑却同情他们，制止了约瑟芬的呵斥。文章最后说：“几年后，拿破仑偷偷潜回法国，协助他东山再起的最大恩人，就是这些水手。”

我对欧洲历史不太熟悉。但我怀疑，滑铁卢一役战败之后的拿破仑被流放到圣赫勒拿岛之后，还曾经回到法国“东山再起”吗？据了解，1804年拿破仑称帝，建立法兰西第一帝国。1812年对俄罗斯战争失败，加速了帝国的崩溃。1814年欧洲反法联军攻陷巴黎，拿破仑被放逐于厄尔巴岛。1815年拿破仑重返巴黎，建立百日王朝。同年6月，在比利时的滑铁卢一战，拿破仑大败。英国人把他放逐到圣赫勒拿岛。1821年5月，拿破仑死于该岛。

拿破仑有过“东山再起”，那是他从厄尔巴岛返回巴黎之时。滑铁卢大败之后，拿破仑还曾从圣赫勒拿岛“潜回法国”“东山再起”吗？（2010-11-27）

关于『修正主义』

关于“修正主义”，不记得我是否与你谈过?我年迈，记忆力衰退。但即使重复，也还要谈一谈。

1975 年初我到延安，瞻仰中共七大会场。见到墙上的标语：“坚持真理，修正错误”。标语里有“修正”二字，我想到了“修正主义”这个词。

外文有 revisionism 这个词。它是名词，是从动词 revise 变来的。而 revise 的意思是修改。把某个东西进行修改，有两种结果，一种是改好了，一种是改坏了。改好了，可以叫“修正”；改坏了，可以叫“修错”(杜撰!且不管它!)。

把不正确的改为正确的，就是“修正”。标语“修正错误”的意思是：把错误的改成正确的。因而“修正”这个行为是应该肯定的。“修正主义”应该是个褒义词。

奇怪的是，revisionism 的中文译法是“修正主义”。而“修正主义”这个词的含义，却是把正确的改成错误的。“修正主义”是个贬义词，不是褒义词。这不是弄颠倒了吗?(2010-11-30)

小老虎『不省人事』

2010 年 8 月 29 日的《参考消息》上登有一条消息：《泰国机场截获老虎幼崽》。消息中说：“经仔细检查，他们才发现这是一只真的小老虎，它还活着，但因为被注射了安眠药，所以不省人事。”

这里用了个成语“不省人事”，值得玩味。据商务版《新华成语词典》，“不省人事”有两解。其一：省，明白；人事，人的意识的对象。指失去知觉。其二，人事，人情事理，不懂得人情事理。这则消息用的是第一义。指失去知觉，没错；但这失去知觉是指人失去知觉，因为人事是指“人的意识的对象”。

小老虎不是人，所以用“不省人事”颇有趣。不能说用错，这样用大概也是可以的。不过在读时可发一笑。(2010-09-06)

『掉书袋』的『掉』

◎王纯杰

《书法报》2011年第2期第5版刊载的一篇题为“人生不满百，常怀千岁忧”的文章中说：“优秀的学者惯于掉书袋，然而掉进书袋里所见的是广博的世界，自然有自己的体察。”在这里把“掉书袋”理解为“掉进书袋里”，还进一步把“掉进书袋里”理解为远离和摈弃浮躁，潜心学术研究和探索。这就大错特错了。

“掉书袋”是一个贬义词，是用来讥人喜好卖弄的话，指人动不动就引用古书，以“跩文”代替常谈，炫耀自己读的书多，知识渊博。“掉书袋”的“掉”，不是“落下”“丢下”的意思，而是“摇动”“摇摆”。“掉书袋”不是“掉进书袋里”，而是“向人摇动书袋”，利用一切机会向人炫耀、显摆自己读过许多书，肚子里有学问。“掉书袋”的“掉”，用的是“掉”字的本义——摇动，由“摇动”进而引申为“显摆、炫耀”。

在现代汉语中，更常用的是“掉”字的后起引申义——落下、丢下。用这个引申义来理解“掉书袋”，就难免把“掉书袋”错误地理解为“掉进书袋里”了。与“掉书袋”意思相近的还有一个词叫“掉文”，也是用来讥笑人在言谈中好用文言词。

在现代汉语中，“掉”在不少词语中仍保留着“摇动”“摇摆”义，这些词语大多是古代流传下来的，如成语“尾大不掉”，字面意思是尾巴太大了就摇动不起来，比喻下属、仆从实力强大，上级、主人就指挥不灵。“掉舌”就是“摇舌”，引申指起劲地议论、游说。成语“掉以轻心”中的“掉”字，用的也是“摇”这个本义，是“摆弄”的意思。“掉以轻心”就是指对事情采取轻率、漫不经心的态度。

“掉”字还有“甩”的含义，是由“摇”这个本义引申而来的，如“掉臂”就是“甩臂”。“掉”字还有“转”和“换”的含义，如“掉头”就是转头，“掉包”就是换包。

是把车丢到井里了吗

◎李景祥

《辽沈晚报》2011 年 2 月 16 日 C14 版刊有《用活酒文化，你会受益匪浅》一文。在小标题"酒是用来分享和沟通的"之下，讲了这么一件事："劝酒莫过，比如汉代有个人叫陈遵，就爱大摆筵席，请人喝酒，人齐了把大门一关，然后让下人把宾客的车丢到井里，谁也走不了……" 这一说法让人生疑。宾客的车应该都是畜力车，不是现在的折叠自行车。陈家的水井即使很大，也不会容得下吧？这不合情理。

陈遵的这一典故见于史书。他不是把宾客的整个车子丢进井里，而只是把车辖拔下来丢进井里。《汉书·陈遵传》："遵耆（嗜）酒，每大饮，宾客满堂，辄关门，取客车辖投井中。虽有急，终不得去。"这就是典故"投辖留宾""孟公投辖"（陈遵字孟公）的来源。车辖就是车键，是车上的一个小零件。最早是用青铜做的，后来改用铁制。把辖插入车轴头上的小孔内，可免得车子走动时车轮脱落。早年我们常见的那种畜力车车轴头上插着的那个可使车轮不脱落的小铁棍便是。没有车辖，一走动车轮就会脱落，走不了。陈遵是用拔掉车辖的办法来留客，并不是把客人的车丢到井里去。

车辖不是整个的车。说"车辖"，可以省去"车"字，却不能省去"辖"字。

此「娘」非「寡妇」

◎孙怀伦

商务印书馆辞书研究中心编写的《新华谚语词典》中收有一条谚语“天要下雨，娘要嫁人”，其释义是：“娘：寡妇。天要下雨，寡妇要嫁人，这是谁也挡不住的。也泛指世上有些事情是无法阻止的。”把“娘”解释为“寡妇”，我认为是不妥当的。

据商务印书馆出版的《古汉语常用字字典》的解释，“娘”有两个义项：①少女。②母亲。《辞源》《汉语大字典》等大型工具书的“娘”字条，也都没有“寡妇”这一义项。

那么，《新华谚语词典》的编者为什么要把“娘”解释为“寡妇”呢？让我们先来看看此条谚语后编者所附的“知识窗”：

清·王有光《吴下谚联》卷二：“‘天要落雨，娘要嫁人。’天，纯阳无阴，要落雨则阳之求阴也。娘，孤阴无阳，要嫁人则阴之求阳也。如矢赴的，如浆点腐，其理如是，其势如是。”

编者可能误解了“孤阴无阳”，认为“孤”是“孤孀”的意思。这样解释是不符合语境的。在古代，女子受封建道德的约束，丈夫死后不能随便嫁人。如果再嫁，也必须得到夫家的同意。所以说，寡妇再嫁并不是“谁也挡不住的”，也不是“无法阻止的”。

实际上，“孤”在这里应是“孤单”“孤独”的意思。“阴”指女，“阳”指男。“孤阴无阳”就是“单身女子还没有丈夫，没有结婚”的意思。现在，人们也称没有结婚的成年人为“单身”或“独身”。如果把王有光的话翻译成现代汉语就是：天，只有阳没有阴（地为阴），所以天要下雨，就是阳去寻找阴。女子单身还没有丈夫，要嫁人就是阴去寻找阳。这就像箭射向靶心，用卤水点豆腐一样，其规律如此，趋势如此。

综上所述，我认为还是把“娘”理解为“女子”为好。

割谁的衿

◎张宏星

《中国成语大辞典》(吉林教育出版社2007年7月版)“指腹割衿”条云:“指腹:旧时双方父母给胎中子女订立婚约。割衿:割男女幼儿的衣衿作为信物。用指腹裁衿的办法给子女订立婚约。”

笔者对此处“割衿”的解说表示怀疑。“割男女幼儿的衣衿”,试问,何时割幼儿衣衿?再者,在襁褓中的幼儿衣着很少,割其衣衿恐伤其体。

“割衿”典出《旧五代史·唐书·王镕传》:“庄宗以镕父友,曲加敬异,为之声歌,镕亦报之,谓庄宗为四十六舅。中饮,庄宗抽佩刀断衿为盟,许女妻镕子昭诲。”后因以“割衿”谓割下衣襟交给对方,作为儿女许婚的信物。《元史·刑法志二》:“诸男女议婚,有以指腹割衿为定者,禁之。”

明凌濛初《二刻拍案惊奇》卷三十有一段“指腹割衿”的情节:“话说国朝隆庆年间,陕西西安府有一个易万户,以卫兵入屯京师。同乡有个朱工部,相与得最好。两家夫人各有妊孕,万户与工部偶在朋友家里同席,一时说起,就两下指腹为婚,依俗礼各割衫襟,彼此互藏,写下合同文字为定。”上面这段文字说得很清楚:两家指腹为婚时,孩子尚在腹中。双方父亲“各割衫襟,彼此互藏”作为信物。由此可知,“指腹割衿”中的“割衿”是指腹为婚时割双方父母的衣衿,而并非“割男女幼儿的衣衿”。

语丝

『借别人之堑』

◎一得

吴阶平是一代国医，思维敏捷，语言精辟。他说，一个医生要善于学习别人的成功经验，更要重视他人失败的教训，『如果在医疗工作中总是「吃一堑，长一智」的话，不知道要在自己的手里耽误多少病人。因此，「借别人之堑，长自己之智」，可以很快提高自己，少走弯路』。吴老巧改俗语，不仅表现出语言智慧，更展示了良好的医德。

“富二代”引领的“×二代”

◎何令祖

这两年，“×二代”在媒体上风光无限，引人注目。它们的带头大哥，则非“富二代”莫属。

“代”，指世系相传的辈分，“祖孙三代”“传宗接代”的“代”便是这个意思。新词“富二代”，译自英语 Rich 2G(原义为富有的第二代)。在我国大众媒体上，据说是《鲁豫有约》这档节目最早使用新词“富二代”。主持人鲁豫把改革开放以来第一代民营企业家的子女（他们继承家产，拥有丰厚财富)称为“富二代”。

今天的“富二代”大多是 1980 年代出生的富家子女。据调查，“富二代”分四类：第一类为知识成功型，第二类为纨绔子弟败家型，第三类为顺其自然型，第四类为父衰子落型。(详见《文汇报》2009 年 11 月 2 日)由此可见，不但“二代”是中性词，不带或褒或贬的感情色彩，而且“富二代”原本也是中性词。

不过，由于“富二代”中有一部分(即第二类)是开名车、穿名牌、戴名表、吃喝玩乐、声色犬马、举止张狂、挥霍无度的纨绔子弟，败坏了整个“富二代”的名声，因此社会上很多人一说及“富二代”三字，就带有“羡慕嫉妒恨”的味道。人们自然而然地想到一句民间俗话“富不过三代”——已经到了“二代”，离“三代”不远了！言外之意不言而喻。

事实上，还有很多“富二代”愿意做自食其力的普通人。《中华工商时报》2011 年 1 月 19 日刊登了中国首善陈光标的大儿子陈环境《写给未来的一封信》。这个还只是中学生的“富二代”，袒露了他对父亲裸捐和自己未来的真实想法：“其实，父亲是非常爱我们的，他一开始想捐 95%财产，给我和弟弟留 5%。最后是我们全家的态度，特别是我和弟弟的良好表现让父亲下定决心：捐出全部财产。……当父亲宣布‘裸捐’后，我将告别‘富二代’身份了。……未来，如果我成为一个富翁，我会和父亲一样从事慈善事业，做一个‘善二代’；如果我成为一个自食其力的普通人，我也会做力所能及的善事，让自己生活得充实而富有爱心。”读了这封信，人们无不赞叹。

新词“富二代”问世后，次生新词“×二代”一个接一个冒出来。公众最为关注的当推“官二代”（或称“权二代”），就是那些官员的子女。按说，跟“富二代”一样，“官二代”也应该是中性词。可是在实际使用中，“官二代”似乎都带有（或略带）贬义，而表示褒义的则改称“红二代”。

2010 年 12 月 13 日，中央人民广播电台“中国之声”频率“央广新闻”节目的一则报道中，引用了几句令人难堪的流行语：“在幼儿园抢凳子，有人说‘我爸是科长’；在小学欺负同学，有人说‘我爸是主任’；在中学抢女同学，有人说‘我爸是处长’。”流行语将社会转型期的“官二代”问题展示在公众面前。

更令人叫绝的是 2010 年底有网友推出的一副对联：上联是“恨爹不成刚”，下联是“恨娘非兰玉”。10 个字，概括了年内两大热点事件——“官二代”李启铭在河北大学校园飙车撞死人，却狂妄地喊出“我爸是李刚”，后查明李刚是保定市某公安分局副局长；“官二代”马晶晶涉嫌在宁夏公务员考试中作弊，却使举报人王鹏以诽谤罪的名义遭遇“跨省追捕”，后查明马晶晶之母丁兰玉时任宁夏吴忠市委常委。

与“富二代”“官二代”相对的，是“穷二代”“贫二代”“民二代”（农民工子女）。如今媒体上谈论得较多的还有“文二代”“星二代”和“独二代”。“文二代”指作家的子女从事文学创作的，如赵长天之子那多，莫言之女管笑笑，叶兆言之女叶子等。“星二代”指影视明星的子女也当影视演员的，最有名的便是葛存壮的儿子葛优，陈强的儿子陈佩斯，还有成龙的儿子房祖名，宋丹丹的儿子英巴图等。“独二代”则是指独生子女的子女，前一阵子也成为媒体关注的热门话题。

另外还有一批临时造词“×二代”，使用得巧妙也别有情趣。例如总政歌舞团的四幕民族歌剧《木兰诗篇》原来由彭丽媛、戴玉强主演，曾在欧美巡演获得高度评价；去年又启动国内百场巡演计划，改由青年演员谭晶、雷佳主演。《新民晚报》2010 年 7 月 13 日报道这则新闻时，标题是——“‘花二代’撑起一部‘中国歌剧’”。“花”者，花木兰也。又如《中国青年报》2009 年 9 月 4 日有一篇文章写道：“在我们身处的这个还不完美的社会里，成不了‘富二代’，还不如想方设法地努力成为‘拼二代’。”这个“拼二代”是“努力拼搏的第二代”的简称。

最后，让我们借用《新华每日电讯》2010 年 12 月 30 日的几句话作为本文的结束语：“转型期中国社会流动性的凝滞倾向，造成‘富二代’世袭财富、‘官二代’世袭权位和‘穷二代’世袭贫困的畸形格局有扩大之势。……‘阶层固化’所导致的严峻社会现实已经摆在我们面前，再不可漠视。”

警惕“柠檬市场”

◎杜　频

经济生活越来越丰富多彩，人们对市场也越来越关注。在众多备受追捧的经济类报刊中，经常可以捕捉到一些颇有趣味的新鲜词儿，“柠檬市场”便是其中典型的一个。例如：

（1）从为爱车上个好保险到柠檬市场上兜售的便宜货……马路上的路灯频频坏掉、早晚使用

的电费价格的不同等等，其背后都隐藏着一个深深的与“钱”相关的经济哲学。(《中国经济周刊》2006年9月11日)

可以从语境中推断出，这个“柠檬市场”大概类似于跳蚤市场，供人们交易一些二手货或便宜货。可是买卖便宜货和“柠檬”又有什么关系呢?

原来,“柠檬市场”早在上世纪70年代就已问世了。1970年美国著名经济学家乔治·阿克尔罗夫发表了一篇论文《柠檬市场:产品质量的不确定性与市场机制》。文中讲述了一个关于二手车市场的有趣案例。在二手车市场中，卖家显然比买家拥有更多的信息，所以两者之间的信息是不对称的。为了避免信息不对称带来的风险损失，买家唯一的办法就是压低价格。即使卖家的车够好，买家也不愿意把价格提到合理的高度。相应的,买家过低的价格也使得卖家不愿意提供高质量的产品。如此恶性循环,高品质二手车被逐出市场，低品质的则逐渐充斥市场，最后导致二手车市场萎缩。这种信息不对称造成的“劣胜优汰”的市场现象,便是“柠檬市场”。

许多朋友一定会问，为什么称“柠檬市场”而不是“苹果市场”或“西瓜市场”呢?这应该与美国文化有关。柠檬是一种外表金黄内瓤酸涩的水果,于是,美国人把从外观难以发现的次品比喻为“柠檬”。在美国俚语中,“柠檬”就是“不中用的东西”。因而,用“柠檬”来比喻排斥优质产品的劣质品,确实生动形象。

这篇有关“柠檬市场”的论文在2001年为阿克尔罗夫赢得了诺贝尔奖，并且引起了广泛的关注。

现代社会中的“柠檬市场”当然并不仅仅局限于汽车业，像旅游、房地产、通信等热门产业,也都充斥着“柠檬市场”。例如:“毋庸讳言，我国房地产市场带有转型期的诸多特点，信息和开发的垄断，使得商品房高度‘柠檬市场’化,开发商不仅在住房的价格信息等方面拥有垄断的权利,更是在房屋的面积、材料、配套设施、交付使用等方面拥有绝对的话语权。”(《黑龙江晨报》2009年

6月12日）

“柠檬市场”也可以对中国当今人才就业的严峻形势作出解释。雇主对人才信息相对缺乏，于是往往会通过压低高级人才的价格来降低用人成本、规避雇佣风险。这种行为最终会迫使高级人才退出人才市场，形成人力资源的“柠檬市场”。例如：

（2）此时，人才政策的实施在信息不对称的约束下，容易出现所谓的“中国病”的现象……久而久之，中国的人才市场就彻底沦落为柠檬市场，只能依靠海外输血来维持运转，这时人才政策就处于完全失灵状态。（《科学时报》2010年2月21日）

柠檬市场在不同程度上影响着人们的经济生活，有人便用“柠檬效应”来概括“劣胜优汰”所带来的一系列影响。例如：“当丰田章男都承认‘丰田也不是完美的公司’时，我们就不要期待存在一个完美的市场……现在需要认真思考的不是市场的特例，而是不能让‘柠檬效应’成为市场竞争下普通的惯例。”（搜狐汽车2010年3月2日）

总而言之，只要存在着信息不对称，就会形成次品驱逐优品的“柠檬市场”，而从长远来看，当酸涩的“柠檬”充斥市场之时，买卖双方都不会获益。既然信息不对称是这种“柠檬效应”的症结，那么有效的沟通便是祛病的良方。“诚信”是沟通的基础，当我们最大程度地做到了坦诚和讲信用，或许就可以破解“柠檬效应”，达成合作共赢。

《夫妻情深》参考答案

1. 响誉——享誉
2. 拖油瓶弟弟——弟弟
3. 托付终生——托付终身
4. 崭露头脚——崭露头角
5. 怨天忧人——怨天尤人
6. 缀——辍
7. 一位—— 一个
8. 逼问到——逼问道
9. 去逝——去世
10. 沤心沥血——呕心沥血

百科指谬

是"红莓花儿开",还是"红梅花儿开"?

◎高良槐

2011年2月11日《杂文报》第7版，刊有《偷听敌台事件》一文,文中说:"原来他在收听苏联电台,里面经常播放苏联歌曲。我们也很兴奋,大家都要听。收音机里传出《莫斯科郊外的晚上》《红梅花儿开》等优美的旋律,真好听。"

引文中的"《红梅花儿开》"不对,应为"《红莓花儿开》"。

《红莓花儿开》是一首苏联的歌曲,由伊萨科夫斯基作词,杜那耶夫斯基谱曲，表达了少女对心上人的思念之情。这首歌也是苏联电影《幸福生活》的插曲,电影和歌曲均获1951年斯大林文艺奖。《红莓花儿开》的歌词是:

田野小河边,
红莓花儿开,
有一位少年真使我心爱,
可是我不能对他表白,
满怀的心腹话儿没法讲出来!
……

这首歌里的"红莓花"是在俄罗斯文艺作品中，尤其是民间诗歌中,常常提到的一种读如"卡利那"(昵称"卡林卡")的植物,它是自由、美好和快乐的象征,多用作女性之美的象征。它属于忍冬科的小乔木或灌木,开白色小花,结鲜红的有核浆果，植物学上正式学名为"荚蒾",英译作 snowball bush,我们通常也译作"雪球花""雪球树"。把它译作"红莓花",其实是说它的果子是红的，可有人误以为它的花儿是红的。

早在几年前,《红莓花儿开》的初译者曾撰文公开检讨,说他当年把"卡利那"译作"红莓花"不妥,认为《红莓花儿开》应正名为《荚蒾花儿开》才是。可接着却有人提出异

“圆圈说”是芝诺所言

◎邱翼东

《广州日报》2010年9月29日B8版载文《有空间才有智慧》，说及“爱因斯坦有时候不记得风速是多少，但是他发现了相对论。他认为，人的知识是一个圈，知识越多，圈就越大，圈里面的空间和对外接触的空间也越大，这话正好和老子的‘空’的理论相得益彰”。

“知识圆圈说”不是爱因斯坦所言，而是芝诺说的。

古希腊哲学家芝诺非常勤奋，并且十分谦虚。有一次，他的学生问他：“老师，您知识丰富，回答问题正确清晰，可是，您为什么对自己回答的问题总有怀疑呢？”芝诺用手杖在地上画了一个大圆圈，又在大圆圈里面画了一个小圆圈。然后说：“大圆圈的面积是我的知识，小圆圈的面积是你们的知识。这两个圆圈的外面就分别是我和你们的无知部分。大圆圈的周长大于小圆圈，因而我接触到的无知的范围比你们的大。这就是我的怀疑往往比你们还多的原因。”

议：“……是这些（俄苏）歌曲让我们走到了一起，唱到了一起，想到了一起。无论懂不懂俄文，我们没有人去问，也没有必要去改正：是哪一种树，是哪一种花……我只知道，那儿是俄罗斯山川原野，那儿有库班河，那儿有集体农庄，那儿有姑娘小伙子的自由恋爱，那儿有可歌可泣的卫国战争，那儿有我曾经憧憬的理想。这些歌能唱得经久不衰，这要感谢翻译家们，尤其是歌曲译配者。他们没有拘泥于什么树、什么花，而是结合本国的具体情况，做到翻译工作的信、达、雅……现在我们可以设想一下，如果译配者当年真用《荚蒾花儿开》等歌名的话，那真不知道这些歌在中国流传的情况究竟会怎样。”

至于“红梅花”，又名“五福花”，是中国传统名花，它象征着快乐、幸福、长寿、顺利、和平。此“红梅”非彼“红莓”，不可相混。

卓别林是英国人

◎陈福季

2010年9月3日《文汇读书周报》第8版《新世说》专栏所刊的《侯宝林言》一文中说：“犹忆我有次与漫画大师方成先生聊天，他说‘中国演员能与美国卓别林相媲美的，只有侯宝林、宋丹丹’，亦洵为至论也。”此将英国著名电影演员卓别林说成是美国人，亦洵为至误也。

卓别林为大名鼎鼎的英国电影艺术家，在中国几可说家喻户晓。卓别林（Charles Spencer Chaplin，1889—1977）出生于伦敦。初为卡尔诺哑剧团演员，随团至美国巡回演出，1913年起在美国担任电影演员。所摄影片大都自编自导自演。在影片中创造了一个被轻蔑、被损害的小人物形象，并通过这一人物的喜剧性遭遇，揭露和讽刺资本主义社会现象。他一生拍摄了许多喜剧影片，著名的有《淘金记》《城市之光》《摩登时代》和反法西斯题材的《大独裁者》等。第二次世界大战后又拍摄了《凡尔杜先生》《舞台生涯》。由于参加美国进步活动，受麦卡锡主义的迫害，卓别林于1952年离美，定居瑞士。1957年到英国拍摄了《一个国王在纽约》。1967年拍摄了最后一部影片《香港女伯爵》。1977年在瑞士逝世。

1930年5月的一天，赴美演出的京剧艺术大师梅兰芳曾在洛杉矶的一次酒会上见到卓别林，两人一见如故，从此结下深厚友谊。1936年3月卓别林蜜月旅行访问亚洲，路经上海时又曾受到梅兰芳的热情接待，梅还陪他观看了另一位京剧大师马连良演出的《法门寺》。1954年周恩来总理赴日内瓦开会期间曾宴请卓别林，并请他观看电影《梁山伯与祝英台》，影片受到卓别林的称赞。这位享誉世界的电影大师在美国居留了40年，但他一直保留着英人国籍。不少人以为他是美国人，显然和他长期居住美国有关。

促织不是纺织娘

◎陈　霖

2010年10月2日《扬子晚报》B4版刊登了一篇题为"昆虫四小旦"的文章，作者戏称"蝉、天牛、螳螂、纺织娘"为"四小旦"。读来颇有情趣。但文中写道："纺织娘是一只小悲旦。蒲松龄《促织》中说，一只蟋蟀是由小孩子变的。夏夜的墙角，纺织娘窸窣弹琴，躺在床上的人，听着天籁渐渐入眠。"把纺织娘当成蟋蟀，这犯了个常识性的错误。

纺织娘，体色有绿色和褐色两种，体形很像一个侧扁的豆荚。后腿长而壮，弹力强。体长50~70毫米，夏夜伏在植物上，雄性纺织娘的前肢摩擦发出"轧织，轧织"的鸣声，很像古时织布机织布的声音，故名。

蟋蟀，也叫"促织""趋织""蛐蛐儿"，种类很多，最普通的为中华蟋蟀，身体黑褐色，体长约20毫米，一般藏在洞穴中，夏秋之夜在洞口鸣叫。雄性蟋蟀为了争夺食物、巩固自己的领地和占有雌性而相互格斗。蟋蟀成为一些人赌博的工具。蟋蟀的别称叫"促织"，和纺织娘的名字一样，其中都有一个"织"字，这可能是上文作者弄混它们的原因吧。

"何不食肉糜"的出典

◎谷士锴

《世界历史全知道》(当代世界出版社出版)中的"世界历史名人传"部分说到走上断头台的路易十六夫妇，书中有这样一段话：

玛丽皇后养尊处优惯了，心地并不算坏，据说她曾经问饥民们如果吃不到面包时为什么不吃饼，颇像中国西晋皇帝司马睿的"何不食肉糜"，无知得很。(第42页)

"何不食肉糜"典出《晋书·惠

《管锥篇》?·《管锥编》!

◎韩 超

文汇出版社2005年出版的《海上乱弹》一书中，收录了一篇《我的集外集》。文中说："名单包括老中青三辈人，其中有钱钟书与孙犁在，因为钱有《管锥篇》，孙有《书衣文录》，周有《知堂书话》，就觉得他们是走着同一条道路了。"这里的书名弄错了，应该是"管锥编"。

《管锥编》是钱钟书先生的一部笔记体巨著，皇皇百万字。该书范围由先秦迄于唐前，涉及音韵、训诂、经义、比较文化等多门学科。

书名很特别。"管锥"二字，出自《庄子·秋水》："以管窥天，以锥指地。"钱钟书以此作书名，既表示自谦，也表示自有一方天地。他曾说过，《管锥编》的英文译名可以叫作"有限的观察"，再加个副标题"关于观念与文学的札记"。"编"，把材料加以适当的组织排列而成为书籍、报刊、广播电视节目等，如"编写""编订"等；也指成本的书按内容划分的部分，如"正编""续编"等。

"篇"，首尾完整的文章或诗词，如"篇章""诗篇"等。只有《管锥编》，没有《管锥篇》。

帝纪》，它不是东晋开国皇帝司马睿所言，而是出自西晋第二个皇帝司马衷(晋惠帝)的金口。司马衷是晋武帝司马炎之子，按说老子英雄儿好汉，司马炎三十岁就建立了西晋王朝，黄袍加身。可是第二代国君司马衷是个昏庸之辈，说过好多糊涂的蠢话。他在位时，天下曾爆发大饥荒，百姓饿死极多。然而他生性呆傻，养尊处优，体会不到民间疾苦。当有官员报告灾情时，他就不解地问："何不食肉糜？"肉糜就是肉粥。

司马睿是东晋(不是"西晋")开国皇帝，即晋元帝，也不是有作为的明君贤主，但没说过"何不食肉糜"的蠢话。

《门联趣话》指谬

◎叶才林

《光明日报》2011年2月18日第12版刊载的《门联趣话》一文，给了读者诸多门联方面的知识，但文中起码有三处差错应当加以辨正。

一、“陆润庠”错成了“陆润痒”。文中说：“当时出自名家之手的匾随处可见，如张伯英、吴兰第、张有为、华世奎、陆润痒、孟晋以及吴佩孚、徐世昌等。”能与吴佩孚、徐世昌等并列的名家之一应是“陆润庠”。他是清代的状元，官至大学士。未听见过有叫“陆润痒”的名家。“庠”与“痒”音义均有别，应属形似致误。“庠”读 xiáng，古代的地方学校；“痒”读 yǎng，一种皮肤不适、引人欲搔的感觉。

二、“明嘉靖”错成了“明嘉庆”。文中说：“明嘉庆末年，南京城守门宦官高刚在堂内挂有一联：‘海无波涛，海瑞之功不浅；林有栋梁，林润之泽居多。’”这里的“明嘉庆”显然是错的，因明代只有“嘉靖”，是明世宗的年号。称作“嘉庆”的是在清代，是嘉庆皇帝清仁宗的年号。民谣有“和珅跌倒，嘉庆吃饱”的说法。年号张冠李戴，应属音近致误。

三、诗句引错。文中写道：“元代，世祖忽必烈闻知赵子昂（孟頫）之名，便召见他，并让他题写一联置于殿上。赵挥毫写出‘九天间阖开宫殿，万国衣冠拜冕旒（liú，古代皇帝礼帽前后的玉串）’。忽必烈很欣赏。”引文中的诗句应是唐代王维《和贾至舍人早朝大明宫》诗中的颔联，但引文将“阊阖”一词错成了“间阖”。“阊阖”，传说中的天门，《说文》解释说“楚人名门曰阊阖”。屈原《离骚》：“吾令帝阍开关兮，倚阊阖而望予。”“阊阖”也泛指宫门或京都城门。汉语中没有“间阖”这一说法。

有此一说

此“搏”非搏斗

◎苗帮苓

苏教版初中《语文》(七年级上)选有《梦溪笔谈》中的两篇短文,其中一篇是《以虫治虫》,文中有“(傍不肯)遇子方虫,则以钳搏之”一句。对句中的“搏”,课本没有注释,配套的《教学参考书》把这一句译为“它们遇上子方虫,就用嘴上的钳和子方虫搏斗”。由此可以看出,编者是把“搏”理解为“搏斗”了。胡道静、金良年、胡小静译注的《梦溪笔谈全译》把此句译为“遇到蚜虫就用口钳与之搏击”。译注者显然也把“搏”理解为“搏击”了。笔者目前见到的资料,都是这么翻译的。这是典型的以今律古。

生活常识告诉我们,“搏斗”必须是双方的。“子方虫”即黏虫,身上并没有什么可资搏斗的利器,如何能同长有钳的“傍不肯”厮杀? 实在让人无法理解。“子方虫”遇到“傍不肯”,只有被“钳断”的命运,哪有搏斗的能力?如果说“子方虫”有搏斗能力的话,“傍不肯”不可能在十日之内就把“子方虫”给杀灭的,而文中则明确说“旬日子方皆尽”。

还有,把“搏”理解为“搏斗”,句法上也不通。“则以钳搏之”,如果直译,就要译为“就用钳搏斗它”,这样的句子不成话。那么,这个“搏”是什么意思呢?

笔者认为,这个“搏”不是“搏斗”的意思,而是通“膊”,是“磔”的意思,用现在的话说就是“分裂肢体”。这种用法虽然很少,但还

“我”本指兵器

◎陈运舟

“我”可以说是现代汉语中出现得最多的一个字。没有人不说“我”，可是却很少有人理解“我”。

公元前1046年，周武王在盟津（现在的河南孟津）大会诸侯，检阅军队，进行讨伐商纣王的演习。据说就在这时，他写下了《泰誓》三篇文章，文中有一句说：“取彼凶残，我伐用张。”而“我伐用张”在《孟子》中写作“杀伐用张”，原来这句是说，对于凶残的商纣王我们要大张旗鼓地消灭他。有人说，“我”字的本来意思是“杀”。这是有道理的。从最早的成熟文字甲骨文来看，“我”字就是一个有柄的锯齿形兵器。

有趣的是，许多从“我”的字，其意思与“我”的本来意义有关。“莪”是一种蒿草，这种蒿草的叶子也是锯齿形的。“蛾”是鳞翅类昆虫，夜里飞出，喜欢接近光亮，“飞蛾扑火”的成语出于此。飞蛾的触角细长弯曲，在放大镜下观察，会发现它带有明显的锯齿。古人用蛾的触角形容美女的眉，非常确切。“蛾眉”“黛蛾”或简称为“蛾”，如萧统《铜博山香炉赋》：“燕女巧笑而蛾扬。”四川峨眉山，本作蛾眉山。明人方以智《通雅》言：“陆文峪曰：‘峨眉山本以两山相对如蛾眉，故名。’”“嵯峨”常用来形容高大的山。不仅如此，这种

是有可信的用例的。《汉语大字典》“搏”字条的第8个义项是：“通‘膊’。分裂肢体。清朱骏声《说文通训定声》：‘搏，假借为膊。’《周礼·秋官·掌戮》：‘掌斩杀贼谍而搏之。’郑玄注：‘搏，当为“膊诸城上”之“膊”字之误也。膊谓去衣磔之。’”把“搏”理解为通“膊”，释为“分裂肢体”代回原文，则文从字顺，前后语句衔接自然。所谓“遇子方虫，则以钳搏之，悉为两段”，翻译成现代汉语就是“（傍不肯）遇到子方虫，就用口钳分裂它的肢体，（子方虫）都被斩成两段”。

山应该是山石有棱有角的。“俄”字表示用锯齿形的兵器锯人的脚，是殷商时截断人腿的刖(yuè)刑，人断了腿就站不稳，站不久。“俄”于是有了表示时间很短的意思，如《聊斋志异·促织》：“俄见小虫跃起。”

古代的“我”，读音近似现在的“啊(ā)”，可以作为语气助词，《汉语大字典》未收。《尔雅翼》说：“鹅鸣自呼。”鹅的叫声就是“啊”，所以称鹅。《诗经·伐木》描写伐木工人饮酒鼓舞的欢乐：“有酒湑(xǔ)我，无酒酤(gū)我。坎坎鼓我，蹲蹲舞我。”——咱们有酒把酒筛啊，没酒就去把酒买啊。咱们咚咚打起鼓啊，跳跳蹦蹦一起舞啊。又如，曹操《步出夏门行》：“经过至我碣石，心惆怅我东海。”“我”也是“啊”。《汉语大字典》释为“表示亲密”，错！

“我”作为人称代词，最早出现于商朝的甲骨卜辞，距今已有三千多年了。古人用“我”称呼自己，一般认为这是假借，即借用现成的字来书写口语中和这个字同音的词。《木兰诗》中，木兰说：“阿爷无大儿，木兰无长兄。”阿爷就是我的父亲。“我”和“阿”古代读音相同，章太炎《新方言·释词》：“宋书范晔妻自称阿家即我家。”清人钱大昭(钱大昕之弟)说：“后人名‘我’为‘俺’，‘俺’即‘阿’也，声之转耳。”

语丝

『僧话』的差异

◎一得

唐朝诗人李涉，有一次春游，路过竹林密布的寺院鹤林寺，无意间碰到一个和尚，相谈甚欢。他感慨自己在浮沉奔波的人生中『昏昏醉梦』，今日与高僧交接，欣喜得到了半日闲适，于是写了一首诗《题鹤林寺僧舍》：

终日昏昏醉梦间，忽闻春尽强登山。
因过竹院逢僧话，偷得浮生半日闲。

宋朝有一位诗人，一天出游，信步走进一座佛寺，觉得『颇有泉石之胜』。后来见了庙里的住持，谈了一阵，觉得这和尚很俗气，游兴遂大减。告辞时，住持请他题诗留念，诗人提笔写道：

偷得浮生半日闲，忽闻春尽强登山。
因过竹院逢僧话，终日昏昏醉梦间。

仅仅是头一句跟末一句倒了个个儿，意思大不相同：唐人是因『僧话』而获得闲情逸致，宋人则因『僧话』而『昏昏醉梦』。

“拍马”源流考

◎刘 斐

“拍马”一词,《辞海》《辞源》和《古汉语大词典》均未收录,倒是《现汉》收录了“拍马屁”,并解释为“指谄媚奉承。也说拍马”。至于“拍马屁”为什么能表示“谄媚奉承”则无介绍。

史学大家顾颉刚《浪口村笔记》卷之六《边疆类二十则·“吹牛拍马”》中说“拍马屁”的由来世人一直没有弄清,而顾先生自己恰好“浪迹甘、青者一载,无意中竟解得此谜”。顾先生是我们非常景仰的大家,但该文似有不少有待进一步研究之处。

其一,顾先生认为“拍马”“实西北方言”,似可商榷。《现代汉语方言大词典》记载,全国有 21 地的方言中有“拍马屁”,唯独未见顾先生游历的青海和甘肃一带的方言有此词。据我们考察,表谄媚奉承义的“拍马”和“拍马屁”最早均见于吴语区作者的笔下。“拍”和“马”连用,最早见于南宋无名氏所作《大宋宣和遗事》:“(天觉)道罢,拍马入朝,来见天子。”不过此处“拍马”与谄媚奉承无关。表谄媚奉承义的“拍马”由“拍马屁”节略而来。表示谄媚义的“拍马屁”最早见于晚清,如韩邦庆《海上花列传》第十回:“还有朋友哚拍马屁鬼讨好,连忙搭俚买好仔家生送得去铺房间。”张春帆《九尾龟》:“勿要瞎拍马屁哉,阿是刚刚格马屁还勦拍足?”此外李宝嘉《官场现形记》、坑余生《续济公传》中也有“拍马屁”的用例。表谄媚奉承义的“拍马”直到民国才出现。如蔡东藩《元史演义》:“因此这位贾太师,越加尊严,一班蝇营狗苟的贼臣,且拍马吹牛,称似道为周公。”值得注意的是,韩邦庆和张春帆的用例中均有浓厚的吴语色彩，且以上诸人均为吴语区的人。而据《汉语方言大词典》,吴语中还有其他相关的熟语,如“拍马三”。说到“拍马三”还有一段公案呢。1969 年，上海松江曲艺团说沪书的艺人洪富江，被邀请到复旦大学教学改革实践队的结业仪式上演说《智取威虎山》,当时洪富江说“杨子荣跨上青鬃马,连打三鞭,这叫‘拍马三’”。听众当场为之绝倒,效果极好,但后来却被定为“严重破坏革命样板戏的反革命事件”。原来“拍马三”表面看是“连续拍打马三下”,但在吴语中却是“拍马屁”的意思。综上,我们推断“拍马屁”应该是吴语中产生的词语。

其二,为什么“拍马”能表谄媚奉承呢？顾先生认为跟西北的风俗有关,“平常牵马与人相遇,恒互拍其马股曰:‘好马！好马!’美其肥也。盖马肥则两股必隆起,拍其股所以表其欣赏赞叹之意,本无谄媚之嫌。逮相沿既久,平民见达官,贫农见富商,无论其马之肥否，率拍其股曰:‘大人的好马!’遂流于奉承趋附之途矣。此‘拍马屁’一词所由来也”。《现代汉语规范词典》也吸纳了这种观点。不过“股”无论在古代汉语或现代汉语中单用的时候都是指“大腿”而非“屁股”。就算顾先生这里笔误,将“马臀”误写为“马股”,那么拍马的屁股真的是表示赞叹马好,进而奉承马的主人吗?顾先生文中另一段话正好回答了这个疑问。顾先生说自己不擅长马术,在西北骑马的时候“随从之马夫献其殷勤，屡屡在后拍我之马。予笑曰:此真所谓‘拍马屁’矣!”马夫为了献殷勤,不停在后面赶马，但马夫并非以此行为表示“大人的马好”,只是一种帮助别人驱马前行的举动。

我们认为，表谄媚奉承义的“拍马”虽由“拍马屁”节略而来,但跟拍打马屁股没有关系。“拍马屁”中的“拍”不是“拍打”,而是“捧”的意思，引申为“奉承、吹捧”。《后汉书·文苑传·赵壹》有“抚拍豪强”,李贤注曰:“抚拍,相亲狎也。”《汉语大字典》也收录“拍”的其中一个义项“迎合,谄媚”。如跟其他方言相比较,则更能发现“拍马屁”不是拍打马的屁股而是“捧”马屁股。《现代汉语方言大词典》在解释“拍马屁”时说“柳州也叫‘捧大脚’、‘捧卵脬’，娄底也叫‘捧马屁’、萍乡也说‘挡卵坨子’（极含贬义）”。《汉语方言大词典》载：“拍屁眼儿：〈动〉拍马屁。中原官话。山西临汾。”可见“拍马屁”跟其他方言中的“捧大脚”“拍屁眼儿”的形成具有一样的理据，都是通过描写某人“捧”权贵的“大脚”甚至一些用秽语指代的身体部位来刻画其人品之低下。

综上所述，我们认为表谄媚义的“拍马”源于吴语；“拍马”不是说拍打马的屁股，其中的“拍”是“吹捧、奉承”。

《问君识得几个字》解疑

要方鼎铭文

怎么样？认不出几个字来吧。这很正常，有几个人是研究古文字的？原来，照片上的文字，是当今某位写手所摹的西周青铜器中的一篇铭文，可惜写得有遗漏。器名叫“要方鼎”。对应的楷书是：

丁亥，㚸商（賞）又（有）正

要嬰貝才（在）穆

朋百（二百）。要展㚸

商（賞），用乍（作）母己隣（尊）䵼（餗）。

这篇铭文的大意为：丁亥那天，㚸在穆地赏赐名叫要的属下嬰地的贝二百朋，要称扬㚸的赏赐，因而铸造了祭祀庙号为己的先母的宝器。

追踪荧屏

温总理说的是"析而不殊"

◎张　斌

2011年3月14日上午，国务院总理温家宝在答中外记者问时，就推进"海峡两岸经济合作框架协议"的后续谈判，说了这样一句动情的话："在整个谈判过程中，你都可以感觉到大陆的诚意和对台湾商界和人民利益的关心。我们是同胞，骨肉之情，xī而不shū。"

当时直播现场的电视字幕以及随后的网络新闻，显示的都是"骨肉之情，系而不疏"。抱着怀疑和好奇的想法，笔者立刻在多部词典和网上都查了查，发现并无"系而不疏"这一条目。大约半小时后，网上新闻又都改成了"析而不殊"。原来如此！

"析而不殊"是一句古话。其中的"析"，义为"分开、分割、割裂"，比如常用的成语"分崩离析"中的"析"即为此意；"殊"，义为"绝、断"，比如常用的词语"殊死"中的"殊"即为此意。"析而不殊"，义为虽然分开甚至分割，却永不会断绝。典出《汉书·武五子传》："其明年春，(汉宣帝)乃下诏曰：'盖闻象有罪，舜封之，骨肉之亲，析而不殊。其封故昌邑王贺为海昏侯，食邑四千户。'"颜师古注："析，分也；殊，绝也。"昌邑王贺，名叫刘贺，汉宣帝的堂叔，在汉宣帝之前做了二十几天的皇帝，后因荒淫被废。这段话的意思是说，汉宣帝效仿舜，不但没有对有罪的兄弟治罪，反而分封他为海昏侯，并让他食邑四千户，这一切皆源于"骨肉之亲，析而不殊"的文化传统。

"析而不殊"用到两岸关系上，意谓大陆和台湾是同胞骨肉，虽暂时分开，但那份血浓于水的兄弟亲情不会断绝。

『内子』与『外子』

◎李学开

笔者曾在网上看到一个网友发的帖子，内容大致如下：内子今年 18 岁，即将参加高考，因为心中无底，特意将内子的生辰八字公布出来，请求高手依据生辰八字作一预测，看内子能否金榜题名。

将自己的儿子称作“内子”，是误解了“内子”。

“内子”最先用来称呼卿大夫的嫡妻。《左传·僖公二十四年》：“（赵姬）以盾（赵盾）为才，固请于公（重耳）以为嫡子，而使其三子下之；以叔隗为内子，而己下之。”杜预注：“卿之嫡妻为内子。”叔隗和赵姬都是赵衰的妻子，但叔隗在先。赵盾是叔隗所生之子。

“内子”后用作妻子的通称。唐代白居易《赠内子》：“白发长兴叹，青娥亦伴愁。寒衣补灯下，小女戏床头。”这个“内子”指自己的妻子。《晏子春秋·杂下六》：“饮酒，酣，公见其妻曰：‘此子之内子邪？’晏子对曰：‘然，是也。’”这个例子中的“内子”是指别人的妻子。

不过，“内子”今天专用以称自己的妻子。徐特立《致廖局新的信》：“我家仅剩两老一小，在我是无所谓，但内子时刻不忘情儿女，也觉可怜。”

和“内子”相对的是“外子”，是妻子用来称呼丈夫的。这大概与中国传统的“男主外，女主内”文化传统分不开。古时女子很少有自己独立的社交机会，因而“外子”这个称谓被派的用场也就相对较少。另外，“外子”也可以用来称呼外妇所生的儿子。今天“外子”一词用得更少。2010 年第 3 期《厦门文学》发表了一篇《“内子”之威与“外子”之畏》的文章，标题中的“外子”指的是“丈夫”。清代钱大昕《恒言录》卷三：“梁徐悱有《赠内诗》，又有《对房前桃树咏佳期赠内诗》，其妻刘氏有《答外诗》。内外之称，起于是矣。”

这是"天伦之乐"吗

◎阳　超

湖南卫视最近的热播电视剧《宫》(又名"宫锁心玉")第26集中，良妃娘娘为了阻止晴川与八阿哥相恋，便亲自去找被皇上贬入辛者库为奴的晴川。良妃娘娘刚走进辛者库，众奴便向良妃娘娘请安，良妃娘娘对众奴说："都起来吧。该怎么着就怎么着。不要因为本宫的到来而打扰了你们的天伦之乐。"

从良妃娘娘说的这句话来看，她是想用"天伦之乐"来形容辛者库中众人相处时的快乐。那么，"天伦之乐"这个成语能这么用吗?不能。

"天伦之乐"出自李白《春夜宴从弟桃李园序》："会桃李之芳园，序天伦之乐事。"什么是"天伦"呢?《穀梁传·隐公元年》："兄弟，天伦也。"范宁注："兄先弟后，天之伦次。"后来泛指父子、兄弟、夫妻等亲属关系。由此可知，"天伦之乐"应是指亲人之间团聚的欢乐，不可用于形容朋友、同事等关系之间相处的快乐。

影片中，辛者库里面的众奴，也许少数人之间存在亲属关系，但众奴之间不可能都存在各种亲属关系。因此，他们之间的快乐也就不宜用"天伦之乐"来形容。

《火眼金睛》提示

图1，"体质改革"应为"体制改革"。"医药卫生体质"说不通。

图2，"演驿"应为"演绎"。

图3，"厥粉"应为"蕨粉"。

图4，"保键"应为"保健"。

栏杆误作铜镜

◎子　京

2011年2月4日央视《百家讲坛》播出的《中华孝道(四)　孝的真相》里，主讲老师讲了个故事。讲之前，字幕上打出了“朱云折鉴”四个大字。故事说的是，朱云请求汉成帝赐给一柄尚方宝剑，斩安昌侯张禹。张禹是汉成帝的老师，是丞相。要斩帝师，皇帝不允，命人将朱云拿下。讲完了，字幕又打出了同样的“朱云折鉴”四个大字。这就弄错了。《汉书·朱云传》上说：“御史将云下，云攀殿槛，槛折。”主讲老师讲的是弄断了殿前的栏杆，没错。朱云攀的是“槛”，不是“鉴”。

“槛”有 jiàn 和 kǎn 两读。当栏杆讲时应读 jiàn。“鉴”本来是我国古代的一种盛水的容器，形似大盆。在青铜镜出现之前，古人常用盛满了水的鉴来照影。有了青铜镜之后，铜镜也被称为“鉴”。

朱云攀折的栏杆，那是“槛”，不是盛水的“鉴”，更不是铜镜。朱云敢于直颜犯上，请斩帝师，被后世许多人歌颂。如卢照邻《咏史四首》中有“天子玉槛折，将军丹血流”，杜甫《秋日荆南述怀三十一韵》中有“扬镳随日驭，折槛出云台”。

『铁券』误作『铁卷』

◎刘铁追

春节期间《包青天之七侠五义》在电视台热播，在“玉蝴蝶”一节中，多次说到太祖皇帝御赐定国公的一种凭证。令人遗憾的是剧中人物均读成了 dān shū tiě juàn，字幕打出的是“丹书铁卷”。正确的应为“丹书铁券”。

丹书，原是用朱砂写的字；铁券，铁制的凭证。“丹书铁券”是封建帝王颁发给功臣、重臣世代享受优遇或免罪的一种带有奖赏和盟约性质的凭证。将帝王诏书阴铸于铁板之上，笔画凹陷处填上朱砂，故名。铁券制度最早滥觞于战国时的铜节。据史料记载，汉高

"息烽集中营"在哪里

◎傅　宏　刘　恒

抗日题材电视剧《特战先锋》第1集里出现集中营的画面时，字幕上显示的是“重庆息烽集中营”。错矣，息烽集中营并不在重庆，而在贵州。

抗日战争时期，国民党在重庆的歌乐山、贵州的息烽和江西的上饶先后建立了三个集中营。其中，息烽集中营位于息烽县城南，距贵阳60多公里，当时对外挂牌“国民政府军事委员会息烽行辕”。息烽集中营1938年11月设立后，关押过许多著名人物，如罗世文、杨虎城、黄显声、马寅初、宋振中(外号“小萝卜头”)等，共计1200多人。到1946年7月撤销时，仅剩72人被转移到重庆渣滓洞和白公馆监狱关押。1988年集中营旧址被国务院列为全国重点文物保护单位。

在国民党军统局内部，息烽集中营因规模最大、等级最高、管理最严，被称为“大学”，而歌乐山下的渣滓洞、白公馆只是“中学”，重庆望龙门看守所则称“小学”。不过，若论“知名度”，却以渣滓洞、白公馆更为臭名昭著。

也许由于这个原因，电视剧中出现了如此张冠李戴之误。

祖刘邦夺取政权后，为巩固其统治，笼络功臣，颁给功臣丹书铁券，作为封侯的凭证。《汉书·高帝纪下》：“又与故臣剖符作誓，丹书铁券，金匮玉室，藏于宗庙。”

“券”，读 quàn，义为契据、凭证，多由竹、木刻成，分为两半，双方各执其一作为凭证。“券”要分成两半，故从刀。《史记·孟尝君列传》：“酒酣，乃持券如前，合之。”现代汉语中“券”也是作为票据、凭证的意义来使用，如：公债券、入场券、证券交易。

“卷”读 juàn 音时，其意义是书卷、考卷、文书，如“手不释卷”；另一意义是作为量词，如“读书破万卷”。“卷”是绝对没有凭证的意义的。

作为皇帝御赐给功臣的凭证，理应写为“券”而非“卷”。史书上也未见“丹书铁卷”的说法。

向你挑战

夫妻情深

（文中有10处差错，你能都找出来吗？答案见本期）

◎若 木 设计

启功先生是一位响誉海内外的艺术大师。在他心目中，有一位永远难忘的人——他的妻子章宝琛。

启功21岁中学毕业时，在母亲的包办下，与从未见过面的章宝琛成婚了。章宝琛不通文墨，而且是带着一个拖油瓶弟弟一起嫁过来的。婚后，她觉得丈夫是个值得托付终生的人，每日任劳任怨地操持家务。启功对她也由“同情”逐渐转化为“爱情”。启功的母亲1956年病逝时，启功于悲恸中顿悟了妻子持家的艰辛，竟忍不住双膝跪下一拜，叩谢贤妻。

经过努力，启功的书法艺术当时已崭露头脚。孰料1957年的反右运动，启功也难逃劫难。一天，妻子不解地问他怎么会划上了右派。启功宽慰她说：“我参加过土改，划什么‘分子’都有比例。这个‘右派’也是有比例的。你想想，咱们是封建家庭，皇室残渣，受的是根深蒂固的封建教育。既然有比例，就有凑数倒霉的，在下就是一个。”

妻子听后，没有怨天忧人，而是给他鼓励，劝他埋头写书，不缀书画。妻子又变卖了首饰，换了钱来给丈夫买资料。

“文革”时期，启功遭拘留审查。幸亏章宝琛有胆有识，早把启功的书画文稿统统包裹埋藏好。红卫兵多次前来抄家，一无所获。一位红卫兵逼问到：“启功！你是清朝的孝子贤孙，封资修的东西一定不少！”启功也幽了一默：“实话实说吧，‘资’没有，‘修’也没有，就是有‘封’。不过，老朽虽系皇室后代，想当‘孝子贤孙’还当不上呢……”

1975年的某天，弥留之际的妻子拉着启功的手，指点了书画文稿的埋藏之处。妻子去逝后，启功找出来一看，发现自已多年沤心沥血所作的书画文稿，用一层层的牛皮纸外套塑料膜包裹着，完好无损！

带一堆问号过来　带一双慧眼回去

"咬文嚼字"讲习所第十二期招生

全新亮相　三大变化

明确主攻方向：
1. 通报检测结果
2. 分析高频差错
3. 研究疑难杂症

改革课堂教学：
1. 重视观察语言生活
2. 重视总结差错规律
3. 重视开展课堂交流

改变考查方法：
1. 从实战出发
2. 从实用出发
3. 从实效出发

【开班时间】
2011 年 6 月 7 日 -6 月 12 日

【办班地点】
上海市钦州南路 81 号出版大楼

【报名方式】
电话：021-64516520,64516537
电子邮箱：moshujiang@163.com
信函：上海市钦州南路 81 号
出版大楼 16 楼(200235)

脚印在后面　目标在前面

第三期教师授课

第七期课堂一角

第十期开班仪式

好消息

24小时不缺货

网店货源充裕，本公司出品的图书与期刊一应俱全，更有礼盒装图书供珍藏。新店开张，让利多多，欢迎读者朋友们浏览选购。

咬文嚼字官方网店有专属域名啦！

地址更好记：

http://yaowenjiaozi.taobao.com

火眼金睛

图中差错知多少？

（答案在本期找）

宋文洪 马志强 彭 玮 潘建荣 供稿

1 2 3 4

ISSN 1009-2390

05>

9 771009 239111

YAOWEN-JIAOZI

咬文嚼字®

故宫用的这个"撼"字对吗?

请阅读第 4 页相关文章

6
2011

欢迎至邮局订阅本刊 邮发代号 4-641
国内统一刊号 CN31-1801/H
定价: 3.00元

上海文艺出版(集团)有限公司

“郝铭鉴与《咬文嚼字》座谈会”剪影(一)

2011年4月19日下午，上海文艺出版集团与上海市编辑学会共同主办“郝铭鉴与《咬文嚼字》座谈会”，来自出版界、语言学界、教育界的四十几位领导、专家出席了会议。

集团党委书记胡国强主持座谈会。

集团社长张晓敏宣读贺信。

《辞海》常务副主编巢峰：郝铭鉴是一个有思想的编辑，一个心中有“灯”的编辑。

上海出版工作者协会原主席江曾培：《咬文嚼字》的成功，对中国从出版大国走向出版强国有启示意义。

华东师范大学出版社社长朱杰人：刊物的品格体现着主办者的智慧和人格。

上海市编辑学会会长贺圣遂：郝铭鉴创办的是一本通俗易懂的小刊物，却产生了巨大的社会影响。

“家鼠院”？

邢新锋/文　　叶　珺/画

曾在一个居民小区门口见到一张通告，其中说：“礼拜六上午8点××家鼠院活动中心有中老年健康保健讲座……”“家属院”竟然误成了“家鼠院”！难道让人到老鼠窝里去听讲座？

咬文嚼字®

2011年6月1日出版

6

总第198期

主管：上海文艺出版(集团)有限公司
主办：上海咬文嚼字文化传播有限公司
编辑：《咬文嚼字》编辑部
集团网站：http://www.shwenyi.com
E-mail：yaowenjiaozi2@163.com
电话传真：021-64330669
发行电话：021-60878388
邮购电话：021-60878392
地址：上海市打浦路443号荣科大厦17楼
邮政编码：200023
发行：上海市报刊发行局
发行范围：国内外公开
订阅处：全国各地邮局
国内代号：4-641
ISSN1009-2390
CN31-1801/H
印刷：江苏太仓印刷厂有限公司
广告经营许可证：沪工商广字
3100320050020号
定价：3.00元

语林漫步

故宫“撼”事

◎任达风

北京城里有座故宫。它是历史的遗迹,也是文化的标志。凡是到北京旅游的人,没有不去故宫的。人们不是去朝拜封建帝王,而是想直接感受一下历史的厚重。然而,没有想到的是,就在这国宝荟萃之地,人文氤氲之所,竟然上演了一出斯文扫地的闹剧。

先是一个身高不足1.6米、体重不到100斤的小毛贼,以钻栏杆、砸玻璃的没有任何技术含量的手法,盗走了9件文物,让国人目瞪口呆。接着是在破案之后,故宫送给北京市公安局的锦旗上,出现了一个小学生也能看出的错字。那上面写的是“撼祖国强盛,卫京都泰安”,其中的“撼”字应该是“捍”,引起网友一片“尖叫”。本以为故宫会为此汗颜,谁知随后来的却是某负责人的强硬表态:“撼”字没错,非但没错,还显得厚重,如同“撼山易,撼解放军难”的“撼”字一样。……真是一波未平,一波又起,跌宕起伏,出人意料,犹如一部韩剧。

说老实话,我对锦旗上的错字,开始并没感到惊讶。这些年来,错字如过江之鲫,早已锻炼了我们的神经。我见过高等学府校庆时把“鹏程万里”误为“鹏程万裏”,见过国家级比赛奖牌上“篮球赛”误为“蓝球赛”,见过政府公告里把“国计民生”误为“国际民生”,见过大会会标上把“第一届”误为“第一界”……锦旗上有个错字，还不是小菜一碟？当然，无论写错还是用错，都不是什么光彩的事，当事人应该吸取教训，但别人不必大惊小怪。何况，“撼祖国强盛，卫京都泰安”这十个字，稍有文字感觉的人，都能看出是硬着头皮凑出来的，没有多少文化可言。如此追求古奥，装腔作势，很容易跌进文字陷阱。

真正让我感到惊讶的，是有关负责人的态度。故宫不愧为故宫，错到如此程度，依旧是一副皇家气派，指责别人不识“厚重”。可惜，笨拙如我者，真不知道这个“撼”字“厚”在哪里，“重”在何方。“撼山易，撼解放军难”，分明说的是解放军是钢铁长城，即使山可以撼倒，解放军也岿然不动。可见，解放军是“撼”不得的。搬出这句话来，说明某负责人连“撼解放军难”的意思也没明白，自己打了自己耳光。如果说这个“撼”字不错，那我只能说一定是“卫”字错了。锦旗上应该写的是：“撼祖国强盛，畏京都泰安”。

在我写这篇文字的时候，故宫的官方微博上刚贴出“道歉声明”。知错能改，善莫大焉。迷途知返，就不应该揪住不放。可是读了这篇“声明”以后，我却如骨鲠在喉，不吐不快。因为在这篇声明里，我看到的只是推卸责任，只是掩盖事实，只是继续忽悠公众，缺乏起码的认真和诚恳。为了弥补一个谎，只能再撒十个谎。故宫已经走入了这一怪圈。

“声明”里说：“此次赠送锦旗由院保卫部门负责联系、制作，由于时间紧，从制作场地直接将锦旗带到赠送现场，未再交院里检查。”注意，这里说的是“未再交院里检查”，可见前面是交院里检查的，那么最初送审的是“捍”还是“撼”？如果原来就是“撼”，再检查有什么意义？如果原来不是“撼”，那么多人在场为什么没有发觉？而且，代表故宫送锦旗的就是故宫副院长，这有照片为证，把责任推到保卫部门头上，未免太不厚道了吧？

“声明”里说：“下午媒体播出后，院里才发现把‘捍’写成‘撼’的严重错误。”这个“下午”，是指5月13日的下午。既然已经发现了，为什么13日晚上还要对外

“我们诸位”说谬

◎沈卢旭

中国教育电视台播放的电视连续剧《民国往事》第30集有个情节：北伐时期，国民革命军负责情报的处长严韧奉总司令之命策反北洋军的三个将领。严韧跟这三位将领会面后，宣传北伐军势如破竹的战果，陈说对北洋军极端不利的形势，要三人认清利害下决心弃暗投明。三个北洋军将领中的一个直截了当问严韧：“国民革命军能给我们诸位哪些保障？”

笔者以为这句说白中的“我们诸位”有明显的语病。理由是：“我们”，代词，是说者总称自己这一方，既指“自己”，也同时指在场的另外两位。“诸位”，也是“代词”，就是“各位”，但“诸位”

坚称“撼”字不错，14日继续声称事前曾就“撼”字的用法请教过专家，这不是自相矛盾吗？既然院里已认定是“严重错误”，为什么在长达三四天的时间里一声不吭，听任下属在外面强词夺理？社会上为一个“撼”字闹翻了天，院领导却“任凭风浪起，稳坐钓鱼船”，在现代传媒时代，这可能吗？

真没想到，一个“撼”字，引起了这么大的风波。在故宫的历史上，这是一件难以抹掉的“撼”事。我们从中看到的，主要还不是文字水平的下滑，而是道德标杆的跌落。

被毛贼盗走的文物，公安部门可以再追回来；被无知和谎言凌辱的文化尊严，我们还能追回来吗？

是说者指称对方的总称；比如严韧对三个北洋军将领说话时，称对方的总体可用“诸位”。由此可以认定这个北洋军将领说了“我们”，再连用“诸位”是错误的。

由于这是口语，不一定要求说得精练，说得繁复一点也是可以的，例如这句话也可说：“国民革命军能给我们几个哪些保障？”原话用“诸位”则肯定是不对的。

剧作使用语言不当是现时的普遍现象。笔者再随便举个例子：电视连续剧《地下地上》，共产党谍报人员刘克豪化名乔天朝打入国民党保密局沈阳站卧底。刘因救过沈阳站头头徐寅初处长一命，取得了徐寅初的信任。乔天朝为执行地下党组织交办的某项任务，携“妻子”深夜上徐寅初家。徐寅初说：“你们深夜到我府上必定有事。”这个“府上”就让人哭笑不得。所谓“府上”，是客人称主人的府邸时使用的敬辞，而不应该由主人来自称。根据剧情此处可用谦辞“寒舍”或“舍下”。

人物语言，有时可以根据特定人物、特定需要突破语言规范的制约。例如电视连续剧《李卫当官》，李卫聪明机警能干，但是个文盲。有一次，李卫的倔驴脾气气走了跟他有婚姻之缘的已故御史岳子风之女思盈姑娘，李卫妈就怂恿李卫娶她中意的小丫头石榴，说：“这姑娘洗干净了要脸蛋有脸蛋，要屁股有屁股。”李卫气得将头往门上撞，说：“我怎么生下这么个妈呀！”李卫的这句话当然完全不通，而且滑稽可笑，但符合李卫情急时口不择言的心态，符合李卫率真的个性。

《民国往事》中那个北洋军将领说的“我们诸位”和《地下地上》中徐寅初处长说的“到我府上”也是人物语言，但《民国往事》的剧情并不需要表现那个将领的文化程度之低；《地下地上》的徐寅初是个保密局处长，当然有较高的文化水准，按此人的身份、应有的修养，也完全不可能错用“府上”这样的词语。

众矢之的

谁家周刊最给力(六)

本期目标：

《南都周刊》

2011年第6期

青年警察“参与血案”了吗

◎屠林明

2011年第6期《南都周刊》刊载的文章《杀手阿乙》，说艾国柱(笔名阿乙)先前是一个青年警察，后来厌倦了自己“困兽”一般的职业，辞职做起了媒体编辑，业余从事小说创作。“他作为三级警督参与或旁观过的血案，还有他那八年抗战般的初恋”，都成了他小说中挥之不去的背景。这就让人困惑了：不管是什么人，“参与”血案就是凶手，是要被追究刑事责任的；“旁观”血案更是离奇，对一个警察来说，职业操守不允许他在遇见血案时袖手旁观。这不太合常识。

根据文章内容，青年警察艾国柱并没有参与或旁观过一次血案。警察的职责之一是侦查案件。在他的警察生涯中，应该参与过侦查血案的活动；也应该知晓一些自己没有直接参与侦查的血案的来龙去脉。这些特殊的经历与知识积累，后来成为他小说创作的背景，是很自然的事。估计上述文章作者想说的也是这个意思吧，只不过是表述时词不达意，结果把意思说走样了。

“参与或旁观过的血案”，改说为“参与侦查或知晓的血案”，表意庶几接近事实。否则，岂不是要诬陷艾国柱同志了？

粮食怎会是“种养”出来的

◎凌　名

《南都周刊》第 31 页，刊载的是“封面报道”之一《大田寨全家福》，图文并茂，讲述广西壮族自治区贺州市的一个村子——大田寨的生产生活情况。在介绍“杨瑞贯一家”时，报道中说：“年逾六十的父母在家务农……自己所种田地共 5 亩，养殖 2 头猪……种养的粮食也只够自己生活。”这里存在两处修辞问题。

其一，用词不当。“养殖”义为培育和繁殖，一般应用于形成了一定规模的产业。说某人从事“养殖”，那就是说他以此行业谋生。比如，秦牧《艺海拾贝·菊花与金鱼》：“那些栽培菊花和养殖金鱼的老行尊，不但要满足群众的这种心愿，自己也充满了劳动创造的豪情胜概。”这里的“老行尊”是把“养殖金鱼”作为职业的，而不是颐养性情地喂养几尾而已。一个农家喂养“2 头猪”，谈不上什么规模效益，宜改“养殖”为表义宽泛的口语词“喂养”。

其二，语词搭配不当，“种养的粮食”说不通。“种养”是指两种不同的劳动：“种”即种植，指栽种植物或庄稼，如“种胡桃”“种小麦”等；“养”，义为饲养（动物）、生育抚养（小孩）、培植（花草）等，如“养花”“养猪”等，其对象不能是玉米、麦子、高粱、水稻等粮食作物。有时，“种”与“养”两种产业可以同时进行，如依托农田发展畜牧业，利用稻田、茭白等水田的空间或季节差放养鸭子、土鸡等。但是，“种养的粮食”这一说法不能成立，因为粮食是“种”出来的，而非“养”出来的。

新娘回娘家喝的是“于归酒”吗

◎饶中源

《南都周刊》刊登的报道《马桥印象》中说：“在马桥玩了几天，我听到消息，跑去几里外平江县的青林村蹭吃喜酒。确切地说，是出嫁女儿过年回娘家的‘于归酒’。”可能作者真的有点喝高了——“于归”是指女儿出嫁，并非回娘家；据此，所谓“于归酒”，就应是指女儿出嫁时喝的喜酒，而非出嫁的女儿回娘家时喝的酒。

“于归”一词，典出《诗经·周南·桃夭》：“之子于归，宜其室家。”其中的“之子”，指这个女孩子；“于”是词头，无实在意义；“归”，义为出嫁。朱熹集传：“妇人谓嫁曰‘归’。”传统的夫权社会，对女子要求“三从四德”，适龄女子出嫁到夫家，被认为是一种合乎伦理的“归”的行为，夫家才是一个女子人生的最终归宿。在现代汉语中，“于归”显得有点冷僻；但在古汉语中，“于归”出现的频率并不低。比如，清李渔《蜃中楼·双订》：“他日于归，不知嫁着甚么男子，好生愁闷。”

已出嫁的女子回娘家省亲，典雅的说法叫“归宁”。明代散文家归有光的名篇《项脊轩志》中就用到了这个词语：“吾妻归宁，述诸小妹语曰：‘闻姊家有阁子，且何谓阁子也？’”上述报道说的“出嫁女儿过年回娘家”时喝的酒，可以称作“归宁酒”。

“于归”和“归宁”都是古语词，都有一个语素“归”，但归的方向正好相反，不可混用。

抗旱，需要“甘露”还是“甘霖”？

◎黄典荣

《大田寨全家福》一文说，大田寨缺水，村民只能打深井来缓解农耕时的用水难问题。“尽管如此，该村每年也只能种植春季一季水稻，而秋季则只能期盼天降甘露了。”此处表述有问题。甘露是否“天降”姑且不论；这里说缺水灌溉的村民期盼“甘露”，肯定是说岔了。

“甘”，就是甜美；“甘露”，即甘美的露水。《汉语大词典》《现代汉语大词典》《辞海》等大型工具书“甘露”条的解释，也是如此。常识告诉我们，甘露虽然甜美，但数量毕竟稀少。对缓解旱情来说，即使有用，也只是杯水车薪。

根据语境不难推断，大田寨村民们期盼的应该是“甘霖”。“霖”，《说文》解释说“雨三日以往也”，义即久下不停的雨；“甘霖”，就是甘雨，即久旱以后下的雨。唐人孔颖达解释说:“云甘雨者,以长物则为甘,害物则为苦。”古人从事农业生产,靠天吃饭,遇到旱灾时,他们就祈求上苍能普降甘霖。比如,《三国演义》第二十九回,东吴大旱,道人于吉奉命祈风祷雨时,对百姓说:“吾求三尺甘霖,以救万民。”人们遇到旱灾,祈求的都是“甘霖”,从无“期盼天降甘露”之说。

误用“反倒”,意思说反

◎董鸿毅

“不仅”作为连词,可以表示递进关系。这又可细分为两种情况:一种是用在“不仅……也(还、而且、并且)”的句式里,表示后者比前者范围更广,或者程度更深,或者数量更多,如“他不仅学习好,而且品德佳”。这一句式是递进关系复句的典型格式。另一种是用在“不仅……反而(反倒、相反)”的句式中,表示后者对前者来说,是从否定方面更进一层,如“吵架不仅无助于问题的解决,反而会使矛盾复杂化”。

《南都周刊》刊载的《反社会身体》一文说,在有些人看来,肥胖是道德放纵及懒散的明证,“听起来,胖人或是邋遢的人不仅是生理上的问题,反倒成为了一个道德问题”。这里的“不仅……反倒”,应改用“不仅……而且”。

这里先不论“邋遢的人”。我们知道,肥胖对于健康来说,是一个不利的因素;在今日以瘦为美的审美观念中,胖人在外观上也是谈不上美的。说肥胖是“生理问题”,这是一个客观的陈述,不含价值判断,对胖人也并无多少批评之意;但说肥胖是“道德问题”,则显然成了价值判断,有明显的批评意味,这就把原本生理问题的肥胖一下子上升到道德层面进行考量,明显地流露出了对胖人的歧视。可见,上述引句对肥胖这一现象的否定,前后两个小句逻辑上是典型的递进关系。所以,上述两个小句连起来说,就应说成“胖人或是邋遢的人不仅是生理上的问题,而且成为了一个道德问题”。这么说才顺畅。

借题发挥

“卓而不群”？

◎徐世华

2011年3月5日，《美术报》第20—21版刊有一篇介绍青年画家张立奎绘画成就的文章，黑体大标题十分醒目：“承古开今·卓而不群”。读者朋友稍稍留意便会发现，“卓而不群”有误，应是“卓尔不群”。

“卓尔”源于《论语·子罕》：“如有所立，卓尔。”皇侃疏：“卓尔，高远貌。”“尔”文言释作“……貌”，白话释为“……的样子”。“卓尔”即高远突出的样子。类似结构的词还有“莞尔”“宴尔”“率尔”“蕞尔”等等。“不群”即出众。“卓尔不群”是个成语，义同“超群绝伦”，形容品德才能非常出众，超出一般。语本《汉书·景十三王传赞》：“夫唯大雅，卓尔不群，河间献王近之矣。”

“而”是转折连词，相当于“但是”。“×而不×”，为成语常用句型，一般也有转折意，强调前后情况的对比，如“华而不实”“肥而不腻”“富而不骄”“和而不同”，等等。如果这样理解，“卓而不群”的意思是“卓越但是出众”，这显然不通。况且成语的结构具有稳固性，不能随意改字。

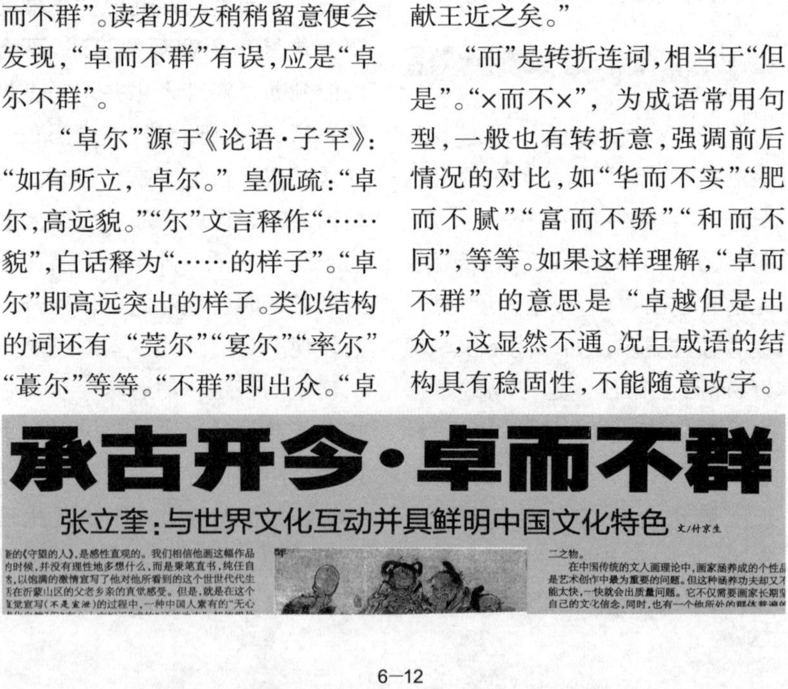
承古开今·卓而不群

张立奎：与世界文化互动并具鲜明中国文化特色 文/付京生

的《守望的人》，是感性直观的。我们相信他画这幅作品的时候，并没有理性地多想什么，而是秉笔直书，纯任自然，以饱满的激情宣写了他对他所看到的这个世世代代生活在沂蒙山区的父老乡亲的真觉感受。但是，就是在这个直觉宣写（不是宣泄）的过程中，一种中国人索有的“无心

二之物。

在中国传统的文人画理论中，画家涵养成的个性品是艺术创作中最为重要的问题。但这种涵养功夫却又不能太快，一快就会出质量问题。它不仅需要画家长期坚持自己的文化信念，同时，也有一个他所处的

旧衣服不等于『二手衣』

◎屠林明

“‘二手衣’无处捐赠扔了可惜”，这是2010年11月2日《新民晚报》A24版头条报道的标题。题中的“二手衣”令人疑惑。

“二手”中的“二”，与“二传手”“二房东”“二婚”“二流”“二线”等词中的“二”，都是第二的意思。“二手”，指通过第二人转手得来的也就是间接得来的事物。别人从商场买来货物，再转手卖给你，你得到的就是二手货。房产市场上的“二手房”，就是指从原来的房主手中转手买来的房子。这房子经过了第二次买卖。

照此理解，“二手衣”应该是指从别人手中得来的衣服。换句话说，是别人转手卖或赠予的旧衣服。然而，从报道内容看，上述标题中所说的“二手衣”，却是指旧衣服，即自己穿过的却已不想再穿的衣服。对于这些旧衣服的所有者来说，它们是直接从商店买来的，决不是什么“二手衣”。只有通过买卖或捐赠从而使这些旧衣服的主人发生了变化，这些衣服才可称为“二手衣”。

旧衣服如同旧房子，房子再旧，只要原来是直接从房产开发商那儿买来的，就不是“二手房”。

“二手衣”无处捐赠扔了可惜

市民政局：市民可向街道或城镇经常性社会捐助接收点捐赠

放假在家整理衣橱，理出一大堆“食之无味、弃之可惜”的旧衣服。可捧着这两箱衣服，张先生却犯了愁：“我打电话给一些慈善机构 都说不要。明明是好的衣服，为啥没人愿意接收呢？”据了解，许多市民都有类似“捐衣无门”的困惑。记者从上海市民政局了解到，本市目前有300多个经常性社会捐助接收点，市民可上网或致电查询地址。

市民捐衣没方向

张先生告诉记者，这两箱衣服都是女儿的：“她是个外企白领，平时爱买衣服，没穿几次又不穿了。最近要搬家，就在休息天理出两大箱衣服来，说要扔掉。我看看这些衣服都有八九成新，有件羊绒大衣还是全新的，扔掉实在太可惜，就想找个地方捐掉。”

没想到，找个接受捐赠的地方

社会捐赠，此项目已持续近20年。但自2004年开始，一年一次的捐赠已无法满足需求，便设立了经常性社会捐助接收点，方便市民随时、就近捐赠。今后，这些接收点还准备向国外自我生存的捐赠模式学习，并将物资范围拓展到旧电器、旧电脑等，“但这需要处置能力和成本投入，目前尚不可行”。

采访中记者了解到，9月14日上海市民政局网站主页改版，将

“篦”乎？“滗”也！

◎朱烈荣

2011年1月8日，《井冈山报》第2版刊有一篇题为“山泉水中篦出‘金’”的文章。文章说的是，姚某成功创办了玉峡山泉天然饮用水厂，在水中淘出了“金”，赚了钱。笔者想说的是，标题中的“篦”写作“滗”更妥帖。

“篦”字读音为“bì”，本指一种比梳子密的梳头用具，也指用篦梳头，剔除发垢。杜甫《水宿遣兴奉呈群公》中有诗句：“耳聋须画字，发短不胜篦。”“篦”难以准确表达出“从水中淘金”的意思。而“滗”的读音亦为“bì”，其意思是“挡住渣子把液体倒出来”，如“把汤滗出去”。孔厥、袁静《新儿女英雄传》第七回：“大水看药吊子里熬剩半罐儿了，新滗出来，满满一小碗。”而上述文章想表达的意思是“流出来的是山泉，留下来的是金子”，用“滗”字才能“达意”。

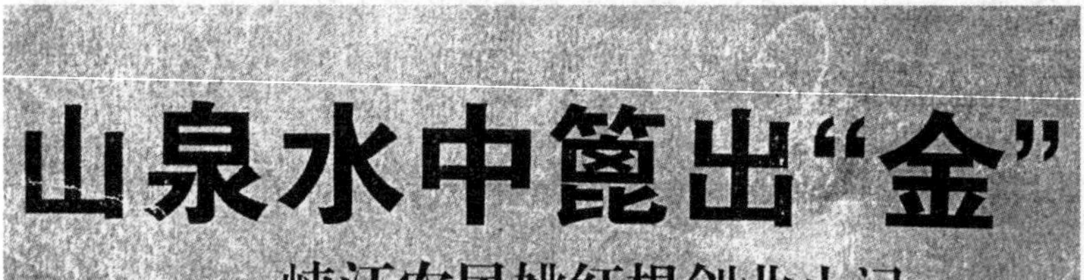

山泉水中篦出“金”

——峡江农民姚红根创业小记

就这样，他在1990年中学毕业后登上了下的火车，前往广州、福建等地打工，边打边学习发达地区的公司管理模式与管理

边开了一家副食品店，等待第二次创业机会的来临。

在开副食品店时，姚红根细心地发现

“思而不学”怎会“怠”

◎阎德喜

“学而不思则罔，思而不学则怠。”这是《黑龙江广播电视报》今年3月21日至3月27日一期刊登的《弄清学问　疑而后信》一文中的一句话，其中“怠”应为“殆”。

“学而不思则罔，思而不学则殆”，是孔子说的，见于《论语·为政》。意思是：只学习而不思考就会迷惘无获，只苦想不学习就会疑惑不决。殆，即疑惑。而“怠”的意思是懒惰、松懈。误“殆”为“怠”，显然讲不通。

应为“山高水低”

◎余竞跃

《新水浒传》第50集中，插翅虎雷横误打死白秀英而锒铛入狱，他对前来探望的好友美髯公朱仝说：“若我有个山高水长，请你照顾我的母亲。”

山高水长，原比喻人的风范高尚，流传久远，后也比喻恩德深厚。如范仲淹《严先生祠堂记》：“云山苍苍，江水泱泱。先生之风，山高水长。”这个词用在《新水浒传》中的上述情境中显然不通。其实，这里应用“山高水低”一词。山高水低，比喻不幸的事，多指人的死亡。如《金瓶梅词话》六二：“李大姐，你放宽心，都在俺两个身上。说凶得吉，你若有些山高水低，迎春教他伏侍我，绣春教他伏侍二娘罢。”

此“二王”与彼“二王”

◎马鸿斌

《现代文人的隐与痛》（中国友谊出版公司2010年4月出版）中有《不假“毫毛之助”的杨树达》一文。文中说：上世纪50年代初，著名史学家陈垣曾写信给杨树达，建议杨“不要法高邮（指杨树达尊奉的清代高邮‘二王’：语言学家王引之、王献之)，而法韶山"(第 122 页)。括号内的文字弄巧成拙了。

过去,为了表示对有声望的人的尊敬,常常不直呼其名而以其地望代称。熟悉文史的朋友大都知道，高邮“二王”是指王念孙(1744—1832)、王引之(1766—1834)父子,二人都是训诂学家,江苏高邮人。父王念孙,著有《广雅疏证》《读书杂志》；子王引之，著有《经传释词》《经义述闻》等。而王献之(344—386)则是大名鼎鼎的书法家,祖籍琅邪(读 yá)临沂(今属山东),出生于会稽山阴(今浙江绍兴),与其父王羲之并称书家“二王”。此“二王”与彼“二王”,一属东晋,一属清代,前后相隔 1400 年之久;一为书法家,一为语言学家,除都姓王外,二者可谓风马牛不相及。

“尧尧者易折”?

◎高良槐

2011 年 3 月 18 日,《杂文报》第 4 版刊有《“完美”的价值》一文。文中说:“事实上的‘完美’,很难达到,即使达到了,也难以摆脱‘尧尧者易折,皎皎者易污’的命运——很快便会消解其固有色彩。”

引文中的“尧尧者易折”应为“峣峣者易折”。峣峣:高直的样子;折:损坏。“峣峣者易折,皎皎者易污”出自《后汉书·黄琼传》,意思是：性情刚直卓尔不群的人,往往容易横遭物议;品行高洁如玉石之纯白者,最容易受到污损。

“尧”是传说中的上古帝王名,“尧尧者易折”讲不通。

鹘抓不了兔

◎周　围

今年是农历兔年,1 月 31 日新华社发了一条通稿《专家说“兔”》,其中有这样的话:“中国与兔有关的成语典故有很多，如守株待兔、兔死狗烹、狡兔三窟、兔死狐悲、动如脱兔、龟毛兔角、兔起鹊落等等。”这里面的“兔起鹊落”当为“兔起鹘落”。

鹘,音 hú,打猎用的鹰一类的猛禽。“兔起鹘落”,即兔子刚跳起来，鹘就飞扑下去，比喻动作敏捷，也比喻绘画或写文章迅捷流畅。这个成语最早出自苏轼《篔筜谷偃竹记》："振笔直遂，以追其所见，如兔起鹘落，少纵即逝矣。"鹊，即喜鹊。只有鹘这种猛禽才能抓住兔子，喜鹊则无能为力。

《歌唱祖国》作者是施光南？

◎一　言

2011年2月5日，《北京晚报》第23版刊有《兔年的那些歌》一文，其中有这样一句话："那时，新中国建立不久，抗美援朝捷报频传，西藏即将和平解放，施光南的《歌唱祖国》正在全国唱响。"

《歌唱祖国》的作者不是施光南，而是王莘。1951年，在天津音乐学院任教的王莘创作了《歌唱祖国》。"五星红旗迎风飘扬，胜利歌声多么响亮，歌唱我们亲爱的祖国，从今走向繁荣富强……"从此响遍神州大地。1951年施光南还在上小学，还没有正式走向音乐创作的道路，不可能创作出这样气势磅礴的作品。

"零时工"与"临时工"

◎良　木

莫砺锋是南京大学教授，当代著名学者。南京大学文学院网站介绍其人生经历时有这样一句："1968年下乡插队，在江苏省太仓县和安徽省泗县务农、做零时工……"其中的"零时工"是"临时工"之误。临时工即临时招聘的工人，与正式工相对。

有人把零点（夜里十二点）称作"零时"，那么"零时工"即夜里十二点做工的人，显然没有这样的专门人员，莫教授也不是这样的人。

"灭绝人寰"？

◎哀江南

2010年12月2日，《周末》第24版刊有《石井四郎："细菌魔王"的诡异人生》一文，讲述的是

731部队的创始人石井四郎罪恶的一生。引言说:“在人类历史上,‘731’这个词,是与恐怖、魔鬼、惨无人道、灭绝人寰等字眼联系在一起的。”句中“灭绝人寰”是“灭绝人性”和“惨绝人寰”两词的杂糅。

绝:极尽;人寰:人世。“惨绝人寰”指人世间从未有过的悲惨,形容悲惨至极。灭绝:丧尽。“灭绝人性”指丧尽了人性,形容像野兽一样残忍。

“灭绝”和“人寰”不宜搭配使用。

应是“不啻”

◎李绍智

电视连续剧《老马家的幸福往事》第39集中有这样一个情节:马顺在学校受伤,送去医院急救,需要亲人输血,验血时却发现马顺不是马风的亲生儿子。这时传来画外音:她(指马顺妈)知道,对老马家来说,不缔是一场大地震(字幕逐字打出)。此处的“不缔”应该是“不啻”之误。

啻,音chì,作“但、只、仅”讲,如:不啻,何啻。缔,音dì,作“结合、订立”讲,如:缔交,缔约。

上述剧中显然应用“不啻”,而不是“不缔”。

“初入茅庐”要干啥

◎杨昌俊

2011年1月11日,《杂文报》第3版刊有《统计数,估计数》一文,其中说道:“我却替那些初入茅庐的统计员们感到遗憾,因为正是那些‘秘诀’,才是他们初当统计员所缺少的。”句中的“初入茅庐”是“初出茅庐”之误。

诸葛亮年轻时隐居在南阳,住的是草房,刘备诚心诚意去请了他三次,最后一次他才出来帮助刘备打天下。诸葛亮出南阳茅庐后,在博望坡用火攻大破曹军,威名大振。此曰“初出茅庐”。这个词原来是说诸葛亮刚一出手就打了胜仗,后来比喻才进入社会,缺乏经验。

诸葛亮是“出茅庐”,而不是“入茅庐”,上述文章显然弄反了。

“嵬集”何义

◎解志维

2010年第12期《老人世界》刊有《给“地上文物”安个家》一文，其中有这样一句话：“钱江潮高兴地拿过纸笔，写下了‘嵬集荆楚文化，发扬历史光辉’的题词。”有“嵬集”一词吗？没有！当是“蒐集”的误写。“蒐”是“搜”的异体字，“蒐集”即“搜集”。嵬读wéi，指山势高大耸立的样子，“嵬集”显然不通。其实规范的写法应是“搜集”。

慎用“不忍卒读”

◎田树君

2010年10月5日，《新华每日电讯》第2版刊有《活熊取胆汁，其状之惨不忍卒读》一文，文中报道了这样一件事情：为了给制药企业提供熊胆原料，养熊场在活熊体内抽取胆汁，活熊痛苦的哀号、被铁马甲固定的惨状令人同情。笔者想说的是，标题中的“不忍卒读”不恰当。

“不忍卒读”的意思是不忍心读完，常用以形容文章内容悲惨动人。而活熊取胆汁的凄惨是一件生活中的真事，而不是文章。报道者是亲睹其状而不是在读文章，所以不存在“读”的问题。如把“其状之惨不忍卒读”改成“其状惨不忍睹”就准确了。

“难以赘述”？

◎金水苑

“富二代”的名单，可以开列出一大串：李嘉诚的小儿子李泽楷，美的何享健之子何剑锋……而不知名的“富二代”，或者财富等级次之的“富二代”，其名单相信会更长，难以赘述。

这是《中国青年》杂志2010年18期《中国式“富二代”》一文中的一段话。句中的“难以赘述”值得商榷。

赘，本指“赘疣”，是一种皮肤良性增生所形成的结节。引申为“多余的”“无用的”。赘述，即多余的叙述。既为多余的叙述，自然也就无所谓难易，“难以赘述”是说不通的。

误把“纣王”当“历王”

◎长　军

2011年1月25日，《杂文报》第2版刊有《我为什么不写时评》一文，其中有这样一句话：“中国历史上有‘道路以目’的记载，这样的‘盛世’，5000年以降也就一回，那是在商纣王的时期……”商纣王是历史上有名的暴君，他的残酷统治，人们确实是敢怒而不敢言。不过，“道路以目”的事与他无关。

《国语·周语上》中《召公谏厉王止谤》记载：周厉王用暴政残酷地压迫老百姓，搞得民怨沸腾。一时间，人们议论纷纷。为了压制言论，周厉王派出许多密探去监视百姓，一旦发现有人非议朝政，马上抓去杀头。高压之下，人们在路上相遇，不敢交谈，只是彼此用眼睛互相看看，即“道路以目”。周厉王沾沾自喜，自以为“吾能弭谤矣”。三年后，“国人暴动”，周厉王逃亡到彘（今山西霍州）。

可见，造成“道路以目”的人是周厉王，而不是商纣王。

早来的“兔年除夕”

◎花启清

2011年2月2日，《中华读书报》第5版《这些天的那些事儿》关注“春节回家祭祖成部分人群信仰”的事，其中写道：“即将来到的兔年除夕，樊阳的小家还是没法团聚。他早早地告诉妻子，今年要回陕西过年，‘其他都可以随便，但这个没得商量’。”句中“兔年除夕”显然来得太早了。

文章所说的“除夕”是阴历庚寅年腊月三十，可是这个“除夕”尚属“虎”年，是“虎年除夕”，而不是“兔年除夕”。虎兔交替的临界点在阴历庚寅年腊月三十日二十四时，也即阴历辛卯年正月初一零点，此后便进了兔年，要到这个“兔年除夕”（辛卯年腊月廿九）还差整整一年。

十字街头

『金陵塔』还是『金铃塔』？

◎彭 勇

上海某剧院曾演出上海说唱名段《金铃塔》，但海报上写的是“金陵塔”。其实，据笔者所知，一些报纸、电视台、杂志、图书等介绍此剧时，有时也将“金铃塔”误成了“金陵塔”。这是相当遗憾的一件事。

《金铃塔》乃滑稽大师袁一灵先生的代表作。袁一灵 17 岁进癸酉社学戏不久，就参加了文明戏《孟姜女过关》的演出，那天饰演关官的演员让袁一灵非献艺不可。袁一灵很为难，因为他初学戏，拿不出什么绝活。无奈之中，突然想到从苏滩学来的、民间广为流传的绕口令《孩儿莲花落》，他于是就大着胆子上台演了。没有想到，不仅关官听得捋须抚掌频频点头，观众中也爆发出满堂掌声。从此，他便以毕生精力潜心构筑《孩儿莲花落》，后来便演绎成《金铃塔》。现在《金铃塔》是滑稽界的经典曲目之一。

有一次与上海曲协原副主席徐维新先生聊及当下媒体常误写《金铃塔》一事，他取出一本上世纪 60 年代初滑稽界权威鲍乐乐和笑嘻嘻整理的《金铃塔》手稿给我看，文中都是“金铃塔”字样。后来我又查阅了《上海文化艺术志》，其中的“曲艺”章节介绍：“袁一灵演唱的《金铃塔》注入描绘铃塔建筑雄伟精巧，歌颂劳动人民创造和智慧的内容。”可见，正确的写法应是“金铃塔”。

“文革”中，上海人艺滑稽剧团有个造反派无限上纲，硬诬《金铃塔》为《金陵塔》，与“南京政府”挂起钩来，使袁一灵为“金陵”二字吃足了苦头。上个世纪 80 年代初，袁老与徐维新先生说起“金陵”和“金铃”之别时，大有“不堪回首”的感慨，袁先生说：“里面唱词跟‘金陵’浑身勿搭界格么！”

唱词明明是“四只角上有金铃”“风吹金铃汪汪响，雨打金铃唧铃又唧铃”……与“金陵”搭啥界呢？

“⿰鱼花花店”长镜头

◎高云峰　郑飞洲

2010年9月2日，笔者途经上海徐家汇附近广元路与天平路口一片新近拆迁的街区，无意中发现墙上突然多了一行字，好像是告诉人们原先在这里的一家店搬到了向东50米的地方。因为路远，看不太清楚。(见下图)

走近一点儿看，其中一个字分外特别，引起了我的兴趣。来张大特写。

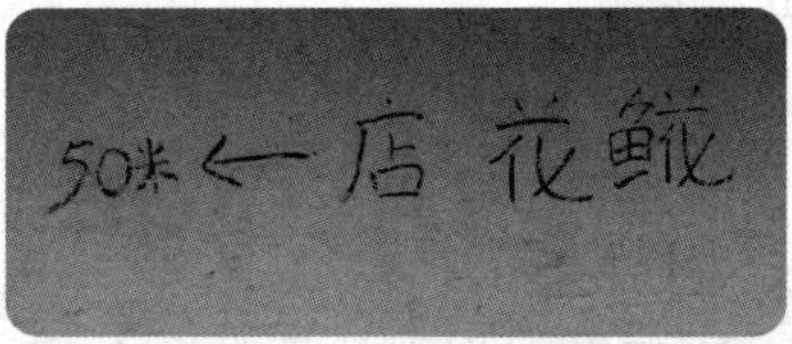

“⿰鱼花花店”!“⿰鱼花”?似曾相识，但绝对不可能是一个规范汉字。店主想写的到底应该是哪个字呢?不禁想一探究竟。

转到天平路上，又发现一行。

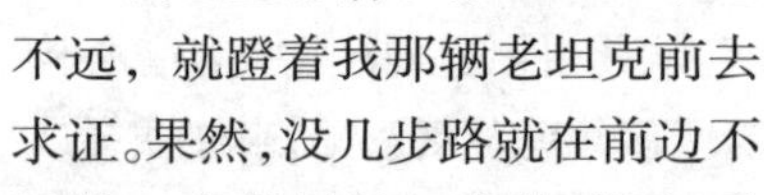

我心里有谱了。反正50米也不远，就蹬着我那辆老坦克前去求证。果然，没几步路就在前边不远处一家菜场的一角找到了!看来的确新搬入不久，生意一般，老板娘正悠闲地看着报纸呢!

我从数码相机里翻出几张照片给她看。老板娘的一番话，终于揭开了这个“神秘”汉字的谜团！以下是我们俩的对话实录：

笔者：这个字儿是您写的吧？（指着有“[鱼花]花店”的那张）

老板娘：对啊！……是不是写错啦？

笔者：那您看看这个呢？（指着有“鲜花店”的那张）

老板娘：啊！这个也是我们店！哦！我写错了！呵呵呵呵……（老板娘爽朗极了！）这行是我老公写的，他文化比我高。我写的时候也老觉着哪儿不对劲儿哪！原来右边应该是个“羊”！我当时怎么也想不起来！哈哈哈哈……我回头去改过来！

笔者：还以为您的店真是又卖鱼又卖花呢！

老板娘：别说，前两天我们俩还真是合计过打算要卖点儿鱼的呢！

笔者：那好啊，那您就甭改了！您干脆就拿这个字作为您的店招，保管新店生意兴隆！

老板娘：哈哈哈哈，那敢情好，谢谢谢谢！

瞧把她乐的！

后来再次路过那个路口，发现老板娘言出必行，还真的已经把那个字改过来了。看来她没听我的馊主意，脑子里一根规范汉字的弦儿还是上得蛮紧的呢。

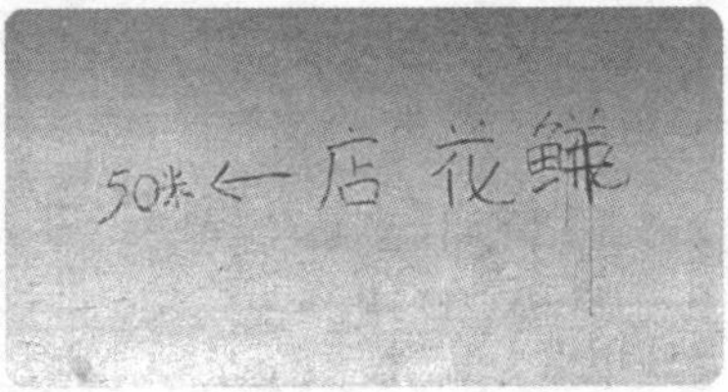

微型讲坛

“周吴郑王”别解

◎王　宪

在冯小刚执导的电影《唐山大地震》中，方登准备高考，因精神紧张引起头疼，养父母半夜到她的房间去抚慰并为她按摩。此后养母指责养父衣冠不整，养父辩解道：“这是在家里，我还穿得周吴郑王的？”

首先要指出的是，字幕中将“吴”误成了“武”。

在中华民族大家庭中，据说见于文献的姓氏可达5600个之多。成书于北宋初年的《百家姓》，收集了浩如烟海姓氏中的411个，后增补到504个。其中单姓444个，复姓60个。编者采用四字一组的方式，并巧设韵辙，读来顺口，易学好记。在此后的千余年中，《百家姓》与《三字经》《千字文》并称为儿童启蒙的三大读物。

《百家姓》并不依照各姓氏的人口数量排序，“赵钱孙李”成为前四姓，是因为百家姓形成于宋代吴越钱塘地区，因而宋朝皇帝赵氏、吴越国国王钱氏、吴越国王钱弘俶正妃孙氏以及南唐国王李氏成为前四位。五至八位的“周吴郑王”也各有所宗，周祚为南唐开国功臣，吴汉月为吴越国王钱弘俶之母，郑恩为汝南王，王审知为五代闽国开国君主。八位之后的就没有那么多讲究了。

吴姓在《百家姓》中位列第六，得益于吴越的国母。“武”就没有那么幸运了，则天武后人走茶凉，被排到了第250位。

上述影片即使不写别字，“周吴郑王”似乎也难以理解，因为按前后语境，应该用“正儿八经”或

也说汉字“横写”

◎王宗征

在几千年漫长的时间里，汉字一直延续“自上而下、由右向左”的“竖写”方式，而实行“横写”，则只有百余年的历史。

那么，汉字“横写”究竟始于何时呢？学术界有一种比较流行的说法，认为新文化运动的先驱者、《新青年》杂志编辑钱玄同最早提出汉字“竖写改横写”的建

“衣冠楚楚”才对。是不是影片用错词语了呢？似乎并不那么简单，冯氏语言可是颇具特色的。

《齐鲁晚报》的一篇文章解开了这一谜团。原来“周吴郑王”一语虽然是《百家姓》中一句现成的话，但它在济南话中指的却不是姓氏，而是：一本正经，穿着规矩。如：“别看他周吴郑王地坐那里，一头午一道题都没做完。”“你今们儿（今天）穿巴得周吴郑王的，干吗去啊？”这些地方，“周吴郑王”一语多含有戏谑、调侃、讥讽的味道。因此，“周吴郑王”实际要表达的意思是“假正经”或“穿着过于规矩”。

作姓氏的“周吴郑王”在济南话里怎么有了如此之含义呢？

原来，这和《百家姓》启蒙读物的性质有关。过去私塾先生要求严格，学生在读书时必须体态恭谨、端庄。又因为“周吴郑王”四个字中，有“周”和“郑”二字，“郑”与“正”同音，所以，“周吴郑王”就衍生出了“周正”之义。

“周吴郑王”的这种用法，全国好多地方如四川、河南、江苏、安徽等地也有。济南话在说这四个字时，其中“吴”字发生音变，读若第三声，听起来仿佛是“周武郑王”。这可能是《唐山大地震》误“吴”为“武”的原因。

议。1917年第三卷的第三期《新青年》上刊载了钱玄同致《新青年》主编陈独秀的公开信，第一次提出了汉字“竖改横”的见解，此后他又在《新青年》上连续发表四封公开信，积极倡导这一主张。钱玄同确实倡导过“竖改横”，但他并不是进行倡导的第一人。

早在清末宣统元年(1909)，就已有人进行汉字“竖写改横写”的尝试了。这一年，提倡文字改革的刘世恩写了一本书，叫《音韵记号》，是讲拼音方案的。为了便于书写拼音字母，这本书用的就是“横写”。新中国建立后此书有影印本出版，有兴趣的朋友可参阅。

1915年1月，上海出版的《科学》月刊“创刊号”，全部文字也实行“横写”，并使用了新式的标点符号。《科学》月刊是民国初年留美学生组建的“科学社”的社刊，编辑部长为杨铨，社长为任鸿隽，书记是赵元任，其宗旨是传播世界最新科学知识，在当时知识界影响很大，一度成为世界著名刊物。该刊在创刊号“例言”中说：“本杂志印法，旁行左上，并用西文句读，以便插写算术及物理化学诸程式，非故好新奇，读者谅之。”“例言”措辞委婉，向读者就“旁行左上”(即汉字横写)做出解释，但也向人们昭示汉字横写之方便。著名学者戈公振先生所著的《中国报学史》一书中也有介绍：“《科学》于民国四年（即公元1915年——笔者注)正月发刊于上海，为留美学生所组织之科学社之言论机关，以传播世界最新科学知识为旨，每月一册，分通论、物质科学及其应用、自然科学及其应用、历史、传记诸栏，其印法旁行左上，兼用西文句读点句，盖便于插写算学物理化学诸方式也。”(生活·读书·新知三联书店1955年3月第1版第186页）

由此可见，钱玄同并不是主张汉字横写的第一人，而且他的汉字“竖改横”的主张也没有被《新青年》采纳，《新青年》杂志也始终没有实行“横写”。就目前所见材料可知，首先尝试汉字横写的当是清末文字改革家刘世恩。

语林拾遗(二)

◎屠　岸

郭沫若没当过『文化部部长』

2010 年 12 月 21 日下午，中央电视台第 4 套节目播出“国宝档案”。播放内容：周朝的文物“班簋(音 guǐ)”因八国联军入侵而散失，到上世纪 70 年代初文物工作者在废品收购处发现该物残片，经半年时间的修补恢复原状，受到郭沫若的重视，郭为此撰文评论。主持人任志宏在郭沫若名字上加了一个头衔：“文化部部长”。字幕上也映出：“文化部部长郭沫若”。播放字幕出现时为下午 6 时 55 分。

郭沫若没有当过文化部部长。他在上一世纪 50 年代初一度担任过国务院副总理。后来长期担任中国文联主席。还有，是全国人大常委会副委员长。(2010-12-21)

奇怪的“情有可原”

2011 年 2 月 7 日，《参考消息》上有一则消息：《中国“春节风”吹到英国小镇》。其中有这么一句：

如果说去年的托儿所所长本人因为也是外国移民而且有个华人妹夫，对中国文化足够重视情有可原的话，今年的幼儿园也大大庆祝中国春节还真让我有些意外。……

这些话中用的一个成语“情有可原”，也真让我有些意外。商务印书馆出版的《新华成语词典》557页上对“情有可原”的解释是：“在情理上有可以被原谅的地方。”《现代汉语词典》第1117页：“按照情理，对出现的某种情况有可以原谅的地方。”例句是：“他是不得已才这样做的，情有可原。”《现代汉语规范词典》第1074页：“在情理上，有可以原谅的地方。”为什么“被原谅”“可以原谅”呢？总是做错了事或至少做得不对、不妥、不恰当、不合理……这才有“被原谅”的道理。如果事情做得并无不妥，那有什么被不被“原谅”的？

英国的这位托儿所所长，“对中国文化足够重视”，这对英国人、中国人，对中英友好是大好事，说什么“原谅”不“原谅”？奇怪奇怪真奇怪！滑稽滑稽真滑稽！（2011-02- 07）

『健康』小议

“健康”这个词作何解释？《现代汉语词典》第672页有两种解释：①（人体）发育良好，机理正常，有健全的心理和社会适应能力。所举例句是：恢复健康；使儿童健康地成长。②（事物）情况正常，没有缺陷。所举例句是：各种课外活动健康地开展起来；促进汉语规范化，为祖国语言的纯洁健康而奋斗。

看到央视播出的一则广告，一老人说，这（某品牌的）酒好喝，又健康！

酒，有健康和不健康之分？听的人明白，是指喝这酒有益于人的健康。酒本身无所谓健康不健康。但这句话不通！

《参考消息》2011年2月17日第8版上有一篇报道，题目是：“非油炸食品就健康吗？”奇怪，食品本身可以健康，可以不健康？这说法不通。应该把“健康”改为“有益于健康”，才通顺：“非油炸食品就有益于健康吗？”

这种不通，似已通行无阻。读者、听者也能明白。是否我过于“较真”？（2011-02-17）

“白发鬓鬓”？

有一首歌，名叫《妈妈的吻》，谷建芬曲，何人作词已忘，甚流行，曲调好听，歌词亦有感染力。词曰：

在那遥远的小山村，小呀小山村，

我那亲爱的妈妈，已白发鬓鬓。

过去的时光难忘怀，难忘怀，

妈妈曾给我多少吻，多少吻。

吻干我脸上的泪花，温暖我那幼小的心，

妈妈的吻，甜蜜的吻，教我思念到如今。

……

请看，歌词不是挺好，挺富于感情的吗？

但是，有一个问题：什么叫“白发鬓鬓”？可以叫“白发苍苍”，“苍苍”是形容词，修饰“发”，也可以是副词，修饰“白”。但词作为了押韵，用了个“白发鬓鬓”，这就出问题了。“鬓”是鬓角的简称，指耳朵前边长头发的部位，也指长在那里的头发。可以有“鬓发”这个词，但没有听说过“鬓鬓”这个词。能用“鬓鬓”来修饰“发”或“白”吗？看来是不行的。鬓即发（耳边的发），“鬓鬓”岂不就是“发发”吗？“白发鬓鬓”岂不就是“白发发发”？这样一分析，这四个字就变成怪物，不可理解！

但这首歌到处传唱，无人对“白发鬓鬓”提出疑问。真奇怪！（2011-02-27）

谁的儿子

《文汇报》2011年1月3日第3版上有《中华传统敬语小辑》一文，甚好。但该小辑中有一条，说：

昆仲、昆弟、昆季——称对方的兄弟。

既然叫“称对方的兄弟”，那就是“您的兄弟”。但，果真如此吗？

《论语·先进》：“孝哉闵子骞！人不间于其父母昆弟之言。”

《新唐书·李密传》：“伯当曰：‘昔日萧何举宗从汉，今不昆季尽行以为愧，岂公一失利，轻去就哉！’”

《旧唐书·王维传》：“维以诗

还存在“殉葬”？

◎高　梁

2011年3月28日，《新京报》A3版刊有《好端端的怎会去抢购“活人墓”?》一文，文中说:“原本是公益部门，而在利益的驱动下，却把‘公益’二字丢到一边，大赚死人钱，不仅是墓地，只要与殉葬挂得上勾的费用，就狂收滥加价。”

其中的“殉葬”显然应为“殡葬”。殡，指停放灵柩待葬，也指把灵柩运到墓地。

“殉葬”，本义指陪葬，即随同死者一起下葬。远古时代，除用器物殉葬外，还有用活人殉葬的野蛮风俗，后逐渐改为以俑殉葬。现在“殉葬”引申比喻人甘愿随同已经没落或消亡的旧思想、旧制度、旧事物一起灭亡。引文中所说显然与“殉葬”无关。

除此以外，“挂得上勾”也应作“挂得上钩”才规范。

名盛于开元天宝间，昆仲宦游两都，凡诸王驸马豪右贵势之门，无不拂席迎之。”

《庄子·徐无鬼》:“闻人足音跫然而喜矣，又况乎昆弟亲戚之謦欬其侧者乎?”

以上各引文中的“昆仲”“昆弟”“昆季”，都不是对第二人称的“对方”说话，都不能今译(白话译)为“您的兄弟”“您的哥哥弟弟”。

由是之故，昆仲，昆弟，昆季，都不能说是“称对方的兄弟”，只能说是“称人的兄弟”。

该小辑中还有一条：

令嗣、令郎、哲嗣——称对方的儿子。

这里，令嗣、令郎是“称对方的儿子”，而哲嗣不是，哲嗣只能说是“称人的儿子”。二者不能混同。

“令”是美称，可以代替“您的”。如“令郎”= 您的儿子，“令爱”= 您的女儿，“令尊”= 您的父亲，“令堂”= 您的母亲。

“哲”也是美称，但不能代替“您的”。比如，可以说“谨贺令郎高中!”(榜上有名)却不可以说“谨贺哲嗣高中!”这不通！谁的儿子?(2011-01-03)

《刘心武续红楼梦》用词质疑

◎何立洲

《刘心武续红楼梦》今年3月由江苏人民出版社出版，社会反响热烈，有捧的，有批的，好不热闹。笔者看了2011年3月31日《新民晚报》连载的《刘心武续红楼梦》20，发现在遣词造句方面，此作品还有许多地方可商榷。试举两例如下。

一、应是“河清海晏”

粤海将军邬维拜访贾雨村，邬将军道：“那日圣上道，自来天朝下嫁公主郡主和番，多能收海清河晏之效。”

这里的“海清河晏”应是“河清海晏”之误。“河清海晏”是个成语，亦作“海晏河清”。河，指黄河。晏，平静。“河清海晏”，意为黄河水清，沧海波息，比喻天下太平。黄河流经黄土高原，自古以来泥沙淤积，河水污浊，并且常常泛滥成灾。黄河水清是中华民族梦中的期盼。大海时有台风恶浪海啸凶涛，给沿海人民生命财产带来严重的危害，人们总是希望大海安澜平静。后来“河清海晏”成了太平盛世的代名词。其实，这个词原《红楼梦》第119回就出现过：“皇上又看到海疆靖寇班师善后事宜一本，奏的是海晏河清、万民乐业的事。”将“河”“海”位置互换成“海清河晏”，字理上就说不通了。因为海本来就是清的，何须再“清”？各类辞书均不见有“海清河晏”一词，典籍中也未见有这种写法。

二、“令堂”不作“令尊”用

贾雨村在城外小酒店巧遇旧识古董商人冷子兴，饮酒叙谈，贾雨村问道：“令堂令慈并两家兄嫂都安康吉祥？”冷子兴道：“家严家慈都已故去，兄嫂并侄子们托福都好。”

从对话中可知，刘心武先生将“令堂”当作“令尊”来用了。汉

“触膝谈心”？

◎李声高

2010年9月24日，《光华时报》第4版刊有《〈我手畅我心〉出版发行》一文，其中写道：“《我手畅我心》别具一格的版式设计和真诚坦率的文字交流是本书的最大特色，粗看此书犹如翻阅画报，给人轻松自如、清新高雅的感觉；细看此书犹如密友相逢，有种触膝谈心、令人动容的感受。”其中的“触膝谈心”应写为“促膝谈心”。

促，义为接近、靠近、迫近，指距离短。促膝，即膝盖靠近膝盖，形容坐得很近。促膝谈心，意思是坐得很近，亲切地谈着心里话。如唐田颖《揽云台记》：“即有友人，不过十余知音之侣，来则促膝谈心，率皆圣贤之道。”

触，义为抵、撞、碰着、接触。如《淮南子·天文训》：“〔共工〕怒而触不周之山。”

由此可见，促，仅指挨得很近，但并未接触在一起。“促膝”指的是膝盖靠得很近，并不是膝盖接触膝盖。“促膝”与“触膝”意义完全不同。而且成语具有稳固性，不可随意更改。“促膝谈心”是不能写作“触膝谈心”的。

语中有“家大舍小令外人”的说法。对别人谦称自己辈分高的或同辈年纪大的亲属曰“家×”，如家父、家兄等；对别人谦称自己辈分低的或同辈年纪小的亲属曰“舍×”，如舍侄、舍弟等；敬称对方的亲属或有关系的人曰“令×”，如令尊、令堂、令兄、令爱等。在前面引文的对话中，冷子兴谦称自己的父母为“家严家慈”，贾雨村敬称冷子兴的父母“令堂令慈”，可见刘先生对“家”“令”的用法还是准确的。问题是“令堂”“令慈”是同义词，都指对方的母亲。《辞源》对“令堂”的解释是：“对别人母亲的敬称。亦作令慈。”明代吾丘瑞《运甓记·剪发延宾》：“世上有此贤德之母，小弟既忝与仁兄倾盖交欢，敢请令堂一见。”敬称对方的父亲，应说“令尊”。

“不韪”与“不讳”

◎杲　良

在现实生活中，能令人失去理智头脑发昏，干出蠢事傻事损人利己的事甚至伤天害理的事，并不仅仅是“利”这一样东东，还有一味“超级毒品”，可以叫“吸食者”如同着魔般自我膨胀目空一切，逐渐达至敢冒天下之大不讳而肆意妄为的程度。知道是什么吗？我来告诉你——是权力。

这是2011年3月22日《杂文报》第2版所刊《权令智昏》一文中的一段话。其中的“冒天下之大不讳”不对，应为“冒天下之大不韪”。

韪，读wěi，意思是“对”“是”。“不韪”即不对、不是。“冒天下之大不韪”是个成语，出自《左传·隐公十一年》：“犯五不韪而以伐人，其丧师也，不亦宜乎？”息国君主息侯不顾五种错误，冒险去征伐春秋初年“小霸”天下的郑国，结果大败而还。后世用“冒天下之大不韪”，指不顾天下人的反对，公然去做天下人都认为不对的事情，也指不顾舆论的谴责去干坏事。毛泽东《为皖南事变发表的命令和谈话》：“因为发令者敢于公开发此反革命命令，冒天下之大不韪，必已具有全面破裂和彻底投降的决心。”

讳（huì），即忌讳。不讳，指没有忌讳。也可作死的委婉说法。如《西游记》第十回：“皇上脉气不正，虚而又数，狂言见鬼；又诊得十动一代，五脏无气，恐不讳只在七日之内矣。”

“不韪”与“不讳”，音近形似，但含义迥异，不可混淆。

月球岂能“走进地球”

◎赵正言

新华社曾有两帧照片，一帧画面是月亮下的乌鲁木齐红山塔，另一帧画面是烟台出现沙尘天气，一位建筑工人望着灰黄的天空。《新民晚报》2011年3月20日A14版刊登这两帧照片时用了一个联合标题：“走进地球月亮‘大’了 沙落烟台天地‘黄’了”。此处“走进”一词使用有误。

月球是地球的卫星，2011年3月19日月球运行到距离地球35万多公里的位置，这是近19年来月球与地球之间距离最近的位置。这天恰逢我国农历十五，凡是天气晴朗的地区，人们都可以观赏到天宇中一轮又大又圆的明月，在感觉上似乎比平时的大一些。这是照片和标题文字所要表达的内容。不难看出，这个标题的前半部分正确的表述应该是“走近地球月亮‘大’了”，因为那天月亮并没有“走进”地球，它位于距离地球35万多公里处的太空，这是月球的一个近地点。

“走进”与“走近”词义有别。“进”是个趋向动词，用在动词后面表示“到里面”的意思，如果不能或没有进入事物的所属范围、领域，那就不宜说“走进”。只要月球还悬在太空中围绕地球旋转，它是不会“走进地球”的。人们也决不希望月球走进地球，因为如果有朝一日真的发生了这样的事，人类不仅会失去头顶上一轮美丽的明月，而且地球将遭遇一场空前的大灾难。

还是用“走近”好。

词语春秋

“穿越”在不同的时空中

◎魏　雨

现今，中外文艺界盛行“穿越”题材，创作了一大批穿越剧、穿越电影、穿越小说等。因而“穿越”也就成了流行语。比方说，2010年上海世博会期间，上海木偶剧团在世博园里演出皮影戏《三国演义》：诸葛亮夜坐船头钓起一个海宝，海宝就从21世纪“穿越”到三国时代了，并且要起了“海派清口”。周瑜问诸葛亮：“大江之上，两军交战，最适合用什么兵器?”海宝抢答：“高速水下潜射导弹！嗖——咣！”除此之外，还有诸葛亮会唱RAP，鲁肃会打“110”，《空城计》中的老兵唱起了流行歌曲《一无所有》，等等。（参见《文汇报》2010年7月12日）

这儿的“穿越”是“穿越时间和空间”的简称，指文艺作品中的人物从一个时空穿越到另一时空。

“穿越”原来就是汉语中的常用词，它的本义是穿过、通过某种空间。这个义项现在仍然在使用。例如：

（1）上海轨交10号线全线穿越闵行、长宁、徐汇、卢湾、黄浦、闸北、虹口、杨浦等8个区。（《文汇报》2010年4月9日）

（2）闵行2000余名小学师生昨进行紧急疏散演练，学生穿越烟雾，体验真实火情。（《新闻晨报》2010年5月13日）

流行语“穿越”的词义已经从“穿越空间”演变成“穿越时空”了。比如青年导演陆川执拍了上海世博会中国馆里的8分钟主题片《历程》，他坚持把汶川大地震中的一些场景加入片中。他说：“汶川地震是个象征，我想借此强调‘穿越’的民族精神——中华民族正是在过去数千年中穿越了一次次灾难，才成就了中华民族的伟大。”（参见《人民日报》2010 年 5 月 26 日）

“穿越”词义演变的起因就在于当前流行的穿越文学，以及穿越剧、穿越电影等。这种穿越文学的鼻祖当推一百多年前的美国作家马克·吐温。他的长篇小说《康州美国佬在亚瑟王朝》(1889 年出版)无疑是世上第一部穿越小说。19 世纪一个康州美国佬，被手下打破脑袋，昏昏沉沉之中，倒退 1300 年，只身闯进 6 世纪的英国。作为现代人的美国佬相信平等和自由，但是在亚瑟王朝，他却看到了没落的王权、残忍的贵族、愚昧的骑士和阴险的封建教会。美国佬充分利用自己在文化、教育、科技等方面领先了 1300 年的优势，从死囚犯一步跨上亚瑟王朝的首相宝座。他要大刀阔斧地改变现状，于是引发了中世纪封建教会与现代共和制度的大决战……

在我国，早在 20 世纪 50 年代，相声表演艺术家侯宝林的著名段子《关公战秦琼》，让相隔几百年属于不同朝代的两员武将面对面“作战”。由于时空错位，既有戏剧性，又有穿越感。

目前，“穿越”作品的类型是多种多样的。比较常见的是从现代穿越到古代，正在流行的“清穿”“明穿”和“架空穿”，分别指现代人通过不同方式回到清代、明代和“不存在的时代”。例如今年热播的电视剧《宫》里，古董店继承人晴川为了追逐一幅被风吹走的清装美人图，跑进一片神秘的树林；美人图到手的刹那间，她脚下踩空，跌入时空隧道，便穿越到清朝。凭借聪明才智和历史知识，晴川顺利进入皇宫，遇到了太子、四阿哥、八阿哥等，引发了一场曲折离奇的爱恨纠葛，最后她带着八阿哥又反穿越到现代。

2010 年美国电影大片《盗梦空间》在中国放映，让我们见识了另一种“穿越”。影片的主角柯布是一个能控制别人梦境，并在睡梦者潜意识中盗取经济秘密的窃贼。影片设计了精密复杂的三层迷宫式梦境结构，睡梦者从梦中“醒来”，发现自己仍处于梦中，这就是“梦中梦”。影片中的人物在一层“梦”、二层“梦中梦”、三层“梦中梦内梦”之间来回穿越，观众也就在一种紧张而迷离的气氛中，完成了一次穿越层层梦境的奇妙之旅。

上海的“现代戏剧谷”尝试过多剧种之间的“穿越”，推出一台“星·杂剧”。舞台上“穿越”了越、沪、淮、川、锡、滑稽等六个剧种，赵志刚、茅善玉、梁伟平、杨俊、周东亮等各路明星同台演出，新鲜有趣，且又酣畅淋漓。观众在“穿越”中欣赏，在欣赏中“穿越”，真是琳琅满目，美不胜收！（参见《文汇报》2010年3月19日）

“穿越”，不仅可以穿越到过去，也可以穿越到未来，这叫做“超前穿越”。2010年12月国产电影贺岁档排片的先后顺序是：《大笑江湖》——《赵氏孤儿》——《让子弹飞》——《非诚勿扰2》。谁料想领先上映的《大笑江湖》影片一开头就出现穿越性台词：“赵氏孤儿抢先看，非1非2飞子弹。”这不是“超前”了吗？上文提到的皮影戏《三国演义》中诸葛亮唱RAP，鲁肃打“110”，西城老兵能唱《一无所有》，也都是“超前穿越”。

“穿越”的用法还在扩展中，“穿越人”便是一例。2010年江苏省高考语文卷，有一道题是以“绿色生活”命题的作文，来自江苏如皋中学的一名考生用通篇骈体古文的方式完成。阅卷组组长、古典文献学专家在看完全篇后，仅对文章的注释就写了4页纸。阅卷教师对文章赞不绝口，并打了高分。在网上，此文被多家媒体及网友追捧，有网友笑称作者为“穿越人”。（参见《东方早报》2010年6月28日）

《时间管理》参考答案

1. 一支——一只
2. 或者——还是
3. 頜首微笑——颔首微笑
4. 开窃——开窍
5. 大姆指——大拇指
6. 夸耀——夸奖
7. 儒子可教——孺子可教
8. 喜笑眼开——喜笑颜开
9. 满意地说道：——满意地说道，
10. 按排——安排

幼童何以称“孩提”

◎陈璧耀

“孩提”就是幼童，也就是儿童，这意思大家都知道；但幼童或儿童为何要叫“孩提”，却未必都知道了。

“孩”字按《说文解字》的说法，原来是写作“咳”的。许慎说：“咳，小儿笑也。孩，古文咳。”但“小儿笑”又是什么意思？马叙伦《说文解字六书疏证》卷三说：“然咳者小儿为人所引逗而最初回答之声。”意思是说大人引逗小孩时，小孩虽然还不会说话，却能以笑来回答了。所以“咳”的“小儿笑”的意思，就是小儿以脸部笑的表情作为对大人引逗时的“最初回答之声”。后来“咳”写成了“孩”，“孩”就成了“咳”的后起区别字。咳是动词，所以孩原来也是动词，如《老子》二十章“沌沌兮，如婴儿之未孩”。“未孩”就是还不会笑。人都是哭着来到人间的，没有谁笑着出生，所以人之始生只会哭，还不会笑，“婴儿之未孩”，指的就是婴儿初生时还不会笑，“孩”在这里是作动词用的。但后来用以指代刚刚会笑的孩子，就成了名词。

“提”字按许慎的说法就是“抱”，《说文》：“提，挈也。”许慎对“挈”的解释是：“县持”。“县”就是“悬”，“悬持”就是腾空抱起来。高诱注《淮南子·俶真训》“提挈天地”说：“一手曰提。”所以“提”就是单手抱持。

“孩提”连用最早见于《孟子·尽心上》：“孩提之童，无不知爱其亲者。”赵岐注解说：“孩提，二三岁之间，在襁褓知孩笑可提抱者也。”所以“孩提”指的是二三岁的孩子。清人焦循《孟子正义》说：“赵氏以二三岁之童未可牵行而提挈，故以抱解之。”二三岁大小的孩子还不能牵着一起走，还是经常要父母抱的，所以“孩提”原来指的就是提抱于胸前的刚刚会笑的孩子。

但后来范围有所扩大，多借以泛指未成年的小孩，十几岁的孩子也可叫孩提。如韩愈《祭十二郎文》：“汝之子始十岁，吾之子始五岁，少而强者不可保，如此孩提者又可冀其成立邪？”韩愈之子五岁，十二郎之子十岁了，都称孩提。又如《红楼梦》第五回：“那宝玉也在孩提之间，况他天性所禀，一片愚拙偏僻，视姊妹兄弟皆如一体，并无亲疏远近之别。”第二回介绍宝玉时说他“如今长了十来岁，虽然淘气异常，但聪明乖觉，百个不及他一个”。则宝玉其时已有十几岁，已是少年了，却也称孩提。近期有一本书叫《孩提时代》，是一位七十几岁的作者对自己六十年前儿时的回忆，回忆了诸如“斗蟋蟀”“滚铁环”等儿时游戏，这个“孩提时代”，指的也是十岁前后的少儿时代。所以“孩提”后来所指的范围比较大，辞书一般释义为“幼儿时期”和“儿童”等，其实宽泛地说，也可以包括少年的。

“孩提”之所指虽是幼童，却不是人生最早的阶段，因为那时已经会笑了，对大人的引逗也已经能有反应和表示了。人生最早的阶段我们称之为“婴”。“婴”所指的人生阶段略早于“孩”，是出生后还不会笑的那个阶段。“婴”字从女，说明最初还有性别之分。《玉篇·女部》引《仓颉篇》：“男曰儿，女曰婴。”但后来这个性别之分渐趋淡化，男孩女孩都是婴，称男婴和女婴，又进而合称婴儿。东汉刘熙《释名·释长幼》说：“人始生曰婴儿，胸前曰婴（通膺），抱之婴前，乳养之也。”称刚出生的孩子为婴儿，古今都是一样的。而人之所以于初生取名为“婴”，按刘熙《释名》的说法是取义于“膺”的。膺就是胸，刚出生的孩子多怀抱于母亲的胸膺之前喂奶，因而谐音取名为婴。

“张飞大意失荆州”？

◎张虹倩

时下古装穿越剧《宫锁心玉》正在荧屏热播。剧中男主角何晟铭在今年3月做客访谈节目《最佳现场》（光线传媒制作，北京电视台等数十家电视台同步播出）时“语出惊人”：“在湖北，在我的家乡，荆州你们知道吧？就是张飞大意失荆州，荆州古城，对，我在那里学的舞蹈。”许多观众朋友可能都会提出疑问：“大意失荆州”的是“张飞”吗？

熟悉三国历史的朋友都知道，历史上只有“关羽大意失荆州”这个典故。据《三国志·关羽传》记载，刘备占据益州之后“拜（关）羽董督荆州事”，将荆州托付给关羽。建安二十四年，关羽北伐曹操，一路势如破竹。孙权趁着荆州空虚，加之有南郡太守糜芳和将军士仁做内应，攻下了荆州。“大意失荆州”，现在常用来比喻由于疏忽大意而导致失败或造成损失。

荆州即现今湖北省荆州市，在三国时期可谓是战略重镇。《三国志》中说荆州“北据汉沔，利尽南海，东连吴会，西通巴蜀”。荆州对蜀吴两方都有着十分重要的战略意义。诸葛隆中之对说，占据荆州，联吴抗曹，兵分两路，进击中原，一统天下。试想一下，刘备和诸葛亮怎么可能派性格粗暴的张飞去镇守荆州重镇呢？

汉初哪来『马王堆』

◎鹏宇

上世纪70年代初，长沙马王堆汉墓发掘出两千多年前的女尸“辛追”，马王堆因此成为一个响彻世界的名字。《辛追传奇》通过对史实的推断和艺术化的想象，讲述神秘女性“辛追”一生的故事。该剧第12集有这么一幕：马王堆墓主利苍去长沙国赴任国相途经一地，看到风景甚美，随行女眷赞叹不已，利苍便对女眷说：我们死后就埋在这里吧，这样就可以一直欣赏美景了。然后利苍问随从此为何地，随从答曰：此地为“马王堆”。

看到此段对话，不禁愕然。马王堆原为长沙市东郊河湾平地中隆起的大土堆，根据《长沙县志》记载，此地相传为五代时期楚王马殷及其家族的墓地，故名马王堆。另据《马王堆一号汉墓发掘简报》，马王堆东西各突起土冢一个，两冢大小相仿，顶部平圆，中间相连，形似马鞍，故又称“马鞍堆”。

我们怀疑“马鞍堆”应该是最早的称呼，后来大概因为语音讹传，而被叫成“马王堆”，后又衍生出楚王马殷及其家族的墓地的传说。今天的考古发掘已经证明，这里的墓主其实是利苍及其家属，根本没楚王马殷一家的事。

而且即便是人们因楚王马殷而称此地为“马王堆”，这也一定是在五代之后的事，早此一千年前的汉代，哪里会有“马王堆”的称呼呢？

《火眼金睛》提示

图1，“法网灰灰”应为“法网恢恢”。

图2，“板粟”应为“板栗”。

图3，“一颗”应为“一棵”。

图4，“打腊”应为“打蜡”。

图5，“佩载”应为“佩戴”。

唐三彩的原料

◎何立洲

2011年1月30日，央视9套《历史传奇》栏目播出《彩俑寻踪》。其中有这样一句解说词："唐初用三彩人俑陪葬，对死者来说是莫大的荣耀。烧制三彩人俑用的胎料是白色的'高 lǐng 土'。"字幕上同时打出"高龄土"字样。其实烧制三彩人俑的胎料是"高岭土"。

"高岭土"亦称"高岭石黏土"，俗称"瓷土"，是一种以高岭石为主要矿物成分的黏土，因发现于中国江西景德镇附近的高岭村而得名。这种黏土是在湿热气候条件下，由富含铝硅酸盐矿物的岩石风化而成，也可由热液蚀变或表生沉积作用形成，是陶瓷工业的重要原料。

唐三彩是唐代生产的彩色低温釉陶。它用白色的高岭土作胎，用含铜、铁、钴、锰等元素的矿物作釉的呈色剂，先将坯体烧至1100℃左右，施釉彩后，再以800—900℃的温度烧成。将"高岭土"误写成"高龄土"，显然是音近、形似致误。

『苹果落地的抛物线』？

◎林 敏

"是牛顿，从苹果落地的抛物线中，发现了地球对物体的引力，终使苹果一举成名。"这是2010年11月23日《人民日报》副刊版所载《多少苹果已落地》一文中的一句话。苹果是否由此"一举成名"且不去说它，但把苹果落地所经的路线称为"抛物线"，无疑是错误的。

抛物线，顾名思义，就是将一物体斜抛所经的路线。每个稍有生活经验的人恐怕都抛掷过物体，都知道抛物线是弧形的。"抛物"需要"抛"，要外部加力，大部分是人为的。据传说，牛顿是从长在树上的苹果自然落地的现象中发现地球引力的，而不是苹果被人为抛掷而落地。自然落地路线不会是抛物线，而是一条垂直于地面的直线。

话说"大师"

◎胡　言

有"大师"，得了便宜还卖乖，说：我不就是个"大师"吗，比"老师"还低一级呢！

这话既对也不对。说它对，是因为从字面意思上来说，"老"的确比"大"高一级——"老胡"总比"大胡"资格老吧？说它不对，是因为但凡敬称，照例不能按字面意思去理解。一定要按字面意思去理解，那么"老师"还不如"师傅"呢——"师傅"可是"太师"兼"太傅"哦！"老师"顶多也就占了半边，跟小沈阳穿岔了裤腿一样。可现在谁还愿意被叫作"师傅"呢？所有的"师傅"不都改叫"老师"了吗？

类似的例子多了去了。"员外郎"本来是司局级干部，"员外"却成了元杂剧里的土财主；"老总"的本义是"资深总司令"，却成了"国军"士兵的代名词；"子"在先秦时期多了不得，孔子、孟子、老子、孙子……可到了日本，却成了女子名字的构件，多得不得了，风子、花子、雪子、月子……

不仅敬称是这样。"秘书"与"书记"本义相同，"总经理"与"总理"意思无殊，但前者敢跟后者勾肩搭背吗？

如果不能按字面意思去理解，那么，又该如何判断某敬称的"含敬量"呢？

本人研究"敬称学"有年，已发现"胡氏敬称定律"若干，现公之于众。

一、"敬称能量守恒定律"。在一定的时空范围内，某敬称的"总含敬量"是个常数，以之除以享用该敬称的总人数，就是该敬称的具体"含敬量"。通俗点说，享用某敬称的人越少，该敬称的"含敬量"就越高；享用某敬称的人越多，该敬称的"含敬量"就越低。

二、"敬称寂灭轮回定律"。每个敬称的发展趋势，总是使用者由少及多，"含敬量"由多变少，最后泛极滥极，人人皆敬称，"含敬量"归零，敬称也就不敬了。然后起用新敬称。新敬称的字面意思，可能还不及老敬称，但"含敬量"复位，大家又趋之若鹜。如此循环往复，周而复始……

以"胡氏敬称定律"来破解"大师"所言之谬，就很容易了：现在社会上"老师"已滔滔皆是，"大师"毕竟尚未普及，"老师"的"含敬量"自然不如"大师"。

也正因此，已经获得"大师"敬称的，为保持其"含敬量"起见，应设置路障或怒目而视，以阻止别人也成为"大师"。

不过按照目前的发展势头，"大师"的普及与寂灭是早晚的事，难免重蹈"师傅""老师"的覆辙。就像本人小区门口的剃头店里，那个染黄毛、扎辫子的年轻剃头匠，第一次去还是手抖抖的，第二次去便是"资深发型师"，第三次去已经是"发型总监"了，接下来就该是"发型大师"了吧？——不过第四次去没见到他，听说已被老板炒了鱿鱼。

那么，以后取代"大师"的，又会是怎样的敬称呢？本人根据自己的研究心得，试作如下大胆的预测——

将来接替"大师"的，一定会是"小师"！

有"老胡""大胡"就有"小胡"，有"老卞""大卞"就有"小卞"，有"老师""大师"就有"小师"……这是从逻辑上说的。

老电影《渡江侦察记》里，"共军"侦察员假扮老百姓，点头哈腰拍马屁，要过"国军"士兵把守的关卡，叫"老总"人家爱理不理的，叫"班长"人家立马眉开眼笑——人家宁可做"班长"，也不要做"资深总司令"，因为一个"班长"管着十来个"资深总司令"呢！你看，绕了一圈又回来了！这就是本人所谓的"敬称寂灭轮回定律"。

从"老师"到"大师"到"小师"，也符合"敬称寂灭轮回定律"吧？

套用《三国》里的话来说，这正是——天下敬称，敬久必贱，贱久必敬！

（原载 2010 年 3 月 30 日出版的《雅言》）

美金乎，美元乎

◎唐　尧

U.S. dollar 目前有两个汉语译名同时在使用："美元"和"美金"。称他国货币为"元"，是很正常的，但为什么要称"金"呢？

第二次世界大战临近尾声时，美国的软硬实力大为提高。1944年7月，44个国家的经济特使聚集在美国新罕布什尔州的布雷顿森林，商讨战后的世界贸易格局。会议通过了《国际货币基金协定》，内容为：以黄金为基础，以美元作为最主要的国际储备货币；美元直接与黄金挂钩，各国货币则与美元挂钩，并可按35美元一盎司向美国兑换黄金。从那时起，美元便被一些人称为"美金"了——任何其他货币都没有过如此荣幸。

但美国并不因此满足而变得安分，连年挑起战争：1950年，美国介入朝鲜战争，海外军费巨增，国际收支连年逆差，黄金储备日益减少。1961年，美国的黄金储备下降到178亿美元，已不足以抵补当时的210.3亿美元的流动债务。60年代中期，美国发动越南战争，国际收支进一步恶化，黄金储备不断减少。1968年3月，美国黄金储备已下降至121亿美元，而同期的对外短期负债为331亿美元。到1971年，美国的黄金储备只剩下102.1亿美元，仅是它对外流动负债678亿美元的15.05%。此时美国已完全丧失了承担美元兑换黄金的能力。

于是，尼克松总统就干脆赖账。他于1971年8月15日宣布停止承担美元兑换黄金的义务。屈于美国当时还具有军事实力，各国持有美元者只得忍气吞声，无奈接受！（从那时起，美元其实就已不能称为美金了。）

美国并不因此而有所收敛，又接连出兵阿富汗、伊拉克；遂一发不可收，即便如此它还要霸道地逼迫人民币升值，一如当初它逼迫日元升值。

亲爱的国民，当你有意无意地说起、写出"美金"两个字时，你是不是思考了这些问题？

（原载2010年8月4日《语言文字周报》）

“色狼”释义商榷

◎王宗祥

“色狼”是汉语中的一个常用词，为什么叫“色狼”呢?《咬文嚼字》2011年第3期刊载有《好色之徒为何称“色狼”》一文,文中说:狼的交配行为其实是很有节制的。据动物生态学者对营养条件良好的、圈养的狼群的观察，在一个典型的狼群中，实行的是“一夫一妻”制。可见把“色狼”这个蔑称加在狼的头上,是多么荒谬无稽。文章认为“色狼”当是“色郎”,“狼”是“郎”的谐音。

不过，此文并没有举出一条使用“色郎”的书证。这在情理之中,因为根本就没有这样的书证,汉语中没有“色郎”一词。虽然有“情郎”“新郎”，但不能想当然地推断有“色郎”一词。“狼”“郎”虽然同音,但意义相差甚远。上述文章有点想当然了。

其实“色狼”一词并不是如该文所理解的“好色的狼”或“像狼好色”，而是指有些好色之徒好色之本性到了像狼一样贪婪而凶暴的地步。在汉语中,狼是贪婪的象征。《史记·项羽本纪》:“猛如虎……贪如狼，强不可使者,皆斩之。”汉语中“狼贪”一词,比喻贪得无厌。《现代汉语规范词典》:色狼,指贪婪地追逐女色并对女性进行性侵犯的人。《现代汉语词典》:色狼,指贪色并凶恶地对女性进行性侵犯的坏人。

顺便指出，好色之徒与“色狼”不可相提并论。好色是一个人的天性,至多是品行问题。《管子·小匡》:“寡人有污行，不幸而好色。”齐桓公在管仲面前坦承自己好猎、好酒、好色“三大邪”。好色是“污行”,“三大邪”之一。“色狼”则有性犯罪行为了。正如上述文章开头所说，凡是涉及性犯罪的案件,大多出现“色狼”一词。“色狼”一词已进入词典,词义是明确的。

称薛涛『名妓』有何不可

◎黄皓峰

《咬文嚼字》2011年第1期刊载有《薛涛的年代与身份》一文，其中有一些值得商榷的地方。

首先，薛涛究竟生于何年？该文说："薛涛生于代宗大历元年(766)。"薛涛的卒年，当今学界的态度大致统一，应该是在大和五年（831）或六年(832)。而其生年，则较多分歧。主要看法有：一、乾元元年（758）；二、大历三年(768)；三、大历五年(770)；四、贞元元年(784)或二年(785)；五、建中二年(781)；六、大历十二年(777)至建中元年(780)之间。似未见有"薛涛生于大历元年(766)"的说法。

其次，薛涛与元稹一起度过了一年多时间？该文说薛涛与元稹在元和四年(809)相爱，"并一起度过了一年多的甜蜜时光"。元稹与薛涛是否真的存在恋爱关系，学界也还在不断的讨论之中，暂且搁置不论。但仅就元稹元和四年(809)的行踪来看，是很难做到与薛涛"一起度过了一年多的甜蜜时光"的。元稹于该年三月以监察御史身份使蜀，充剑南东川详覆使，其使府的所在地为梓州；而此时薛涛居住在成都。该年的六月，元稹即自东川使归长安，并于本月底或七月初以监察御史分司东都，前往洛阳任职。史料中均未见有薛涛随行的记载。

最后，薛涛真的不能称作"名妓"吗？该文认为"称薛涛为'名妓'，似也欠妥"。史料中对薛涛的称呼，往往冠以"乐妓""营妓""官妓""蜀妓"等字眼。薛涛"诗达四方，名驰上国"，她"有名气"是毫无疑问的。不论是"歌妓""诗妓"还是"乐妓"，只要确实有名气，都是可以被称作"名妓"的。我们不能因现代汉语中"妓"的含义去否定薛涛在当时的"名妓"身份。

学界也有人认为被后人称为"蜀妓"的是"薛陶"，而不是中唐女诗人"薛涛"。这已是另外一个有待考证的问题，此处不赘。

百科指谬

谁是美国“三军”司令

◎谷士锴

《领导素质与领导艺术大全集》(新世界出版社出版）第 361 页有这样一个故事：

美国前海军司令去看望陆军司令马歇尔时说:“我的海军一直被公认为世界上最勇敢的部队，希望你的陆军也一样。”马歇尔不肯示弱，说:“我的陆军也是最勇敢的。”

这个故事的真假不必细究，问题是两个人的职务有错误。美国没有海军司令和陆军司令,也没有空军司令。美国《宪法》规定：美国总统既是国家元首,也是政府首脑,而且还是武装部队总司令或曰“三军”统帅。美国总统就是不穿军服的“三军”司令。美国国防部部长及陆军部长、海军部长、空军部长均为文职官员,参谋长联席会议主席(总参谋长)和陆、海、空三军的参谋长均为军人担任。有人说之所以国防部部长和陆、海、空军的部长由文官担任，是为了避免军人任上述职务会出现偏向自己所属军种而轻视其他军种利益的现象。

乔治·马歇尔于 1880 年 12 月 31 日出生,1959 年 10 月 16 日去世，美国五星级上将。1901 年毕业于弗吉尼亚军事学院,参加过第一次世界大战。1924 年夏到 1927 年春末,曾在美军驻天津第 15 步兵团任军官。1939 年任美国陆军参谋长。抗战胜利后,马歇尔曾作为美国总统特使来华调停国共冲突。

“元帅”与“大元帅”

◎张应族

2009年《中外文摘》第21期刊有《搞好“山头平衡”——共和国首次将帅授衔背后的故事》一文，开头一句说：“1955年9月27日下午5时，中南海怀仁堂举行了授予大元帅军衔典礼”。其中“大元帅”一词值得商榷。

大元帅是军衔体系中的最高等级，一般授予一国武装力量的最高统帅。斯大林是苏联的大元帅，中华民国时期的“特级上将”、纳粹德国的“帝国元帅”以及美国在1976年追授开国总统华盛顿的“六星上将”军衔，均可以视为大元帅。1955年2月8日，中华人民共和国第一届全国人民代表大会常务委员会第六次会议通过《中国人民解放军军官服役条例》，其中规定设立我国最高军衔“中华人民共和国大元帅”，授予“对创建全国人民武装力量和领导全国人民武装力量进行革命战争、立有卓越功勋的最高统帅”。只有毛泽东符合授予这一军衔的条件，但由于毛泽东本人拒绝接受该军衔，所以该军衔一直空缺。既然毛主席没有接受“大元帅”的军衔，就不可能有什么“授予大元帅军衔典礼”。上述文章显然是把“元帅”误成了“大元帅”。我们常说的“十大元帅”是指十位“元帅”，而不是十位“大元帅”。

在讲十大元帅时，该文还说：“朱德、彭德怀因战功卓著排在了十大元帅的前两位；林彪是第四野战军的代表，十大元帅中他的战绩和指挥能力都堪称第一，是10人中除朱德以外唯一的政治局常委。”这段文字说林彪在1955年“授衔”典礼时就是政治局常委，事实并非如此。

1945年4月23日至6月11日中共七大召开，大会决定的七届领导机构中并没有设“政治局常委”之职。6月19日，七届一中全会选举毛泽东、朱德、刘少奇、周恩来、任弼时、陈云、康生、高

可笑的"开皇583年"

◎齐晓声

2010年10月11日,《焦作日报》第2版刊有《太行深处的千年古刹》一文,文章中有这么一句:"最初生活在这里的村民为了躲避战乱来到此地,从哪个朝代开始已经说不准了,只知道隋文帝开皇583年这里就有了金门寺(后来改名金灯寺)。"这里的"隋文帝开皇583年"让人大跌眼镜。

隋文帝杨坚,是一位较有作为的皇帝,在位期间,结束了南北朝,统一了全中国。他在位24年(581—604),先后用过"开皇"和"仁寿"两个年号。"开皇"年号从公元581年启用,公元600年结束,共用了20年时间,从哪里来"隋开皇583年"呢?

说到中国历史上的年份,一般采用双轨制,即先说皇帝年号纪年(一般用汉字),后边括号加注公元纪年(一般用阿拉伯数字)。其实上述文章想说的是"开皇三年(583)",不知何故,误成了"开皇583年",闹了个大笑话。

岗、彭真、董必武、林伯渠、张闻天、彭德怀等十三人为政治局委员;毛、朱、刘、周、任为书记处书记(即常说的"五大书记"),组成中央领导核心。毛泽东当选为中央委员会主席,并按党章规定任中央政治局主席、中央书记处主席。在1955年4月召开的七届五中全会上,增选林彪、邓小平为政治局委员。因而1955年9月授元帅衔时,林彪是政治局委员,党内排名在朱德、彭德怀之后。1956年9月,党的八大决定中央委员会增设副主席、常委,书记处增设总书记。八届一中全会选举毛泽东为主席,刘少奇、周恩来、朱德、陈云为副主席,邓小平为总书记,并由他们组成政治局常委会。林彪当选为政治局委员。1958年5月党的八届五中全会增选林彪为中央委员会副主席、政治局常委。此时离"授衔"典礼已近三年。

苏轼遭贬的原因

◎王万里

2010年11月4日,《光明日报》第10版刊有新加坡赵慕媛女士在黄州"东坡文化国际论坛"的一篇演讲,很精彩,但偶有疏漏。她说:"元丰三年(1080),苏轼时年四十四,终因'元佑(应为"祐")党人''乌台诗案'的牵连而出京,贬谪黄州。"

乌台指的是御史台。汉代时御史台外广植柏树,故称"柏台",又柏树上常有乌鸦栖息筑巢,也称乌台。北宋神宗年间,苏轼因为反对新法,并在诗文中表露了对新政的不满。在神宗的默许下,苏轼在神宗元丰二年(1079)被抓进乌台,审了4个月。宋朝有不杀士大夫的惯例,所以苏轼免于一死,被贬为黄州团练副使。史称"乌台诗案"。

宋哲宗元祐元年(1086),司马光为相,尽废神宗熙宁、元丰间王安石新法,恢复旧制。宋哲宗绍圣元年(1094)章惇为相,复熙宁元丰之制,斥司马光为奸党,贬逐出朝。宋徽宗崇宁元年(1102),蔡京为宰相,给司马光、苏轼等三百零九人扣上"元祐奸党"的帽子,并刻"元祐党人碑",上书三百零九人的名字,以昭示全国。被刻上党人碑的官员,只要还活着,重者关押,轻者贬放远地,非经特许,不得内徙。不过,此时苏轼已不在人世了。

可见,苏轼贬谪黄州确实与"乌台诗案"有关。但不能把这件事与"元祐党人"扯在一起,因为在苏轼活着的时候,还没有"元祐党人"这个称呼。苏轼绝不是因为"元祐党人"的牵连而贬谪黄州的。

孟子误为孔子

◎余培英

《中国历代趣味诗词300首赏析》(吉林文史出版社出版)中有《书中哪有千钟粟》一文,其中这样说:“在我国封建社会时期,总的说来,是像孔夫子说的那样,‘劳心者治人,劳力者治于人’。读书——当官——有钱、有权,这似乎是各个时期、各个地方都能行得通的普遍规律。”

“劳心者治人,劳力者治于人”是孔子说的吗?不是,是孟子说的。《孟子·滕文公上》:“或劳心,或劳力;劳心者治人,劳力者治于人;治于人者食人,治人者食于人。天下之通义也。”孟子此言是批驳许行的。许行是农家学派的代表,认为每个人都要耕种,包括君主。他认为滕文公没有和人民一道耕种,算不得一个贤君。孟子则认为:分工是必要的,如果一件件东西都要自己制造出来才去用它,这是做不到的,也会让天下的人疲于奔命。有的人从事脑力劳动,有的人从事体力劳动;脑力劳动者统治人,体力劳动者被人统治;被统治者养活人,统治者靠人养活。这是天下的通则。

“一世”说成“三世”

◎袁品荣

2011年1月19日,《中华读书报》刊有《“小拿破仑”:一个广为流传的误译名》一文,其中写道:“1851年12月9日,即法国共和历‘雾月十八日’,路易·波拿巴总统果不其然,发动政变,推翻第二共和国,第二年称帝,建立第二帝国……”此说属张冠李戴。

“雾月十八日政变”,是拿破仑·波拿巴即拿破仑一世于1799年11月9日发动的。因为这天是法国新历共和8年雾月十八日,故称“雾月十八日政变”。自此法国开始了拿破仑军事独裁统治时期。

路易·拿破仑,是拿破仑一世的侄子,他“于1851年发动政变,1852年称帝,即法兰西第二帝国皇帝,号拿破仑三世”。

总之,发动“雾月十八日政变”的是拿破仑一世,而不是拿破仑三世。

降水量“每年仅50毫升”？

◎王忠祥

2010年10月1日，《新民晚报》B6版刊载的《南疆的干燥》这样写道：“南疆的降水量，极稀少，每年仅50毫升，形象点说，上海雨季一天的雨水量，就等于南疆一年的雨水量了，年平均蒸发量则高达2250毫升，可以想见这地方的特别干燥了。”南疆的年平均蒸发量大于年降水量，故南疆的气候特别干燥，这是正确的。但是说南疆的降水量“每年仅50毫升”却不妥当。毫升是容量单位，1000毫升等于1升，10升等于1斗。医院经常使用的一种一次性注射器就是50毫升的，一年下这么一点也叫下雨？照此计算，上海的雨水量也少得可怜，也等于没下！

其实降水量的测定单位不是毫升而是毫米。降水量，即一定时间内，降落在水平地面上的水，在未经蒸发、渗漏、流失情况下所积的深度，通常以毫米为单位。雪、雹等固态的水，须折成液态计算。一个地方降水量的多少，是用特制的雨量器来测定的。雨量器设有储水瓶。把储水瓶中收集到的雨水或融雪水倒入有刻度的量杯中就可以测得规定时间内的降水量。通常我们所说的某地的年降水量，是指这个地方多年平均的降水量。

同样，“蒸发量”的单位也是毫米而不是毫升。蒸发量，是指一定时段内，液体化为气体的量。气象上常用蒸发掉的水层厚度毫米数表示，水面或土壤的水分蒸发量分别用不同蒸发器测定。上述文章中的“毫升”是“毫米”之误。

颜真卿的书作

◎姜宁波

2011年3月21日，《中国教育报》刊有《颜真卿与盛唐之风》一文，文中说：《多宝塔碑》“是迄今所见颜真卿传世书法中最早的一件”。其实，近十多年的考古发现证明，这一论断已经过时，颜真卿比《多宝塔碑》更早的书作已有几件。

《多宝塔碑》为唐天宝十一载(752)颜真卿44岁时所书，一直是过去所见最早的颜氏书作。1997年10月，在河南偃师市首阳山镇出土唐墓志，据考证为颜真卿于天宝八载(749)所书《郭虚己墓志铭》，颜真卿时年41岁。这一发现，让后人看到了比《多宝塔碑》早三年的颜氏书作。2003年秋，洛阳市龙门镇张沟村出土《王琳墓志》。从碑文可知，这是颜真卿在唐开元二十九年（741)33岁时所书，比《多宝塔碑》早十一年。

《王琳墓志》可以说是迄今所见颜真卿最早的书作。期待着不断有新的发现，让后人看到颜氏更早的书貌。

猪八戒焉知《百家姓》

◎朱泽孝

行者看罢，对众官道：“‘郡侯上官’何也？”众官道：“上官乃是他姓。此我郡侯之姓也。”行者笑道：“此姓却少。”八戒道：“哥哥不曾读书。《百家姓》后有一句‘上官欧阳’。”

上面的一段话是《西游记》第八十七回《凤仙郡冒天止雨　孙大圣劝善施霖》中的一段文字。其中八戒所言可商榷。《百家姓》是北宋初年钱塘（今杭州）的一个书生所编撰的蒙学读物，流传广，影响深。开头为单字姓，如“赵钱孙李，周吴郑王……”，后半部分有复字姓，如“上官欧阳，夏侯诸葛，闻人东方”等。《西游记》说的是唐代贞观年间的故事，此时还没有出现《百家姓》。所以猪八戒当时就知道《百家姓》，并能背诵其中的句子，太超前了。

《语林趣话》中的张冠李戴

◎罗献中

中央电视台海外中心专题部编写的《语林趣话》(四川辞书出版社 2007 年 1 月出版)在讲解“纠”字时,有这样一段文字:

《后汉书·蔡茂传》中说:“会洛阳令董宣举纠湖阳公主,帝始怒收宣,既而赦之。”是说洛阳县令董宣检举、揭发汉武帝的姐姐湖阳公主违犯条律的事情,武帝开始时觉得伤了自己的尊严,非常生气,就传讯了董宣,因董宣觉得自己有理不肯屈服,所以很快就放了回来。

看了这段话,细心的读者会莫名其妙:《后汉书》中所记载的是东汉的事,而汉武帝是西汉中前期的皇帝,二者怎能扯在一起?原来,是这段文字弄错了对象,把光武帝当成了汉武帝!湖阳公主不是汉武帝的姐姐,而是东汉开国君主光武帝刘秀的姐姐。据《后汉书·宋弘传》中记载,光武帝还给刚守寡的湖阳公主物色过丈夫呢。洛阳令董宣“举纠”湖阳公主的故事就发生在光武帝时期,《后汉书》的《董宣传》和《蔡茂传》中均有记载。

此文之所以弄混了汉武帝和光武帝,可能是由于两者同是汉代明君,并且谥号中又都有“武”字之故,但差之毫厘,谬以千里。洛阳令董宣举纠湖阳公主时,汉武帝已经作古多年了,怎么可能“传讯”他呢?

向你挑战

时间管理

（文中有10处差错，你能都找出来吗？答案见本期）

◎立 青 设计

教授先在桌子上放了一支罐子，再从桌子下面拿出一些正好可以从罐口放进去的“鹅卵石”，然后一块一块地往里放，直到不能再放为止。

教授问他的学生：“这罐子满了吗？”

“满了。”学生们异口同声地回答。

“真的吗？”教授面带神秘的微笑，又从桌子底下拿出一袋碎石，再把碎石子从罐口倒进去，用力摇一摇，再加一些，直到不能再倒为止。

“现在罐子是满了或者没满？”教授再问学生。

这回学生学乖了，不敢轻率回答，教室里鸦雀无声。

在教授再三鼓励下，一位学生小心翼翼地低声回答：“也许没满……”

“很好！”教授颌首微笑，又从桌下拿出一袋沙子，慢慢地倒进罐子里。

倒完后，教授再问学生：“你们再告诉我，这个罐子是满的吗？”

“没有满！”同学们似乎全开窍了，都大声回答。

教授竖起大姆指，幽默地夸耀这些学生：“儒子可教也。”再从桌底下拿出一瓶水，把水倒进看起来已经被鹅卵石、小碎石、沙子填满了的罐子。

“你们从中得到了什么启示？”教授郑重地问同学。

班上一阵沉默。

“无论我们的工作多忙，行程排得多满，如果计划得当，还是可以多做些事的。”最后一位学生聪明地回答。

“答案不错，”教授喜笑眼开，满意地说道：“对工作进行合理按排，就是对时间进行有效管理！”

“郝铭鉴与《咬文嚼字》座谈会”剪影（二）

上海师范大学教授何伟渔：杂志的成功与郝铭鉴的智慧与勤奋分不开。

上海市语文学会副会长胡范铸：《咬文嚼字》的创办体现了一位语言学者的社会关怀。

华东师范大学传播学院副院长雷启立：郝先生是一位热情的编辑教育思想的传播者。

《咬文嚼字》副主编黄安靖：刊物的成功是与郝老师的精神、高度、坦诚紧密相连的。

少年儿童出版社副总编周晴：郝老师强烈的文化责任感令人感佩，他是我们学习的榜样。

郝铭鉴：忘不了一路的扶持和呵护……

郝铭鉴会后与部分与会同仁合影

火眼金睛

图中差错知多少?

（答案在本期找）

伊丽军　栗春雷
江　晌　吴永祥　供稿
胡　舟

1 | 2
3
4 | 5

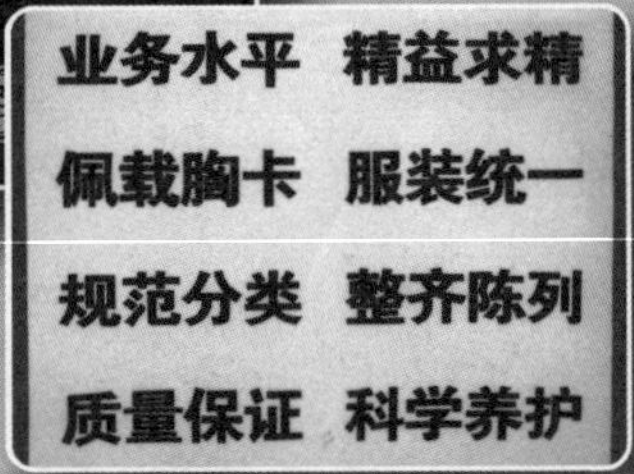

ISSN 1009-2390
06>
9 771009 239111

YAOWEN-JIAOZI

咬文嚼字®

7
2011

欢迎至邮局订阅本刊 邮发代号 4-641
国内统一刊号 CN31-1801/H
定价：3.00元

上海文艺出版(集团)有限公司

雾里看花

两位“花旦”？

木 景

这是沈阳市黄浦江街边一家饭店的门面。电子显示屏上滚动着优惠酬宾的宣传文字。“双旦”是什么意思？难道是说有两位花旦演员光顾饭店？猜一猜，答案本期找。

杜鹃衔着蹄子飞？

杨云庆/文　　叶　珺/画

某老年报刊登了《“诗伯”与“诗粕”》一文，其中引用了著名的啰唆诗《宿山房即事》：“……半夜三更子时分，杜鹃谢豹蹄子归。”读到这里，笔者大惑：“谢豹”是杜鹃的别称，难道是说杜鹃鸟在半夜时分衔着一只蹄子飞往鸟巢？错！其实是“蹄子归”弄错了，正确的应为“子规啼”。“子规”也是杜鹃的别称；“啼”即啼哭、啼叫。错别字惹出的笑话，让老年朋友们发噱了吧。

咬文嚼字®

2011年7月1日出版

7

总第199期

主管：上海文艺出版（集团）有限公司
主办：上海咬文嚼字文化传播有限公司
编辑：《咬文嚼字》编辑部
集团网站：http://www.shwenyi.com
E-mail：yaowenjiaozi2@163.com
电话传真：021－64330669
发行电话：021－60878388
邮购电话：021－60878392
地址：上海市打浦路443号荣科大厦17楼
邮政编码：200023
发行：上海市报刊发行局
发行范围：国内外公开
订阅处：全国各地邮局
国内代号：4－641
ISSN1009－2390
CN31－1801／H
印刷：江苏太仓印刷厂有限公司
广告经营许可证：沪工商广字
3100320050020号
定价：3.00元

语林漫步

一声长叹:『好尴尬』

◎郝铭鉴

报上读到一条新闻:《全国招聘考出的问题好尴尬》。它说的是羊城晚报报业集团正在全国招聘的事。原来，招聘试卷中有一道改别字的题目，应聘者几乎无人过关。据这家集团人力资源部透露，以某省考点为例,取得 60 分以上的人只有 1%,最高分为 67 分;被判为负分的倒有 4.8%;大部分人在 0 分到 30 分之间,占应聘总人数的 61.7%。全国其他省的情况大体相同。

这条新闻,我一连读了三遍,读得心头打翻了五味瓶。说来也巧,从报道披露的情况来看,羊城晚报招聘用的这道题目，应该是本人在 19 年前设计的。那是一篇 2000 字左右的文章,取了个题目叫“书市散记”,隐藏了 100 多个别字。它本是供上海文艺出版社员工内部考试用的，引起媒体关注以后,曾刊于《中国新闻出版报》。

且看 19 年前媒体的一段报道:“全社 110 多名文字编辑、校对人员，包括几位老编审，都按时走进考场。就连因病住院的总编辑江曾培也提前出院‘应考’,使实到人数超过了应到人数。考场上没人交头接耳，大家都在埋头答卷，那种认真的气氛，真不亚于考大学。”本人是全社唯一的免考者，负责巡视考场，只看到一位位同仁胸有成竹,面露得色。这场考试揭榜时,90 分以上的人高达 87%。真没想到,19 年前的“好自信”,如今竟成了“好尴尬”。

当然,我知道,这两批考生之间,是缺乏可比性的。那时考的是编辑、校对,他们在长期的工作实践中,已经建立了文字优势,对别字具有特殊的职业敏感。记得在编《中国新文学大系》时，有次拜访夏衍先生，曾谈起文字差错问题。夏公告诉我说，编辑有一双特殊的眼睛，他们知道往哪里看。比如，一看到“李大钊”，就会看“钊”字是否错成了“剑”；一看到“夏丏尊”，就会看“丏”字是否错成了“丐”。今天的应聘者，大都没经过这方面的训练，面对一份有相当隐蔽性的试卷，成绩不如人意，应在意料之中。

然而，这恐怕不能解释全部问题。因为同是这道试题，当年也曾考过在校大学生，一般都能考到 50 分以上，最差的也在 30 分以上。从来没有出现过负分。有些中学生甚至也能考到 70 分、80 分。19 年以后，社会用字水平竟出现了如此落差，不免让人有点沉重。是的，我们不能仅凭一道试题，断定今天的年轻人文化素质不高，那是以偏概全；但是，就汉字运用能力来看，不能不承认出现了下滑趋势。

那么，原因何在呢？

我想，一方面，和汉字的社会地位有关。试问，今天还有几个人对汉字心存敬畏？绝大部分年轻人，没有听说过“天雨粟，鬼夜哭”的造字故事，没有见过“敬惜字纸”的焚纸炉，没有像鲁迅先生那样上过“小学”即文字学的课，没有养成如叶圣陶、吕叔湘那样的咬文嚼字的习惯。汉字在他们的心目中，只是点横撇捺，不见文化血脉，缺乏应有的价值感和神圣感。即使读白字、写错字、用别字，也能付之一笑，神马都是浮云，不会为这劳什子捋断一根胡须。汉字不断地被边缘化，改别字岂不成了屠龙术？

另一方面，和现代人的知识结构有关。如今早已不是田园牧歌的时代，绝大部分年轻人都是“网中人”，每时每刻都面临着海量信息的冲击。他们或许用惯了“杯具”“鸭梨”这些流行词语，但不一定吃得准试卷中考到的“饮鸩止渴”“越俎代庖”；他们或许对大 S、小 S 了如指掌，却很可能对试卷中考到的吴道子、欧阳询一无所知。以这样的知识结构应聘，在拿到试卷时，不是“脑子里一片空白”才怪呢。这是知识错位造成的。为了中华民族文化传统的继承和发展，现代人应该具有怎样

从《最小说》说起

◎陈必祥

报载，近年来，《最小说》《爱尚生活》《流行阅》《帅作文》等一批刊物以集团军的姿态占领市场，形成了强烈的阅读冲击波。与此同时，这些令人眼花缭乱的时尚刊名，引起了不少人的质疑，认为“语法不通”，是“缺乏文化涵养的时髦现象”等等。

是不是“语法不通”？怎么看待这类“时髦现象”？不妨作一点具体分析。

“最小说”这名称，看似有些怪异，但类似“最小说”这类副词修饰名词的现象，则并不鲜见，诸如“最新闻、最主流、很青春、很中国、太西方、太市侩”等等，比比皆是。这是因为，人们在表达和交际中，经常会碰到对某一事物所具有的性质特征无法用某一个形容词来表达，于是，便借助于副词（特别是程度副词）加名词这种“超常搭配”方式来补救。这种方式能使名词的功能发生变化，让名词具有形容词的特征。一本主要面向青年群体的小说刊物，大都具有“奇异、玄幻、青春、前卫、娱乐”等时尚元素。“最小说”的“最”或许正是概括和显示了这些特质，才受到许多“最迷”的喜爱和追捧。《最小说》的畅销，固然主要得益于郭敬明的影响力和他背后的营销团队，但这刊名的时尚和另类，也应有不小的作用吧。

要强调的是，并非所有名词都能被副词修饰，被副词修饰的名词的特征和内涵，应是人们所

的知识结构，值得深长思之。一个人在知识积累的过程中，不能没有选择能力和过滤意识，而它的前提是价值判断。

羊城晚报的招聘活动，马上会告一段落。这次招聘让我们看到的“尴尬”，却应该引起社会的长期关注，长期思考，找出应对的办法。

熟知或认可的。譬如，我们说某人为人做事“很雷锋”，这里的“雷锋”，就是人们公认和熟知的雷锋“助人为乐”的精神。如说某人“很张锋”，就不知所云了。因为这“张锋”何许人也，人们不得而知。

当今社会，报纸杂志铺天盖地，为了吸人眼球，作者、编者都动足脑筋，力图在文字技巧上出奇制胜。于是，副词修饰名词，名词用作动词，常见的成语被改造，正常的语序被颠倒，出现了许多超常规的词语组合。你说“这人有风度”，我却说“这人很风度”，你说“凡是少女皆追求时尚”，我则说“越少女越时尚”，你说“这篇作文好”，我偏说“这篇作文帅”。上海电视台纪实频道有一档文化新闻评论节目，原叫“风言风语”，即对公众中流行的传言进行评论。后经过改造，成了“风言锋语”。“风言”是话题，“锋语”，则是对话题进行针锋相对的分析、论辩。这一字之改，突出了节目的锋芒。

超常规的词语搭配，是汉语随着社会发展而积极调适的反映，也是汉语使用者求新求变的结果。但这毕竟是一种语法变异，是人们使用语言的策略性行为。因而要十分小心，不能越出语言规范的底线。正如李渔《窥词管见》所说：“琢字炼句，虽贵新奇，亦须新而妥，奇而确。”以上述《爱尚生活》《流行阅》为例。“尚”有崇尚、风尚、注重等意思，一般不单独使用，你爱的是什么“尚”呢？“爱尚”肯定是一个生造词。“流行阅”的“阅”是“看”的意思，“流行看”是什么意思？“阅”如果是指“阅读”，硬砍掉一个“读”字，这个双音词就成了残疾。再说到《最小说》，随着刊物的畅销，一大批“最”字头的所谓姐妹刊物——《最漫画》《最幻想》《最沉默》等等，跟风而上，涌入市场。且不说这类“最××”的搭配是否都经得起推敲和检验，单是一味尾随同类的复制和炒作，倘若哪一天引起人们厌倦以致反感，那就得不偿失了。

对于词语的“超常”搭配，不能一概否定、排斥，也不能一味追捧，盲目跟风。如仅以吸引眼球为目的，呈现出的是一种生硬、猎奇的虚伪语言个性，那真成了一种“缺乏文化涵养的时髦现象”了。

众矢之的

谁家周刊最给力(七)

本期目标：

《南方人物周刊》

2011年第7期

“了了”与“寥寥”

◎董金明

2011 年第 7 期《南方人物周刊》刊载了《阿里巴巴与两千大盗》一文。面对阿里巴巴公司的诚信危机，马云壮士断腕，处理了公司的一批高管。文章在引述了马云所写的一段内部信件后，作了如此评述：“引述了了数语，可以得知整封信的格局。写这封信的人显然想成为百年老店的创始人，成为新兴商业伦理的启蒙者，其志不在小。”窃以为，此处的“了了数语”应写成“寥寥数语”。“了了”与“寥寥”都是叠音形容词，读音近似，但用法不同。

“了了”的“了”，读 liǎo，本是夸赞人聪慧、通晓事理的。如晋人袁宏《后汉纪·献帝纪》：“小时了了者，至大亦未能奇也。”引申指明白、清楚。我们今天常说的“心中了了”“不甚了了”等，也是这个意思。总之，“了了”丝毫没有数量少的意思。

“寥寥”的“寥”，读 liáo，本义是空虚、寂静，如“寥廓”“寥无人烟”；引申指稀少、非常少，如“寥落”“寥若晨星”。重叠形式“寥寥”，义为数量少，如“寥寥可数”“寥寥无几”。“寥寥数语”，即极其少的几句话。结合上文语境来看，作者想说的是，窥一斑可见全豹，从引述的“寥寥数语”就可以看出马云"整封信"的大追求。

娱乐圈并非"鱼目混杂"

◎李荣先 饶中源

《南方人物周刊》第 4 页刊载读者"来信"说:"其实真的挺欣赏范冰冰的,事实证明,她不仅是外表美艳,而且有智慧,有心胸,有冲劲,够坚韧,够坦荡,够真实,在鱼目混杂、真真假假的娱乐圈, 也算是难得了。"《咬文嚼字》曾多次指出把"鱼龙混杂"和"鱼目混珠"杂糅成"鱼目混杂"的错误,没想到在这儿又碰到了。

"鱼龙混杂",语本晋王嘉《拾遗记·虞舜》:"南浔之国有洞穴阴源,其下通地脉。中有毛龙、毛鱼,时蜕骨于旷泽之中。鱼、龙同穴而处。" 本义指鱼和龙混在一起,引申指好的和坏的混杂在一起。"鱼目混珠",语本汉魏伯阳《参同契·同类合体章》:"鱼目岂为珠,蓬蒿不成槚。"本义指把鱼的眼珠混杂在珍珠中;引申指以假乱真,以次充好。必须有两种以上的物质掺杂在一起,才称得上"混杂"。如果纯粹是"鱼目",又怎么谈得上"混杂"呢?

娱乐圈好人、坏人混在一块儿,可说是"鱼龙混杂";娱乐圈存在以次充好的现象,也可说是"鱼目混珠"。但是娱乐圈绝对不是"鱼目混杂"的,因为"鱼目混杂"根本就是说不通的。

用于除皱的是"肉毒素"

◎杨昌俊

《南方人物周刊》第 111 页刊有《长生不老和我们嫩着》一文,其中写道:"我相信衰老和地球毁灭一样不可避免, 哪怕用肉瘤杆菌熨平皱纹, 日渐磨损的声带还是会出卖你。"此处的"用肉瘤杆菌熨平皱纹" 令人生疑。我们知道, 消除面部皱纹是不少人的美容目的。目前美容医学上除皱的一种常见方法——生物素除皱,是注射"肉毒杆菌毒素",而不是什么"肉瘤杆菌"。

"肉毒杆菌毒素",简称"肉毒素",是肉毒杆菌分泌的一种生物神经毒素,有多种类型。临床上起初将它应用于治疗眼睑、面肌痉挛和斜视等病症。1992 年开始,人们尝试使用它来控制面部肌肉的活动,以达到柔和、消除面部皱纹的目的。2002 年,美国食品药品管理局批准 A 型肉毒杆菌毒素应用于美容领域,以消除抬头纹、眉间纹和鱼尾纹等。目前,肉毒素美容风靡全球,成为众多时尚女性追求靓丽容颜的手段之一。不过,很多人并不了解肉毒素美容的副作用。短时间内多次注射肉毒素,可能会危害美容者的身心健康,甚至生命安全。有研究表明,接受注射肉毒素的美容术,会妨碍女性的情绪表达,让她们看上去显得愤怒或悲伤,而且难以表达同情,从而令自己在社交圈里变得不那么讨人喜欢。

"杆菌"指杆状或类似杆状的细菌,广泛分布于自然界,如大肠杆菌、枯草杆菌等。没有"肉瘤杆菌"这一说法。

利润等于成本加收入?

◎陈关春

《南方人物周刊》第 19 页短文《10 大利润率最高的科技公司》,介绍网络游戏很容易使玩家上瘾,"许多人都清楚,固定成本+经常性收入=利润,而从这个事例中不难看出,固定成本+经常性收入+上瘾玩家=巨额利润"。这样的利润公式,即使没有专门学过会计的人,也能看出其荒谬之处。

简单地说,利润是指企业的收入扣除成本和税金以后的纯收入,用公式来表示就是:收入—成本(固定成本+变动成本)—税金=利润。比如,一个企业在某个会计期间的收入是 100 万元,成本是 50 万元(固定成本 40 万元,变动成本 10 万元),税金是 13 万元,那么这个企业的利润就是 37 万元。

所谓"固定成本",是相对于变动成本而言的,即成本总额中保持不变的成本。比如，厂房和机器设备的折旧、财产税、房屋租金等，都是固定成本。所谓“经常性收入”，即主营业务收入。会计学告诉我们，一个企业的营业收入，除了“主营业务收入”，还可能有“其他业务收入”。

总之，“固定成本”是成本的一部分，“经常性收入”是收入的一部分。一个企业的利润多少，固然和它的“固定成本”“经常性收入”有关，但用“固定成本＋经常性收入＝利润”这一公式来计算利润，还是闻所未闻的事。

是“颍川”，不是“颖川”

◎长　军

《南方人物周刊》3 月第 1 期刊有《你可能不知道的儒者》一文，其中写道：“根据《汉书·循吏传》的记载，出狱之后，黄霸长期担任颖川太守，外明内宽，尤其是打破权力迷信，推进民间社会自治，颖川因此而‘治为天下第一’。”句中的两处地名“颖川”，均应写为“颍川”。

含有“颍”字的地名，其得名都源于一条大河——颍河。颍河是淮河上最大的一条支流，源头在河南省登封市嵩山西南，注入淮河。“颍川”，是古代的一个郡名，战国始置，亦以颍河得名，辖境多有变化。西汉宣帝时，颍川太守黄霸“前后八年，郡中愈治。是时，凤皇神爵数集郡国，颍川尤多”。传说中的稀世宝物“凤皇”“神爵”，在颍川大量出现，可见其治下政绩。还有“颍州”“颍上”等，都是与颍河有关的古地名。

“颍”和“颖”都读 yǐng，都是形声字，但字义不同。“颍”从水，专指颍水。而“颖”从禾，本义指的是某些禾谷（如稻、麦等）子实带有芒刺的外壳。将“颍川”误写作“颖川”，是音同形似所致。

《火眼金睛》提示

图 1，“座诊”应为“坐诊”。

图 2，“飞煌”应为“飞黄”。

图 3，“馄炖”“馄钝”均应为“馄饨”。

图 4，“凄凄”应为“萋萋”。

借题发挥

公园“欠恙”，病的是谁

◎朱建芳

2011年1月8日《江南都市报》A05版报道了一条新闻：《南昌傩园“贵体”欠恙》，说中国最大的傩（nuó）文化主题公园——南昌傩园，在历经4年的筹备、建设之后，于去年7月23日正式开园迎客。但直到今年初，南昌傩园还未走上正轨，没有得到南昌市民的青睐。于是记者前去采访探其原因，发现是有些原计划做的设施尚未建设好，有些原已做好的设施又遭到损坏，还有就是交通不方便。且不论称公园“贵体”是否妥当，就说这“欠恙”吧，令人颇费思量。“欠”，义为借别人的没有还，或应当给别人的没有给，如说“欠账”“欠债”“欠情”；或表示缺乏、不够，如说“欠佳”“欠妥”“欠安”等。

恙，音yàng，义为病，如“偶染小恙”“别来无恙”，等等。俗话说，欠债还钱。那么，“欠恙”该还啥呢？无解。也许有人说，不过是说身体有些小病罢了。然而，这个意思该说“欠安”或“有恙”才对。看来，不仅是傩园出了问题，“欠恙”的说法本身也是有病的呀！

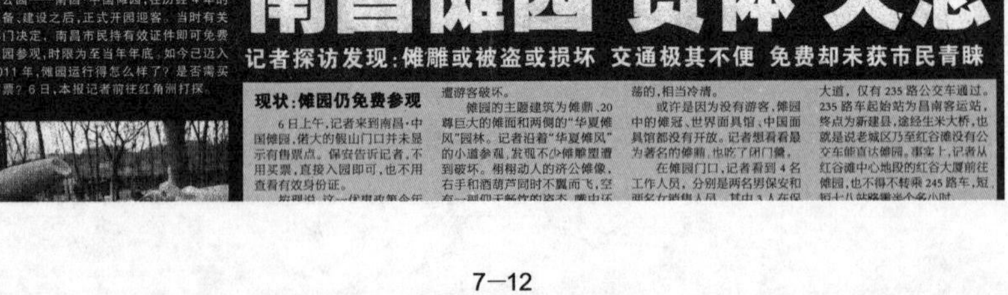
新闻提示

去年7月23日，中国最大的傩文化主题公园——南昌·中国傩园，在历经4年的筹备、建设之后，正式开园迎客。当时有关部门决定，南昌市民持有效证件即可免费入园参观，时限为至当年年底。如今已迈入2011年，傩园运行得怎么样了？是否需买门票？6日，本报记者前往红角洲打探。

南昌傩园“贵体”欠恙

记者探访发现：傩雕或被盗或损坏 交通极其不便 免费却未获市民青睐

现状：傩园仍免费参观

6日上午，记者来到南昌·中国傩园，偌大的假山门口并未显示有售票点。保安告诉记者，不用买票，直接入园即可，也不用查看有效身份证。

遭游客破坏。

傩园的主题建筑为傩鼎、20尊巨大的傩面和两侧的“华夏傩风”园林。记者沿着“华夏傩风”的小道参观，发现不少傩雕塑遭到破坏。栩栩动人的济公傩像，右手和酒葫芦同时不翼而飞，空

荡的，相当冷清。

或许是因为没有游客，傩园中的傩冠、世界面具馆、中国面具馆都没有开放。记者想看看最为著名的傩鼎，也吃了闭门羹。

在傩园门口，记者看到4名工作人员，分别是两名男保安和

大道，仅有235路公交车通过。235路车起始站为昌南客运站，终点为新建县，途经生米大桥，也就是说老城区乃至红谷滩没有公交车能直达傩园。事实上，记者从红谷滩中心地段的红谷大厦前往傩园，也不得不转乘245路车，短

他们“获”得了什么

◎屠林明

4位最高科技奖得主获小行星命名

本报北京5月4日电 （记者**蒋建科**）今天下午，国家最高科学技术奖获奖者吴文俊、金怡濂、王永志和叶笃正小行星命名仪式在北京举行。全国政协副主席、科技部部长万钢，中国科学院副院长詹文龙等出席。

万钢表示，国家最高科学技术奖获奖者是我国广大科技工作者的杰出代表，在他们身上集中体现了我国科技工作者崇高的爱国主义情操和中华民族自强不息的优良传统。以他们的名字命名小行星，不仅是对这4位科学家辉煌业绩的充分肯定，同时对促进创新型人才的脱颖而出，必将产生积极作用。

据悉，小行星是目前各类天体中唯一可以根据发现者意愿提名，并经国际组织审核批准从而得到国际公认的天体。小行星命名的严肃性、唯一性和永久不可更改性，使获得小行星命名成为世界公认的一项殊荣。以吴文俊、金怡濂、王永志、叶笃正名字命名的小行星，是中国科学院国家天文台施密特CCD小行星项目组发现并获得国际永久编号，经国际天文学联合会小天体命名委员会批准而正式命名的。

国家最高科学技术奖自1999年设立以来，已诞生16位获奖者。此前，获奖者袁隆平、王选、刘东生和谷超豪已获得过小行星命名。

国家最高科学技术奖是一种无上的荣誉。“4位最高科技奖得主获小行星命名”，这是2010年5月5日《人民日报》第9版一则消息的标题。笔者对此感到莫名其妙。

“命名”是一个动词。这个标题似乎告诉读者，这4位最高科技奖得主原先没有名字，现在“获小行星命名”——由小行星给他们命名；或者可理解为以小行星的名字给他们4人命名。常识告诉我们，这是荒唐的。

消息标题应该是正文内容的概括或提示。细读正文，消息报道的是以吴文俊、金怡濂、王永志和叶笃正四位国家最高科技奖获得者的名字命名小行星的事。原来如此。4位最高科技奖得主的名字被用于小行星命名。把整个标题改为“4位最高科技奖得主的名字被用来命名小行星”，才能读得通。

“肆机”窃取？

◎周　振

2010年12月13日—19日《书刊报》第6版有一篇文摘《纳粹“天狼星”肆机窃取“喀秋莎”》。乍看题目，笔者就对“肆机窃取”深感疑惑。该文介绍的是二战中苏德之间的一场谍战：纳粹德国的盖世太保为了获取苏联“喀秋莎”火箭炮的研制机密，制订了一个代号为“天狼星”的行动计划，企图绑架苏联主持研制该火箭炮的年轻设计师。经过一番较量，盖世太保派出的间谍最后被守株待兔的苏联反间谍机关一网打尽。看来，题目中的“肆机”，当是“伺机”之误。

伺，读sì，义为观察、守候；伺机，即窥测方向，等待机会。肆，也读sì，义项有：①不顾一切，任意妄为；②数字“四”的大写；③铺子。现代汉语中有肆力（尽力）、肆虐（任意残杀或迫害、破坏）、肆扰（任意扰乱）、肆无忌惮（任意妄为，没有任何顾忌）、肆行（任意妄为）、肆意（不顾一切任着性子去做）等词语，未见有“肆机”的说法。伺、肆同音不同义，“伺机”不能写作“肆机”。

纳粹“天狼星”肆机窃取“喀秋莎”

20世纪30年代，苏村劫得到绝密情报，苏联年轻的火炮设计师列昂采夫主持的一家研究所在研制“喀秋莎”火箭炮方面获得突破。纳粹德国决定不惜一切代价将“喀秋莎”弄到手。

纳粹情报部门制定了代号“天狼星”的计划，肆机窃取“喀秋莎”。1941年，列昂采夫前往莫斯科参加“喀秋莎”的实验工作。在火车上，列昂采夫无意中听到旁边两名妇女在谈论他认识的列宁格勒工学院的谢尔盖·祖波夫教授，于是就主动走过去打招呼。交谈中，列昂采夫得知其中一位老夫人是祖波夫教授的夫人，另一位是莫斯科一家歌舞团的歌手娜塔丽。车

不久，这种火炮正式研制定型。斯大林亲自下令将其列装，定名为BM-13型火箭炮，也就是被苏军前线官兵亲切称为“喀秋莎”的新型火箭炮。就在这时，纳粹德国发动侵苏战争。列昂采夫主动要求到前线检验“喀秋莎”的实战效果。几天后，列昂采夫被安排到了前线某炮兵旅参加实战。出发前不久，列昂采夫再次与“教授夫人”“不期而遇”。交谈中，“教授夫人”关怀地问列昂采夫要去什么地方。列昂采夫毫无戒备地把目的地告诉了她。

在盖世太保的策划下，娜塔丽

诺沃州的五人“慰问团”来到前线。“慰问团”为首的是一个叫彼得罗夫的人。此人其实是盖世太保的老牌间谍彼得罗涅斯库。一战时，他曾成功绑架了敌方潜艇设计师。此番，在党卫军领袖希姆莱和纳粹安全部长卡登博隆涅尔的授意下，彼得罗涅斯库专程从柏林潜入苏联，打算故伎重演，将列昂采夫绑架到德国。

为配合绑架行动，纳粹情报机构命令潜伏在莫斯科的德国间谍，冒充苏军领导机关给前线炮兵旅发电报，告诉他们将有一支“慰问团”到前线进行“慰问”。随即，彼得

连珠炮

高晓松引发的议论

◎郑于时

> 靶文
>
> 持有美国护照,原本想吹嘘"米国"(美国)制度先进、赏罚分明的高晓松,却一不留神说出了自己几年前的醉驾前科。不少网友对他"知错不改"、"屡教屡犯"的行为表示不耻。在某网站发起的一条"酒驾入刑后,高晓松成第一犯案名人,你怎么看?"的投票中,认为"该罚"的占36%;认为"该重罚"的占55%;其余"力挺派"、"赔偿派"和"旁观派"全加起来也不足三成。
>
> ——原载《羊城晚报》2011年5月11日

《羊城晚报》的这段评论,是针对高晓松的一条"微博"发的。

高晓松是著名音乐人。做了"中国达人秀"评委后,更是名声大噪。2011年5月9日,他因醉酒驾车造成交通事故,引起全国轰动。他的那条发于今年2月10日的"微博",成了网友议论的一大热点。

在那条"微博"中,高晓松称自己安在"米国"的家三次被撬,"为保护俺家一窝美女",决定买枪自卫。好不容易选中一把,"结果被告知因数年前一次DUI(酒驾记录)",他"被终身禁止买枪",于是,"只好改练中国功夫"。我这里转述的,凡是加引号的,都是高晓松的原文。

《羊城晚报》刊登的这段评论,至少有四处可议:

"酒驾"还是"醉驾"

无论是中国法律还是美国法律,"酒驾"和"醉驾"都是不同的。"酒驾"是酒后驾驶,"醉驾"是醉酒驾驶。它是根据血液中的酒精含量来测定的。根据我国现行的标准，每100毫升血液中，酒精含量大于或等于20毫克、不到80毫克的，属“酒驾”；大于或等于80毫克的，属“醉驾”。我国法律规定：饮酒后驾驶机动车的，处暂扣6个月机动车驾驶证，并处1000元以上2000元以下罚款；醉酒驾驶机动车的，由公安机关交通管理部门约束至酒醒，吊销驾驶证，依法追究刑事责任，5年内不得重新取得驾驶证。

高晓松的“微博”中，分明用的是“DUI”，这是英文“酒驾”driving under the influence的缩写，他怕别人不明白，还特地在括号中注明“酒驾记录”。但是到了《羊城晚报》的评论中，却成了“醉驾前科”。把“酒驾”说成“醉驾”，恐怕不是实事求是的态度。我们不能因他是名人，便故意扩大事态；也不能因为这次是“醉驾”，就断定上次也是“醉驾”。说话要有根据噢。

“不耻”还是“不齿”

这是一个老牌差错，《羊城晚报》又一次重蹈覆辙。评论中说，因为高晓松“知错不改”“屡教屡犯”，不少网友对他的行为“表示不耻”。何为“不耻”？不以为耻也，难道网友们都很赞赏高晓松的行为？觉悟不至于这么低吧。显然，这里应该用的是“不齿”。

关于“不齿”，有多种说法，有的说因为牙齿排列是整齐的，“不齿”就是不与同列；有的说因为古人论年齿排序，“不齿”就是不愿提及：不论哪一种说法，用“不齿”都是表明一种否定的态度。这就是说，网友们欣赏高晓松的音乐，但并不支持他的“醉驾”。他们是有社会责任感的。把“不齿”误为“不耻”，岂不是歪曲了事实真相？

“一条”修饰什么

《羊城晚报》的评论中说：“在某网站发起的一条‘酒驾入刑后，高晓松成第一犯案名人，你怎么看？’的投票中……”这句话没有引完，不过已经能够看出问题。“酒驾”前面已经提及，准确的说法应是“醉驾”。我国于今年5月1日施行的《刑法修正案（八）》

中，第二十二条明确规定:“在道路上驾驶机动车追逐驾驶，情节恶劣的，或者在道路上醉酒驾驶机动车的,处拘役,并处罚金。”你看,法律条文说的是“醉酒驾驶”。当然，这一差错应由网站担责，《羊城晚报》只是没有尽到注意责任,本文想提出的是另一个问题:“一条”修饰什么?

“条”是可以用作量词的,而且用途广泛。可以说一条毛巾、一条香烟,也可以说一条标语、一条引文，不但可以说一条鱼、一条狗,甚至可以说一条人命、一条好汉……但是，不论哪一种说法,“条”都是用在名词前面的。可上述评论中,“一条”并没有和名词搭配，后面跟的却是“投票”!“投票”可是动词,“一条……投票”——这算什么话?如果把“一条”改为“一次”,勉强可以说通，但最好还是删掉“一条”,这样文字也显得简洁一点。

“三成”来自哪里

最让我感到惊讶的,是“你怎么看?”后的几个数字。据《羊城晚报》介绍,网友认为高晓松“该罚”的占 36%；认为该重罚的占55%;其余“力挺派”“赔偿派”和“旁观派”全加起来也不足三成。“成”是一个比较特殊的量词,指总量的十分之一。读者诸君不妨来做做这道算术题,36%加上55%,已经是91%,剩下来的连一成也不到,何来三成?究竟是数字抄错,还是算术做错,旁人不得而知。可这种显而易见的差错,任其招摇过市,读者能不惊讶吗?

两作家逗趣

◎黄新宇

有一次，著名作家贾平凹(陕西人)与《美文》杂志执行主编穆涛(河北人)同车赴外地公干。车过秦岭时，穆涛打趣贾平凹说:『你们陕西人真谦虚，那么大一个山，却叫个岭(秦岭)。』

思维敏捷的贾平凹一听，乐了，立马回应道:『你们河北人更谦虚，那么大一个省会，却叫个庄(石家庄)。』

言毕，两人哈哈大笑。

语丝

一针见血

“经幢”的读音

◎冯献党

2010年4月11日中午，打开上海嘉定电视台，正在播放《纪录嘉定》专题片。镜头转到古镇南翔，当说到古猗园的经幢时，“经幢”被解说人念成了“经 zhuàng”。殊不知，“幢”是个多音字，在“经幢”中念 chuáng，义为刻着佛号或经文的石柱。《辞海》“经幢”释义：“古代宗教石刻的一种。创始于唐。作柱状，往往用多块石刻堆建而成。柱上有盘盖，大于柱径，刻有垂幔、飘带等图案。柱身多刻陀罗尼或其他经文和佛像等。”古猗园中的两座经幢，正是唐代的建筑，颇具历史价值。

不是“筹办”“自杀网站”

◎陈永波

自杀是一种复杂的社会现象。《青年文摘》2010年第19期刊载一篇文章《肖敬：拯救生命，我从高中立志》，文中有一个小标题：“筹办自杀网站”。难道是什么人要筹办一个联络、鼓励人们自杀的网站？其实不然。

文章中说，故事的主人公肖敬是一名中学生，历经了一次火灾后深深懂得生命的宝贵，“他默默地进行了自杀干预研究，半年后……肖敬萌生了一个大胆的念头，即联合同学开展旨在帮助更多同龄人走出自杀阴影的‘关爱生命万里行’活动，建立一个全国性的以青少年自杀防治为主题内容的网站”。他是要建网站救人，帮助无奈无助的同龄人渡过心理难关。所以上述小标题改为“筹办预防自杀网站”一类的才准确。

唱歌时“吐字纳音”？

◎浪　子

《家庭》2010年10月上半月刊第41页上有一篇题为“24年良

心审判，女歌手为被诬陷的老师还清白”的文章，文中写道：

1986 年 8 月 5 日，刘丽为参加 9 月的全区职工调演进行训练，由于吐字纳音的问题，严老师让她找隔壁的裴树唐辅导……

其中的“吐字纳音”令人费解。作者可能想套用成语“吐故纳新”，但“吐字纳音”事理上说不通。“纳”是吸收、接受的意思。唱歌时干吗“纳音”！应该是“吐字发音”之误吧。

国库古称“官帑”

◎易 君

《杂文月刊》2011 年 3 月（下）刊有《消失的文人》一文，其中写道：“但也不必因此唱清儒的反调，说一为文人便‘甚足观’，赶紧官拏供养，防其冻羸。”句中“官拏”，应写为“官帑”。

帑，读作 tǎng，是书面语，本义指国家收藏钱财的仓库，引申为钱币、财物。“官帑”指国库，亦指国库里的钱财。如元代卢琦《惠安道中》诗：“官帑需新赋，公田索旧租。”拏，读作 nú，指儿女，如“妻拏”。汉字中，从“巾”的字多和钱财有关，如“帐”“幣”“帛”等；从“子”的字多和小孩有关，如“孕”“孙”“李”等。在现代汉语中，“帑”与“拏”各有专用，不可互替。

误说“不解之缘”

◎王殿雷

陈丹晨先生《巴金全传》（中国青年出版社 2003 年 10 月北京第 1 版）第 14 页有一段文字：“巴金一生与这种旧的传统观念、专制制度好像有了不解之缘，不断受到来自旧的营垒的压制和迫害，他有过挑战和反抗，但也有过困惑和迷失……”

其中“不解之缘”很让人不解。

缘：缘分。不解：解不开。“不解之缘”，关系非常密切，感情很深，难以割舍。语本汉无名氏《古诗十九首》：“文彩双鸳鸯，裁为合欢被。著以长相思，缘以结不解。”“不解之缘”是个褒义词。

巴金先生难道与“旧的传统观念、专制制度”有了“很深的感情”吗？显然不是。《巴金全传》作者欲表达的是巴金一生被“旧的传统观念、专制制度”纠缠着，如影随形，躲不开，甩不掉。“旧的传统观念、专制制度”一直给巴金以“压制和迫害”，而巴金也一直“与之作战”。他与传统观念、专制制度是冤家对头。因此，说巴金与“旧的传统观念、专制制度”有“不解之缘”，就把话说反了。

莫把“失聪”当“失明”

◎阎德喜

2010年4月14日《中华读书报》刊登的《沈郎文字花木诗》里写道：“如果他生而为盲人，则除了偶尔闹一下情绪外，大抵可以安然接受，但若教他领略过桃怎么红的，柳怎么绿的，而后才不幸失聪，那他一定痛苦万分……”显然，作者是把“失聪”理解为眼睛看不见东西。这就大错了。

“聪”，形声字，从耳、总声。本义为听力好。“失聪”就是失去听力。经常使用的成语有“耳聪目明”，意思是听得清楚，看得分明。“失聪”是听力问题，不是视力问题。文中“失聪”应是“失明”。

响声不能“交相辉映”

◎吴尚达

2011年2月4日《人民日报》第4版有一文《快乐记忆：年画与窗花》，文中写道：“腾空而起的礼花和不绝于耳的爆响声交相辉映。”这话不合情理，它们怎么能“交相辉映”？

交相辉映，是不同物体的光亮或色彩相互映衬。声音既无光亮又无色彩，怎么能与烟花相映衬？

男孩何来“及笄”

◎张玉芹

2010年第12期《小说月报》上刊登了一篇《九如斋》的短篇小说，第81页有一句话：“最后只得将整个九如斋，还有满腹心事，和盘交给自己刚及笄的儿子若愚，眼一闭，腿一伸，辞世去了阴间。”此处“及笄”用法有误。

“笄”是簪子；“及笄”，就是到了可以插簪子的年龄。古时称女子年十五为“及笄”，也称“笄年”。《礼记·内则》：“女子许嫁，……十有五年而笄。”“及笄”一词只用于女子。上述小说中“刚及笄的儿子”是说不通的。

对于男子，类似的说法有“弱冠”。“冠”是戴成年人的帽子。古代男子二十岁行冠礼。所以以“弱冠”代称二十岁。弱冠时要举行大礼。弱，古人的解释是，体犹未壮的意思。

张悟本的“动静”

◎李传新

《齐鲁晚报》2010年12月31日A02版刊载的《张悟本们何以层出不穷》一文中说：

试想，从李一到张悟本，再到现在的刘逢军，哪一个不是被媒体曝光之后，才引起有关部门高度关注的？那么我们不禁要问，在媒体曝光之前，类似于李一、张悟本这样的江湖术士，已经在社会上掀起了不小的波澜，像张悟本又上电视节目又出书，动静不可谓不小，但我们的有关部门却似乎对这些游走于养生、中医领域的人物视而不见，这不能不令人深思。

这里的“动静不可谓不小”表述不当。“动静不可谓不小”用了两个“不”字，双重否定，表达的是一个肯定的意思，即“动静可谓小”。但联系上下文，作者所要表达的意思应该是“动静大”。

多余的“前”

◎刘曰建

2010年12月22日《北京社区报》所刊《乐观的生活态度》一文说：“1981年3月30日，美国前总统里根遇刺，子弹穿入胸部，情况十分危急。”

“前”字弄混了时间。众所周知，1980年11月里根竞选总统获胜，当选为美国第49届总统，1981年1月20日宣誓就职。1984年11月竞选连任成功，当选为美国第50届总统。在1981年3月30日，美国华盛顿希尔顿饭店外响起了刺耳的枪声，刚刚从饭店走出来的美国总统里根及几名随从均中弹受伤。里根遇刺时是在职的“总统”而非卸职的“前总统”。这个“前”字是多余的。

“白马非马”是谁说的

◎牛海龙

文化艺术出版社出版的《另一半中国史》(2010 年 8 月第 1 版)第 95 页有这样一段话:

> 小时候听说古代有个冯梦龙,他有句名言叫“白马非马”。小伙伴们纷纷嘲笑他,并且把冯梦龙作为傻瓜的代名词。

冯梦龙何时有过“白马非马”论?我想应该是作者把“冯梦龙”和“公孙龙”记混了吧。

“白马非马”,这是中国古代逻辑学家公孙龙(约公元前 320—公元前 250 年)提出的一个著名的逻辑问题。在《公孙龙子·白马论》中有这样的论述:“白马非马,可乎?”曰:“可。”曰:“何哉?”曰:“马者,所以命形也。白者,所以命色也。命色者,非命形也,故曰白马非马。”

而冯梦龙(1574—1646)是明代文学家、戏曲家。最有名的作品为《喻世明言》《警世通言》《醒世恒言》,合称“三言”。“三言”与凌濛初的《初刻拍案惊奇》《二刻拍案惊奇》合称“三言两拍”,是中国古代白话短篇小说的经典。

应是“阙如”

◎高良槐

2011 年 3 月 8 日《杂文报》第 2 版,刊有杂文《改一下“如实申报个人资料是每个公民的法定义务”如何?》,文中说:“据本草民所知,官员必须如实申报个人财产并向公众公布,早在 240 年前就已由北欧的瑞典首创……时光已流转了 240 年,改革开放亦已搞了 30 多年,这条法律在咱中华人民共和国竟依旧踪迹厥如,杳如黄鹤……”

引文中的“厥如”说不通。“厥”的义项主要有两个:1.中医指气闭、晕倒、失去知觉。如“惊厥、痰厥、昏厥”。2.代词,其的意思。如“大放厥词”。汉语中没有“厥如”这个说法。揣摩文意,“厥如”应为“阙如”之误。“阙如”,文言词,义为空缺、欠缺。如“暂付阙如”。

碰碰车

莫把“菱角”当“邂逅”

◎许多雪

陈运舟先生《“邂逅”本为菱角》一文（见《咬文嚼字》2011 年第 3 期）解释“邂逅”说：

“邂逅”是一个并不陌生的动词，然而它的本义可能一般人并不熟悉。邂逅，本作薢茩，原义为菱角。……

菱角，属菱科，一年生蔓性水生草本植物。菱的茎，蔓生……其果菱角便随茎叶在水面荡漾，类似浮萍无根无柢，随水漂泊，随聚随散。动词“邂逅”是由名词“薢茩”而来。清人张振鋆《厘正按摩要术·述古斋医书叙》里，“邂逅”正是作“薢茩”的……

动词“邂逅”，出现得很早，在两千多年前周朝的《诗经》里，我们已可以见到它。其中《野有蔓草》一首……吟唱道：“有美一人，清扬婉兮。邂逅相遇，适我愿兮。”毛亨注释说：“邂逅，不期而会。”

探讨一下“邂逅”与“薢茩”的关系，就会发现此说不可靠。

把“薢茩”作“邂逅”使用，在北宋时期就出现了。请看下面两例：

宋李廷忠《谢扬州范给事举自代并谢到任赋》：“平生无一日之雅，出处有万里之殊。堂下片言，薢茩相契；座间小异，从容默窥。”

宋施枢《一春屡有阳明之约，雨辄尼之。将旋幞侍，外舅来游。薢茩二羽衣，一能参上道，一能知大丹，竟日留话，喜赋二解。时清明日也》诗题。

当这种情况出现时，立即有人提出批评。宋马永卿《嬾真子》卷四说：“今之士人简尺中，或以‘薢茩’字易‘邂逅’字，非也。”这里明确指出用“薢茩”取代“邂逅”是错误的。明孙云翼在为李廷忠的赋“堂下片言，薢茩相契；座间小异，从容默窥”作注时，也指出：“此用‘薢茩’对下‘从容’（即“苁蓉”，草名。笔者），皆借用草名，好奇之过也。”

用“薢茩”代“邂逅”，只是诗赋的作者临时采用同音相假的修辞手法，它与所借代的词的本义毫不相干。怎么可以由这种临时的同音借代，去推断出“邂逅本是菱角”的结论呢？

再者，关于“薢茩”的本义问题，前代许多学者已做过辨正。其中，主要有两种观点：

一是以宋马永卿、孙奕和明末清初方以智为代表。他们认为“薢茩”与菱(蔆)是两种完全不同的植物，并以《尔雅·释草》中的“薢茩，芵光”和“蔆，蕨攈”为据，证明“薢茩”是指芵光即草决明，即马蹄决明；而“蔆”是指水中的蔆芰，即菱角。

另一观点是以清郝懿行、王念孙为代表。《离骚》：“制芰荷以为衣兮。”汉王逸注：“蔆，芰也。秦人曰薢茩。”《说文》：“蔆，芰也。……秦谓之薢茩。”《广雅》：“蔆芰，薢茩也。”据此，他们认为这是“相承自古”的看法。

现代辞书则多从郝、王之说。

至于“邂逅”的含义，陈先生的说解，并没有说到点子上。

在《诗经》里，有四处使用了“邂逅”：一是《郑风·野有蔓草》中的两处：“邂逅相遇，适我愿兮……邂逅相遇，与子偕臧。”一是《唐风·绸缪》中的两处：“今夕何夕？见此邂逅。子兮子兮，如此邂逅何？”陈先生引用《野有蔓草》“邂逅相遇，适我愿兮”的毛传“邂逅，不期而会”作为证据，并翻译为“偶然相逢”。这与诗的主旨相去甚远。《野有蔓草》小序说：“男女失时，思不期而会焉。”孔颖达的疏语是：“国内之民，皆穷困于兵革之事，男女失其时节，不得早相配偶，思得不与期约而相会遇焉。”“不期而会”之“会”是指幽会(做爱)，指男女因战火连绵，不能及时结婚，想能跟一位未事先约好的情人幽会。

《绸缪》篇，同样是写男女恋情。“今夕何夕？见此邂逅。”——今夜是怎样的一个夜晚？见到自己最爱的人儿。这里的“邂逅”，动词作名词用，指与己幽会的情人。

由此可见，《诗经》里的“邂逅”具有特殊的含义，即男女不期的遇合(幽会)，也指幽会的情人。

刘、项确实都争取过韩信

◎刘平家

《咬文嚼字》2009 年第 3 期刊登的谷士锴先生《误说刘、项两件事》一文，批评《庄子智慧全集》中有关的说法。谷先生说“项羽同刘邦争夺韩信之说与史实不符”。并且用《淮阴侯列传》中韩信弃项投刘、登台封帅的事件作为论据进行了论证。

其实，这是谷先生的一种误解。因为韩信除了弃项投刘、登坛封帅之事外，另有被封齐王、项羽拉拢、扩封土地三件事，这些事都是刘、项围绕争取韩信展开的。

在《史记》有关篇章中，相关记载清清楚楚。《项羽本纪》记载了一次项羽拉拢韩信的事：“项王闻淮阴侯已举河北，破齐、赵，且欲击楚，乃使龙且往击之。淮阴侯与战，骑将灌婴击之，大破楚军，杀龙且。韩信因自立为齐王。项王闻龙且军破，则恐，使盱台人武涉往说淮阴侯，淮阴侯弗听。”这里的“往说”，就是项羽派人前往游说敌方的将领韩信。韩信不为所动。

不但项羽要拉拢韩信，就是顶头上司刘邦也要不时地笼络韩信，以防他背叛。《项羽本纪》中说：“汉五年，汉王乃追项王至阳夏南，止军，与淮阴侯韩信、建成侯彭越，期会而击楚军。至固陵，而信、越之兵不会。楚击汉军，大破之。汉王复入壁，深堑而自守，谓张子房曰：‘诸侯不从约，为之奈何?’对曰：‘楚兵且破，信、越未有分地，其不至固宜。君王能与共分天下，今可立致也。即不能，事未可知也，君王能自陈以东傅海，尽与韩信；睢阳以北至谷城，以与彭越：使各自为战，则楚易败也。’汉王曰：‘善。’于是乃发使者告韩信、彭越……使者至，韩信、彭越皆报曰：‘请今进兵。’”上述文字说明刘邦为韩信等扩封

蜂王到底有多大

◎朱小海

2011年2月26日《新民晚报》有一篇文章《蜜》，说蜂王的体积大于普通蜂几十倍上百倍。严志清先生在2011年第5期《咬文嚼字》上，写了一篇《蜂王有多大》来挑刺："在我国饲养最多的蜂种是意大利蜂和中国蜂。笔者曾养过10多年中国蜂。中国蜂的体长1.3厘米左右；意大利蜂比中国蜂略长些，约1.5厘米。一只蜂王的体长相当于一般蜜蜂2倍多一点，即3厘米左右。试想，就算一只普通蜂体长1.3厘米，如果按上述比例来算，那蜂王的体长就要有几十厘米甚至1米多。这样大的蜂王，蜂箱里怎能容得下？"

严先生养过蜜蜂，不过可能没有学过几何，尤其是立体几何。体积怎么算？假如我们把蜜蜂的身体简化成一个圆柱体，体积＝底面积×高＝圆周率×半径×半径×高。我没有养过蜂，但是我想，蜂王相对于普通蜂，应该是体长和腰围都成比例放大的。按照严先生的理解，蜂王只是长度比普通蜂长，腰围是一点都没有变，那岂不是成了蜻蜓了？如他所说，一只蜂王的体长相当于一般蜜蜂2倍多一点，取个较大的值2.5倍，其体积差不多是普通蜂的16倍。

《蜜》的作者确实夸张得有点离谱，但是严先生的挑刺也有些不太靠谱。

土地，目的是笼络韩信，从而让其出兵会攻项羽。

这些事在《高祖本纪》《留侯世家》《陈丞相世家》《淮阴侯列传》中均有记载。尤其在《淮阴侯列传》中，刘邦封韩信为齐王，以笼络之；项羽派武涉劝说韩信，以拉拢之。这两件事记述得很详细。其中武涉对韩信说了一句非常诚恳的话："足下右投则汉王胜，左投则项王胜。"刘邦和项羽当时对韩信地位的重要性都十分清楚。在他们争雄天下旗鼓相当的时候，都争取过韩信。这是不容置疑的历史事实。

民间语文

马秀英问联巧劝夫

◎耿永德

明太祖朱元璋能打江山、坐天下，与马皇后的鼎力相助是分不开的。

马秀英自幼聪明伶俐，颇具胆识，常用自己的言行来影响朱元璋。

鄱阳湖大战，朱元璋以少胜多，击败了陈友谅百万大军。一天，他私访驻地附近的一寺院。方丈看其煞气很重，便想解其煞气，于是打问其姓名。朱元璋不答，在壁上挥毫题诗一首：

杀尽江南百万兵，
腰间宝剑血犹腥。
山僧不识英雄主，
何必哓哓问姓名？

"哓哓"，读 xiāoxiāo，指因为害怕而乱嚷乱叫的声音。此时的朱元璋打败陈友谅后，已经有扫平宇内、一统天下的志向。诗句之中透露出王霸之气。马秀英见老方丈看了那诗嘿嘿干笑两声而去，心里难过极了：夫君原来也是个穷和尚，如今刚有点起色，连老方丈也不放在眼里了。这"哓哓"两字，多么扎眼，多么傲慢！如此下去，岂能成就大业！

翌日行军路上，马秀英对朱元璋道："夫君，我有一上联，久思无对。你能对上否？"她吟道：

换位思时心敞亮。

朱元璋立马而对：

回头看处景翻新。

马秀英又乐呵呵地说："我知道夫君一定能对上。我还有一副两字联的上联，你再对对看——仁厚。"

朱元璋正欲对"刻薄"二字时，忽然想起老婆常常给他讲的道理——"仁厚"胜过"刻薄"，历代统治者，凡是对民仁厚，江山就坐得长；凡是对民刻薄，江山就短；打江山者更需宽厚仁慈！思忖至此，他终于悟出：老婆醉翁之意不在酒，不是问他对联，而是针对昨夜题壁的事。他对自己诗句中

一斤菠菜卖给谁

◎郭　雷

话说从前有位菜农，一天挑着两篓子蔬菜到清和桥上做买卖。由于他态度和气，价钱便宜，加上菜也新鲜干净，他的菜卖得很好。

这时，又来了三位客户：一位是个和尚，一位是个举人，一位是尼姑。菜农的菜篓子里仅剩下一斤菠菜了，三人都要买。卖给谁呢？此时，菜农灵机一动，想出了一个好主意：请三人分别以“清”“和”“桥”为题，各做一首诗。谁的诗好，这一斤菠菜就卖给谁。

三人一听，踌躇满志。

和尚抢先说：“清，有水是个清，无水也是青。青字加争是个静。清清静静我不爱，我爱豆腐炒菠菜。”

举人接着说：“和，有口是个和，无口也是禾。禾字加斗是个科。科举我不爱，我爱猪肉炒菠菜。”

尼姑最后说：“桥，有木是个桥，无木也是乔。乔字加女是个娇。娇娇小女我不爱，我爱菠菜炒菠菜。”

菜农一听，乐了，马上把菠菜卖给了尼姑。和尚和举人不服气地质问：“为啥不卖给我们？”

菜农指着他们说：“你和尚有豆腐吃，你举人有肉吃。这菠菜只能卖给尼姑了。”

的专横霸道、目中无人的口吻深感内疚，于是立刻命一士卒回头去将寺院的题诗铲掉，并代他向方丈及众僧道歉。

此时，老方丈端详着墙壁上的诗，越看越生气。正要命弟子铲掉那狂妄之言时，忽见一士卒匆匆而来。方丈得知题诗者乃是大名鼎鼎的朱元璋，当即笑吟吟地说：“阿弥陀佛，朱大将军为民打天下忙得不可开交，铲诗这点小事哪用劳驾你们哩！你快去追赶朱大将军，干大事去吧。这点小事交给老僧就是了。”

此刻，老方丈哪里舍得铲掉这墨宝呢，他还要留着这诗为寺院增辉哩！士卒一走，他立马在诗后加上了“朱元璋”三字，并注明朱元璋题诗又派人铲诗的经过。因此，这首诗保存了下来。

独具慧眼

“下工夫”还是“下功夫”?

辞书选择“下工夫”

◎罗米娟

《现代汉语词典》中有“下工夫”,其解释为:为了达到某个目的而花费很多的时间和很大的精力。还举了语例:要想把技术学好,就得下工夫|下过一番工夫。

《现代汉语规范词典》也收录了“下工夫”,其解释是:投入很多时间和精力(去做某事)。语例为:舍得下工夫,才有新进步|不下一番工夫,怎能提高技术?

这两本工具书都没收“下功夫”,它们的取舍是可以参考的。

“下功夫”比“下工夫”多

◎尹海良

用百度搜索“下功夫”,得到约24900000个网页,搜索“下工夫”,得到约5800000个网页,前者数量是后者的4倍多。检索北京大学中国语言学研究中心语料库,得到“下功夫”2667条,而“下工夫”仅104条,前者数量是后者的25倍多!看来,人们并不认同辞书的选择。

“功夫”“工夫”历来可通用

◎郭 红

“功夫”西晋时期已有书证。《三国志·魏志·三少帝纪》:“吾乃当以十九日亲祠,而昨出已见治道,得雨当复更治,徒弃功夫。”

“工夫”最早的书证在东晋时期。葛洪《抱朴子·遐览》:“既生值多难之运,乱靡有定,干戈戚扬,艺文不贵,徒消工夫,苦意极思,攻微索隐,竟不能禄在其中,免此垄亩。”

两处书证中的“功夫”与“工夫”意思相同,都是“做事花费的时间和精力”。直到清代，表示这个意思时，“功夫”和“工夫”都可混用。同样是《红楼梦》，既用“功夫”：“知道贾珍等是在女人身上做功夫的，因此忙的不堪。”又用“工夫”：“这还了得！他竟比盖这园子还费工夫了。”

所以在“做事花费的时间和精力”上，“功夫”和“工夫”是通用的，“下功夫”实际上就等于“下工夫”。例如：《中国新闻出版报》在2006年4月10日有一篇文章是《下工夫 旧题材也出新》，而同年4月25日另一篇文章则是《在满足群众基本文化权利上下功夫》。

“工夫”“功夫”，大同小异

◎陈娇娣

现在的多数辞书认为，“工夫”和“功夫”大部分的含义是一样的，只有个别义项有区别。

比如《辞海》(1999年版)解释“工夫”：

亦作“功夫”。①作事所费的精力和时间。《抱朴子·遐览》：“艺文不贵，徒消工夫，苦意极思，攻微索隐。”②工力；素养。韩偓《商山道中》诗：“始知名画有工夫。”③谓工程夫役。《三国志·魏志·董卓传》“悉发掘陵墓，取宝物”裴松之注引《续汉书》曰：“陇右取材，功夫不难。”④空闲的时间。辛弃疾《西江月·遣兴》词：“要愁那得工夫。”

解释“功夫”：

①同“工夫”。②武术的别称。如有些以武术为主要内容的影片，习称“功夫片”。

可见，《辞海》认为“功夫”可指武术，而“工夫”不行，除此之外，“工夫”和“功夫”是完全一样的，甚至在解释“工夫”时用了“功夫不难”这个书证。用专业术语来说，“工夫”和“功夫”是部分异形词，“功夫”的含义比“工夫”丰富。

《现汉》：“工夫”指时间，“功夫”指本领

◎张怡春 袁 诹

在历史上，“工夫”与“功夫”基本上就是一组异形词。如今，虽然在能否指称“武术”上，两者有了区别，但在其他义项上，混用仍然普遍。为了减少混乱，《现汉》有意做了引导。

【工夫】①时间(指占用的时间)：他三天～就学会了游泳。②

空闲时间：明天有～再来玩儿吧！③〈方〉时候：我当闺女那～，婚姻全凭父母之命，媒妁之言。‖也作功夫。

【功夫】①本领；造诣：他的诗～很深 | 这个杂技演员真有～。②指武术：中国～。③同“工夫”。

概括地说，《现汉》把它们区分为：“工夫”指时间，“功夫”指本领。两者分工明确，各司其职，关系倒是清晰了。因此，“下工夫”可说，“下功夫”亦可说，不过前者是花时间，后者是用本领。

说“工”道“功”

◎陈晓霞

“工”常用于指劳作的人、人的劳作，“功”常用于指用力做事取得的成果，两者的区别原本是很清楚的。但是，在表示本领、能耐、技术、力量等意思的时候，“工”却是可以通“功”的。

比如，用来指某方面的造诣、本领，既可用“功夫”，也可用“工夫”，最早的书证都在唐朝，时间相差无几。唐张彦远《法书要录》卷一：“宋文帝书自谓不减王子敬。时议者云：天然胜羊欣，功夫不及欣。”唐韩偓《商山道中》诗：“却忆往年看粉本，始知名画有工夫。”因此，“下功夫”和“下工夫”都可以理解为施展本领。

另外，传统戏曲的用词中，这“工”“功”通用的情况更是普遍。比如，演员表演时的身段和姿势，既可作“工架”也可作“功架”；演唱唱腔的技艺，既可作“唱工”也可作“唱功”；表演时的动作和表情，既可作“做工”也可作“做功”。

从“唱工”到“唱功”

◎褚伟敏

《现汉》倾向于用“工夫”表示时间，用“功夫”表示本领，其核心想法是在“工”与“功”均表示本领时，推荐使用“功”。这个想法的确定，其实是逐渐形成的。比如《现汉》1996年版修订本，在“唱工”与“唱功”中，推荐选用“唱工”；到了2005年第5版中，调整为推荐“唱功”。

我感觉，这个选择符合语言变化的实际。比如，我们习惯用“只要功夫深，铁杵磨成针”，而不习惯用“只要工夫深，铁杵磨成针”。

而且，“工”和“功”在一些对

举的词语中，含义已有了明显分化。比如“苦工”指的是繁重辛苦的体力劳动，也指做辛苦体力活的劳动者；而“苦功”则指的是刻苦的功夫。

此外，还有一些与本领、造诣有关的词语是只用“功”而不用“工”的。比如表示基本的知识、技能等，只有“基本功”，没有“基本工”；表示练习技巧、学习本领，只有“练功”，没有“练工”；表示从小学会的本领、技能，只有“童子功”，没有“童子工”。

最典型的例子，是“功到自然成”。这话早在《西游记》就出现了。有把它写成“工到自然成”的吗？我上网查了一下，发现还真的有，不过那是加引号的“工”，是给工商银行拟的广告语。

“下工夫”不等于“花工夫”

◎冯小红

以“功夫”指武术之前，“功夫”和“工夫”历来为异形词。《现汉》将两者分工，以“工夫”指时间，以“功夫”指本领，此举甚好，颇合“工”“功”分工的趋势。

然而，《现汉》对“下工夫”的解释——为了达到某个目的而花费很多的时间和很大的精力——基本上是把“下工夫”当成“花工夫”来理解了，这与语用实际并不完全吻合。比如：

A.要想把技术学好，就得花工夫。

B.要想把技术学好，就得下工夫。

C.为了拿到奖品，值得花工夫等待。

D.为了拿到奖品，值得下工夫等待。

E.做家务事，很花工夫。

F.做家务事，很下工夫。

A、B两句都能说，意思也差不多；可C、E两句能说，D、F两句却不能说了。C、E两句中的“花工夫”意思正是“花费时间、精力”，如果“下工夫”就是这个意思，为什么D、F两句，我们的语感却通不过呢？

其实，“下工夫”就是“用功”，其中的“工夫”，语义核心是主观的努力，而不是客观的时间。因此，C句能说，D句不能说，其关键在于“等待”必须“花工夫”，却不必“下工夫”。因为只要时间一到，“等待”的结果都一样，主观上再努力也没有更大的价值。

而且，“下工夫” 的主语必须是人，而“花工夫”的主语也可以是事，因此，E 句能说，而 F 句不能说。不过，只要改 F 句为“做家务事，他很下工夫”，这话就通顺了。

《汉语大词典》《现代汉语规范词典》解释“下工夫”与《现汉》基本一致，估计是受了《现汉》的影响。要纠正这一负面影响，必须阐明“下工夫”的真实含义。笔者不揣浅陋，试为解释：“下工夫”即用功，指为做好某事而投入全身心的努力。

首选“下功夫”

◎吴巧慧

“下工夫”和“下功夫”是全等异形词，我认为“下功夫”应为首选。

我们可以依据《第一批异形词整理表》提出的“整理异形词的主要原则”简略考辨如下。

通用性原则，这条原则考虑的是约定俗成。“下工夫” 语例出现得早，但在数量上，“下功夫”已经占据了绝对优势。

理据性原则，这条原则考虑的是词语发展的内在理据。“工夫” 表时间，“功夫” 表本领，“下gōngfu”的含义就是“用功”，写成“下功夫”更能突显其努力做好某事的核心含义。若写成“下工夫”，就容易把它和 “花工夫” 混为一谈。《现汉》就是一个典型。

系统性原则，这条原则考虑的是同语素系列用词的一致性。试比较一下：下功夫 / 下苦功 / 练功夫——下工夫 / 下苦工 / 练工夫。显然，破折号前面的词形组合在一个系统中，而破折号之后，“工”的含义并不一致。而且，现在的辞书多用“工夫”解释“用功”，如《现汉》：“用的工夫多；花的力气大。”《现规》：“形容勤奋努力，肯下工夫。”词条中用“功”，释义中用“工”，前后如此不统一，不别扭吗？其实“苦功”就是“踏实刻苦的功夫”，“用功”就是“下功夫”，“功到自然成”就是“下足了功夫，自然取得了成效”，对这些词条的解释，用“功夫”比用“工夫”更合适。

辞书要用“功”

◎张小平

现有辞书在 “下工夫 / 下功

夫”这一组异形词的取舍上是明显滞后的。手头的词典中,两者均收且推荐“下工夫”的有《四角号码新词典》(商务印书馆 1957 年版)和《汉语大词典》。“下工夫”最早的语例见于元代王实甫《西厢记》第二本第二折:“下工夫将额颅十分挣,迟和疾擦倒苍蝇。”这里的“挣额颅”指修饰头面。

只收“下工夫”不收“下功夫”的是《现汉》,我看到 1978 年的版本中就是这样了,30 多年来,“下工夫”一词从词形到释义到语例,一仍其旧,毫无改变。

辞书有滞后性,这并不奇怪。奇怪的是,不少辞书在“工”与“功”的取舍上,前后很不统一。

比如《现汉》,它虽首选了“唱功”,却一直未对“工力”与“功力”表态,在“功架”与“工架”中,甚至首选的还是“工架”。

《现规》用“功”比《现汉》多,首选的是“唱功”“做功”“功架”“功力”。但在关键问题上,《现规》跟在《现汉》后亦步亦趋,没能进一步突破。比如,它也只列“下工夫”,也跟《现汉》一样,只列“功夫茶”,不收“工夫茶”。这种处理异形词的方式,都是不到位的。

这组异形词中,“工夫茶”先起,“功夫茶”后出。喝“gōngfu 茶”要按照特定的程序闻茶香、品茶味、得茶韵、行礼仪,对泡茶技能和文化修养有着具体的要求,其中的“gōngfu”与时间关系密切,却并非专指时间。按《现汉》对“工夫”与“功夫”的分工,选择“功夫茶”是合理的。遗憾的是,同样是与时间有关却不专指时间的“下 gōngfu”,《现汉》却选择了“下工夫”,这还是用“功”不够的表现啊。

期待你的慧眼

欢迎参与下列问题的讨论,欢迎提供更多急需解决的疑难问题。

1.沙/砂 “黄沙”能写成“黄砂”吗?“沙”和“砂”有什么不同?

2.爆发/暴发 “山洪暴发”没问题,“山洪爆发”呢?“爆发”和“暴发”怎么区分?

3.心/芯 “灯芯”能写成“灯心”吗?“芯”和“心”的区别在哪里?

4.作/做 是“作贡献”还是“做贡献”?“作”和“做”应该如何区分?

语林拾遗（三）

◎屠 岸

“发表”是蛇足

《解放日报》2011年1月20日登载了一条新华社消息，报道美国总统奥巴马19日在白宫南草坪举行隆重仪式，欢迎中国国家主席胡锦涛对美国进行国事访问。报道中有一句：

奥巴马和胡锦涛先后发表致辞。

对这句话，我有些疑问。我感到，其中“发表”二字不能要。“致辞”已足够，加上“发表”，成了蛇足！

从语法角度来说，“致辞”是个动宾结构的谓语。如果说“发表致辞”，那么“致辞”成了名词，成了“发表”这个动词的宾语。这是不合搭配规范的。

可以说“发表谈话”“发表演说”“发表宣言”“发表意见”……，似乎不大能说“发表致辞”。（2011—01—21）

《实践论》中的一个病句

毛泽东的《实践论》中有这样的句子：

许多自然科学理论之所以被称为真理，不但在于自然科学家们创立这些学说的时候，而且在于为尔后的科学实践所证实的时候。马克思列宁主义之所以被称为真理，也不但在于马克思、恩格斯、列宁、斯大林等人科学地构成这些学说的时候，而且在于为尔后革命的阶级斗争和民族斗争的实践所证实的时候。

这两句话，在语法上不通，在逻辑上也不通。但因为是毛主席的著作，长期以来，无人质疑。回答“之所以被称为真理”，怎么能用“在……的时候”来对付呢？显然搭配不当。其实意思是明白的。应该这样说：

许多自然科学理论之所以被称为真理，并不是因为自然科学家们创立了这些学说，而是因为这些学说为尔后的科学实践证实为正确的。马克思列宁主义之所以被称为真理，并不是因为马克思、恩格斯、列宁、斯大林等人构成了这些学说，而是因为这些学说为尔后革命的阶级斗争和民族斗争的实践证实为正确的。

原著中的两个“不但……而且”，四个“的时候”，大绕弯子，令人费解。1975年外文出版社出的《毛泽东选集》英文版，对《实践论》中的这两句话是这样译的：

Many theories of natural science are held to be true not only because they were so considered when natural scientists originated them, but also because they have been verified in subsequent scientific practice. Similarly, Marxism–Leninism is held to be true not only because it was so considered when it was scientifically formulated by Marx, Engels, Lenin and Stalin, but also because it has been verified in the subsequent practice of revolutionary class struggle and revolutionary national struggle.

这个译者虽然遭到不少物议，但这两句却译得好。原来不通的句子，在这里被梳理得通顺了。再把这英文反过来译成中文，那就是：

许多自然科学被称为真理，不但因为自然科学家们创立这些学说时这些学说被认为是正确的，而且因为这些学说在尔后的科学实践中被证实为正确的。同样，马克思列宁主义被称为真理，不但因为马克思、恩格斯、列宁、斯大林科学地构成这门学说时这门学说被认为是正确的，而且因为这门学说在尔后革命的阶级斗争和民族斗争的实践中被证实为正确的。

这个英译可谓煞费苦心，值得称道。（2011—02—08）

是“后”，还是“王”？

美国好莱坞影星伊丽莎白·泰勒于3月23日去世，享年79岁。《参考消息》3月24日登有彭博新闻社3月23日的报道。

伊丽莎白·泰勒在许多影片中演出过，最有名的是1963年以100万美元片酬演出的《埃及艳后》，饰演主角。此片原名Cleopatra，今译为克利奥佩特拉。此人曾是古埃及的最高统治者，以美色迷惑过罗马统治者凯撒和安东尼，所以被称为“艳”。那么，是“后”吗？不是。她是女王。——在英文中，queen这个词，可以是“后”（王后），也可以是“女王”。比如，Queen Victoria，就是维多利亚女王，而不是维多利亚王后。影片Cleopatra的中文译文是“埃及艳后”，那么她还有一个丈夫，是埃及的国王了？没有！

上世纪40年代美国还有一部影片，其英文名为Maria Antoinette，中文译名为“绝代艳后”。这位玛丽·安托娃奈特，是法国国王路易十六的妻子，是王后。中文译名用“后”，这才没错。（2011—03—24）

“麻省”从何而来

《参考消息》2011年3月24日外电中又出现“麻省理工学院”字样。

一个国家的第一级行政区，在中国叫“省”，美国叫“州”（state），英国叫“郡”（county）。美国的全称，中文叫“美利坚合众国”，英文是The United States of America，直译应是“美利坚州联”或“美利坚联州”。美国各州，中文译名大都用“州”，如“加州”（即加利福尼亚州）、“伊阿华州”等。而Massachusetts这个州，中文译名也叫“马萨诸塞州”，字典上也是这样写的。可是，当碰到这个州的理工学院时，中文译名一概叫“麻省理工学院”。“州”变成“省”了！

何以出现如此怪事，还望高明教我。（2011—03—24）

“拾尘”中的颜渊与孔子

◎杨昌俊

《现代阅读》2011 年第 1 期刊有《六根》一文，提及“拾尘”的典故。其中写道：“颜渊就用汤匙将它（天上掉落的脏东西）舀起，咬咬看它是什么。碰巧孔子在他身后，见状便不高兴地说：‘唉！这个颜渊怎么这么不懂敬师的礼节呢？’孔子将此事告诉子路。子路脾气很坏，个性冲动，马上跑去找颜渊算账；待颜渊讲明原由，子路才心平气和地向孔子说明。孔子便集合弟子们说：‘我孔丘亲眼目睹颜渊偷吃稀饭尚不真确，更何况平常在大街上所听到的是是非非，又怎么会准确呢？’”这段故事唐突了颜渊和孔子。

据《孔子家语》卷五记载：孔子与弟子们困于陈蔡之间，七日不得食。后子贡冒险出去买米，回来后由颜回、子路在一间破屋里烧饭。饭熟了。颜回见一块烟灰落到饭里，就取来吃了。恰巧子贡从井台边望见，以为他偷吃，就告诉了孔子。孔子说：“我了解颜回的为人，不是短时间了，虽然你讲的是亲眼所见，但是其中可能另有原因。待我问他一下就知道了。”孔子把颜回叫过来，说：“最近我老是梦见祖先，大概是他们要向我显灵了。你烧的饭好了吗？替我把饭端上来，我要祭祀一下。”颜回告诉孔子：“今天恐怕不行了。”孔子问道：“为什么呢？”颜回说：“刚才煮饭时，大风吹过，把烟灰刮进了饭里。我看脏饭丢了可惜，就把它挑出来吃掉了。既然饭已弄脏，又被我先吃过，自然不能再用作祭品了。”孔子听后，疑云顿消，高兴地对颜回说：“好吧，今天不行就算了。你快给我盛一碗饭，我也要吃饭了。”颜回出去后，孔子对弟子们说：“我相信颜回，不

『堂堂一介外相』？

◎陈林森

2011年3月8日《中国青年报》第2版有一篇时评《羞耻心在是非不辨中荡然无存》，文中说：“人们自然不会愚蠢地认为前原诚司违法接受政治献金是应该的，诧异与感慨其实在于，为何这点小钱就能让堂堂一介外相辞职？”用“一介”来修饰日本外相（前原诚司）不符合作者想要表达的意思。

“介”作为量词，用于人，相当于“个”（多表示微贱）。如：“一介书生”“一介武夫”“一介之士”。用于自称则为谦词。《三国志·魏书·管宁传》：“自陈一介野生，无军国之用。”中国新闻网2002年2月2日报道，当时的新任湖南省省长张云川回答记者问时说：“不论身居何职，我始终把自己看作是一介平民。”“介”的微贱义，来自它的通假义：“介”古通“芥”。《说文》释“芥”为“菜也”。段玉裁注：“借为草芥。”草芥喻其微小。“一介”本义为“一芥”，意思是一棵草芥，喻微贱、微小的事物。《孟子·万章上》：“非其道也，一介不以与人，一介不以取诸人。”

外相是日本内阁大臣之一，相当于中国的外交部长，是省部级高官，当然不是什么“微贱”的职务；且作者又用“堂堂”（庄严、有气魄）来称扬之，故不宜再用“一介”来修饰。

是从今天才开始的。他是绝不会欺骗我的。”后来人们以“拾尘”喻因误会而致疑。

这个故事在《吕氏春秋》中亦有记载，略有不同：谓孔子亲眼见颜渊从锅里挑饭吃，却佯装不知，在颜渊献上饭食时，孔子说出要祭祀的那番话。颜渊道出真情，孔子叹道：“弟子记之，知人固不易矣。”可见，孔子并没有轻率地批评颜渊，也没有“将此事告诉子路”。

希拉里·克林顿的姓与名

◎殷光达

《今晚报》2010年10月12日副刊版刊载的《欣赏别人能提升自己》一文,第一句是:"克林顿·希拉里多次讲过一件往事……"此处对于美国现任国务卿希拉里·克林顿的称呼是不符合欧美人习惯的。

大家知道，欧美人姓和名的顺序与中国人正好相反:名在前,姓在后，有时候名和姓的中间还要加上一个名字；在不提姓名全称的时候,一般只称呼姓氏。如美国第43任总统乔治·沃克·布什,布什是他家族的姓，为了与他的父亲、第41任美国总统乔治·赫伯特·沃克·布什区分，人们称他为小布什,称他父亲为老布什。

欧美女性结婚后一般会改成丈夫的姓氏，如美国前第一夫人南希·里根和芭芭拉·布什。上述文章提到的美国前第一夫人、现任国务卿希拉里·克林顿,"希拉里"是她的名字,结婚以前的姓是"罗德姆"。在与美国第42任总统比尔·克林顿结婚后,按传统她应该改从丈夫的姓氏，但特立独行的希拉里一开始拒绝改变，仍保持原先的姓氏。这惹起了社会的非议，对丈夫的政治前途产生了负面影响,最终希拉里让步,成为"希拉里·克林顿"。因此,她的姓名正式称呼应为"希拉里·克林顿"。上文所写的"克林顿·希拉里",正好说反了。

《两位"花旦"？》解疑

饭店大堂经理告诉笔者:两个"旦",一个是指12月25日的"圣旦节"，一个是指1月1日的"元旦"。相隔一星期,前后两个节都有"旦"字,所以说是"双旦"。这样的解释令人哭笑不得——"圣诞节"是基督徒庆祝耶稣基督诞生的节日,"诞"字岂能写成"旦"？

“诸吕”不是弄臣

◎京 翔

《沈阳日报》2011年2月14日B5版有一篇文章《正月十五闹“元宵”》，介绍了一些与元宵节有关的历史、掌故。第三个小标题“纪念平‘吕乱’设立‘元宵节’”下面的文字说：“吕后病死后，吕氏弄臣惶惶不安。于是便聚集在上将军吕禄家中谋反，以期夺取刘氏江山。刘氏宗室齐王刘囊得知后，决定起兵伐‘诸吕之乱’。”这里说诸吕是“弄臣”，不对吧？

“弄臣”是指受到帝王宠幸，以声色狗马供帝王消遣、解闷、玩乐的人。如汉文帝时的邓通、汉武帝时的东方朔以及《史记·滑稽列传》中的优孟、优旃等人便是。刘邦死后，吕后掌权，重用她的娘家人也就是“诸吕”，封吕氏亲属三王九侯。侄子吕台为吕王（一年后病死，由其子吕嘉继立），吕产为梁王，吕禄为赵王。吕产官居相国，吕禄为上将军。他们都握有实权。可见他们都不是“弄臣”，而是权臣、重臣。

那个最先起兵讨伐诸吕的是齐王刘襄，不是“刘囊”。上述文章是用错字了。京剧《十老安刘》演绎的就是这一段历史故事。刘邦曾刑白马盟誓（古代结盟要杀马歃血，立誓为信，称“刑马”）：“非刘氏而王者，天下共击之。”诸吕不但受封为王，还觊觎刘氏江山，刘氏子孙及一些老臣对此都心怀不满。吕后一死，首先起兵的是齐王刘襄。他是刘邦与曹氏夫人所生的长子刘肥之子，也就是刘邦的长孙。在老臣周勃、陈平等人策划下，很快就把“诸吕无长少皆斩之”了。诛除诸吕，废了吕后所立的少帝刘弘，迎刘邦的另一个儿子、薄姬所生的代王刘恒为帝，刘氏江山得以安稳。

说起高俅错！错！错！

◎邹立志

正在《辽沈晚报》连载的长篇历史小说《大帅府》出现了记忆性失误。在2011年4月22日的第279次连载中有这样一段插叙："张学良不喜欢别人称他少帅，在他感觉，叫少帅就跟叫衙内差不多。唐末宋初之际，朝廷中有一种官职，叫衙内，规定须由高官子弟担任。像《水浒传》中的高俅，就因为是高太尉的义子而当上了衙内。许是衙内中太多像高俅这样的人物，后世再称衙内就带有了贬义。凡是个人没什么能力和本事，只靠家族或父亲的福荫做上官的，都被称之为衙内。张学良刚从军校毕业，就当上了卫队旅的旅长，这让很多人心中不忿。你张学良何德何能，小小年纪就被委以如此重任。不就是因为你有个权倾一隅的爸爸吗？这与当年的衙内有什么区别？顺着这样的思路一想，这少帅叫的可是有些居心叵测了。"（着重号为笔者所加）这段插叙里有关衙内、高俅、高太尉的引述，夹杂着雷人的误记。

其一，《水浒传》中，高俅、高太尉不是两个人，而是同一个人。有《水浒传》作证："次日，排个筵会，专请王都尉宫中赴宴。……入席饮宴间，端王说道：'这高俅踢得两脚好气毬，孤欲索此人做亲随如何？'王都尉答道：'殿下既用此人，就留在宫中伏侍殿下。'端王欢喜，执杯相谢。……高俅自此遭际端王，每日跟随，寸步不离。未及两个月，哲宗皇帝晏驾，无有太子，文武百官商议，册立端王为天子，立帝号曰徽宗，便是玉清教主微妙道君皇帝。登基之后，一向无事。忽一日，与高俅道：‘朕欲要抬举你，但有边功，方可升迁，先教枢密院与你入名，只是做随驾迁转的人。’后来没半年之间，直抬举高俅做到殿帅府太尉职事。”（《水浒全传》第二回）可见，高俅因为追随端王，终于得授“太尉”一职。

其二，高俅、高衙内是两个人，不能把老子、干儿子“合二而一”。这也有《水浒》为证：“林冲别了智深，急跳过墙缺，和锦儿径奔岳庙里来，抢到五岳楼看时，……胡梯上一个年小的后生，独自背立着，把林冲的娘子拦着道：‘你且上楼去，和你说话。’林冲娘子红了脸道：‘清平世界，是何道理把良人调戏？’林冲赶到跟前，把那后生肩胛只一扳过来，喝道：‘调戏良人妻子，当得何罪？’恰待下拳打时，认得是本管高太尉螟蛉之子高衙内。原来高俅新发迹，不曾有亲儿，无人帮助，因此过房这阿叔高三郎儿子在房内为子。本是叔伯弟兄，却与他做干儿子。因此，高太尉爱惜他。那厮在东京倚势豪强，专一爱淫垢人家妻女。”（《水浒全传》第七回）高俅的义子称为“高衙内”，高俅本人并非“衙内”。

其三，太尉高俅的义子实际上并没有担任“衙内”这一官职，他只是被人称为“衙内”而已。五代及宋初，藩镇的亲卫官有牙内都指挥使、牙内都虞候等，多以子弟充任。后“牙”讹变为“衙”，因称官府的子弟为“衙内”。北宋共历九帝，宋徽宗是第八帝，已是北宋末叶，“衙内”早已不是官职名称，而只是公子、少爷之类的一种称呼了。这从《水浒》中“衙内”一词的用例也可得到印证。林冲跟鲁智深提起高衙内：“原来是本管高太尉的衙内”；高俅向陆谦、富安问计：“我这小衙内的事……”（均见《水浒全传》第七回）显而易见，“衙内”一词不是用作官衔的，而只是世俗沿用的对官府子弟的一种称谓。只要是官府子弟，不管有无官职，有无才能，都称之为“衙内”。

雷人之误，缘于百密一疏，不可不慎啊！

词语春秋

“社会”源流考

◎张虹倩

“社会”是在现代汉语中使用频率很高的一个词。《现代汉语词典》(2005)解释为:“①指由一定的经济基础和上层建筑构成的整体。也叫社会形态。②泛指由于共同物质条件而互相联系起来的人群。”而《汉语大词典》中还收录了另外两个义项:“①旧时于春秋社日迎赛土神的集会。②由志趣相同者结合而成的组织或团体。”实际上,汉语里有两个“社会”。这两个“社会”之间是同音同形词的关系,是两个词。

《现代汉语词典》解释的“社会”,属于日语借词。原来,日本明治维新后用“社会”对译英语 society,晚清时这一政治学意义上的“社会”作为日语借词被引入了汉语。比如晚清刘鹗《老残游记·自序》说:“吾人生今之时,有身世之感情,有家国之感情,有社会之感情,有种教之感情。”这里的“社会”,是政治学意义上的“社会”,等同于英语的 society。

古汉语里的“社会”,本指春秋社日迎赛土神的集会。据我们考证,其始见于唐欧阳询编纂的《艺文类聚》卷五:“《武陵先贤传》曰:潘京为州辟,进谒,值社会。”大意是,潘京被州府征召为官,要去进见州府长官时,刚好赶上社日迎赛土神的集会。“社会”一词承载着中国古代的祭祀文化。“社”指土地神,又称“社神”。中国古人根据地貌特点,将土地划分为山林、川泽、丘陵、坟衍、原隰(即湿润的平地)五类,合称为“五土”。社神即是五土的总神。“社”后来也用来指祭土神的地方、日子和祭礼。而“社日”即祭祀土神的日子。

中国自古就有春、秋二社的传统节日，统称为“做社”。其中，春社在春耕前，多为立春后第五个戊日，迎赛土神以祈求五谷丰登、人畜平安，故又称“春祈”；而秋社则是在秋收时，即立秋后第五个戊日，为的是报答酬谢土神，故又称“秋报”。因社日兼具祭神和乡邻设宴聚饮的性质，故一直备受重视。每逢社日，人们会在大树下临时搭棚屋，宰牲酿酒，先祭社神，等社祭完毕后，共同享用祭祀用过的酒肉。南朝梁·宗懔《荆楚岁时记》中写道：“社日，四邻并结，综会社牲醪，为屋于树下，先祭神，然后飨其胙。”描写的正是这样一幅场景。自古以来，社日活动在民间很兴盛。其欢腾热闹的景象在文人笔下有着生动的反映。宋代著名诗人杨万里《观社》：“作社朝祠有足观，山农祈福更迎年。忽然箫鼓来何处？走煞儿童最可怜！豹面虎头时自顾，野讴市舞各争妍。王侯将相饶尊贵，不博渠侬一晌癫！”描写了人们吹箫打鼓，戴着面具唱歌跳舞的社日狂欢景象。

因为“社会”的本义是为着共同目的——“迎赛土神”而集会，故日后又引申为“由志趣相同者结合而成的组织或团体”。该义项始见于宋代吴自牧《梦粱录》，该书卷十九专门有“社会”这一条，记录了形形色色的民间社团，如文士有“西湖诗社”，武夫则有“射弓踏弩社”，有些贵族公子哥儿还成立了“蹴踘打球社”“射水弩社”等各类社团。

应该指出的是，现代汉语的日语借词“社会”，除了表示“由一定的经济基础和上层建筑构成的整体”意义之外，还表示“特定范围之外”义。例如：

①社会车辆一律不得在专用车道内行驶。

②现役运动员包括明星运动员不得参加各类社会活动。

③湖北交警邀社会青年打死过路司机被刑拘。

④关注青少年社会教育：社会是一本无字的书。

以上例句中，“社会车辆”指除了规定可以通行的车辆以外的车辆；“社会活动”指本职工作以外的集体活动；“社会青年”指既

试说“沙茶”

◎汪惠迪

有人在网上问：“沙茶是什么茶？”看来，发问的网友只是听说，尚未见过沙茶其物，于是顾名思义，以为沙茶与岩茶、石茶同类，是茶之一种。

品尝过沙茶面、沙茶牛肉之类面食或菜肴的人也曾问道：“这类食物跟茶无关，因何用沙茶命名？”

的确，沙茶非茶。“沙茶”二字不过是译音用字，是马来语 sate 的对音，意译叫烤肉串，是一种具有浓郁马来风味的小吃。如今在新加坡，已位居十大美食排行榜之首。据说，sate 源于印尼爪哇，这种小吃在食用时，得蘸着特制的酱料。印尼新马华人用华语或华文表达时，管 sate 叫沙爹，不说烤肉串；酱料则叫做沙爹酱，不说沙茶或沙茶酱。

早期移居印尼、马来亚的先辈们，把烤肉串(sate)这种小吃从侨居国引进家乡厦门、潮汕等地。由于厦潮一带人饮茶成风，而当地方言中“茶”字读 teh，与马来话 sate 的后一音节读音近似，遂将“爹”字改成“茶”，于是产生了“沙茶”。国人在音译外来词语时，总喜欢尽量汉化。沙爹是一种食品，可吃，所以“爹”就多了一张嘴，成为“嗲”了。于是，同一种外来小吃名称就有了三个异形译名——沙爹、沙茶和沙嗲。

不仅如此，他们还偏离沙爹

不上学也未就业的青年，即除了在上学和在工作的青年之外，其余青年都称为“社会青年”；“社会教育”指学校以外的文化教育机关对人民群众所进行的教育。以上“社会”类词组中有一个共同特点，即其中的“社会”均表示“特定范围之外”义。而该义项在《现代汉语词典》和《汉语大词典》等大中型辞书中均未收录，似应补入。

原意，将“沙茶”转指一种“混合型酱类调味品”，其原义则意译为烤肉串，以示区别。马来语 sate 就有了两个义项：一是沙茶＝沙茶酱（马 kuah sate / 英 satay sauce）；二是烤肉串（马 sate / 英 satay）。

因为厦门和潮汕两地制作的沙茶酱，其配料和风味跟南洋的沙爹酱略有不同，为了表示区别，业内人士把这种调味品分为三类：厦门沙茶（酱）、潮汕沙茶（酱）、进口沙爹（嗲）酱——国产的叫沙茶，进口的叫沙爹。这是把 sate 改译为沙茶的另一个原因。从商业的角度考量，这或许是改换译音用字的更为重要的理由。

考察使用频率，在百度上搜索，沙茶有 4,030,000 个，沙爹 980,000 个，沙嗲 617,000 个。在表示烤肉串这个意思时，“沙爹”“沙茶”和“沙嗲”选用哪一个呢？笔者首选“沙爹”。若指相关的调味酱料，则后加“酱”字。“沙茶”的“茶”字，要按闽南或潮汕方言读，地方局限性太大，许多人不知道“茶”是音译字，且须按闽南或潮汕方言读。至于“沙嗲”的“嗲”字，更糟，除有“茶”字的问题外，此字在上海话里读 diǎ，普通话里没有这个音，尽管好几部词典收录此字。

有鉴于此，笔者认为“沙爹”和“沙茶”应让它们各有区别，同时并存；“沙嗲”则可淘汰。我国近年出版的词典，就笔者所见，只有《全球华语词典》（2010 年 5 月，商务印书馆）收录“沙茶”和“沙爹”，并以“沙茶”为主条，“沙爹”为副条，分别标注使用地区，读者可以参考。

《暗示的力量》参考答案

1. 暗然——黯然
2. 发楞——发愣
3. 。所以——，所以
4. 即——既
5. 精神大震——精神大振
6. 嬴得——赢得
7. 亲睐——青睐
8. 九宵云外——九霄云外
9. 所向披糜——所向披靡
10. 映证——印证

百科指谬

司马懿说刘禅"全无心肝"？

◎李景祥

《文史知识》2011年第4期《古朴真率，忠义自肺腑流出——读诸葛亮〈出师表〉》中讲到"扶不起的阿斗"。在引述《三国志·蜀志·后主传》裴松之注引的刘禅"此间乐，不思蜀"的故事后，作者说："这个故事流传久远，因成典故，诚如司马懿所说，全无心肝。"司马懿有没有这样的评论？没有。

公元263年，曹魏发兵伐蜀。蜀后主刘禅投降后，被带到洛阳，封为"安乐公"。蜀亡。那时曹魏的大权掌握在司马懿之子司马昭手里，皇帝曹奂只是个傀儡。一次，司马昭在宴席上问刘禅："颇思蜀否？"刘禅回答："此间乐，不思蜀。"对这事，有人说阿斗是个混蛋，是真的不思蜀了。有人说他那是装傻，以图保住小命。蜀亡后二年(265)司马昭病死，其子司马炎代魏称帝，建晋朝。早在公元251年司马懿就去世了，他不可能对刘禅的"乐不思蜀"加以评论。

骂一个亡国之君"全无心肝"的，确有其人。南朝陈的后主陈叔宝(553—604)于公元589年国亡后被俘，后带到长安，隋文帝杨坚对他比较优待，不在他面前演奏江南乐曲，怕引起他的亡国之痛。陈叔宝只知吃喝玩乐，过得逍遥自在。有一次他对人说，想要得到一个官号。隋文帝得知后，说了句"叔宝全无心肝"。这事见于《南史·陈后主纪》。

我国历史上称一个朝代或一个国家的末代君主为"后主"。刘禅是"蜀后主"，陈叔宝是"陈后主"。可能是因为都有"后主"之称，作者就张冠李戴了吧。

鸿门宴与项庄

◎张志达

《东方养生》2011 年第 4 期《中国古代三大酒局》说到鸿门宴的缘起时，写道:“在张良和项庄的暗地斡旋下，项羽没有立即攻打刘邦，而是摆下了一桌酒席宴请刘邦。”说项庄参与了斡旋刘项之间的冲突,完全错了。

关于鸿门宴的缘起，司马迁在《史记·项羽本纪》中是这样记载的：

刘邦入关攻破咸阳、接受子婴投降后,驻军霸上。沛公左司马曹无伤派人对项羽说沛公“欲王关中,使子婴为相”,项羽大怒,命令说:“旦日飨士卒，为击破沛公军!”项羽的谋士范增也对项羽说，沛公之志不在小，有“天子气”,应该“急击勿失”!在这千钧一发的紧张形势下，项羽的季父楚左尹项伯就连夜赶到沛公军中，要他的救命恩人张良赶快与他一起离开刘邦军。

张良把这个情报告诉了沛公。沛公与张良商议了一番,就让张良邀请项伯。与项伯相见后,沛公不但敬酒为项伯祝寿，而且表示要与项伯结为亲家，还恳请项伯转告项羽，说自己入关后什么都不敢据为己有，只是登记了官吏名册和居民户籍册，封锁了国家的仓库，日夜等待着项将军的到来;派遣军队守关,是为了防备盗贼的进入和意外变故，哪里敢反项羽呢?项伯满口答应,回去前还叮嘱刘邦第二天尽早去向项羽解释、道歉。

连夜回去后，项伯向项羽详细转达了沛公的那些意思。接着

黄香没有“恣蚊饱血”

◎高良槐

2010年第11期《福建支部生活》第28页上，刊有《历史经典 人文宝窟》一文，说的是中国历史文化名镇邵武和平镇古雅而宏大的人文气象。末段写到廖氏“大夫第”时说：“廖氏大夫第临街的院落……其瓜柱、门椂、花窗处处都镂有精美的花草动物和历史故事的图像。雕工最为精湛的当推其窗花雕刻，有二十四孝中的王祥‘卧冰求鲤’、黄香‘咨蚊饱血’和‘孟宗哭笋’的典故……”这里的“咨蚊饱血”应为“恣蚊饱血”；而且，主角不是黄香，而是吴猛。

吴猛是晋朝濮阳人，八岁时就懂得孝敬父母。家里贫穷，没有蚊帐，蚊虫叮咬使父亲不能安睡。每到夏夜，吴猛总是赤身坐在父亲床前，任蚊虫叮咬而不驱赶。“恣蚊”的意思是放纵蚊子叮咬，让蚊子吸个饱。吴猛以为如此一来，蚊子就不会再去叮咬父亲。“恣”是放纵、毫无拘束。如：恣行无忌、恣意妄为。而“咨”的意思是商议，如咨询、咨商、咨议。“咨蚊”说不通。

在二十四孝中，有关黄香的典故是“扇枕温衾”。黄香，东汉江夏安陆人，九岁丧母，事父极孝。酷夏时为父亲扇凉枕席；寒冬时用身体为父亲温暖被褥。少年时即博通经典，文采飞扬，京师广泛流传“天下无双，江夏黄香”。

劝项羽说：“如果沛公不先攻破关中，你怎么能轻易进关来呢?现在沛公建立了大功，却要攻击他，这是不仁义的，不如好好对待他。”项羽表示同意，于是就有了第二天的鸿门宴。在宴会上，范增几次暗示项羽杀了刘邦，但项羽始终沉默不应。见项羽并无杀刘邦的打算，范增就到外面找来项庄，要项庄进去借舞剑助兴的机会在宴席中刺杀刘邦。成语“项庄舞剑，意在沛公”就由此而来。

可见，在鸿门宴前起斡旋作用的两个人，是项伯和张良，而项庄是奉范增之命想在宴会上刺杀刘邦的主儿。

蒋介石英语带宝庆腔？

◎石 韬

湖北人民出版社今年1月出版的《胡适与蒋介石》第十一章《盖棺：难以定论》中说：

在对西方文化的接受方面，胡适和蒋介石都将英语视为他们的“第二语言”。不过，据胡适的弟子唐德刚说，他们的发音都不纯正：蒋介石的英语带宝庆腔；胡适虽远胜于蒋，但也带中国腔。

这段话好生蹊跷！疑点之一，胡适在美学习、工作多年，善于英语讲演，且有英文著述，把英语作为“第二语言”可以理解；而蒋介石虽然重视英语，早年也曾学习英文，但毕竟从未到过英美，与英语国家人士交流常由其夫人宋美龄任翻译，英语似乎不能算作他的“第二语言”吧？疑点之二，即使蒋介石精通英语，他的发音怎么会带宝庆腔呢？宝庆是个旧地名，即今天湖南省邵阳市一带，蒋介石是浙江奉化人，与湖南邵阳实在相去甚远。

虽然疑窦丛生，好在作者提供了一个出处，此乃旅美著名历史学家唐德刚所言。正好笔者手头就有一本由唐先生译注的《胡适口述自传》（华东师范大学出版社1993年版），莫非其中就有这个问题的线索？

果然，在此书第四章《青年期的政治训练》后的第一条注解中，唐先生说：

笔者这一辈的中国知识分子，三四十年代在国内受大中学教育时，震于胡适之、蒋廷黻诸先生的盛名，总以为他们对中西语文的运用都是得心应口、白璧无瑕的。及长亲炙教诲，才知道幼年时代的幻觉与真实相去甚远。我第一次听到蒋先生在联合国大会

砷是重金属吗

◎甘 立

《北京青年报》2010年10月15日A8版刊登《本市将开展监测五种重金属污染》一文。文中说："本市即将开展对铅、汞、镉、铬、砷五种重金属污染监测工作。"砷归为"重金属"的说法有误。

砷，旧名"砒"，非金属元素，符号为As，有黄、灰、黑褐三种同素异形体，其中灰色的晶体具有金属性，但性脆而硬。砷和砷的可溶性化合物都有毒。高纯砷可用于半导体和激光技术中。

虽然一些砷的晶体具有金属性，但砷为非金属，不属于金属，更不是重金属。重金属一般指相对密度在5以上的金属，如铜、镍、钴、铅、锌、镉、铬、铋、锡、锑和汞等。对人体具有毒性作用的重金属称为"重金属毒物"，如镉、铬、铅、镍等。重金属进入环境或生态系统后，会存留、积累和迁移，但不会消失。因此，重金属污染已成为重要的环境污染问题之一。

讲演，他那一口的宝庆英语，殊出我意料之外。胡先生英语的发音远在蒋氏之上，但是胡先生英语讲演时的中国"腔"(intonation)也是相当的重。他二人都是十八九岁之后才正式运用英语会话的，因而英语也就始终是他们的"第二语言"，说起来总归不像早期留学的"幼童"们，或现在"进美国学校"的孩子们说得那么自然。

比较两段引文，"第二语言""宝庆腔"都找到了出处。原来作者一时失察，把唐德刚笔下对胡适与蒋廷黻这两位名教授的英语水平的比较，搬到了胡适与蒋介石身上。

顺便提及，蒋廷黻(1895—1965) 是近代著名的历史学家、外交家，他的名著《中国近代史》一直到今天还屡屡重版。早年留学美国、后又常居美国的这位蒋教授，自然将英语视为"第二语言"，而他正是湖南宝庆人氏。

有此一说

“蛛丝马迹”的“马”是什么马

◎钱惠敏

“蛛丝马迹”是一个常用成语，但“马”字该作何解释，似乎并未形成共识。多数人认为“马”就是马牛羊的“马”，所谓“马迹”就是“马蹄痕迹”。《中国成语大词典》《汉语成语考释词典》均持这一看法，连《汉语大词典》也将“蛛丝马迹”释为“蜘蛛的细丝，马蹄的痕迹。比喻隐约可寻的线索和依稀可辨的痕迹”。“蛛丝”确实细微不易被发现，可是马呢？马可是庞然大物，它留下的蹄痕相对而言要明显得多，称不上“隐约、依稀”，很难和“蛛丝”相提并论。

也有人持“蚂蚁说”。他们甚至把“蛛丝马迹”写成“蛛丝蚂迹”。一个蜘蛛，一个蚂蚁，似乎门当户对。但我们都知道，蚂蚁一般很少会留下痕迹，而且蚂蚁在古代通称为“蚁”。《三国志·蜀书·先主传》：“自操破于汉中，海内英雄望风蚁附，而爵号不显，九锡未加，非所以镇卫社稷，光昭万世也。”严格说来，“蚂”只是个附着语素，单独一个“蚂”字是不成词的。

那么，“蛛丝马迹”的“马”究竟是什么“马”呢？笔者认为应该是一种叫灶马的昆虫。

灶马的学名叫“突灶螽”，属于直翅目蟋螽科。此昆虫一年四季都可以见到，常出没于灶台与杂物堆的缝隙中，以剩菜、植物及小型昆虫为食。它爬过的地方通常都会留下一条不太明显的痕迹，即我们说的“马迹”。唐段成式《酉阳杂俎·虫篇》记载：“灶马，状如促织，稍大，脚长，好穴于灶侧。俗言：‘灶有马，足食之兆。’”由此看来，“灶马”是可以简称为“马”的。“蜘蛛”和“灶马”体型相近，同

妓院为何称『青楼』

◎金文明

“青楼”一词，最早出现在三国魏曹植的《美女篇》中：

……借问女安居，乃在城南端。

青楼临大路，高门结重关。……

通观全诗，句中的“青楼”是指用青漆涂饰的供富贵人家居住的豪华楼房。这是“青楼”的本义。此后，本义的“青楼”便不断出现在历代作家的诗文中。例如：

晋傅玄《艳歌行》：“问女居安在，堂在城南居。青楼临大巷，幽门结重枢。”

唐王昌龄《青楼曲》之二：“驰道杨花满御沟，红妆缦绾上青楼。金章紫绶千余骑，夫婿朝回初拜侯。”

元陈旅《送郑子经游霞城》

为昆虫，两者并举是合适的。“蛛丝马迹”最早出自清王家贲《别雅序》：“大开通同转假之门，泛滥浩博，几疑天下无字不可通用，而实则蛛丝马迹，原原本本，具在古书。”亦可写作“蛛丝虫迹”“蛛丝鼠迹”。清人夏敬渠《野叟曝言》七十九回：“蛛丝虫迹，屋漏蝙涎，不即不离，有意无意，其妙如何。”又九十三回：“七绝一诗，拖起婚姻，有蛛丝鼠迹之妙。”此处的“虫迹”正是“马”是灶马的一个佐证。

既然灶马是一种昆虫，那为什么不叫“灶虫”呢？这和“马”的引申意义相关。《说文》：“蛗，马蜩也。”段玉裁注：“凡言马者谓大，马蜩者，蜩之大者也。”又桂馥《札朴》卷九：“马蚁，蚁蝉，皆蚁之大者。”人们称其为“灶马”，可能是它在人们所常见的昆虫里算比较大个的，“状如促织，稍大”。此外，还可能与人们对于丰衣足食的企盼心理有关。“灶马”相传是灶王爷的坐骑，灶台上经常有灶马的痕迹，说明灶王爷经常光临，自然预示着食无忧。

可见，事物名称往往与民众的生活息息相关。“蛛丝马迹”的“马”解释为马牛羊的“马”，当然也可说通，但远不如释为灶马合理。

诗:“子经与我真弟兄，海风十二吹青苹。桐花影里忽相见,美人为奏青楼笙。”

曾经有学者指出，在大量诗篇描写的达官富豪居住的青楼中，其主人公大多是年轻美丽的女子。以上所举诸例就证明了这一点。不过这几位女子,还没有一个是妓女,因而这些“青楼”,也没有一处是妓院。

妓女出现的时代，其实是很早的。妓,本作“伎”,也写作“技”,原指歌舞之类的技艺，也可指擅长这类技艺的人。由于古代歌舞技艺多为年轻美丽的女子所从事,所以“伎”也被写成了“妓”。又因歌舞艺妓多为达官富豪所畜养，这些艺妓也就自然而然地成了男主人随时享用的性奴隶。这就是后来的所谓官妓。

最早的官妓，大概在春秋时代就有了。据《战国策·东周策》记载:“齐桓公宫中七市,女闾七百,国人非之。”鲍彪注:“为门为市于宫中,使女子居之。”又《韩非子·难二》:“昔者桓公宫中二市,妇闾二百,被发而御妇人。”这里的“女闾”“妇闾”中的妇女,就是当时的官妓。到了西汉武帝时,又出现了军中的“营妓”。《汉武外史》说:“汉武始置营妓,以待军士之无妻者。”以上说的都是官妓。至于民间以营利为目的的私人开设的妓院,一般认为要到唐代才出现。这些民间的妓院，当时多借用“青楼”以称之。下面也举数例:

唐杜牧《遣怀》诗:“落魄江湖载酒行,楚腰纤细掌中轻。十年一觉扬州梦,赢得青楼薄幸名。”

《警世通言·杜十娘怒沉百宝箱》:“〔孙富〕生性风流,惯向青楼买笑,红粉追欢。”

《阅微草堂笔记·槐西杂志四》:“妾故某翰林之宠婢也,翰林将殁,度夫人必不相容,虑或鬻入青楼,乃先遣出。”

以上三例中的“青楼”,毫无疑问,指的都是私人开设的妓院。由于古代“青楼”的本义多指达官富豪人家年轻女子所住的楼房,“青”为绿色,象征春天的颜色,也象征生气勃勃的青春年华，深受人们的喜爱,因此“青楼”一词,便很自然地被供男人寻欢作乐的妓院借来作为代称了。这种判断,我想应该是词出有因、顺理成章的。

向你挑战

暗示的力量

（文中有10处差错，你能都找出来吗？答案见本期）

◎韩湘远　设计

多年前的一个傍晚，一个叫亨利的青年移民，神色暗然地站在河边发楞。今天是他的三十岁生日，可他不知道自己是否还有活下去的勇气。

因为亨利从小在福利院里长大，身材矮小，长相也不漂亮，讲话又带着浓厚的法国乡下口音。所以他一直看不起自己，连最普通的工作都不敢去应聘。即没有工作，也没有成家，有时他甚至想过一死了之。

就在亨利徘徊于生死之间的时候，他的好朋友约翰兴冲冲地跑过来对他说："亨利，告诉你一个好消息！我刚刚从收音机里听到一则消息——拿破仑曾经丢失了一个孙子。播音员描述的相貌特征，与你毫发不爽！"

"真的吗？我竟然是拿破仑的孙子！"亨利一下子精神大震，兴奋不已。联想到爷爷曾经以矮小的身材指挥着千军万马，用带着泥土芳香的法语发出威严的命令，他顿感自己矮小的身材同样充满力量，讲话时的法国口音也带着几分高贵和威严。第二天一大早，亨利便信心满满地来到一家大公司应聘。他的气场一下子赢得了主考大人的亲睐。

拿破仑的精神激励着亨利，使他找回自信，接纳自己，欣赏自己，将所有的自卑抛到了九宵云外。成功的人生始于自信。在公司，亨利脚踏实地，从最底层向上步步攀升，所向披糜。二十年后，已成为这家大公司总裁的亨利，查证发觉自己并非拿破仑的孙子，但这早已不重要了。

亨利的故事，映证了这样一个道理：暗示，未尝不也是一种力量。

2011年6月7日至6月12日，咬文嚼字讲习所第十二期成功举办。本期学员共67人，来自38家新闻出版、文化教育单位。

"咬文嚼字"讲习所第十二期剪影

编者

结业考试一等奖获得者：河南教育报刊社杨长春

结业考试二等奖获得者（从左到右）：华商报社吴汉兴、重庆出版集团杨媚、译林出版社张萍

结业考试三等奖获得者（从左到右）：天水晚报马文静、温州商报林丰、重庆出版集团夏则斌、大象出版社毛路、河南教育报刊社赵鑫、华商报社刘莉

图中差错知多少?

（答案在本期找）

李景祥
逸　名 供稿

1 2
3 4

ISSN 1009-2390
07
9 771009 239111

YAOWEN-JIAOZI

咬文嚼字®

8
2011

欢迎至邮局订阅本刊 邮发代号 4-641
国内统一刊号 CN31-1801/H
定价：3.00元

上海文艺出版(集团)有限公司

雾里看花

“杉杉”为何这么傲

唐师凡

“杉杉”是西装品牌；“同济”也很有名，是“同济大学”或“同济医院”的简称。问题是，“杉杉西装”为什么要“傲视同济”呢？猜猜看，答案见本期。

卷首幽默

“爬着去救人”?

黄学治/文　　叶　珺/画

“凡民有丧,匍匐救之”,是《诗经·邶风·谷风》中的诗句。前不久看到一本《诗经译注》,将其翻译成:“老百姓家里有丧事,要爬着过去救。”真让人有点哭笑不得!人家都办丧事了为什么要去救?而且还是“爬着过去”?其实,这里的“民”指邻里,“丧”指灾难,“匍匐”指尽力。诗句的意思是,邻里有灾难,要尽力救助。

咬文嚼字®

2011年8月1日出版

8

总第200期

主管：上海文艺出版（集团）有限公司
主办：上海咬文嚼字文化传播有限公司
编辑：《咬文嚼字》编辑部
集团网站：http://www.shwenyi.com
E-mail：yaowenjiaozi2@163.com
电话传真：021－64330669
发行电话：021－60878388
邮购电话：021－60878392
地址：上海市打浦路443号荣科大厦17楼
邮政编码：200023
发行：上海市报刊发行局
发行范围：国内外公开
订阅处：全国各地邮局
国内代号：4－641
ISSN1009－2390
CN31－1801／H
印刷：江苏太仓印刷厂有限公司
广告经营许可证：沪工商广字
3100320050020号
定价：3.00元

语林漫步

人名与谐音

◎白彦坚

今年4月28日，国家统计局公布了“第六次全国人口普查主要数据”，人口以及与人口相关的问题，一下成了全社会的关注点，各地媒体纷纷报道相关消息及评论。有一则题为“全国第六次人口普查统计出全国最搞笑的人名”的“新闻”在网上传得十分火爆，其中说：在这次人口普查中发现了许多可笑的人名，如刘产、赖月京、范剑、姬从良、范统、夏建仁、朱逸群……一些报纸还不惜用大篇幅进行渲染。于是人们一片惊呼：“笑喷了”“太雷人了”……

其实，我并不相信这则“新闻”的真实性，全国人口普查不大可能统计这类数据，即使统计了，也不可能轻易泄露出来！不过，这个“新闻”让我想起了人名与谐音的问题。

谐音，本指字词的读音相同或相近。它是一种思维习惯，中国人常用这种方式表达思想感情。比如在传统婚礼中，一般要准备红枣、花生、桂圆、莲子这四样食品，以此寓意新人“早生贵子”。这就是典型的谐音思维。谐音同时也是一种重要的起名之法，常用于人名之中。比如鲁迅幼名樟寿，即与“长寿”谐音。再如著名豫剧表演艺术家常香玉，原名张妙玲，其义父姓常，非常崇拜项羽，便为她取新名“常香玉”。“香玉”就谐音“项羽”。据传，“宋氏三姐妹”的名字也与谐音有关。宋耀如先生非常崇拜为解放黑奴做出突出贡献的美国总统林肯，希望中国也出现这样的大人物，于是为自己的三个女儿起名为“爱琳”“庆琳”“美琳”，“琳”谐音“林肯”之“林”。后来“宋氏三姐妹”分别改名“霭龄”“庆龄”“美龄”。

也有一些人，为了含蓄地表达自己特殊的追求或理想，而用“谐音”之法起名起号。柳亚子先生原名柳慰高，字安如，少年时代就读过卢梭的《民约论》，深受“天赋人权”思想的影响，对卢梭十分崇拜，并立志做亚洲的卢梭。后来便改字“人权”，起号“亚庐”。“亚庐”与“亚卢”谐音，意思即“亚洲的卢梭”。后因“庐”(繁体字作“廬”)字笔画繁复，不便书写，被友人改成了“亚子”。这样的例子在现代史上有很多。英籍华人作家韩素音女士大家都很熟悉，好莱坞大片《生死恋》就是根据她的自传体小说改编的，许多朋友都看过。韩素音本名周月宾，1917 年 9 月生于北京，其父亲是中国人，母亲是比利时内阁大臣的女儿。1937 年 “卢沟桥事变”后，周月宾利用自己特殊的社会关系奔波于欧洲各国，为抗日争取广泛的国际援助。后来，周月宾加入了英国籍。为了表示自己永远是炎黄子孙，她起了“韩素音”这个名字。“韩素音”谐音“汉属英”，意思是她虽然加入了英国籍，但她的心是永远属于华夏汉民族的。她说：“不能仅仅把我看成是一个混血儿，我的身躯里流着中国人的血，我是中国骨头，更重要的我有一颗永远也不会改变的中国心，在我身上属于中国的这一半很重要。”

正因为“谐音”是国人的思维习惯，并且是一种常见的起名方法，所以人们也习惯用“谐音”去理解人名的含义。“刘产”“赖月京”“范剑”“姬从良”“范统”“夏建仁”“朱逸群”等名字之所以可笑，就是因为人们按照谐音把它们理解成“流产”“来月经”“犯贱”“妓从良”“饭桶”“下贱人”“猪一群”了。

过去还有人因此断送前程的。据《宋人轶事汇编》记载：南宋初，会稽有个叫“钱唐休”的人，颇有声望，被人举荐给宰相赵鼎。正在商议擢拔任用时，突传军报，边事吃紧。赵鼎顿觉“钱唐休”与“钱塘(南宋都临安，即今杭州，古称钱塘)休”谐音，不吉利，不高兴地说：“钱塘遂休乎？” 于是弃而不用。《清稗类钞》中也有一个类似的故事。同治七年戊辰科，江苏人王国均本

语用中的“人本位”现象

◎陈林森

2010年8月29日,《参考消息》上刊有《泰国机场截获老虎幼崽》一文,其中有这样一句话:“经仔细检查,他们才发现这是一只真的小老虎,它还活着,但因为被注射了安眠药,所以不省人事。”《咬文嚼字》2011年第5期所刊《语林拾遗(一)》之《小老虎“不省人事”》一文指出:成语“不省人事”是指人失去知觉,因为这里的“人事”是指“人的意识的对象”,小老虎不是人,所以用“不省人事”颇有趣。

《咬文嚼字》此文对“不省人事”使用的对错,态度有些模棱两可,仅以“颇有趣”三字说明,但“趣”在何处语焉不详。笔者揣摩:大概是认为“不省人事”的用法不合常规,但又不敢轻易判错。如果不错的话,如何解释呢?又说不清楚。

其实,这个语例反映了一种叫做“人本位”的语用现象。于根元先生在《留心各种语言现象》一书中提到了“人本位”的概念。按照于先生的解释,作为语言现象

来殿试考前十名,可列二甲前几名,只因“王国均”与“亡国君”谐音,慈禧不悦,将其降到了三甲。后来此人在一偏僻之地担任了二十年教职,一事无成,郁郁而终。

可见,名字的谐音可能带来让人尴尬或触人霉头的别解,在起名中是一件值得注意的事情。需要特别强调的是,一些字眼单看含义不错,也常用于人名之中,一旦与一些特别的姓搭配,就会产生让人难堪的谐音联想。如姓吴的人以“安全”为名,便会与“无安全”谐音;姓秦的人以“寿生”为名,便会与“禽兽生”谐音。上述“刘产”诸例,均属此类情况。务必慎之!

的“人本位”，是说世界万物人是中心，常用于人的许多词语也可以用在某些物身上。如严文井的著名童话《三只骄傲的小猫》里写一只老鼠，它自称“我是一个有学问的人”，而不是自称“我是一只有学问的老鼠”，说小猫捉鱼“丢人”，而不是“丢猫”。这就是“人本位”思维使然。

这种用法在语用中很普遍。小学一年级语文下册《棉花姑娘》中有一段话写道：“燕子飞来了。棉花姑娘说：‘请你帮我捉害虫吧！’燕子说：‘对不起，我只会捉空中飞的害虫，你还是请别人帮忙吧！’”在这里，燕子不说“请别的动物帮忙”，而说“请别人帮忙”，这也是可用“人本位”来解释的。小说《绿芭蕉》（《山花》2010年第5期）中有一段是这样写的：“安装在窗口的两台脏兮兮的小风扇，发出吱吱扭扭的转动声，似在做着最后的挣扎和抗议：这么大的车间就靠咱们俩连轴转，这不是要人命吗？”句中“要人命”的说法，已经把“人本位”的语用原则推移到非生物界了。

有时甚至可以把人与物混在一起，合称“人”。笔者曾看到一篇文章，其中一位老人说：“阿凤最喜欢它。捉小鱼喂它，还用木梳给它理毛。两个人睡一道。”（《上海文学》1985年8月号）这里的“阿凤”是人，“它”是一只雌猫，老人说“两个人睡一道”，而不说“一个人与一只猫”睡一道，道理一样。

可见，说小老虎“不省人事”确实“有趣”。但其“趣”并不是来源于用错了成语，而是这种用法反映了语用中有趣的“人本位”现象。

孔庆东妙解『宋楚瑜』

◎张 勇

北大教授孔庆东应邀赴台湾参加祭孔活动。在以『中和致美，礼运中华』为主题演讲时，孔庆东看着坐在台下的亲民党主席宋楚瑜先生，灵机一动，脱稿发挥道：『宋国是北方之国，楚国是南方之国，瑜乃美玉之意。宋楚瑜先生的名字，组合得非常高妙。北方南方统一起来，才是一块中华文明的无瑕美玉。倘若今天宋国打楚国，明天楚国打宋国，把中华大地搞得四分五裂，好端端的一块美玉，不就打破了吗？』

孔庆东的话刚说完，台下掌声四起。

语丝

众矢之的

谁家周刊最给力（八）

本期目标：

《南风窗》

2011年第8期

“开宗明义”不明义

◎杨昌俊

《南风窗》2011 年第 8 期刊有《“美特工杀人案”缘何峰回路转?》一文。美国人戴维斯在巴基斯坦城市拉合尔的街头开枪打死 2 名当地人，被捕后 49 天被巴基斯坦法院宣布无罪释放。在整个案件中，戴维斯的身份飘忽不定，成了众多媒体关注的焦点。文中写道：“案发后，美方起初称戴维斯为‘美驻拉合尔领事馆馆员’，之后又称他为‘美驻伊斯兰堡大使馆行政人员’，如此儿戏，可见这些都不是他的真实身份，起码他不是来做行政工作的，也不是开宗明义的外交人员。”这里的“开宗明义”使用不当。

开宗：阐发宗旨；明义：说明义理。“开宗明义”是一个习见的成语，原为《孝经》第一章的篇名，这一章说明全书的宗旨和意思。《孝经·开宗明义》“开宗明义章第一”，宋朝邢昺解释说：“开，张也；宗，本也；明，显也；义，理也。言此章开张一经之宗义，显明五孝之义理，故曰开宗明义也。”后来用“开宗明义”泛指说话写文章一开始就点明主要意思。在汉语里，“开宗明义”的含义是明确的，与“开门见山”等意思相近，说的是语言表达上的特点。

上述报道中交代：据英国媒

体透露，戴维斯是美国中情局巴基斯坦分局的代理总管，肩负着秘密任务，假借“外交人员”的名义在巴基斯坦刺探情报。所以，案发后美方一直极力隐瞒戴维斯的真实身份。上述报道想表达的意思是，戴维斯不是一个名副其实的外交人员。“开宗明义”并不表示名副其实一类的意思，用在上述语境里让人有些莫名其妙。

美国情报网“监察”苏联？

◎润　昌

《“美特工杀人案”缘何峰回路转？》一文中说：“……美国在巴基斯坦建立庞大情报网络，作为监察苏联的前哨站。”此处的“监察”颇让人生疑：美国与苏联是两个不同的独立主权国家，一个国家怎么可以有权力“监察”另一个国家呢？

监察，义为监督、考察。这是一个古已有之的词语。比如，汉王逸《离骚序》：“（屈原）入则与王图议政事，决定嫌疑，出则监察群下，应对诸侯。”可见，“监察”是一种行政行为。在现代汉语里，“监察”特指监督各级国家机关及其工作人员的工作，并检举违法失职的机关或工作人员，它是一个国家、一个主体内部上对下的管理工作，也是一个组织“自我修复”的过程。比如，我国设有监察部，其职责就是负责对国务院各部门及其国家公务员、国务院及国务院各部门任命的其他人员和各省、自治区、直辖市人民政府及其领导人员实施监察。监察侧重于仔细查看、督促，目的是纠偏纠错。

我们知道，美国的情报网络是隶属于美国政府并为之服务的一个组织，通过监视手段获得苏联的各种信息，以便美国政府决定下一步应该采取的对策。对苏联，美国的组织只能是“监视”，而不能“监察”。“监视”，即从旁严密注视、观察，如“瞭望哨远远地监视着敌人”。

闹市杀人“可圈可点”？

◎饶中源

《“美特工杀人案”缘何峰回

路转?》一文讨论了戴维斯的杀人动机。戴维斯被捕后，自称开枪是为了自卫；而巴基斯坦的一些官员则公开表示，戴维斯作为美国中情局人员，开枪是在执行任务(定点清除伊斯兰极端主义分子)，而非自卫。戴维斯的杀人动机成了一个谜，人们对此莫衷一是。文中说："那他在闹市杀人，究竟是真的为了自卫还击，还是在执行任务，就可圈可点了。"这里的"可圈可点"用得不恰当。

在我国传统的文章评改中，评阅者常在文稿上加圈或点，用来标出认为精彩、重要或值得注意的语句，这叫"圈点"。"可圈可点"，即文章中可以加圈点的地方很多，意谓文章写得十分精彩；泛指事情做得好，值得肯定与赞扬，如"影片中男女主角的表演可圈可点"。从感情色彩上看，"可圈可点"是一个褒义词，只能用在赞美的场合。

常识告诉我们，开枪杀人是一件绝对不值得称道的事。但上述报道中的"可圈可点"，却让人误解是在赞扬戴维斯的杀人暴行。报道的作者显然是没有正确理解"可圈可点"的含义。从上述报道不难推知，作者认为戴维斯的身份疑云重重，所以其真实的杀人动机也难有定论。据此，上述"可圈可点"，应改成"大可怀疑""值得怀疑"一类的说法才准确。

阡陌上哪会"车如流水"

◎陈迪中

这一期《南风窗》第 22 页是西门子公司的插页广告，其中有这么一句话："当人们享受现代化的舒适生活，天空是否依然蔚蓝？当阡陌交通车如流水，人们的脚步是否一样从容？……我们在高效能源、快捷交通……等领域，积极为人们提供源源不断的长远答案。"这里的"阡陌交通车如流水"说不通，不合情理。

"阡"，指田野间南北方向的小路，也泛指田野。"陌"指田野间东西方向的小路，也泛指田间小路和街道。"阡陌"，表示田间纵横交错的小路。陶渊明《桃花源记》中有"阡陌交通，鸡犬相闻"之语，

“交通”是交错沟通，这句话描绘的是诗人理想中的传统农耕社会里闲适纯朴的图景。

阡陌的作用有两个：一个是作田界用，一个是作农民们到田间去做农活时行走的便道。如此狭窄的田间小道，是不适宜机动车行驶的，更不会出现“车如流水”的盛况。虽然社会在发展，今天的一些田间道路宽敞多了、结实多了，个别甚至可以行走小型的汽车，与古代的“阡陌”不可同日而语，但是，田间道路毕竟不是公路，不具有现代社会“快捷交通”的功能，其上自然不会出现车水马龙的繁忙景象的。

总之，“阡陌交通”不是指现代化的大流量道路交通，它与“车如流水”语义上接不起来。上述语句若改说为“通衢大道车如流水”，庶几通达。

“十几”不能写成“10几”

◎王　飞

这一期《南风窗》第64至67页，刊载了《谣言，底层的另类声音》一文。第65页的图片说明说：“从3月16日起，浙江、广东、上海等地市民纷纷前往超市、便利店、农贸市场抢购食盐，导致这些地区当期食盐的销售量相较平时猛增了10几倍。”该页正文中还有“买的是十几岁男女”。前一句是“10几”，而后一句中却是“十几”。哪种写法规范呢?答曰：“十几”。

“几”是一个数词，表示大于一而小于十的不定的数目。用“几”表示约数的写法，《出版物上数字用法的规定》中有明确的要求：带有“几”字的数字表示约数，必须使用汉字。示例有“几千年”“十几天”“一百几十次”等。

汉语的数字书写系统有两个：一是汉语固有的汉字数字，如“一、百、万、几、多少”等；一是外来的阿拉伯数字，如“1、2、3、10、200”等。在书写时，原则上应让它们各有分工，分开使用，使不相杂厕。“十”与“几”是汉字数字，而“10”是阿拉伯数字。国家语文法规之所以选择“十几”，而不选择“10几”，应该就是基于系统性原则这一考虑。

借题发挥

谁有“16 名妻子”

◎王大新　张舒杰

“丈夫辞职后 16 名妻子被安排扫地”。这是 2011 年 5 月 22 日《黑龙江晨报》第 5 版一则消息的标题。初看时，笔者惊诧不已：现在是“一夫一妻制”，谁会有 16 名妻子？就算谁腐化堕落有十几个情人，自己一般是不会公开宣扬的，况且社会也不会承认她们的“妻子”身份呀！笔者赶紧看消息，看到这样一段文字：

据新华社电　因为丈夫的调离或辞职，今年 4 月底，16 名同在中国铝业股份有限公司青海分公司不同岗位工作的妻子，被集中调离到公司清扫队工作。她们当中大部分是专业技术人员，还有的是企业“科技明星”、高级工程师等。

我总算有点儿明白了：原来有 16 名（也许不止这个数）男职工跳槽，公司为了报复他们，就把 16 人的妻子（她们原本也是专业技术人员）调至清扫队去扫地。意思本来很清楚，可报纸用的标题把意思全弄拧了，让人以为谁有 16 名妻子，你说荒唐不？

中铝青海分公司惩罚跳槽员工

丈夫辞职后
16 名妻子被安排扫地

据新华社电 因为丈夫的调离或辞职，今年 4 月底，16 名同在

6 日，两位高级工程师毛亚红、王小玲和助理工程师澈丽莫格已经

唯有“奇葩”方“娇艳”

◎周德懋

评剧白派剧团京城演出新版《打狗劝夫》

骨子老戏意蕴新
白派奇芭更娇艳

2011 年 5 月 9 日，天津《今晚报》文娱版有条介绍天津市评剧白派剧团（专门表演评剧表演艺术家白玉霜创立的白派艺术）在北京演出新版《打狗劝夫》获得成功的消息，其标题是：“骨子老戏意蕴新　白派奇芭更娇艳”。“奇芭”二字错了，应是“奇葩”。

葩，读 pā，即花。《红楼梦》中有一首《枉凝眉》词，开头两句是：“一个是阆苑仙葩，一个是美玉无瑕。”“仙葩”即仙界之花，极言花之美丽。奇葩，是汉语中的常用词，指奇特而美丽的花朵。也比喻不同寻常的优秀的文艺作品。从上述新闻中，我们可以知道，由白派第四代传人、著名评剧表演艺术家王冠丽领衔主演，经过重新整理的《打狗劝夫》，“唱出了白派原汁原味的神韵”，“使观众深切领略到白派艺术柔润悠然之美”。以“奇葩”赞美之，无疑是形象而准确的。芭，读 bā，由它组成的词语有“芭蕉”“芭蕾”等，这显然都不是文章所要表达的意思。

不可随意用『芳心』

◎陈关春

“俘获了众多车主芳心”。这是2011年4月6日《解放日报》第14版一文的主标题，其上还有一个引题：“汉兰达‘一车多用’”。看到主标题上“芳心”一词，笔者想到：难道“汉兰达”这种车型是专供女士驾驶的？速看文章：广汽丰田的汉兰达，车身尺寸达到4785毫米×1910毫米×1760毫米，是个大块头，即使身高超过2米的人乘坐，也不会觉得局促。可见，该车型主要供男士驾驶，因为女士往往喜用车身小巧的车型。看来是上述文章将“芳心”一词用错了。

“芳心”本指花蕊，后特指女子的情怀。《现代汉语规范词典》：“年轻女子倾慕异性的情怀。”这个词古已有之。宋代欧阳修《蝶恋花》词：“照影摘花花似面，芳心只共丝争乱。”其中的“芳心”就用于女性，诗句描绘了采莲女的形象及心理活动。

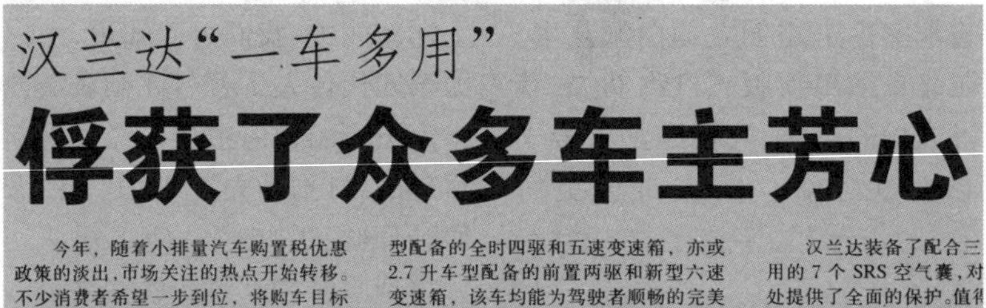
汉兰达“一车多用”

俘获了众多车主芳心

今年，随着小排量汽车购置税优惠政策的淡出，市场关注的热点开始转移。不少消费者希望一步到位，将购车目标直指SUV车型。

汉兰达集合众车之长，车辆融合了豪华SUV、豪华轿车、高端MPV的优点，其强悍的外观、豪华的内饰、宽敞灵活的内部空间、游刃有余的操控性以及力臻完美的舒适性等，让车主从容享受无界限、全领域的汽车生活。如此“一车多用”的特性成功俘获了不少车主的心。

型配备的全时四驱和五速变速箱，亦或2.7升车型配备的前置两驱和新型六速变速箱，该车均能为驾驶者顺畅的完美驾驶感受。3.5升发动机是目前丰田最新的V6系列发动机，最大功率为201千瓦，最大扭矩为337牛.米，配合五速手自一体变速箱，汉兰达从0加速到100Km/h加速时间只需9秒。而2.7升发动机则是丰田最新开发的中高排量直列四缸发动机，最大功率为140千瓦，最大扭矩为252牛.米，具有较为明显的中

汉兰达装备了配合三

用的7个SRS空气囊，对

处提供了全面的保护。值

兰达采用了先进的头部主

可以缓解驾乘人员在碰撞

冲击力，最大限度地减轻

在主动安全配置方面，汉

点。从基本配置17英寸

ABS+EBD+ BA、分离式

华级安全配置VSC车身

TRC牵引力控制系统、上

菜花怎能“绯绯黄”

◎左照环

赏花观景寻美宅之沙西线、金堂
菜花绯绯黄，两地绽放花样房
如果要在当下以“开得最艳”论资排辈，桃花恐怕还得“靠边站”，不信你去郊外瞧瞧那漫山遍野金灿灿的油菜

2011 年 3 月 26 日，《华西都市报》第 27 版上，载有一篇介绍四川某房产商的广告性文章：“菜花绯绯黄，两地绽放花样房”。文章内容不去说它，单单说一说标题中的“绯绯”。

绯，指红色。如古有“绯袍”，指红色官服；“绯衫”，指红色的衣服。鲁迅《藤野先生》：“上野的樱花烂熳的时节，望去确也像绯红的轻云……”其中的“绯”也当红色讲。大凡女人都喜欢涂脂抹粉，而胭脂多为红色，故汉语中常以“红”指称女性，如“红颜”“红面”“红妆”等。由于“绯”即“红”，所以涉及男女之间暧昧之事，汉语中常以“绯闻”称之。

四川广种油菜，菜花每年仲春开放，一眼望去，颇为壮观。但菜花是金灿灿的黄色，与表示红色的“绯”字毫无关系。汉语中原本就没有“绯绯”一词，又何来“绯绯黄”呢？

一针见血

“便签”？“便笺”！

◎屠林明

2010年10月31日，《文汇报》特1版刊有一张“便签”，其介绍文字这样写道：“这张便签留给亲爱的读者，请您写下自己的世博发现。”“请读者朋友将写有‘世博发现’的便签剪下寄给我们，我们将从中评出10名优秀奖。”

签，用得较多的是动词义，指为了表示负责而在文件单据上亲自写上姓名或画上记号，如签名、签字、签约、签到等。用作名词时，义项较多：指刻有文字符号的细长小竹片或小细棍，如“抽签”“求签”中的“签”；也指作为标志用的小条，如“标签”“书签”等；还指用竹子或木材削成的有尖的小细棍，如“牙签”。就是没有“便签”一说。

其实，这里的“便签”应该是“便笺”之误。笺，指写信或题词等用的纸，如“信笺”。便笺，即便条，指写有简单事项的纸条，或指供写便条、便函用的纸。《文汇报》向读者征集“世博发现”，只要求写数十字，这符合“便笺”的特点。

穆桂英何曾挑战“父权”

◎一　言

2010年第46期《中国电视报》A12版刊有《苗圃　扮演穆桂英》一文，其中有这样一句话：“这部剧中的穆桂英和以往电视剧塑造的不一样，是个敢于打破常规和父权社会的野丫头。”（苗圃语）

这里的“父权社会”应为“夫权社会”。毛泽东在《湖南农民运动考察报告》里指出：“中国的男子，普通要受三种有系统的权力的支配，即：（一）由一国、一省、一县以至一乡的国家系统（政权）；（二）由宗祠、支祠以至家长的家族系统（族权）；（三）由阎罗天子、城隍庙王以至土地菩萨的阴间系统以及由玉皇上帝以至各种神怪的神仙系统——总称之为鬼神系统（神权）。至于女子，除受上述三种权力的支配以外，还受男子的支配（夫权）。这四种权力——政权、族权、神权、夫权，代表了全部封建宗法的思想和制度，是束缚中国人民特别是农民的四条极大的绳索。”穆桂英藐视封建礼教，向男尊女卑的传统挑战，最后号令三军，使七尺汉子甚至自己的丈夫都听其调遣，这是对“夫权”的叛逆，与“父权”没有什么关系。“穆桂英挂帅”正是一段巾帼英雄挑战“夫权”的佳话。

“潲子”？“臊子”！

◎孟脐兵

《短篇小说》2011年第3期登有《雨夜》一文，其中有句话说：“他要看看下面条儿的锅干净不干净，面条儿像样不像样，还有，潲子馊了没。”

句中“潲子”应为“臊子”。“潲”念shào，用泔水、米糠、野菜等煮成的饲料。“臊”读sào，指细剁的肉。臊子是方言，多指烹调好加在别的食物中的肉末或肉丁。可见，上述文章说的应是“臊子”。把“臊子”写作“潲子”，真叫人恶心，哪里还敢下箸？

“践行”与“饯行”

◎吴　侃

2011年5月23日，《新民晚报》B7版刊有《我们的父亲》一文，文中提到张治中先生的一段回忆：“蒋介石随后就亲笔写一封信交我，此时恰逢林彪即将回延安，我在家为其践行，那天晚上就把信交给了林彪。”

引文中“践行”应为“饯行”。饯，表示以酒食送行。饯行，客人将要远行，主人特设宴为其送行。践，本指踩踏，也指举行、履行。“践行”也是汉语中的常用词，指实行、实践，如践行诺言、践行科学发展观。“践行”用在上述语境中则讲不通。

洛阳纸贵：贵的是“纸”

◎余培英

《顺德文艺》2011年总第48

期刊有《潘雁湘与杏仁饼的故事》，其中有这么一段话："在'杏仁饼'走向市场之后，购买者一日比一日多，从海外回来探亲访友的华侨，临走了，也要千方百计多买几盒带到海外与亲友们分享，真是大有洛阳纸贵的味道。"其中"洛阳纸贵"一词用得不恰当。

《晋书·左思传》记载，左思作《三都赋》，洛阳豪贵竞相传写，纸价因而昂贵起来。后用"洛阳纸贵"称赞文章写得好，人们争相传诵。"杏仁饼"畅销，和纸张、写文章完全不搭界，怎么能说"洛阳纸贵"呢？

"独树一格"？

◎金水苑

"教以睿智蔚然成风　学以潜心独树一格"。这是 2009 年 11 月 26 日《文汇报》第 10、第 11 版通栏标题。汉语中只有"独树一帜"或"别具一格"，没有什么"独树一格"。

"独树一帜"，意为独自树起一面旗帜，比喻自成一家。"别具一格"，指另有一种风格。之所以没有"独树一格"，是因为"格"指规格、格式、品格、风格，与"树"搭配欠通顺。"格"只能是设立、创出、制定或具有。

"独树一格"，是"独树一帜"与"别具一格"杂糅的产物，不伦不类。

"硅步"是什么步

◎裴　英

"不积硅步无以至千里，每一个凌乱的家，都是由第一叠随手放在茶几上的报纸开始的。"这是《珠江商报》2011 年 4 月 24 日 B3 版《最是那一抬手的温柔》一文中的一句话。

"硅"读 guī，从石圭声，是一种非金属元素，也是极重要的半导体材料。其化合物是可用于冶金、制造玻璃和水泥等的重要原料。"硅步"讲不通，汉语中没有这种说法。

"硅步"应是"跬步"之误。"跬"读 kuǐ，从足圭声，《说文》："跬，半步也。"举足一次为一跬，相当于今天的一步，古称半步。"不积跬步，无以至千里"出自《荀子·劝学》，意思是不半步半步地走，无法走完千里之路，比喻任何事都必须从基础做起。

“津津乐道”？

◎余文著

2011年3月17日，《珠江商报》D3版《一程旅途》一文说：“那里很大很大，我们得坐巴士去浏览。去了炼钢厂去看钢铁是怎样炼成的。其实也没什么好看，不过沿途导游介绍的，我听得津津乐道。”

什么叫“津津乐道”？津津，兴趣浓厚的样子。乐道，喜欢谈论。“津津乐道”指很有兴趣地去谈论某事。上文说的听导游介绍沿途风景，自己并没有谈论什么，怎么能说“津津乐道”呢？应该说“津津有味”才是。

雎鸠何曾上船叫

◎李延春

电视剧《美人心计》中，剧中人多次吟诵《诗经》中“关关雎鸠，在河之洲”的诗句。遗憾的是，“在河之洲”荧屏字幕打出的是“在河之舟”。

“洲”是指水中的陆地。“关关雎鸠，在河之洲”，是说水鸟在河中小洲上相互应和着鸣叫，比喻男女之间的真挚爱情。将“洲”错成“舟”，就成了鸟在船上鸣叫。这非常可笑。

苏东坡错执“象牙板”

◎辜良仲

2011年2月12日，《人民日报》大地副刊载有《迷人的豫剧》一文，其中有段话这样写道：

豫地中原三大剧种：曲剧、豫剧和越调，唯豫剧雅俗共赏。三者虽粗可归类入苏东坡手执象牙板歌曰“大江东去浪淘尽”中，然又以越调为稚拙率真……

所谓“苏东坡手执象牙板歌曰‘大江东去浪淘尽’”，笔者不敢苟同，这与史实不符。

北宋文学巨擘苏轼，号东坡，他对词的发展有突出贡献，扩展了词的内容，着重表达豪迈奔放的思想感情，描绘雄浑壮观的景物，给长短句注入了强劲的生命力，对后世影响很大。其代表作有《念奴娇·赤壁怀古》《水调歌头·明月几时有》等等。

《词林纪事》卷五引宋代俞文豹《吹剑录》云："东坡在玉堂日，有幕士善歌，因问：'我词何如柳七？'对曰：'柳郎中词，只合十七八女郎，执红牙板，歌'杨柳岸晓风残月'；学士词，须关西大汉，铜琵琶、铁绰板，唱'大江东去'。"后人因以"铜琶铁板"形容那些豪放激越的文词。可见，应是"关西大汉执铁板唱'大江东去'"，而不是"苏东坡手执象牙板歌曰'大江东去'"。

屈膝≠促膝

◎董　榜

2010 年 12 月 27 日，《河南法制报》08 版刊有《"人性化追逃"换来一出"爷儿仨投案记"》一文，其中有句话说："在王老汉家中，民警与全家人屈膝交谈，动之以情、晓之以理，劝家人让哥俩投案自首，争取公安机关的宽大处理。"句中把"屈膝"等同于"促膝"来用了。

"屈膝"，本义为"膝关节弯曲下跪"，引申为投降、屈服。鲁迅《书信集·致韦素园》："'学者'屈膝于银子面前之丑态，真是好看，然而难受。"民警到王老汉家中与其家人交谈，目的是让王老汉的两个儿子投案自首，怎会"屈膝"下跪？民警也没有"投降、屈服"的问题。所以句中用"屈膝"一词不正确。促：靠近；促膝：膝碰膝，坐得很近。"促膝交谈"，形容亲密地交谈，说明谈得投机，气氛融洽。此处有民警以此化解对立情绪的意思。

温庭筠词与"功利"何干

◎陈以鸿

今年 2 月 23 日，央视音乐频道《风华国乐》栏目所播出的节目中，于丹在介绍李煜的《虞美人》时，引用了王国维《人间词话》中将李煜与温庭筠、韦庄相比较的话，说温庭筠的词"工丽典雅"。其中“工丽”二字，在字幕中误成了同音异义的“功利”。温庭筠是晚唐著名词人，多写女子闺情，风格清新明快，工整秀丽，是花间词派的重要作家，被后世称为“花间鼻祖”。温庭筠词“工丽典雅”，而不是“功利典雅”。

《咏鹅》非解缙诗作

◎陈仁文

《国史专家解读毛泽东诗词背后的人生》(九州出版社 2010 年 7 月出版)第 3 页有段话说：十三岁的毛泽东被其师毛宇居罚作诗，如果不能成诗，“就要打屁股”。小小毛泽东看着天井积水不满一尺，里面有几条小鱼在水底的鹅卵石上突来撞去，突然感到自己也如这些小鱼一样，于是激动地说出了这样六句：“天井四四方，周围是高墙。清清见卵石，小鱼囿中央。只喝井里水，永远养不长。”令人惊奇的并非诗的整齐和清纯，有些类似解缙的名作“鹅，鹅，鹅，曲项向天歌。白毛浮绿水，红掌拨清波”，而是诗中强烈地流露出不甘做井中之鱼，要走出这个小小世界的意愿。

这段文字把唐初诗人骆宾王的《咏鹅》说成是明朝“解缙的名作”是完全错误的。《咏鹅》诗为骆宾王七岁时所作，《全唐诗》卷七十九就收有此诗，且特别注明为“七岁时作”。历来没有争议。这首诗是小学课本的传统篇目，小学生都知道是骆宾王写的。上述图书弄错是很遗憾的。

应为“饮泣”

◎李荣先

(探春)所去往的茜香国，在千里之外大洋之中，且那番邦渺小贫瘠，常常发生地震海啸，探春既去，永难返国，无异于流放远徙。念及此，夫妻二人不禁相对隐泣。(《刘心武续红楼梦》第 50 页)

其中的“隐泣”乃“饮泣”之误。饮泣，眼泪流到了嘴里，形容流泪很多，极度悲伤。如：抱头饮泣、独自饮泣。“隐”即隐藏，用在这里不合语境。

不动就开枪

◎杨益萍

陈先生系史学博士，香港著名出版家。近日相遇，谈起若干年前由方言引起的一则故事，不觉莞尔，随录于后。

80年代初期，北京商务印书馆邀请陈先生讲课。陈欣然从命，千里赴京。岂料，陈系广东东莞人，粤语口音极重，面对满座北京商务印书馆的编辑，虽想尽力讲好普通话，仍难免闹出笑话。

那天入座后，陈先生首先表示歉意。他想表达的意思是：我是入门不久的小编辑，在座的是经验丰富的大编辑，今天由德高望重的总编辑亲自主持会议，我深感不安，等等。岂料，陈的粤语普通话发出声来，“编辑”酷似“骗子”。于是，人们只见这位远道而来的香港同行，一脸虔诚地开口说道：“我是个入门不久的小骗子，在座的是经验丰富的大骗子，主持会议的是德高望重的总骗子。”满座听众，始则惊愕，待到明白过来，则个个忍俊不禁，笑出声来。

讲课进行途中，由于室内暖气开得足，陈先生觉得燥热，便想征求听众意见，询问大家感觉冷不冷，如果不冷，就把窗户打开一点点。岂料，粤语中，“冷不冷”说成“冻不冻”，“开窗”则酷似“开枪”。于是，满座听众，只听得陈先生在那里说道：“你们动不动？你们不动，我就开枪了。”此刻的课堂反应，该是可想而知的了。

据说，这则笑话，当年曾在京城出版界流传一时。此为中国地域辽阔，语言障碍引发笑话之一例。

明晚不来

◎黄统平

新郎十发二十七岁；新娘六娘二十六岁。新婚之夜，诗朋联友前来闹新房。文人相聚，吟诗答对，气氛热烈。不觉间时针指向十点半。一位老者说："古诗云'春宵一刻值千金'，大家不要闹得太晚了。现在我出一上联，让新郎新娘应对，对得好，大家马上走人；如果对不出来，我们明天晚上再来，直到对出为止。"这一提议得到宾主一致赞同。老者一板一眼地吟出上联："天干己，地支酉，己酉结缘成配偶，百年恩爱。"出句使用暗嵌法：十天干中"己"排第六位，"天干己"嵌六娘的"六"字；十二地支中，"酉"排第十位，"地支酉"暗含十发的"十"字。同时，又运用合字法，将"己""酉"两字合成"配偶"的"配"字。句末还对新人表示衷心祝贺。

两位新人经过一番思索之后，终于对出下联："甲子鼠，癸亥猪，子亥合卺生孩童，一室承欢。"原来，六娘生于一九八四甲子年，属鼠，十发生于一九八三癸亥年，属猪。对句用他俩各自出生年的干支和属相，与上联暗含的干支数字相对。同时又把"子"字和"亥"字合成"孩童"的"孩"，与上联对应的"配"字有异曲同工之妙。句末的"一室承欢"对上联的"百年恩爱"，承接顺畅自然、相映成趣。全场响起热烈的掌声。最后两人要求老者撰一横批，老者沉思片刻，说："明晚不来。"又引起大家会心一笑。

《火眼金睛》提示

图1，"1.49KG"应为"1.49t"。
图2，"傢俱"应为"家具"。
图3，"美發"应为"美髮"。
图4，"梗米"应为"粳米"。
图5，"大磁粑"应为"大糍粑"。

词语春秋

魅力十足的“气场”来啦

◎韦文娟

今年，许多人赞美别人不再用美丽、英俊、潇洒、有气质之类的词语，而是光芒闪耀的“气场”。人们在看到令自己佩服至极的人时，会惊呼“气场太强大了”“好有气场啊”……何为“气场”呢？

“气场”来自梵语，本指环绕在人体周围的能量场，能显示出一个人的整体状态，包括健康、心理及心灵修为等。气场可以通过规范的修炼而获得。而现在流行的“气场”与其原义有了一定的距离，它指的是由气质、学识、修养等方面的综合表现而形成的超凡魅力。此义可以看作是由原义而来的引申义。美国心灵励志大师皮克·菲尔著有一本专谈比尔·盖茨、奥巴马等人的超凡魅力的书，此书引进中国后书名被译成了“气场”。“气场”于是大热特热起来。

由于每个人的天性和所受教育、所处环境的不同，他们具有的气场也不同。有的人娴静温婉，他营造的是一种温和亲切的气场；有的人活泼开朗，他营造的是一种轻松舒适的气场；有的人泼辣豪放，他营造的是一种热情洋溢的气场……气场强大的人有与众不同的魅力，往往特别具有亲和力或权威感，容易得到他人的信赖，所以更容易拥有和谐的人际关系。

最初，“气场”用来形容明星和领袖的居多，因为明星和领袖要面对公众，他们会比常人更在意自己的仪表、谈吐、举止行为等，“气场” 自然也强大了些，如：

（1）因为是中国最早被外界熟知的女演员，且又在好莱坞打拼过，巩俐的气场无疑是最足的一个，举手投足都透露出“女王”的范儿。（《重庆商报》2011 年 5 月 13 日）

（2）其实，领袖与经理的区别就在于气场。经理是别人给的职位，只是简单地管理项目或人，这类人比比皆是；而领袖，由于气场和能力的强大，常常被人仰慕和追随，这种人凤毛麟角，往往可以披荆斩棘，最终成为成功的创业者。（《郑州晚报》2011 年 5 月 16 日）

后来，人们发现不仅明星、领袖具有强大“气场”，普通人也可以有。如：“饭局上，她妙语百出，感染力十足，大家不由自主被她吸引，有她在的局一定热闹非凡，没她在就少了好多乐子，大家的评价是：气场强大。”（《羊城晚报》2010 年 2 月 5 日）可以说，“气场”是一个人整体素质的体现，包括人格魅力、气质、感染力、影响力等方面的内容。“气场”强大的人无形中会对他人产生震慑力，别人流转的目光将为他而停驻。

“气场”不是天生就有的，所以气场不足的人可以通过后天修炼，达到自我提升的目的。皮克·菲尔在《气场》中专门阐释了“气场”的重要性以及“气场”养成的方法。他认为：“气场并非是政要和明星们独有的，平常人都能通过后天培养出自己的气场，也可以一样‘那么自信，那么有能力，简直无所不能’。”（转引自《成都商报》2010 年 12 月 16 日）因此，“别怕自己气场不够强，好好分析一下自己的长处短处，这么多因素总能占着一头，找对路扬长避短，就像傻子找对路也能发大财，找对路的你就喜滋滋欣赏自己日益增长的强大气场吧。”（《羊城晚报》2010 年 2 月 5 日）

要修炼“气场”，首先要从内部开始，培养自己坚毅的品质，充实自己的知识涵养，拥有坚定的信念和一颗善良的心。其次要对外部加以修饰。以穿衣为例，并不是名牌就一定能衬托出人的高贵气质，关键还是要找到符合自己风格的衣服，注重服饰搭配的技巧，花一点小心思将自身的优势发挥到最大。如："蓝色和黑色的冲突感、闪亮的腰带和手包的搭配，增强了视觉冲击力，散发出高雅华丽的气场。"(《金陵晚报》2011年4月29日)

除了个人散发出的气场外，人与人之间也存在着气场，或者说具有互相吸引的能量。如："他们到哪儿都能形成鲜明的气场，即使你事先不知道他们是一对，你也能感觉到：没错，他们确实是一对。"(《北京晨报》2010年4月20日)

如今，"气场"可是个不甘寂寞的词，它从狭窄的语用环境中跳了出来，变成了"百搭"词语。它可以形容人的姓名，如："王这个姓是普通得不能再普通的了，但是配上这个名，那个气场啊，完全显现了……神之宠爱啊……不过这名一般人绝对不敢用。"(《现代快报》2011年1月25日)也可以形容一个地方，如："希望这里因此成为一个更诱人、更有气场的地方，始终站在文化的前沿。"(《经济日报》2009年6月25日)还可以用来形容汽车品牌，如："2010年齐鲁秋季车展于昨日揭开了神秘的面纱，各路汽车'好汉'摩拳擦掌在展馆里开始了'汽车武林'中的较量，作为豪门神将的宝马可谓是旗开得胜，在车展首日就拿下了21辆的订单，在'诸神之战'中布好了自己强大的气场。"(《齐鲁晚报》2010年9月10日)甚至还可以用来形容朝代，如："采访中，段海康提及最多的就是'气场'一词，他说，纵观中国历史，最大的'气场'就是唐代。"(《西安晚报》2009年9月25日)真是五花八门，令人目不暇接。

无论是人还是物，只要"气场"够强大，一出场便会带来炫目的光彩，诱惑人们去注意，去追随。想成为"万人迷"瞬间"秒杀"众人吗?还在等什么，赶快加强自身修养，让自己的气场强大再强大些吧！

话说"仁兄"

◎罗主宾

《陕西师大报》第423期刊有《仁兄、贤弟及其他》一文，文中说："仁兄"是对同辈友人中长于自己的人的称呼，"贤弟"则是对年幼于自己的平辈或友人的称呼。

诚然，长者为兄，幼者为弟，"仁兄"与"贤弟"一般情况下确实如此使用。唐代姚合《成名后留别从兄》诗："却出关东悲复喜，归寻弟妹别仁兄。"其中的"仁兄"即指哥哥。《史记·刺客列传》："妾其奈何畏殁身之诛，终灭贤弟之名！"其中的"贤弟"即指自己的弟弟。

但"仁兄"的用法不限于此。《汉语大词典》："对同辈友人的尊称。"《现代汉语词典》："对朋友的尊称（多用于书信等）。""同辈友人"与"朋友"都没有年龄的限制。"仁兄"甚至可用于年幼的友人身上。关山月先生曾送邵华泽先生一幅书法作品，落款是："二千年元月邵华泽仁兄从北京来珠江南岸隔山书舍访我并赠书法集一册，拜观后有感赋此相赠乞即正之，漠阳关山月并书于羊城。"（《人民日报》2000年7月22日）关山月1912年出生，邵华泽1933年出生，前者比后者大21岁，仍以"仁兄"称呼后者。

还有两人互称"仁兄"的，请看下面一段话：

红生道："俚音污耳，反辱仁兄谬奖。但弟曲终之后，闻得墙东亦度妙音，即是兄否？"何馥道："因闻雅奏，辄敢效颦。所愧音调乖讹，必为大方窃笑。惟藉仁兄，有以教之耳。"（《赛花铃》第五回）

其实，"仁兄"的这种用法非

“马桶”溯源

◎陈璧耀

“马桶”难登大雅之堂，却是日常生活中不可一日或缺之物，吃喝拉撒的一半都与此君有密切关系。然而，几乎在所有文化史著作中都难觅其踪迹，少有记载。

马桶为便溺之器尽人皆知，词典的释义是：大小便所用的有盖的桶。在上世纪80年代之前，都市里的弄堂或马路口几乎随时都能见到马桶。每天傍晚或清晨，马桶排着队等待粪车来倾倒，粪车走后，清洗完的马桶又一字排开在墙边斜放着等待收取。这情景如今或许在一些旧城区还会偶有所见，新城区都使用抽水马桶了，不需要倾倒，水一抽就冲洗干净了，省了许多事，又干净卫生。可见社会物质文明已有了长足的进步。

便溺之器是何时被称为马桶的？据文字记载，至迟大约在宋朝。南宋吴自牧《梦粱录》卷十三《诸色杂货》载：“杭城户口繁夥（huǒ，多），街巷小民之家多无坑厕，只用马桶，每日自有出粪人瀽（jiǎn，倾倒）去，谓之‘倾脚头’。各有主顾，不敢侵夺；或有侵夺，粪主必与之争，甚者经府大讼，胜而

……………………………………

常普遍。我们在求助别人时常说“哪位仁兄能帮忙一下”，在初次见到别人时常说“这位仁兄……”，在谈论某事时也说“那位仁兄……”，等等，这样用的“仁兄”都没有年龄大小的区别。不仅“仁兄”可不分长幼，就是“兄”用于对男性朋友的尊称时，也没有年龄的限制。所以，被年长者称为“仁兄”或“兄”，大可不必尴尬。

后已。”可见宋时已用马桶，但似乎只为小民之家所用，大户人家自有茅房“坑厕”。小民之家用马桶，所以每天都要“出粪”，所谓“倾脚头”，用现代话说，就是倒马桶。粪是最好的有机肥料，所以“各有主顾，不敢侵夺”，但有时仍有侵夺之事发生，相持不下时还会闹到官府去。吴自牧大约生活在公元1270年前后，所以马桶的名称至今至少已有七八百年了，可见历史之悠久。

然而此前这马桶又叫什么呢？据《周礼·天官》所载，在周朝马桶是叫“亵器”的。但亵器这个名称可能只在春秋战国时流行，秦汉时人们已不太清楚是什么玩意儿了，所以汉朝的郑玄就对《周礼》中的“亵器”作了解释，说是“清器、虎子之属”。由郑注可知，“清器”和“虎子”就是汉朝时马桶通行的名称。

但便溺之器何以曰“清”？许慎说是“厕，清也”，徐锴解释说：“厕古谓之清者，言污秽常当清除也。”原来如此。孙诒让解释说：“盖汉时名厕为清，故谓受粪之器为清器。”可见“清器”就是像厕所一样的受粪之器。至于“虎子”，孙诒让也有一个解释：“虎子，盛溺（尿）器，亦汉时俗语。”由此又可知，清器与虎子略有区别，一用于“受粪”，一用于“盛尿”。

清器之“清”也可作“圊”(qīng)。《释名·释宫室》：“厕，或曰圊。”圊，也是厕所，是加了围墙的厕所，这个字外面的囗(wéi)就是围墙。所以“清器”后来也叫“圊桶”。明人李实《蜀语》说：“便溺器曰圊桶。”但圊桶既“受粪”也“盛尿”，与清器又略有区别。

虎子不“受粪”只“盛尿”，是一个尿壶。但尿壶为何要叫虎子？明人所作《芸窗私志》给出了一个解释：

客问瑶卿曰：“溺器而曰虎子何也？”答曰：“神鸟之山，去中国二十五万里，有兽焉，名曰麟主，服众兽而却百邪。此兽欲溺，则虎伏地仰首，麟主于是垂其背而溺其口，故中国制溺器名虎子也。”

此说虽似“山海经”一样为神话，但其中对虎子名称的由来及其形状的叙说应该大致可信。溺器之称虎子，就是因其外形作“虎伏地仰首”状的缘故，所以《汉语大词典》对“虎子”的释义也是：“便壶。因形作伏虎状，故名。”

虎子的制作材料，历来多为陶、瓷、漆或铜之类，汉时王室也有用玉制作的。晋人葛洪《西京杂记》卷四：“汉朝以玉为虎子，以为便器，使侍中执之，行幸以从。”天子出行时，这玉虎子就由侍中带着随行，以备天子内急的不时之需。章炳麟在《官制索隐》中也说：“汉初侍中，非奉唾壶，即执虎子。”拿着虎子随行就是侍中的职责。生前随行，死后也随葬。近年发掘出土的汉魏南北朝古墓中，就常见有虎子随葬的。

虎子这个名称自汉至隋也沿用了将近千年之久，但在唐朝时也起了变化。《汉书·张骞传》：“以其头为饮器。”晋灼注：“饮器，虎子属也。”晋灼是晋朝人，他说饮器就是虎子一类便器。但到唐朝颜师古为《汉书》作注时，却将“虎子”改说为“兽子”了：“兽子亵器，所以溲便者也。”陈垣《史讳举例》第七十六《唐讳例》解释说，唐时避高祖之祖李虎讳而“虎改为兽”。所以“虎子”由于避李虎名讳的缘故，在唐朝就被说成了“兽子”。

当时也有改称“马子”的。宋人赵彦卫《云麓漫钞》卷四说：“马子，溲便之器也。本名虎子，唐人讳虎，始改为马。”马子流行之后，多有改用木制的，称“木马子”。欧阳修《归田录》卷二有“燕王好坐木马子”的说法。木马子可坐，其形制应该已有所变化，可能就像现在的马桶了。

马子原先为男性专用的尿壶，所以男子中有“以尿壶当妻妾”的。袁枚《续子不语》卷九有一篇“尿壶失节”的故事，说西人张某与幕友同舟出行，幕友夜间借用其尿壶，张大怒道：“我西人俗例，以尿壶当妻妾。此口含何物，而可许他人乱用耶？”随即命手下责打尿壶三十，以其失节而投之水中。这是男权社会男尊女卑的典型反映，视女子为尿壶。古代民间也确实多有把女人叫作“马子”的。

马桶的名称或许就是因马子而来。这个名称一直沿用到现在没有再变化，尽管形制已大不同了，我们也只是加了个定语，称之为抽水马桶。

语林拾遗（四）

◎屠　岸

『东风吹万裏』种种

《文艺报》上，曾刊登过一篇文章，是《文艺报》记者和解放军艺术学院副院长、文艺评论家朱向前的对话。文章内容是谈毛泽东诗词。文中影印了朱向前手书的一幅毛泽东诗作《送纵宇一郎东行》。朱向前的书法不错。他是用繁体字书写的。可惜，诗中有一句“幸被东风吹万里”，朱向前把“里”写成了“裏”。这里的“里”是长度单位，怎么能写成“裏外”的“裏”呢？

无独有偶，中央电视台2011年3月30日晚上播出电视连续剧《东方》。有一段剧情是：1950年2月17日（17日是凭记忆，也可能日期不准）毛泽东主席与周恩来总理从莫斯科回国，他们乘的是苏联的火车，到边境下车后，再换乘中国的火车赴东北。荧屏上出现一个镜头，是火车站的站牌，上面的字是：

满洲裏站

公然把“满洲里”这个地名改为“满洲裏”，真是岂有此理！

我曾提到过现今一些出版物把简化字“恢复”为繁体字时闹出的笑话。其实，有些并非简化字。如把古人“范仲淹”改名“範仲淹”，把“范蠡”改名“範蠡”，把今人“余光中”改名“餘光中”，把“于右任”改名“於右任”，把香港的街名“皇后大道”改名“皇後大道”，等等。这些字并非从繁体简化而来，而是本有其字，只是和简化字同形，编辑或作者不能分辨，于是闹出笑话。

一位书法家赠我书法作品，写的是两句格言：“膽慾大而心慾细，智慾圆而行慾方。”这个“慾”字错得离谱，我给指了出来（委婉地），他却说：我查了字典的，“欲”是简化字，它的繁体正是“慾”啊！

首先要指出的是，“慾”是“欲”的异体而不是繁体。其次，二者并非全等异体字。

按《现汉》可知，“欲”有四种解释：

欲（①慾）yù①欲望；②想要，希望；③需要；④将要。

“慾”只适合第一种解释，所以其左上角有一个①，即当它解作欲望时二者才是正异体关系。而“胆欲大而心欲细，智欲圆而行欲方”中的“欲”，是第③种解释，即“需要”。这个“欲”，与“慾”没有关系。（2011-3-31）

何为“译名”

人民文学出版社出的《新文学史料》季刊 2011 年第 1 期（总第 130 期）上登了一篇文章：《怀念姐姐许磊然，兼忆上海往事》（作者许步曾）。文章很好。我与许磊然是人文社的同事，我曾在上海居住过近二十年，此文我读时颇感亲切。在第 153 页上有这样的文字：

……店主是两位青年陈秉彝（后译名冰夷）和陈君实（后译名梦海）。……

……先后前去就读的还有包文棣，后译名辛未艾。

事实是陈秉彝发表翻译作品时用笔名冰夷。

陈君实发表翻译作品时用笔名梦海。

包文棣发表翻译作品时用笔名辛未艾。

发表译作时用的笔名可以叫“译名”吗？

什么是译名？Shakespeare 的中文译名叫莎士比亚。

Пушкин 的中文译名叫普希金。

孙逸仙的英文旧译名叫 Sun Yat-sen。

译家的笔名可以叫“译名”吗？没听说过。

蒋介石的英文旧译名叫 Chiang Kai-shek。一位教授译作“常凯申”，令人大惊，又令人捧腹！过后又令人深思！（2011-04-07）

应该是『捩』耳朵

四月底五月初我和家人回到江苏常州(我的故乡)作寻根之旅,获得同乡人赠我的许多书。其中有一本小画册——《老常州市井风俗》,是《塘桥老哥文化集粹》之一。有一页“排排坐”,画孩子们“排排坐”唱歌游戏情状,下有文字说明:

排排坐,吃果果,爹爹回来列耳朵……

这个“列”字,错了,应该是“捩”,读音为 liè,与“列”字同音。“捩”,即抓住扭转一下。我们在报上有时看到“转捩点”一词,用的就是这个“捩”字。“捩耳朵”就是大人抓住或用两指捏住孩子的耳朵扭转一下,以示惩罚。重则是重的惩罚,轻则是轻的惩罚,或者警告。也有非常轻的,那就算是一种提示。我出生在常州,小时候见到过这种动作,知道这种说法。该书上将“捩”误为“列”,大概是读音相同所致。(2011-05-13)

自“咬”一口

这次要向我自己开刀了。《语林拾遗(二)》中一则《郭沫若没当过“文化部部长”》中说,郭“在上一世纪 50 年代初一度担任过国务院副总理”,其中“国务院”错了,应为“政务院”。他当政务院副总理时还兼任政务院文教委员会主任。

中华人民共和国中央人民政府政务院,《辞海》的解释是:1949 年 10 月 1 日中华人民共和国成立到 1954 年 9 月 15 日第一届全国人大召开前我国国家政务的最高执行机关……中华人民共和国国务院,《辞海》的解释是:即我国中央人民政府,是我国最高国家权力机关的执行机关,也是最高国家行政机关……

郭沫若担任的是政务院副总理。政务院成立于 1949 年 10 月 21 日。那么说郭于上世纪 50 年代初任副总理也不准确。1954 年第一届全国人民代表大会召开后,政务院不再存在,国务院成立,此时郭不再担任副总理,而担任人大常委会副委员长。(2011-06-07)

话说『忠诚』

《解放日报》2011年4月28日登载文章介绍共产党人李大钊。文中说：

在松柏苍翠、肃穆庄严的北京香山万安公墓一座占地2200平方米的庭院，坐落着李大钊烈士陵园。淡青色花岗石纪念碑上，镌刻着中共中央撰写的碑文：“李大钊同志是中国最早的马克思主义者，是中国共产党的主要创始人之一。他对中国人民的解放事业，对马克思主义的信仰和无产阶级的革命前途无限忠诚。……”

读到这里，感觉有点不顺。中共中央撰写的碑文中说：“他对中国人民的解放事业，对马克思主义的信仰和无产阶级的革命前途无限忠诚。”说对中国人民的解放事业无限忠诚，对！说对马克思主义的信仰无限忠诚，可以吗？一般说，对马克思主义无限信仰，或对马克思主义毫不动摇。说对马克思主义的信仰无限忠诚，似乎词语搭配得不那么顺溜。说对无产阶级的革命前途无限忠诚，可以吗？一般说对无产阶级革命的前途充满信心。说对无产阶级革命的前途无限忠诚，似乎词语搭配也不那么顺溜。

总之，可以说对党忠诚，对事业忠诚，对领袖忠诚，对同志忠诚。对信仰忠诚，对前途忠诚，这说法有点别扭！（2011-04-29）

乔冠华的打油诗

◎刘 鹏

著名外交家乔冠华博学多识，在中共党内有『风云才子』之誉，从他随手挥就的打油诗中可见一斑。据说他十五岁时，就曾写下一首打油诗，讽刺给死人烧纸的迷信行为：

东汉始有纸，纸乃蔡侯作。
何以无纸时，不闻鬼穷饿？

一九七一年九月十三日，林彪一伙叛逃，人机俱焚。乔冠华闻讯后仿诗一首：

月黑雁飞高，林贼夜遁逃。
无需轻骑逐，大火自焚烧。

郭沫若称此诗：『巧合无间，妙不可言。』

叠床架屋举隅

◎冯　贤

语言表达贵在简洁精练，但真正做到并不容易。许多人遣词造句啰嗦累赘，常犯语意重复之病。试举几例如下：

罗哲文老先生一直有个夙愿，就是骑上一辆车，就当做一个住在河边或者倾心运河的人，在运河边徜徉。（2010 年 8 月 13 日《人民日报》第 17 版）

"夙"的本义是早，引申为素有的、旧有的。"夙愿"即素有的愿望，一直怀着的愿望。上引句中"夙愿"前面用"一直"修饰，就语意重复了。如一定要用"一直"，"夙愿"改为"愿望"才行。

铜像含基座高度达到 11.12 米，寓意着孙中山先生的诞辰之日 11 月 12 日。（2011 年 5 月 24《人民日报》第 9 版）

"辰"意为时光、日子，"诞辰"即出生的日子，亦即生日。"诞辰之日"用词重复，应删去"之日"，或改"诞辰"为"诞生"。

据检方披露，案发原因系毒贩间的债务纠纷所致。（2010 年 1 月 15 日《人民日报》第 9 版）

句中"所致"的"致"意为引起、招致。可以说"案发系毒贩间的债务纠纷所致"，即案件的发生是毒贩间的债务纠纷所引起的，换句话说就是，毒贩间的债务纠纷是案件发生的原因。所以用了"所致"就不必用"原因"了，二者只需用其一。

自从全国青歌大赛把原生态唱法列为一个评选门类后，"原生态"一词就常在人们的嘴中和传媒界中频频出现。（2010 年 3 月

岂能以“盾”攻“矛”

◎沈华山

杜甫《古柏行》中有“霜皮溜雨四十围，黛色参天二千尺”两句诗，沈括在《梦溪笔谈》中批评说：“四十围乃是径七尺，无乃太细长乎？”2011年《文史知识》杂志第6期刊有《唐代的酒价是多少？》一文，文中说：沈括此言“引起很多人不满”，黄朝英、王得臣用“以子之盾，攻子之矛”进行了反驳。笔者想说的是，怎么能用“盾”去攻“矛”呢？错了吧？

盾即盾牌，是古代的一种兵器。作战时手持盾牌，可用来掩蔽身体，抵御敌人的兵刃、矢石。最早的盾是用青铜制作的，汉以后有了用铁或其他材料制作的。评书里讲的挡箭牌，其实就是盾。盾是防御性兵器，只能用于防，无法用于攻。矛也是古代的一种兵器，尖利的金属矛头，配上长长的木柄，利于直刺和扎挑，是一种便于格斗的进攻性兵器。

“自相矛盾”的寓言故事大家都很熟悉，出自《韩非子》，原文就是“以子之矛，陷子之盾”，可见是以矛攻、用盾防。古今汉语中用到“矛”“盾”的例子太多了，却从未见有用盾进行攻击的。鲁迅先生的杂文《古书与白话》：“菲薄古书者，惟读过古书者最有力，这是的确的。因为他洞知弊病，能‘以子之矛攻子之盾’……”这就是最好的一例。

12日《文汇报》笔会副刊）

“频频”意为连续不断地，“频频出现”亦即“常出现”。“常”与“频频”同时出现语意就重复了，所以“常”与“频频”只需用其一。

语言以“干净”“利索”为贵，愿用者慎之。

东北话中的“赶粘”，懂吗

◎李景祥

《魅力东北话》(辽宁民族出版社出版）是一本解释东北方言的工具书。该书第74页有这么一个词条：

赶粘 gǎnzhān （毛发等）粘在一起，梳理不开。〔例〕熬夜熬了好几天，脸都没洗头发都赶粘梳不开。

“gǎnzhān”是东北话中的常用词，如果写下来的话，这个词应是“擀毡”，而不是“赶粘”。

擀毡即制毡。毡子也叫毛毡，是用羊毛或骆驼毛（有的还加少许牛毛）为原料制成的像毯子或呢子似的片状物。现在也有以化学纤维制毡的。牧区人民所居住的毡房，用的主料就是毡片。毡子还能用于铺炕、制作鞋帽等。毛毡与毛毯原料相同，制作工艺不同。毛毯是织成的，而毡子是不用纺织直接擀成的。现在都用机器制毡了，但早年制毡都是匠人手工操作。现今有的地方还有“毡匠村”“毡匠胡同”之类的地名，过去这些地方都是制毡的。

解放前我曾看到过手工制毡的全过程。把弹好的毛平摊在一张大帘子上，用一根粗大的圆木棍，紧紧卷实捆紧，然后放在一块稍有倾斜度的大木板上，用力擀。小件一人，大件多人。擀下去拉上来，再擀下去再拉上来，像用擀面杖擀面似的，反复多次。中间还要多次喷淋热水，有时还要打开在不均匀处补毛。经过反复擀轧，把毛擀得粘连瓷实了，就算是擀成毡子了。因为擀毡是重体力活，用手难以承担，一般都是用脚去蹬，所以也称为“蹬擀”。

多日不梳头，有的头发会粘结在一块，北方人会夸张地说“头发擀毡了”。如写作“赶粘”，就让人难解了。

“沉沦下潦”？

◎黎金祥

2011年《文史知识》第6期刊有《披文以相质的典范——谈欧阳修为友人所作的碑志文》一文，文章这样讲道：欧阳修的一些友人，虽有才有能却在仕途上不得志，“这些友人大都沉沦下潦，且多寿命不永”。他们“虽然沉沦下潦，然终借欧公文字得以彰显声名，实现了生命价值的不朽”。前后两处所用“沉沦下潦”，显系“沉沦下僚”之误。

沉沦本指埋没，也指埋没不遇的贤能之士。李白《赠从弟南平太守之遥》之一：“彤庭左右呼万岁，拜贺明主收沉沦。”诗句中的“沉沦”指的就是贤士。“僚”是官吏，“下僚”就是职位低微的下级官吏。左思《咏史》：“世胄蹑高位，英俊沉下僚。”所咏的“下僚”就是官卑职小的低级官吏。“沉沦下僚”是说贤士都埋没不遇，只能充任下级官吏。

潦读liáo时，既是水名，又可解为潦倒、潦草。“下僚”显然不能写作“下潦”。可能是“僚”与“潦”二字音同形似而出了笔误。

《求是》中的一处不是

◎孟化冰

《求是》杂志2008年第5期刊有《共产党员要做社会主义荣辱观的自觉实践者》一文，其中有这样一句话：“一个人只‘知荣’，不‘明耻’，很难保证自己的行为自觉或不自觉地越出道德底线乃至法律界限。”

文章的意思应该是：一个人只有既“知荣”，又“明耻”，才能保证自己的行为不越出道德底线和法律界限。可能是“越出道德底线乃至法律界限”前面所加的修饰语“自觉或不自觉地”里面的“不”字扰乱了视线，因而句中少用了一个表示否定的词语，导致句意与表达意图相悖。不难看出，在“行为”的后面加上“不会”二字，意思就正确了。

追踪荧屏

孙中山字“孙文”吗

◎谌 勇

电视剧《中国 1921》最近在央视热播，其中出现孙中山与宋庆龄画面时，字幕显示为“孙中山，字孙文”。这是一个常识性错误。

现在的人大多数有“名”，无“字”，所以当我们说到“名字”的时候，通常指的仅仅是人的名，或姓名。可是，在过去，多数人尤其是做官的和知识分子既有“名”又有“字”，有些人在名和字之外还有“号”。

伟大的革命先行者孙中山，应是名“文”，字“载之”，号“逸仙”。因为留学日本时曾用过“中山樵”的化名，辛亥革命后才始称“孙中山”。但其本人所有公私档案均署名“孙文”。而在欧美则以其号“逸仙”或“孙逸仙”更为人熟知。

电视剧字幕“字孙文”是错误的。退一步说，就算“文”是其字，在介绍时也没有再加上姓的。比如毛泽东字润之，而绝不会说成毛泽东字“毛润之”。

代办处不是大使馆

◎一　言

电视连续剧《东方》第37集中，美蒋特务制造“克什米尔公主”号飞机爆炸事件，企图暗杀周恩来总理，但阴谋未能得逞。周总理获悉这一事件后义愤填膺，指示随行的外交部副部长章汉夫说：“汉夫，你立即通知新华社香港分社，揭露蒋匪特务的罪恶行径，同时通知英国驻华大使馆。”(字幕逐字打出)剧中的“周总理”记错了。

“克什米尔公主”号事件发生于1955年4月11日，当时中英两国还不是大使级外交关系，英国还没有驻华大使馆，同理，中国也没有驻英大使馆。1954年6月17日，我国政府同英国政府达成两国互相派遣外交代办的协议，中英两国的外交关系属于代办级，而不是大使级，两国在对方的首都互设代办处，而不是大使馆。直到1972年3月13日，中英两国的外交代表由代办级升格为大使级，两国才在对方的首都互设大使馆。1955年4月，英国在华外交机构是代办处，外交代表是代办，又称常任代办，是最低一级的外交代表。代办由一国的外交部长派遣。而大使是由一国的元首派遣，是最高一级的外交代表。仅次于大使的外交使节是公使，也是由一国元首派遣。

周总理思维极度敏捷，而且记忆力异常惊人，不可能把英国驻华代办处说成英国驻华大使馆。这个差错无疑是《东方》剧组造成的。

卧底与叛变

◎李今翔

2011年3月1日，央视科教频道《百家讲坛》栏目播出王立群教授主讲的《大风歌（六）鸿门脱险》。刘邦到鸿门向项羽解释派兵守住函谷关的缘由，项羽相信了，并解释了为什么要攻打刘邦的理由："此沛公左司马曹无伤言之，不然籍何以至此。"王教授就此发挥道：告密的曹无伤是"卧底的内奸"，是在"刘邦阵营潜伏的卧底"。曹无伤真是卧底吗？不对吧？

卧底是进入敌方内部潜伏下来，暗中侦察敌情，伺机做内应的人。曹无伤从沛县起兵时就跟随刘邦，并不是项羽派到刘邦处的奸细，不能说是卧底。看到两军对峙，项羽势大，怕刘邦失败后自己得不到什么好处，曹无伤才起了二心，主动向项羽告密。背叛刘邦，投靠项羽，想等项羽获胜后捞到好处。这显然是叛徒。卧底与叛徒，是两个不同的概念。卧底，是从外部钻进来潜伏下的外人；叛徒，是受外来某种影响改变了立场的内部人。"沛公至军，立诛杀曹无伤"，项羽对此一点反应也没有，足见曹无伤不是项羽派出卧底的。

《猴子与香蕉》参考答案

1. 按装——安装
2. 水笼头——水龙头
3. 二、三十秒钟——二三十秒钟
4. 一幅——一副
5. 桀骜不训——桀骜不驯
6. 不能自己——不能自已
7. 使笼子中的猴子明白了——笼子中的猴子明白了
8. 原因是什么？——原因是什么，
9. 竞然——竟然
10. 著称——著名

“豌豆公主”还是“拇指姑娘”？

◎李松柏

四川省有一名年龄 25 岁，身高却只有 1.28 米的女子李玲，她的感情生活受到电视和纸媒广泛关注。某电视台播出的节目称其为“豌豆公主”，他们可能认为“豌豆”似乎很适合形容这位女子的身材特点，殊不知完全是望文生义。

《豌豆公主》是丹麦作家安徒生写于 1835 年的童话，讲述了一位王子想寻找一位“真正”的公主结婚，一直未能如愿。一个暴风雨之夜，一位公主来访。为了考验她是否真正的公主，老王后在床榻上放了一粒豌豆，在豌豆上压了二十层床垫和二十床鸭绒被。这位公主夜里就睡在这些东西上面。早晨大家问她晚上睡得怎样，公主说她睡在一块很硬的东西上面，全身发青发紫。如此大家就看出来她是一位真正的公主，因为除了真正的公主以外，任何人都不会有这么娇嫩的皮肤。

可见，“豌豆”完全和身材无关。用“豌豆公主”来为李玲说事，是说不到点子上的。如果要让报道生动一点，套用安徒生童话中的人物，用“拇指姑娘”或许贴切一些。

《拇指姑娘》也是安徒生的童话。有一个妇人想要一个可爱的孩子，去请教女巫，女巫给她一粒种子，让她种在花盆里。当花朵绽开时，里面跳出了一位美丽的姑娘，只有拇指一样大。拇指姑娘在妇人家生活得非常幸福。可是有一天，一只丑陋的癞蛤蟆把她抱走了，拇指姑娘因此到处漂泊，生活十分艰苦。拇指姑娘向往光明和自由，具有崇高的理想。最后她终于到了一个自由、美丽的国度，并嫁给了和自己一样大小的花朵王子，过上了幸福的生活。

刘邦何曾追韩信

◎辜良仲

曾在各地电视台热播的《乡村爱情交响曲》第21集中，刘能一家人召开家庭会议，他振振有词地宣扬刘氏列祖列宗讲诚信：刘备三顾茅庐、刘邦追韩信……

“刘备三顾茅庐”美谈千古流芳，而“刘邦追韩信”恐怕是编剧的杜撰。一般人听说过的，是“萧何月夜追韩信”。

据《史记》记载：韩信原是项梁的部属，项梁失败后，又属项羽。多次向项羽献策，但项羽不听从。汉王刘邦入蜀后，韩信离楚归汉。曾触法当斩，同案中的十三人都已处决，轮到韩信时，韩信仰头看着监斩官滕公，说：“上不欲就天下乎？何为斩壮士！”滕公认为韩信是一位奇人，放了他。滕公把这件事告诉刘邦后，刘邦任韩信为治粟都尉。韩信常向萧何表达意见，萧何认为韩信是位可堪大用的奇人。汉军到达南郑后，数十人逃亡，韩信认为萧何已多次向汉王推荐自己，但自己还是未被重用，于是也逃跑了。萧何知道后，立即去追赶。汉王还以为萧何也逃跑了。后来萧何拜见汉王，汉王骂他说：“为什么要逃跑？”萧何说：“臣不敢逃，是去追赶逃亡的人。”汉王说：“你去追谁了？”萧何说：“韩信。”汉王大骂：“逃了数十位将领，你不去追赶，而去追韩信，骗我吗？”萧何说：“诸将易得，韩信只有一个，如您只想当个汉中王，不必重用韩信，如果想争天下，不能不重用他。”汉王于是拜韩信为“大将”。

京剧和历史小说中，亦有“萧何月下追韩信”：萧何快马加鞭，连两只鞋也弄丢了，韩信为萧丞相爱才之心所感动，遂随萧丞相返回南郑。

由是看来，无论是史籍还是戏剧，皆是萧丞相追韩信，而不是什么“刘邦追韩信”！

《鸿门宴》中的“诛杀”

◎张宏星

2011年《阅读与写作》第5期刊有《鸿门宴中的“诛”》一文，其中说：“《鸿门宴》一文中‘立诛杀曹无伤’中的‘诛’是‘责备’‘谴责’的意思。”因为“古代汉语以单音节词为主，‘诛’和‘杀’是两个词，后面有‘杀’了，所以前面的‘诛’就不能再是‘杀’的意思了”。这种说法值得商榷。

古代汉语确实以单音节词为主，“诛”也确实可当“责备”讲。如“口诛笔伐”，即用言论、文字宣布罪状，进行责备声讨，其“诛”就是“责备”“声讨”之义。然而，古代汉语中也不全是单音节词，也有少量复音词。有人统计，《诗经》中有三百多个复音词，《离骚》中有一百四十多个复音词。复音词中还不乏由两个同义成分并列构成的“同义复音词”。以中学语文课本传统篇目《出师表》为例，其中的“崩殂”“疲弊”“危急”“驱驰”“兵甲”等，都是同义复音词。“诛杀”也是同义复音词。《汉语大词典》有“诛杀”词条，释曰：“杀戮。《管子·正世》：‘今使人君行逆不修道，诛杀不以理，重赋敛，竭民财，急使合，罢民力。’”可见，作为同义复音词的“诛杀”在《管子》中就出现了。

《鸿门宴》节选自《史记·项羽本纪》。公元前206年刘邦攻占秦都咸阳后，派兵驻守函谷关。不久，项羽率40万大军破关攻入，进驻鸿门（今陕西西安东北），准备消灭刘邦。经项羽叔父项伯调解，刘邦亲至鸿门会见项羽。刘邦在会见中得知部将曹无伤此前

“抓周”与“抓阄”

◎杜兆清

2011年第5期《教师博览》所刊《我的两个启蒙老师》一文开头有这样一句话：“中华民族自古有抓阄的风俗，我的江苏老家也不例外。待到孩子长到一岁，为了判断这个孩子长大后是否有出息，便把孩子抱坐到一个大竹匾里。竹匾中心放着书、笔、算盘、笤帚、纸糊的镰刀和各种玩具，看孩子第一手抓到的是什么。”

显然，这里的“抓阄”是“抓周”之误。

阄，为赌胜负或决定事情而抓取的做有记号的纸卷或纸团。抓阄，每人从预先做好记号的纸卷或纸团中摸取一个，以决定谁该得什么或做什么。周，指一周岁。抓周，又称拈周、试周。是小孩周岁时举行的一种预测前途和性情的仪式，是第一个生日纪念日的庆祝活动。常把书、笔、钱币、锄镐等物品，摆放在某处，让小孩抓取。如果抓到书笔等，预示着小孩今后能读书；如果抓到钱币等，预示小孩长大后可做生意；如果抓的是锄镐之类，则预示可以从事农业生产。它与产儿报喜、三朝洗儿、满月礼、百日礼等一样，同属于传统的诞生礼仪。抓周现在还被许多家庭所重视，许多地方还有组织地举行集体抓周活动，以此来庆祝宝宝的生日。

小儿周岁时抓取的是书笔等物件，并非纸团之类的“阄”，所以不能叫“抓阄”。

曾派人言于项羽：“沛公欲王关中，……珍宝尽有之。”刘邦脱身回到军营后，“立诛杀曹无伤”，即立即杀了曹无伤。其中“诛杀”即同义复音词，“诛”即“杀”，“杀”即“诛”。在《史记·高祖本纪》中，此句作“立诛曹无伤”，少一“杀”字，也可证“诛”即“杀”，并非“责备”之义。

百科指谬

农历几年一个闰月

◎何立洲

《新民晚报》2011年5月22日《夜光杯·国学论谭》栏刊载有《中国历史上的历法与纪年》一文，文中这样写道：“中国从汉武帝以后就固定改用夏历了，也称农历、旧历。中国古代的月的长度是按照月亮绕地球周期确定的，但它的年的长度仍是按地球绕太阳周期确定的，年和月无法精确统一，于是就有了每四年一个闰月来协调。”其中“每四年一个闰月”的说法值得商榷。

月亮绕地球一周的平均时间为29.5306日，农历一年12个月，共354.3672天。而农历中用以指导农业生产的二十四节气是按地球绕太阳一周所处的不同位置推算出来的。因此，农历严格来说是阴阳合历。一个太阳回归年的长度是365.2422天，这样，农历年与太阳回归年一年就相差近11天。农历年若要与太阳回归年协调一致，就须设置闰月。有闰月的一年叫闰年。每逢闰年，就增加一个月（29天或30天），共383天或384天。

闰月加在哪年哪月是有讲究的。二十四节气又有节气、中气之分。从小寒起，太阳黄经每增加30°为另一个节气，计有小寒、立春、惊蛰、清明、立夏、芒种、小暑、立秋、白露、寒露、立冬、大雪等十二个节气；从冬至起，太阳黄经每增加30°为另一个中气，计有冬至、大寒、雨水、春分、谷雨、小满、夏至、大暑、处暑、秋分、霜降、小雪等十二个中气。阳历中每个月有一个节气一个中气，日期基本上是固定的，而农历中节气和中气的日期则很不固定。若农历某年某月中只有节气没有中气，那么这一个月就作为闰月来设置。闰月加在

火车自动挂钩并非詹天佑发明

◎陈福季

2011年5月10日，《上海老年报》第7版刊有一篇文章说到郭民原与詹天佑的一次对话：

郭问："都说火车自动挂钩是你发明的，是吗？"詹回答说："此说谬也！"詹接着又说："火车自动挂钩是一个中国工人发明的，姓名已不可知。但他画的草图给一个英国人拿去后研究，发明了火车自动挂钩。"

记得解放初刚上学时，课本中就说过火车自动挂钩是詹天佑发明的。后来查阅《辞海》等工具书，都说是一个叫詹内的美国人发明的，误传为詹天佑了。看了《上海老年报》的文章后上网一查，发现有丁越父之文讲述颇详，今撮要略述于下。

詹天佑发明火车挂钩的说法，早在詹天佑在世时就已经流传于民间了。解放后徐盈等编著的《詹天佑》(中国青年出版社1956年版)和徐启恒、李希泌著的《詹天佑和中国铁路》(上海人民出版社1957年版)中都传此说。前几年詹的幼子詹文耀还对记者说："先父弃世时，我已20岁，嗣后听先母说过，先父为解决车厢连结

某月之后就称闰某月。例如农历己丑年(2009年)五月之后的那个月没有中气，这个月就称闰五月。农历壬辰年(2012年)四月之后那个月没有中气，这个月就称闰四月。按照这种方法设置闰月，大致三年中有一个闰月，五年里会出现两个闰月，十九年有七个闰月，所以有"三年一闰，五年两闰，十九年七闰"的说法。

的问题费透脑筋，后来偶然从人们的握手中得到了启发，终于摸索出了自动挂钩。”

郭民原先生在1983年第2期《纵横》杂志发文指出，火车自动挂钩并非詹天佑发明，而是一位姓名已不可考的中国工人发明的。这就是上述《上海老年报》一文说法的来源。北方交通大学吕昌先生在《纵横》杂志1984年第4期上刊出了《火车自动挂钩究竟是何人发明》一文。他据国外有关文献资料记载详细考证说，美国人詹内对1860年美国人依士洛·米勒（Ezra Miller）发明的垂直式平面车钩加以改进，制成了一种新的自动挂钩，于1868年4月21日获得了专利权。以后他又继续改进，在1873年4月29日得到第二次专利权。而在当时，我国还没有开始修建铁路。由于詹内发明的自动挂钩有很好的性能，所以1887年美国车辆制造技师协会正式建议采用詹氏（内）挂钩。1893年美国国会通过决议要求各铁路公司限期采用詹内自动挂钩。这种自动挂钩的图样，与我国现在使用的自动挂钩基本上是一样的。吕昌还指出，詹天佑是1888年即詹内取得专利20年后才由广东水师学堂北上，正式到铁路任职的。由于詹内发明的自动挂钩在英文中写作Janney Coupler，在我国的铁路材料目录中就把它简译为詹氏车钩。再加上詹天佑在我国铁路建筑史上的卓越成就和贡献，所以造成“众善归尧”的误传，把詹氏挂钩误解为詹天佑发明的了。

另据同詹天佑一起工作过的京绥工务处长柴俊畴工程师生前回忆，詹天佑曾亲自对周围的人讲：“请同事们帮助我解释解释，没有这件事。”詹天佑亲自编著的《新编华英工学字汇》的“车钩”词条内，对于“Janney Coupler”一词，音译时有意避开了“詹”字，而译作“郑氏车钩”，回避了对自己的误传，更未提到是“中国工人发明的”之类。

据吕昌的考证，火车自动挂钩既不是詹天佑发明的，也不是中国工人发明的，而是美国人詹内发明的。《辞海》等权威工具书也持同样观点。

三国时有状元吗

◎谷士锴

吕蒙不以为然地回答:“军中事务如此繁忙，恐怕没有时间读书。”孙权听了，就耐心劝告说:“我并不是要求你们攻读经书当什么状元，只是希望你们多翻翻书，这样就可以了解过去的事情了。”

这是《中国式管理的 30 个大手段和 40 个小细节》(经济科学出版社出版) 第 136 页中的一段话。三国时东吴大将吕蒙出身贫苦,作战勇敢,但不爱读书。孙权劝他打仗之余多读书,并以汉光武帝刘秀戎马一生“手不释卷”的故事开导他。但孙权不可能说考状元之类的话,因为这个时候还没有状元这个称谓。

状元之称始自唐朝。各地士子在京城参加会试（唐代称省试)后,被录取者在金殿上参加皇帝主持的策问，第一名谓状元。状元起初称为状头。因为在当时参加考试的士子，在应试前须递送“投状”,即类似现今考试时填写的各种资料。考试结束后，有关人员将成绩最高的“投状”放在最前面,叫做“状头”。后因这一称谓不雅,便改称“状元”。又因其为殿试一甲第一名,也称“殿元”。中状元者号为“大魁天下”,为科名中最高荣誉。孙权生活的时期是东汉末年，距唐朝还有三百多年时间，孙权不可能知道“状元”为何物。

那么，孙权究竟是怎样劝诫吕蒙的呢?《三国志·吴书·吕蒙传》裴松之注引《江表传》里是这样描述的——“(吕) 蒙曰:‘在军

也说长寿皇帝

◎村 友

2011年《中国电视报》第13期D8版刊有《鲜为人知的“历代帝王庙”》一文，其中说：“（中国历史上）年龄最大的皇帝是乾隆89岁，其次是女皇帝武则天82岁。”

武则天虽然享寿82岁，但她并不是历史上第二位高寿的皇帝。在武则天之前100多年有位活了86岁（虚龄）的皇帝，他就是南北朝时期梁朝的创建者武帝萧衍。梁武帝生于公元464年，死于公元549年。他作为最长寿命的皇帝的纪录保持了1200多年，后被清朝的乾隆皇帝打破（89岁）。中国历史上活到80岁以上的皇帝仅五位，即：清乾隆皇帝89岁，梁武帝萧衍86岁，武则天82岁（一说81岁），宋高宗赵构81岁，元世祖忽必烈80岁。中国历史上的皇帝寿命最长者为乾隆皇帝，第二位应为梁武帝萧衍，武则天应为第三位。

中常苦多务，恐不容复读书。’（孙）权曰：‘孤岂欲卿治经为博士耶？但当令涉猎见往事耳。’”孙权的话翻译成白话就是：“我岂能让你治学当博士呢？只是希望你涉猎书籍了解从前的事情而已。”博士在我国古代是职官名称。《史记·循吏列传》载：“公仪休者，鲁博士也，以高第为鲁相。”公仪休是春秋时鲁国人，证明春秋时即有博士这一称谓。许慎《五经异义》中也有：“战国时，齐置博士之官。”秦汉时，博士专掌古今史事及书籍。晋朝则有律学博士，南北朝时博士指专精一艺的职官名。到唐代又有医学博士、算学博士，宋代还有书（书法）学博士。中国古代的博士属职官名称，同现在的作为学位名称的博士含义有别。三国时吴国君主孙权对吕蒙所言的博士是指掌管书籍的官员，不是什么状元。

京剧中的“靠”是什么

◎叶桂珍

2011年4月22日，《北京晚报》的《五色土》副刊刊有《冯六爷击掌提醒梅兰芳》，其中一段如是写道：

《穆柯寨》演出的时候，因为有“靠”这个动作，梅兰芳头往下垂，舞台形象或者身段受到影响，肯定是不如他演青衣戏美。后来，梅兰芳很快把这个不美的舞台身段克服了，是谁帮的，是冯六爷这些人在包厢里面不停地提醒……

“靠”是京剧中的一个动作？笔者前所未闻！“靠”作为动词，《现汉》列有四个义项：①（人）坐着或站着时，让身体一部分重量由别人或物体支持着；倚靠。②（物体）凭借别的东西的支持立着或竖起来。③接近；挨近。④依靠。足见“靠”的诸个动词义，皆与京剧中的术语大相径庭！据笔者所知，“靠”与京剧有关的是它的名词义：戏曲中古代武将所穿的铠甲。据《辞海》所释，靠身有前后两片，满绣鱼鳞纹，腹部绣一大虎头，称“靠肚”；护腿两块，称“靠牌子”；背后插三角形小旗四面，称“靠旗”，不用靠旗的靠称“软靠”。女将所穿“女靠”，式样大致相同，靠身下缀彩色飘带，靠内并衬战裙。

由是看来，上述文章将京剧中“靠”理解为动作（梅兰芳头往下垂），那是大错啦！

《“杉杉”为何这么傲》解疑

“同济”其实是“同侪”之误。“侪”是“辈”“类”的意思。“同侪”就是“同辈”“同类”，也可引申指“同行”。“傲视同侪，唯我杉杉”，口气很大，可惜文化不足！

《弟子规》的问世

◎沈阳仁

2011年1月11日,《辽沈晚报》C13版刊有《努尔哈赤军营中的“百家讲坛”》一文,其中有这样一段话:“1589年,龚正陆到了佛阿拉城,正式归附努尔哈赤,成为努尔哈赤及其子弟们‘汉文化’的启蒙老师,建州女真上上下下都尊龚正陆为‘师傅’。”龚正陆“还兼做努尔哈赤儿子的家庭教师,教努尔哈赤儿子识汉字,读《三字经》、《千字文》、《弟子规》”。这里有一个问题:那时有《弟子规》吗?

《弟子规》原名“训蒙文”,为康熙年间山西绛州的一位中过秀才的塾师李毓秀所编。乾隆年间贾存仁对它进行修订改编后,改书名为“弟子规”。全书分为五部分,三字一句,两句一韵,讲在家、出外、待人接物、求学等方面应该遵循的礼仪。是继《三字经》《百家姓》《千字文》之后流行较广的蒙学课本。

可见,努尔哈赤时代还没有《弟子规》,努尔哈赤的家庭教师不可能用《弟子规》教自己的学生。

丫环不是妾

◎刘曰建

2011年5月24日,《北京社区报》刊有一篇《实地调查》,其中有这样一段文字:“齐国的国相名叫驺忌……有一天他问妻子:我跟城北的徐公谁更漂亮……驺忌又问丫环……”这里有两处不妥。一是驺忌应为邹忌。二是《邹忌讽齐王纳谏》原文是先“谓其妻曰”,“复而问其妾曰”,没丫环什么事。上述文章显然是把“妾”当作“丫环”了。老婆是正妻,妾即小老婆,地位区分明显。如正妻坐着时,妾只能站在旁边甚至身后。而丫环,是婢女,也叫丫头,没有人身自由,可以买卖。三者的地位是不一样的。作者可能一时记忆有误,把她们弄混了。

《全唐诗》收诗知多少

◎程富季

2011 年 4 月 12 日,《人民日报》第 8 版是整版有关图书的广告，其中说:《全唐诗》及后来的多种增补本合编而成新《全唐诗》,共收 2613 人之诗作共达“37191 首”。这种说法完全不对。

康熙四十四年(1705)三月,康熙帝在他第五次南巡时敕命江宁织造曹寅主持编撰《全唐诗》。经状元彭定求等 10 人的努力,第二年就完成了编撰工作。康熙四十六年(1707)由扬州诗局刻印成书,共十函 120 册。康熙在序中称“共得诗四万八千九百余首,凡二千三百余人”。后人多从其说。仅此数据,已比广告中声称的多出了 11000 余首了。而康熙序中所说的数字其实也并不精确。近年日本学者平冈武夫编《唐代的诗篇》《唐代的诗人》,将《全唐诗》所收作家、作品逐一编号作了统计，结论是:《全唐诗》共收诗 49403 首,句 1555 条,作者 2873 人。这个数字是相当可靠的。据此竟比广告词所说多出 12000 余首，诗人数也多出 200 余人。

其实,康熙年间编成的《全唐诗》的总数并不是唐诗的总数目。由于《全唐诗》“未及广检群书,故缺漏甚多”,因此成书以后陆续有人增补拾遗。最早的是日本人上毛河世宁的《〈全唐诗〉逸》，补诗 72 首、句 279 条,王重民《补〈全唐诗〉》《敦煌唐人诗集残卷》,补诗 126 首,孙望《〈全唐诗〉补逸》,补诗 740 首、句 87 条,童养年《〈全唐诗〉续补逸》,补诗 1158 首、句 243 条。此四人共补诗 2146 首、句 609 条。1992 年陈尚君又将上述四人所补之诗加上自己补的 4663 首及句 1199 条编成《〈全唐诗〉补编》一书出版,合计共补 6809 首、句 1808 条,诗人达 3700 余人。这还没有算上 1992 年夏天在湖南长沙唐窑出土瓷器上所题的几百首唐诗,据

司马懿是宦官吗

◎谷　夫

《文化与安身立命》(福建教育出版社出版）第344页有这样一段话：

在宫廷里有许多宦官，宦官是最容易篡权的，历史上有不少宦官篡权的时期，司马懿就是最大的一次。正是在这个意义上，孔子讲“唯女子与小人为难养也”。

司马懿与宦官有什么相干？司马懿，字仲达，河内温(今河南温县西南)人，世代官僚。司马懿曾做过曹操的主簿（相当于秘书），曹操死后其子曹丕代汉自立，是为魏文帝。司马懿受重用，成为曹魏政权柱石。曹丕死后其子曹叡即位，将军国大权托付司马懿。曹叡死后司马懿受命同皇族曹爽辅佐曹叡之子曹芳。后司马懿发动兵变，诛杀曹爽及其党羽，年轻的曹芳拜司马懿为丞相，从此魏国朝政尽归司马氏。司马懿有两个儿子，长子司马师，次子司马昭。说司马懿是宦官篡权真是滑天下之大稽！

悉，其中有不少是《全唐诗》中没有收进去的。另外，近年尚陆续有一些补遗之诗发表。

上述广告所说的新印本《全唐诗》不仅收有扬州诗局本《全唐诗》中的全部唐诗，而且还附上了目前所知的所有增补本的《全唐诗》，其总数才只有“37191首”，比康熙原刻本少了11000多首，比各种补编本总数竟少了近两万首，相差也实在太大了。

超前用名句

◎刘月坚

2011年5月17日,《人民日报》海外版刊有《"虫声唧唧不堪闻"》一文,回忆老一代革命家贺龙和周恩来的交往。其中有段文字说:1949年开国大典时周恩来和贺龙站在天安门城楼上,贺龙说:"恩来, 你还记得1927年潮汕失败时,你给我念过的那首诗吗?"贺龙随即念出"虫声唧唧不堪闻……"周恩来说:"不,贺胡子, 如今是'一唱雄鸡天下白'了!" 笔者想说的是,"一唱雄鸡天下白"是开国大典一年后毛泽东《浣溪沙·和柳亚子先生》中的名句,当时的周总理不可能说出这句诗。

据《毛泽东诗词鉴赏大全》注释:1950年10月3日来京参加国庆盛典的各民族代表,聚集在中南海怀仁堂举行隆重的向中央首长献礼大会,各少数民族文工团登台演出。毛泽东观看时心情很激动,对坐在前排的柳亚子说:"这样的盛况,亚子先生为什么不填词以志盛?我来和。"柳亚子遂即席赋《浣溪沙》词,呈献毛泽东。第二天,毛泽东用该词原韵写出《浣溪沙·和柳亚子先生》,并用宣纸抄好,送柳亚子。词中有"一唱雄鸡天下白"一句,是化用唐朝诗人李贺"雄鸡一声天下白"而来。

举行开国大典的时间是1949年10月1日,那时周总理说出李贺的"雄鸡一声天下白"是可能的, 但不可能说出毛泽东一年后写的"一唱雄鸡天下白"。

向你挑战

猴子与香蕉

（文中有十处差错，你能都找出来吗？答案见本期）

◎立　青设计

科学家特制了一个大笼子。笼子里放有一串香蕉，香蕉旁设置了一个机关。只要有谁去取香蕉，必然会碰到机关，从而打开按装在笼子上方的高压水笼头，水流随之急速喷出，大约要持续二、三十秒钟才会停止。

科学家将六只猴子关进笼子。其中一只个头很大，看样子很强壮，有一幅桀骜不训的模样。见笼子里有香蕉，兴奋得不能自己，大摇大摆地走过去取。刚一接触到香蕉，水便从笼顶上喷射下来。不仅它自已被水柱击翻，其同伴也遭了殃，全成了“落汤猴”。稍后又有一只猴子禁不住诱惑，慢慢向香蕉走去……结果不言而喻。通过几次尝试，使笼子中的猴子明白了：香蕉是不能拿的，否则会受到喷水的惩罚。六只猴子最后全服服帖帖的，谁也不敢去取香蕉吃了。

后来，科学家放走了一只猴子，再关进一只猴子。新来的猴子看见有香蕉，瞥了其他猴子一眼，准备过去取。令人吃惊的是，另外五只猴子一起跳过去，给它一顿暴打，阻止它去碰香蕉。尽管这只猴子并不知道原因是什么？但不能去动香蕉的事实还是接受了。

科学家又从原来的五只猴子中放走一只，再关进一只新的。这只新猴子当然会去拿香蕉，而其他五只照样对它进行暴打。而打得最厉害的，竟然是此前刚关进的那只。结果是，这只猴子也不敢去拿香蕉了。

科学家的工作在继续，放出去一只猴子再关进一只……最后笼子里的猴子全换完了，其中没有一只被水喷射过，但它们还是不会去拿香蕉吃。后来，科学家干脆拆除了喷水装置，也就是说，此后不管哪只猴子去取香蕉吃，都不会发生喷水事件。但笼子里的情况还是与原来一样，猴子们都遵循着不去动香蕉的传统，如果有谁破坏这个规则，它就会被暴打。

这个有趣的实验在世界科学领域非常著称，它让你想到了什么呢？

你的汉字应用水平是几级？

汉字应用水平测试是教育部、国家语委组织实施的语言类标准化测试。上海是测试试点省市之一。2007 年以来，上海市语言文字水平测试中心已累计测试 17000 多人。自 2011 年开始，此项工作已作为上海市语委和语测中心的常规工作。今年参加测试的人数将超过 8000 人。（张 琳）

工作人员向国家语委副主任、教育部语信司司长李宇明介绍机考系统

笔试现场

机考现场

火眼金睛

图中差错知多少？

（答案在本期找）

李传新 梁德祥 童一仁 梁芃 余华 供稿

1	2
3	
4	5

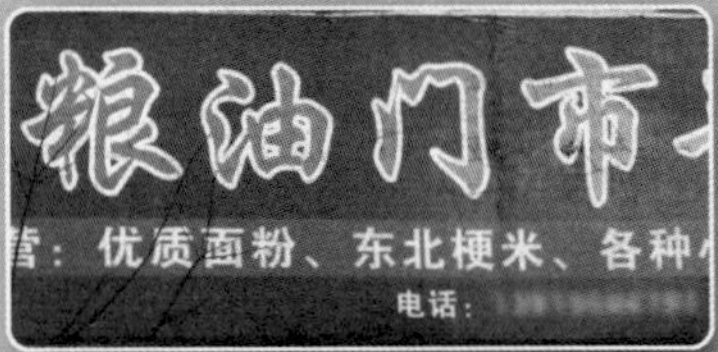

ISSN 1009-2390

08>

9 771009 239111

YAOWEN-JIAOZI

咬文嚼字®

9
2011

欢迎至邮局订阅本刊 邮发代号 4-641
国内统一刊号 CN31-1801/H
定价：3.00元

上海文艺出版(集团)有限公司

雾里看花

“掸指莫折指头花”？

姚宏涛

这是重庆市巫山县某处的告示牌。上联的“迈步留意地下草”不难理解，可下联的“掸指莫折指头花”却让人莫测高深。“掸指”这动作有什么含义？“指头花”是形如手指的花吗？猜猜看，答案见本期。

卷首幽默

“瞑目退翳”？

郭振邦/文　　叶　珺/画

镇江市某大药房的滚动字幕广告上，为某眼药做广告，其中有“瞑目退翳，治疗白内障”等文字。“瞑目”，闭上眼睛，多指人死时心中没有牵挂，如“死不瞑目”。要到“瞑目”之时才能退翳，如此功效的药丸，谁还想买？

咬文嚼字®

2011年9月1日出版

9

总第201期

主管：上海文艺出版(集团)有限公司
主办：上海咬文嚼字文化传播有限公司
编辑：《咬文嚼字》编辑部
集团网站：http://www.shwenyi.com
E-mail：yaowenjiaozi2@163.com
电话传真：021－64330669
发行电话：021－60878388
邮购电话：021－60878392
地址：上海市打浦路443号荣科大厦17楼
邮政编码：200023
发行：上海市报刊发行局
发行范围：国内外公开
订阅处：全国各地邮局
国内代号：4－641
ISSN1009－2390
CN31－1801／H
印刷：江苏太仓印刷厂有限公司
广告经营许可证：沪工商广字
3100320050020号
定价：3.00元

语林漫步

还是要“书同文”

◎江之北

“亲耐滴童鞋们,临别之际不要内牛满面哦!”这样的句子,在网上看到,早已不足为奇了。网络语似乎对别字情有独钟,“压力”写为“鸭梨”,“没有”写作“么有”,“有没有”写作“有木有”……别字情结从何而生?我曾推测,那是因为拼音输入易打同音别字,有时错得有趣,进而又刻意为之,便成流行了。后在“百度百科”见到所见略同的说法:“主要是有一些人拼音‘n’‘l’不分,才导致打出‘内牛满面’的,一开始并不是装可爱,后来发现这样打还蛮Q的,所以大家迅速爱上了‘内牛满面’。”

由此想到了故宫锦旗事件。那个“撼”字,不过是同音误植而已,本来情有可原,认错改正就是了;可当事者一度坚持不认错:“‘撼’字没错,显得厚重”,“跟‘撼山易,撼解放军难’中‘撼’字使用是一样的”。或许当时在他们看来,词义的通与不通,也可以逢山开路遇水搭桥,靠嘴硬就能天梯石栈相勾连的。于是,一个“撼”字成了舆论焦点,也成了网络热词。“今天,你‘撼’了吗?”一时成为见面调侃语。有些段子更为穷形尽相——“问:什么工作的?答:搞电撼的,什么电撼、气撼、氩弧撼、二氧化碳保护撼……都成。问:贵单位是——?答:雇工。”“问:干什么会出撼?答:天热出撼,运动出撼,紧张出撼……都出撼。问:为什么总出撼?答:因为是撼族。问:为什么用‘撼’而不用汗?答:‘撼’显得厚重。”我想,由此流行的“撼”字热,决非因认同而推波助澜,而是用归谬法将错误推到极致，以证明其荒谬，以表达不满。它们的尖刻嘲讽与专家的严肃指摘一样，宣示了一个立场：对别字零宽容。

行文至此，心中油然而生三个字：“书同文”。这三字与秦始皇的概念略有不同，它不仅指字形统一，更是指基于语法统一的用字统一。其实，这个意义上的“书同文”早在秦始皇之前就大致做到了。方言方音古已有之，但化作书面语，却是大致统一的同一种表达。造句有定法，用字有规范，差不多从先秦典籍以降，直至现代白话文，一以贯之。在故宫锦旗事件中，更是全民一致同仇敌忾地坚持了这一原则。

网民对故宫锦旗别字的态度可谓旗帜鲜明，立场的表述又极具特色。然而，不能不想到，网络流行词的同音替代，究其实质，与误“捍”为“撼”并无二致，区别仅仅在于一则无意为之，一则刻意为之。

众所周知，网络是当今语言创新的活跃地带。撇开英文、汉语拼音、符号、简笔画之类不谈，纯汉语的语言创新大致分为两类：一是旧词开发新义或从头开发的新词新义，一是纯粹将正常词语变为同音别字。前者如帅呆、酷毙、卖萌、吐槽、坑爹、囧……这类词语确实对丰富词库、增强表现力有一定的积极意义，应予肯定。后者如上文提及的“亲耐滴”“鸭梨”“么有”“有木有”，这类词语意义容量既没增加也没减少，除了让相见不相识者自叹落伍之外，并无积极意义。然而，如今时尚新锐争做白字先生蔚然成风，所以这样做的理由，据说是好玩。

还是要“书同文”。不仅字形，而且词形，都不能随心所欲。这是语言文字正常交际功能的根本保证。至于“鸭梨”“亚历山大”之类，作为文字游戏未尝不可。既然好玩，就玩玩吧。在星际交流尚无一星半点消息的当今地球，火星文可作一道风景看。但要划清游戏文字与正经文字的界限。既然别字不能做到锦旗上去，这已是没有争议的共识，那么就顺理成章地也不能在正规出版物上招摇过市。否则，就不能不是一种亵渎，一种污染。我们的文字应用宜划界而治，所有讲汉语用汉字的人们以为然否?

流行并游戏着

◎徐默凡

近年来网络流行语出现了一种游戏化的倾向，也就是网络交际者过分关注语言形式的特征，淡化语言意义的传递，以游戏心态使用语言符号。

这种游戏化倾向，首先表现在一些没有确定含义的语句变成了广泛使用的流行语。最著名的一个例子，2009年7月16日，网友在百度“魔兽世界吧”发表了一个名为“贾君鹏，你妈妈喊你回家吃饭”的帖子，随后短短五六个小时内被近4万名网友浏览，引来超过1.7万条回复，被网友称为“网络奇迹”。这条帖子也由此成为年度流行语。

其次，某些语言单位本来是有意义的，但在成为流行语的过程中被游戏化地使用，导致意义不断泛化，最后甚至完全消解。试看一则网上的广告：

你好，我叫给力。改变世界，我需要你。怎么让医疗、交通、电子商务……变得更给力？答案很简单，只要你出力，只要你给力，笔记本、2011年北京DF门票等给力大奖就是你的。（中关村在线）

“给力”是2010年流行语，意思是“管用”“带劲”，但在反复的使用中意义磨损了。上述例子中的“给力”分别用作名词、形容词、动词，意义也有点不知所云。

网络流行语游戏化倾向还表现在无意义的飞白。如“斑竹（版主）”、“幽香（邮箱）”、“大虾（大侠）”等，近来愈演愈烈，“内牛满面（泪流满面）”、“有木有（有没有）”等纷纷出笼。

很多时候，以上这些游戏化变体会综合起来，比如2008年的流行语“打酱油”。其缘起是广州电视台记者采访一位市民对于艳照门的看法，这位市民说：“关我什么事？我出来打酱油的。”由此可见,“打酱油”一开始是一个随口说出的短语,没有特殊意义。但是,人们很快在各种场合使用它,由此产生了“路过”“与己无关”的新的意义。可是好景不长,“打酱油”很快就陷入意义消解的泥沼,如发表于2008年5月26日的一则帖子:

每一个打酱油人士都本着为人民打酱油,为人民打好酱油的美好心愿,把打酱油事业进行到底。但是,我们应该清醒地认识到,我们打酱油事业也时刻地面临着危机。我们要旗帜鲜明,毫不动摇地指出,现在打酱油事业已面临最紧急的关头,因为有部分别有用心者借打酱油名义打进口酱油,以摧毁打酱油事业的稳定持续的发展……

这么多“打酱油”凑在一起,变成了一种没有确切意义的“无厘头”表达。流行语词的随意拼凑,就这样完成了一个语言游戏。

深入发掘网络流行语游戏化倾向的成因,发现主要有以下两种:

第一,网民社群身份认同、网民显示存在的需要。能熟练地使用网络流行语,是显示自己“圈内人”身份的有效手段。大家都这么说这么玩,要想加入这个团体,获得认可的最佳手段,就是我也这么说我也这么玩。而且不管怎么用都行,滥用没关系,错用也可以,只要能用就能融入社群。而且,为了显示自己的存在价值,网民们就必须制造一些特别的声音。很多时候,网民在网上的发言,如发帖、聊天、发布微博等,并没有实质内容,只是为了显示“我参与了”,就像游客到处签署“某某到此一游”一样,目的仅在于留下在场的证据。

第二,蔑视神圣事物的游戏心态。部分网民不屑于正儿八经地说话,一边用轻松、谐谑的语言调侃着生活百态,一边也不遗余力地“调戏”庄重的语言系统本身,在对内容和形式的操弄戏耍中获得双重的快感。

正是由于存在以上这些深层的动因,网络流行语的游戏化才成为一种普遍的趋势。而游戏化的倾向,也使网络流行语获得了新的传播动力,播散得更快更广。

众矢之的

谁家周刊最给力(九)

本期目标:

《三联生活周刊》

2011年第18期

“生产大队”早已消失

◎王　宪

2011年第18期《三联生活周刊》刊登的读者来信《荒唐的分配》中说,奶奶家前些年种植的土地陆续被强制征用了,至今没有得到合理的安置赔偿,今年村里分配集体资产收益时又不公正。奶奶申诉无门,一气之下病倒了。“据我所知,新闸镇其他生产大队也存在这样的情况。”此处的“生产大队”显然是说错了。

新中国成立后,我国农村的行政体制几经变化。1958年成立的人民公社,经过多次调整,实行“三级所有,队为基础”。“三级”指人民公社、生产大队、生产队。到了上世纪80年代初,人民公社解体,建立乡政府,下属的生产大队、生产队也随之撤销,乡之下设置村,管理的组织称“村民委员会”,下面再分设村民小组。

另外,来信中还有“今年3月,村长召集了5位……居民讨论”云云。“村长”的提法同样是过时的称谓。因为,村民委员会的主要领导叫“村委会主任”,简称“村主任”,“村长”同“人民公社”“生产大队”“生产队”等一样,早已退出了历史舞台。

杂志刊发读者来信,对于明显的差错还是应该改正的,不宜简单地“来信照登”。

阎锡山在哪儿告祭孙中山

◎李荣先

中山陵是中国近代伟大的政治家、革命先行者孙中山先生的陵墓及附属纪念建筑群。1925年3月12日，孙中山在北京逝世，有遗嘱云："吾死之后，可葬于紫金山麓，因南京为临时政府所在地，所以不忘辛亥革命也。"遵照孙先生遗愿，其灵柩暂厝于北京香山碧云寺内，在南京钟山为其修建陵墓。陵墓自1926年1月动工，至1929年主体建成。1929年5月28日，孙中山灵柩由北京运抵南京。三天公祭结束后，举行了隆重的奉安大典。直到1931年中山陵工程完全落成。

《三联生活周刊》刊登了《"山西王"阎锡山的最后岁月》一文，涉及中山陵。文中说：阎锡山"在山西当政时，一直以'保境安民、不涉外事'为策略，直到1928年6月，与蒋介石、冯玉祥、李宗仁合力完成北伐，他特地到中山陵拜陵告祭孙先生"。这里的说法不合史实。因为"1928年6月"，南京的中山陵尚在建设中，孙中山的灵柩还停放在北京碧云寺。其时，阎锡山和蒋介石等人如果去拜谒、告祭孙中山，只能是去北京的碧云寺，而非南京的中山陵。据史料记载，1928年6月17日，阎锡山偕北京国民党党政军代表，前往香山碧云寺，公祭孙总理。

模特在T台上"如脱兔一般穿行"？

◎董鸿毅

《艾玛·希尔的玛百莉花园》一文说，英国玛百莉公司的创意总监艾玛·希尔善于创新，"把玛百莉(Mulberry)2011年春夏的T台打造成花园的模样……她在墙的两旁也摆上鲜艳的花，让模特如脱兔一般穿行其间"。这里的比喻"如脱兔一般"不很妥当，不合情理。

有一句常用的熟语，"静若处子，动若脱兔"。"脱兔"，本谓脱逃之兔，比喻行动迅疾。语出《孙子·

九地》："是故始如处女，敌人开户；后如脱兔，敌不及拒。"杜牧注："险迅疾速，如兔之脱走，不可捍拒也。"生活常识告诉我们，兔子要摆脱被猎人捕获的危险，就必须舍命狂奔，跑得不快是不行的。因此，人们常用"脱兔"来形容动作的迅疾。在古汉语里是这个用法，在现代汉语里也是这个用法，并无变化。如，许杰《大白纸》："他那急于会见的心，正欲如脱兔般的趋往他的爱者。"

作为时装表演载体的模特，是服装设计师与消费者之间的一座桥梁。模特在T台上行走，是有节奏地款款而行，因为他（她）们的任务是多方位、多角度地展示时装之美，吸引观众的注意。在T台上像逃跑的兔子一样没命地乱窜，这还是模特吗？

杂糅的"下午13点"

◎陈关春

《患病记》一文说，"我"患有妇科疾病，经过一番周详的咨询后，决定动手术治疗。"接着是手术前的各项检查，还有24小时的不吃不喝，然后将泻药灌到你的肠子里，抽血、打针，等到约下午13点终于躺在担架上与亲人分开。"此处的"下午13点"属于杂糅的表述。

我国古代有独特的计时方法和计时仪器，由此产生了自己独特的计时单位——时、刻、更、鼓、点。时，即时辰，古人把一昼夜分为12个时辰，每个时辰的长度相当于今天的2小时。

现代一昼夜的计时制度，起源于古埃及。古埃及人表示一昼夜的变化，是把白天定为12小时，夜晚定为12小时。由于四季的变化，白天和黑夜的长短不一样。后来把一昼夜的变化均匀地分为24小时，每小时为60分，每分为60秒。这种计时方法一直沿用到今天，成为全世界公用的计时法。现代社会里，一日的计时又有两种制度：一是12小时制，一是24小时制。12小时制，是把一日分为两个时段：上午和下午。每个时段划分为12个小时。24小时制，则是把每日由凌晨至午夜分为 24 等份。这个时间记录系统是现今全世界最常用的，也是国际标准时间系统。

上述“下午 13 时”，错误地把两种时间记录系统混在了一起，显然不妥。如果采用 12 小时记时制，则应改说成“下午 1 时”；如果采用 24 小时记时制，则应改说成“13 时”。

是“指使”，不是“指示”

◎陈迪中

《一个乡村小老板的欲望与残酷结局》一文，讲到农民们被强制征地拆迁的事，其中有这么一句话：

一个大嗓门的妇女说起她家玻璃晚上被人砸碎的事情，恨得咬牙切齿：“第二天我去镇政府大骂，指名道姓谁指示的，他们都没话说。”（82 页）

根据上下文语境，句中的“指示”应该是“指使”。

“指示”，表示上级对下级或长辈对晚辈说明处理某个问题的原则和方法，发出指导性的口头或书面意见。说某人“指示”干吗，隐含着说话人对发出指示的人怀有一种敬意。而上文中的大嗓门妇女，像其他村民一样，对自家的耕地被强制征用原本就很不理解，家里的门窗玻璃无端地又被人砸碎，更激起了她的怒火，她认为是镇政府偷偷派人干的，所以把矛头直接指向了镇政府，“恨得咬牙切齿”，跑到镇政府破口大骂。她对镇政府的官员怎么可能抱有敬意呢?所以她不可能用“指示”来指称镇政府官员的行为。

“指使”含有贬义，就是指出而让人去干某件事。有一个成语“颐指气使”，就是自己不出面不动手，只用面颊表情和口鼻出气。例如，使个眼色，努一下嘴角，或者鼻孔里哼一声来示意，使人奔走于前，这些都叫“指使”。上文引用的那句话里，晚上去砸大嗓门妇女家的玻璃这件事，大嗓门妇女认为是镇政府官员在背地里出谋授意的，用“指使”一词来指称镇政府官员的举动，非常切合她的心情。

借题发挥

“贫脊”？“贫瘠”！

◎润　扬

2011 年第 16 期的《南方人物周刊》，介绍了一位叫李娟的女作家，她生活在新疆阿勒泰山区，与哈萨克牧民一起转场。文章标题用的是“李娟　贫脊仍可美丽”。此处的“贫脊”应作“贫瘠”。

瘠，读作 jí，本义指瘦弱，与“肥”相对；引申指土质不肥沃。“贫瘠”义为贫穷、土地不肥沃。李娟是新疆一位新崛起的年轻作家，在她成长的过程中，生活始终是贫穷、飘荡的。但她是一位有理想的人，坚韧不拔，后来凭写作改变了命运，成了一名知名的散文家。在物质生活上，李娟是“贫瘠”的；但在精神生活上，却又是“美丽”的。所以“贫瘠”的李娟“仍可美丽”。

脊，现代常用义指脊骨、脊梁，读 jǐ，与“瘠”音不同，也没有瘦弱、土质不肥沃的意义。写“瘠”成“脊”是音近致误。

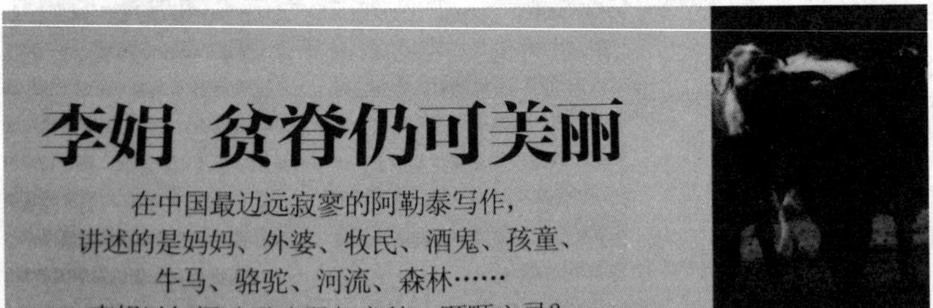

本·拉丹之死“鼓舞”了谁

◎屠林明

> **塔利班：拉丹之死鼓舞士气**
>
> **袭击坎大哈省长办公大楼，至少37人死伤**
>
> 据新华社喀布尔5月7日电　阿富汗南部坎大哈省官员7日

“塔利班：拉丹之死鼓舞士气”，这是2011年5月8日《文汇报》刊发的一则消息的标题。消息中写道：阿富汗塔利班发表声明，“称本·拉丹身亡将提升阿富汗塔利班武装人员士气，鼓舞他们向美国和北约驻阿富汗国际安全援助部队发起‘圣战’”。这着实让人看不懂。

“鼓舞”，义为使振作起来，增强信心和勇气，“鼓舞”与“鼓动、鼓励、激励”等近义。应该说，只有胜利、成功等符合人们意愿的事，才会让人受到鼓舞；而坏事、违反人们意愿的事，只会令人沮丧或愤怒。

本·拉丹是国际恐怖分子、“基地”组织头目，曾策划袭击美国的“9·11”事件。2011年5月1日，美军突袭击毙了本·拉丹。而阿富汗塔利班，也是美国的死对头。上述消息中写道：“本·拉丹据信为阿富汗塔利班提供资金支持。”可以肯定，塔利班与本·拉丹的“基地”组织至少是“友军”关系。其后的事实也证明了这一点：据5月14日各报报道，塔利班在巴基斯坦西北部制造了两起爆炸袭击，并威胁将发动更多袭击以为本·拉丹复仇。

因此，本·拉丹之死只会“激怒”塔利班。要说“鼓舞”，恐怕只会鼓舞美军等反恐阵营的士气吧。

『事非经过』怎知难

◎古桥

《语文月刊》2011年第6期刊登王海燕的一篇文章，论述的是高一记叙文教学过程中的困惑与思考。大标题“事非经过方知难”，让人丈二和尚摸不着头脑。按照字面义，标题的意思是说“事情还没有经历过，方才知道艰难”。这显然不合情理，不合人们对事物的认知规律。试想一下吧，某件事情尚未经历，尚未实践过，怎么就能知道它的艰难呢？这同实践出真知的观点背道而驰。其实，正确的说法应是“事非经过不知难”。

“事非经过不知难”是一句古已有之的俗话，意思有点接近宋代诗人陆游说的“纸上得来终觉浅，绝知此事要躬行”。它常与另一句“书到用时方恨少”连用，意谓知识只有到需要用的时候，才会感到不足，事情倘没有亲身经历过，便很难知道其中的艰辛。自古以来，它就被人们当作一句来自实践的名言。

“不知难”和“方知难”，虽然只一字之差，意义却大相径庭，不可不辨。

事非经过方知难

——高一记叙文教学的困惑与思考

江苏省徐州市第一中学　王海燕

很多学生到了高三只会写一些论点陈旧，论据单薄，语言乏味的“八股议论文”或故作深沉，佶屈聱牙，不知所云的“抒情散文”，大多数同学都不太敢写记叙文，或不会写记叙文。

训练使学生获得一种能力，“能随时随地动笔，写日记，写信，写笔记，并且，要写作什么就能写做什么，才是真正的受用。”就是“力求有个性、有创意的表达，根据个人特长和兴趣自

连珠炮

如此讣告错，错，错！

◎邝　雷

这则不久前刊登于某报的讣告(本刊在人名、地名、时间上作了处理)，通篇语病累累，全文不伦不类！

靶文

讣　告

泣泪讣告至爱亲朋好友，家父李萌籍贯江苏省昆山市人氏，享年78岁。因近日前有症患，前列腺癌晚期，于二〇一一年五月二十日凌晨六点在寓所与我们长逝。特以向家父生前好友和亲友哀告！家父的告别仪式议定于二〇一一年五月二十四日下午三点于××市殡仪馆大厅举行！

(并希望见本告者给予相互转告)

家属　慈母：徐凌冰

长子：李　君　长嫂：屠　季

次子：李　品

孙子：李章平

孙女：李章迎

于2011年5月20日垂泪叩报

生前单位：××××总会治丧委员会

人　伦　错　位

看了这则讣告，不禁要问：到底是谁在发讣告？他们与逝世者到底什么关系？讣文称逝世者为“家父”，那当然是子辈发的讣告。可是讣告发布人列于首位的却是“慈母”。如果真是“慈母”发讣告，那死者当是她的儿子，但一般也不会自署“慈母”的。看来，这个“慈母”是与“家父”配对的。推想起来，也就是称逝世者为“家父”的儿子们对于在世母亲的敬爱之称。如果全家用母亲的名义发讣告，那当称逝世者为“夫君”，后署“妻某某率子孙某某等”，方才恰当。按理，按礼，“慈母”现为全家之尊，讣告应以她的名义发布为是。而儿子们不意“僭越”，却又怀着对母亲的孝敬而抬出“慈母”，于是就造成了这样的尴尬。还有，所署“长嫂某某”，也颇荒唐：“长嫂”紧跟于“长子”而并列，看来当是死者的“长媳”；而一署“长嫂”，那死去的公公就变成了她的“小叔子”了！讣告上发布人如此这般的署名，把这一家子的人伦关系给弄得乱了套、错了位了！

用 语 错 谬

开头“泣泪讣告至爱亲朋好友”就有语病。其中“泣泪”之辞，纯属硬造。“泣”，作动词指无声或小声地哭，作名词就指“泪”。“泣泪”连属，不成为辞！“讣告”，既可作名词也可作动词；作为动词，意谓报丧，一般用作不及物动词，如“特此讣告”。这里把它当及物动词用而带指人宾语“至爱亲朋好友”，不免出离规范，颇觉生硬。至于在表示情谊密切的“亲朋好友”这常用四字格上再加“至爱”两字，也显得冗赘。

接着“家父李萌籍贯江苏省昆山市人氏”之语则纠杂不通。“籍贯”是祖居或出生之地，而非指“(某地)人氏”。说一个人是什么地方人，有两种表达法：或说“某某，籍贯某地”(如“某某，籍贯江苏省昆山市”)；或说“某某，某地人(氏)”(如“某某，江苏省昆山人氏”)。讣文却将这两种不同表达法硬加杂凑，于是就累赘不通了。

再有“因近日前有症患，前列腺癌晚期”之行文，也是用语混乱。其中“近日前”显然是由“近日”与“日前”两个词混搭乱凑而来。“近日”指距今最近的或前或后的几天，“日前”指今天之前的几天，把两者杂加纠合，意义就混乱了。至于“症患”，更是一个生造词。“症”，指病象、病状，或指病；“患”，作动词指害病，作名词就指病。如此捏合，毫无理据，且成怪异。“前列腺癌晚期”与上下文接连不通。其实此中用意，一句“因患前列腺癌经医治无效不幸逝世”就可了结。可是讣告硬要在文字上耍花腔，反倒出丑了。

还有“特以向家父生前好友和亲友哀告！”一句，更堪称奇。“特以”，或许是“特此”的乱改，或许是“特意”的错写；“特以”在此不成辞。“好友和亲友”之中两“友”相撞，重字赘义，修辞败笔。至于“向……哀告！”实在是把“哀告”之意大大地弄别了。“哀告”，《汉语大词典》释义为“哀求”，即“苦苦请求”；其他辞书都作此解，且皆仅此一义。可见，“哀告”有其特定的明确的规范语义。讣文却将它杜撰成“悲哀告白”之意而用。这是望文生训的讹错。

再有“并希望见本告者给予相互转告”之句，也是毛病多多。“并”字，并无承转之用，多余；“希望”，修辞不当，宜用“请”；“给予相互转告”，语法不通；又，既然是“见本告者”，何必“相互转告”？逻辑不通。

结末的“垂泪叩报”一语中，“叩报”也是杜撰生造的。“叩”，指“磕头”。有“叩拜、叩见、叩谢”之辞，却无“叩报”（“叩头报告”？）之用语。

章 法 错 乱

讣告是一种日常应用的事务文体，该写什么、怎么写，都有其通用的规范或程式。此则讣告，不懂行文规范，章法错乱。

此讣告上既表明了死者生前单位（××××总会），且有“治丧委员会”；那么，死者当然有其社会身份。可是，讣告中对于死者除了有“家父”和“江苏省昆山市人氏”的指称外，却并没有说明其原先的社会身份。这不合章法的规范，因为讣告首先要求指明逝世者的社会身份。

按通常程式，死者享年之岁应该写在其逝世日期之后。而此讣文却将逝世者“享年78岁”放在了第一句，然后再写出逝世日期。这就搞乱了行文的正常秩序。

行文至末，再来个“（并希望……转告）”另行而列，实为瞎添蛇足，完全是节外生枝的废话，也乱了章法。

开头“泣泪讣告”，中间“特以哀告”，结末“垂泪叩报”，用如此错谬之语连篇累牍地报丧，也悖于章法。

还有，行文中所用两个感叹号（！），也是有违讣告篇章规范的错乱之举。

综观全文，从用语造句、篇章布局到人情事理的表述，几乎无处不错。这就是行文不肯老老实实而要故作高深、装腔作势的后果。

一针见血

“讳莫如深”怎讲

◎杨昌林

电视连续剧《神断狄仁杰》第11集中，狄如燕跟大阁领凤凰对话。凤凰因弄丢刚刚找到的迎阳公主而向如燕道歉，如燕答复道：“大阁领，这可让如燕讳莫如深了，刚刚你还说我可以休息了，可您的意思是，本使（皇帝封的寻访使）的任务尚未完成。”

此处使用“讳莫如深”一词欠妥。讳：瞒着不说；深：事件重大。“讳莫如深”原指事件重大，讳而不言。后指把事情隐瞒得很深，把事情的真相藏起。出处是《谷梁传·庄公三十二年》：“公子庆父如齐。此奔也，其曰‘如’，何也？讳莫如深，深则隐。苟有所见，莫如深也。”

剧中大阁领凤凰起先说找公主不需要外人干预，而由内卫直接寻找。谁知公主刚找到后又出逃。凤凰希望狄如燕继续出面一起找公主。这时狄如燕才说出上述那番话。狄如燕用“讳莫如深”来表示自己不理解、不明白，显然是乱用词语。应该使用“莫名其妙”“不明所以”“大惑不解”之类成语才准确。

“每位弱势群体”？

◎李丽慧

2010年11月30日出版的《联合时报》刊登了《不济苍生敬鬼神》一文。文章说道：“或者说，在社会保障体系尚未惠及每位弱势群体时，在困难家庭孩子未能实现读书愿望前，在普通百姓依旧为安居乐业而煞费苦心时，先不忙着整修名寺和类似并非急难险重的大工程。”

“每位弱势群体”显然有语病。关键是“位”不能用来修饰“群体”。“群体”是集合概念，指本质上有共同点的个体组成的整体。“弱势群体”由许多“弱势个体”组成。而“位”是量词，用于人，如各位、诸位、家里来了几位客人，可用于个体，却不宜用于“群体”这样的集合名词。

“粗砺”与“粗粝”

◎长　军

2011 年第 2 期《人民与权力》刊有《长江回眸》一文，其中写道：“坚硬的岩石也被它(指江水)柔软地抚摸，失去了粗粝的轮廓，变得圆润柔和。”句中的“粗粝”，应写为“粗砺”。

砺，读作 lì，本义是一种用以磨刀的粗石。“粗砺”，就是粗糙之意。粝，读作 lì，本义是粗米。“粗粝”，就是糙米之意，泛指粗劣的食物。如，杜甫《有客》诗：“百年粗粝腐儒餐。”

“粗砺”和“粗粝”，都有“粗糙”义，但意思相去甚远。

想办法叫“想辙”

◎单永玉

2011 年 3 月 13 日《新安晚报》A15 版刊登一篇《要男人干吗?》的文章，副标题是“有关男人的最雷人的书名别解”。文末有句话“赶紧想辄吧”。其中的“辄”应当是“辙”。

作者按“倒着数”的方式，把“要男人干吗?”排在十本最雷人书名的最后一位。文中说：“没有了价值的男人要猛醒了，女人们都不需要你们了，赶紧想辄吧。”作者是想提醒男人们另想办法、门路，以防被女人“灭绝”的危险。“辄”相当于“就”“往往”“总是”，如浅尝辄止、动辄得咎。“赶紧想辄”说不通。“辙”有“门路、办法”的意思；“想辙”就是想办法。

不能“以飨读者”

◎梁　木

2011 年 3 月 8 日《福建日报》第 15 版刊有《关注两会——物联网今年仍是焦点》一文，“编辑按语”说：“这期物联网专栏，编辑从不同层面汇编代表委员们的相关言论，以飨读者。”

引文中的“以飨读者”不对，应为“以餉读者”。“餉”读 xiǎng，是文言词，本义为设酒宴招待，如餉宴、餉客。后泛指请人享用，如

"以飨读者",即请读者享受好作品。

"饕"读 tāo,也是文言词,本义是贪婪、贪食,如老饕(贪食的人)、饕餮(传说中一种贪吃的凶兽,古代铜器上面常用它的头部形状做装饰;比喻贪吃或凶恶贪婪的人)。"以饕读者"说不通。

"鸿鹄"是苍鹰吗

◎京　向

央视《百家讲坛》栏目播出的《英雄项羽(二)　会稽起兵》一讲中,主讲老师介绍陈胜其人时,把陈胜说的那句名言"燕雀安知鸿鹄之志哉"解释为:"小燕子、小麻雀,怎知我苍鹰鹏程万里的志向呢!"这就说错了。"鸿鹄"不是"苍鹰"。

鸿鹄即鹄,也就是天鹅,是一种候鸟。鸿鹄飞行速度快,飞得高,因而常被用来比喻志气远大的人。苍鹰是一种中小型猛禽,因其头部为黑色,上体主要为苍灰色而得名。它能捕食野兔、野鼠、小鸟等小动物。其幼鸟经驯养可成为供狩猎用的猎鹰。陈胜有远大志向,自比鸿鹄,他不可能自比苍鹰。如果自比苍鹰,那就是供猎人驱使的、捕捉鼠兔之类小动物的工具了,哪还有什么"鹏程万里"的远大志向呢?

当是"曲突徙薪"

◎解志维

《燕赵老年报》2011 年 4 月 18 日的 3 版与 6 版中缝《哲理故事》栏目刊载一则寓言,题目是"曲突徒薪"。错了,应为"曲突徙薪"。成语的意思是,事先采取措施,防患于未然。典故来自《汉书·霍光传》:有一户人家,灶上装了个很直的烟囱,灶旁堆满了柴禾。有人劝他把烟囱改成弯的,把柴禾搬开,消除火灾隐患。这一家不听,后来果然失火。曲,使弯曲;突,烟囱;徙,转移;薪,柴火。曲突徙薪,字面意思就是把直的烟囱改造成弯曲的烟囱,防止余烬坠落,把烟囱旁堆放的木柴转移到远处,防止意外失火。"徙"的右上是"止","徒"的右上是"土"。"徒"有步行、门徒、徒然等意思,"徒薪"讲不通。

窜改了东坡词

◎邹光椿

央视4套重播2010年12月31日晚上的文艺演出。有一名女演员演唱苏东坡词《水调歌头》,唱到“不知天上宫阙,今xī是何年”时,荧屏字幕上出现的是“今昔是何年”。“今昔”应作“今夕”。夕,晚上;今夕,今晚。昔,从前;今昔,现在和过去。显然,“今昔是何年”不但窜改了苏轼的原词,而且在语义上也说不通。

“不过耳耳”?

◎王亚雄

《杂文报》2011年5月27日刊载《没有骨头也要找》一文,其第四自然段有句话说:“……曾国藩在奏折中极力抨击了中央和地方公务员办事的弊病,而且言辞激烈,让朝廷的官员们个个坐卧不安。如今好不容易抓到他一个短处,自然要大加攻击,以证明曾国藩的才质其实也不过耳耳。”这里的“不过耳耳”应是“不过尔尔”。

“尔尔”是代词,义为如此、这样。“不过尔尔”,义为也不过如此而已,含有点儿轻蔑的意味。“不过耳耳”让人不知所云。

“方兴未艾”怎还“一直”

◎陈千里

2011年4月11日半岛网《半岛都市报》频道刊载的《到底该怎样审视今天的读书式微》一文中有这样一段话:

实际上,除开图书成本,真正制约公众阅读兴趣的还有阅读的意义……不能不指出的是,在读书总体形势式微的背后,近年来,灰色哲学书籍的销售却一直方兴未艾。

“灰色哲学书籍”作为新时期出现的一种消极的新生事物,我们可以用成语“方兴未艾”进行描述,但在成语前边加了一个状语“一直”,这就产生了语义矛盾。

“一直”作副词用法,表示在一定的时间内,某种动作、行为、情况、状态等始终如此。

方：正在；兴：兴起、兴旺；艾：终止、完结。“方兴未艾”，意思是正在兴起，尚未完结。现在多用以形容大好形势或新生事物正在蓬勃发展，没有完结，没有止境。

“一直”强调始终如此、持续不变；“方兴”，刚刚兴起。“一直”与“方兴”，从时间上讲是矛盾的。

杭州人并未“喷饭”

◎高良槐

2011年6月21日，《杂文报》第1版头条是《什么叫“王国平自行车”》。文中写道：“王国平不是这种自行车款式的发明人，而是杭州市上一届的市委书记，这种自行车的运行模式是在他手里大力推行的，直乐得杭州人喷饭。”

引文的“喷饭”用得不妥。“喷饭”，吃饭时看到或听到可笑的事突然发笑而把嘴里的饭喷出来。常用“令人喷饭”来形容事情极其可笑。语出苏轼《文与可画筼筜谷偃竹记》：“予诗云：‘汉川修竹贱如蓬，斤斧何曾赦箨龙。料得清贫馋太守，渭滨千亩在胸中。’与可是日与其妻游谷中，烧笋晚食，发函得诗，失笑喷饭满案。”杭州市上届市委书记王国平大力推行“免费自行车”，大得人心，杭州人并没有觉得王书记的举动滑稽可笑。“喷饭”不能用来表达杭州人的心情。

书籍最后有“扉页”？

◎余雪光

2011年第4期《文史精华》刊有《〈毛主席语录〉的故事》一文，其中有这样一句表示注释的话：“这是陈毅自己将毛主席在某个场合说过肯定自己的话写在语录本最后的扉页上。”

这里的“语录本最后的扉页”，让读者找不到地方。“扉”，门扇。门一般是开在房屋前面的，那么按理扉页也应该位于书的前面。据《辞海》解释：扉页，亦称“内封”，位于书籍封面后，正面刊印书名、作者名和出版社名称，背面刊印图书版本记录等。

扉页是书籍封面或衬页之后、正文之前的一页。语录本的最后不可能有“扉页”。

碰碰车

“灶马”非马

◎祝勇刚

《咬文嚼字》杂志2011年第7期上发表了钱惠敏先生一篇文章《“蛛丝马迹”的“马”是什么马》。文中提出，“蛛丝马迹”的“马”并非寻常马牛羊之“马”，而是指一种学名叫“突灶螽”的昆虫——灶马。概括钱先生文章中的论点，主要有三：第一，“蛛丝马迹”指的是隐约可寻的线索和依稀可辨的痕迹，而马是庞然大物，它留下的蹄痕相对于蛛丝而言要明显得多，称不上“隐约、依稀”，很难和“蛛丝”相提并论。第二，“灶马”可以简称为“马”，灶马爬过的地方通常都会留下一条不太明显的痕迹，即“马迹”。第三，蜘蛛和灶马体型相近，同为昆虫，两者并举是合适的；“蛛丝马迹”，也可以写作“蛛丝虫迹”，这正是“马”是灶马（昆虫）的一个佐证。

仔细揣摩钱先生的行文思路，可以看出，是先有第一个论点，认为寻常之“马”迹过于明显，从而提出疑问，然后再由第二、三个论点来论证“蛛丝马迹”之“马”乃是指昆虫灶马。那么，让我们先来看一看，钱先生的后两个论点是否站得住脚。

首先，笔者认为，“灶马”万万不能简称为“马”，也从来不曾简称为“马”。钱先生仅仅引用唐代《酉阳杂俎》中“俗言：‘灶有马，足食之兆’”，就得出结论——“灶马”可以简称为“马”。这显然不能服人。“马”只有与“灶”连用，放在特定语境中，才能代指“灶马”。离开了“灶”这个前提条件，马只能指寻常马牛羊之“马”。中国有关“马”的词语成百上千，其中成语数十，但无一例是指灶马。这好比，“田鸡”之“鸡”一旦不跟“田”连用，绝不能代指青蛙。“灶马”在一些地方也称“灶鸡”。那我们是不是可以说，“灶鸡”也可以简称为“鸡”，或者“鸡”有时可以代指“灶鸡”呢？钱先生进一步提出，灶马“爬过的地方通常都会留下一条不太明显的痕迹”，即“马迹”，则更不可理解。中国人使用“马迹”一词在三千年左右，笔者从来未见该词可以用来指代灶马爬行之迹。“蛛丝马迹”一词与“灶”毫无联系，将“蛛丝马迹”之“马”理解为灶马，只能是一种主观臆测，提不出任何历史或现实旁证。

其次，笔者认为，“马”即使不指灶马，不是昆虫，也并不妨碍与“蛛”并举。钱先生提出，“‘蜘蛛’和‘灶马’体型相近，同为昆虫，两者并举是合适的”。言外之意，在“蛛丝马迹”这个成语中，如果“马”是哺乳动物，是大型牲畜，那么跟蜘蛛相提并论，就不那么合适了。这一逻辑粗看有理，细思则比较牵强。“蛛丝”和“马迹”是两个偏正结构的名词短语，连起来构成一个并列结构的成语，并没有什么不合适之处。若按钱先生的逻辑推论下去，汉语里许多成语都不合适。比如“龙腾虎跃”，虎是现实存在的哺乳动物，咆哮于地，而龙是中华民族的图腾，飞翔在天，在现实中并不存在。它们不也是可以并列吗？另外，在生物学上，蜘蛛是节肢动物，不属于昆虫纲，而属于蛛形纲。蜘蛛并非昆虫。

最后，让我们来追溯“马迹”的内涵，看看它到底能否和“蛛丝”并举。“马迹”一词在古汉语中出现得极早，《左传·昭公十二年》：“昔穆王欲肆其心，周行天下，将皆必有车辙马迹焉。”此处毫无疑问是“车马”之“马”，与“灶马”之“马”风马牛不相及。“马迹”第一次与“蛛丝”联系在一起，恐怕要属唐代杨筠松所著的风水书《撼龙经·武曲星第六》：“离踪断处多失脉，抛梭马迹蜘蛛长。梭中自有丝不断，蜂腰过处多趋跄。”这里的“马迹”，显然与“灶马”也毫不相干，只能是马牛羊之“马”。可见，“马迹”一词的意义不断发展，从最初仅指马牛羊之“马”留下的痕迹，开始扩展为代指一般性的人、物留下的痕迹。宋代释师观《题中峰方丈》诗云：“森森松竹耸中峰，八面玲珑眼界空。尽向石根寻马迹，谁人亲见道林翁。”到了清代,历经千年发展,“蛛丝”与“马迹”两个词语终于固定形成为一个成语，有时也写作“马迹蛛丝”。用例除常见的王家贲《别雅序》中“大开通同转假之门,泛滥浩博,几疑天下无字不可通用,而实则蛛丝马迹,原原本本,具在古书”之外,沈德潜《说诗晬语》也有“自有灰线蛇踪,蛛丝马迹,使人眩其奇变，仍服其警严”。可见，“马迹”一词早在唐代就跟“蛛丝”联系在一起了，它从来不曾有过“灶马”之义。主张“蛛丝马迹”之“马”是灶马的说法,显然忽略了“马迹”一词的历史发展轨迹。

至于钱先生认为寻常牛马之“马迹”比较明显,与“蛛丝”之“隐约、依稀”不可并提,而灶马之迹恰恰符合“隐约、依稀”的特点,笔者这里也想妄置一喙。如果在泥泞或者下雪的道路上，只有一匹马行走，马迹当然比较明显。但是，在晴天且路面较坚硬的通常情况下，或者在交通繁忙各种脚印交织的道路上，如何辨别一匹马的痕迹从而来追踪它,这和根据蛛丝来寻找蜘蛛一样,恐怕都是有可能性但也有难度的事。而灶马之迹,笔者小时候在乡村长大,无数次看过灶马。灶马爬行后根本没有痕迹（除非它腿上沾有其他物质）,肉眼更是不可能辨别。

此马非彼马,“蛛丝马迹”之“马”非灶马,可以明矣。

《真正的硬汉》参考答案

1. 英国得克萨斯州——美国得克萨斯州
2. 凛冽——凛冽
3. 按耐不住——按捺不住
4. 迫不急待——迫不及待
5. 一个所谓的知识分子；一个相当成功的商人；——一个所谓的知识分子，一个相当成功的商人，
6. 不寒而粟——不寒而栗
7. 糅成——揉成
8. 倾刻——顷刻
9. 望其项背——难以望其项背
10. 能否改掉——改掉

此"马"无"迹"

◎顾银桥

《咬文嚼字》刊登了钱惠敏先生的文章《"蛛丝马迹"的"马"是什么马》,钱文认为"马迹"的"马"不是牛马的"马",而是"灶马",就是当期杂志封面照片上的那个类似蟋蟀模样的小动物。此说让人有点疑惑。

这个类似于蟋蟀的小动物,在我们南方江浙沪一带的吴方言区被称为"灶鸡",或"灶鳖鸡"。它经常出没于乡下土灶周边的缝隙之中或低矮潮湿的墙壁上,与蟑螂为伍。因此,我们当地有句俗话叫"蟑螂配灶鸡,一对好夫妻",常被用来形容低贱贫苦的夫妻,或者用来指臭味相投的狗男女。前一个用法含有褒义,后一个用法含有贬义。

灶鸡这种昆虫善于跳跃,它的后肢特别发达,形似鸡腿,粗壮有力,一蹦足有一两米远,弹跳能力非常强大,而且身体轻盈,动作敏捷,速度极快,它在行动时蹦跳如飞,难以留下什么痕迹,除非在沙地上。这一点,笔者小时候就观察过的。因此,钱文认为"马迹"就是灶鸡留下的痕迹,难以服人。还不如把"蛛丝马迹"的"马迹"理解为马跑时留下的马蹄印来得合理些。

不过,笔者留意过,带螺壳的蜗牛和不带螺壳的蜒蚰(学名蛞蝓,俗称鼻涕虫)爬行的时候,倒确实会留下银白色的痕迹,与"蛛丝"极为对应。只可惜它们中有叫"牛"的,却没有叫"马"的。

再次强调一下,灶鸡弹跳时,毕竟不会在空中留下痕迹,在落脚点也很难寻找到它的脚印,怎么发现它的"痕迹"呢?看来,这匹"灶马"也有点靠不住。

热线电话

“你好，我是64330669……”(28)

◎姚博士

“警钟长鸣”，还是“警钟常鸣”？

问：表示时刻要保持警醒之心，汉语里说“警钟 cháng 鸣”。请问是写作“警钟长鸣”，还是写作“警钟常鸣”？

——天水晚报　马文静

答：提醒人保持警醒之心，这个意思应该写作“警钟常鸣”。这里的“警钟”，意思是告诫、使人注意的话语。“常” 作副词用，义为时常、经常，强调的是动作的频率；“常鸣”，是说经常鸣叫，鸣的次数多，以不断地提醒人们注意危险，防止遗忘疏忽。

“长”，作形容词用，可表示起点与终点之间的距离大；“长鸣”，长时间地鸣叫，强调鸣响的时间长，如“汽笛长鸣”。“警钟长鸣”，只有在灾难真的即将发生时才会出现。这里的“警钟”，就是实际的警报器，功用是对即将到来的危急情况发出信号，警示人紧急避险，比如空袭来临的时候，报警的钟声会长时间地鸣叫。

“闺蜜”与“闺密”

问：请问，“闺密” 可以写成“闺蜜”吗？

——北京市海淀区　王一明

答：可以。“闺密”与“闺蜜”这两个说法都有，但意思略有区别。

“闺”，指闺房，旧称女子居住的内室；“密”，私密的、关系近的。“闺密”即闺中密友，指的是女性要好的、无话不谈的同性朋友，强调的是相互之间亲密无间，关系深。闺密之间的话题，往往是只有同性之间才明白和理解的闺中情怀。

再来看“闺蜜”。“蜜”，有一个意思是“像蜂蜜的东西”，因而可以用来形容女性朋友之间相处的一种感觉。“闺密”强调的是关系亲密；“闺蜜”是从“闺密”演变来的，强调的是相处甜蜜。两者都可用，各有侧重点。

“蟊贼”与“毛贼”

问：自从北京故宫文物展品被窃事件曝光以后，“毛贼”便在各大媒体上频频出现。请问“毛贼”与“蟊贼”有何区别？

——浙江台州市　李桂发

答：“蟊贼”和“毛贼”都是指对社会有危害的人，词义轻重有差异：前者词义重，比较庄重；后者词义轻，口语气息浓。

“蟊贼”出现得比较早，本谓吃禾苗的两种害虫。《诗·小雅·大田》：“去其螟螣，及其蟊贼。”毛传：“食根曰蟊，食节曰贼。”比喻严重危害人民或国家的人。相对于危害很大的蟊贼来说，那些危害不大、小偷小摸的贼，就是“毛贼”。“毛”就是小、微不足道的意思，含有轻蔑的口气，因此“毛贼”也经常称作“小毛贼”。旧时封建统治者亦用“毛贼”来蔑称农民起义军，如清孔尚任《桃花扇·抚兵》：“那李自成、张献忠几个毛贼，何难剿灭？”

“折中”是推荐词形

问：平时审读书稿，经常会碰到“折中”与“折衷”。请问哪一个是规范词形？

——湖南湘潭市　赵义军

答：把不同的意见调和起来，使适中，这个意思在汉语里叫 zhézhōng。写成汉字，历来有两种写法，即“折中”与“折衷”。这两个词形是全等异形词。从理据上来看，“折中”为优，因为正如宋代朱熹所言：“折中，谓事理有不同者，执其两端而折其中。”而“衷”字，本谓贴身的内衣，引申指中心、内心。2002 年开始试行的《第一批异形词整理表》，推荐的规范词形也是“折中”。

三国是“魏蜀吴”，还是“魏汉吴”？

问：有人认为三国正确的说法应该是“魏汉吴”，而非“魏蜀吴”。请问这一说法有道理吗？

——河南郑州市　曹铭德

答：有道理。对于三国的具体称谓，古人就有讨论。宋人黄震《黄氏日抄》中说：“蜀者，地名，非国名也。昭烈（刘备谥号是“汉昭烈帝”）以汉名，未尝以蜀名也。不特昭烈未尝以蜀名，虽孙氏之盟亦曰‘汉、吴既盟，同讨魏贼’。是天下未尝以蜀名之，名之者魏人也。”清代顾炎武在《日知录》卷二十四“主”条，广征博引，证明刘备于蜀中称帝，国号是“汉”，不是“蜀”。可是《三国志》的作者陈寿，为了谄媚司马氏集团，故意把刘备的国号“汉”改为“蜀”。因为当时的魏已篡汉，改称昭烈为蜀，使不得附汉统，又以“晋承魏统，义无两帝”为由，创立“先主”“后主”之名，称刘备为“先主”，刘禅为“后主”。这些做法，都是对历史事实的公然篡改。

不过，“魏蜀吴”的称谓早已约定俗成，今天没必要再拨乱反正。

析字刺贪官

◎一得

清末的梁鼎芬很得张之洞的赏识，出任汉阳知府。他借办理新政之名，放纵手下搜刮勒索，弄得怨声载道。有人撰一联贴在知府衙门上，联曰：

一目不明，开口便成两片；
草头割断，此身应受八刀。

横额是：『梁上君子』。这是一则十分巧妙的人名析字联：上联把『鼎』字拆开，下联把『芬』字拆开，横额则借其姓『梁』字套用成语，指责他是盗贼。

语丝

文章病院

语林拾遗（五）

◎屠　岸

“海上”及其他

我小时看母亲画图画，她在画上落款“成俊写于海上”。我知道这“海上”即指上海。——那时我一家住在上海。不久前我有一文投给某刊，编辑把我文中的“海上”改为“上海”，他从上下文看出我指的是上海，以为我笔误，把“上海”二字颠倒了。

若干年前读到南京一位解放军军官的旧体诗，题为“悼亡”。我以为是他悼念他的妻子的诗，但读下去，大吃一惊，是悼念他的一位战友的！小时曾读过潘岳的《悼亡》。后也见过不少人写的《悼亡》，都是悼念妻子的。“悼亡”一词似已约定俗成，指悼念亡妻，这个“亡”=“亡妻”。但那位军官没弄明白，以为这个“悼亡”可以指悼念任何亡者。——这也难怪他，“悼亡”二字中的“亡”从字面上看并没有限定是“亡妻”呀！那么，随着误用的普遍化，是否也可把“悼亡”指悼念任何亡者呢？

美国有一个地名：Ithaca。多数译作“绮色佳”。也有较正确的译名：“伊色加”。译“绮色佳”者，大概是把“绮”读作 yī 了。其实这个“绮”的读音是 qǐ。我在上海有一位朋友，女性，名叫程绮华，但上海的朋友们都一律叫她“程 yī 华”。上海人往往把“漪”和“绮”读成一个音。他们分不清二字读音的区别。

上海是海派文化发祥地，又是十里洋场，大量外国文化由上海引进。许多外国人名、地名由上海人或以上海音译成中文，若用北京音或普通话去衡量，是不准确的。如 Washington 译成“华盛顿”，这个“华”，上海音读成 wo，音准，而“华”普通话读 huá，不准确。但“华盛顿”已约定俗成。也有译得绝妙的，如 Robin Hood，上海音译成“罗宾汉”，这个“汉”上海方音近于 hoo，表示此人是绿林好汉，真好！

不过，“绮”读成 yī，不是上海方言的读音，而是读错了！（2011-05-25）

放错了上下联

《文汇报》2011 年 6 月 3 日“特 3·红色记忆”版刊登《属于上海的那些红色记忆》长文和照片，其中有抗日战争时期韩国钧（苏北民族资产阶级代表人物，开明士绅，我党的团结对象）写给当时新四军领导人陈毅的一副对联：“天心已厌玄黄血，人事难平黑白棋。”表达他厌恶国共内战、渴望和平、共同对敌的心情。

报上登了这副对联的手迹照片。奇怪的是，上联放在左边，下联放在右边。手迹上明明有上款（上联右方）和下款（下联左方），但还是放颠倒了！常识告诉我们：中国的对联，竖写的汉字，上联在右边，下联在左边。这张照片是拍摄的实物，可见这副对联是被摆（挂？）成了这个样子！（2011-06-04）

“骄傲”和“自豪”

今见《解放日报》(2011.5.26)上有《愿爱心伞传递守信的力量》，文章主题甚好。其中有句：“……而世博会时，漫长而有序的队伍、繁忙而整洁的园区所体现的城市文明的进步，足以让上海人和中国人感到骄傲和自豪。”

又来了“骄傲和自豪”！

“骄傲”有两解。“虚心使人进步，骄傲使人落后”中的“骄傲”，作为“虚心”的反面，是个贬义词。“我骄傲，我是中国人！”中的“骄傲”，相当于“自豪”，是个褒义词。

“……感到骄傲和自豪”中的“骄傲”，是褒义词，与“自豪”同义。“……骄傲和自豪”就是“……骄傲和骄傲”，或“……自豪和自豪”。这种句法已成为一个公式，泛滥成“灾”！为什么人们对这种重床叠架式的句子如此青睐？(2011-05-26)

“阴阳顿挫”？

《文艺报》2011年6月1日第3版上登出峭岩的文章《诗人有三种营养不能缺》，文中提出的诗歌创作原则甚好。文中有句：

中国诗的音乐性继承也是不容忽视的。即平仄、阴阳顿挫，新诗与古典诗是无法媲美的。……

这里出现了似乎是四字成语的“阴阳顿挫”。有这种说法吗？有一个成语“抑扬顿挫”。据商务版《新华成语词典》的解释：“抑扬顿挫：指声音的高低起伏和停顿转折。”从上面的引文看，讲诗的音乐性，应该用“抑扬顿挫”。成语中有“阴阳怪气”“阴错阳差”，没有“阴阳顿挫”呀！(2011-06-02)

『巴比伦塔』说讹

《文艺报》2011 年 6 月 10 日第 7 版刊有汪剑钊先生的文章：《译诗是一次冒险的恋爱》。汪先生对诗歌的文化贡献，作了充分的论述。文章最后，作者说：“巴比伦塔的坍塌，诚然宣示了人类必须正视的局限，但也从另一个侧面为人类的自我实现、自我提升提供了契机，失去了巴比伦塔的人类依然热切地渴盼交流，而且达成了文化史上数不胜数的交流。”

这里两次出现“巴比伦塔”的字样。这是一个什么样的事物呢？

基督教《圣经》中提到一个词“巴别塔”(The Tower of Babel)。《旧约·创世记》11 节中说，诺亚的子孙们，口音言语都一样，他们在示拿地方的一片平原上，要造一座城和一座塔，塔顶通天，为传扬他们的名，免得他们分散在大地上。耶和华愤怒了，决定变乱他们的口音，使他们分散在大地上，使他们的语言彼此不通。从此，他们停止了造城和造塔，分散到各地，说着互不相通的语言。那座城也就叫巴别，即是“变乱”的意思。那座塔自然也就倒坍了。

由于人类各民族各地方的语言不一样，所以产生了一项崇高的工作：翻译。

汪剑钊先生如果说的是“失去了巴别塔的人类依然热切地渴望交流，而且达成了文化史上数不胜数的交流”，那就是可以理解的了。

但汪先生却说的是什么“巴比伦塔”。

古代西亚有一个奴隶制国家，叫巴比伦王国(Babylonia)，它的首都叫巴比伦(Babylon)。历史上是否有那么一座叫“巴比伦塔”的东西？笔者才疏学浅，不知道。(2011-06-11)

《火眼金睛》提示

图 1，“曆”应为“歷”。
图 2，“中华人民共和国”应为“中国共产党”。
图 3，“斩”应为“堑”。
图 4，“暧”应为“暖”。

“士”岂必专指文士

◎凌　乙

有篇论文说：“在中国，单称‘士’时必定指文士，而在日本，则指武士无疑，‘武士道’简称‘士道’。”(《文学评论》2010 年第 6 期第 96 页)其言斩钉截铁；前半所述，“在中国，单称‘士’时必定指文士”，果真如此么?

早在上世纪 20 年代，章士钊在《评新文化运动》中已经把汉语“单称‘士’”作为文士来理解。他说春秋时期齐景公“二桃杀三士”，如果用白话“必曰两个桃子杀了三个读书人”，他的意思是白话很累赘，“是亦不可以已乎”。鲁迅为此写了《“两个桃子杀了三个读书人”》，载于 1923 年 9 月 14 日《晨报副刊》，后来又引入《华盖集续编·再来一次》。“二桃杀三士”，事见《晏子春秋》。齐景公以二桃赐给三士，意在使他们因“士众而桃寡”，只得“计功而食桃”，结果两人自愧功不及另一人而自杀，另一人不愿独生也自杀。于是，鲁迅在引了《晏子春秋》以后就说：“我们虽然不知道这三士于旧文化有无心得，但既然书上说是‘以勇力闻’，便不能说他们是‘读书人’。”此三人乃是勇士，“那两个旧桃子也未免太作怪：不但那时使三个读书人因此送命，到现在还使一个读书人因此出丑，‘是亦不可以已乎’!”这就告诉我们：我国古代单独使用称谓词“士”时，可以是指勇士(武士)，非必文士(即章士钊所说的“读书人”)，如“士为知己者死”“士不可以不弘毅”等。

关于“士”，古籍里有旧典，如三国时的“士别三日，即更刮目相待”典故。1923 年章、鲁之争此“士”之释义也成了新典。新旧两典还值得重温。

国相宅第没卧室？

◎赵旭东

《旧唐书》记载，身为国相的李义琰“宅无正寝”，有人译为“李义琰的宅第没有卧室”(《二十四史全译》16《旧唐书》第3册，汉语大词典出版社2004年1月第1版)。此译文令人生疑：宅第中怎么能没有卧室？更何况是唐代国相的宅第！

先看“正寝”的解释。《辞源》解释为“泛指居屋之正室”，“后世称年老病死于家中为寿终正寝，本此”。看来，李义琰的住宅中不是没有卧室，只是没有房屋的正室而已。

再看此语的下文。在李义琰的宅第没有正屋的情况下，他的做司功参军的弟弟李义琎“乃市堂材送焉”。堂材就是建造堂屋的木材。李义琰对他弟弟说，像自己这种人能做国相，已经感到惭愧了，“更营美室”，是加速让自己遭灾，你这不是爱我！李义琎争辩说，眼下官员做到丞尉时，立即修建宅第，您官高禄重，“岂宜卑陋以逼下也？”弟弟李义琎送堂材的做法和他与兄长李义琰的对话，都是因为李义琰的宅第低矮简陋，没有华丽的堂屋。

还有相关记载为佐证。封演《封氏闻见记》记载：“高宗时，中书侍郎李义琰宅亦至褊迫，义琰虽居相位，在官清俭，竟终于方丈室之内。高宗闻而嗟叹，遂敕将作造堂以安灵座焉。”因为李义琰的住宅非常狭窄，没有“正寝”，只能寿终在一丈见方的卧室之内，所以唐高宗下令为他的灵座造了堂。

据此，“义琰宅无正寝”一句译为白话文，应为“李义琰的住宅没有堂屋”。

“自省”已含“躬身”义

◎黄今许

《随笔》2010年第3期上刊登的《戏曲之忧》一文中，有这样两句话：

这样大把花钱开了头，本来属于极简主义的京剧岂不要和电影里的大片看齐了吗？电影大片的制作思路，对于舞台的影响与侵淫，实在应该躬身自省了。

这是作者批评张艺谋导演的歌剧《图兰朵》“不惜泼洒金钱”制作布景、道具的做法，认为这是对京剧“极简主义”的背离，应当进行反省。观点可以讨论，但这里作者用了一个怪怪的貌似成语的“躬身自省”来表达，似乎不当。《说文·身部》：“躬，身也。”“躬身”有两解：一是“自身、自己、亲自”的意思，如“领导躬身参加劳动”；二是“哈腰”的意思，如“他对上司总是躬身赔笑”。“自省(xǐng)”，意谓自我反省，如《论语·里仁》：“子曰：‘见贤而思齐焉，见不贤而内自省也。’”那么“躬身自省”就应释为“自身自我反省”或“哈腰自我反省”。显然，两者都不成规矩：前者“自身”加“自我”是叠床架屋，后者“自我反省”又何必要“哈腰”？其实，作者想说的应当是“反躬自省”吧。

“反躬自省”，义为回过身来审察、检查一下自己存在的问题。此语首见于宋代的朱熹：

自今以往，更愿反躬自省，以择乎二者之间，察其孰缓孰急，以为先后。（见《晦庵集·答王晋辅书》）

此语一直沿用至今，并无变化。如：明丘濬《入阁辞任第一奏》：“方臣强壮之时，反躬自省，尚不敢受此重任。”茅盾《温故以知新》：“一部作品问世了，如果社会上没有反响，那么，这位作家真应该反躬自省。”

演奏京胡不叫“抚琴”

◎朱世宽

2011年5月23日，央视11套《戏曲采风》栏目播出《京胡爱好者姚桂林》。节目中有这么一段解说词：“闲暇之余，姚桂林喜欢和琴友拉琴聊琴……每日为了工作奋力拼搏，但他最得意的是能够在忙忙碌碌的生活工作之余，抚琴一曲，甚至还曾经举办过个人专场演奏会。”其中，“抚琴”一词用得不妥。

抚，本义抚摩，即用手轻轻地按着并来回移动。“抚琴”属书面用语，词典的解释就是“弹琴”。“抚”描绘的是轻轻抚按弹奏之状，其对象只能是拨弦乐器，如古琴、古筝等。

了解我国民族音乐的读者都知道，我国民族器乐一般分三大类：管乐器、弦乐器和打击乐器。其中，弦乐器又有弓弦乐器（如二胡、板胡、京胡等）、拨弦乐器（如琵琶、三弦、古琴、古筝等，亦称弹拨乐器）和击弦乐器（如扬琴等）之分。据此，人们分别俗称演奏这些不同类型的弦乐器为“拉琴”“弹琴”和“打琴”。显然，上述电视节目中称演奏京胡为“抚琴”是不妥当的。因为京胡并非拨弦乐器，而属弓弦乐器，只能用“拉琴”或“操琴”来称之。

我国京剧的诸多剧目，都有“抚琴”这一情节。如“武侯弹琴退仲达”的《抚琴退兵》，“伯牙碎琴会子期”的《抚琴访友》，可谓家喻户晓；而《西厢记》《卓文君》等则更是通过“弹琴说爱”，将“抚琴”一词用到了极致。剧中人演奏的乐器均为拨弦乐器古琴。

语丝

『上面的空气新鲜点儿』

◎一得

身高两米二十六的小巨人姚明，语言诙谐，与媒体对话时常常妙语连珠，媒体大赞他的身高与智慧成正比。一次，有一个记者问他：『长这么高有什么感觉？』姚明避实就虚，微笑着答道：『上面的空气新鲜点儿。』闻者捧腹。

词语春秋

浅议“羡慕嫉妒恨”

◎刘　斐

“羡慕嫉妒恨”是当下极为流行的网络用语，甚至被评为2010年网络十大流行语。追根溯源，其首次被媒体广泛引用，还是始于2009年的一部贺岁片。当时，张艺谋贺岁喜剧电影《三枪拍案惊奇》上映不到三天，票房接近七千万，很多地方都出现排队购票的场面。但与此同时，这部电影却被骂得很惨，“低俗，像二人转，像小品，就是不像电影”，“美术风格陈旧，全靠摔跟头博取笑声”……类似的砖头不一而足。2009年12月13日，新浪娱乐就此独家连线制片人张伟平。张伟平说，以前拍那些所谓的有品位的电影并非张艺谋所愿，所谓精英们的评论不会影响他们以后拍片的方向，“电影圈的很多人对他和张艺谋就是五个字：羡慕嫉妒恨”。

“羡慕嫉妒恨”意为“面对才能、名誉、地位或境遇比自己好的人，由希望自己也能够这样，变为心怀不满，进而极度仇视”。该流行语在形式和语义方面均有鲜明的特点。

从结构形式来看：(1)“羡慕嫉妒恨”属于“三段”式并列词组，由“羡慕”“嫉妒”“恨”这三个类义词组成。(2)“羡慕嫉妒恨”采用了五字格的节律形式，类似于古代五言诗句，且采用了五言诗中的强势节拍停顿形式“二二一”。五字格的使用，使其结构更为紧凑，易于被视为一个整体。试想，假如该流行语是六个字的“羡慕嫉妒仇恨”，则其紧凑性显然大大降低。

从语义角度来看，构成“羡慕嫉妒恨”的三个词，语义上呈现层递性。“羡慕”就是看见别人有某种长处、好处或有利条件而希望自己也有。“羡慕”刻画的是一种正常的甚至是积极的心态。“嫉妒”指对才能、名誉、地位或境遇比自己好的人心怀怨恨。“嫉妒”和“羡慕”面对的是同样一种情况，即“别人的才能、名誉或境遇等比自己好”，但“羡慕”表现出的是一种积极的心态，希望自己也像别人一样好，而“嫉妒”则是一种负面的情绪，不满别人比自己好。“恨”即仇视、怨恨。“恨”与“嫉妒”都是不良情绪，但相对“嫉妒”而言，“恨”的情绪已经很严重，从不满发展到了仇视。羡慕——嫉妒——恨，正好画出了“嫉妒”的生长轨迹，始于“羡慕”终于“恨”。羡慕只是嫉妒的表层，恨才是嫉妒的核心。

从“羡慕”到“嫉妒”再到“恨”，语义程度逐次加重，属于修辞学上的层递格。层递是将语言排成从浅到深、从低到高、从小到大、从轻到重，层层递进的顺序的一种辞格。“羡慕嫉妒恨”正是因为运用了层递这一辞格，不仅清晰地揭示出了心理活动变化的复杂过程，而且也将这种强烈的不满情绪发挥到了极致，具有极强的感染力。

应当指出的是，“羡慕嫉妒恨”在实际使用过程中，语义及包含的感情色彩都发生了一定的演变。其产生初期极含贬义，讽刺那些面对别人才能、名誉、地位或境遇比自己好时流露出嫉恨心理的人。如张伟平当初使用“羡慕嫉妒恨”时，就意在讽刺圈内人面对张艺谋的成功而心理失衡的现象。再如：

丁俊晖比赛收视率超足球　西方人何必羡慕嫉妒恨（新民网，2011-04-26）

随着该流行语的扩张，其语义发生衍化，从刻画阴暗、扭曲的心理，转而指弱势群体面对社会不公正、不合理的现象而予以讽刺和抨击。例如：

2010购房者羡慕嫉妒恨（新华网，2010-12-22）

“天价幼儿园”为何引致“羡

“头”为何又叫“首级”？

◎陈璧耀

人的头有许多不同称说，单音的如“首”“颅”，双音的如“首级”“头颅”“头脑”“脑袋”“脑壳”，还有多音的如“脑瓜子”“脑袋瓜子”等。

头的繁体作“頭”，许慎《说文解字》说：“頭，首也。从页豆声。”头以“豆”表声，其实“豆”也表义。《说文》说“豆，古食肉器也”，而人头似豆，头盖骨在古代也常作饮器为人所用。如《战国策·赵策一》：“赵襄子最怨智伯，将其头以为饮器。”又如《汉书·张骞传》：“时匈奴降者言匈奴破月氏王，以其头为饮器。”可见头像豆一样是有使用价值的，所以古代也常被用作进献的礼品，《韩非子·内储说上》就有“请以头献王者岁十余人”和“是岁人有自到死以其头献者”的记载，荆轲刺秦王时献给秦王的礼品之一也是“樊於期之头”。

头又称“首”，这容易明白，因为“首”字金文或篆文就像人头上有毛发之形，本义就是“头”，所以许慎释“头”为“首”。但头何以又称“首级”？“级”是什么意思？这就有点难以理解了。而要说清这个问题，就要从战国时的商鞅变法说起。

商鞅变法中有一个很重要的内容，就是以军功入仕的军功爵制度。《商君书·境内》说：“能得甲首一者，赏爵一级。”意谓能斩获敌国甲士一“首”者，就赏赐他爵位一“级”。《韩非子·定法》更明确

慕嫉妒恨”(重庆时报,2011-03-07)

面对“天价幼儿园”，高不可及的“房价”，老百姓的“羡慕嫉妒恨”已经不是因别人境遇好而心生嫉恨的扭曲心态，而是对不公正不合理的社会现象予以抨击。此时的“羡慕嫉妒恨”所携带的感情色彩，也由贬义变为了中性。

地说："商鞅之法曰：'斩一首者爵一级，欲为官者，为五十石之官；斩二首者爵二级，欲为官者，为百石之官。'官爵之迁与斩首之功相称也。" 在商鞅的军功爵制度中，斩获敌首之多少与官爵的升迁有着非常密切的关系。"级"是爵级，"首级"就是"以敌首晋升爵级"之谓，以所斩获的敌首之多少来确定爵位可以升至哪一级。秦制就是用这种斩获敌首之多少来论功晋级的。后来商鞅的这个军功爵制度被延续下来，就成了古代的军级制度。

其实，春秋时期的军级制度，最初并非"以首记功晋级"，而是"以耳记功"的。如《左传·宣公二年》："囚华元，获乐吕，及甲车四百六十乘，俘二百五十人，馘(guó)百。"这"馘"的意思，就是指割取敌人左耳来计数记功的一种方式。这种记功方式在汉魏时依然盛行，《三国志·魏书·武帝纪》载有献帝策命曹操为魏公的诏书，在称颂曹操功劳的文字中，就说他"殄之渭南，献馘万计，遂定边境"。可见那时斩敌多少依然是"以耳计数记功"的。割耳相对比较轻便，割头就笨重多了，何以商鞅的军级制度会舍此轻便而取彼笨重？难道只是因为头像豆可作饮器有使用价值的缘故？但不管出于何种原因，商鞅所确立的这种"以首记功晋级"的军级制度，后来是被延续下来了。

这种"以首记功"或"以耳记功"的军级制度，其实先天就存有不少难以避免的弊端，比如容易造成滥杀无辜来冒功或虚报等情况，严重的甚至还会因争功而互相残杀。据出土文献的有关记载，秦军在攻打邢丘时，就曾发生过这种争功残杀的案例。据说北宋名将狄青的部下也曾发生过此类事件，狄青因此上书仁宗，阐述其弊端，所以不久就废止了。但这种制度的废止，早在后汉时已可初见端倪了，《后汉书·朱祐传》写朱祐"将兵率众，多受降，以克定城邑为本，不存首级之功"。朱祐的做法虽是基于仁厚的好生之德，但也不能说完全没有避免滥杀或争功的因素在。《三国志·魏书·国渊传》也有"破贼文书，旧以一为十。及渊上首级，如其实数"的记载，可见这种制度已造成了很严

中国人也“暴走”

◎池文汇

“感动中国 2009”十大人物之一陈玉蓉被称为“暴走妈妈”。陈玉蓉的儿子先天性肝脏功能不全，而她自己则患有严重的脂肪肝，为了割肝救子，陈玉蓉每天坚持步行十公里，风雨无阻。七个月后，脂肪肝竟奇迹般地消失了，肝脏割离与移植手术得以成功进行。有着类似经历的鞍山市的那雪莲也被称为“暴走妈妈”。结合她们故事改编的电影《暴走妈妈》正在筹拍之中。“暴走”从此进入了公众视野。

其实“暴走”这个词在年轻人中间早就流行了。不过，年轻人所说的“暴走”是一个日语借词，

重的虚报现象。

所以军级制度最终就被废止了，但“首级”一词却一直延用了下来。只是原来“以首记功晋级”的意思没有了，“级”字成了衬词，“首级”就是“首”，也就是“头”，这三者成了完全的同义词。明朝人所作的《三国演义》，二十五回写关羽刺杀颜良之后，说他“忽地下马，割了颜良首级，拴于马项之下”，但之后把颜良首级献给曹操时，却说“公献首于操前”，而在称赞其弟翼德之勇时，却又说他“于百万军中取上将之头，如探囊取物耳”，前文第五回写关羽温酒斩华雄时，说的也是“云长提华雄之头，掷于地上。其酒尚温”。一会儿说“首级”，一会儿说“首”，一会儿又说“头”，可见已完全同义了，只是在色彩上还略有区别而已，“首级”与“首”为书面语，“头”为口语。

1995年日本动画片《EVA》里就已经出现，是指机器人突然失控而行为狂暴。在日本动漫游戏中，“暴走”指游戏角色突然失控而威力增加。日本民众用这个词来形容人的鲁莽和随心所欲。因此，驾驶机车户外奔驰的运动也叫“暴走”，热衷该运动的人被称为“暴走族”。暴走族给日本的交通状况和行人安全造成了危害，因此日语“暴走”往往带有贬义。

日本的动漫文化对中国网络语言产生了影响。中国年轻人常用“暴走”形容人的暴怒，意思类似于“抓狂”，如“好累，我要暴走啦！”

不过，“暴走”一旦进入汉语就发生了变化。因为汉语也有“暴”和“走”这两个字，中国人就按照汉语的语素义去理解它，认为是“快速剧烈地行走”的意思，不含贬义。汉语“暴走”因此成为远足运动(hike)的代称，热衷远足的人也称“暴走族”。如《旅游》杂志2001年第1期里一篇文章的标题是“暴走族的苦乐吟”，讲述的就是在边疆徒步旅行的经历。所以，当陈玉蓉的故事出现时，人们称她为“暴走妈妈”也就不足为怪了。

渐渐地，在中国的时尚语言中，许多带有“快速剧烈地行走”这一特征的事物都被叫作了“暴走”。如鞋底安装小轮可以滑行的运动鞋叫“暴走鞋”，放在桌子上会自动前行的牙刷玩具叫“暴走牙刷”，它们都带有快速移动的特点。游戏“魔兽争霸”中有一种快速连续击杀敌人的技能叫“暴走”，这恐怕是“气势汹汹地冲杀”的意思了。

由此可见，“暴走”是来源于日语的借词，但它已经发生了意义上的改变，融入了中国社会，让中国人也过了一把“暴走”瘾。

《“掸指莫折指头花”？》解疑

先说“指头花”。其实这是一个别字，正确的应是“枝头花”，音近致误。

再说“掸指”。“掸”，用掸子或别的东西轻轻地抽或拂，去掉灰尘等；“掸指”是一个莫名其妙的动作，且与后面的“折花”也不匹配。这样的告示，未免有点杀风景。

丘吉尔“坐轮椅指点江山”?

◎王树凡

2011年4月10日,合肥电视台“故事休闲”频道播出一则故事。一位孕妇曾在某医院做了几次产前检查,没有查出异常,后来产下一个缺一只脚的畸形婴儿。产妇与医院发生医疗纠纷。在节目最后,主持人评论说,没有脚的人,感叹自己不幸,当他看到双目失明的人时,又庆幸自己……说了一通之后,他又举例说:“英国首相丘吉尔,二战中,坐轮椅指点江山……”这话说得不正确。丘吉尔在二战中并没有“坐轮椅指点江山”。

温斯顿·丘吉尔(1874—1965)是英国著名政治家,曾于1940年—1945年及1951年—1955年期间两度任英国首相。他非常注重锻炼身体,青少年时代就酷爱体育活动,骑马、开车、击剑、游泳、打高尔夫……样样精通。40岁他又学开飞机,终于成为合格的飞行员。他锻炼身体的理念是:会工作也会休息。二战期间,即使大战最紧张的时刻,他也要“挤出”短暂时间打个盹,而且很快就能入眠,不久按时醒来,丝毫不影响工作。这种坚强的意志,向为人们所称道。因为注重健康,他活了91岁,是二战期间西方领袖中最后一个离开世界的。从没听说过他二战中“坐轮椅指点江山”的故事。

其实,在二战中坐轮椅指点江山的,并不是丘吉尔,而是身有残疾的美国总统罗斯福。富兰克林·德兰诺·罗斯福(1882—1945)俗称小罗斯福,是美国著名政治家。1921年8月,39岁的罗斯福,带领全家人在坎波贝洛岛休假,

“翻云覆雨”有贬义

◎谷士锴

电视连续剧《五星红旗迎风飘扬》第38集里，新中国20周年庆典，毛泽东主席在天安门城楼上向游行队伍挥手致意。这时解说词有这样一句话：“核战争的阴云再次被他（毛泽东）那翻云覆雨的巨手拨散了。”（字幕）

“翻云覆雨”是贬义词，比喻反复无常、玩弄手腕和权术。唐朝“诗圣”杜甫《贫交行》中有：“翻手作云覆手雨，纷纷轻薄何须数。”茅盾《宽容之道》中也有：“对于翻云覆雨、毫无操守，而偏偏俨然自居的丑角，也决不宽容。”毋庸置疑，“翻云覆雨”的含义是搞阴谋、耍花招，用来描述毛主席就大谬不然了。当然，解说词的本意是想赞扬毛主席叱咤风云、指点江山的雄才大略。这样的意思应该说成“扭转乾坤”才正确。

在扑灭了一场林火后，他跳进了冰冷的海水，因此患上了脊髓灰质炎（即小儿麻痹症）。高烧、疼痛、麻木以及终生残疾的前景，并没有使罗斯福放弃理想和信念。1932年，他作为民主党总统候选人竞选时，主张实行“新政”。他的政敌们以他身体残疾为借口攻击他。他在竞选演讲中反击道：“一个州长不一定是一个杂技演员。我们选他并不是因为他能做前滚翻或后滚翻。他干的是脑力劳动，是想方设法为人民造福。”依靠这样的坚忍和乐观，罗斯福终于以绝对优势当选美国第32届总统。执政后，以“罗斯福新政”对付经济危机，颇有成效，获得1936年、1940年、1944年大选连任。二战中，罗斯福坐在轮椅上从事政治活动，与丘吉尔、斯大林并称“世界三巨头”。他在二战期间提出了轴心国必须无条件投降的原则，并提出建立联合国的构想，后来都得以实现。

电视节目主持人“罗冠丘戴”，显然是记忆有误。

宋教仁遇刺引发“护法运动”？

◎胡　勇

电影《建党伟业》公映，举国瞩目。有记者在首映后评论编导删繁就简的技法时举了这么一个例子：“比如关于宋教仁被暗杀导致孙中山发动护法运动，其间的纷争纠葛足以另拍一部电影甚至是电视剧，但编剧在宋被暗杀前，让陈其美在宋教仁提出建立国民党的演说时意味深长地点评了一句，被暗杀后，用字幕打出‘孙中山发动护法运动’。”（《新民晚报》6月16日A23版）笔者读罢生疑，经查阅文献并观看电影，确认此系记者的叙述有误。

根据史料记载，宋教仁遇刺引发的不是“护法运动”，而是“二次革命”。1913年3月20日，刚刚率领国民党赢得国会选举的宋教仁，应袁世凯之邀乘车北上，共商国是，结果当晚在上海火车站遭到枪手的袭击。22日凌晨，壮志未酬的宋教仁在上海铁路医院不治身亡。国民党领袖遇刺，全国震惊。各地报刊纷纷揭露袁世凯指使手下行刺宋教仁的黑幕，以及北洋政府调兵遣将、意欲镇压国民党人的图谋。7月，孙中山在上海召开国民党会议，决定兴师讨袁，史称“二次革命”。由于讨袁军仓促应战，敌众我寡，加之国民党内部的严重分裂，“二次革命”起兵不到两个月便宣告失败。

至于“护法运动”，则是袁世凯死后的事情了。副总统黎元洪继任大总统，北洋军阀中实力最强的段祺瑞出任国务总理，双方由于中国参加一战问题爆发“府院之争”，后来又因此上演“张勋复辟”的闹剧。闹剧结束后，标榜“再造共和”的段祺瑞重新上台，却拒绝恢复《临时约法》。在这种情况下，原本打算征讨张勋的孙中山随即举起护法旗帜，于1917年8月25日在广州召开非常国会会议。9月1日，会议选举孙中山为陆海军大元帅，成立护法军政府。9月10日，孙中山宣誓就职，随后下令讨伐段祺瑞，以恢复《临时约法》，护法战争就此爆发。

抄佛经和读《三字经》

◎阿　龙

近期在几大省级卫视热播的连续剧《美人心计》，将西汉初年汉文帝正妻窦皇后的传奇故事表现得甚为丰满。然而美中不足的是，剧中出现了一些文史方面的硬伤。下面试举两例：

其一，拜佛情景多次出现。窦姬在代国时，以拜佛烧香为由出宫……；因夜与薄太后下棋，窦姬被代王责罚抄写佛经；在长安，窦姬到佛像前为得病的汉文帝祈福……这些情节都很离谱。

佛教传入中国的时间，一种说法是西汉末年汉哀帝元寿元年（公元前2年），当时由博士弟子景卢受大月氏使臣伊存口授《浮屠经》。在整个西汉，皇帝和朝廷官员信奉的，仍然是黄老（黄帝、老子）之学及神仙方术。窦皇后生于汉高祖二年（前205），从长安被吕太后派去代国做代王妃，是在汉惠帝四年（前191），比佛教传入中国还早189年，她是不可能拜佛求福的。

其二，《三字经》由小皇帝口中诵出。最早的《三字经》是南宋时期的启蒙读物，据考证，是南海县登洲堡（今佛山市顺德区陈村镇登洲村）人区适子（一说为王应麟）所著的儿童识字读物。西汉人是不可能读到《三字经》的，因为南宋与西汉相差一千多年。剧中让西汉的小皇帝读南宋的启蒙读物，这个玩笑可真是开大了！

编剧可能只知《三字经》的书名，不晓得其内容吧。其实，这本启蒙读物里头写的，除先秦部分外，还有许多西汉以后的历史故事，如“香九龄，能温席”，“融四岁，能让梨”，“至孝平，王莽篡”……只要稍微留意到先人不可能读到后人之书的道理，就不会犯这样的错误。

八面来风

朝鲜少年名“崔瑩”

——中国社科院语言所词典编辑室答读者信

编者按

2005年3月，中国社会科学院语言研究所词典编辑室收到了一封高中生来信，信中询问为什么自己在《现代汉语词典》中查不到“瑩(yíng)”字，却在一本旧版词典中查到了。词典编辑室专门复信解答。现将复信转载如下。

赵九营同学：

你好！来信收到了。

你在信中提了一个很有意思的问题。“瑩”字严格地说是个朝鲜汉字，你所说的旧版词典实际上是《新华字典》，只有这本字典收了这个字，其他所有的汉语字词典中都没有收这个字，包括《现代汉语词典》，因为它不是纯正的汉语用字。

为什么单单《新华字典》收了这个字呢？这里还有个故事。《新华字典》编写于上个世纪50年代初，当时正在进行抗美援朝战争，1952年1月2日晨，4名朝鲜少年在朝鲜平安南道成川郡石田里附近的栎沼河上滑冰，其中一个儿童不慎掉入2.7米深的冰窟，另3名少年大声呼救。志愿军战士罗盛教出早操后，经过那里，听到喊声，立即向出事地点飞奔。他边跑边脱掉棉衣棉裤，冒着－20℃的严寒，纵身跳入冰窟，潜入水中找寻。摸到孩子后，他两次把孩子托出水面，都因冰窟周围冰层破裂，又跌入水中。几经周折，他冻得全身发紫，浑身打颤，难以支撑，但仍以惊人的毅力再次潜入水中，用尽最后的气力，把孩子托出水面。这时另一名战士

吃与文字

◎高成鸢

有个故事说，有人赠给孙权一个大龟，“烧柴万车”也煮不烂，诸葛恪献计说必须烧枯桑木才行，果然煮烂了，留下个俗语“老龟烹不烂，移祸于枯桑”。初闻此事，华人只是觉得有趣，洋人简直会惊奇不解：莫非吴国宫廷上下都得了疯病，非要把老龟煮烂？

华人美食家会告诉他：龟鳖属于中餐的美味，特别是鳖甲周围那圈黑肉，所以古书记载有个馋鬼留下句名言：恨不得“鳖生双裙”！

这类中餐故事成百上千。近年出书谈吃也成为热潮，但谈的全是现象，真有点“言不及义”。关于吃，可谈的道理多去了。王蒙先生说，中华文化的最大特色只谈两点，当是中餐和汉字。其实饮食更重要，能影响文字。拿常用虚字“即”“既”来看，其篆体，左边同是食具的象形，右边都是人形而方向相反：“即”是凑上前去吃，“既”是吃后背身而去。大量汉

赶到，将孩子抢救上岸。孩子得救了，而罗盛教却因气力耗尽，实在无力浮出水面，最终献出了年轻的生命。这个被救的孩子就叫崔瑩。《人民日报》很快就报道了罗盛教的英雄事迹，自然就出现了“瑩”字，而这个字是朝鲜用的汉字(当时朝鲜文字中还有不少汉字)，大家不认识，于是《新华字典》就收录了这个字，而且直到最新一版还有这个字。

这个“瑩”字一般只用于人名。现在我们正在修订《现代汉语词典》，也准备补收这个字。

怎么样，你明白这个字的由来了吧？

祝你

学习进步！

中国社会科学院语言所

词典编辑室

2005-03-22

字是“吃”出来的。

洋人会说，我们西方的文字可跟吃没有关系。且慢，我说关系更大，因为涉及书写方式的中西对比。烹老龟的故事，背后的道理正在于此。西方的古文字拼写在大张的羊皮上，古汉字则刻在零散的龟甲兽骨上。肉食文化，羊皮多的是；而华人自古就有“大夫无故不杀羊”的规矩（《礼记·王制》），杀只羊，毛皮还做裘衣御寒呢，哪来那么多光板羊皮？洋人更万万想不到鳖、龟曾是古华人的主食之一（肉食阶段就连蚌蛤都拿来充饥）：管子、庄子都频频提到“鱼鳖”，简直跟畜牧文化的牛羊类似。鱼鳖“不可胜食”（吃不完）还成了孟子的理想（《孟子·梁惠王上》）。

再说，西方古人用羽毛笔蘸墨水，下笔千言挥洒自如，而龟板或竹简一片写不下多少字，自然得省就省。被省的往往是表示语法关系的虚字，这导致古汉语没有语法，直到近代才有仿照洋文编写的《马氏文通》。《亚里士多德全集》卷帙浩繁（新译本整十卷），推理缜密，而一部《论语》，据杨伯峻先生说，竟无一句是没有多种解说的。

语法是古希腊四大学科之一，跟逻辑并列。严格说中华文化中本来没有“逻辑”，以致难以接受音译的汉语竟引进了这个洋词儿。西方的思想方法是用“逻辑”来一步步演绎，中间每个环节都明明白白。华人则不同，例如“春江花月夜”一连五个名词，没人嫌其互相之间毫无语法关系，只是觉得非常优美而有诗意。所以辜鸿铭说汉语是“诗的语言”。

逻辑学家金岳霖先生曾根据“金钱如粪土”“朋友值千金”两句谚语推导出“朋友如粪土”的惊人判断，以表明华人不重视逻辑。可惜他没想到美味“鸡肋”，从《三国志》中的“食之无所得（无肉）”变为成语的“食之无肉”，竟从来没人发现其荒谬。《论语》说孔夫子对吃特别讲究，“食不厌精，脍不厌细”；反过来他又教导弟子说“耻（于）恶衣恶食者”不值得搭理。这类看似自相矛盾之处，可能都跟文字省略有关。

（原载2011年7月12日《今晚报》）

百科指谬

哪个末代皇帝是投海自尽的

◎黄柏军　李海燕

林洙著《建筑师梁思成》(天津科学技术出版社 1996 年 7 月第一版)一书中,记载了由梁思成口述的一则往事：父亲梁启超当年在戊戌变法失败之后，带领家眷逃亡到日本，在寄居日本的那些艰难日子里面，梁启超没有忘记给自己的孩子们讲述中国古代仁人志士的爱国故事。书中说：

他(梁启超,笔者注)讲的多数都是古代民族英雄的故事。如南明忠臣陆秀夫为忠于大明,保护幼主奋战清军，最后被清军追逼逃到广东,走投无路。就在梁启超的家乡新会县沿海的悬崖上，背着幼主一起投海自尽。后来新会人民为了纪念这个民族英雄，便在他投海的海滨崖石上刻了“崖门”二字,现在崖门已经成为新会县的一处名胜古迹。像陆秀夫这样的民族英雄也就一个个深深地印在梁思成幼小的心灵里。

这里有两处知识性错误：

一、陆秀夫是著名的民族英雄,南宋末年的文臣,而不是“南明忠臣”。

二、虽然南明小朝廷也在广东地域活动过，但是并没有末代小皇帝在广东新会跳海自尽一事。南明末代皇帝朱由榔是明神宗的孙子,史称永历帝。永历帝在中后期倚仗张献忠建立的农民政权大西之余部李定国、孙可望等,在西南一带抵抗清朝，因此维持时间较长，一度甚至收复湖南等地。清军攻入云南,永历帝流亡缅甸,被缅甸王莽达收留。后被献给清军将领吴三桂，明朝皇统彻底灭亡。永历十六年(清康熙元年)四月十五望日(1662 年 6 月 1 日),

“程门立雪”立何处

◎高良槐

2011年4月12日，《福建日报》第14版有《王国瑞：正阳门外琉璃厂衣锦坊前南后街》一文，文中写道：“杨时，将乐县人，与崇安游酢(zuò)同为‘洛学’著名的理学家……杨时又与游酢向程颐求学，为不惊动正在打瞌睡的老师，而立于大雪飘落的门外久久等候，这就是成语‘程门立雪’的故事。”

其实，“程门立雪”中的杨时与游酢并不是立于大雪飘落的门外久久等候。“程门立雪” 这个成语出自《宋史·杨时传》：“一日见颐，颐偶瞑坐，时与游酢侍立不去。颐既觉，则门外雪深一尺矣。”翻译成现代汉语，意思是：一天拜见程颐，程颐正闭着眼睛坐着，杨时与同学游酢就恭敬地站立在一旁没有离开。程颐睡醒的时候，那门外的雪已经一尺多深了。后用“程门立雪”表示十分虔诚地向老师学习，尊师重道。

显然，杨时与游酢“侍立不去”，指的是他们两人恭敬地站立一旁没有离开，而不是“立于大雪飘落的门外久久等候”。按常理说，老师闭目静坐，学生侍立不去，不敢惊动，足以表示尊师矣，何必立于大雪飘落的门外久久等候？

永历帝在昆明篦子坡被吴三桂用弓弦勒死，终年40岁。其身亡处后改名为逼死坡，辛亥革命后蔡锷等人在当地竖立“明永历帝殉国处”石碑。

另外，关于海滨崖石刻字的故事补述几句。1279年，元朝忽必烈派遣帐下汉人将领张弘范带领蒙古军追歼南宋小朝廷。南宋军民在广东新会崖门海上与元军展开殊死搏斗，最后元军获胜，南宋军民大败，丞相陆秀夫背负小皇帝在新会崖门海滨奇石上跳海自尽，南宋至此灭亡。张弘范获胜后，在新会崖门海边崖石上刻字：“张弘范灭宋于此”。后来明代著名理学家、广东新会人陈白沙在这行石刻前面雇人加刻一个“汉”字，变成“汉张弘范灭宋于此”，对这个汉族败类作了辛辣的嘲弄。

“县尉”算高级官吏吗

◎李景祥

《文史知识》2011 年第 4 期《沧州》一文中说：“诗圣杜甫，在为当时的那位精于附庸风雅的高级官僚刘大人唱赞歌的时候，还是有点唱的底气的。”对这位刘大人，我们查不到他是如何“精于附庸风雅”的。不过，从作者所引的老杜那赞歌的诗题看，他算不上是“高级官僚”。老杜的诗题是“奉先刘少府新画山水障歌”，姓刘的是个“少府”而已。

少府这一官名，始于战国，其职掌、官阶，各代都不同。唐人尊称县令为“明府”，县尉为“少府”，因为县尉是“县令之佐”。刘大人是县尉，杜甫尊称他为“少府”。那时县尉多是进士出身者的初任之官。

唐代地方行政区划是道下设州、州下设县。贞观十四年(640)全国共设 10 道、360 州、1557 县。开元二十一年(733)分全国为 15 道，对州县没有大的调整。地方政府的官员都是文官。唐代文官的官阶分为九品 29 级。上、中县的县尉官阶是从九品上，中、下县的县尉是从九品下。奉先县(今陕西省渭南市蒲城县)即使是个上县，这位刘大人也就是一个从九品上的小官。用现在的话说：是一个副县级(副处)干部。如果“县令之佐”这样一个县太爷手下的小官也算“高级官僚”的话，那有唐一代的高级官僚可就是过多了。县尉都是高级官僚，那些当朝一二品的高官，又该是哪一级的官僚呢?从九品是最低的品级，说刘大人是“低级官僚”还差不多。

杜甫到凤翔去投奔唐肃宗，得了个左拾遗职。能在皇帝左右，“天颜有喜近臣知”，很是高兴。他的官阶是从八品上。还从未有人说过老杜是“高级官僚”呢。

何时有《二十四史》

◎朱天恩

2011年4月21日央视10套《百家讲坛》播出《郦波评说曾国藩家训》。在讲到曾国藩参加科举考试落榜后,云游天下,到南京花一百两银子买了一套《二十三史》时,主讲人解释说:"那时候还没有《清史稿》,所以只有《二十三史》,没有《二十四史》。"这句话是有问题的。

"二十四史"指我国列入正史的二十四部纪传体史书。唐有三史,宋有十七史,明有二十一史。清乾隆四年(1739)增《明史》《旧唐书》《旧五代史》,合为二十四史,共3000多卷,近4000万字。"二十四史"从此得名。流行的二十四史有两种:一为武英殿本,即清代官刻本。清末以来各种翻刻本大体以此为根据。一为商务印书馆1933年出版的百衲本,是集合各史较早刻本影印的。解放后,中华书局出版了二十四史点校本。1921年北洋政府把《新元史》列入正史,遂有"二十五史"之称。近年来也有把《清史稿》列入正史称二十五史的。曾国藩生于1811年,他生活的年代早就有了二十四史。而且,"二十四史"中并不包括《清史稿》。没有"二十三史"这种说法。

"淮海战役的徐蚌会战"?

◎盛京仁

《沈阳日报》2011年3月18日B9版《远征军最后结局与电视剧不同》一文,介绍中国远征军后来都"怎么样了"。记者写道:"第五军在抗战胜利后成为'五大主力'之一,1949年在淮海战役的徐蚌会战中被歼灭。"国民党军第五军,确实是被我人民解放军歼灭了的,但不能说那是在"淮海战役的徐蚌会战"中。

淮海战役是解放战争时期的三大战役之一。1948年11月6日至1949年1月10日,在以徐州为中心,东起江苏海州(今连云港市海州区),西至河南商丘,北

罗盛教不是共产党员

◎陈关春

今年是中国共产党成立90周年，中央主要媒体和各省区市党报等联合推出大型人物专栏《“双百”人物中的共产党员》，宣传为新中国成立作出突出贡献的英雄模范人物和新中国成立以来感动中国的人物。今年2月9日起，新华社陆续播发“双百”人物中的共产党员先进事迹。从2月13日发出的关于罗盛教的电讯稿中，看不出罗盛教是共产党员。简介中说，罗盛教1949年参加中国人民解放军，1950年7月加入中国新民主主义青年团，1951年4月参加中国人民志愿军赴朝作战，任某部侦察连文书。1952年1月2日清晨，他跳入冰窟抢救落水的朝鲜少年崔瑩，在另一名战士的配合下，崔瑩获救上岸，罗盛教“却因气力耗尽，无力浮出水面，献出了宝贵的生命，年仅21岁”。这时离他赴朝作战还不到9个月时间。1952年4月1日，团中央追授他“模范青年团员”称号。

罗盛教生前不是共产党员。牺牲后，可能因本人未提出过入党申请吧，党组织也没有追认其为中国共产党党员。

起山东临城（今枣庄市薛城区），南达淮河这一区域内，解放军与国民党军进行了一系列战斗。我中原野战军、华东野战军在刘伯承、邓小平、陈毅、粟裕、谭震林等领导下，共歼灭国民党军55.5万余人，解放了长江以北的华东、中原广大地区，为进军江南打下了胜利的基础。

说“淮海战役的徐蚌会战”，是记者没有弄清“淮海战役”与“徐蚌会战”这两个词是怎么来的。这场大战，我方称之为“淮海战役”，国民党方面则称之为“徐蚌会战”。“徐”是江苏徐州，“蚌”是安徽蚌埠。另外，三大战役中的辽沈战役，国民党称为“辽西会战”；平津战役，国民党称为“平津会战”。命名不同，其实一也。不能说“淮海战役的徐蚌会战”。

向你挑战

真正的硬汉

（文中有10处差错，你能找出来吗？答案见本期）

◎韩湘远　设计

英国得克萨斯州的石油大亨保罗·盖蒂曾经是个烟鬼，烟抽得非常凶。

有一次，他度假开车经过法国。时值隆冬，又下着雨，寒风凛冽。几小时后，他来到一个小城的旅馆过夜。用过晚餐，疲惫的他很快就进入了梦乡。

凌晨两点钟，盖蒂醒来。他的烟瘾又犯了，很想抽一支烟消乏。打开床头灯，他自然地伸手去抓睡前放在桌上的烟盒，谁知里头却是空的。他于是下床，摸遍衣服口袋，毫无所获，又搜寻行李箱，希望能发现无意中留下的一包烟，结果又是失望。这时候，旅馆的餐厅、酒吧早已关门，唯一可能得到香烟的办法，就是穿上衣服到几条街外的火车站去买。

越是没有烟，越是按耐不住想抽的欲望。他迫不急待地脱下睡衣，穿好了出门的衣服。在伸手去拿雨衣的时候，他突然停住了，问自己：我这是在干什么？一个所谓的知识分子；一个相当成功的商人；一个自以为有足够理智对别人下命令的人，竟要在三更半夜离开旅馆，冒着大雨走过几条街，仅仅是为了得到一支烟。这是一个什么样的习惯，这个习惯的力量有多么强大啊！想到这儿，他有点不寒而粟。

没过多久，盖蒂下定了决心，把那个空烟盒糅成一团扔进了纸篓。换上睡衣，他重新回到了床上，带着一种解脱甚至是胜利的感觉，倾刻就进入了梦乡。

从此以后，保罗·盖蒂再也没有抽过一支烟，事业也越做越大。他终于成为一般人望其项背的世界级富豪。

能否改掉不良的习惯，磨砺出坚强的心志，是成功的奥秘所在。勇于改变自我的人，才是真正的硬汉。

2012年《众矢之的》目标确定

围观名家博客

网络，犹如一头怪兽，闯入了我们的生活。它不仅在改变着我们的认知方式，也在改变着我们的表达方式；它不仅是语言智慧的展示区，也是语言差错的泛滥区。面对着网络的猛烈冲击，本刊决定响应读者朋友的号召，2012年以名家博客为“众矢之的”。

为了集中目标，我们选取了“新浪”12位博主，现按音序排列如下。这12位博主的共同特点是：生活热情高，文字能力强，博客受众多，社会影响大。他们既是社会的“意见领袖”，也是语言的“弄潮高手”，具有巨大的引领作用。在此，我们向12位博主致敬。本刊“围观”的目的，是为了让博主的文字发挥更大的作用。

自2012年1月起，本刊将逐月刊登“围观札记”。欢迎各路高手“入围”。

编 者

方舟子

http://blog.sina.com.cn/fangzhouzi

郭敬明

http://blog.sina.com.cn/guojingming

韩 寒

http://blog.sina.com.cn/twocold

黄健翔

http://blog.sina.com.cn/huangjianxiang

郎咸平

http://blog.sina.com.cn/jsmedia

李承鹏

http://blog.sina.com.cn/lichengpeng

李银河

http://blog.sina.com.cn/liyinhe

马未都

http://blog.sina.com.cn/mazhahuchuang

钱文忠

http://blog.sina.com.cn/qianwenzhong

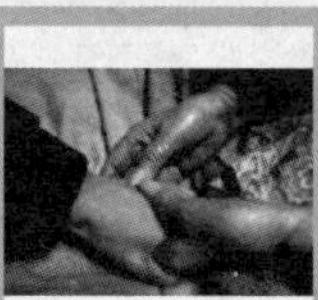

徐静蕾

http://blog.sina.com.cn/xujinglei

郑渊洁

http://blog.sina.com.cn/zhyj

周国平

http://blog.sina.com.cn/zhouguoping

火眼金睛

图中差错知多少？

陈　振　任相全 何仕祥　供稿

1　2　3　4

（答案在本期找）

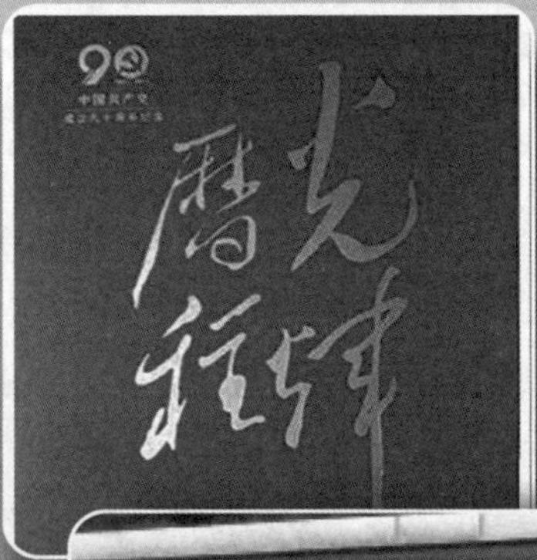

ISSN 1009-2390

09>

9 771009 239111

YAOWEN-JIAOZI

咬文嚼字®

10
2011

欢迎至邮局订阅本刊 邮发代号 4-641
国内统一刊号 CN31-1801/H
定价：3.00元

上海文艺出版(集团)有限公司

雾里看花

卖裤衩？

葛斌昂

这是广东潮州市新开张的一个店铺。这个店是经营什么的？有人说，是卖裤子的；也有人说，在一些方言里，裤头指的是裤衩，这是个专卖裤衩的店。猜猜看，答案见本期。

“千斤方”？

杨昌俊/文　　叶　珺/画

某刊物谈到“胎教”，说唐代医圣孙思邈《千斤方》一书中介绍过“胎教”知识。笔者不由扑哧一笑：“千斤”表示有一千斤重量，哪有这种方子！众所周知，孙思邈是我国古代杰出的医药学家，所著《千金方》被誉为中国最早的临床百科全书。为什么称为“千金方”呢？孙思邈认为“人命至重，有贵千金”，误为“千斤”岂不成了笑谈！

咬文嚼字®

2011年10月1日出版

10

总第202期

主管：上海文艺出版（集团）有限公司
主办：上海咬文嚼字文化传播有限公司
编辑：《咬文嚼字》编辑部
集团网站：http://www.shwenyi.com
E-mail：yaowenjiaozi2@163.com
电话传真：021－64330669
发行电话：021－60878388
邮购电话：021－60878392
地址：上海市打浦路443号荣科大厦17楼
邮政编码：200023
发行：上海市报刊发行局
发行范围：国内外公开
订阅处：全国各地邮局
国内代号：4－641
ISSN1009－2390
CN31－1801／H
印刷：江苏太仓印刷厂有限公司
广告经营许可证：沪工商广字
3100320050020号
定价：3.00元

语林漫步

你被人“亲”了吗

◎吉久长

真没想到，一个常见的“亲”字，竟如梨花盛开，突然之间爆出了耀眼的光彩。

它是在淘宝网上萌芽的。“亲，包邮哦”，“亲，快来抢购哦”，一口一个“亲”字，叫得人心头发热，不能不佩服商家的聪明。

今年夏天，高考结束，南京理工大学用“淘宝体”发出了短信：“亲，祝贺你哦！你被我们学校录取了哦！亲，9月2号报到哦！录取通知书明天‘发货’哦！……”“亲”得考生差一点蹦起来。从去年华中科技大学的“根叔”演讲，到今年南京理工大学的“淘宝”短信，它让我们感受到了今日高校语言生活的青春气息。

更让人大吃一惊的，是今年8月1日外交部微博上的招聘广告：“亲，你大学本科毕业不？办公软件使用熟练不？英语交流顺溜不？驾照有木有？……”堂堂中华人民共和国的外交部，也加入了“亲”的行列，你说这“亲”字火到了什么程度！

如今，“亲”字可谓遍地开花，一不小心你就会被“亲”一下。连小学生写给老师的信，也以“亲”字为时髦：“亲，你的课是我的最爱哦！”“亲，你的耐心辅导、和蔼可亲，让我永远铭记哦！”真是爹亲娘亲老师亲，天下谁人不说“亲”！若要评选2011年十大流行词语，“亲”字入选当在意料之中。

“亲”字的风行，从语言学的角度来说，和社会的求异心理有关。自上世纪70年代末以来，社会称谓不断推陈出新，一浪跟着一浪。开始是"先生""小姐"卷土重来，说明社会已恢复理性，人的尊严重新得到尊重。接着，"老师""老板""领导"鱼贯登场，反映随着改革开放的不断深入，人们的内心深处正在发生微妙的变化。不久以后，称谓进入中国式思维，称兄道弟，呼姐唤妹，亲属化色彩越来越浓。网民们甚至把党和国家领导人称为"锦涛哥""家宝叔"。为了表现内心的真诚，扫除沟通的障碍，私密性的称谓随之进入公共领域，"宝贝"和"亲爱的"闪亮登场。"亲"其实就是"亲爱的"的最新形态。人们争先恐后地把"亲爱的"说成"亲"，正是为了分享创造的快乐。

当然，"亲"字的风行，同样也体现着语言生活中的经济原则。汉语文化历来有"惜墨如金"的传统，无疑，这一传统最初和书写材料有关。要在龟甲牛骨上多刻一个字，毕竟是不容易的事！今天，则和时间观念有关，"惜墨如金"首先是因为"惜时如金"。人们希望用尽可能简短的时间，交流尽可能丰富的信息。于是，缩略便成了一种重要的表达手段。"申请列入世界自然与文化遗产名录"，这是多么复杂的一句话，人们三下五除二，缩略成了两个字：申遗。有时似乎已简到不能再简，但还是有用武之地，比如，张局长被说成"张局"，刘队长被说成"刘队"，甚至连"百分之一百"，都可以说成"百分百"。"亲爱的"缩略成"亲"，妙手偶得，顺理成章，汉语的缩略方法，又多了一次极富想象力的实践。

除了上面两点外，我觉得"亲"字的风行，还和语言表达的得体追求有关。遣词造句，一要正确，二要规范，三要得体。所谓得体，就是要考虑说话的对象、说话的场合和说话的分寸。近年来"亲爱的"成了流行称谓，有它的特定的社会背景，但在流行的过程中，也常常会发生误解，有人为此闹上法庭。这显然和"亲爱的"私密性太强有关。社会并没有普遍认可"亲爱的"的流行用法。正因为此，对"亲爱的"加以改造便成了题中应有之义。那么，为什么缩略成"亲"而不是缩略成"爱"呢？这

汉语中的词与非词

◎辛 羽

这里说的“词”,即音义结合的能独立运用的最小的语言单位;“非词”指由词拼合而成的短语。我们经常看到有人弄混这两个概念。请看下面一段文字:

唐代之后,“足下”之称一度泛滥,但后来又逐渐被冷落了。原因何在呢?恐怕也正在于“足下”的一词多义。例如《史记·秦始皇本纪》:“足下骄恣,诛杀无道,天下共畔足下,足下其自为计。”其中的“足下”和“陛下”同义。又如《老子》:“千里之行,始于足下。”“足”即十分具体的“脚”。《管子》:“富上而足下,此圣王之至事也。”“足”乃富足之足,“下”指一般老百姓。既然足下有如此多种不同的解释,用的人就在选择上发生了困难。明、清以后,人们为了更明确地表达自己的观点、态度,所以逐渐舍弃了“足下”一词。

这是《中文自修》2011 年第 1 期和第 2 期上所刊长文《“足下”“阁下”“门下”作何解?——中国古代社会三种尊称考释》中的一段话。其中显然弄混了词与非词概念。“足下”用于称呼,就是一个词,这毫无疑义。这个词,按顾炎武《日知录》的说法,原本就是对人主的敬称,其初义与“陛下”无异,自汉以后始转用于同辈间。就上段文字中所引《老子》与《管子》的两个“足下”看,却与敬称“足下”不是同一个概念,

---

在社会的潜意识中,是有所考虑的。“亲”突出了亲热成分而减弱了暧昧色彩,这样,既可以保留“亲爱的”的原汁原味,又可以在一定程度上,消解某些人的抗拒心理,从而提高这个词语在使用中的得体性。语言运用的实践证明,这次改造是成功的。

从重视语言表达个性来说,我不欣赏“亲”字的泛滥;但“亲爱的”摇身一变为“亲”,让我体会到了汉语的别样的可爱。

完全说不上是“足下”的“一词多义”或有着“多种不同的解释”。因为这两个“足下”都不是词，而是非词的短语。《老子》中的那个“足下”义为“足之下”，也就是“脚所站立的地方”；《管子》中的那个“足下”是“使下足”，即“使百姓富足”。前一个为名词性的偏正结构短语，后一个则是使动用法的短语，和敬称“足下”完全不是一回事。

此类误解现象之所以会产生，应该和汉字的书写特点密切相关。我们知道，汉字作为一种表意的方块文字，记录汉语时没有分词连写的规则，也就是词与词之间是没有空隙的，看不出词与非词的界限，这就造成了两者在界定上的模糊性，以致常有误把非词当作词来理解的现象，从而造成类似“足下”这样的所谓“一词多义”的错误说法。这种情况在古文的今人译解中见得比较多。

譬如“相国”这两个字，有时是一个词，等同于“国相”，有时却是动词性的述宾短语，意为“辅佐国家”。这种词与非词的确定，全取决于句意和特定的语境。有一本北京大学出版社出版的自考教材《古代汉语》，也犯了这个误以非词为词的错误。该书第二十课“文选”部分引《左传·僖公二十三年》的一段文字：“吾观晋公子之从者，皆足以相国；若以相，夫子必反其国。”文下编著者给了两条注释，其一释“皆足以相国”为“都可以成为国相”，其二释“若以相，夫子必反其国”为“假如让（其中一人）成为国相，那人一定会背叛他的祖国”。这两条注释问题不少，仅就“相国”看，编著者明显是把它看作名词，完全等同于“国相”了。

“相国”确实也常作“国相”讲，如《战国策·东周策》的“周君将令相国往”，句子里的“相国”处于兼语的位置，是名词，与“国相”的意义相同。而上述引文中的“皆足以相国”的意思是“都足够用来辅佐国家”，其中的“相国”是动词性的述宾短语；而“若以相，夫子必反其国”的意思则是“如果用（这些人）来辅佐，那人（指重耳）就一定会回到他自己的国家去”，那个“相”也是动词，意思是“辅佐”。教材的编著者在这里也误以非词为词了。在古文阅读中，必须充分注意区分词与非词的界限，切莫想当然。

众矢之的

谁家周刊最给力(十)

本期目标：

《新民周刊》

2011 年第 22 期

“间不容隙”说不通

◎典　荣

《新民周刊》2011 年第 22 期刊登了《有权怒吼》一文，文中说：“事实上，几乎所有暴力，都猝发在间不容隙之际，报警完毕，往往也就是现场打扫之时……”这里的“间不容隙”有生造之嫌，不但于典无据，而且在事理上也讲不通。正确的说法是“间不容息”。

“间不容息”也作“间不容瞬”，是一个老牌的成语。间：中间；容：容许；息：喘息。成语的意思是，中间只有一刹那，都不容喘一口气。形容时机紧迫，不容丝毫疏忽延误。语出《文子·道原》：“时之变则间不容息，先之则太过，后之则不及。”时机的变化十分迅速，行动早了就过了头，晚了又赶不上。也写作“间不容瞬”。上文作者认为，几乎所有的暴力犯罪，都是突发的，时间很短暂，因此报警往往来不及，面对正在发生的犯罪行为，大家至少应该勇敢地“怒吼”，以形成一种正义的气场，压制邪恶。用“间不容息”来指歹徒作恶行凶的时间的短暂，十分贴切。

“隙”，会意字，从阜(fù)。阜，义为土山。凡是从阜的字，字义都与土有关。“隙”的本义是墙上的裂缝，也泛指孔穴、空隙，如“白驹过隙”。“间不容隙”显然无法索解。

“三流”不与“九等”配

◎陈林森

《中国留学生何时不需“寄养”?》一文,说到美国少数著名法学院的助学金发放情况。文中说:“来我们这里的都是好学生,院方理应一视同仁,不应再分三流九等。”这里的“三流九等”属于生造语词。根据语境,正确的说法应是“三六九等”。

“三六九等”是一个口语化的成语,指各种等级和很多差别。多就对待人分高下厚薄而言。例如,《红楼梦》七十五回:“你们这些兔子,真是些没良心的忘八羔子!天天在一处,谁的恩你们不沾?只不过这会子输了几两银子,你们就这么三六九等儿的了!难道从此以后再没有求着我的事了?”

在现代汉语里,“三流”与“一流”“二流”属于同一个语义场,意思就是不好的、最差的一类人或事物。凡是说到“三流”,都是指在同类事物中属于垫底的。如“三流学校”,指末流的学校;“三流人才”,指水平最差的一类人才;“三流文章”,指质量最差的文章。“三流”与“九等”连到一块儿说,只能表示最末的一个等第,而不是各种等级。

总之,“三六九等”不可写成“三流九等”。

是五行山,还是五指山?

◎王宝珍

这一期《新民周刊》第9页《酷评》栏,有一段关于“教育部要求南方科技大学教改实验班学生必须全部参加今年高考”的评论。评论者是“老曹”。他说:“孙猴子还是怕唐僧念紧箍咒,再不听话如来佛就把他压回到五指山下。那些孩子有本事就考个好成绩给教育部看看,叫他们傻眼。”老曹的观点是否正确且不去说它。这段话里的“五指山”显然是说错了,正确的应是“五行山”。

且来看有关典故的出处。《西游记》第七回是“八卦炉中逃大圣，五行山下定心猿"，小说中写道："好大圣，急纵身又要跳出，被佛祖翻掌一扑，把这猴王推出西天门外，将五指化作金、木、水、火、土五座联山，唤名'五行山'，轻轻把他压住。"这里说得很明白，压在猴王身上的山虽然是佛祖五指化成，却不称"五指山"，而是"唤名'五行山'"。

至于"五指山"，也不是一个陌生的名称。我国不少地区都有以"五指"命名的大山，最著名的当数位于海南省中部的那座五指山。这座山因为五峰耸立，形如人的五根手指头而得名。随着红色歌曲《我爱五指山，我爱万泉河》的传唱，海南的五指山也名扬四海。

哪有"蓬松的双眼"

◎中 源 昌 俊

这一期《新民周刊》刊载的《老兵杨良平的战争与和平》一文，说到当年的南京保卫战。杨良平当时是国军36师的一名战士，与战友们在南京城阵地上坚守了8天。"这天夜里，杨良平一觉醒来后，发现一个连的100多号兄弟，全不见了。杨良平从街边爬起，睁开蓬松的双眼，发现日本鬼子已经进城了。"此处的"蓬松"用得不妥当。

形容刚睡醒时眼睛还处于模糊不清的状态，汉语里有个词叫"惺忪"。如鲁迅的《故事新编·采薇》："街道上行人还不多，所遇见的不过是睡眼惺忪的女人，在井边打水。"当年的抗日英雄杨良平，同战友们一道，连日与入侵的日寇展开激战，已经十分疲惫。第二天早晨一觉醒来，眼睛还有点累得睁不开，此时他正是"睡眼惺忪"的状态。

"蓬松"，形容草、叶子、须发、绒毛等杂乱散开的样子，如"麻雀的羽毛很蓬松""蓬松的青草"等。一个人的双眼如果没有意外，本身位置是固定的，并不聚拢在一起，因而说不上杂乱和散开；"睁开蓬松的双眼"，字面意思只能理解成"睁开散开的双眼"，这还成话么？

这不是“潜规则”

◎胡　马

“潜规则”是一个热词，常见于娱乐界。没想到在体育报道中，也和“潜规则”不期而遇。《巴萨王朝笑傲江湖》一文是这样说的：“在‘欧洲杯冠军难以在下届世界杯夺冠’的潜规则盛行之下，西班牙人用自己无可争议的表现击碎了这一预言。”

欧洲杯和世界杯一样，每四年举办一次。它们都是全球瞩目的足球赛事。可有意思的是，自从西德队在1972年和1974年先后夺得欧洲杯和世界杯冠军后，在长达30多年的时间里，没有一个队再能成为双料冠军。上文认为这是“潜规则”在起作用。然而，这种说法对吗？

规则，是通过一定的程序制订出来，供人们共同遵守的制度或者章程。所谓“潜规则”，即潜在的规则，没有公开制订出来，却是一个无形的存在，为人们所约定俗成，心照不宣。在大多数情况下，推行或接受“潜规则”的人，往往有着不可告人的目的。

“欧洲杯冠军难以在下届世界杯夺冠”，其实是由千变万化的赛场决定的。凡是高水平的竞赛，都有着不可预见性。这也正是比赛的魅力所在。你可以说它是“怪圈”，或者说它是“魔咒”，甚至可以说它是“宿命”，就是不能说它是“潜规则”——因为没有任何规则可言。

田汉的『虱子』

◎李　波

一九三五年，田汉由于从事左翼文化活动而被捕入狱，不久，满身长了虱子。一次，他边捉虱子边『哼成了』一首独一无二的词——《如梦令·虱子》：

春色撩人生惰，
镇日如何能坐？
背上一丝丝，
虱子又生几个，
难过，
难过，
摸着轻轻掐破。

这首小词，以叙述为主，兼发议论。作者套古体而翻新，写得坦然自如，又别具幽默闲适，让人读来会心一笑。

语丝

借题发挥

"高档假酒"，还是"假高档酒"？

◎蔡正序

"产供销'专业化'分工 高档假酒以假乱真"，这是2011年7月20日《中国剪报》第8版一篇文章的标题。笔者觉得"高档假酒"不顺眼，还是用"假高档酒"妥帖一点。

"高档假酒"与"假高档酒"的区别，在中心词"酒"前的定语"高档"与"假"位置的不同。"高档假酒"在结构上是"假"修饰"酒"，"高档"修饰"假酒"，短语的意思是酒是假的，但这种假酒是"高档"的。这显然不合逻辑，因为既然认定是"假酒"，何来高档、低档之分？而"假高档酒"在结构上是"高档"修饰"酒"，"假"修饰"高档酒"，短语的意思是酒看起来都是一些高档酒，其实全是假的。这显然比较符合原本的意思。

产供销"专业化"分工

高档假酒以假乱真

□何丰伦 李斌

提供了便利，产供销环节已实现"专业化"分工。犯罪嫌疑人郑炳雄告诉记者，他制造假酒的酒瓶是从海南快递过来的，那里

式制造假酒，而是直接将价格低的酒
到茅台、五粮液、红花郎等市场上好
名酒的空瓶子里。王海军说："因为这

“祭扫”应该在何处

◎屠林明

祭扫 3月31日，全国公安一级英模肖玉泉纪念馆内，杨浦公安分局交警支队“肖玉泉中队”民警与肖玉泉遗孀张美丽向英模塑像敬献鲜花。
目前，肖玉泉的女儿肖竞言正在刻苦复习，准备报考公安高校，并立志当一名像父亲一样的人民警察。 新华社记者 凡军 摄

2011年4月2日，《解放日报》头版刊有一幅新闻照片，下边的说明文字这样写道：“3月31日，全国公安一级英模肖玉泉纪念馆内，杨浦公安分局交警支队‘肖玉泉中队’民警与肖玉泉遗孀张美丽向英模塑像敬献鲜花。”标题却是“祭扫”二字，这显然用得不够准确。

我国民众有到先人墓地祭扫的习俗，即在墓地举行祭奠仪式，打扫墓地，给坟墓培土。祭扫俗称扫墓。每到清明时节，全国党政机关、企事业单位、学校等都会组织到烈士陵园举行纪念活动。现今这种活动虽然一般不会让参加者动手打扫墓地，但也称祭扫或扫墓。总之“祭扫”的对象是坟墓，不论举行何种形式的活动，总是在墓地或陵园进行。《现代汉语词典》的解释就是“在墓前祭奠并打扫”，语例是“祭扫烈士陵园”。

上述图片新闻中，民警及肖玉泉遗孀在纪念馆向英模塑像敬献鲜花，说“祭奠”可以，却不能说“祭扫”。因为纪念馆内本来就是干干净净的，何需打扫？

『劳燕』岂能『纷飞』

◎唐东军

2011年2月15日，《三峡晚报》A03版刊有《西陵伍家200多对新人昨日结连理》一文，其副标题是“另有5对夫妻，不知为何选在情人节劳燕纷飞”。这个“纷飞”显然“飞”错了，应是“分飞”之误。

“劳燕分飞”是个成语，典出南朝梁武帝萧衍的《东飞伯劳歌》：“东飞伯劳西飞燕，黄姑(牵牛星)织女时相见。”劳，伯劳，是一种留鸟，体形较大，终年留居在长江流域以南及中国西南地区。燕，燕子，是候鸟，体形较小，随着季节的变换而迁徙。伯劳与燕子的生活习性明显不同，因此人们用“劳燕分飞”比喻分离。元代王实甫《西厢记》第二本第四折：“他曲未终，我意转浓，争奈伯劳飞燕各西东。”后来，“劳燕分飞”多用来指夫妻、恋人的离别。

“分”即分开、分别，“纷”指多而杂乱，“分飞”是向不同的方向飞去，“纷飞”是群鸟杂乱地飞。显然“分飞”才能表示离别的意思。

三峡晚报 2011.2.15 A03

2011 爱你一心一意

西陵伍家200多对新人昨日结连理

另有5对夫妻，不知为何选在情人节劳燕纷飞

本报讯(记者高伊洛 通讯员崔传镜)在很多情侣眼中，一纸神圣的结婚证书，是送给彼此最好的情人节礼物。昨日，是近3年来首个处于工作日中的情人节，城区各结婚登记处均呈现出“爆棚”场面。

2009年的情人节是星期六，婚姻登记处没有办理结婚登记业务。而2010年的情人节，又恰逢正月初一。因此，昨日成为近3年来，首个可以办理结婚登记的情人节。

昨日上午8点30分，记者来到西陵区民政局婚姻登记处时，这里早已是人头攒动。大厅里，坐满了一脸幸福，等候领取结婚证的“准新人”。而在取号处，申请办理结婚登记的人已经排到了50号开外。

9点05分，在经过1个小时的排队、办理之后，杨先生和黄女士领到了火红的结婚证。而黄女士是趁着上班间隙，抽空和“准老公”来领证的，“我还没来得及吃早点，待会儿领证了去吃大餐！”黄女士笑道。

张自拍照，他们说，要传上微博，与众亲友同乐。

昨日下午5点30分，记者从西陵区民政局了解到，当日在此登记结婚的新人共有160对，是平时的4到5倍。在伍家岗区婚登处，64对新人登记结婚，而在平时，一般为10余对。据记者了解，近年来，西陵区和伍家区婚登处单日办理结婚登记最多的是2009年9月9日，当天，西陵区办理结婚登记287对，伍家岗区为100对。

另悉，西陵区和伍家岗区婚登处昨日分别办理了4份和1份离婚手续。

辨字析词

蔓延·漫延·曼延

◎仇志戎

这三个词简直像三胞胎，读音相同，又都有一个“延”字，在表达的意义上，更是你中有我，我中有你，长期纠缠不清。今天，能否让它们各得其所呢？

蔓，某些植物的茎，它的特点是细长而不能直立。植物学家有“木本曰藤，草本曰蔓”的说法。“蔓延”中的“蔓”，指的是蔓草——以“蔓”为特征的野草。它们有顽强的生命力，“野火烧不尽，春风吹又生”；而且长势凶猛，只要一场雨，荒村野地便成了它们的世界，一下子铺满了角角落落。所谓“蔓延”，就是像蔓草一样延伸、扩展。多么生动的一个词语。

“漫”和水有关，本义为大水貌，引申指浸淫、淹没，《白蛇传》中便有“水漫金山”一折。由于白浪滔天给人一望无际的感觉，由此引申出遍、满等义，如“漫山遍野”“漫天皆白”。水性至柔，奔涌无形，不受拘束，故“漫”又可用来形容放松、随意，如写文章可以“漫笔”，作报告可以“漫谈”。所谓“漫延”，是指像水一样无孔不入，迅速渗透。

可见，“蔓延”和“漫延”，同样说的是“延”，一个比之为草，一个比之为水，两者有异曲同工之妙，在使用中各有千秋。但随着用词习惯的变化，它们已出现分道扬镳的趋势：“蔓延”是通用词，“漫延”是专用词。“蔓延”既可用本义，如“杂草蔓延”，又可用引申义，如“火势蔓延”；既可用于具体的事物，如“一座座帐篷如莲花一般在江滨蔓延盛开”，又可用于抽象的事物，如“消息像长了翅膀似的在县城蔓延传布”。“漫延”则专指因水满而向四周扩散，如“潮水向农田漫延”，“大水一下子漫延到了家门口”。

曼，《说文》的解释是：“引也。”引则长，长则柔，所以“曼”可示人以娇美，构成“曼妙”等词语。白居易《长恨歌》中便有“轻歌曼舞凝丝竹，尽日君王看不足”句，“曼舞”肯定不是杰克逊的劲舞。和蔓延、漫延相比，“曼延”的不同在哪里呢？考之于现代汉语运用，可以概括为两点：第一是蔓延、漫延为四周扩展，而曼延则是纵向延伸，是长而不绝，《现代汉语词典》举的例子便是“曼延曲折的羊肠小道”。第二是蔓延、漫延为进行态，是正在发生的事实，充满动感；而曼延往往是完成态，是已经存在的事实，用“曼延”这个词语，不过是揭示它的存在、描绘它的形象而已。正因为此，“曼延”常常用于山脉、河流、道路等对象。

词语是语言中最活跃的成分，发生变化是常有的事。了解一下它们变化的脉络，无疑有助于提高我们的文字运用水平。

『酆都』的改名

◎顾 遥

一九五八年，周恩来为查勘三峡水利枢纽工程来到了四川省酆都县。酆都县委负责人在汇报工作时，特别提到当地的粮食产量已由一九四九年的二亿斤上升到一九五七年的四亿多斤，翻了一番。周恩来听了非常高兴，他联想到『酆』字难写难认，便说：『现在酆都县年年丰收，你们把「酆」字改成丰收的丰嘛！』根据周恩来的提议，酆都县第三届人民代表大会第一次会议一致通过改名方案，由四川省人民政府报国务院于当年九月二十二日正式批准。从此，『酆都』改成了『丰都』。

说“壁”道“璧”

◎楚　汶

“壁”和“璧”读音均为 bì，字形又十分相似，因此常见有人误“璧”为“壁”。比如，出版家赵家璧被写成了“赵家壁”，安徽灵璧被写成了“灵壁”。可见，辨一辨这两个字，还是有必要的。

“壁”和“璧”都是形声字。壁，从土，辟声。“壁”的本义是墙，“家徒四壁”就是家里穷得空空如也，只有四面站立的墙壁。古代的墙都是以土垒成的，所以“壁”下面是个“土”字。“壁”的声符“辟”是个多音字，这里应该读 bì，它兼有表义作用。辟者，消除也，驱赶也。“辟御风寒”，正是壁的主要功能。

古代的军营筑有围墙，“壁”因此可指营垒，如成语“壁垒森严”。站在墙头上观望，便叫“从壁上观”。“壁”还可引申指陡峭的山崖，因其垂天直立，具有墙壁一般的特点。林则徐便有一副以“壁”为喻的名联：“海纳百川，有容乃大；壁立千仞，无欲则刚。”

璧，从玉，辟声。它是玉器的一种，故下面是个“玉”字。通常呈圆形，扁而平，中间有一圆孔。据

璧

《尔雅·释器》称，其边宽是圆孔直径的两倍。最初是贵族的礼器，后来成了流行的装饰品。声符“辟”同样具有表义作用。正如“壁”可以挡风一样，古人认为“璧”可以用来“辟邪”。

古人视玉为宝，佩玉成习，玉文化可谓源远流长。在不少常用的词语中，也可看到玉的影子。“完璧归赵”便是一例。这则成语见于《史记》。秦昭王心怀叵测，假称愿以十五城换取赵国的“和氏璧”。赵惠文王明知有诈，但一时想不出对策。此时蔺相如挺身而出，大义凛然，愿意奉璧入秦。他在临行前说：“城入赵而璧留秦；城不入，臣请完璧归赵。”后来“完璧归赵”成了一条成语，泛指把原物完好无损地归还本人。

“璧谢”“璧还”等词，有人认为也与蔺相如有关，其实另有出典。据《左传·僖公二十三年》载，晋公子重耳出亡至曹，曹共公未以礼相待，而大夫僖负羁之妻暗中“馈之以盘飧”，并把一块璧置于盘中，重耳“受飧返璧”，内心十分感激。后来便把辞谢赠品或归还借物客套地称为“璧谢”或“璧还”。重耳即位以后攻打曹国时，不许军队进僖负羁之家，并下令赦免其族，就是为了报答馈食藏璧之恩。这同样是历史上的一个很有名的璧的故事。

“赵家璧”的“璧”为什么不能写成“壁”？灵璧的“璧”为什么不能写成“壁”？这是因为，在玉文化的影响下，人们以玉为吉祥美好的象征，人名中的“璧”字，寄寓着人生追求和生活理想。而灵璧之所以称为“灵璧”，据《大明一统名胜志·南直隶凤阳府志胜》载：“以县产磬石，珍之如璧，故名。”可见，地名和人名一样，同样有着玉文化的影子。

《卖裤衩？》解疑

走进商店一看，原来是卖凉茶的。老板说：“裤头方”是潮汕方言，意思是“民间秘方”。据称，他店中的凉茶是用“民间秘方”配制而成的。方言把你难倒了吧。

一针见血

“臭名”何以“卓著”

◎谷　润

在希腊神话中，有一个“普罗克汝斯特斯之床”的故事。普罗克汝斯特斯是一个臭名卓著的妖怪，他利用他的床杀死过往的旅客。

这是《精准成就天才》(天津教育出版社）第12页中的一段话。其中的“臭名卓著”形迹可疑。“卓著”的意思是“突出地好”，如“成效卓著”“战功卓著”“信誉卓著”等。“臭名”，即“坏名声”，怎么能说“突出地好”呢？估计是将“昭著”和“卓著”混在一起了。“昭著”意思为“明显”，如“罪行昭著”“恶行昭著”等。说“臭名昭著”无懈可击。

“寻点香啧”？

◎高良槐

2011年7月19日，《杂文报》第3版刊有《搂抱明星的乡官冤不冤?》一文，文中有句话写道：“活动虽是演艺活动，但表演者都是大红大紫的著名演员、明星。你一个小小的科级干部，竟敢‘强行搂抱’近距离亲密接触，嗅点芳香，寻点香啧，留个倩影，这本身就表现你好高骛远、狂妄之极的浮夸作风……”其中的“寻点香啧”不对，应为“寻点香泽”。

“香泽”本指发油一类的化妆品。《释名·释首饰》：“香泽者，人发恒枯悴，以此濡泽之也。”也指香气。如《唐才子传·钱起》：“歌阑舞作，微闻香泽。”“寻点香泽”指寻找一点香气。

“啧”，文言词，形容许多人说话或争辩的样子，如“啧有烦言”；也可用作拟声词，如“啧啧称羡”。汉语中没有“香啧”的说法。

“相濡以沫”从何谈起

◎俞敦雨

2011年6月9日，《文汇报》

刊有一篇报道《忍受家庭暴力30多年　今遭丈夫榔头相向》，其开头是这样一段话：

面对与自己相濡以沫30多年的妻子，野蛮丈夫胡力手持榔头、板凳敲打妻子的头部。面对凶狠的胡力，忍耐30多年的妻子不再沉默，拿起法律武器保护自己。

濡：沾湿；沫：唾沫。“相濡以沫”出自《庄子·大宗师》，意思是：鱼困在缺水的地方，用唾沫相互湿润身体，以保全性命。后比喻在困难的处境里，用微薄的力量互相帮助。例如：“在漫长的岁月里，各位老大姐与至亲至爱的伴侣相濡以沫、并肩战斗，为我国革命、建设、改革事业，为统一战线和人民政协事业作出了重要贡献。”

报道中的妻子在向检察官倾述自己的辛酸史时说：“嫁给胡力后，身上一直被打得青一块紫一块，结婚30多年，一直生活在家庭暴力阴影下……胡力一直好吃懒做，沾上了赌博的恶习，做保安的微薄薪水不够花，一没钱就殴打自己，以暴力为手段向自己、向儿女要钱花。”丈夫不断施暴，妻子一忍再忍，这样的夫妻关系称得上“相濡以沫”吗？显然不能！

文采岂能“蜚然”

◎杨郑江

2011年第6期《银潮》刊有《央视名导邓在军：将军老伴是我的贴身“勤务兵”》一文，其中这样写道：“他们只能在信里互诉衷肠，周尔均才华横溢，情书写得文采蜚然，缠绵悱恻。”句中的“文采蜚然”，笔者以为必须议一议。

斐，读作fěi，表示“有文采”。“斐然”是汉语中的常用词，义项有二：一指文采鲜明的样子，如“斐然成章”即富有文采，文章可观。一指显著，如“成绩斐然”即工作或学习等方面所取得的成就非常突出。

蜚，是多音字：读作fēi时，同“飞”，引申指“无根据的，无缘无故的”之义。成语“流言蜚语”，即指毫无根据的话，多指背后议论、诬蔑或挑拨离间的坏话。读作 fěi 时，在古书上指蝗虫一类的昆虫，还指古代传说中的怪兽。

可见，与“文采”搭配的应是“斐然”，而非“蜚然”。汉语中也没有“蜚然”一词。

“浆”怎能“引”

◎李荣先

“翻阅家谱，一看都是贩夫走卒，牵车引浆之流，实在提不起来（不值一提）……”这是 2011 年 6 月 14 日《姑苏晚报》第 33 版《我是谁的后裔》一文中的一句话。其中的“牵车引浆”是“引车卖浆”之误。

“引车卖浆”是个成语，语本《史记·魏公子列传》：“公子引车入市”，“薛公藏于卖浆家”。引：拉；浆：水、酒之类。“引车卖浆”即拉车卖酒、水，后泛指卑贱的行业。如果说“牵车”可勉强说得通的话，“引浆”是根本讲不通的。况且成语具有稳固性，不能随意改字。

牛有“孺子”精神吗

◎龙启群

2011 年《时代邮刊》5 月上半月号第 48 页上有这样一句话：“这位女性正以牛的孺子精神鞭策、激励自己，以新的姿态昂扬奋进在人生路上……”因鲁迅先生“横眉冷对千夫指，俯首甘为孺子牛”的诗句，“孺子牛”一词为人熟知。不过说“孺子牛精神”可以，而说“牛的孺子精神”则不行。孺子，即小孩子。“孺子牛”，典出《左传·哀公六年》：齐景公曾口含绳子装作牛，让儿子牵着走。后用“孺子牛”比喻甘愿为人民大众服务的人。“孺子精神”不知所云，说牛有这种精神更是莫名其妙。

《老子》何来五千年

◎刘曰建

2011 年《老年博览》第 6 期《人往低处走》一文中说：“中国一本《老子》，五千多年了……”这个

“五千多年”不知从何说起！查阅《辞海》可知，“老子”是“春秋时思想家，道家的创始人”。现一般以周平王元年(前770)到周敬王四十四年(前476)为春秋时代。这就很清楚了，老子距今不足三千年，《老子》是老子所作，自然也不可能拥有“五千多年”的历史。

“深文周纳”指的是什么

◎阎德喜

《名家写作法》(上海辞书出版社)是一本很实用的书，给人启发良多。但该书在谈到罗素的写作时，却出现一处明显的差错。文中这样写道：“因为议论性散文思想性和逻辑性较一般散文为强，有时为了深文周纳，可能会用上一些长句或长词。”从文意判断，这句话可能把“深文周纳”理解为深刻与周密了，这显然大错而特错。

深文：苛刻地援用法律条文；周：使周密，无漏洞；纳：也作“内”，使人陷入。《史记·酷吏列传》：“(张汤)与赵禹共定诸律令，务在深文。”《汉书·路温舒传》：“上奏畏却，则锻炼而周纳之。”锻炼，比喻捏造罪名。后因以“深文周纳”谓苛刻、周密地援用法律条文，陷人于罪。也形容给人强加罪名。如清代薛福成《庸盦笔记·谳狱引律同而不同》：“余合二事观之，前之所断，不愧南山铁案，盖其情实可诛，则虽死而无怨也；后之所断，不免深文周内，罪不当死而死。”

上述图书之所以错用这一成语，想来是因望文生义且不深查细究所致。

“日上三更”?

◎罗养性

2011年1月7日，《光明日报》第16版刊有《志士的痕迹，智者的歌咏》一文，文中有段文字说：“他长睡到日上三更，醒来时则自我陶醉。”三更半夜会出太阳吗？当然不会！“日上三更”无疑有误。

我国古代一夜分为五更，每更相当于现在的两小时，三更相当于半夜11时至次日凌晨1时，所以人们常说“三更半夜”。按上文句意，“日上三更”应是“日上三竿”之误。“日上三竿”是个成语，亦作“日高三竿”，意思是太阳升到距离地面三根竹竿的高度，指时间不早了。后多用来形容起床很晚。

死者不可能接受采访

◎良　木

2011年5月16日，《新京报》A17版刊有《革命者张国焘的A面B面》一文，文中有段话这样写道：“‘一大’期间，有部分代表对张国焘表示不满，认为其跋扈，有权力欲。李达、包惠僧、刘仁静、陈公博在解放后，接受中共党史编撰者采访时，均表露了这种意见。”

李达、包惠僧、刘仁静是有可能在解放后接受中共党史编撰者采访的，但陈公博不可能。

陈公博是一条政治变色龙。他早年参加中国共产党，是中共一大代表，过后脱党而去，加入国民党，以“左派”自诩。后演变为反蒋改组派的代表人物，不久又与蒋合流，成为蒋的座上客。最后，他追随汪精卫，叛国投敌，成为当时中国的第二号大汉奸。1946年4月，陈公博在苏州狮子口的江苏高等法院受审。4月12日，陈公博以通谋敌国罪被判处死刑，6月3日，在苏州狮子口江苏第三监狱被执行枪决。

陈公博在解放前就被处决了，怎么可能在解放后接受中共党史编撰者的采访呢？

“牝杜之合”？

◎高　梁

2011年5月13日，《家庭百科报》第2版刊有《道德感的觉醒与升华令人欣慰》一文，文章中这样写道：“道家始祖老子，他通过实验性的观察，确知人体生命是由于牝杜之合，亦即性活动产生的，而性合之源则在于精。”其中的“牝杜之合”应该是“牝牡之合”之误。“牝”(pìn)，雌性的(鸟兽)。如：“牝牛”即母牛。“牝鸡司晨”即母鸡报晓，比喻反常现象。封建礼教把妇女当政叫牝鸡司晨。“牡”(mǔ)，雄性的（鸟兽）。“牝牡之合”指鸟兽中的雌性与雄性交配。上面引文以“牝牡之合”指男女之间的性活动。

是“涟漪”还是“波涛”？

◎尹志杰

前不久在中央电视台“百家讲坛”上，哈尔滨大学的一位教授在讲解“慈禧”时，谈到同治帝决意重修圆明园，说“这消息一传出，如同一枚巨大的炸弹投向水面，立刻激起了阵阵涟漪”。

这句话显然有毛病。因为“涟漪”的含义是“细小的波纹”，这种波纹一般是小石子激起的，根本用不着炸弹。倘若是“巨大的炸弹投向水面”，那后果就不是阵阵“涟漪”了，而应是阵阵“波涛”。假如就当时情况而言，激起的确实是“涟漪”而不是“波涛”，那么这种情况就不能比喻为“巨大的炸弹”，而应该是“一枚石子”。

“不甘服雌”？

◎王毅力

2011 年 8 月 15 日，《光明日报》第 16 版刊有《2011，意犹未尽话高考》一文，其中写道：“另一方面，如火如荼的高中国际部、留学班遍地开花，为学生们提供国外读书的便捷途径。不少国外高校不甘服雌，他们甚至在高二学生中‘下手’，通过特招、提供奖学金等优惠政策招揽生源。”其中“不甘服雌”有误，应是“不甘雌伏”。

“雌伏”源于《东观汉记·赵温传》：“大丈夫当雄飞，安能雌伏？”这里“雄”“雌”分别是指雄鸟和雌鸟。整句话的意思是：“大丈夫活着应当像雄鸟一样展翅高飞，哪能像雌鸟一样趴在窝里？”“雌伏”比喻屈居人下。“不甘雌伏”就是不甘心屈居人下。“服雌”可理解成佩服雌性。但在汉语语境里，在与“雄”对举时，“雌”一般处于弱势，不是佩服的对象，所以无“服雌”一词。上述文章显然应该用“不甘雌伏”，而非“不甘服雌”。

有此一说

“硕鼠”可能不是鼠

◎曾　史

《诗经·魏风》中有一首著名的诗篇《硕鼠》,历来的先秦文学作品选集几乎都把它收了进去。它用硕鼠“食黍”“食麦”“食苗”为比喻,对古代的剥削者不劳而食、骄奢淫逸的丑恶本质，作了深刻的揭露和讽刺。这里的“硕鼠”一般都解释为“大老鼠”。

查阅《诗经》注本。东汉郑玄的《诗经笺》将“硕鼠”释为“大鼠”。晋代的郭璞在《尔雅·释兽》“鼫鼠” 条下注解说:“形大如鼠,头如兔,尾有毛,青黄色,好在田中食粟豆。” 清代郝懿行义疏说:“鼫与硕,古字通。硕者,大也。”可见古人把“鼫鼠”和“硕鼠”看成了一样的东西。陈奂的《诗毛氏传疏》和马瑞辰的《毛诗传笺通释》又进一步把“硕鼠”和“鼫鼠”当成专门在田野里危害庄稼的田鼠。

以上注释,都把“硕鼠”定为一种鼠类的小兽,或称“大鼠”,或称“田鼠”,这两种说法,尤其是前一种，已经被古今绝大多数《诗经》注本所采纳,几乎可以看作定论了。

但是，很早就有学者提出了不同的看法。《诗经·硕鼠》在前后三章中,分别写到了:“硕鼠硕鼠,无食我黍”;“硕鼠硕鼠，无食我麦”;“硕鼠硕鼠,无食我苗”。前两章的“食黍”“食麦”还好说得通,第三章的“食苗”就有点费解了:田里的禾苗，大老鼠怎么会去吃它呢?“大老鼠”不会,那么“田鼠”呢,同样也是没有多大兴趣的。所以有些学者就另辟蹊径，别求新解了。

晋崔豹《古今注·鱼虫》:“蝼蛄,一名天蝼,一名螜,一名硕鼠(一本作鼫鼠)。有五能而不能成伎术:一,飞不能过屋;二,缘不能穷木;三,没不能穷谷;四,掘不能覆身;五,走不能绝人。”

这是古代文献中最早指出蝼蛄的别名叫“硕鼠”的。再看:

《周易·晋》“晋如鼫鼠”句唐代孔颖达疏:“‘晋如鼫鼠’者,鼫鼠有五能而不成伎之虫也……蔡邕《劝学篇》云:‘鼫鼠五能,不成一伎。’王注云:‘能飞不能过屋,能缘不能穷木,能游不能度谷,能穴不能掩身,能走不能先人。’《本草经》云:‘蝼蛄一名鼫鼠。’谓此也。”

这里又把“硕鼠”“鼫鼠”与“蝼蛄”三者串联起来了。

最后,清代的牟应震在他的《毛诗物名考》中又对以上的观点和资料作了统括的论定:

硕鼠即鼫鼠,《古今注》蝼蛄也。方首短翅,六足,前二足如鼢鼠,故以鼠名……春苗生时，恒穿田为苗害,故曰无食我苗。……其为蝼蛄无疑也,而《尔雅》以硕鼠入鼠部,陆、郭因之误也。

我认为，牟应震的说法证据确凿，论述有理。蝼蛄是一种昆虫,前足发达,呈铲状,适于掘土。生活在泥土中,昼伏夜出,吃农作物的嫩苗。把“硕鼠”解释成“蝼蛄”,解决了人们对硕鼠“食苗”这一描写所提出的疑问。“食黍”“食麦”也可解释为啃食黍、麦的嫩苗,句意也可贯通。把“硕鼠”解释成蝼蛄,应当更加符合《诗经》的原意。齐鲁书社 1983 年出版的袁梅先生的《诗经译注》就吸取了这一新说，受到了学术界的关注和肯定。

蝼蛄

佛教中的"乘"如何读

◎陈治典

稍具佛教知识的朋友都知道，佛教有大乘佛教与小乘佛教两个派别。小乘佛教，主要流行于东南亚各国，只求自度，脱离生死苦，一般不度人；大乘佛教主要流行于中国、朝鲜半岛、日本、越南等地，不仅自度，而且普度众生。

“乘”是一个多音字：一读chéng，作动词，意思是“乘坐”，也指“算术运算中的乘法及其运算”；一读shèng，作名词，意思是“车辆”，古代一车四马为一乘，也引申为“运载工具”。“大乘佛教”“小乘佛教”的“乘”，究竟如何读呢？查阅《现代汉语词典》《现代汉语规范词典》等权威工具书，注的均是chéng这个音。笔者认为值得商榷。

大乘佛教，于公元一二世纪由佛教大众部的一些支派发展而成，自称能运载无量众生达到菩提涅槃的彼岸，成就佛果，故名“大乘”，而贬称原始佛教和部派佛教为“小乘”。佛家认为，佛法像运载工具一样能运载众生脱离生死苦海到达涅槃彼岸。“乘”的意思是“运载工具”，比喻佛教教义。

《法华经·譬喻品》里有个生动的故事：某国有位长者，他年事已高，很有财富。他的房屋广大，但只有一扇通往外边的门。突然大火从四周烧起，长者的众多儿子还在宅中嬉戏，没有逃离之意，十分危险。这可急坏了长者！并且不管怎么劝说，孩子们就是不听，不肯出来。长者知道孩子们喜欢种种稀奇玩物，就跟他们说门外有种种羊车、鹿车、牛车可以游戏，叫他们赶快出来，随他们取

"不毛"原来是地名

◎甘德鲜

诸葛亮《出师表》有一句话是:"五月渡泸,深入不毛。"现在广泛使用的人教版义务教育课程标准实验教科书将"不毛"注释为"不长草"(的地方)。2010 年《咬文嚼字》第 10 期刊有《不毛之地:不长草的地方?》一文,其中说:"泸,即泸水,在今四川省南部,那里怎么可能不长草呢?"文章最后得出结论:"不毛"即不能生长粮食或其他农作物,指未经开发之地。

学界大都这样解释"不毛"二字。《辞海》(1999 年版)中,"不毛"的第 1 个义项是:"未加种植。……也指荒瘠的土地。"吉林人民出版社出版的《〈古文观止〉译注》也持

用。于是孩子们便争先恐后地跑出了火宅。长者给每个孩子一辆由白牛拉的、装饰华丽的七宝大车,让他们尽情娱乐,从而逃出了火海。佛陀用这个故事,比喻众生受着生、老、病、死、忧悲、苦恼等等无穷无尽痛苦的煎熬,可是毫不觉悟,仍贪恋着五欲财利,不求出离。佛陀如同众生的慈父,为诱导众生脱离火宅,用各种运载工具(如羊车、鹿车、牛车等),帮助众生脱离苦海,得涅槃之乐。这个故事也用羊车、鹿车、牛车等运载工具,比喻佛法。

既然"乘"作"运载工具"解,自然应读 shèng。

其实,早就有人指出过,佛教中的"乘"应读 shèng。解放后第一任佛教协会会长圆瑛法师,在他的《劝发菩提心文讲义》等书中就一再说明小乘佛法和大乘佛法中的"乘"字,应读 shèng。台北世界出版社出版的注音本《金刚经》也是这样注音的。

同样观点——“泸：泸水，即金沙江。深入不毛：深入不生五谷的未开发的地带。”其实，这种说法未必就是不可质疑的定论。

成都学者李定与早在上世纪80年代就研究过《出师表》中的“不毛”一词，并有多篇论文发表。在80高龄时，他又根据《大理古佚书钞》中三位明代学者关于诸葛亮南征的研究，沿着诸葛南征的路线，从成都出发，行程75天，最后到达缅甸，发现了许多前人未曾注意到的新论据。后来李先生写出了《〈出师表〉中“泸”与“不毛”的地理位置》和《诸葛亮南征地理位置考释》等文，发表于《云南时报》、云南《保山日报》和云南《高黎贡》杂志。李先生的结论是：诸葛亮五月渡的“泸”不是金沙江，而是今日云南的怒江。古代怒江在中国段的名称有三个：①黑水，②怒水，③泸水。它在国外段的名称为萨尔温江。“五月渡泸”的“泸”是特指云南今保山市古盘蛇谷（火烧藤甲兵处）附近的怒江段。由古盘蛇谷过古称泸水的怒江，就是腾冲地带，此地出产一种藤长达300~400米，藤甲兵所用的藤可能就出在此处。由腾冲去缅甸不过百余里。孟获逃过泸水，便循南方丝绸之路茶马古道向邻国请求避难。邻国是个佛教国，我国古代称它为“缅”，古印度称它为“缅毛（Myamma）”，他们自称“不毛（Brahma）”，这个国家就是现在的缅甸（Burma）。孟获残部逃往缅甸八莫（Bhamo），八莫人慈悲为怀，非常同情孟获的遭遇，愿意提供保护。诸葛亮通过外交途径，将孟获捕获归国。后世八莫人知道中国有《七擒孟获》的戏文，出于同情历史上孟获及藤甲兵的悲惨遭遇，就编了一部《八擒诸葛亮》的戏文。据二战中重庆《大公报》出版的《中印公路通车》一书中记载，当时还有人在八莫看到过这出戏。

缅甸自称“不毛”，并且孟获的逃亡地“八莫”也与“不毛”音近。诸葛亮根据“名从主人”的原则，便在《出师表》中写成“深入不毛”了。以“不毛”称缅甸的，还有唐初四杰的骆宾王。他的《从军中行路难》诗云：“去去指哀牢，行行入不毛；绝壁千重险，连山四望高。”诗中的“不毛”，指的也是缅甸。

热线电话

“你好，我是64330669……”(29)

◎姚博士

“锦标赛”的含义

问:2011年世界游泳锦标赛在上海举行，中国体育健儿取得了优异成绩。乒乓球、羽毛球、篮球等也有世界锦标赛。“锦标赛”是体育比赛的一个类别吗？为什么称“锦标赛”？

——北京　赵　强

答:“锦标赛”也称“单项锦标赛”“冠军赛”，运动竞赛中的一种，是为了检查某一单项运动发展情况与训练成绩定期举行的比赛。世界锦标赛由各项运动项目的国际组织定期举行，国家锦标赛由国家体育主管部门或各项运动的全国性协会定期举行，地方和基层单位也可在各自的范围组织各项运动的锦标赛。

锦标，本指用锦制作的旗帜，古代用以赠给竞渡的领先者。唐代白居易《和春深》之十五:“齐桡争渡处，一匹锦标斜。”宋代文天祥《端午感兴》诗:“楚人犹自贪儿戏，江上年年夺锦标。”清代潘荣陛《帝京岁时纪胜》:“五月朔至端阳日，于河内斗龙舟，夺锦标。”说的都是竞渡者争夺锦标的情况。竞赛优胜者所获得的奖品，后来也称“锦标”。

现代体育运动中的锦标赛，一般会给优胜者比较丰厚的奖品或奖金，其金额要比公开赛高出许多。据报道，2010年斯诺克世界锦标赛的冠军奖金为25万英镑。正因为如此，现代体育运动传入中国以后，这类比赛被称为“锦标赛”。

“几乎”可以和“都”搭配吗

问：我是刚进报社不久的校对人员。前不久在一篇文稿中见到“几乎”与“都”搭配使用，校对室有人认为不对，既然是“几乎”，就不可能是“都”。这种说法对吗？

——江西　张　隽

答：看得出来，你对这种说法是抱怀疑态度的。但抱有这种看法的人确实不少，在他们看来，“都”表示的是全部、所有，而“几乎”则不是全部、所有，两者搭配是矛盾的。其实这是一个误解。

不错，“都”是一个副词，有总括的意思，凡是称得上“都”的，应该是一个不漏。而“几乎”也是一个副词，表示十分接近，只差那么一点，几乎是但毕竟不是。正因为此，有时搭配起来，表述才更为精确。

比如，一个班级里有 30 个学生，28 个做了世博志愿者。如果说“全班都成了志愿者”，这不符合事实；但不这样说，又不能表现班级里的志愿者之多。如何表述呢？加上“几乎”二字——“几乎全班都成了志愿者”，用“几乎”来既渲染“都”又否定“都”，不就无懈可击了吗？

“量体裁衣”的“量”：读 liáng？读 liàng？

问：“量体裁衣”是一个使用频率很高的成语，其“量”有人读 liáng 也有人读 liàng，这个字究竟如何读才准确？

——江苏　张　岚

答：“量”有两个读音，可读 liáng 也可读 liàng。

读 liàng，本指测量东西多少的器物，如斗、升等。后引申指衡量、估摸、比照、按照等意思。如“量力而行”即估量本身的力量而采取行动，“量才录用”即衡量才能的大小决定录取任用，“量能授官”即根据才能授予官职，“量入为出”即依据收入的多少来决定支出。

读 liáng，意思是用尺、容器、秤或其他器具作为标准来测定某物的长短、多少、轻重或其他性质。一般都可用精确数据表示。

“量体裁衣”是个成语，意思是按照身材裁剪衣服，比喻根据实际情况办事。“量”是“按照”的意思，所以应该读 liàng。《现代汉语词典》《现代汉语规范词典》《汉语大词典》《汉语成语考释词典》等权威工具书都把这个词中的“量”注成 liàng。

也许有人会说，裁剪衣服的时候，不是要用尺子量脖颈、肩膀、手臂等身体的尺寸吗？“量体裁衣”的“量”读 liáng，理解成“量尺寸”，为什么不行呢？这种说法有一定道理，这可能就是一些人把这个字读成 liáng 的原因。问题是，“量”的对象是“体”，而不仅仅是脖颈的大小、肩膀的宽度、手臂的长短等。“体”的结构非常复杂，除了脖颈、肩膀、手臂等的尺寸外，还包括肩膀的弧度、腰身的曲线等等，都很难用尺子准确量出来。可见，把“量体”的“量”理解成“根据”“按照”比理解成“量尺寸”更合理一些。这可能是权威工具书把“量”注成 liàng 的原因。

所以，“量体裁衣”的“量”，我们推荐读 liàng，建议读者朋友最好不要读 liáng。

老虎何以称“大虫”

问：本人喜欢看古代白话小说，发现古人常称老虎为“大虫”。老虎是虫子吗？为什么称“虫”？

——山西　唐　尧

答：古书中确实常称老虎为“大虫”，请看：

武松听了，笑道：“我是清河县人氏，这条景阳冈上少也走过了一二十遭，几时见说有大虫，你休说这般鸟话来吓我！——便有大虫，我也不怕！”酒家道：“我是好意救你，你不信时，进来看官司榜文。”武松道：“你鸟做声！便真个有虎，老爷也不怕！你留我在家里歇，莫不半夜三更，要谋我财，害我性命，却把鸟大虫唬吓我？”

这是《水浒传》第二十二回中的一段文字，武松与酒家口中的“大虫”就是老虎。

虫，现在指昆虫或类似昆虫的小动物。但古代常以虫指含人在内的一切动物。《大戴礼记·易本命》:“有羽之虫三百六十,而凤凰为之长;有毛之虫三百六十,而麒麟为之长;有甲之虫三百六十,而神龟为之长; 有鳞之虫三百六十,而蛟龙为之长;倮之虫三百六十,而圣人为之长。”可见古人把“虫”分为“有羽之虫”“有毛之虫”“有甲之虫”“有鳞之虫”“倮之虫(倮同裸,即无羽、无毛、无甲、无鳞的动物)”五类,分别以凤凰、麒麟、神龟、蛟龙、圣人为首。老虎属“有毛之虫”,又是百兽之王,称之为“大虫”理可通。唐人避李虎(唐高祖李渊祖父)讳,忌说“虎”,“大虫”便流行开来。

台风的“台”

问: 台风常给人们的生命财产造成重大损失, 如今年7月底的“梅花”就造成辽、鲁、苏、沪、浙等5省市514万人受灾。有人说,由于台风在台湾附近的西太平洋海面生成,所以称“台风”。这种说法对吗?

——上海 文 健

答:“台风”的“台”,繁体字作“颱”;“台湾”的“台”,繁体字作“臺”。二者是两个完全不同的字。可见,“台风”的得名应该跟“台湾”没有直接关系,上述说法经不起推敲。

在中国古籍中, 明代以前一般称来自西太平洋上的大风为“飓风”,明以后按风力的大小不同,有“台风” 与 “飓风” 之分。轻者为“飓”,剧者为“台”。清代王士禛《香祖笔记》:“风大而烈者为飓, 又甚者为台。飓倏发倏止,台常连日夜不止。”清代俞正燮《癸巳类稿》卷九也说:“台,大具(飓)风也。”“台”的繁体字“颱”,是个形声字,从風、台声。“台风”应该是明代以后国人创造的一个新词。为什么把比飓风更大、更猛的风称为“台风”呢?在粤语中,“台风”与“大风”的读音非常接近,“台风”可能是在粤语“大风”的影响下而产生的。

英语中, 在西太平洋及印度洋洋面上生成的热带风暴称为typhoon, 在大西洋及东太平洋上生成的热带风暴称为 hurricane。英语“typhoon”与中文“台风” 所指对象基本一致,且读音非常接近,于是许多英汉词典就把 typhoon 译成“台风”,而把 hurricane 译成

“飓风”。

基于“台风”与“typhoon”音义的高度一致，人们于是对“typhoon”与“台风”的词源产生了兴趣。有人认为，中文“台风”来源于英语 typhoon，英语 typhoon 来自希腊文 typhon，typhon 在希腊文中指“风魔”或“暴风”。也有人认为，英语 typhoon 出现很晚，可能是受中文“台风”与希腊文“typhon”综合影响而产生的。笔者不详细介绍，有兴趣的朋友可去查阅。我们倾向认为，“台风”与“typhoon”各有来源，它们在音义上的接近，是偶然现象，不能简单地看成是词源关联的证据。

“没羽箭”的“没”读什么音

问：最近新版《水浒传》在荧屏热播，作为超级“水浒迷”，我自然一集不落地收看。张清的外号“没羽箭”，其中读的是“mò 羽箭”，而有朋友认为应该读“méi 羽箭”。到底应该如何读？

——江西　张　宇

答：张清是“一百单八将”之一，原为东昌府猛将，善打飞蝗石，百发百中，人呼“没羽箭”。梁山军攻打东昌府时，张清用飞石先后打败双鞭呼延灼、赤发鬼刘唐、青面兽杨志、美髯公朱仝、插翅虎雷横等十五员战将，后被吴用用计逼入水中，为梁山水军头领阮氏兄弟捉住，归顺梁山。

张清不以“弓箭”为武器，“没羽箭”显然说的是他手中的“飞蝗石”。古代有个成语叫“射石饮羽”，意思是箭射到石头里，隐没了箭尾的羽毛，形容发箭的力量极强。如果将“没”读成 mò，义为“淹没”“隐没”，“没羽箭”即隐没箭羽于石中的箭，以此比喻“飞蝗石”似乎不太合理，因为“飞蝗石”根本就没有“羽”。如果说的是张清打飞蝗石非常有力量，可以深入石头之中，这似乎太夸张了！如果真是如此的话，被他打过的呼延灼等人还会有命吗？况且《水浒传》中说的也是张清飞蝗石打得准，而非一石毙命。如果将“没”读成 méi，义为“没有”，“没羽箭”就是没有箭羽的箭，用以比喻“飞蝗石”十分形象。我们认为，“没羽箭”的“没”读 méi 比读 mò 合理一些。

语林拾遗（六）

◎屠　岸

“骨肉横飞”？

世界图书出版公司2010年3月出了一本极好的书，好得不得了！但它215页上有一段话：“美国上演《珍珠港》电影，纪念六十年前日本偷袭珍珠港的惨痛教训。新闻说，电影十分逼真，海港残破，机舰摧毁，烈火冲天，骨肉横飞，一幕幕惊心动魄的镜头，唤起美国观众的愤激情绪，提高美国人民的备战意识。”我读的时候，本觉得很顺，但读到“骨肉横飞”时，忽然格登一下，卡住了！

骨肉，按《现汉》的解释，是：指父母兄弟子女等亲人。骨肉不等于骨头加肉。说日本偷袭珍珠港，出现父母兄弟姐妹子女等亲人“横飞”的情况，不知从何说起。

想来应该是“血肉横飞”，即血液肌肉四处飞溅，指死伤的惨状。“血”误作“骨”，变得不可理解了！（2011-07-05）

两字词的重叠

忽然想起，有些用两个汉字组成的词，也可以把这两个字重复一下，变成四个字，而意思不变。如“欢喜”，可以变成“欢欢喜喜”。《现汉》解释“欢喜”为“快乐；高兴”，所举的例句有："满心欢喜"，"欢欢喜喜过春节"。在《现汉》看来，"欢欢喜喜"等于"欢喜"。

通常情况是这样的，但我还是觉得两字词和四字词不能随便替代。我习惯说"满心欢喜"，说"满心欢欢喜喜"就有点别扭。"欢欢喜喜过春节"和"欢喜过春节"更不是一回事，后者可能是喜欢过春节这个节日。

举个特殊的例子："风风火火"。它形容急急忙忙、冒冒失失的样子，却不能"回复"成"风火"。现代汉语中，没有"风火"这个词，只有"风火墙"（防火墙），与"风风火火"风马牛。

还有一种更特殊的情况。如"指点"，据《现汉》解释，是："指出来使人知道；点明。"但"指指点点"，便变成"在旁边挑毛病，在背后说人不是"。前者是中性词，后者变成贬义词。《现汉》说"指点"也可以是"在旁边挑剔毛病；在背后说人不是"。然而，"指指点点"却绝不能是"指出来使人知道；点明"。

《文汇报》2011年7月7日《文汇教育·校园》版上登有华东师大校长俞立中在毕业典礼上的讲话，标题是：你们也许需要指点，但不需要指指点点。这里，"指点"和"指指点点"意思显然是相反的。（2011-07-09）

"垂帘听政"的错位

上世纪40年代，我在上海看过一部英国故事片，其中讲述的是英国19世纪女王维多利亚（1819—1901）的故事。英文片名是 Sixty Glorious Years，意思是"辉煌的六十年"。维多利亚登王位时是1837年，到她去世的1901年，在位时间共64年。影片名取其成数：六十年。该片的中文译名叫"垂帘六十年"。"垂帘"是什么意思？中国历史上有过"垂帘"的现象。

中国封建时代在特殊情况下，太后或皇后临朝听政，殿上用帘子遮隔，叫"垂帘"。《旧唐书·高宗纪下》："时帝风疹，不能听朝，政事皆决于天后（武则天）……上每事朝，天后垂帘于御座之后，政事大小，皆与闻之。”《宋史·礼志二十》：“皇太后（刘太后）……与皇帝（仁宗）并御承明殿，垂帘决事。”又据清史：慈禧，咸丰帝之妃。咸丰死，其六岁子载淳（同治帝）即位，慈禧被尊为太后，实行垂帘听政。同治死，立五岁之载湉为帝（光绪帝），仍由太后垂帘听政。慈禧为同治、光绪两朝之实际统治者。

英国历史上从未有过“垂帘”的事。英国不曾有过王后（或国王的母亲，姑且也称“太后”）与国王共同临朝由王后（或“太后”）决定国家大事的现象。

维多利亚是英国的女王，并不是王后。在位时她是英国的最高统治者。她有丈夫，阿尔伯特，不是国王，被称为亲王。把讲述维多利亚女王事迹的影片名译为“垂帘六十年”，是张冠李戴，是东西方文化传统的错位。（2011-07-10）

何来『中共民主同盟』

《诗刊》2011年7月号上半月刊为庆祝中国共产党成立90周年，出《革命烈士诗抄·珍藏版》，收入了70位革命烈士的诗作。这个专版太好了，具有极大的教育意义和收藏价值。

其中收入了闻一多的诗，在对闻一多作介绍时，说闻一多“曾任中共民主同盟中央委员”。

“中共”是中国共产党的简称。中国共产党内有一个叫“民主同盟”的组织吗？没有！闻所未闻！

中国有一个民主党派，叫中国民主同盟，简称“民盟”。闻一多于1944年加入民盟，抗战胜利后出任民盟中央执行委员、民盟云南总支部宣传委员兼《民主周刊》社社长。1946年7月15日被国民党特务暗杀，牺牲时47岁。

《诗刊》把“中国民主同盟”误为“中共民主同盟”了。（2011-07-16）

一个歧义标题

《文汇报》2011年7月18日“文汇学人”版刊登了一篇人物访谈录，其中有这样一个醒目的小标题：“中国没有任何榜样可以追循”。

猛一看，觉得这话的意思是：中国没有任何榜样可以让人追循；或者是，中国没有任何可以供人追循的榜样。

再想一想，不大对。难道中国没有做出任何成就或取得任何经验可供他人（别国）当作榜样来学习的吗？

读了文章方才明白，这“中国没有任何榜样可以追循”的意思是：没有任何榜样中国可以追循；或者是，没有任何榜样可以让中国追循。

“中国没有任何榜样可以追循”是一个歧义句。如果写成“没有任何榜样中国可以追循”，就不会有这个问题。（2011-07-18）

『不要说自己都不理解的话』

◎唐　仁

高平子（一八八八—一九七〇），上海人，曾任教于震旦学院。天文学家，治学严谨，颇有成就，曾以精密论证推算出周代北极星的准确位置，引起学术界高度重视。月球上有座环形山，就是以他的名字命名的。

有一天，他的孙子去拜访胡适，跟胡适说：『我们读书，要做到「为天地立心，为生民立命，为往圣继绝学，为万世开太平」……』胡适打断他，问道：『啥叫「为天地立心」？你解释给我听听。』那孩子傻在那里，一愣一愣的，答不上来。

胡适道：『学你爷爷吧，严谨一点，不要说自己都不理解的话！』

语丝

“发髫”与“发髻”

◎陈关春

2011年5月18日，《解放日报》第11版登有介绍中国职业台球“花式九球”打法女运动员潘晓婷的一篇文章：《打球，读书，享受生活》。文中说：“齐齐的刘海，清爽的发髫，一件轻盈的白色薄纱装，‘九球天后’看上去像个洋娃娃，又不失清新之风。”其中“发髫”一词值得商榷。

髫（音 tiáo），古代指小孩下垂的头发，借指童年，如：髫龄、髫年、垂髫之年，均指童年。《后汉书·伏湛传》：“髫发厉志，白首不衰。”其中的“髫发”也是儿童下垂的头发，借指童年。“髫”特指儿童的头发，潘晓婷并非儿童，“发髫”用在她身上不贴切。

从文章配发的照片看，潘晓婷前额是刘海，脑后挽成发髻（音jì）。发髻，也叫头髻，将头发绾成结，盘在脑后或头顶。梳在头顶的发髻，也称鬏髻（zhuāji）或抓髻。环形的发髻，叫鬟（音 huán），也叫云鬟。杜甫《月夜》诗：“香雾云鬟湿，清辉玉臂寒。”

无论从年龄上说，还是从发型上看，上述文章用“发髫”都是说不通的。或许是“发髻”之误吧。

“九球天后”潘晓婷

“一字千金”的出典

◎厉国轩

2011年3月23日,《浙江老年报》刊有《“一字千金”的由来》一文,文中说:唐代长安洪福寺(应为弘福寺)高僧怀仁和尚根据朝廷要求,用晋代大书法家王羲之的字体,将玄奘和尚所译佛经经文(玄奘从印度带回的)、唐太宗李世民所写的序文和太子李治(即后来的唐高宗)所写的记述玄奘的谢表合为一体,刻成石碑,名为“大唐三藏圣教序碑”。怀仁在集字过程中,有几个字无法找到,于是奏请朝廷贴出告示称:凡献出碑文中急需的一个字者,赏金一千。“这就是‘一字千金’的由来。”此说不确。

典故的“由来”,亦称“出典”,即典故的最早出处。“一字千金”的最早出处并非上文所言,而是《史记·吕不韦列传》。吕不韦是战国末期秦之相国,他组织门客著成《吕氏春秋》一书,共二十余万字。书成后置于咸阳城的城楼上,悬千金其上,许诺能增损一字者予千金。“一字千金”由是而来。后来也用来称誉辞意精警的诗文。如南朝梁钟嵘《诗品》卷上:“陆机所拟十四首,文温以丽,意悲而远,惊心动魄,可谓几乎一字千金。”

怀仁和尚为唐代人,他在唐高宗咸亨三年(672)刻就《大唐三藏圣教序碑》,其事晚于吕不韦事九百多年,晚于钟嵘评陆机诗亦有一个半世纪。因此,怀仁一字赏千金之举,充其量只能算是效仿吕不韦当年所用之法,怎能算是“一字千金”之“由来”呢?

《火眼金睛》提示

图1,“痳辣”应为“麻辣”。

图2,“撑勺”应为“掌勺”。

图3,“论谈”应为“论坛”。

图4,“暴力”应为“暴利”。

满“洲”和株“洲”

◎陈扬桂

我国有许多带“州”字的地名，如杭州、苏州、广州、郑州等，这些“州”在古代是行政区划名，相当于现在的“省”“市”等。这些“州”是不能写成“洲”的。值得注意的是，“满洲”“株洲”是例外，其“洲”字是有水旁的。

为什么“满洲”和“株洲”的“洲”字，不能写成“州”呢？这需要我们弄清这两个地名的来历。

先说满洲。满洲这个名字的出现，没有太长的历史。公元1636年，清太宗皇太极改国号为“大清”，把原来女真族的族名改为“满洲族”，辛亥革命后简称“满族”。可见，“满洲”最初出现于17世纪，当时是一个民族的名称而并非地名。

“满洲”究竟是什么意思呢？有多种说法：一种说法是，“满洲”为女真首领努尔哈赤的祖先李满住的名字谐音。第二种说法是，“满洲”源自满语和蒙古语中“满洲利亚”的谐音，“满洲利亚”意为吉祥、幸福、平安的土地。第三种说法是，“满洲”为“曼殊”的转音，“曼殊”为西藏人对文殊菩萨的称呼。

看来，“满洲”二字是记音的，既然如此，“洲”为什么不写成“州”呢？这要从中国古代王朝五行五德轮替的理论来分析。按照五行五德的说法，明朝为火德，清朝要取代明朝，就必须以水灭火。皇太极用“满洲”两个水字旁的汉字为其部族命名，可见其用心良

“省”的今生与前世

◎陈璧耀

本文所说的“省”，特指地方行政单位的名称。我国目前的地方行政单位，主要为省、市、县三级，“省”属最高一级。如果说这就是“省”的今生，那么，它的前世指的又是什么呢？

“省”之初义原是王宫禁署，即所谓“禁中”。《篇海类编·身体类·目部》说：“省，禁署也。汉以禁中为省。”王宫禁署为何称禁中？汉朝蔡邕在《独断》中解释说：“禁中者，门户有禁，非侍御者不得入，故曰禁中。”但禁中何以又称省呢？陈垣《史讳举例》第十六《外戚讳例》引蔡邕《独断》说：“孝元皇后父大司马阳平侯名禁，当时

苦。懂得了这一点，我们就不难知道，满洲的“洲”为什么要写成有水旁的“洲”了。

再说株洲。株洲是湖南省的重要城市，古称建宁，炎黄文化的重要发祥地。中华民族的始祖、农耕文化的创始人——炎帝神农氏，就长眠在株洲境内炎陵县鹿原坡，江泽民同志题写了“炎帝陵”一名。“株洲”这个地名是怎么来的，为什么不能写成“株州”呢？株洲地处湘江两岸，湘江流经这里形成许多沙洲。古代在这一片沙洲上生长着茂密的槠树，于是此地就被称为“槠洲”。由于“槠”“株”同音，至南宋绍熙元年(1190)，这里被正式定名“株洲”，“株洲”彻底取代了“槠洲”之名，而一直沿用至今。由于株洲的“洲”字取自沙洲之“洲”，所以株洲不能写成“株州”。

避之,故曰省中。"原来是避西汉孝元帝王皇后父亲王禁名讳而改称"省中"的。此类讳改在古代并不少见,但因外戚的名讳改王宫禁署却还是很罕见的。

魏晋以后就称设在宫禁附近的尚书、中书和门下等中央政府机构为省,即尚书省、中书省和门下省。这些名称为以后的历代王朝所沿用,到隋唐时就形成了中央机构的三省:以中书省为设计决策机构,以门下省为考核审议机构,以尚书省为贯彻执行机构。这就是"省"的前世,指的是与地方政区相对的中央政府机构。

而"省"作为最高一级地方行政单位名称的今生,则是晚至元朝以后才逐渐形成的。

元平宋之际,始设"行省",是当时最高一级地方行政区。所谓"行省",原是中央临时的派出机构,元朝的中央机构是中书省,所以行省就是"行中书省"。但行省也并非元首创,早在魏晋时就已有了。

魏晋时的中央政府称台省。当时,如果地方上出现什么问题需要中央政府处理的话,台省的中央官员就会去地方处理相关事务。这些出行在外代表中央政府的中央大员就被称为"行台"或"行台省"。魏甘露二年(257)六月,司马昭讨伐诸葛诞时,逼迫魏主曹髦车驾同行,《通典》说是"以行台从";晋永嘉四年(310),石勒作乱逼近洛阳时,太傅司马越率众去许昌,也是"以行台自随"的。意思是说,司马昭是带着整个中央政府去讨伐的,而司马越则是带着整个中央政府随军迁移的。中央政府一旦离开京城就称为"行"。

到了隋朝,就出现了派驻地方行使中央政府职能的行省机构。当时这些行省机构都是因事而设的临时办事处,事情解决后就立即撤销。这种临时的派出机构,金朝时比较多,因为面对蒙古入侵和农民起义,朝廷需要不断地派出中央大员去各处镇压和防守。金朝的中央政府叫尚书省,所以中央派出的行省机构就叫行尚书省。

蒙古人建立元王朝以后,一开始就采用金朝的这种行省制度,占领一个地区,就设立一个行省,派一个中央大员。但由于灭金平宋历时太久，前后长达七十多年，因此，这种临时性的行省设置就被长期维持下来，逐渐成了正式的地方行政机构。于是“省”这个原来的中央政府机构就演变成一级地方政区的名称了。这个过程大致完成在平宋之初。

元朝行省的辖境很大，《元史·地理志一》说元平宋之后：“立中书省一，行中书省十有一：曰岭北，曰辽阳，曰河南，曰陕西，曰四川，曰甘肃，曰云南，曰江浙，曰江西，曰湖广，曰征东。”元朝时全国分为十二个大行政区：一个是中书省的直辖区，十一个行中书省。行中书省简称行省，行省又简称省，于是省就成了地方的一级政区。

明初，朱元璋虽改行省为承宣布政使司（简称布政司），但民间还是习惯把这一级政区称为省，所以当时全国是十五省。清初的地方政区基本因袭明制，也是十五省，只是废掉了两京制度和布政司，直接改称为省。到光绪时，全国已增至二十七个省级行政区了。

综上所述，省的前世原是中央政府机构的名称，中央的临时派出机构称行省。但到了元朝，由于临时性的行省在地方上存留的时间过长，就逐步演变为固定性的直属中央政府的地方一级政区了，并一直延用到了现在，这就成了“省”的今生。而“省”前世的旧义，在我国早已不见踪影了，但在我们的近邻如日本和朝鲜等国，却还有延用称中央政府机构的，如称外交部为“外务省”等，看来这“省”的前世还没有最终圆寂。

『一不做，二不休』说源

◎刘鹏

一不做，二不休，指行事时，一旦开始，就索性干到底。此话据说是唐人张光晟说的。

唐德宗时，朱泚反叛朝廷，其部将张光晟参与其中。当叛兵围攻奉天时，张光晟引兵反戈，攻杀朱泚，以为此举能将功赎罪。岂料，朝廷依旧问罪斩之。张光晟临刑前悔恨曰：第一莫作，第二莫休。事见唐赵元一的《奉天录》卷四。

语丝

追踪荧屏

“佯攻”与“仰攻”

◎田冰涛

《亮剑》是我非常喜欢的一部电视剧，虽然已经看过多次，但在今年暑期忍不住又看了一遍。第17集中，358团团长楚云飞与副官讨论褐阳沟之战的经验教训，楚说：我军居高临下属于以逸待劳，而敌人是仰攻，处于不利位置，属于劳师以远。楚说的是“仰攻”，字幕上显示的却是“佯攻”。

仰攻和佯攻，都是军事作战中的常用词语，但意思却完全不同。仰攻，顾名思义，即从低处向高处进攻。相较于“居高临下”，仰攻在视野、行进和攻击上都很不利，故难度很大，代价也往往大很多。在作战中，仰攻的部队经常处于劣势。这也就是在战斗中要抢占制高点、占据高地的原因。仰攻是就攻击部队所处位置来说的。

而佯攻，则是一种作战策略。佯者，假也。常见的佯装、佯作、佯死、佯动等词语中，“佯”都是假、假装的意思。佯攻的意思就是假装进攻。在军事作战行动中，为了不让敌方判断出我方的具体攻击方向、位置和力量，经常会在发动攻击的同时，派出另外一支或几支部队向敌人发动虚假攻击，让敌人判断不出我方真实的攻击意图，从而掩护主攻力量夺取胜利。佯攻是一种比较常见的作战策略，经常可以起到声东击西、诱敌深入、出其不意的效果。

电视剧中，楚云飞部凭山据险，对前往平安县城增援的吉野联队发动阻击，所处的形势自然是“居高临下”，而吉野联队正是处于“仰攻”的不利位置。从前后剧情，均看不出吉野联队有任何“假装”的迹象，说其“佯攻”是没道理的。

诸葛先生何曾流“鼻涕”

◎古　桥

2011年6月12日，央视中文国际频道《百家讲坛》播出《向诸葛亮借智慧之五·信任的诀窍》。主讲人说：刘备在白帝城托孤后，诸葛亮诚惶诚恐，立即“泣涕”表示忠心。接着，主讲人又解释道：“泣，是哭泣；涕，是流鼻涕。”“泣涕”的“涕”，真的是流鼻涕吗？

“涕”在现代汉语中多作鼻涕解，但在古汉语中，它的意思是“眼泪”，而非“鼻涕”。《玉篇·水部》：“目汁出曰涕。”在上古时代，鼻涕称“洟”。《易·萃》：“赍咨涕洟。”孔颖达疏：“自目出曰涕，自鼻出曰洟。”《汉语大词典》有“泣涕”词条，两个义项：一是眼泪；二是哭泣。此外还有“涕泣”词条，解释也是哭泣和流泪。可见“泣涕”与“涕泣”的词义基本一致。但都没有“鼻涕”一说。

白帝城托孤
（新版《三国演义》剧照）

显然，诸葛亮“泣涕”的意思，是说他哭泣流眼泪，而不是哭泣流鼻涕。上述节目中主讲人对“涕”字的解释是欠准确的。

诛“九族”还是诛“十族”？

◎杨长军

2011年《杂文月刊》6月下刊有《恐惧之中的伟大》一文，其中提到明代的“靖难之役”，这样说道：“方孝孺怒而写下‘燕贼篡位’四字，骂道：‘死即死耳，诏不可草。’方孝孺因此被诛九族。”其实历史事实是，方孝孺被诛了“十族”，而非“九族”。我国自古以来最严厉的酷刑莫过于诛九族，而明永乐皇帝朱棣诛了方孝孺“十族”，可谓空前绝后。

何为“九族”？一种说法是，从自己起，上及父、祖父、曾祖父、高祖父，下及子、孙、曾孙、玄孙，共九代直系亲属。另一种说法是，包括异姓亲属，父族四代、母族三代、妻族二代，共九族。

据《明史》及明代钱士升《皇明表忠记》记载，燕王朱棣夺取建文帝政权后，命方孝孺起草即位诏书。朱棣见方孝孺坚不从命，即威胁道：“汝不顾九族矣！”方孝孺斥责说：“便十族奈我何！”“十族”，即在九族之外，并及朋友门生等。朱棣登基的第八天，就在南京的聚宝门（今南京中华门）外诛了方孝孺“十族”。最为残忍的是，朱棣将逮捕的方氏族人和朋友在方的面前杀死。方孝孺不为所动。据记载，遭难者达八百七十三人，行刑七日方止。此外，入狱、充军、流放一千多人。明仁宗朱高炽继位后，才为方孝孺等建文帝旧臣平反正名。

"邵洵美"名字的来头

◎李荣先

鲁迅有一个时期见了郑振铎就骂他，说在《小说月报》上弄错了照片，翻译错误；他讲两个富家女婿，一是指邵询美，一是指郑。(2011 年《读者》第 12 期《鲁迅的"好玩"》)

引文中"邵询美"是"邵洵美"之误。

新月派诗人邵洵美在文学上的成就现在很少被人提及，反倒因为曾是鲁迅的讽刺对象，让他没有被后人完全遗忘。鲁迅《拿来主义》中说："一个穷青年，因为祖上的阴功，得了一所大宅子，且不问他是骗来的……或是做了女婿换来的。"鲁迅在这里说的，就是邵洵美。其实邵洵美并不像鲁迅说的那样"差劲"，这里不多说，有兴趣的朋友自可去研究。

邵洵美的外祖父，是洋务派中的干才，亦官亦商之巨富盛宣怀。邵洵美又娶了盛宣怀的一位孙女为妻，表姐弟结为夫妇，名副其实的亲上加亲。邵洵美原名"云龙"，因为爱妻子盛佩玉，而改名为"洵美"。此名大有来头，极富诗意。请看《诗经·郑风·有女同车》："有女同车，颜如舜华。将翱将翔，佩玉琼琚。彼美孟姜，洵美且都。"夫妻二人的名字"洵美"和"佩玉"，出现在同一首诗里。"洵"是文言词语，词义是确实、实在。"洵美"就是确实美、实在美。

洵和询，音同形近。如今，询字的使用频率远远高于"洵"，想必这就是把字写错的原因吧。

忽必烈不可能“自立为元世祖”

◎周　振

广西人民出版社出版的《历史的千年之眼》是一部“借古人之眼　悟先人智慧”的人文历史类书。该书第175页有这样一段话：“蒙古大汗蒙哥率军亲征，却在钓鱼城下中流箭而死。他的死给蒙古汗国带来了分裂。蒙古贵族推举忽必烈的弟弟阿里不哥继承大汗位，而忽必烈则在中原贵族和儒生的支持下占据中原、蒙古和吐蕃，自立为元世祖。”忽必烈“自立为元世祖”的说法，犯了常识性错误。

忽必烈画像

“元世祖”是元朝皇帝忽必烈的庙号。中国古代帝王死后，在太庙里立室奉祀时给起的名号，即“庙号”。据专家考证，庙号起源于商朝（如太甲庙号为太宗，太戊庙号为中宗，武丁庙号为高宗）。西周建立谥号（死后根据其生前功绩而给予的称号，如姬昌谥号为文王，姬发谥号为武王，姬诵谥号为成王）制度而废除庙号，秦朝连谥号制度也废掉了。汉朝起承袭庙号制度，不过并不是所有皇帝都有庙号。西汉诸帝，有庙号者极少，高帝刘邦、文帝刘恒、武帝刘彻、宣帝刘洵有庙号，分别为太祖、太宗、世宗、中宗。到了唐朝，除了亡国及短命之君外，皇帝一般都有庙号。

庙号常用“祖”和“宗”字，其标准是“祖有功而宗有德”，开国君主一般是祖，继嗣君主有治国才能者为宗。“祖”之滥，始于曹魏，曹操（武帝）为太祖，曹丕（文帝）为世祖，曹睿（明帝）为烈祖。

唐朝以前对殁世皇帝一般称谥号而不称庙号，如称隋朝开国皇帝杨坚为隋文帝，第二代皇帝杨广为隋炀帝。唐以后，由于谥号文字加长，改称庙号，如称唐朝开国皇帝李渊为唐高祖，第二代皇帝李世民为唐太宗。清朝皇帝，一般以其年号相称，如称世祖爱新觉罗·福临为顺治帝，称圣祖爱新觉罗·玄烨为康熙帝。

正由于庙号是帝王死后才有的特殊称号，故忽必烈不可能"自立为元世祖"。忽必烈的祖父铁木真于1206年统一蒙古各部，称汗建国，号"大蒙古国"。铁木真即成吉思汗，庙号为太祖。窝阔台汗（太宗）建都哈剌和林（今蒙古国哈尔和林）。1259年蒙哥汗（宪宗）死后，忽必烈的弟弟阿里不哥在哈剌和林即汗位。忽必烈不服，于1260年在开平城（故址在今内蒙古自治区正蓝旗东）称汗。后来忽必烈打败阿里不哥，结束两汗并立局面，把国都从哈剌和林移至开平，称开平为上都。1270年定都大都（今北京）。1271年，忽必烈采纳谋臣刘秉忠等的建议，依据《易经》乾卦"大哉乾元"之意，另建国号为"大元"。元朝的名称从此开始。忽必烈1294年崩，在位35年（1260—1294）。"元世祖"是忽必烈的皇位继承人给起的庙号。

《一支断箭》参考答案

1. 峰火——烽火
2. 父子俩个——父子俩
3. 自抱自弃——自暴自弃
4. 切忌——切记
5. 嘱目——瞩目
6. 眉稍——眉梢
7. 换然一新——焕然一新
8. 哄然——轰然
9. 功亏一溃——功亏一篑
10. 迷底——谜底

“建安七子”孔融最大

◎一 言

《文化家族：书香世家的流金岁月与精神之旅》(哈尔滨出版社出版)中有这样一段话：

孔融可能是孔子后人中最有知名度的一个了。他自幼聪明过人,懂得礼让,所有小孩可能都知道“孔融让梨”的故事。他年纪轻轻,就已经成为“建安七子”之一,是汉末非常有名的文学家。(第17页)

这种说法值得商榷。孔融字文举,鲁国曲阜(今山东曲阜)人,孔子十二世孙,是东汉末年“建安七子”之一,这没有错。但说孔融年纪轻轻就成为“建安七子”之一就不妥了。建安是东汉最后一个皇帝汉献帝刘协在位时的年号,始于公元196年,终于公元220年。在这一时期,有七位杰出的文学家,即孔融、陈琳、王粲、徐幹、阮瑀、应玚、刘桢,非常引人瞩目,世称“建安七子”。“建安七子”中孔融年纪最大,他生于公元153年,建安元年即公元196年已经四十四岁,属中年时期。过了不惑之年怎么可以说“年纪轻轻”呢?

『瓜瓤』非『瓜囊』

◎封常曦

2011年7月22日,《新民晚报》A7版《民生·财经》版有一篇报道,题为“皮薄囊甜 外地西瓜滚滚来”,该文中还写道:“现在的瓜都是露天栽培的,自然成熟红心沙囊皮薄甜度高。”这里两处写到的“囊”字,显然都错了,应当改作“瓤”。

一般的读者都知道,“囊”字的常用义是袋子,读náng,如:皮囊、药囊、砂囊、探囊取物、酒囊饭袋等。也可引申为像袋子的东西,如:胃囊、胆囊等。而“瓤”字则指瓜、果的肉,读ráng,如:瓜瓤、橘子瓤等。《新民晚报》文中的两个“囊”字,说的都是西瓜肉,理当作“瓤”。

“基础四国”与“金砖四国”

◎赵 航

2010年1月21日，《社会科学报》刊登有《从“金砖四国”到“基础四国”》一文，文章称：从去年(2009)12月在哥本哈根召开的全球气候会议起，中国外交部把盛行一时的“金砖四国”(BRIC)改译为“基础四国”，是非常高明和值得称道的。

笔者翻看了有关报刊资料，发现“基础四国”并非“金砖四国”的改译。

先介绍一下“金砖四国”一词的来历。2001年11月20日，高盛证券公司首席经济学家吉姆·奥尼尔发表了一篇题为“全球需要更好的经济之砖”的文章，讨论新经济体巴西、俄罗斯、印度和中国在全球经济发展中的作用，因为巴西(Brazil)、俄罗斯(Russia)、印度(India)和中国(China)四个国家的英文名称首字母组合为“bric”一词，其发音与英文中的“砖块”(brick)一词非常相似，故此四国被称为“金砖四国”。巴西被称为“世界原料基地”；俄罗斯被称为“世界加油站”；印度被称为“世界办公室”；中国被称为“世界工厂”。“金砖四国”是新兴经济体的代表，有可能在未来几十年内成为世界最大经济体。

再说“基础四国”。2009年11月，中国、印度、巴西与南非四个最主要的发展中国家，面对气候变化这个全球议题，在哥本哈根大会开幕前夕齐聚北京，共同讨论发展中国家在气候变化问题上的基本立场。从巴西(Brazil)、南非(South Africa)、印度(India)、中国(China)四国英文中取出B、

引用者不是原作者

◎江复兴

2009年12月1日,《益寿文摘》第6版刊有《享受生命中的惊喜》一文,其中说,"王国维有句名言:'众里寻他千百度,蓦然回首,那人却在灯火阑珊处。'这样的惊喜叫人好生羡慕,这种类似天赐的喜悦,叫人心神向往"。该文将辛弃疾的名句错为王国维的名言了。

"众里寻他千百度,蓦然回首,那人却在灯火阑珊处",是辛弃疾《青玉案·元夕》中的佳句,为何错为王国维的名言呢?显然与王国维在《人间词话》中引用该句有关。

《人间词话》:"古今成大事业,大学问者,必经过三种之境界:'昨夜西风凋碧树,独上高楼,望尽天涯路。'此第一境也。'衣带渐宽终不悔,为伊消得人憔悴。'此第二境也。'众里寻他千百度,蓦然回首,那人却在灯火阑珊处。'此第三境也。"在这里,王国维巧妙地辑录了北宋词人晏殊、柳永和南宋词人辛弃疾的名句,并赋予新意,构成治学的三境界,真可谓独具匠心,读来令人耳目一新。王国维引用前人词句可谓高明,但著作权不是他的。

S、A、I、C可组成BASIC(基础)一词,同时这四个国家又是当今世界最重要的发展中国家。因此巴西、印度、南非、中国被称为"基础四国"。"基础四国"成为哥本哈根气候大会上维护发展中国家利益的中坚力量。

从两者来源不难看出,"基础四国"与"金砖四国"有不同的含义,前者并非后者的改译。

《建国大业》一误

◎谷士锴

长篇小说《建国大业》（作家出版社出版）第180页有这样一段话：

“朱自清先生真有骨气，真是当今的叔夷、伯齐呀！”毛泽东的眼圈红了，沉默了好一会儿。

“叔夷”“伯齐”是“伯夷”“叔齐”之误。《吕氏春秋》和《史记·伯夷列传》等典籍里都有有关二人的记载。伯夷和叔齐是商朝孤竹国君主之子。父亲想要传位给叔齐，但叔齐在父亲死后不肯即位，要兄长伯夷即位。伯夷不肯，兄弟互相推让，皆不愿做孤竹国主。后来兄弟俩弃国到周文王的领地。文王死后，武王即位。武王欲兵伐纣王，伯夷、叔齐赶到武王马前谏阻，说：“令尊逝去不料理后事，却妄动干戈，这算孝顺吗？做臣子的讨伐君主，这算仁义吗？”武王向二人解释兵伐纣王是为了救万民于水火，但二人不听，武王只得叫人把他们扶到一旁，下令出师。武王灭商，天下归周。伯夷、叔齐为了表示对商的忠诚，逃到首阳山，不吃周朝的粮食，以野菜野草充饥，最后双双饿死。

1949年毛泽东曾写过一篇文章《别了，司徒雷登》，文中有这样一段话：“我们中国人是有骨气的。……朱自清一身重病，宁可饿死，不领美国的‘救济粮’。唐朝的韩愈写过《伯夷颂》，颂的是一个对自己国家的人民不负责任、开小差逃跑、又反对武王领导的当时的人民解放战争、颇有些‘民主个人主义’思想的伯夷，那是颂错了。我们应当写闻一多颂，写朱自清颂，……”毛泽东对伯夷是持批判态度的，他并未将朱自清当成当代伯夷、叔齐，《建国大业》中的这一情节，经不起推敲。

伯夷叔齐不食周粟图

孔子先死后生

◎凌　乙

——是他的手提电话号　高会（广东）

有一幅漫画，画着一个孩子手持一张试卷，上写："历史问答孔子(551—479)"。孩子向其父求教："爸爸，孔子后面括号里的数字是啥意思?"画题用的是他爸爸的回答："是他的手提电话号。"孔子竟有手提电话，且被列出号码，固然可发一噱，画面上那个"大款"模样人物的"现代化意识"成为发笑的"酵素"。

可是，还有可笑的呢。不过，它已经与"大款"无关。"孔子(551—479)"是不是他的生卒年?我们知道，孔子是春秋时代的思想家、政治家、教育家，儒家学派的创始人，那时还在公元前。他的生卒年应标作"前551—前479"，去掉了"前"字，就硬把他拉近一千多年；而且，"前551"更比"前479"早。如果生于551年、卒于479年，岂非生下来之前的72年已经死了。先死而后生，同样令人忍俊不禁。

向你挑战

一支断箭

（文中有10处差错，你能找出来吗？答案见本期）

◎立　青　设计

峰火频起，边境战事连连。父子俩个应征入伍。父亲军功累累，没几年就做了将军。儿子不仅没有立过战功，还多次险些命丧沙场。

父亲知道，儿子之所以在战场上没有出色的表现，是因为他性格柔弱，缺乏战胜强敌的信心，甚至自抱自弃，毫无积极进取的勇气。

用什么办法才能激发儿子的意志呢？父亲计上心来。

又一场战斗即将打响。父亲神情严肃，双手捧起一只箭囊，慢慢走到儿子跟前，郑重地说："这是咱家的祖传宝物，佩戴在腰间会拥有无穷的力量，我就是凭此立下战功的。但切忌别把箭拔出来。"

这是一只做工精巧的牛皮箭囊，囊口的铜边在日光的照射下金光闪闪。里面插有一支箭，孔雀翎毛做成的箭尾露在囊口外面，特别引人嘱目。儿子喜上眉稍，仿佛看见神箭嗖的一声直飞而去，敌帅应声落马。

有了这只箭囊，儿子如获神力，英勇非凡，状态换然一新。只见他跃马挺枪，在敌阵中左冲右突，前挑后刺，无数敌人丧命枪下。

在战斗快要结束的时候，儿子欣喜若狂，想知道究竟是一支什么样的箭让自己产生了这么大的力量。在强烈的好奇心的驱使下，他把父亲的叮嘱扔在了脑后，呼的一声把箭拔了出来。他惊呆了，箭囊里装的是一支断箭！

"天啦，我一直挎着支断箭打仗呢！"儿子吓出了一身冷汗，仿佛失去支柱的房子，意志顷刻间哄然倒塌。结果，儿子功亏一溃，惨死于乱军之中。

父亲本来打算在儿子打了胜仗后才揭开断箭的迷底，他想让儿子知道：取胜的原因是自己的勇气，而不是什么神箭！令人惋惜的是，儿子只相信神箭，不相信自己的勇气！

2012年《众矢之的》目标确定

围观名家博客

网络，犹如一头怪兽，闯入了我们的生活。它不仅在改变着我们的认知方式，也在改变着我们的表达方式；它不仅是语言智慧的展示区，也是语言差错的泛滥区。面对着网络的猛烈冲击，本刊决定响应读者朋友的号召，2012年以名家博客为“众矢之的”。

为了集中目标，我们选取了“新浪”12位博主，现按音序排列如下。这12位博主的共同特点是：生活热情高，文字能力强，博客受众多，社会影响大。他们既是社会的“意见领袖”，也是语言的“弄潮高手”，具有巨大的引领作用。在此，我们向12位博主致敬。本刊“围观”的目的，是为了让博主的文字发挥更大的作用。

自2012年1月起，本刊将逐月刊登“围观札记”。欢迎各路高手“入围”。

编　者

方舟子
http://blog.sina.com.cn/fangzhouzi

郭敬明
http://blog.sina.com.cn/guojingming

韩　寒
http://blog.sina.com.cn/twocold

黄健翔
http://blog.sina.com.cn/huangjianxiang

郎咸平
http://blog.sina.com.cn/jsmedia

李承鹏
http://blog.sina.com.cn/lichengpeng

李银河
http://blog.sina.com.cn/liyinhe

马未都
http://blog.sina.com.cn/mazhahuchuang

钱文忠
http://blog.sina.com.cn/qianwenzhong

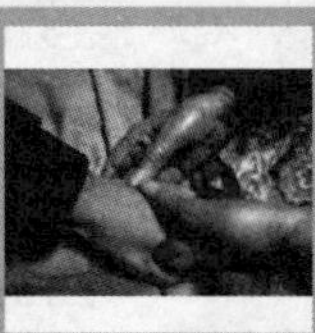
徐静蕾
http://blog.sina.com.cn/xujinglei

郑渊洁
http://blog.sina.com.cn/zhyj

周国平
http://blog.sina.com.cn/zhouguoping

火眼金睛

图中差错知多少？

（答案在本期找）

贾云峰　凌　大
王银宝　黄团元　供稿

1
3　2
4

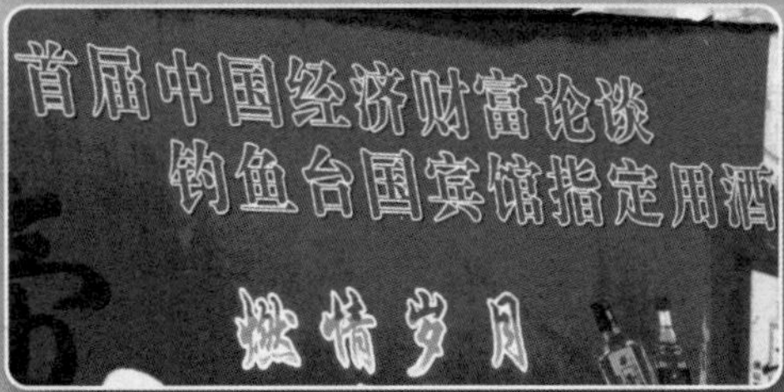

ISSN 1009-2390
10>
9 771009 239111

YAOWEN-JIAOZI

咬文嚼字®

11
2011

欢迎至邮局订阅本刊 邮发代号 4-641
国内统一刊号 CN31-1801/H
定价：3.00元
上海文艺出版(集团)有限公司

雾里看花

何谓“唯唯亭亭”

张方平

菊黄蟹肥秋意醉，又到一年品蟹时。蟹文化成了时下的一个热门话题。右面是上海出版的某报文章标题。“蟹文化”好理解，可“唯唯亭亭”怎么解释呢？猜猜看，答案请在本期找。

卷首幽默

“鬼子炮楼欢迎您”?

杨耀学/文　　叶　珺/画

炮楼是当年日本侵略者在中国大地上犯下滔天罪行的铁证。最近,在河北省清苑县的冉庄,笔者竟看到这样一条广告语:“冉庄鬼子炮楼欢迎您”。在文字上如此摆噱头,滑稽是滑稽了,但也未免有失严肃吧。“鬼子”是国人对侵略者的憎称。从情感上讲,哪个游客愿意接受这种“欢迎”呢?

咬文嚼字®
2011年11月1日出版
11
总第203期

主管：上海文艺出版(集团)有限公司
主办：上海咬文嚼字文化传播有限公司
编辑：《咬文嚼字》编辑部
集团网站：http://www.shwenyi.com
E-mail：yaowenjiaozi2@163.com
电话传真：021-64330669
发行电话：021-60878388
邮购电话：021-60878392
地址：上海市打浦路443号荣科大厦17楼
邮政编码：200023
发行：上海市报刊发行局
发行范围：国内外公开
订阅处：全国各地邮局
国内代号：4-641
ISSN1009-2390
CN31-1801/H
印刷：江苏太仓印刷厂有限公司
广告经营许可证：沪工商广字
3100320050020号
定价：3.00元

“拷问”不休为哪般

◎沈锡伦

说起“拷问”,人们首先想到的是什么?是旧时官府审堂时对案犯的拷打逼供,还是上级严词训斥呵斥属下?是加害人棍棒伺候以使受害人老实交代,还是得理一方对理屈一方理直气壮的质问?我想人们首先想到的恐怕是拷打逼供或加害人棍棒伺候,因为“拷”本义就是用木棒、竹板、皮鞭等刑具敲击或抽打别人的身体。拷问是一种很残酷的暴力行为,结果往往是受刑人皮开肉绽、鲜血淋漓而不得不招供,甚至屈打成招,这在封建时代官府审案时是常见的现象,在现代文明社会则为法律所不容。因此,今日“拷问”这类刑罚义词语的使用频率应该是越来越小了。

笔者之所以在此提出“拷问”来讨论,是因为近日读报时,这个词屡屡出现,十分刺眼,它从封建时代“穿越”到了现代法制社会。先看几个新闻标题的例子:

(1)片源少　档期短　质量差　儿童节难觅儿童片拷问谁(《新民晚报》2011年6月1日)

(2)“安全门”缘何生出“不安全”(小标题)“自爆”拷问屏蔽门质量(《文汇报》2011年7月20日)

(3)艺术家和艺术场馆遭拷问

活白蚁成展品“安家”美术馆(《新闻晨报》2011年7月21日)

(4)“跳楼觅食”事件,拷问儿童监护制度之缺(《解放日报》2011年7月22日)

(5)“陈醋之争”拷问行业协

会责任(《新闻晚报》2011 年 8 月 9 日 A1 叠)

在一段不长的时间里，上海几家主要的平面媒体不约而同用了“拷问”一词,来追究社会上某些负面现象的责任人及失责根源,而且都是直接使用,没有加上引号。作者也许认为，要找出像“儿童节难觅儿童片”“屏蔽门质量”等问题产生的原因，不必探讨,通过“拷问”即能达到目的。

在建设和谐社会的大环境里,“拷问”与“和谐”显得格格不入。“拷问”的语义先天性地带有或多或少的暴力色彩，再怎么润色掩饰总还是难以跟文明执法、以理服人联系起来，这是它的先天特点,与语法修辞无关。人们常说,汉语的表达是极其丰富的,要说同一个意思，可供选择的词语和表达方式有很多，像上文所举的例(1)“儿童节难觅儿童片”,难道非说“拷问谁”不可吗?难道“拷问”是唯一的选择吗?说“问责谁”“向谁问责”“原因何在”总是可以的吧。例(2)的“拷问”改成“暴露”“追究”“问责”也应该是可以考虑的一个选择。例(3)、例(4)、例(5)的“拷问”,实际上想表达的是“质问”“质疑”。

语言是思维的直接现实。曾几何时，报纸上出现过把地方上的好干部说成“父母官”,把由财政拨款的事业单位里的工作人员说成“吃皇粮”的,这种带有浓厚封建色彩的话语遭到了舆论的批评,时代早已不是那个时代,然而那个时代通行的一些观念仍然阴魂不散。这反映了有些人观念的滞后和语言习惯的固执，好在现在这样的说法基本上听不到了。倒是“拷问”这个反映旧时代办案手段或解决问题手段的词语还屡屡出现在 21 世纪某些人的语言表述中，这是一种社会语言学所说的“语言暴力”现象,而语言暴力正是语言文明的反动。在“拷问”的表象之下,掩盖着以暴力解决问题的深层次因素。“拷问××”或许会带给老一辈人太多的联想,这类带有“语言暴力”色彩的表达方式今后也许还不会马上销声匿迹,但是“语言暴力”存在的基础仍然是值得人们深思的,至少,大众传媒在词语选择时应该有一个正确的导向。

谐音广告莫沦为“邪音广告”

◎业 余

在语言发展史上，谐音修辞曾有过身手不凡的表现。汉语中别具一格的歇后语，中国民间启迪智慧的灯谜，乃至中西谐音、音义兼顾的外来词翻译，皆因谐音的惟妙惟肖而流传不衰。近些年来，随着社会经济的发展和商业活动的繁荣，利用谐音做广告更似乎成了一种时尚。

谐音广告首选成语，显然和成语的特征有关。汉语中的四字格成语，短小精悍，节奏明快，十分适应广告的宣传要求；成语又为人们耳熟能详，喜闻乐见，容易扩大广告的宣传效果。于是，一批改字成语广告如雨后春笋涌现出来。当年吆喝白斩鸡的“鸡不可失”，推销咳嗽药的“咳不容缓”，宣传自行车的“骑乐无穷”……，都以其巧妙的构思，赢得了社会的喝彩。

然而，出人意料的是，谐音广告竟从此一发而不可收。它们或者悬挂在摩天大楼，或者竖立于交通要道，名店陋铺，大街小巷，争奇斗胜，层出不穷。什么“步步为赢”的运动鞋啊，“默默无蚊”的蚊香啊，“爱不湿手”的洗衣机啊，“随心所浴”的淋浴器啊，“饮以为荣”的饮料啊，“肠治久安”的止泻药啊……真称得上是挖空心思，绞尽脑汁。

有些紧俏的成语，还被多次改造。比如，在“一鸣‘警’人”的报警器后，紧接着又来了“一‘明’惊人”的近视眼罩；在“‘衣’见钟情”的时尚服装后，“一‘剪’钟情”的美发店登台亮相，……汹涌澎湃如长江后浪推前浪，铺天盖地如野草一坡接一坡。

应该承认，其中确实有妙手偶得的巧构，如“何乐不围”的围巾广告，“千里音缘一线牵”的长途电话广告，但如凤毛麟角，不可多得。就谐音广告的总体来看，七拼八凑，胡编乱造，语法不通，词不达意，严重破坏了汉语的美丽和庄重。大量的谐音广告不知所云，如："丸来玩趣"（料理）、"红袖天厢"（文具）、"丝呈之路"（发型）、"南以抗拒"（航空）、"衣生衣世"（服装）；更有一些谐音广告俗不可耐，如："大吃一斤"（铁锅）、"疯味小吃"（食品）、"无饿不做"（饭店）、"娇点芳弹"（胸罩）……缺乏文化、缺乏格调已成为谐音广告的一个十分突出的问题，难怪有些广告被人们称为"邪音广告"。

广告是一门艺术。做广告是需要智慧的。当年流传一时的"一毛不拔"牙刷广告、"天下第一厚皮"皮鞋广告，至今仍为人津津乐道，就因为它们把信手拈来的词语用得恰到好处，出人意料之外，而又在情理之中，妙不可言。

二战时的一个火柴广告，把希特勒的屁股画在火柴盒的划火处，无疑也是神来之笔。百事可乐与可口可乐分庭抗礼时，用了一句"新一代的选择"的广告语，夺得了多少年轻人的目光！"不做大总统，就做广告人"，凡是成功的广告，都是离不开创造力的。

可惜，在谐音的路上趋之若鹜的广告人，却缺乏创造的自觉。他们以模仿为能事，"月亮走，我也走"，跟在别人后面亦步亦趋。尤其不能容忍的，是他们对汉语文化缺乏尊重。大量的改字成语广告，其实是对成语的蹂躏，把好端端的成语折磨得惨不忍睹。这里其实已涉及文化素质问题。

但愿各路文案高手能对此有所反思，当你们灵感袭来时，运用谐音要慎重些，收敛些，让谐音修辞绽放出应有的光彩。

《拐弯处的发现》参考答案

1. 20 世纪三十年代——20 世纪 30 年代
2. 迤逦——旖旎
3. 行礼箱——行李箱
4. 相谈甚恰——相谈甚洽
5. 很难——早就想
6. 精神一震——精神一振
7. 出奇不意——出其不意
8. 衷情——钟情
9. 、加速——，加速
10. 而矣——而已

众矢之的

谁家周刊最给力(十一)

本期目标：

《新周刊》

2011年第13期

“桔梗”制沼气?

◎长　军

2011年第13期《新周刊》中，刊有《罗思高　中国式教育无法应对20年后的经济世界》一文，其中写道：“上世纪80年代初……那时政府在农村建造了许多沼气池，把人畜排泄物以及桔梗等储存发酵，变成新能源沼气。”这话让人颇感困惑。人工制沼气作能源，搞的是废物利用，而“桔梗”本有大用，如此对待它，岂非暴殄天物？实际上，此处的“桔梗”应是“秸秆”。

沼气是一种混合气体，用作燃料或化工原料，它可由人畜粪便等各种有机物经微生物厌氧消化、发酵而生成。

秸秆是农作物脱粒后剩下的茎，通常指小麦、水稻、玉米、棉花等农作物的茎秆。上世纪中后期，我国农村地区修建了大量沼气池，秸秆成了制作沼气的重要原料。

桔梗，是一种多年生草本植物，分布于中国、朝鲜半岛、日本和西伯利亚东部。《本草纲目》中说：“此草之根结实而梗直，故名桔梗。”其花暗蓝色或暗紫白色，可观赏；其根可入药，有宣肺、祛痰、排脓等功用。亦可腌制成咸菜，是朝鲜族人爱吃的一种野菜，当地民歌《桔梗谣》描写的就是这种植物。农村广泛地用作沼气原料的，不可能是这种东西。

“16年亘古不变”？

◎杨昌俊

《小水龙头的创意大手笔》一文谈到了一年一度的上海厨卫展，第一段中说到了该展览的国际地位：“一年一度的上海厨卫展16年来亘古不变的开场词是‘盛大的’、‘隆重的’，今年，它的地位被提高至与法兰克福厨卫展、米兰厨卫展齐名的‘全世瞩目的’。”（第146页）一个只有16年历史的展览，其开场词多年来一成不变，没有创意，这完全可能。但说它是“亘古不变”，却不合逻辑。

在现代汉语里，“亘”读gèn。义为连接、连绵不断；引申指横贯，即从此端直达彼端，可以是空间上的，如“这条铁路横亘东部地区”，也可以是时间上的，如“绵亘三百年”。“亘古”是一个名词，义为整个古代、终古。“亘古不变”，就是说一个事物、一个现象自古至今从来没有变化过，如“母爱是人类亘古不变的话题”。

讲究“厨卫”装饰，举办“厨卫展”是现代人的追求，没听说过古人有什么厨卫展。我国有文字记载的历史已有5000多年。上述文章中所说的上海厨卫展的历史是16年，显然不属于古代，更谈不上什么横贯古代。

根据文意，把“亘古不变”改为“始终不变”一类的语词就准确了。

秦始皇派遣的是“徐市”

◎王宗祥

养生是这一期杂志的主打话题。《中国人的养生简史》一文说：“始皇帝二十八年（公元前219年），秦始皇派齐人徐市（一说徐福）率童男女数千人，到传说中东海的三座仙山——蓬莱、方丈、瀛洲去求长生不老药。”（第78页）此处的人名“徐市”搞错了，正确的是"徐市"。

《史记·秦始皇本纪》确实有秦始皇派人入海求仙的记述："(始皇二十八年) 齐人徐市等上书，言海中有三神山，名曰蓬莱、方丈、瀛洲，仙人居之……(秦始皇)于是遣徐市发童男女数千人，入海求仙人。"又，始皇帝三十七年(前 210)，始皇出游，北至琅玡，"方士徐市等入海求神药，数岁不得，费多，恐谴，乃诈曰……"可见，秦始皇所派遣的是"徐市"，而不是"徐市"。

《史记·淮南衡山列传》中又有秦始皇"使徐福入海求神异物"云云。这里的"徐福"即"徐市"。清人梁玉绳《史记志疑》中说："(市)音转为'福'，非徐有两名。"

"市"是一个冷僻字，笔画是 4 画，音 fú，象形字，义为古代朝觐或祭祀时遮蔽在衣裳前面的一种服饰，也作"韨"。《说文通训定声》解释："祭服曰市。上古衣兽皮，先知蔽前，继知蔽后，市象前蔽以存古。"而"市"是一个常见字，如"市场""市民""市值"等，它的笔画是 5 画。

误"市"为"市"，应是形近致误。

纠结的"清末至近代"

◎饶中源

《庞薰琹家族一家三代九画家》一文中说："在常熟清末至近代的八大名门望族中，庞氏居第二，仅次于翁同龢家族。"(第 87 页) 这里有一个表达差错："清末"与"近代"这两个时间段，基本是叠合的，"清末至近代"说不通。

"清末"与"晚清""清季"等语词的内涵大体上相当，指的是从 1840 年(清道光二十年)鸦片战争爆发到 1911 年辛亥革命这段历史。但不同作者在使用这些词语时，指涉的时间段或有长短不同的细微差异。大体上看，"晚清"似乎表示比较长的时间，而"清末""清季" 有时则专指 1901 年前后到 1911 年这一段时间。

"近代"指过去不远之时代。在史学上，通常指资本主义时代。

析而言之，世界历史上的“近代”，一般以1640年英国资产阶级革命为开端，终于1917年的俄国十月革命；中国历史上的“近代”，一般认为是自1840年至1919年的五四运动。

“近代”作为中国历史的分期，相对“古代”“现代”“当代”而言；“清末”则是对一个朝代的分期，相对“清初”“清中期”而言：这两个词语不在同一个语义场。所以，“清末至近代”是一个病态的表述。根据文意，可改说为“清末至民国”。

黄帝没有向人“请教”人体穴位

◎南　华

第58页刊载的《徐文兵　先知身体，才知世界》一文，介绍的是厚朴中医学堂堂主徐文兵的办学情况。文中说：

他将教室取名叫“明堂”，因为黄帝曾端坐明堂请教人体经脉孔腧穴，流传至今被称为“黄帝明堂孔穴图”，他希望这是一个崇古复古、祭祖教化与传承之地。

这里的“请教”说错了，应该是“指教”。

黄帝是传说中的中华民族始祖，也是中华医学的始祖之一。我国现存医学文献中最早的一部经典《黄帝内经》，就是古代医家托黄帝名而作。书中以黄帝、岐伯、雷公三人对话、问答的形式，阐述病机病理，主张养生、摄生、益寿、延年。相传，雷公曾经询问人体的经络血脉，黄帝坐在明堂（古代帝王举行朝会、祭祀、庆赏、选士、教学等大典的地方）耐心地为他讲授。故后世医家把标明人体经络、针灸穴位的图画称为“明堂图”。

“请教”是一个常见的敬词，即请求别人指教，请求别人告诉自己有关疑问的答案。上述“请教”一词，显然是把话说拧了，弄倒了教育者与求教者，让黄帝的身份一百八十度大转弯。传说是一个民族的共同历史记忆，不能随意窜改。黄帝端坐明堂，是向他人传授经络知识，而不是请求别人来教导他。说黄帝“请教”云云，显然不合实情。

“历久弭新”？

◎高良槐

潭门“老”渔民：历久弭新的南沙情怀

8月24日中午，骄阳炙烤着大地。海南琼海潭门镇渔民陈则波骑着摩托车，到他的“琼琼海03026”号渔船上盖上了一层黑色的遮阳网。

此时的潭门港热气蒸腾，但港口略显冷清。南海伏季休渔8月1日结束，休整了将近3个月的渔民早已将渔船驶向南海海域。而陈则波则计划着将渔船修葺一下再出发。

陈则波今年45岁，但在潭门镇却算得上一名“老”渔民。在30多年的出海经历中，他风雨无阻，在海上遇到过多少次危险自己已经记不得了。

在当地，陈则波因为他的传奇人生经历而出名。他13岁随父兄出海捕鱼，22岁便已成为船长。而对于潭门渔民来说，一般一年跑南沙渔场3到4个航次。

1999年，陈则波花了20多万元建起了新房子。2007年，他一个航次归来挣了将近100万元。打鱼带来经济效益，但更让陈则波无法割舍的是一种浓浓的南沙情怀。“爷爷很早就闯过南沙，我上世纪80年代在南沙开发时才去过，但也算是我们这代渔民里去得最早的一批了。”

陈则波坦言，自己的下一代对打鱼已经没有多少兴趣了。“但打心眼里，我还是希望我的下一代能像我一样出海闯荡。”

2011年8月29日《福建日报》第7版刊有《潭门“老”渔民：历久弭新的南沙情怀》一文。标题中的“历久弭新”有误，应为“历久弥新”。

“弥”读mí，作副词用，义为更加，如“欲盖弥彰”“其曲弥高，其和弥寡”。“历久弥新”，意谓经历的时间越长久，(事物)越鲜活。常用来形容一样东西不因时间而变旧、变腐，反而更加有活力，更显价值，比原先的还要好。上述报道说的是，海南琼海潭门镇的渔民陈则波，13岁起就随父兄出海捕鱼，靠在南沙渔场打鱼而发家致富，他对南沙的不舍情怀经历长久的时间而更加鲜活。用“历久弥新”来形容陈则波对南沙的情怀，是贴切的。

“弭”读mǐ，指平息、消除，如“风弭雨停”。在汉语中，没有“历久弭新”这个说法。

“埸”与“場”

◎齐晓声

笔者阅读了《坦克装甲车辆（新军事）》2011 年第 6B 期,发现有几处问题,现在就单说其中的一个标题。

位于第 15 页的标题“同处三埸战争”不好理解,因为其中有一个别字“埸”。文章讲的是法国陷入了三场战争:空袭利比亚,参与科特迪瓦内战，还以北约名义出兵阿富汗,忙得不亦乐乎。标题里边的“埸”显然应作“场”。

“埸”是一个形声字,从土、易声,读 yì,义为边境、田界。声符“易”也有表义功能。“至此易主,故曰易。”(《说文新附》引张晏注)“埸”还可表示田间的界限。《玉篇·土部》:“埸,畔也。”

“三场”写成“三埸”,是说不通的。作者的本意可能是想写“场”的繁体字“場”,结果写成了与之形近的“埸”。

该用『蘸』处莫用『醮』

◎徐世华

“醮”“蘸”两字，酷似双胞胎，区别仅在有无“草字头”。如一时疏忽，极易出错。2011年6月26日《解放日报》“朝花”副刊标题“笔醮深情颂‘先锋’”，即为一例。揣摩文意，此处的“醮”当用“蘸”字才对。

“醮”，音jiào。《说文·酉部》：“醮，冠娶礼，祭。从酉，焦声。”酉为盛酒器，亦古“酒”字，故酉部之字皆与酒有关。“醮”本指古代冠礼、婚礼的一种斟酒仪式，受礼者将酒饮尽，而无需回敬，如明陈汝元《金莲记·媒合》：“月下传言，多蒙作伐；堂前醮酒，权作主婚。”引申指再嫁。

“蘸”，音zhàn。本义为浸入水中。《说文新附·艸部》：“蘸，以物没水也。此盖俗语。”引申为沾取液体、粉末或糊状物。如：蘸汁、蘸糖、蘸酱。“笔蘸深情”是比拟的说法，即饱含深情地写作。写文章赞颂军队里的先进人物，与“醮”无涉。“笔醮深情”说不通。

笔醮深情颂“先锋”

窦芒

上世纪七十年代初，我入伍走进闻名全军的南京军区某红军团。这个诞生于1927年黄麻起义烽火中的团队先后涌现出“草地模范党支部”、“共和国英雄胡修道”等大批英模单位、个人和徐向前、李德生等100多名共和国元帅和将军……

良传统和作风必须继承和发扬，同样需要我们大力倡导艰苦奋斗、清正廉洁、无私奉献的革命精神……杨崇元典型报道引起了军内外读者的强烈反响和各级党委机关的高度重视。不久，南京军区党委作出大力宣扬和学习杨崇元模范事迹的

这不叫“临刑”

◎白　文

2011年8月16日的《新民晚报》报道了一起交通事故。大意是，打工仔宋某骑摩托车撞上行道树，当场死亡。事故的前因后果并不复杂。但此文的标题“临刑喝酒丢了性命”，不免让人产生疑惑。

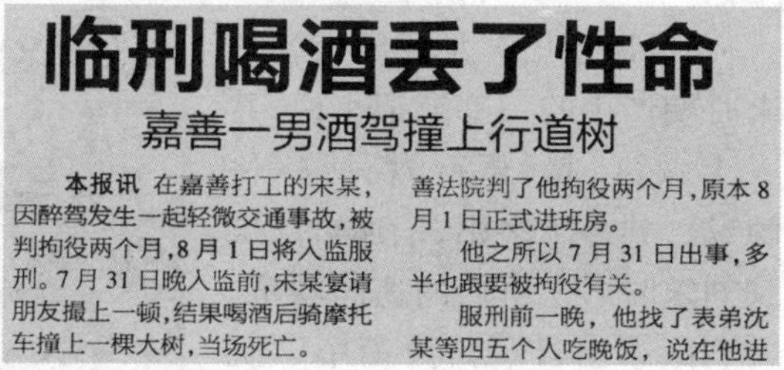
临刑喝酒丢了性命

嘉善一男酒驾撞上行道树

本报讯 在嘉善打工的宋某，因醉驾发生一起轻微交通事故，被判拘役两个月，8月1日将入监服刑。7月31日晚入监前，宋某宴请朋友撮上一顿，结果喝酒后骑摩托车撞上一棵大树，当场死亡。

善法院判了他拘役两个月，原本8月1日正式进班房。

他之所以7月31日出事，多半也跟要被拘役有关。

服刑前一晚，他找了表弟沈某等四五个人吃晚饭，说在他进

“临刑”是即将受死刑。难道宋某本来是被判了死刑，在被执行的前夕发生了这次意外事故?细读正文发现其实不然。据报道，宋某在事发的一个月前，也是因醉驾导致一起轻微交通事故，最终被判拘役两个月。在入监服刑的前一天晚上，他请朋友吃饭，又喝了酒，结果酒后骑车发生车祸丢了性命。原来如此!

“入监服刑前”不能称之为“临刑”。标题的用语很容易让人产生误解。因此，宜将“临刑”改为“服刑前”。

语丝

『尽量待在地球上』

◎一得

小巨人姚明语言幽默。他宣布退役后，有记者问及他退役后准备待在上海还是美国，或者其他地方。姚明笑答：『尽量待在地球上。』

连珠炮

“故事”讲错一箩筐

◎许多雪

《世说新语》是我国南朝刘宋时期产生的一部笔记小说，共三十六篇，起《德行》篇，终《仇隙》篇，共一千多则，记述自汉末到刘宋时名士贵族的遗闻轶事。右刊故事出自《德行》篇中。“阮光禄在剡”是原书有关故事开头的一句，而不是篇目名。这且不去说它，这段文字里可以说的事多着呢。

> 靶文
>
> **古今故事**
>
> 马　卫
>
> 这几天读《世说新语》，有两则故事难以忘怀。
>
> 其一是《阮光禄在剡》——阮光禄在剡，曾有好车，借者无不(脱一“皆”字。笔者)给。有人葬母，意欲借而不敢言。阮后闻之，叹曰：“吾有车而使人不敢借，何以为车？”遂焚之。
>
> 阮光禄曾经是官员，县处级的。召他做厅局级时他辞了。他是名诗人阮籍的弟弟。后来，不做官了，隐居在会稽剡县，剡县就是现在的浙江嵊州市。
>
> ……
>
> ——原载2011年1月(上)《杂文月刊》

“光禄”其实是官名

《古今故事》的作者多次说“阮光禄”怎么怎么的，给人的感觉是，这“阮光禄”是一个姓“阮”名“光禄”的人。其实不然。事实上，“光禄”是古代的职官名。所谓“阮光禄”，是东晋大臣阮裕。魏晋有光禄大夫，有的为职事官，有的为加官。《晋书·职官志》说：“左右光禄大夫，假金章紫绶。光禄大夫加金章紫绶者，品秩第二。”据记载，朝廷曾征聘阮裕担任“金紫光禄大夫”，但他不愿赴任。在言语交际中，为了表示对对方的尊敬，常称其官职而不称名，如今天称温家宝“总理”“温总理”一样。阮裕虽然没有实际担任过“金紫光禄大夫”，但人们还是用“光禄”来代称他。

在《世说新语》中，编著者刘义庆因避宋武帝刘裕讳，对阮裕或称其字，或称官职，或称“阮公”，而不称其名。所以，书中正文部分没有出现“阮裕”这个名字。或许是《古今故事》作者所读的《世说新语》是零敲碎打的摘选本，又没看到前人的注语，故而误把官名当人名了吧。

“为”字错了位

第二段，《世说新语》原文是“何以车为”，引者把它错成“何以为车”。一字颠倒，意思大变。“为”字在句子里的位置不同，用法也不一样。“何以为车”，是有疑而问，意思是“该怎么制造车子呢”，其中的“为”是动词；“何以车为”，是无疑而问，意思是“要车子干什么呢”，其中的“为”是语气词。“何以……为”是古文常见的表示肯定的反问句式。比较一下“何以为人（怎么做人呢）”与“何以人为（做人干什么呢）”，就会明白两者之间的差异。原书中的“吾有车而使人不敢借，何以车为”意思是说，我拥有好的车子而别人却不敢问我借用，那我还要这车子干吗？错成“何以为车”，语句就上下连不起来了。

阮裕不是“县处级”

第三段说阮裕当的官是“县处级的”，这不合历史实际。阮裕生处东晋诸王阋墙、权臣争权、内忧外患频仍的时代，他的宿愿就是不与世事，归隐山林，所以虽朝廷屡次征聘——自主簿至金紫光禄大夫，他都以病辞就。但其间，他先后出任过短期的临海、东阳两郡的太守，不过没过多久就辞职了，退隐剡山，直至去世。《晋书·阮裕传》记载过一次对话。因阮裕当过两任太守，所以有人揶揄他：“你屡次推辞征聘，却又出任两郡的太守。这该怎么解释？”他回答说：“我屡屡辞谢王命，非自命清高。我素来就不善处世，无意仕途，但我手不会耕种，又不能饿着肚皮过日子,所以只好委屈自己出来当一下太守!这实非为了作秀,更不是想露一下自己的才能。”郡、县是古代地方政权的组织形式,县统于郡。太守,是汉朝设立的一郡最高行政长官,魏晋因之。这样看来,太守算是“厅局级官员”了吧。说他是“县处级的”,岂不是降了他的行政级别?

“焚车”事件发生在阮裕辞掉东阳太守隐居剡山之时。《古今故事》一文说朝廷“召做厅局级时,他辞了”,又是说错了。这也进一步说明文章作者并不知“光禄”是中央二品大员。

“名诗人阮籍的弟弟”?

这个说法,有点儿石破天惊,不知作者有何依据。阮籍(210—263)是三国时著名的文学家、诗人,“竹林七贤”的领袖人物。他的父亲阮瑀(?—212)在他出生一年多后就去世了。阮瑀是汉魏间文学家,“建安七子”之一,少时曾受学于蔡邕,建安初避役隐居。曹操素闻其名,召他担任司空军师祭酒,管理军中文书。当时曹操的军国书檄,多为阮瑀与另一位才子陈琳所拟。《隋书·经籍志》著录有阮瑀文集5卷,已佚。阮裕(约297—358)生活在东晋,与阮瑀整整隔了一个朝代;说阮裕是阮籍的弟弟,那么他就应是在阮瑀死了80多年才出生的遗腹子了。这岂不是太离谱了?

知古可以鉴今。但若是对古一知半解,或全然不知,便随口搬弄,这样的论述能说服得了读者吗?

嘲顾问

◎韩　超

民国初年的『顾问』一职,多为过气的官僚而设。他们有资格,无实权。其时,坊间嘲顾问之联甚多。兹录四副以飨读者:

其一

顾此失彼,问东答西。

其二

顾影自怜,问心有愧。

其三

顾之则笑,问也无言。

其四

顾我则笑,问道于盲。

语丝

一针见血

“我的拙作”？

◎解志维

《燕赵老年报》2011年6月22日刊载一篇短文《老年报给了我一个平台》。文章说：“贵报创刊七年来，每年发表我的拙作30篇左右。”这里“我的拙作”修辞失当。“拙作”是谦辞，表示谦卑自抑的态度。“拙作”就是“我的作品”，之前不用加“我的”；加上了，倒是画蛇添足。

“车比杜”应是“别车杜”

◎谷兴云

2010年11月10日《中华读书报》刊载的《聂绀弩刑事档案与周汝昌诗》一文提到，聂绀弩曾跟周汝昌谈过周氏所著《红楼梦新证》。聂对周说：“你写个新的序，咱们看看，这个《新证》还可以印。”文章接着说：“我（按，指周汝昌）遵命，费了很大的功力，写了好几大节，都是根据当时苏联的最流行的文艺理论家，什么车比杜等等。”

这里的“车比杜”有误。“比”应作“别”，而且顺序（按照出生年代及师承关系）应是“别车杜”。“别车杜”即别林斯基、车尔尼雪夫斯基、杜勃罗留波夫。

再者，“别车杜”这三位俄国革命民主主义者、文学评论家，都没有活到“十月革命”之后的苏联时代。“当时苏联的最流行的文艺理论家”云云，容易使人误解为三人是生活在“苏联”时代。

“摸腮帮”做学问？

◎长　军

《思维与智慧》2011年8月（上）刊有《文人相重显胸襟》一文，提及学者顾炎武为人谦卑。其中写道：“顾炎武曾经把自己和当时著名学者做了一次对比，说：‘学究天人，确乎不拔，吾不如王锡阐；读书为己，探赜洞微，吾不如杨雪臣……’”此处的“探颐”是

“探赜”之误。

“赜”读作 zé，是书面语，精微、深奥之义。“探赜”，探索深奥的道理。《周易·系辞上》：“探赜索隐，钩深致远。”

“颐”读作 yí，也是书面语，作名词用时，指腮、下巴。成语“颐指气使”，指以下巴的指向和脸色来支使人，形容傲慢地指挥别人。

可见，“赜”与“颐”音义皆不同。

“番”不是“倍”

◎杨本科

“番”和“倍”都可以用作量词，但表达的意思是不一样的。

某报载文，谈物价上涨。原价 20 元，现价 100 元，作者说：一连翻了 5 番。这一说法是错误的。是翻到 5 倍，不是翻了 5 番。

“倍”是和原数相等的数。几倍，就是用这个数乘以几。20 的 5 倍是 100。

“番”是一个动量词，相当于回、次。成语“三番五次”，便是以“番”和“次”对举。我们说翻几番时，底数是不断变化的。20 翻 1 番，是 40；再翻 1 番，便是以 40 为底数，翻为 80；以此类推，翻 5 番应是 640。

有时还会碰到“翻 1 番半”的说法，这也是错误的。不能用“半番”来计量。

“属意”怎么读

◎隋世杰

偶看电视连续剧《解放》，剧情是蒋介石与胡适在对话，话题是竞选总统。蒋介石玩弄权术，让他参选总统。胡适的台词中有“属意于我”。其中的“属”，演员读为 shǔ，而正确的读音应是 zhǔ。

“属”是个多音字。读 shǔ 音是常用的，意思几乎无人不知，如“隶属”“归属”即是。而读 zhǔ 音，多用于书面语，有两个义项：一是指连缀、连续，如：属文（作文，写文章）、属对（写对联，对对联）、属诗（吟诗，写诗）、属草（起草文稿）、前后相属（前后相接）等；另一个意思是意念集中在一点，如属意（意向专注于）、属望（期望、期待）等。胡适说“属意于我”，就是指“有意让我参与总统竞选”。

马能“撂蹄子”？

◎牛　士

2011年8月19日《燕赵晚报》B16版刊载一则笑话《老鼠当官记》。玉皇大帝下令，采取公开民主的评议方式，派众大仙调查采访，倾听意见，选拔十二属相中的首领。众属相对此不以为意。只有老鼠官瘾大，上蹿下跳，吹捧自己，贬低他人。当谈到马的时候，它说：“马负重，有事没事撂蹄子，发脾气，自誉是千里骏马，可给点活干，就嘶叫着喊太累了！”句中的“撂”错了。

“撂”读liào，放下、搁下，如“把行李撂在地上”。动物自己不能“撂”蹄子，应该是“尥蹄子”。“尥”也读liào，指骡、马等牲畜的后腿跳起后踢。“尥蹄子”即俗话说的“尥蹶子”。

志愿军“悍然越过三八线”？

◎李跃林

2011年6月23日《中国电视报》第24期A24版，在版面右下角广告中有这样一段话：

90岁高龄的王大爷是一位参加过抗美援朝的老军人，当他看着邮票上的一位位人民英雄时，激昂的说起了他的故事：我是一位军人，看着这本人民英雄邮票，时刻想起我们悍然越过三八线，把战火燃到了鸭绿江边的战争岁月呀！

这段话有不妥之处。悍然：蛮横、刁悍的样子。怎能把志愿军抗美援朝打过三八线，说成是“悍然”的举动呢？说“我们”把战火烧到鸭绿江就更不准确了。朝鲜战争是美帝国主义发起的，把战火烧到鸭绿江边的罪魁祸首正是他们。“我们”应改为“美帝”。

“偌大”的读法

◎杨廷珺

近来，常听人把“偌大”读成“nuò大”。2011年7月13日上午播出的中央电视台第10套科教频道竟然也读错了“偌大”。有一个节目讲到曾国藩攻入太平天国京城，纵容军队大肆抢掠后，给皇帝打报告。这时屏幕上出现的字为：

诺大的天津城里，连一片碎银子都没有找到。

在这句话的前半句短短七个字中，竟出现了两处错误：一是“天津”应为“天京”（即南京，太平天国起义军把南京定为首府），一是“诺大”应为“偌大”。

“诺”读 nuò，义为“答应、允许”或“答应的声音”，组成的词语有“诺言、许诺、唯唯诺诺”等；而“偌”则读 ruò，义为“这么、那么”，组成的词语只有“偌大”，义即“这么大、那么大”。

“号诊把脉”乱了套

◎吴尚达

2011 年 7 月 5 日《杂文报》刊载的《请记者离场的专家是“真专家”》中有一句话：“城市形象智囊团，顾名思义，这是为改善城市形象而设的机构，智囊团专家的工作就是为城市形象不佳来号诊把脉。”其中“号诊把脉”说不通。

医生用手按在病人腕部的桡动脉上，根据脉搏的变化来诊断病情，叫诊脉，也说号脉、把脉。这里，诊、号、把是一个意思。“号诊把脉”就说乱了套。汉语里根本没有“号诊”这种说法。

“坐壁上观”太危险

◎盛祖杰

《参考消息》报 2011 年 4 月 7 日刊载的《亚洲缘何对西方干涉保持沉默》一文认为，亚洲密切关注利比亚事态的发展，倾向于通过外交解决而不赞同武力干预。作者写道：“此次牵头实施干预的西方大国还将在国内面临诸多经济问题，而坐壁上观的亚洲及其他地区国家则会一路快速发展。”其中“坐壁上观”应予辨正。

“壁上观”典出《史记·项羽本纪》：“当是时，楚兵冠诸侯。诸侯军救巨鹿下者十余壁，莫敢纵兵。及楚击秦，诸将皆从壁上观。”此处的“壁”，指军营的屏垒，也借指军营。作壁上观，就是坐观双方（楚兵、秦军）成败，不帮任何一方。比喻置身事外，袖手旁观。近似的成语有“坐观成败”“坐视不救”等。“作壁上观”不可改为“坐壁上观”。真的坐在“壁”上观看双方血战，那也太危险了吧。

秦始皇“西巡至胶东半岛”？

◎张志达

《东方养生》杂志2011年第2期登载的《汤·海·仙山　问寿文登》一文说：“传说当年秦始皇西巡至胶东半岛……”句中的“西巡”二字大错。

“西巡”，也就是巡视西方。秦的首都建于咸阳，在今陕西省境内。胶东半岛在山东，秦始皇从咸阳到山东巡视，是由西往东巡视，怎么能说是“西巡”呢？

误用“昭然若揭”

◎良　木

2011年6月5日，《牛城晚报》第5版刊有《夏云飞四两拨千斤》一文，文中写道：“世代习武，代代相传，家家户户都是一个小型练武场，个个都是‘武林中人’。小云飞颖悟非凡，师傅一点，心头便灵光一闪，昭然若揭。”

“昭然若揭”这个词，出自《庄子·达生》：“今汝饰知以惊愚，修身以明污，昭昭乎若揭日月而行也。”昭然若揭，义即像举着太阳、月亮走路那样明显。后用“昭然若揭”形容真相全部暴露，一切都明明白白。夏云飞练武不是“昭然若揭”。

大的“蠹虫”？

◎沙　鸣

2011年6月13日《新民晚报》B5版《“左联”春秋》一文写道，1931年2月7日深夜，“左联”五位青年作家被国民党淞沪警备司令部秘密枪杀。五位青年作家之一是“曾经写出大量被鲁迅赞誉为‘是东方的微光，是林中的响箭，是冬末的萌芽，是进军的第一步，是对前驱者的爱的大蠹，也是对于摧残者的憎的丰碑’的优秀诗篇的殷夫”。错了，鲁迅说的是“大纛”。蠹(dù)，即蠹虫，会蛀蚀、侵害物体，有贬义。纛(dào)，即大旗，有褒赞义。蠹、纛的音、义都不同。

微型讲坛

说"县"

◎陈璧耀

"县"现在是我国地方基层行政区划单位，只有一个意思，专指地方政区。"县"的古义。

县"借为州县之县"，是在秦行郡县制之后，而"县"的假借用法却早于此。如《史记·秦本纪》说："武公十年(前688)，伐邽、冀戎，初县之。"又如《史记·楚世家》说："惠王乃复位。是岁(前479)也，灭陈而县之。"这里的"县之"，不是"以之为县"的意思，"县"不是州县之县，那时还没有这种政区概念。唐德刚先生在《中国郡县起源考》中认为，这里的"县之"，义为"悬之"，是对那些"既经征服之地，将封予谁，尚是悬而未决"的"一时权宜之计"，"非定制也"。这是说，那时还是分封制时代，对所征服的新的地方，还没有确定要分封给谁，那就暂时先悬挂起来再说，所以这里的"县"就是"悬"，最初还不是一个政区单位。

"县"繁体原作"縣"，许慎《说文解字·𥄉部》说："縣，系也。从系持𥄉(jiāo)。"𥄉是倒悬的首级，所以"县"就是以绳系首悬挂，有示众的意思，是一个会意字。泛指悬挂，原与政区单位无关。北宋徐铉的注说："此本是县(xuán)挂之县，借为州县(xiàn)之县，今俗加心别作悬。"原来，"县"作政区单位的"州县之县"是假借；"县"被假借后，就另造了一个加心的"悬"字，"悬"是"县"的后起字。段玉裁《说文解字注》又说："别其音，县去悬平，古无二形二音也。"段注又告诉我们，古时只有一个县字，古读同"悬"，平声，假借专作州县字之后改读为去声，于是"县"就和"悬"成了两个字。所以许慎《说文》中没有"悬"字，只有"县"，但县的意思却是悬，这是

虽说最初只是"一时权宜之计"的"悬之"，但既然是一个"既经征服之地"，那就不可能长期

处于无政府状态，需要有人去管理，于是就有了受命管理的县长官，如县尹、县令、县公、县大夫等。虽说县长官都是临时的管理者，但后来由于"悬"的时间太长，这县和县长官也就随之发生了变化。唐德刚先生说："悬之终不决，县长官迭相更换而县如故，日久县乃为定制矣。"只是这种由"悬之"到"定制"的时间有多长，定制又始于何时，恐怕已经难以确考了。

春秋时期的这种县，大部分是兼灭四邻小国之后的结果，所以当时只有大国如秦、楚、晋、齐等才有。顾炎武《日知录》卷二十二"郡县"条说："则当春秋之世，灭人之国者，固已为县矣。"这灭人之国的都是大国，被灭的就是四邻小国。有人认为春秋时出现这种性质的县，是可以看作中国有独立机构的地方政权的开始的，虽然当时还只是封建的附庸。

春秋后期也有了郡，只是当时郡县的关系是县大而郡小，郡受县管辖。《左传·哀公二年》说："克敌者，上大夫受县，下大夫受郡。"杜预的注说："《周书·作雒篇》：'千里百县，县有四郡。'"春秋以前，县大于郡，战国时，则郡大于县。县在春秋时原是郡的上级政区，至战国以后才受辖于郡的。

县在战国时期虽已逐渐变为地方政区单位，但和郡县制的县还有所不同。一是还保留着分封制的残痕，如君主可以把县赐送给臣子，县尹也可以世袭等。二是县的规模大小悬殊，大者灭一国置一县，如秦、楚灭陈、蔡即以之为一县；小者则一乡即置一县，如齐国的一些县。但是，战国时"郡大于县"的政区格局，却是直接奠定了秦汉以郡辖县的体制的。

秦时有36郡，郡所辖的县有多少呢？据严耕望《中国地方行政制度史》上编一的"序言"所说："秦县的总数当在九百以上至一千有余，约言之，当在一千县左右也。"我查阅了汉以后各史的《地理志》，发现这"一千有余"的数目，在古代并无多大变化。现在我国有多少县呢？网上搜索的信息是2003年12月31日统计的，县为1470个，变化也不大。

县的总数古今变化都不大，

人名避讳谈片

◎孟庆文

东晋大将桓玄，初任太子洗马（官名，太子属官）时，一次设宴款待来客。来客“不能冷饮，频语左右，令温酒来”。桓玄听了，“流涕呜咽”。原来桓玄父名“温”，来客说的“温酒”触犯了他的家讳。

封建社会，对于君主或尊长的名字，要避免写出或说出，这叫避讳。为了避讳，人们挖空心思，想出了五花八门的办法。常见的是完全替代的办法，这一办法属于比较严格的避讳。具体来说，又可细分为两种情况：

一是代字法。凡是遇到需要避讳的字，改用他字代替。首先，以用近义字代替最为常见。北齐颜之推《颜氏家训》：“凡避讳者，皆需得其同训以代换之。”比如，淮南王刘安父名长，在刘安所著的《淮南子》一书中，遇“长”字都改写成“修”。东汉光武帝名秀，避讳“秀”字，于是把“秀才”改为“茂才”。东晋人为避晋文帝“司马昭”讳，把“王昭君”改名“王明君”。其次，用同音或音近字代替。比如，司马迁的父亲名“谈”，司马迁编著的《史记》中，就把“张孟谈”改成“张孟同”，“赵谈”改成“赵同”，“李谈”改成“李同”。

但所辖户口的变化却相对较大。秦汉时万户以上始称大县，万户以下都是小县；西晋时却细分为五等，1500 户以上就称大县了，300 户以下才称小县；唐朝则分三等，6000 户以上称上县，3000 户以下称下县。

县作为地方基层政区单位在我国一直延续至今。但在日本，县却是一级政区，日本现在除了一都（东京都）、一道（北海道）、二府（京都府、大阪府）之外，共有 43 个县，建制上相当于我国的省，这多少有点类似我国春秋时县大郡小的那种政区格局。

代字法中还有一种情况，是用特殊字“某”“某甲”“讳”等作代用字。这类代字具有通用性质，指示文本中此处有避讳。清人郑廉《豫变纪略》中讲了一则有趣的故事：明末秀才陈天清为农民起义军所俘，义军部帅中有一个叫“琉璃滑”的人，颇有点文化，他令陈天清诵读一把扇子上录写的陶渊明《归去来兮辞》。当陈读到“晨光熹微”一句时，琉璃滑立刻喝止道：“看来你不是一个真秀才！‘晨光熹微’应该读作‘晨光某微’才对。”陈愕然良久，才明白琉璃滑是说必须避大儒朱熹的讳。

其次是改称法。遇到名号触讳的人、事、物，则改其名而称呼之。所改之名与原名既不近义，亦不同音近音。比如，五代杨行密割据江淮，时人避其名讳，改称杏子为“甜梅”，改称蜜为“蜂糖”。清朝末帝溥仪，清人避其讳“仪”，遂改江苏省的仪征县为“扬子县”。

另一种类型的避讳，是对所需避讳的字进行字形、字音的改造。这属于比较宽松的避讳法。《红楼梦》里的林黛玉，心细如发。每次写“敏”字时，或多一笔或少一笔。她的老师贾雨村起先不解其意，后来无意中得知林黛玉的母亲叫“贾敏”，才明白林黛玉是为了避讳才故意增减“敏”字笔画的。这是对字形的改造。另一种情况是改读，即遇到避讳字，并不窜改其字，而是变读其音。南宋大臣钱良臣，有一幼子颇聪慧，每读经史见有“良臣”二字时，就改读为“爹爹”。一次，他诵读《孟子》中“今之所谓良臣，古之所谓民贼也”一句时，就改读道：“今之所谓爹爹，古之所谓民贼也。”令人捧腹！

总体上来说，避讳是一种消极的文化现象。它本是等级制的产物，是封建宗法观念的表现，与旧礼教密切相关。中华民国建立之初，避讳还有一定的影响。据说，“文革”期间，京剧《智取威虎山》中有句唱词：“擒栾平，逮胡标，活捉野狼嚎。”而这句唱词的原版是：“擒栾平，逮胡彪，活捉一撮毛。”这恐怕也和避统帅之讳有关吧。

“你好，我是64330669……”(30)

◎姚博士

“精简”与“精减”

问：表示减少这个意思，汉语里有“精简”与“精减”两个说法。请问这两者在使用上有何区别？

——四川省宜宾市　张艺名

答：“精简”和“精减”都是动词，是一组近义词，虽然都含有减少的意思，但在用法上有所不同。

“简”，简化、使简单；“精简”，指经过调整，去掉多余的，留下必要的，比如“精简机构”“精简内容”“精简程序”等。“减”，从总体或某个数量中去掉一部分；“精减”，指经过挑选，去掉或减少不必要的，比如“精减300名员工”。两个词语的侧重点有所不同：“精简”侧重的是经过调整后，机构、内容等的简化，由原先的繁复、冗杂变得精干、精练；“精减”侧重的是经挑选后数量的减少，而原先的架构、层级可能没有变动。

“加官晋爵”也可以写

问：口语里经常有人说“加官jìn爵”。请问应该写作“加官进爵”还是“加官晋爵”？

——湖北荆州市　石　建

答：两个都可以。查检工具书可知，《汉语大词典》《现代汉语规范词典》等工具书都收录了

“加官进爵”。语例之一是《镜花缘》第八十三回:“适因小春姐姐谈论跳加官，倒想起一个笑话。并且‘加官’二字也甚吉利,把他做个话头,即或不甚发笑,就算加官进爵之兆,也未尝不妙。”

“加官进爵”中,“进”与“加”同义,意思为晋升,例如“进擢”(进用,擢升官职)、“进职”(进升官职)、“进仕”(进升官阶),等等。那么,“进爵”可以写成“晋爵”吗?我们认为可以。“晋”，从日,《说文》解释说“进也,日出万物进”,本义是上进,引申指升任高级别的职位、提高地位荣誉等,如《清史稿·桂中行传》:“以功晋知府。”又如晋封、晋秩(晋升官职或等级)、晋阶、晋号(晋升其称号),等等。在语用实践中,“加官晋爵”并不少见,有一部网络小说就叫“加官晋爵”。

“启”字前头的用字

问：信封上收信人之后为何不能写“敬启”?要表示对收信人的礼貌之意,“启”字前头该用什么字呢?

——福建福州市　李一眉

答：按汉语的习惯,“敬启”的“敬”字只能修饰后面的“启”字,字面意思就是让收信人恭恭敬敬地开启信件。这显然是一个不礼貌的用语,也与写信人的初衷相背离。所以在收信人之后,不能用“敬启”。

对不同的收信人，可以在“启”字之前加上不同的字眼,以示礼貌。比如,对于父母或其他亲戚长辈(包括老师),可用“安启”；对于其他尊长尤其是有较高官职的人,如政府高官、军队首长等，一般可用“钧启”“勋启”;对比较尊敬的平辈和朋友,可用“大启”“台启”“惠启”;对晚辈可用“手启”。另外,给年轻的女性写信,还可用“芳启”。如果是表示吊唁的信,则可用“礼启”或“素启”。当然,这里只是举例性质的,谨供参考。

释“小可”

问：最近新版《水浒传》在各

大荧屏热播，笔者发现其中人物常用“小可”一词，如梁山众英雄劫了江州法场救出宋江后，宋江便道：“小可不才，自小学吏，初世为人，便要结织天下好汉。奈缘力薄才疏，不能接待，以遂平生之愿……”“小可”究竟何意？

——浙江省金华市　王思朗

答：“小可”是古代白话小说中使用频率颇高的一个谦词，许多朋友都很熟悉。理解这个词还得先理解“可”字。可，本义指“许可”。《广韵·哿韵》：“可，许可也。”后引申指“能够”“值得”“适合”等义。大约自宋代，“可”开始用来指“寻常”“轻微”“不足道”等义。如明代刘兑《娇红记》：“白日里可些，到晚来越凄惨过活不得。”“白日里可些”即白天轻微一些。“小可”即细小、轻微、寻常。如宋代范仲淹《让观察使第一表》：“今贼界沿边小可首领，并伪署观察使之名。”其中“小可首领”即小头目。大约自元代始，“小可”用作第一人称的自谦之词。元杨显之《潇湘雨》第四折：“小可是临江驿的驿丞。”

“磨(mó)豆浆”，还是“磨(mò)豆浆”？

问：最近，多家媒体报道了“肯德基的醇豆浆并非现磨，而是用豆浆粉冲制而成”这一新闻。我听到不少电台的主持人都把“现磨”的“磨”读成 mó。请问他们读得正确吗？

——重庆市　王德铭

答：不正确，“现磨”的“磨”应读 mò。

“磨”是一个多音字。读 mó 时，可表示多种动作行为，如用磨具加工玉石等坚硬材料、磨砺、消磨、折磨等；读 mò 时，专指加工粮食用的器具——磨及其引申义，如磨盘、磨面粉等。

在表示加工物品这一意义上，磨(mó)在整体上不破坏器物的形状，目的主要是使器物变得光亮、锐利，比如“如切如磋，如琢如磨”“磨杵成针”等；磨(mò)则是弄碎粮食等食品原料，使之变成粉状。现磨豆浆，指用经过浸泡的豆子，配以适当比例的水，当场磨制成豆浆。所以，“现磨”的“磨”应该读 mò。

语林拾遗(七)

◎屠 岸

上海那时不称『孤岛』

《解放日报》2011年6月26日登载一篇文章:《贺绿汀:每一寸土地都是我们自己的》。文中说:"……一边是敌人飞机的狂轰滥炸,苦难同胞的骨肉离散;一边是租界'孤岛'里的醉生梦死、歌舞升平。他再也不能把音乐当成沙龙、舞会上的奢侈品。他决意参加上海文化界的救亡演剧队,并于1937年8月下旬随队出发,登上北行列车,奔赴山西前线。"

从文字上看,贺绿汀摆脱"孤岛"的醉生梦死,于1937年8月下旬离开上海,奔赴山西前线。

但,问题是:1937年8月下旬世界上还不存在"孤岛"上海!上海被称为"孤岛",始于1937年11月中国军队退出上海,直到1941年12月太平洋战争爆发,日本侵略军进入上海租界为止,为时4年多一点。为什么叫"孤岛"?因为1937年11月以后,上海的英法租界,日军不能进入,但被日军侵占的中国地界包围,即陷在沦陷区之中,成为"孤岛"。1941年12月日军进入租界,原来的租界和中国地界全都成为沦陷区,因而"孤岛"这个概念不存在了。不问时间先后把上海的租界一体等同于"孤岛",错!(2011-06-29)

说“捧”

《解放日报》2011年7月15日“解放周末”版登载长篇报道:《“最美妈妈”,追捧之余该反思》。报道一开头就说:“为了接住高楼坠落的别家女童,刚做妈妈的吴菊萍毫不犹豫地伸出了双手。近日,这位‘80后’母亲的壮举给人们带来了久违的情感冲击,有关她的消息占据了众多媒体的重要版面,一些海外媒体也争相报道。在网络、微博上,‘最美妈妈’的称号更是受到了热烈追捧。正如新华社时评所言,吴菊萍的走红,是‘勇敢’和‘善良’的走红。对‘最美妈妈’的热捧,源自人们对爱与善的真切渴望。”

这篇报道反映了社会公众对吴菊萍的热烈赞扬和高度评价,报道作者也持同样的观点。

但,报道的题目和开头的一段文字中,一连出现“追捧”“热烈追捧”“热捧”等字样。这使读者如我感到十分别扭。

“捧”,据《现代汉语词典》,有三种释义:一是指用双手托,二是作量词,用于能捧的东西,另外一个便是“奉承人或代人吹嘘”。那么“奉承”呢?据《现汉》的解释,是:“用好听的话恭维人,向人讨好。”那么“恭维”呢?据《现汉》的解释,是“为讨好而赞扬”。

吴菊萍值得赞扬,社会公众对她的赞扬都出自肺腑,“源自人们对爱与善的真切渴望”。

即使把“捧”解释为“捧场”,还是觉得不太得体。发自内心的赞扬和钦佩,不是一个“捧”字所能概括的。吴菊萍又不是演艺明星!(2011-07-16)

“32万”之谜

《文汇报》2011年7月27日有一条消息,标题是:“盗窃32万货物被上海警方抓获　逃亡5年嫌犯在河北落网”。开头第一句话是:“盗窃铁路杨浦站货场32万货物的犯罪嫌疑人董某……”

“32万货物”是什么意思?

“货物”是名词。可以精确计量,如“三件货物”“两吨货物”;也

曹操说过这话吗

哈尔滨文艺杂志社出版的刊物《诗林》2011年第4期登有一篇文章：大卫的《辽阔的笨拙——读胡弦诗集〈阵雨〉》。文中说："我一直把诗歌当作一件不次于暗恋的私密。甚至在我写诗时，旁边不能有人走过。曹操云，卧塌之侧岂容他人酣睡，我要说写诗之时，岂容他人在侧。"

这里，"塌"字错了，应该是"榻"。另外，我看到的文本，是"鼾睡"，不是"酣睡"。

但，主要的问题是，"卧榻之侧，岂容他人鼾睡"这句话，是谁说的。《诗林》的这篇文章，说是曹操说的。是吗？

按史书记载，说这句话的，不是曹操，是赵匡胤。《续资治通鉴长编》：太祖开宝八年，"上怒，因按剑谓铉曰：'不须多言，江南亦有何罪，但天下一家，卧榻之侧，岂容他人鼾睡乎！'铉皇恐而退。"

这里，太祖指宋太祖赵匡胤。铉指徐铉，五代、宋初的文字学家。初仕南唐，后归宋，官至散骑常侍。江南指南唐。南唐的皇帝李煜，迫于宋的强势，委曲求全，向宋称臣，又忍受宋的诏命，改称江南国主。但赵匡胤仍不罢休，必欲灭掉江南（即南唐），说"卧榻之侧，岂容他人鼾睡"，这"他人"即指李煜。就在这一年（开宝八年）十月，宋灭南唐。

曹操生于东汉末，是三国时代的一世枭雄。赵匡胤是北宋的开国皇帝。二人所处时代相隔七百多年。把赵匡胤的"名言"放到曹操口里，真是张冠李戴！（2011-08-01）

可以模糊计量，如"少量货物""大宗货物"；当然，也可以不涉及数量，如"运来了货物""出售了货物"。

"32万货物"是否漏了量词？是"32万件"，还是"32万箱"，还是"32万吨"……？

都不是！

再看下文，便明白了：该犯罪嫌疑人所盗之物"总价值达32万元"。这个"元"字难道是可以省略的吗？价值32万元的货物可以说成是"32万货物"吗？（2011-07-27）

『北辰』不是北斗星

◎杨艺华

《读书》2009年第7期的《说"为政以德"》一文，有这样一段话："按照郑玄的解释，所谓'为政以德'，就是要求当政的君主要以无为的方式执政；要求君主清静无为，而让百官积极有为；通过君主的无为，鼓励、引导、激发文武百官充分发挥各自的能动性和创造力。由此孔子打比方所用的北辰，也不是现在所理解的道德典范的象征，而是'静止不动'的隐喻：北斗星永远待在同一个地方，它无所作为，消极虚静，其他星辰却环绕它运转不息，就像一群忙忙碌碌的官员，在围绕着一个无为的君主旋转。"这段话有问题。作者在分析中，把"北辰"转换成"北斗星"，这就混淆了"北斗星"和"北极星"两个概念。

《论语·为政》篇之首章："子曰：为政以德，譬如北辰居其所而众星共之。""北辰"不是北斗星，而是北极星。孙诒让《周礼正义》卷八十二："北极正中即天之中，古谓之天极，又谓之北极枢，后世谓之赤道极。然天中之极，无可识别，则就近极之星以纪之，谓之极星。沿袭既久，遂并称星为北极，又谓之北辰。然则北极者，以天体言也；北辰者，以近极之星言也。"古人为识别北极正中，就在近"极"处找一颗星"以纪之"，并把这颗星取名为"极星"。久而久之，又叫做"北极"或"北辰"。所以"北辰"是指北极星无疑，它是一颗星。从现代天文学讲，就是小熊座的α星，即勾陈一星。

北斗星属于大熊座，是在北天排列成"斗"形的七颗亮星，这七颗星分别是天枢、天璇、天玑、天权、玉衡、开阳、摇光。古人把这七星联系起来，想象成古代舀酒的斗的形状。天枢、天璇、天玑、天权组成斗身，古称"魁"；玉衡、开阳、摇光组成斗柄，古曰"杓"。北极星是正北方的标志。把天璇、天枢连成直线向勺口方向延长约五倍的距离，就可以找到北极星。

误说“五马分尸”

◎周　振

《文史精华》2011年第7期刊载的《平民总统孙中山——1912年南京临时政府散记》一文，让人感受到了孙中山先生的亲民风范。在写到孙中山禁刑讯一事时议论道：“刑讯，是中国历代对付犯人或一些无辜者的一种野蛮的逼供手段，其手法多种多样。从春秋战国的五马分尸，到明清的鞭笞、体罚，无一不是以人体难以承受的办法来达到执行者的目的。清朝官署的大堂上，各种刑具一溜摆开，有木枷，老虎凳，夹手指的夹子，胡椒水，等等。”把“五马分尸”指为“刑讯”的一种手段，犯了常识性错误。

我国古代确实施行过“五马分尸”，但它不是刑讯手段而是刑罚。“五马分尸”是俗称，正式称谓是车裂、轘、轘裂，就是把人的四肢和头分别拴在五辆马车上，然后驱马向五个方向奔驰，把人撕碎；泛指处以极刑。也比喻把完整的东西分割得很零碎。刑讯、刑罚有着明显的区别。刑讯处于对嫌犯的审问取证阶段，执行者通过对疑犯施以肉体的折磨、虐待来达到目的；刑罚是在定罪后强制施行的惩罚，案件至此已审判结束。

古代五马分尸的典型案例，是战国时期秦惠文王对商鞅的处置。商鞅是我国历史上伟大的改革家，但因触犯权贵，最终遭“五马分尸”，即被杀后尸体又被车裂。而东汉末年黄巾起义首领之一马元义、唐末昭宗时的猛将李存孝等，则是活生生地被车裂。没有谁把“五马分尸”作为刑讯手段来使用过。因为谁都知道，犯人如果已经处死，被肢解了，是不能再招供的。

《火眼金睛》提示

图1，“经英”应为“精英”。

图2，“拔罐”应为“拔罐”。

图3，“终点房”应为“钟点房”。

图4，“大陷”应为“大馅”。

首相府邸没『御猫』

◎京祥

《辽沈晚报》2011年6月12日A08版刊发了一幅警察抱着一只小猫的照片，并配有简短的文字说明，用的标题是“英国御猫累坏首相卫兵”。英国首相家养的猫，怎么能叫“御猫”呢？

英国是个议会制的君主立宪制国家。其国家元首是女王，职责大多是礼仪性的，一般不参与政务。具体国家政务，由首相领导的内阁负责办理。首相的官邸也就是首相府，位于伦敦威斯敏斯特区唐宁街10号。现任首相是戴维·卡梅伦。

报道中说，今年2月，首相府也就是卡梅伦的家里发生鼠患，他们召猫灭鼠，养了一只名叫“拉里”的猫。“拉里喜欢在著名的10号大门前玩耍，一会儿要进来，一会儿要出去，首相府的管家只好不停地为它开门。”

帝制时代，君权至上，对君主的所为所用，都要加以敬称——“御”。君主的饮食是“御膳”，写的字是“御笔”，乘用的马是“御马”，等等。凡是君主所用的，就都是“御用”的。所以，我们在讲到与外国君主有关之事时，也往往都要用上一个“御”字。英国首相虽然位高权重，但他的身份毕竟还是个大臣。臣不同于君。大臣家的猫，怎么说也不能称为“御猫”。英国女王伊丽莎白二世养的猫，才能称之为“御猫”呢。

英国御猫累坏首相卫兵

英国首相府门口的卫兵
是忙坏了，因为伺候唐宁街1
“御猫”拉里(Larry)可不是一
的事！

英国《每日邮报》10日刊
组照片显示，拉里喜欢在著名
大门前玩耍，一会儿要进来，一
要出去，首相府的管家只好不
它开门。

《每日邮报》称，拉里被召
府原本是为了抓老鼠，但这只
是得到了首相夫妇的宠爱和
关注，两个月来一只老鼠都没抓

据《新

曹操对关羽“视若己出”？

◎邹立志

2011年6月19日《辽沈晚报》T04版《左右为难　曹操弃植保江山》一文，在谈到“曹操被忽略的优点”时说：“他对来自敌对阵营的关羽视若己出、礼敬有加，后人只知关云长挂印封金、过五关斩六将，却忽略了曹孟德的英雄相惜、刻意袒护。”曹操对关羽“视若己出”？这真叫哪儿对哪儿呀！曹操对关羽确是“英雄相惜”，可并无慈父般情怀。

“视若己出”，说白了就是像对待自己亲生的子女一样看待。关键在于准确理解“出”的含义是“生育”。旧时，妾所生的子女叫“庶出”，正妻所生的子女叫“嫡出”“正出”，没有生育的叫“无出”。例如《左传·僖公二十三年》：“晋公子，姬出也。”晋公子重耳是大戎狐姬所生。《三国演义》第十六回说吕布有正妻严氏、次妻曹氏、妾貂蝉，“曹氏先亡无出，貂蝉亦无所出，唯严氏生一女，布最钟爱。”

正出、庶出、无出，指的是生育情况。“视若己出”指的是对待非自己所生晚辈的亲热态度，例如，清魏禧《瓶庵小传》：“瓶庵之妹死，有遗子女，并婚嫁之如己出。”瓶庵即吴传鼎，他的妹妹死了，留下外甥、外甥女，瓶庵为他们办了成婚、出嫁的大事，像对待自己所生养的儿女一样。曹操对刘备阵营中的大将关羽十分爱惜，是英雄相惜，而非家庭伦理上的“视若己出”。

《何谓“唯唯亭亭”》解疑

看了正文才知道，标题中的“唯唯亭亭”源自苏州的唯亭镇，是该镇阳澄湖大闸蟹的品牌名。在上海出版的一张报纸，用苏州地域特色极浓的文字作标题，恐怕要难倒了一大片读者吧。

车祸哪是“如期而至”

◎赵永成

“谁也没有想到，灾难会如期而至。……父亲说，在外打工的两位姐姐会回来，让他去汽车站接……刚到就听人说高速公路入口处发生车祸了。”这段文字是2009年11月17日《扬子晚报》刊登的《灾难人生》一文中的开头几句。“灾难”就是车祸。车祸能说是“如期而至”吗？

“期”，在此指约定的时间、日子。“如期而至”，就是某件事情按预定的或事先知道的时间发生。如，“会议如期召开”，“卫星如期升空”，“学校如期开学”。一般来说，用“如期”必须在文中先有对“期”的交代。比如，“8月18，50周年校庆如期举行”。又如，“清明节前后燕子从南方如期归来”。如果没有预定或预见到而突然发生的，就不能用“如期”一词。

惨烈的车祸什么时间发生，什么地点发生，决不会“预定”，也不可能准确“预见”。如果车祸真的可以“如期”，那么驾驶员和乘客不早就规避远遁了？

毛人凤是“看门人”吗

◎潘传国

2011年《中华传奇人物》6月号刊登了《“笑面虎”毛人凤靠女人玩转军统》一文，文章开头说：“毛人凤从县衙门的师爷做起，在短短10余年就成为国民党保密局的看门人。”而文章结尾又说：“1946年3月17日，戴笠专机失事使毛人凤得以由军统局二老板晋升为军统局的大老板，人生也达到了巅峰。”

“看门人”就是看守门户的人。旧时的官府或大户人家设有看门人，称“门丁”。现在的看门人，一般叫“门卫”“门警”“门岗”“保安”等。从旧时官府衙门、大户人家到今天机关单位的看门人，都是一种专门的职业，家长、单位主要领导，是不会充当看门人的。毛人凤作为军统局的主要负责人，显然是不会做看门人的。如果用比喻的说法，戏称他为军统局的“掌门人”是妥当的。

词语春秋

“毛病”的源流

◎张虹倩

“毛病”是现代汉语中使用频率很高的一个词，“你这个人不坏，就是有点小毛病”，“我的手机老是出毛病”，“他有头疼的毛病”，这几句里“毛病”的意思大致分别为“缺点”“故障”“疾病”。据最新版的《现代汉语词典》解释，“毛病”有三个义项：“(1)指器物发生的损伤或故障，也比喻工作上的失误。(2)缺点，坏习惯。(3)〈方〉病。”那“毛病”的本义是什么呢？如果有人说“毛病”的本义就是“毛”有“病”，大家一定会觉得是在望文生义。然而，不可思议的是，“毛病”的本义还真就是指毛有病。

“毛”也会生病吗？据我们考证，早在隋朝巢元方所著《诸病源候总论》卷二十七《发毛病诸候》(“候”，意为表现、症候)一文中就列举了各类毛发有病的症候，如“须发秃落(胡须和头发都掉光了)候”、“白发（人未老却头发花白)候”、“发黄(头发发黄)候”“须黄(长出黄色的胡须）候”等等，可见毛发也能生病，而且生病后会有各种各样的表现。值得注意的是，虽然巢元方的《诸病源候总论》出现了“毛病”，但这里的“毛病”还不是单独连用，而是“发毛病”(头发体毛的病）连在一起使用，而且这里的“毛病”是指人的体毛出现了病变。

据我们考察，“毛病”最早单独连用出现于唐代无名氏所著的《司牧安骥集》，该书卷一里面有《毛病十首》，这里的“毛病”不再指人的体毛有病而是专指马的毛有病。在这十首诗中专门论述了马毛有病的表现及其严重后果，其中第九首里说“毛病深知害，妨人在不占”。意为如果马的毛有病的话，那就不仅仅代表着马不够健康，甚至这匹马也成了不吉利的马，谁如果敢骑这匹马，不用占卜就知道一定会非常倒霉（即所谓“妨人在不占”）。说到马会“妨人”，最著名的莫过于《三国演义》中的“的卢马”，据说此马“极其雄骏”，刘备得到此马后献给刘表，刘表大喜。此时刘表的谋士蒯越偷偷进言：“此马眼下有泪槽，额边生白点，名为的卢，骑则妨主。”蒯越还以“张武（的卢马的前主人）为此马而亡”为证，证明此马万万不可乘骑，吓得刘表赶紧将马送回了刘备。

的卢马为什么会“妨主”呢？原来也是因为马毛有病。刘表谋士蒯越就说此马“额边生白点”（额头边生出一撮白毛），宋代许洞《虎钤经》卷十《马毛利害第一百一十一》也印证了这种说法，该书罗列了一批“不祥”的马，而这些马之所以不祥都在于马毛有病。在该书“不祥之马”的“恐怖”名单中，“的卢马”赫然居于榜首，“若马或白点入口者，名的卢”（马如果有白毛长入口内的话，就是“的卢马”）。此外该书还列举了其他大量马毛有病的表现，如“目下有横毛”，“鞍下有回毛”，“腋下有回毛”，“左胁下有白毛直上”，“腮上有旋毛”，“毛旋在项”，等等，并得出结论：“已上马毛病者，不利主也。”可见在古人看来，马的毛有病是非常严重的问题，甚至被赋予了神秘色彩，认为这样的马会“妨人”。

关于“毛病”指马毛有病之意，后世文献也有记载。如明代徐咸《相马书》：“马旋毛者，善旋五，恶旋十四，所谓毛病，最为害者也。”清代袁枚在《新齐谐·来文端公前身是伯乐》中也说来文端公这个人自称是“伯乐转世”，非常会相马，每次挑马的时候，百十匹马从眼前走过，但他只要“瞥眼一过，其毛病纤悉，无不一一指出，贩马者惊以为神”。

“毛病”在唐代专指马毛有病之后，在宋代又衍生出三个新的义项：

其一是指竹材破损、不完美。该义项均出自黄庭坚的《山谷老人刀笔》。该书卷十六中黄庭坚给友人王君全写信，信中他说自己“有一紫竹轿子未有竿，欲乞两枝饱风霜紧小桂竹，又须时月无毛病者便得之佳”，原来黄庭坚的紫竹轿子缺了根竹竿，他想请友人帮他物色两根饱经风霜且竹龄较长的竹子，但这样的竹子一般已皲裂霉变，所以又特意强调要“无毛病”的。这里的“毛病”特指竹材破损、不完美。后世指器物破损或有故障，便由此引申而来。

“毛病”的另一个新义项是指人有缺点，该义项也出自《山谷老人刀笔》。该书卷十八回忆自己乘船时遇到大风，“凡动物皆讴吟达旦（只要是动物都通宵达旦地吟叫，因为晕船晕得很厉害），时时惊眠（诗人自己晚上也睡不着觉，不停惊醒）”。“今旦既不可出，拥炉假寐，亦自不恶（今天早上既然不能外出，那么抱着火炉睡睡觉，也很不错）。翘叟亦择日出居，乃是荆南人毛病。”这里的“毛病”即指人的缺点。南宋朱熹的《朱子语类》中也说：“有才者又有些毛病，然亦上面人不能驾驭他。”可见宋代“毛病”已指人的缺点。

“毛病”的第三个新义项是指“有问题”。宋代吴泳《鹤林集》卷三十二的《答涂安礼书》中说“向蒙惠教《蜀砭》三十篇，莫非切时之论，两序亦平正无毛病”，又说“盖文字毛病如春草渐生”。这里的“毛病”均指文理有问题。清代《老残游记》说“本不知道里头有砒霜，因疑心月饼里有毛病，所以揭开来细看”，这里的“毛病”是指月饼有问题（怀疑有毒）。

“毛病”在明代出现了一个新义项，指人有疾病。凌濛初《二刻拍案惊奇》中写道：黄节妻儿不知去向，“黄节情知妻四娘有些毛病的，着了忙，各处亲眷家问，并无下落。”这里的“毛病”即指人有病（精神不太正常），后来泛指人有疾病。如清代曾国藩在家书中说其弟“得了晚上睡觉不着的毛病”，《野叟曝言》也有“产中犯出毛病，便是一生受累哩！”其中的“毛病”均指人有疾病。

综上所述，“毛病”在隋代最早以“发毛病”的形式出现，指人的毛发出现病变，在唐代首次单独连用，专指马毛发生病变，宋代的时候产生了三个新义项：器物破损，不完美；人有缺点；有问题。在明代又产生了另一个新义项指人有疾病。

“香港”命名小考

◎刘　斐

香港由香港岛、九龙半岛、新界内陆地区以及262个大小岛屿组成。它被世人冠以“东方之珠”的美称。可是,很久以来,“香港”为什么叫做“香港”,却莫衷一是。概括起来,“香港”命名的由来大抵有以下五种说法。试逐一评述之。

一、海盗说

据传,清朝嘉庆年间,海盗林某与妻子香姑横行于伶仃洋(珠江口)一带,后来林某死于台湾,香姑则率众人转而占据现在的香港岛,故而后人将该岛称为“香姑岛”,简称“香岛”,继而演变成“香港”。事实上,清代史籍中并无关于香姑的记载。香姑的原型可能是明末海盗头目刘香。刘香曾是以郑芝龙(郑成功之父)为首的极为庞大的“十八芝”海盗集团的成员之一。据清嘉庆二十四年(1819)王崇熙撰修的《新安县志》(香港当时属新安县管辖)记载,明末崇祯六年至八年,刘香曾占据香港岛。关于“香姑说”,曾任教于香港大学的许地山先生在1940年专门撰写《香港与九龙租借地史地探略》(见《广东文物》中册,1940年版)一文,力证其说不可信。且以一个海盗的名字来命名,似乎与情理不符。

二、红香炉说

相传一日有红香炉从海上漂来,停在今天铜锣湾天后庙前,人们以为是天后显灵,便称庙后的小山为“红香炉山”,庙前的海湾为“红香炉港”,其后逐渐演变成为“香港”。该说颇具神话色彩,不足为信。且清代“香港”和“红香炉”完全是不同的地方,指不同的岛屿。文庆等编的《筹办夷务始末》(道光朝)(故宫博物院1930年影印本)卷三十提到:1841年3

月，两广总督祁贡和广东巡抚怡良在奉旨调查琦善罪行后的奏报中写道：“现据大鹏协福将领赖恩爵禀称：该夷前求香港与之寄居，意不重在香港，而重在裙带路与红香炉，名则借求香港，实则欲占全岛。”英国人表面上看是只想求借香港，实际上是想霸占“裙带路”“红香炉”，进而霸占全岛。可见，“香港”和“红香炉”是不同的地方。

三、香江说

香港岛东南部有个石排湾（即现在的香港仔），有条溪流流经此处，入注于海。据说因溪水甘甜，故称“香江”。香江流入的石排湾港，也就被称作“香港”。事实上，“香江”这一名称晚于“香港”出现。香江源头原为“鳌洋甘瀑”，为“新安八景”之一。《康熙新安县志》载：“鳌洋甘瀑在七都大洋中。……中有甘泉飞瀑，若自天而下。”许地山《香港与九龙租借地史地探略》一文中认为，鳌洋当是独鳌洋（即如今的羊洲，是西贡区海上的一座小岛）。“香江”则是近世才出现的说法，而据我们考证，早在明朝万历年间，郭裴的《粤大记》书后所附的《广东沿海图》中已标有“香港”，故而“香江说”也不成立。

四、土人说

“土人说”是较具有影响力的一种观点。据说1841年，英国侵略军在香港南部赤柱登陆后，再往北走经过石排湾（即香港仔）时，询问当地居民陈群该处地名，陈群用当地土话回答为“香港”，英军就以陈群的地方口音Hong Kong记下来，将该地称为“香港仔”，又将整个岛屿称为“香港岛”。太平洋战争期间，日寇曾占领香港，其间，香港仔曾被改名为“元香港”（意为“香港的起源”）。实际上，早在英军登陆前明清典籍中已有“香港”的记载，因而“香港”得名不可能是英军据土人发音定的名字。

五、莞香说

“莞香说”认为“香港”的得名源自它曾是转运“莞香”的港口。明代至清初，广东东莞县和新安县盛产“莞香”。（明神宗万历元年之前香港长期隶属于东莞县。此后隶属于广州府新安县。）莞香被誉为“南海奇珍”，每年大量的莞香纷纷运至九龙的尖沙咀，再渡海到香港岛东南部的一处港湾集中堆放，然后运往广州，转销至沿海各省乃至日本。明末清初时，屈大均《广东新语》卷二十六“香语·莞香”条中，即有对当时东莞香业盛极一时的详细描述。且莞香所经之地，多冠以“香”字来命名，如尖沙咀当时称作“香埗头”；香港岛东南部的这一处集散莞香的港湾则被称作“香港”；港口附近的村庄则被称作“香港村”。

我们认为相对于其他几种说法，“莞香说”较有理据性和说服力。1959 年，史学家罗香林与张月娥在《香港前代史：一八四二年以前之香港及其对外交通》一书中深入考证了香港地区的地理、特产、历代建置以至迁海复界等问题。书中《香树的种植与出口》一章专门介绍了莞香树的栽培以及香市的繁荣景象，且主张香港的命名当源自香树。1983 年学者 Lu Kow-CHOY 在皇家亚洲学会香港分会的会刊上发表《The Cultivation of the "Incense Tree" (Aquilaria sinensis)》(《“香树”的栽培》)一文也力证香港得名缘自莞香的论说。

最后应着重指出的是，“香港”在以往很长时期内都不是指今天的香港地区。鸦片战争以前，仅指今日的香港仔。“香港”最早见于明朝万历年间郭裴所著《粤大记》一书中所附的《广东沿海图》中。该书中除了标有“香港”，还标有赤柱、黄泥涌、尖沙咀等地名。清嘉庆年间的《新安县志》中也标有昂船洲、赤柱、红香炉、黄泥涌、香港村、薄凫林等地名。鸦片战争期间，接替林则徐任“钦差大臣”的琦善奏折上说：“查香港离省四百六十余里，孤悬海外，离澳门为尤远，只系全岛之一隅。其余毗连者又名大潭，又名裙带路，又名赤柱，又名红香炉。”可见，明清时期，“香港”只是“全岛之一隅”，并不包括香港全岛，“香港”是与“红香炉”“尖沙咀”等并列的地名。1842 年《南京条约》之后，“香港”所指地理范围扩大到香港全岛。该条约第三条写道：“今大皇帝准将香港一岛给予大英国君主暨嗣后世袭主位者常远据守主掌，任便立法治理。”已用“香港”来指称香港全岛，包括以前的香港及红香炉、尖沙咀等地。

走俏的“或”

◎沈林

有网友对下面这个标题中的“或”字表示纳闷，说不记得以前有这么用的：

张柏芝再怀第三胎　谢霆锋周末抵京或揭真相(土豆网)

确实,“或”的这种用法近几年常见诸媒体。不过,与其说它是一种新现象,不如说它是东山再起。

“或”作副词,用来表示对某种可能性的揣测，这一用法古已有之。譬如,《论语》里子贡自认无法超过孔子，说:“得其门者或寡矣!”(能够进入孔子之道大门的人可能很少吧!)不过,在现代汉语中，人们更熟悉它的双音词形式“或许”“或者”等。如:“你或许要怪我浪费你的时间。”

那么,这几年“或”为什么又开始单打独斗了呢?

首先，是因为它满足了标题精简性的需要，同时能获得眼球效应。表示可能性的“或”,大多数情况下是出现在标题中的，所涉及的新闻事实其实包含了两种相反的可能性。只不过,标题选择的都是能抓住读者眼球的那一种可能。譬如一则标题“女孩被坠落玻璃割伤左腿　医生称其或要被截肢”,若换成“医生称其左腿或可保全”,就没有冲击力了。

语言的“嫌贫爱富”,也起了一定的作用。从现有的资料看,“或”的这种用法在港台地区早已有之,在大陆地区则最早出现在南方媒体中。而且,即使时至今日,在报道经济新闻时的使用频率也明显偏高。可见,它的东山再起,也是受到了经济发展的刺激。

有些新闻标题使用“或”,则完全是玩噱头。有一则标题“上海宝山抛子母亲系复旦本科毕业生　或患有抑郁症”,但正文则非常明确地说“抛子母亲患有抑郁症”。有时,甚至正文中根本不存在的可能，也在标题中冒用揣测之辞。譬如有一则标题是“网友质疑洪灾补贴　乡政府或要实名报复”,正文却是乡政府为之前的粗暴回帖对网友表示了歉意。

全聚德怎样烤鸭子

◎刘曰建

2011年第4期《随笔》刊载《菜根谭二题》之二《饮食中的暴力》，说到武则天时有这么一段话：“（张）易之做了一个大铁笼子，置鹅鸭于其内，在笼中烧炭火，又在一个铜盆内倒入五味汁，鹅鸭绕着炭火行走，烤得渴了就去喝五味汁，火烤痛了就在里面打着圈儿跑，表里皆熟，毛也脱尽，直到肉被烤得赤烘烘的才死去。”怪了，“表里皆熟，毛也脱尽”都不死，“直到肉被烤得赤烘烘的才死去”，堪称奇迹。更令人大跌眼镜的是，文章还说：“这种痛苦，谁受得了？可至今人们仍在吃，北京全聚德的烤鸭也是用这种方法。”批判饮食中的暴力无可非议，但把北京全聚德烤鸭拉来陪绑，就属恶搞了。全聚德烤鸭不是这样烤成的。

全聚德烤鸭选料精良，一律用北京填鸭，饲养期一般是40天，过长或过短都会影响鸭肉的质量。全聚德选用2.5千克~3千克健康鸭，宰杀放血后，用55℃~60℃水烫毛，烫3分钟左右。烫毛、煺毛操作要轻而快，毛煺得干净又不伤皮肤。然后在鸭翅下开一小口，取出内脏，断去鸭脚和翅膀，再进行涮膛，把鸭腔、鸭颈、鸭嘴洗涮干净。

全聚德烤鸭的烤炙技术独特。在全聚德之前，北京的烤鸭基本是闷炉烤鸭，全聚德博采众家之长创出了挂炉烤鸭，一炮打响。挂炉烤鸭是用质地坚硬的果木明火烤炙（以枣木最好，其次为桃、杏、梨木），而不是用什么炭烤。鸭子炙烤前经过宰杀、去毛、打气、开膛、晾胚、涂糖、灌汤等工序。最后烤出的鸭子，色泽枣红，味道香甜，外焦里嫩。

全聚德烤鸭肯定不是把活鸭放在铁笼子里烤得乱跑。

王蒙误说二皇帝

◎谷士锴

生活·读书·新知三联书店出版的《王蒙谈话录》(2011年1月第1版)中《〈红楼梦〉与中国文化》一节有这样一段话：

我不知道在座的哪个同学或者老师看过谢晋导的《鸦片战争》。这个《鸦片战争》在结尾的时候就写的是光绪皇帝带着他的子女、孙子包括最小的孩子在雷雨交加的夜晚，给清朝的列祖列宗跪着磕头，痛哭流涕，因为他对不起列祖列宗把香港割让了出去。(第239页)

光绪皇帝就是清德宗爱新觉罗·载湉。历史记载，他并没有子女，怎么会带着子女、孙子给列祖列宗叩头呢？再说香港被割让给英国，是在1842年即《南京条约》签订时的事情。光绪皇帝生于1871年，也就是香港被英国侵占29年后。割让香港给英国的是道光皇帝，也就是清宣宗爱新觉罗·旻宁。道光皇帝是光绪皇帝的祖父，是清朝第一个向外国割地赔款的皇帝，《南京条约》就是他在位时同英国签订的不平等条约。

《〈红楼梦〉与中国文化》一节中还有这样一段话：

这是作者(曹雪芹)的想象，清朝没有这样的事……很多(《红楼梦》)研究者认为这是以乾隆下江南为模本来写的(指《红楼梦》中贾元春以贵妃身份回家省亲)，曹雪芹的祖上接待乾隆的事，是按这个故事写的。原本是皇帝来到他们家，现在写的是贵妃。(第242页)

曹雪芹的祖上接待的不是乾隆皇帝，而是乾隆皇帝的祖父康熙皇帝。曹雪芹的祖父曹寅曾任苏州织造、江宁织造、巡视两淮盐漕监察御史等职。苏州、江宁织造是掌管宫廷所需各种织物的织

武松吃了蒙汗药？

◎唐九戒

随笔集《李国文说唐》之《由〈锦瑟〉想起》一文中这样写道："无论什么文字，什么作品，只消到得这班职业杀手的刀下，犹如摆放在案子上的那位吃了蒙汗药的武松，等待着的便是被大卸八块的命运。"李先生的文章写得精彩，但这段故事却讲错了。

《水浒传》第二十七回《母夜叉孟州道卖人肉　武都头十字坡遇张青》中是这样写的：武松杀嫂之后，被发配孟州牢城。在前往孟州的路上，武松与两个押解的差役来到十字坡孙二娘的酒店喝酒。孙二娘在酒中偷放了蒙汗药。武松识破孙二娘的奸诈，但装作不知，故意戏弄孙二娘。"那妇人心里暗喜，便去里面托出一旋浑色酒来……武松便道：'大娘子，我从来吃不得寡酒。你再切些肉来，与我过口。'张得那妇人转身入去，却把这酒泼在僻暗处，口中虚把舌头来咂道：'好酒，还是这酒冲得人动！'"看到武松等三人都扑倒地上，孙二娘以为武松也喝下了掺有蒙汗药的酒，便准备把武松弄到店堂后边去开剥。谁知反被武松擒住。这时孙二娘的丈夫张青出现，向武松赔罪。

虽然孙二娘这次未能麻翻武二郎，但她却在店中麻翻过花和尚鲁智深。用张青的话说："浑家见他生得肥胖，酒里下了些蒙汗药，扛入在作坊里。正要动手开剥，小人恰好归来……"武、鲁二人都是梁山好汉，故事又都发生在十字坡。只不过，安全意识差的鲁智深中了招。李先生一时失察，便误"鲁"为"武"。

造、采购供应的职务，很有油水可捞。康熙皇帝六次南巡，曹寅曾举办五次接驾大典，足见曹家阔绰奢华。曹寅死后，其子曹颙和嗣子曹頫相继承袭江宁织造一职。关于曹雪芹究竟是曹颙还是曹頫的儿子，尚无定论。但有一点可以肯定，曹雪芹的祖父曹寅在康熙皇帝病故前即辞世，不可能再接驾康熙的孙子乾隆。

“种殖”？“种植”！

◎汪宝

这幅漫画发表在《讽刺与幽默》2011年7月22日第3版上。画的意思很明白，就是农民无论是搞养殖的，还是搞种植的，都要买农业保险，那样才“胜券在握”。可惜西瓜地里老农手中的“种殖保险”的“殖”字错了，应该是“植”。

“种植”，栽种培植，包括各种农作物、林木、药用和观赏等植物的栽培。栽种西瓜，可以说是“种植”。

“殖”，繁殖、孳生；“养殖”，培育和繁殖，包括家畜家禽养殖、水产养殖、特种养殖几大类。养猪，可以说是“养殖”。

“种殖”一词，现代汉语里不常见。它的意思是“栽种繁殖”。如《吕氏春秋·孝行》：“凡为天下治国家者，必务本而后末。所谓本者，非耕耘种殖之谓，务其人也。”显然，“种殖”的内容包括种植和养殖。

上述画中老农举的牌子，应该是“种植保险”。这样才和右边农妇举着的“养殖保险”相对应。

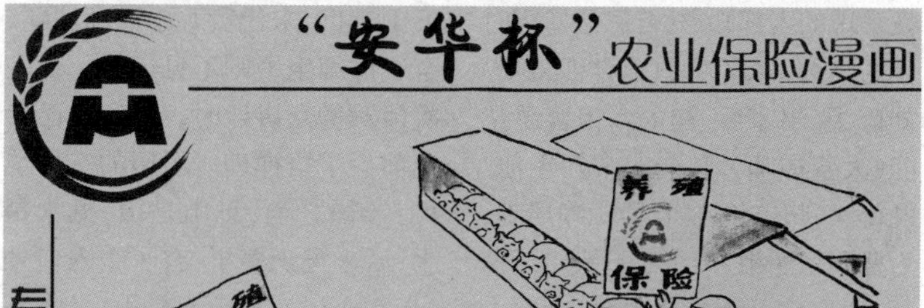

都有胜券在握　黄大希

也说"看山看水"三境界

◎许多雪

《文史知识》2010年第5期有一篇文章《看山是山,看水是水》。文中说:

宋代禅宗高僧青原行思有著名的"看山看水"三境界之说:参禅之初看山是山,看水是水;禅有悟时看山不是山,看水不是水;彻悟禅机则看山还是山,看水还是水。此语用之诗词读解亦颇恰切。

首先,青原行思不是"宋代禅宗高僧"。稍有佛教常识的人都知道,行思是盛唐时代的高僧,吉州庐陵(今江西吉安)刘氏子。出家后,初谒六祖曹溪慧能(大鉴禅师),慧能非常器重他。既得法,归吉州,住青原山净居寺,为曹洞宗始祖,传法于石头希迁禅师。唐玄宗开元二十八年(740)十二月十三日圆寂。

让人惊讶的是,上述文章还笃定地说:"青原行思有著名的'看山看水'三境界之说。"这又犯了张冠李戴的错误。请看《五灯会元·青原惟信禅师》的记载:

吉州青原惟信禅师,上堂(开讲):"老僧三十年前未参禅时,见山是山,见水是水;及至后来,亲见知识,有个入处,见山不是山,见水不是水;而今得个休歇处,依前见山只是山,见水只是水。大众这三般见解,是同是别?有人缁素得出,许汝亲见老僧。"

这里明明白白介绍:"见山是山,见水是水"是宋代惟信禅师而并非唐代行思禅师说的。惟信禅师,系出南岳下十三世、宋代黄龙心禅师法嗣,至于详细生平则不见记述。在一次他对僧众讲经时,解说自己参禅前后了悟禅理所经历的三种境界:参禅之前,见山是山,见水是水;后来见识多了,有了个入口处(指刚入门),见山不是山,见水不是水;现在已经得到个休息处,像以前一样,见山仅仅是山,见水仅仅是水。大家伙儿,不论是僧人还是俗人,只要了悟这三种境界的异同,便可来见老僧。

上述引文不惟有错字,而且也把了悟禅理三个境界的时限搞

是谁发动了对埃及的战争

◎陈林森

2011年4月29日《渤海早报》第37版发表《父亲的言传身教》一文,里面谈到一件历史事件:“1956年,为了抢夺苏伊士运河的主权,英美联合发动了对埃及的战争,我国群众走向街头抗议英美帝国主义的侵略。”

作者记忆有误。发动这次战争的是英、法、以三国。1956年10月29日—31日,英、法、以借口埃及收回苏伊士运河主权而联合进攻埃及,占领西奈半岛、加沙、塞得港和福阿德港,遭埃及军民英勇抗击和世界人民的谴责。11月6日英、法、以被迫停火,至次年3月先后撤军。美国并没有直接参与战争,而是采取了骑墙的态度,因为它既面临苏联要求联合采取决定性措施的要求,又面临英法要求保证北约组织团结的呼声,左右为难。

当年,英、法帝国主义武装侵略埃及的消息传到我国,我国群众纷纷集会和举行各种活动,声援埃及人民。笔者当时是小学生,也参加了学校组织的上街游行,大家唱着按《两只老虎》曲调写的歌:“抗议英法、抗议英法,反侵略、反侵略,支持埃及斗争、支持埃及斗争,要和平、要和平!”半个多世纪过去了,对这支歌记忆犹新。

错了。第一境界应是“未参禅时”,不是“参禅之初”;第二境界是“有个入处”,即“始学参禅时”,不是“禅有悟时”;第三境界是“得个休歇处”即“参禅有悟时”,而不是什么“彻悟禅机”。如果把惟信禅师的话精缩一下,应是:“见山是山,见水是水;见山不是山,见水不是水;见山只是山,见水只是水。”

笔者以为,“见山是山,见水是水”是直觉所见,尚不知参禅为何物;“见山不是山,见水不是水”是开始接触禅理,息虑凝心,思考问题时所见,此山水已不再是原来之山水了;“见山只是山,见水只是水”是参禅有悟、开始探求心性圆通之术、回归本源时所见,而所见者依旧是原来之山水。

铅笔是用"铅"做成的吗

◎张震东

笔者最近给外孙买了一套时代文艺出版社出版的《儿童安全教育宝典》。在这套书的《紧急120》一辑，有《小心铅中毒》一文，开头有这样一段话："小朋友看到这个题目，一定会感到很奇怪：铅怎么会中毒呢，我们天天都用铅笔写字呀？"然后该文列举了除铅笔以外还能引起铅中毒的许多例子。在文末的"特别提醒"中还告诫道："千万不要养成咬铅笔头思考问题的习惯！"这就是告诉读者：铅笔芯的原料是铅。

对这个说法笔者感到疑惑，于是赶紧翻查有关资料以明是非。首先想到家中存有一本电影连环画《一枝铅笔》，它是上世纪70年代人民美术出版社出版的。该书详细地介绍了铅笔由取得原材料到制成商品的全过程。其中提到铅笔的主要材料是做外壳的椴木和制笔芯的石墨。接着查阅了《辞海》和《现代汉语词典》的有关词条。辞书中说，"铅笔"是用石墨或加颜料的黏土做笔芯的笔。"石墨"是矿物，成分是碳，灰黑色，有金属光泽，硬度小，熔点高，导电性强，化学性质稳定，用来制造坩埚、电极、铅笔芯、润滑剂、颜料、防锈涂料等。石墨和铅一样，在纸上划过时，会留下一道印痕，因此人们称之为"黑铅"。铅笔由此而得名。

做铅笔芯的原料是非金属的石墨，与金属铅无关。《儿童安全教育宝典》显然说错了。

征　稿

本刊《卷首幽默》栏目创办至今已有十多年，深受广大读者的喜爱。为提高稿件质量，现公开征稿。盼各路高手不吝赐文。

追踪荧屏

量词"领""令""刀"

◎盛祖杰

近期，央视《探索·发现》栏目连续播出"手艺"专题，其中《风雨桐香》讲的是传统油纸伞的独特工艺。当说到切纸这道工序时，字幕打出的是："看到五百张的厚厚一领纸，像切豆腐一样被切开……"这个"领"字显然用错了。

"领"的本义是脖子，转义为"衣领"，再引申指衣服的件数。《荀子·正论》："太古薄葬，棺厚三寸，衣衾三领。"量词"领"不仅适用于衣、袍，还可用于席子，如"一领草席"。"领"不用于纸张计数。用作纸张计量单位的是"张""刀"和"令"等。

沈榜《宛署杂记》载，明代一次乡试要用"包裹纸十刀"。回忆五四运动的资料中记述，为了发布《北京学生界宣言》，北大校长蔡元培告知总务科，拨给《宣言》起草者中文系学生许德珩"一刀纸"。《现规》释量词"刀"："用于手工制造的纸张，1刀通常为100张。"而量词"令"的释文是："机制的整张原纸500张为1令"。按国际标准化组织(ISO)的规定，1令机制纸为20刀，1刀机制纸是25张。这个标准中的"令""刀"是从英文翻译过来的。

不同的语言里，"令"的含义不一致。英文中用于纸张计数的单词有quire和ream。quire指的是24张纸，中文意译成"刀"。ream音译为"令"，有"短""长"之别，短令是quire的20倍，480张；长令是quire的21.5倍，516张。在日本，1长令机制纸则是1000张。

《风雨桐香》的解说，清楚地陈述了泸州油纸伞的伞面用纸，是以楮树皮为原料经过多道手工程序制成的皮纸，其制作具有传统工艺特色。手工生产的皮纸计数，宜选量词"刀"，而不是适用于机制纸的"令"，更不该误用"领"。

朱元璋能赏赐“乾清宫”吗

◎魏　宏

近期热播的电视连续剧《朱元璋》第二十二集中，朱元璋在应天府（今南京）登基。汤和因派500兵勇为李善长超规格挖地基盖房而受到朱元璋严厉的批评。李善长获悉后对汤和说自己也要向朱元璋负荆请罪。汤和劝李善长不要去，并猜测说李善长即使去朱元璋也会装糊涂，还会嘲讽李善长“是不是还嫌房子不够大，要不要把乾清宫也赏给你”。这话说错了。朱元璋不能赏赐“乾清宫”。

乾清宫，北京故宫内廷后三宫之一。始建于明代永乐十八年（1420），明清两代曾因数次被焚毁而重建，现有建筑为清代嘉庆三年（1798）所建。明代的十四个皇帝和清代的顺治、康熙两个皇帝，都以乾清宫为寝宫。他们在这里居住并处理日常政务。皇帝读书学习、批阅奏章、召见官员、接见外国使节以及举行内廷典礼和家宴，也都在这里进行。

时间上来说，朱元璋称帝共30年（1368—1398），而乾清宫是在明成祖朱棣“靖难之役”获胜之后，于1420年才开始兴建。空间上来说，朱元璋1368年是在南京登基，直到1398年去世，一直定都南京。他绝无可能把几十年后修建在北京的乾清宫赏赐给李善长。

『望梅止渴』的『梅』

◎董季翔

中央电视台节目主持人马东，在一次谈到成语“望梅止渴”时解释说：“曹操有一次为了行军士兵解渴，说前面有梅林，士兵们都流下了口水，因为杨梅是酸的。”这样把杨梅说成是“望梅止渴”中的“梅”，实在是一个误解。

“望梅止渴”语出南朝宋代刘义庆编撰的《世说新语·假谲》：“魏武行役，失汲道，军皆渴。乃令曰：‘前有大梅林，饶子，甘酸可以解渴。’士卒闻之，口皆出水，乘此

三部电视剧，读错同一字：掣

◎郭殿忱

今年4月27日晚，看央视一套节目首播的电视连续剧《幸福密码》。在第一集中，男主角石向南对女主角韩西凤大发脾气：“什么事情你总是 zhì 肘!”他把“掣肘”的“掣”字读成了“制”。

这一差错，在电视剧中一再发生。去岁，央视一套节目播出重大现实题材电视连续剧《命运》，李雪健扮演时代弄潮儿——特区市委宋书记。想不到在他口中，也冒出了“zhì 肘”，让人听了哭笑不得。

更不能原谅的是，央视八套节目播出的电视连续剧《民主之澜》，也出现了这一错误。这是一部再现中国民主同盟前主席、中华人民共和国中央人民政府前副主席张澜先生光辉一生的作品。然而在对话中，这位自幼便饱读诗书的“川北圣人”，竟然也将“掣肘”误读作“制肘”！实在有损人物形象。

掣，音 chè，拽、拉的意思，所以字的形符是“手”。所谓“掣肘”，就是牵扯、拉动别人的胳膊，让人无法做事。读成“zhì 肘”，便不知所云。

得及前源。”曹操所指的“梅”，应是梅子，俗称青梅。“甘酸”正是青梅的特点。青梅基本上就是酸的，即使慢慢变成黄梅，也只是酸度有所减低而已。青梅和杨梅是不同的两种果实，不能相混。

杨梅属杨梅科，常绿乔木，宜生长于温暖的地区。遐迩闻名的余姚杨梅，就生长在钱塘江以南的浙江省中南部。杨梅小者直径二三厘米，大者直径四五厘米，成熟后大多汁甘味甜，酸者甚少。

再说曹操戎马一生，全在黄河、长江流域。曹操的劲敌是东吴和西蜀。在北破乌桓、一举消灭了袁绍袁术统一北方之后，曹操率领10万大军从许都(许昌)出发，南下伐吴，经过界首、合肥、昭关，大军到达梅山，然后有“望梅止渴”的故事。曹操所说的生长梅子的大梅林，在安徽省含山县东南。《舆地纪胜》中说：“曹操行军望梅止渴处。”曹操大军所望之“梅”，即青梅，而非杨梅。

向你挑战

拐弯处的发现

（文中有10处差错，你能找出来吗？答案见本期）

◎杨宜修　设计

故事发生在20世纪三十年代的美国。

一天，纽约的一位年轻人乘火车去西部。沿途没有迤逦风光，火车行驶在荒无人烟的山野之中。乘客百无聊赖地望着窗外。在一个拐弯处，火车减速，一座简陋的平房缓缓地进入年轻人的视野。

也就在这时，几乎所有乘客都睁大眼睛，欣赏起寂寞旅途中这道特别的风景。有的乘客开始小声议论起这房子来。

年轻人的心为之一动。返回时，他中途下了车，拖着笨重的行礼箱，不辞辛苦地找到了那座房子。房主和他相谈甚恰，告诉他：“每天，火车都要从我们门前驶过，噪声实在使我们受不了啦，很难以低价卖掉房屋，但很多年来一直无人问津。”

不久，年轻人用三万元买下了那座平房。他觉得这座房子正好处在拐弯处，火车经过这里时都会减速，疲惫的乘客一看到这座房子就会精神一震，用来做广告是再好不过的了。很快，他开始和一些大公司联系，推荐平房正面这道极好的广告墙。可口可乐公司看中了这个广告载体，在三年租期内，支付给年轻人十八万元租金。

财富之门就这样出奇不意地被年轻人打开了。

我们身边的许多人，衷情于富裕的生活，每日都瞪着眼睛寻寻觅觅，仿佛财富在很遥远的地方。于是，为了及早推开财富之门，他们昂着头挺着胸、加速往前奔。孰知，财富或许就在脚下，只是缺少有心人弓腰捡拾而矣。

“咬文嚼字”讲习所举办委托培训

2011 年 9 月 13 日至 22 日，上海“咬文嚼字”讲习所受上海音乐出版社委托，举办了一期出版物编校基础知识培训班。该社 34 位员工参加了培训和结业测试。

在为期 4 天的培训中，授课老师就建立编辑的文字优势、常见用字错误辨析、容易混淆的词、常见病句类型和修改方法、常见标点符号差错分析、音乐出版物编校质量考察等 6 个课题进行了专门讲授。老师们深入浅出的讲课以及师生间互动式的交流研讨，使学员们普遍感觉收获很大。参加培训的大多数员工认为，培训内容与提高编校技能的关系很密切，希望以后每年举办一次。

编 者

❶ 授课现场
❷ 研讨交流
❸ 上海音乐出版社社长费维耀先生参加结业测试
❹ 测试现场

火眼金睛

图中差错知多少？

（答案在本期找）

李景祥　马嘉良
王建文　姜　哲　供稿

1 | 3
2 | 4

ISSN 1009-2390
11>
9 771009 239111

YAOWEN-JIAOZI

咬文嚼字®

麻省理工学院：为何不叫“麻州理工学院”？

请阅读第15页相关文章

12
2011

欢迎至邮局订阅本刊 邮发代号 4-641
国内统一刊号 CN31-1801/H
定价： 3.00元

上海文艺出版(集团)有限公司

雾里看花

“挥金”买玉?

黄礼贵

笔者曾与一同学去西安一大型“玉器展”参观。见一块晶莹剔透的玉石上有“璞玉挥金”几个字。同学说:“这块玉石很贵。”我问:“何以见得?”他回答:“‘挥金’的意思是挥霍钱财,‘璞玉挥金’当然是买这块玉须花许多钱啦!”笔者不由一笑。真是这个意思吗?答案见本期。

卷首幽默

到桶里旅游

黄文治/文　　叶　珺/画

国庆长假的一天，发短信邀请一位朋友聚聚。立即收到回复："我在桶里，改天吧。"笔者一时反应不过来，犯了糊涂："又不是老鼠，在桶里干啥？"赶紧询问。原来这位老兄打了别字，把江苏古镇"同里"误成了"桶里"。

咬文嚼字®

2011年12月1日出版

12

总第204期

主管：上海文艺出版(集团)有限公司
主办：上海咬文嚼字文化传播有限公司
编辑：《咬文嚼字》编辑部
集团网站：http://www.shwenyi.com
E-mail：yaowenjiaozi2@163.com
电话传真：021－64330669
发行电话：021－60878388
邮购电话：021－60878392
地址：上海市打浦路443号荣科大厦17楼
邮政编码：200023
发行：上海市报刊发行局
发行范围：国内外公开
订阅处：全国各地邮局
国内代号：4－641
ISSN1009－2390
CN31－1801／H
印刷：江苏太仓印刷厂有限公司
广告经营许可证：沪工商广字
3100320050020号
定价：3.00元

语林漫步

“语言暴力”？此言差矣！

◎立　青

现在“拷问”一词似乎很火，如“拷问行业协会责任”“拷问儿童监护制度之失”“拷问屏蔽门质量”等等，经常见诸各类媒体。《咬文嚼字》今年第11期刊有《“拷问”不休为哪般》一文，文中对这种用法持反对意见，认为“拷问”即拷打审问，其“语义先天性地带有或多或少的暴力色彩”，现在媒体不约而同地用带有“封建暴力”色彩的词，“来追究社会上某些负面现象的责任及失责根源”，在今天“建设和谐社会的大环境里”，“显得格格不入”。

对文章中所倡导的“语言文明”，彻底根除“封建暴力”意识，笔者深表赞同。然而，这与“拷问”等词语的使用，实在是没有什么关系！

这是个语言问题，应该从语言的角度加以讨论。我们知道，语言是思维的直接现实，词语是社会文化观念的客观反映。就发生机制而言，词语都带有创制时代的文化意识，是当时社会文化生活在语言层面的投射。时代在进步，社会在发展。当历史进入新的阶段，社会文化生活发生了新的变化以后，是否为了适应新的需求，把原来带有时代色彩的词语都抛弃掉，而创制新的词汇系统？当然没有必要！因为“新”是“旧”的自然演进，新的社会生活、新的文化观念、新的思维意识，都是对旧的社会生活、旧的文化观念、旧的思维意识的继承与发展。同理，反映时代特征的词汇系统，会随着时代的发展不断地演变，“旧词”完全可以变成适应新时代要求的“新词”。

现代汉语中的词语，除了外来词及新词以外，几乎都来源于古代汉语，是古汉语中的词语逐渐发展演变而来的。如“丈夫”古义是男子的通称，今义专指女子的配偶;“献礼” 原指祭祀时向神灵进奉祭品，现指为表示庆祝而献出礼物;“文化” 原指封建统治者的文治教化，现在特指人类在社会历史发展过程中所创造的物质和精神财富的总和;“消化”原指溶化、消融,后指人或动物的有关器官把食物变成可以为机体吸收的养料;等等。

“拷问”是个古语词,南北朝时期北齐人魏收所撰的《魏书》中就用过这个词,此书《高祖孝文帝纪下》有句云:“自今月至明年孟夏,不听拷问罪人。”其中的“拷问”即指拷打审问。喜欢看古戏剧、古小说的人都知道,“拷问”在古代确实是“一种很残酷的暴力行为”,“往往是受刑人皮开肉绽、鲜血淋漓而不得不招供，甚至屈打成招”。但是,这已经成为历史,在现在的文明社会里,“刑讯逼供” 是不允许的。《中华人民共和国刑事诉讼法》及相关的司法解释中,明文规定禁止“刑讯逼供”,违者即构成“刑讯逼供罪”,会受到法律的严厉制裁。在这种背景下,“拷问” 一词即成为一个历史词,其本义“拷打审问”便失去了适用基础。不过这丝毫不影响现在人们“旧词新用”,让这个词由“拷打审问”引申指“严厉追究社会上某些负面现象的责任及失责根源”。并且这种“新用”已经被人们普遍接受，有了广泛的社会基础,媒体上“这个词屡屡出现”便是明证。

那么,“拷问”一词的“旧词新用”,是否如上述文章所言会让人联想到其旧义的 “封建暴力” 色彩,从而影响现在构建“和谐社会的大环境”?

不会！因为如今用的是 “新义”,在新的语用环境中使用“新义”,客观上会限制对“旧义”的联想。比如 “鞭策”原指用鞭子抽打,今指督促、激励;“腰斩”原指古代的一种酷刑，即将犯人从腰部斩为两截，今指把同一或相连的事物从中割断;“枪毙” 本指用枪将人击毙,现今也比喻建议、文章等被否决或不予发表;等等。诸如此类,举不胜举。现在人们在使用这些词语的时候，谁会联想到其原义而感受到了“暴力”色彩?

尽信词典不如无词典

◎江之北

因为工作，讨论过一个问题，“蜂涌”算不算错？答案似乎毫无疑义：错。根据便是一些常用词典只有“蜂拥”没有“蜂涌”。然而，我相信，“蜂涌”应该享有“词权”，在较大型辞典里会有它的“户籍”。我认为，“蜂”如泉“涌”，“蜂”如潮“涌”，何其形象何其生动！事实是，《汉语大词典》就能找到“蜂涌”。

囿于自己的词汇量，草菅“词命”是经常发生的事。曾有人改“指陈”为“直陈”，其实“直陈”一些常用词典里也没有，但在他自己的词库里有，而“指陈”则在常用词典里没有，个人词库也没有，这就成了生杀予夺的根据。然而“直陈”与“指陈”意思不同，前者是秉直陈述，强调的是想说就说，后者是指明陈述，强调的是有的放矢。作者用“指陈”，编校就没有理由改为“直陈”。

看来不仅词汇，而且词义，都不能拘泥于常用词典，不能株守于自己的狭隘词库。曾经一度困惑于广告对“沁”“臻”二字的运用，“沁凉”“至臻”“臻品”……常用词典找不到它们的踪迹，这样组词可以吗？通常词典给出的解释，“沁”就是“（香气、液体等）渗入或透出”，词条也大致仅列“沁人心脾”；“臻”就是“达到（美好的境地）”和“来到”，未列词条，用例则分别举“渐臻佳境”“日臻便利”“百福并臻”之类。显然，据常用词典，“沁”“臻”都只有动词义，并无形容词义。于是我

就算真有人看到这类词语而想到了其原本的意义，说不定还会产生意想不到的修辞效果呢！就“拷问”一词而言，对一些不合理的负面现象，从精神层面进行“拷打审问”，这不正符合人们所期待的“公平正义”吗？

对社会上不合理的现象，尽管大胆地“拷问”吧，这绝对与“封建暴力”无关。

判断,“沁凉”“至臻”“臻品”是分别将“沁”“臻”误作形容词义组词应用了;并进一步判断,“沁凉”当为“清凉”,“臻品”当为“珍品”,“至臻”则当是“至美”“至极”之类;之所以有如此之错,是广告文案的制作求雅求异而罔顾词义所致,可谓美丽的误会。后就此请教一位专家,他沉吟之余翻检了《汉语大词典》,很快水落石出。《汉大》收有“沁凉”,义为“渗入或透出凉意”,从释义可知,为动宾结构、形容词性短语,如“沁凉的感觉”“沁凉的夜气”“晚风沁凉”。至于“臻”,《汉大》列八个义项,其中有“极”“尽”义和“齐全”“完备”义,这就让“臻品”“至臻”落实了词义根据,得到合理解释:“臻品”可理解为极品,而“至臻”列有词条,义为“极好,达到极点”。过去认为别人“美丽的误会”,却原来是自己囿于个人词库所致的“惭愧的误会”。

无论词汇还是词义,常用词典之外,个人词库之外,都还有更广阔的天地。如果囿于某本常用词典,偏执于自己的个人词库,就极易错杀好词,贻笑大方。有一个说法,《汉大》之类收的是曾经的词汇,只供研究之用,常用词典收的是现代的词汇,才是供实际应用的。这说法似是而非。第一,大型辞书是集大成者,并不仅是曾经的词汇。第二,诚然,古汉语和现代汉语有明显分野,词典的收词范围也各有侧重;但曾经的词汇与现在的词汇是难以区分的,词汇词义从古到今是演变中有传承,不能截然割断,常用词典中有不少词条标〈书〉〈古〉字样,便是证明。第三,词汇确实有常用非常用之分,以常用词典为准也没错;但为准并不等于为限,没那么绝对。实际是,常用词典收的未必都常用,没收的未必都不用,关键在于是否合适是否恰当。第四,常用词典未收的词既然常用,常用词典就应考虑收录,如“沁凉”“至臻”“臻品”之类。词典一方面规范语用,另一方面也要反映语用。总而言之,祖国的语言文字博大宏富,远非某一本常用词典所能涵盖,也非某一人的个人词库所能囊括。我们遭遇陌生词,且慢随便判错,应该多方查证再下结论。常用词典和个人词库都应随语用实践不断扩展视野丰富库容才是王道。

众矢之的

谁家周刊最给力（十二）

本期目标：

《中国新闻周刊》

2011年第28期

不是“合拢”，而是“合龙”

◎王宗祥

2011年7月15日凌晨，钱江三桥出现部分坍塌，两块梁板断裂，一辆运送钢板的重型挂车坠落桥下。8月1日出版的第28期《中国新闻周刊》所载《预言“击垮”钱江三桥》一文，在报道此事时说：“据《中国新闻周刊》获得的一份当年《杭州钱江三桥建设工程交工验收报告》显示，主桥箱梁施工存在过分强行合拢，预应力张拉、压浆工艺不够规范，砼蜂窝较多、多处漏水、内外错台较大；……”这句话存在用词不当的问题，“过分强行合拢”的“合拢”说不通，正确的应写作“合龙”。

“合龙”是一个专业术语。堤坝决口段或围堰时留下的缺口，称“龙口”；封口截流称“合龙”，亦称“合龙门”。宋沈括《梦溪笔谈·官政一》：“凡塞河决，垂合，中间一埽，谓之‘合龙门’，功全在此。”埽，读sào，指旧时治河时将秫秸、石块、树枝等捆扎起来用以堵口或护岸的呈圆柱形的东西。现在多把修筑堤坝或桥梁时从两端开始施工，最后在中间接合，称“合龙”。钱江三桥在施工中“强行合龙”主桥箱梁，结果给桥梁安全留下了严重的隐患。

“合拢”就是靠拢在一起，没有一个接合加固的程序，与“合龙”的意思不一样。

动车事故发生在“仲夏”吗

◎钟　强

《生死甬温线》报道了今年发生的甬温线特大铁路交通事故，文中说：“7 月 23 日晚上，D3115 和 D301 正在行驶的甬温线上，就装备了这种先进的列控系统。虽然雷雨交加，两辆列车的乘客都在期待不久将到达的终点，或是亲人团聚，或是热乎乎的饭菜，或是好好地睡上一觉。”接着又写道：“是的，在这个仲夏的周末，有理由这样期待。”（第 23 页）这里的季节说错了。阳历 7 月不是“仲夏”，而是“季夏”。

我国古代历法——农历，把一年分为四季，每个季度的三个月，又分别以“孟、仲、季”名之。《逸周书·周月解》说：“岁有春、夏、秋、冬，各有孟、仲、季，以名十有二月。”从字义上看，“孟”的意思为开始的，“仲”的意思为中间的，“季”的意思为末位的。农历正月至三月为春季，四月至六月为夏季，七月至九月为秋季，十月至十二月为冬季。每季的第一个月为孟，第二个月为仲，第三个月为季。比如，农历夏季的三个月，就分别称孟夏、仲夏和季夏。甬温线铁路特大交通事故发生在 2011 年 7 月 23 日，对应的是农历六月二十三日；而农历六月是“季夏”，不是“仲夏”。

误用“大快人心”

◎胡礼湘

第 37 页有一篇题为“星光璀璨　大享其城”的报道，最后一段写有这样的话：“城市的道路，是 smart 的舞台；NBA 的赛场，是科比的舞台。他们在各自的领域自由穿梭，大快人心。”显然作者是把“大快人心”，仅仅理解为“非常痛快”，这其实是错误的。

“大快人心”是个常用成语，古代就有，语出明许三阶《节侠记·诛佞》：“李秦授这厮，今日圣旨杀他，大快人心；兄请正坐了，就决了他，使小弟得以快睹。”可见，“大快人心”不只是非常痛快，心情舒畅，还有一个重要前提，那就是坏人受到惩罚或打击。“大快人心”在现代汉语中也是如此用法。《现代汉语词典》释之为：“指坏人受到惩罚或打击，使大家非常痛快。”例如，洪深《香稻米》第三幕：“周乡绅恶不过，这是他自己逼出来的，真叫做大快人心。”

再看该文开头的引文，smart、科比分别在城市的道路和 NBA 的赛场上自由穿梭，这和“坏人受到惩罚或打击”哪有一点关系？所以，说 smart、科比“自由穿梭，大快人心”云云，无疑是用词不当。

关公向《春秋》学什么

◎饶中源

第 83 页《作为文化中心的大学》一文说：“所以传说中的关公要着戎装而读《春秋》。关键不在从中学到了多少兵法，而是一种‘行为正确’的表现，表明认同于某种特定的行为模式。”关公从《春秋》中“学到了多少兵法”，显然不对。《春秋》不是一部兵书。关公读《春秋》，也不是为了从中学到行军布阵之法，而是学习春秋大义。

古人说：“孔子成《春秋》，而乱臣贼子惧。”《春秋》是古代中国的儒家典籍，被列为“五经”之一。它本是鲁国的编年史，起自鲁隐公元年(前 722)，迄于鲁哀公十四年 (前 481)。据传是由孔子修订的。书中用于记事的语言极为简练，然而儒家学者认为书中很多语句都有微言大义，旨在明辨是非、邪正、善恶、褒贬，这种写法被后人称为“春秋笔法”。司马迁在《史记·太史公自序》中评论道：“夫《春秋》，上明三王之道，下辨人事之纪，别嫌疑，明是非，定犹豫，善善恶恶，贤贤贱不肖，存亡国，继绝世，补敝起废，王道之大者也。”由于《春秋》的记事过于简略，后来出现了很多对《春秋》所记历史进行解释的“传”，较为有名的是“春秋三传”——《左传》《公羊传》和《穀梁传》。

关公的主要性格特点是忠

义。而“忠义”也正是春秋大义的内容之一。要说关公读《春秋》的收获，应该还是仁义礼智信一类的传统道德吧。

赖昌星不是“戴罪之身”

◎董鸿毅　杨昌俊

《赖昌星在温哥华的最后两年》一文，提及多人指责赖昌星诈骗敛财之事，其中写道：“赖昌星虽然是‘戴罪之身’，但他的‘名气’还存在剩余价值，还在吸引一些无知的人盲从。”（第58页）作为厦门“远华”走私大案的首要犯罪嫌疑人，赖昌星已被遣返回国，等待他的将是法律的制裁。句中所言“戴罪之身”说法有误。其实，赖昌星应是“待罪之身”。

“待”，本义是等候。“待罪”有两个意思：一是古代官吏任职的谦称，是说担心自己德行、能力不足难以胜任其职而将获罪。《史记·季布栾布列传》：“臣无功窃宠，待罪河东。”当时季布正担任着河东守一职。二是因做错事情、犯了错误而等待处分，等待处置。《明史·海瑞传》：“自知触忤当死，市一棺，诀妻子，待罪于朝。”

“戴”，本义是加在头上或用头顶着。“戴罪”指有罪的官员仍被留职任用。《明史·刘显传》：“（显）逼城未敢战，被劾，戴罪。”现在常用的词语“戴罪立功”，是说有罪而给予立功赎罪的机会，也泛指犯罪后立功赎罪。

根据我国法律，眼下的赖昌星是个犯罪嫌疑人，未经审判，还不能确认他到底有多大的罪，其原先的身份不是官员，更谈不上什么留职任用，因此说他“戴罪”很不准确。说他“待罪”，倒是合乎他所处的境地。

《“挥金”买玉？》解疑

解释完全错了。“璞玉挥金”其实是“璞玉浑金”之误。“璞玉”指没有经过雕琢的玉，“浑金”没有经过提炼的金，“璞玉浑金”比喻未加修饰的天然美质。误“浑”为“挥”，怎能让人不误解？

微型讲坛

说“市”

◎陈壁耀

“市”现在指城镇、城市，如市区、市民等；也是我国地方政区的单位名称，世界上许多国家也如此。

我国现在以“市”命名的政区很多，有六百多个，但其层级却有高下之分，其中属一级政区的直辖市有四个，与省同级，二级政区的地级市有二百多个，还有三级政区的县级市三百多个。然而在我国古代，“市”却不像省和县那样，从来都没有被用作过地方政区的单位名称，市演变为政区名称的过程非常漫长。

《说文解字》对“市”的解释是：“市，买卖所之也。”在古代市的基本意义就是集市，是买卖双方去那里集中交易的地方。《说文》又说：“市有垣，从冂(jiōng)。”说明当时的市还有围墙。晋代崔豹《古今注》又说：“阓(huì)，市门也。”则市还有门叫阓的。有门就会有开和闭，《周礼·地官·司市》说，市有大市、朝市和夕市三种，合称“三市”，可见那时的市不是整天都开放的。

一般认为市最早的交易行为发生在“天下为家”的小康时代，只是那时的交易尚属“野市”性质，只在野外便地进行，没有固定的场所，也没有围墙，不成规模。成规模的有围墙的市，是在有了城以后才形成的。古代所谓的“城市”原就是“城中之市”，这应是市最早的意义：城里的集市。

西周王朝建立之后，大封诸

侯，出现了中国历史上第一次大规模的建城高潮，从天子到诸侯到卿大夫，都开始了建城工程，而城中一般也就建有市。《周礼·考工记下·匠人》说："匠人营国……左祖右社，面朝后市。"这情景就像我们现在建造新村小区时都会规划一个相应的菜市场一样。只是相对而言，市的位置较差，环境也比较嘈杂。《晏子春秋·内篇杂下》有一个故事说齐景公要给晏子换房子，原因就是晏子之"宅近市，湫(jiǎo)隘嚣尘，不可以居"。住的地方太靠近市，环境潮湿，道路狭小，喧闹声大，又满是尘土，所以景公要给晏子换房。可见市周围的环境是不理想的。

根据现有的文献资料和考古发现，一般认为战国时代已出现了有封闭结构的市。市的四面有围墙，墙的中间有门，称"市门"，市中有"十"字街连通四面的"市门"，其中以南门最为重要。《韩非子·内储说上》说，宋国太宰派少庶子(家臣)到市上去，回来后问他"何见于市"，回答说："市南门之外甚众牛车，仅可以行耳。"正因为南门最热闹，所以那里就经常成为公布赏格的地方。《史记·商君列传》说，秦孝公任用商鞅变法，商鞅于变法令未下之前，为取信于民，"乃立三丈之木于国都市南门，募民有能徙置北门者予千金"。这里的南门不是城门，是市门。

西汉时，长安出现了对称的东西两市制度，《汉书·惠帝纪》谓惠帝六年夏六月"起长安西市"，此时起建西市，说明东市早已建成。这应是市制的进一步发展，是商品经济繁荣的结果。这种两市制度在唐朝的长安还沿用着。《木兰诗》中有"东市买骏马，西市买鞍鞯，南市买辔头，北市买长鞭"的诗句，似乎北朝时东南西北四方都有市。

据记载，长安的西市由六个市合组而成，东市有三个市。班固《西都赋》有"九市开场，货别隧分"的说法，说长安东西两市的九个市各按商品的"货"来区别，又按"里"(每个市以"十"字街为界，划分成四个里)中的"隧"(小路)来分设各种同类货品的列肆。

晚唐时曾出现过一种特别的

“宫市”,《资治通鉴》卷二三五德宗贞元十三年说:“比岁以宦官为使,谓之宫市,抑买人物,稍不如本估。……阅人所卖物,但称宫市,则敛手付与。”韩愈《顺宗实录》评论说:“名为宫市,其实夺之。”白居易那首著名的《卖炭翁》就是形象描绘“苦宫市也”的诗。所以宫市并非正常的集市交易,而是强权的掠夺。

市的格局,大约在北宋中期有了变化,开始由封闭式设置逐渐转向以酒楼或茶坊等为中心的新的开放式的街市格局。这种格局在宋人张择端所绘之《清明上河图》中有着形象的展示。在图中可见沿河多设有酒楼商铺,还有戏台等,商业区已和民居融合为一体,买卖没有了时间上的限制。这种城与市融合的新格局已非常接近现代意义的城市格局了。

北洋军阀垮台之后,市才开始被用作政区的名称,它的历史至今还不到一百年。当时叛变革命的蒋介石已另立“国民政府”,改都南京,1928 年把原首都北京改称为“北平特别市”,1930 年改称“北平市”。新都南京和一些人口稠密的通商大埠,当时都被称为市。那些直属行政院的则称直辖市或院辖市,最初为南京市、上海市、北平市、天津市、青岛市和西京市(西安)六个,其后续有增多,至抗战胜利以后的 1947 年,已有 12 个直辖市和 57 个省辖市了。

我国现行的政区名称,不少古已有之,如省由元朝的行省而来,县由秦时的郡县而来,只有市是古代没有的,但也是由城中之市的集市义演变而来的。集市义的“市”得以演变为政区单位的“市”,基于两者共有的一些相似特征:都是人群密集的地方,又是商业繁荣之处。正是这些相似的特点,“市”才由集市变为城市,最后又成为了政区单位的名称。只是这个演变过程不免太漫长了些。

市演变为政区名称的过程之所以会如此漫长,应该和我国长期的封建制度密切相关。虽说早在北宋时,市就已与城融合为一体,成为一种开放式的略具资本主义因素的街市新格局,但在封

“麻省”的由来

◎刘澜波

我们知道美国 Massachusetts 现在被翻译为“马萨诸塞州”，那么为什么不将位于该州的世界名校 Massachusetts Institute of Technology（简称 MIT）称为“马州理工学院”而叫做“麻省理工学院”呢？2011 年第 7 期《咬文嚼字》刊有《“麻省”从何而来？》一文，文中觉得这是一件“怪事”，但未能作出合理解释。

据我们所知，之所以称 Massachusetts 为“麻省”，原因在于清末著名外交家崔国因《出使美日秘三国日记》中将 Massachusetts 译为“麻沙朱色士省”，简称为“麻省”。该书影响巨大，“麻省”一称被广为接受。在新中国成立前，早已将 MIT 译为“麻省理工学院”，而大学名称有极强的延续性，故虽然日后将 Massachusetts 统译为“马萨诸塞州”，但“麻省理工学院”却沿用至今。

建政权重农抑商基本国策的长期约束下，始终无法得到进一步的发展。这种受约束的现象，也很明显地体现在名称的使用上，就是凡城市，在我国古代都只能称之为“城”（如洛阳城、龙城等），而不能称之为“市”。因为市所代表的是商业，而商业在封建时代是受抑制的，所以市就一直只局限于指城中的买卖之所，只是城的附庸，不能单独用来指称城市。这应该是“市”一直晚至民国时代才被用作政区的一个重要原因。因为民国时代的基本国策已经不抑制商业了，所以，商业繁荣的城，在那时就都被称之为市，市才因此顺理成章地成了地方政区的单位名称。

崔国因于光绪十五年至十八年（1889—1892）任清国驻美国、日斯巴尼亚、秘鲁三国公使，著有《出使美日秘三国日记》。该书全面介绍了三国特别是美国的情况，在国内极为轰动。鉴于该书的巨大影响，梁启超曾将此书列入《西学书目表》，认为是了解西学的必读书目。

该书比照清朝的体制，将美国的 state（现在译为“州”）统译为“省”。崔国因对美国的议院制度极感兴趣，书中详细介绍了美国上议院与下议院议员的人数、任期及产生办法。因下议院议员名额由各省人数而定（“按省中居民计每十五万一千九百十二人则举下议绅一人”），故崔国因详细罗列出美国各省的名称及各省下议院议员（下议绅）的名额，这使得国人首次得以知悉美国各省的省名。

该书中罗列了美国当时 46 个省的名称。对比崔氏译名和现在通行的译名，可以发现二者基本都采用音译，除选用的汉字不同外，译名的“音”还是比较接近的。如加利富尼亚（California，加利福尼亚）、科罗拉都（Colorado，科罗拉多）、马理兰(Maryland，马里兰）等。有的甚至完全相同。如纽约、华盛顿、田纳西。有的译名差异是因为崔氏采用音译而现在采用意译加音译造成的。如洛哀伦 (Rhode Island，罗得岛)，崔氏将 island 音译为“哀伦”而现在意译为“岛”；再如纽罕什尔（New Hampshire，新罕布什尔）和纽折尔西（New Jersey，新泽西），崔氏将其中的 new 音译为“纽”，而现在意译为“新”。值得一提的是，纽约（New York）现在未将 New 意译为新而称“新约”，而是保留了崔氏译名“纽约”。不过崔氏译名也并非一味音译，也有音译加意译的。如方位词 north 和 south，均意译为“北”和“南”。南喀尔勒那（South Carolina，南卡罗来纳）、南打科大（South Dakota，南达科他）及北喀尔勒那（North Carolina，北卡罗来纳）、北打科大(North Dakota，北达科他）。

崔氏当年的译名影响广泛，深入人心，这就是“麻省理工学院”不称“麻州理工学院”的原因。

正音室

《辞海》没错教授错

◎孙　吴

2011年5月19日，《文汇报》的《教育》专刊刊有《词典都有错　青少年汉语能力退化》一文，其中说：

（著名作家、清华大学中文系教授）格非举例说："有一次儿子问我'宓妃'的'宓'怎么念。《辞海》里明确有se这个音，可是到了《现代汉语词典》中，就只剩下mi了，没有se了。很显然，'宓妃'的'宓'只能念做se，不能念做mi。类似的例子还有很多。"

《辞海》中把"宓妃"的"宓"字注为"se"了吗？没有！这个"宓"字，既不读"mi"，也不读"se"，而应读"fú"。其实，无论在哪本辞书中，都未见有"宓"读"se"的音。《现代汉语词典》（第5版）"宓"字注有两个读音，一为fú，一为mì。它没有"宓妃"词条，自然谈不上注音错了。而《辞海》1979年版"宓"字则注明：（mì密）安静，（fú）通"伏"。"宓妃"词条为"宓"注fú音，释义为："伏羲氏女，相传溺死洛水，遂为洛水之神。其名初见于屈原《离骚》'吾令丰隆乘云兮，求宓妃之所在'。

宓妃画像

“畜”字的读音

◎黎金祥

2011年9月21日，辽宁电视台都市频道《新闻早早报》中播报了一条有关畜牧业发展的新闻。主持人把畜牧、畜养、畜产品、畜禽、牲畜等词中所有的“畜”字都读为了xù。正在读小学的孙子问：“畜”不是有xù和chù两个读音吗？怎么都一律读为xù了呢？

是主持人疏忽了。

“畜”字用作名词时泛指禽类（如鸡、鸭、鹅等）和兽类（如牛、马、羊等），要读chù。“六畜”指的是马、牛、羊、鸡、犬、豕六种动物。值得一提的是，“畜”与“禽”对举如组成“畜禽”一词时，“畜”专指牛、马、猪、羊等兽类动物，不包括鸡、鸭、鹅等禽类动物了。

“畜”作动词用时，要读xù。“畜”即畜养，也就是饲养家畜、家禽之义。“畜牧”即饲养、放牧家畜家禽等等，其“畜”当然要读xù。表示由“畜养”引申出的“养育”“积蓄”“滋生”“收藏”等义时，“畜”也应读xù。

“畜养禽畜”，两个“畜”字，前读xù后读chù，如果把“畜”都读为xù或都读chù，就会让人听不明白了。如果能读准“畜养禽畜”，相信读准“畜”字就不成问题了。

又《天问》中所说的‘胡射夫河伯，而妻彼雒（洛）嫔’，旧注谓雒嫔即宓妃。《文选·曹子建〈洛神赋〉》：‘余朝京师，还济洛川，古人有言，斯水之神，名曰宓妃。’”1989年版、1999年版及2009年版《辞海》的“宓妃”辞条内容基本相同，“宓妃”均读fú妃，根本没有se妃一说。不知格非先生说“宓妃”之“宓”只能念“se”，所据何来？

金匮肾气丸：“匮”读何音

◎姜登榜

市场上有一种药叫“金匮肾气丸”，许多人都把其中的“匮”读 kuì。连电视台、广播电台都不例外。北京同仁堂出品的此药，也把“匮”的汉语拼音标成 kui。

“匮”确实有 kuì 这一读音，可读这个音时表示的是“缺乏、空乏、穷尽”的意思，如“匮乏”“匮竭”“匮缺”等，其“匮”均读 kuì。

除此以外，“匮”还可读 guì。读 guì 时，指箱、柜之类的家具。本是“櫃”的古字，后为了便于与读 kuì 的“匮”区分，就在左边加了“木”字旁作“櫃”了。“櫃”字笔画繁多，不便书写，后又简化作“柜”。

“金匮”本指铜制的柜子，古时用以收藏文献或文物。凡是藏于“金匮”中的东西，都是珍贵、重要的东西。如《汉书·晁错传》：“陛下之德厚而得贤佐，皆有司之所览，刻于玉版，藏于金匮，历之春秋，纪之后世，为帝者祖宗。”东汉医家张仲景著有《金匮要略》一书，全书共收方剂 262 方，名“金匮”，言其珍贵重要。“金匮肾气丸”，又名八味地黄丸，主要用于治疗因肾阳不足所致的咳嗽、哮喘、阳痿、早泄、慢性肾炎等。因为此方源于张仲景《金匮要略》，故名。可见，其“匮”应读 guì，不读 kuì。

一针见血

蛋挞如何"朗朗上口"

◎崔荣荣

"松脆酥化的蛋挞朗朗上口，128层外皮不只是漂亮，更重要的是美味……"这是某品牌蛋挞包装盒上的广告词，蛋挞如何"朗朗上口"呢?

朗，本指明亮、光线充足；朗朗，除表示明亮外，也形容声音清晰响亮。"朗朗上口"，指诵读诗文时的声音响亮而顺口。老舍《诗与快板》："散文就不受这么多的限制，虽然散文也讲究声调铿锵，能朗朗上口。"可见，"朗朗上口"是形容"声音"的，不是形容"食物"的。如果想形容蛋挞，可以用"美味可口""唇齿留香""回味无穷"等词。

墓地婚礼"慎人"?

◎靳　辉

前不久，一则有关"墓地婚礼"的新闻，各大媒体争相报道。新闻说的是，辽宁有一对新人为了表达"生死相依"的爱情，在墓园里举办婚礼。辽宁卫视《第一时间》栏目也关注了此事，并采访了当事人。记者问新郎有没有人反对在墓地举办婚礼，新郎说：有，毕竟"墓地是很'瘆人'的……"电视字幕把"瘆人"打成了"慎人"。

瘆，本指惊恐。如：瘆得浑身起鸡皮疙瘩。也指使感到可怕。瘆人，即吓人，令人害怕。吴祖光的《闯江湖》第五幕中也用到过这个词："拷打犯人，叫唤的那个瘆人啊!"用"慎人"无论如何都是解释不通的。

误用"东窗事发"

◎余培英

2011年9月1日《珠江商报》D2版刊有《做斗牛士还是蛮牛?》一文，其中说："我多次私下找他谈心，旁敲侧击，他似乎一点就通，总是拍着胸脯向我保证，以后一定注意方式方法。每次的谈心都有效果,但过不了多久又会东窗事发。”其中“东窗事发”用得欠妥。

据元代刘一清《钱塘遗事》记载:宋朝的秦桧是在自己家中的东窗下与妻子密谋杀害岳飞的。秦桧病死后,其妻请方士做法事,方士说他看见秦桧正在阴间受刑,秦桧让他转告:“东窗事发矣!”后用“东窗事发”指阴谋或罪行败露。

上文讲的是,教育学生取得了一定效果,但过不了多久,学生又重犯错误。这谈不上什么阴谋和罪行,更不是阴谋和罪行败露,用“东窗事发”显然不妥。可用“故态复萌”之类的词语。

“百叶”不是“肺”

◎邹立志

2011年7月15日《辽沈晚报》C23版刊有《选秀是一场恶补》一文,其中说:“中国人谈起养生,常说缺什么补什么。肝不好吃猪肝,肺不好吃百叶,消化不良吃鸡胗,家畜们的五脏六腑,成了人的十全大补。”

句中用三个例子说明“缺什么补什么”,第一个和第三个自不必说,显然没什么问题。第二个却前后对不起来,因为“百叶”不是“肺”呀!

“百叶”是“胃”。牛羊等反刍类动物的胃,内壁多皱褶,所以用作食品时叫“百叶”。“肺不好吃百叶”等于说“肺不好吃牛羊胃”,这显然不符合文章要说的“缺什么补什么”!

不通的“令行不禁”

◎屠林明

2011年7月29日,上海《联合时报》第4版刊有《多思考失分在哪里》一文,文中给出的“思考”结果是:分析失分的原因,其中有一条是,“失分在令行不禁”。其中的“令行不禁”让人难以理解。

读后发现,文章其实说的是,对国家(国务院)下达的“禁令”“规定”,一些部门或地方拖延着不积极执行,或者“上有政策、下有对策”地“变通”执行。汉语中有“令行禁止”一词,指的是有令则行,有禁则止。

也就是说，下令让做的就立即行动，下令不准做的就立即停止。把这个词中的“禁止”换成“不禁”，意思就不通了。揣摩上述文章的意思，其实它想说的正是“令行禁止”的反面意思，那就应该说成“令不行、禁不止”，而不是什么“令行不禁”！

谁接受调查？

◎李白悠

2011年8月4日《新民晚报》头版刊有《“上岛咖啡”竟有冒牌胡椒粉》一文，其中“竟有”这样的句子：“执法人员没收所有假货，并接受进一步调查。”谁接受调查？按照句子的意思是“执法人员”。这是哪儿对哪儿呀，明明应该是“上岛咖啡”嘛！

刘胡兰牺牲于“抗战时期”吗

◎王震华

2010年3月6日《山西法制报》第4版刊有《伟大女性之赞歌》一文，其中说：“抗战时期敌人斩刀下仍英勇不屈的刘胡兰……”刘胡兰是在抗日战争时期牺牲的吗？不是！

刘胡兰，山西省文水县云周西村（现已更名为刘胡兰村）人。1945年参加中共文水县委举办的“妇女干部训练班”，1946年回到云周西村做妇女工作。1947年1月12日被阎锡山军队逮捕。面对敌人威胁，毫无惧色，从容地躺在敌人的铡刀（上述文章用“斩刀”不准确）下，壮烈牺牲。1947年3月26日，毛泽东为刘胡兰亲笔题词：“生的伟大，死的光荣！”

可见，刘胡兰是解放战争时期被国民党反动派杀害的。

《水经注》的作者是徐霞客？

◎王震华

“徐霞客的《水经注》就是实地考察了山山水水后写出来的。”这是2010年11月3日《科学导报》第1版《和孩子一起旅游》一文中的一句话。

《水经注》是古代地理名著，记载大小水道一千多条，一一穷源竟委，详细记述了所经地区的地理情况和有关历史事件、人物，甚至神话传说。其作者是郦道元。郦道元是北魏地理学家，约生于470年，527年去世。

徐霞客是明代地理学家，生于郦道元死后一千多年的1587年。他的著作是《徐霞客游记》。该著按日记述徐霞客1613年至1639年间在各地旅行的观察所得，对地理、水文、地质、植物等均作详细记录，开辟了地理学上系统观察自然、描述自然的方向。

“劝烟员”值得商榷

◎李　毅

近日，笔者在长沙乘坐某公交车，发现车上一年轻女子佩戴“劝烟员”圆形肩章。该女子是劝人抽烟，还是劝阻人抽烟？在好奇心的驱使下，笔者走近向她打听实情。原来是该市为创建文明城市，派出专人到公交车上劝乘客不要抽烟，她是被派往该车上的“劝烟员”。既然如此，“劝烟员”这一称呼就值得商榷了。

劝阻他人抽烟，最好不要简称为“劝烟”。“劝”是“拿道理说服人，使人听从”，即“劝告某人去做某事”。如：“劝酒”是劝人喝酒，“劝降”是劝人投降。“劝烟”难免会让人理解为“劝人抽烟”。戴着“劝烟员”标志去劝阻别人抽烟，效果一定会打折扣。

应是“陈抟”

◎王庭宏

2011年《散文》第8期有篇美文《爬华山》，其中这样写道：“次日，登华山。听当地文化人介绍说，老子当年驾青牛犁山开道是来过华山的，道家高士陈砖也在这里修行过，甚至孤独的唐朝公主竟也来这里虔诚地修行‘成仙’。”句中的“陈砖”应是“陈抟”的误写。

陈抟《宋史》中有传，名抟，字图南，自号扶摇子，名、字、号都取自庄子的《逍遥游》：“鹏之徙于南冥也，水击三千里，抟扶摇而上者九万里。”陈抟是五代至北宋初年的道教学者、隐士。他认为万物一体，只有超绝万有的“一大理法”存在，对宋代理学有较大影响,被后世称为“陈抟老祖”。

作协是事业单位吗

◎王德彰

2011 年 8 月 29 日出版的第 32 期《中国新闻周刊》刊有《让文学从行政体制中解放出来》一文,文中有这样一句话:“作为茅盾文学奖主办机构的(中国)作家协会,就是负责管理作家的一个政府所属事业单位。”作协真是“政府所属事业单位”吗?不是。中国作家协会是在中国共产党的领导下,组织和领导中国作家进行创作、批评、学习等活动的文学团体。1953 年 9 月,在全国文学艺术工作者第二次代表大会上,由原来的中华全国文学工作者协会(成立于 1949 年 7 月)改组而成。60 多年来,中国作家协会先后共三任主席,即茅盾、巴金和现任铁凝。

按我国机构性质的划分,作协既非党政机关,也非企事业单位,而是一个独立的人民团体,有自己的章程和组织机构。它的最高权力机构为全国代表大会。

事业单位是国家设置的带有一定公益性质的机构,如医院、学校、科研院所、文博馆所等,从事教育、科技、文化、卫生等方面的社会服务。作家协会不是政府所属的事业单位,而是党领导下的人民团体。

演员何曾叫“徘优”

◎李荣先

李叔同饰演茶花女玛格丽特。其形神俱佳的表演,很快引起轰动。……松居松翁后来在《芝居》杂志上发表的《对于中国剧的怀疑》一文中说“中国的徘优(演员),使我佩服的便是李叔同君。”

这是 2011 年 9 月 29 日《现代快报》A2 版《李叔同苏曼殊殊途同归,皆入法门》一文中的一段话。其中的“徘优”乃“俳优”之误写。

俳:古代的一种滑稽戏;也指演这种戏的人。也称俳优。优:旧时称演戏的人,如优伶、名优。“俳优”是绝对不能写作“徘优”的。另外,上述文章在“徘优”后用括号加注“演员”二字,明显也是不对的，因为“俳优”仅指滑稽演员，而不是所有演员。

“首都”与“首府”

◎光　阴

2011年9月2日，《今晚报》《文化新闻》版刊有《和平区图书馆参加图联大会》一文，其中说：“第77届国际图联大会日前在波多黎各首都圣胡安举行，来自世界各国的代表团参加了本次大会……”句中的“首都”，应改为“首府”才准确。

首都，是主权国家最高政权机关所在地，是全国的政治中心，如我国的首都是北京，美国的首都是华盛顿。

首府，旧时指省会所在地；今指自治区或自治州的政府所在地，如广西壮族自治区首府是南宁。也指附属国、殖民地或托管地的最高政府机关所在地，如南美洲法属圭亚那的首府是卡宴。

波多黎各位于加勒比海，原是西班牙殖民地，1898年美西战争后，被割让给美国。波多黎各属于美国联邦政府，但不是美国的一个州，可以在国际上一定范围内开展独立的经济文化交流活动。波多黎各是具有高度自治权的政治实体，但不是主权国家，因此，它的政治中心称“首府”比较妥帖。

弟弟岂是姐姐“亲生”

◎刘海燕

2011年8月11日，《中华读书报》的《书评周刊》栏目刊有《泪流满面的张爱玲》一文。文中有段话这样写道：

> 张爱玲晚年给邝文美写信还说，她不是一个思乡的人。这仍然源自她幼年的自闭，她只对合乎她气息的人开放她自己。哪怕是她亲生的弟弟，若是不能懂她，也是陌生的……

段中“亲生的弟弟”的说法有些荒唐。我们知道，“亲生”即“自己生育或生育自己的”，如亲生子女、亲生父母。而与张爱玲一母所生的同胞弟弟，怎么能说是“她亲生的”呢？如把“亲生的”说成“亲”就对了。

碰碰车

埃及艳后是“王”也是“后”

◎和　岚

2011年《咬文嚼字》第7期有篇短文《是“后”还是“王”?》,认为影片《埃及艳后》的译名不妥,其中这样说道:“此片原名Cleopatra,此人曾是古埃及的最高统治者,如果中文译文是‘埃及艳后’,那么她还有一个丈夫,是埃及的国王了?没有!”这种说法值得商榷,因为Cleopatra有两任丈夫,确实都是埃及国王。

“埃及艳后”画像

公元前305年,亚历山大大帝的部将托勒密·索特尔正式称王,建立了托勒密王朝,是为托勒密一世。埃及托勒密王朝有个很有意思的现象,即皇室后裔中兄妹或姊弟往往通婚。男性后裔常称为托勒密,而女性后裔则常称为克丽奥帕特拉(Cleopatra)。美国1963年所拍摄的影片中的Cleopatra实际上是指Cleopatra Ⅶ(克丽奥帕特拉七世),此人的两任丈夫都是埃及国王。

公元前51年,Cleopatra的父亲托勒密十二世去世,其长子托勒密十三世和 Cleopatra 共同成为埃及的统治者，且依照托勒密王朝的传统及当时的法律，Cleopatra 必须嫁给自己的弟弟托勒密十三世，故她的第一任丈夫就是埃及国王。

因 Cleopatra 与丈夫失和，于公元前 48 年被驱逐出首都亚历山大里亚，于是她凭借美色诱惑恺撒，使恺撒助其夺取王位。托勒密十三世在与恺撒的战争中兵败而死，Cleopatra 便成了埃及实际的统治者。依照托勒密王朝的传统，Cleopatra 还是要与另一异母兄弟托勒密十四世结婚，共同统治埃及。故其第二任丈夫也是埃及国王。

后来 Cleopatra 毒死托勒密十四世，立她和恺撒所生之子为托勒密十五世。公元前 30 年，屋大维进攻埃及，包围亚历山大里亚，Cleopatra 被迫自杀。

由此可见，Cleopatra 不仅有丈夫“是埃及的国王”，而且有两任丈夫，即托勒密十三世和托勒密十四世，都是埃及的国王。

傅所长和郑所长

◎李悠然

北京大学早在『五四』之前，就创立了北大文科研究所。抗战爆发，该所停办。一九三九年春，由北大、清华、南开三校内迁联办的西南联合大学，在昆明站稳了脚跟，便将北大文科研究所恢复了起来，由中央研究院史语所所长傅斯年兼任所长，任副所长的是原北大秘书长郑天挺。

北大文科研究所设在昆明郊外龙泉镇的宝台山，看守大门的是当地乡村一老汉。每当有人来访文研所所长时，他都要问：『你是找正所长，还是副所长？』接着解释道：『正所长是傅所长，副所长是郑所长。』那一口昆明土话，常让来人听得一头雾水，最后往往是要写出来才解决问题。

文研所师生皆文人，后来就编出这么一副对联：

正所长是傅所长，副所长是郑所长，正副所长掌研所

贾宝玉是真宝玉，甄宝玉是假宝玉，贾甄宝玉共红楼

补说“警钟长鸣”

◎蔡维藩

2011年第9期《咬文嚼字》载有《“警钟常鸣”，还是“警钟长鸣”?》一文，其中有段文字这样说道：

“警钟长鸣”，只有在灾难真的即将发生时才会出现。这里的“警钟”，就是实际的警报器，功用是对即将到来的危急情况发出信号，警示人紧急避险，比如空袭来临的时候，报警的钟声会长时间地鸣叫。

表述得够详细，够具体了。但这其实是一个对于十分严肃的问题的似是而非的说法。根据有关规定，《人民防空法》中的“防空警报音响信号”，分为预先警报、空袭警报和解除警报。预先警报信号为鸣36秒停24秒，反复3遍为一个周期，时间3分钟。空袭警报信号为鸣6秒停6秒，反复15遍为一个周期，时间3分钟。解除警报信号为一长声，时间3分钟。

空袭来临时，发空袭警报，其音响信号为鸣6秒停6秒，急促而有节奏，特征明显，易于识别，警示作用强烈，不是“长时间鸣叫”。而持续3分钟的一长声音响，即所谓“长时间的鸣叫”，恰恰是解除警报信号。上述文章所言，不正是适得其反了吗！

“警钟长鸣”其实本是一种文学语言，一种比喻。辨析词语就按照文学语言的风格去论述就是了，不必想方设法试图去还原本不存在的“生活真实”。例说要真实、准确、有效，恰到好处，千万不要节外生枝。

这就又说到语文问题。“报警的钟声会长时间地鸣叫”，其实不合事理。钟可鸣，鸣有声，即为钟声。钟声的本质是声音，声音由发声体产生，不是声音本身鸣叫。如同说鸟鸣叫而不说鸟声鸣叫一样。再有，“警示人紧急避险”句中，好像少点儿什么。说成“警示人们紧急避险”，更顺畅一些吧?

词语春秋

说说"口头禅"

◎辛　羽

经常挂在嘴上说的话，人们通常称之为"口头禅"，如"差不多""妥了"之类。但这些话并非禅语，何以要叫"口头禅"呢？

确实，这些口头禅都与禅语了无关涉，然就口头禅的源头说，却是因禅宗而来的。

禅宗是盛行于唐宋时期的中国化的佛教宗派，"禅"是梵文"禅那"的简称，意思是"静虑"。所以禅宗特别讲究心性之学，以静坐默念的参禅为其修行方法，又以"不立文字，直指人心"的性净自悟为其宗旨，倡言"顿悟"，认为"开口即错，用心即乖"，潜心参悟禅理，以求"明心见性"，"即心即佛"。禅宗所强调的就是内心的参悟。

但到了禅宗的末流就与此完全不同了，一些现成的禅语或公案常被挂在嘴边，原本只在心里参悟"不立文字"的"禅"，在那些末流的参禅者那里，却成了谈话的点缀。这就完全背离了"顿悟见性"的禅宗宗旨，所以这种现象就被斥之为"口头禅"。《老残游记》第十回中有一段文字就说到了此类口头禅："不才往常见人读佛经，什么'色即是空，空即是色'，这种无理之口头禅，常觉得头昏脑闷。"口头禅最初是被用为贬义的，指的就是那些并未真正领悟禅宗哲理，却在那里袭用或模仿禅僧常用语以为谈助的行为。这是口头禅最初的一个基本含义。此外，口头禅有时也特指某些禅僧只是空谈禅理而不身体力行的行为，如明人洪应明《菜根谭》所说的"讲学不尚躬行，为口头禅"。只是《菜根谭》里所说的"口头禅"已是扩大的引申义了，不只局限

烂醉如泥：『泥』为何物

◎刘斐

形容人大醉后的醉态，汉语中有个成语“烂醉如泥”。这个词生动形象，使用频率极高，几乎人人会用。据我们考察，“烂醉如泥”源于“醉如泥”，始见于东汉应劭的《汉官仪》：“一日不斋醉如泥”。“泥”究竟为何物？后世提出了不少新奇的观点：

一、“泥”为南海之虫。南宋蔡梦弼《杜工部草堂诗笺》卷二十一在解释杜甫诗中“先拚一饮醉如泥”一句时说，“按：稗官小说‘南海有虫，无骨，名曰泥，在水中则活，失水则醉，如一块泥然’”。“泥”为南海之虫，是较有影响的一种观点，南宋吴曾《能改斋漫录》，明代陈继儒《眉公群碎录》、张岱《夜航船》，及清代史澄《(光绪）广州府志》均持此说。

要特别指出的是，“泥”为南海之虫的说法在后世又讹传成多种

于禅僧或参禅者。

我们现在所说的口头禅就是扩大的引申义，都是用来泛指习惯性地挂在嘴上而无实际意义的话，或一些口头的惯用语，已经与禅宗和禅语无关了。如鲁迅在《呐喊·端午节》中说：“方玄绰近来爱说‘差不多’这一句话，几乎成了‘口头禅’似的。”这“差不多”就是习惯性的话，犹如有人说话时常常会下意识地说“这个”“那个”或“然后”之类的词语一样。鲁迅在《且介亭杂文二集·论“人言可畏”》中还说：“‘有闻必录’或‘并无能力’的话，都不是向上的负责的记者所该采用的口头禅。”这“有闻必录”之类的话便是惯用的口头禅了。

口头禅一词的最初引例，目前各辞书所引的都是宋人王楙(mào)《野客丛书·宋王先生圹铭》引《临终》诗：“平生不学口头禅，脚踏实地性虚天。临归不用求缠裹，趁著帆风便上船。”王楙生于南宋高宗绍兴二十一年(1151)，卒于宁宗嘉定六年(1213)，则口头禅一词的历史至少已有八百年之久了。

版本:(1)"泥"为东海之虫。如《康熙字典》就说:"(泥)又虫名,出东海,得水则活,失水则如泥。"(2)"泥"为东海之鱼。明代郑明选《郑侯升集》卷三十七:"东海有鱼名'泥',失水则软如烂泥,人醉似之,故曰醉如泥。"有的说得更离谱,如清代阮元《(道光)广东通志》卷九十八:"泥虫,肖鳖而无首足骨甲,长二寸,巨者杀人,得水则活,无水则块然泥也。"这里的泥虫长得像鳖,大的居然可以杀人,甚为恐怖。

二、"泥"为衡山之虫。明代郑仲夔《玉麈新谭》卷八:"衡山有虫,长一二尺许,形似琵琶,伏地不见其口目,无足,行甚趦趄,色如沉香,人以小竹击之,虫应手溃如泥。语所谓醉如泥者,岂即此虫之谓乎?"

三、泥为叩头虫。明代周婴《卮林·泥首》:"予友詹修之谓泥者,叩头虫也。"该虫爬行的样子就像人在不停地叩头,所以称为"叩头虫"。

四、"泥"为怨气所结之物。清代宋之绳《载石堂尺牍·寄蔡靖公》:"曾记小生时爱看稗官,有一条云:秦始皇时狱地怨气所结之物其名为'泥',故古人谓'醉如泥'即此也。"

还有人认为"醉如泥"其实是一种酒器名。清代吴任臣《十国春秋·闽景宗本纪》说闽景宗"常锻银叶为杯,赐群卜饮,银叶既柔弱,因曰为冬瓜片,又名曰醉如泥"。原来闽景宗用银叶做酒杯,银叶柔如冬瓜片,只要倒满酒,就只能喝光才能放手。于是将这种柔如冬瓜片的酒杯称为"醉如泥"。不过清代梁绍壬《两般秋雨庵随笔》卷八则认为"醉如泥"杯为金章宗而非闽景宗所创,"金章宗以软金叶薄如冬瓜片制为酒器,令饮者愈吸愈不尽,名曰醉如泥。"其实所谓"醉如泥"为酒器的说法,无论出自闽景宗还是金章宗,均非"醉如泥"的源头,因东汉《汉官仪》中已出现"醉如泥"了。

我们认为,南海之虫等说法绝非"醉如泥"中"泥"所指。原因如下:

其一,据我们考察,南海之虫和酒器的说法均源于张邦基(生活于北宋末南宋初)《墨庄漫录》,而张氏得出结论的依据竟然是

"予观稗官小说乃得其说"。至于看的是哪本小说呢?作者没有讲,但《佩文韵府》倒是引用了据称是宋代小说的《五色线》,其中有所谓"南海有虫,无骨,名曰泥。在水则活,失水则醉,如一堆泥然"。但据《四库全书总目提要》卷一百四十四说,《五色线》这本书实在是本谬误百出的书,该书"杂引诸小说新诞之语,或不纪所出,割裂舛谬,不可枚举"。难怪后世以讹传讹,又传成是东海之鱼、衡山之虫。最令人无语的是,清代宋之绳提出"泥"为怨气所结之物这种最具神秘色彩的观点,其依据竟然也是"曾记小生时爱看稗官……"看来偏信稗官小说害死人啊!

其二,所谓"南海之虫""东海之鱼"等对常人来说是非常陌生的事物,而"烂醉如泥"实际上是一个比喻,"醉"是本体,"泥"是喻体。比喻的基本原则之一就是用相对熟悉之物比喻相对陌生之物,而南海之虫不是寻常之物,用它来比喻醉态不合常理。

事实上关于"泥"为南海之虫,早有反对者。清代仇兆鳌在《杜诗详注》卷十三认为"此曲说也,本言人醉后其状颓倒,如烂泥耳。"该书卷二十又说"醉如泥"其实是"谓醉后颓倒如泥","海虫"则"恐属臆说"。并尖锐地指出:"公诗有云'组练去如泥'亦可云海虫乎?"清代朱亦栋《群书札记》卷六也说:"杜少陵《寄严郑公诗》'先拚一饮醉如泥'恐是烂醉之意,小说所云或不足信也。"清代方以智《通雅》卷四十七更是直言,宋人提出泥为南海之虫实在是"拘泥可笑"。而据我们考察"烂醉如泥"四字最早见于北宋诗人强至写的"花前烂醉如泥淤",其中"泥"意为"泥土""淤泥"无疑。另外,所谓"南海之虫"等"得水则活,失水则醉,如一块泥然",及"衡山之虫"的"人以小竹击之,虫应手溃如泥",其中的"一块泥"和"溃如泥"还是指"泥土"。可见泥虫的命名依据也是说其失水后或被击打后像泥土一样。

综上,"烂醉如泥"比喻人大醉后颓倒的样子,其中的"泥"就是"淤泥""烂泥"之义。所谓"泥"为南海之虫等说法,其说虽然新奇却无切实依据,不过是以讹传讹的产物。

追踪荧屏

“惊心”的谬误

◎张虹倩

时下古装穿越剧《步步惊心》正横扫各大荧屏，屡创收视新高。该剧讲述现代人张晓穿越到清朝康熙年间，成为满族贵族少女马尔泰·若曦，又阴差阳错地卷入康熙诸皇子的夺嫡之争，且与诸位皇子发生剪不断、理还乱的复杂情感关系。此剧确实悬念迭出，情节惊心动魄，曲折感人，遗憾的是，其中常识性的文史错误也可谓“步步惊心”！试举数例：

一、册封皇太后？

第27集中，雍正对其母亲德妃说：“关于册封额娘为皇太后一事，额娘考虑得如何？”这里“册封额娘为皇太后”的说法甚为荒唐。遍翻《清史稿》，只有“尊”某人为皇太后，从无“册封”某人为皇太后一说。

清帝授予他人各类名号爵位的礼仪行为，大致可以分为截然不同的两类：

第一类是下对上的礼仪行为。主要指皇帝尊某人为太皇太后、太上皇、皇太后。尊某人为皇太后，须满足两个条件：其一此人应为先帝所立皇后或新皇生母。其二此人在新皇登基时还健在。最理想的情况是新皇的生母就是先帝所立的皇后，然而有意思的是，清代皇帝中只有咸丰帝的生母是皇后，可惜咸丰即位时，其母已去世。故清帝即位时往往同时尊两人为皇太后，如同治帝分别尊先帝皇后和自己的生母为“慈安皇太后”和“慈禧皇太后”。

第二类是上对下的礼仪行为。根据受封对象的不同可严格分为三类:(1) 对先帝的妃嫔而言,叫做“尊封”。(2)对皇后、太子而言叫做“册立”。(3)对妃嫔、诸王、公主等而言则称为“册封”。即使同为“册封”,也会根据受封者地位的不同而有所区别。

二、错把母亲当奶奶

第29集,生母弥留之际,雍正前往探视,雍正说:“额娘,都到了这个时候了,您还不愿意让朕赐封您为太皇太后吗?”雍正说的“赐封”如同“册封”,用在这里已属可笑(详见上文),而“太皇太后”一语更是令人啼笑皆非。《汉书·外戚传》:“帝母称皇太后,祖母称太皇太后。”《清史稿·后妃列传》:“帝祖母曰太皇太后,母曰皇太后。”剧中雍正应尊其母为“皇太后”,而不是太皇太后。

有清一代,仅有两位太皇太后:第一位是顺治皇帝的生母博尔济吉特氏。据《清史稿·后妃列传》记载,顺治帝之子玄烨即位后,于康熙元年“尊皇太后(博尔济吉特氏)为太皇太后”。第二位则是同治皇帝的生母叶赫那拉氏。据《清史稿·宣统皇帝本纪》记载,光绪三十四年“(溥仪)入承大统,为嗣皇帝……尊圣祖母慈禧……皇太后为太皇太后”。

三、活人挂着死人牌

第34集,若曦出嫁给康熙第十四子胤禵,只见胤禵府外高悬一块匾额,上书“恂勤郡王别苑”。据《清史稿·世宗本纪》及《圣祖诸子列传》记载,雍正元年五月,雍正正式封胤禵为恂郡王,不过雍正三年胤禵的爵位被降为贝子。直到乾隆十三年才恢复恂郡王爵位。若曦嫁给胤禵时,胤禵此时应已被降为贝子,不再是恂郡王,故其府前匾额不应再有“恂郡王”字样。不过作为影视剧情节,可以有适当的虚构,这样处理无伤大雅。最吓人的是匾额中的“勤”字。“勤”是胤禵于乾隆二十年去世后的谥号,剧中胤禵正欢天喜地地准备做新郎,府门前的匾额上却高悬自己死后的谥号,岂不令人毛骨悚然!

赠蒋介石军舰的不可能是丘吉尔

◎一言

电视连续剧《决战南京》某集里，蒋介石正筹划总统就职典礼，何应钦对蒋介石说："英国首相丘吉尔赠送的军舰已驶抵下关……"（字幕）。这里的说法与历史事实有出入。

蒋介石任总统是在1948年5月20日，在就任总统的两个月前，即3月初，英国政府确实向国民政府赠送军舰十余艘，其中有后来起义的"长庆号"。但这与丘吉尔没有什么关系了。

温斯顿·丘吉尔于1940年临危受命任英国首相，与美国总统罗斯福、苏联领袖斯大林成为反法西斯同盟国三巨头，名声响彻世界。丘吉尔于1945年7月在英国大选中被工党候选人艾德礼击败，丢掉了首相宝座。

1948年丘吉尔下野已两年多，向国民党政权赠送军舰的英国首相是艾德礼。国民党军政要员何应钦不应该连当时的英国首相是谁都闹不清，肯定是电视剧组有关人员弄错了。

值得一提的是，丘吉尔1951年再次当选英国首相，任期内同新中国建立了半外交关系，即代办级外交关系。

《宽容》参考答案

1. 闻名遐尔——闻名遐迩
2. 圣地——胜地
3. 流连往返——流连忘返
4. 渡假村——度假村
5. 无济于世——无济于事
6. 一愁莫展——一筹莫展
7. 赔理道歉——赔礼道歉
8. 孩子，——孩子：
9. 破啼为笑——破涕为笑
10. 垫起脚——踮起脚

“拨冗”误成“拔冗”

◎斐悦恽

电视连续剧《螳螂》以解放战争为背景，反映的是地下党与国民党特工人员之间的斗争故事。第16集中，社会名流、学识渊博的魏镇海对国民党军统南京站站长杜雷说了一句话：“杜将军，百忙之中拔冗光临……”“拔冗”无疑是“拨冗”之误。出人意料的是，这部电视剧不但字幕误为“拔冗”，连演员的台词也说成“拔冗”。

“拨”与“拔”字形高度相似。它们同为动词，但表示的用力方向不同。拨是横着用力，是通过手脚的动作或棍棒等器具使东西移动。如拨开帷幕、拨动砖瓦、拨草惊兔、拨云见日等。引申指分出一部分发给、调配，如拨款、拨粮、拨两人到工地工作等。冗，读rǒng，本指多余的，引申指烦琐、繁忙的事。拨冗是客套话，指拨开繁忙的事务，挤出时间做某事。

拔是竖着用力，指把固定或隐藏在其他物体里的东西往外拉。如拔草、拔剑、拔牙等，引申指吸出、超出、夺取等。汉语中没有“拔冗”的说法。

『卢员外』七颠八倒

◎谷士锴

新版《水浒传》中《宋公明衣锦还乡》一集里，打败方腊以后，卢俊义要跟随宋江回京受封赏，燕青劝他放弃受封，并以西汉韩信、英布等功臣的下场为例谏阻。卢俊义反驳说：“韩信通陈豨欲反汉，英布九江举兵，汉高祖诈游云梦，令吕后斩之……”卢俊义说错了。

韩信因辅佐刘邦灭楚功大而被封为楚王，后刘邦闻报韩信藏匿项羽旧将钟离昧，大怒欲派兵擒韩信问罪。谋士陈平献计，借巡游云梦泽为名，待韩信迎驾时将其生擒，无须动干戈。刘邦依计而行。韩信恐刘邦意在捉拿自己，便逼钟离昧自杀，然后带钟离昧首级去迎刘邦圣驾，到云梦泽即被刘邦生擒。刘邦担心杀韩信引人议论，便赦免韩信，贬为淮阴侯。可见，汉高祖刘邦假称巡游云梦泽是为了捉拿韩信，不是英布。

数年后，刘邦带兵征讨叛将陈豨，皇后吕雉接到韩信门客密报，称韩信暗通陈豨，欲乘刘邦出兵，京师空虚，在京城举事，夺取大权。吕雉同萧何密议，由萧何诱骗韩信，谎称皇上已平定陈豨之乱，班师回朝，群臣都入宫庆贺。韩信入宫被擒，旋即斩首于未央宫。

英布在韩信死后起兵反叛，刘邦御驾亲征，虽然被英布射伤，但仍然大破叛军。英布在败逃途中被杀。英布也并非被吕雉杀死。

卢员外把事情搞得七颠八倒。

新版《水浒传》卢俊义剧照

借题发挥

岂能不管"你痛不痛"

◎刘　轶

"至于你痛不痛，反正我是痛了"——这是《南方周末》2011年9月22日的一个标题。稍微关注一点新闻的人都知道，这句话是学来的，可惜没学到家。压根儿就文理不通啊！

"至于"在句中是个介词，它起的作用是引出话题。这里的话题是什么呢？就是"你痛不痛"。句中只有一个介宾短语，没有任何和它照应的文字，显然这是一个典型病句。

"反正"在句中是个副词，表示不管情况如何结果是一样的。既然如此，前面就必须说出已经存在的或可能存在的不同情况。可惜，"至于你痛不痛"后面没有交代，这样，"反正"就有点接不上气。怎么改呢？可以把"至于"改成"无论"——"无论你痛不痛"，痛也好，不痛也罢，两种情况都照顾到，后面再来一句"反正"自能顺理成章。如果一定要用"至于"，可以在后面加上一句——"至于你痛不痛，我不知道"，有了"我不知道"，这句话同样无懈可击。

至于你痛不痛，反正我是痛了

□令狐补充

我不想按捺佩服一下《人民日报》的冲动。2011年9月19日，该报以"'中国税负世界第二'说法不实"为题，质疑2009年《福布斯》杂志发布的"税负痛苦与改革指数"中，中国内地名列世界亚军的说法。文章通过访谈专家，指出这个指数科学性差，算法有缺陷，

『汗流颊背』？

◎余培英

2011年9月12日—18日一期《佛山广播电视周报》一篇文章的标题是：“《舞力对决》：让你汗流颊背地走出电影院”。其中的“汗流颊背”应是“汗流浃背”之误。

浃：本指满、遍及，引申指浸透、湿透。“汗流浃背”，即汗流得湿透了背上的衣服，本形容极度惶恐和惊惧。如鲁迅《再论雷峰塔的倒掉》：“但我们一翻历史，怕不免有汗流浃背的时候。”后也形容满身大汗。老舍《四世同堂》九十七：“瑞宣一天到晚汗流浃背，忙着选稿，编辑、收发稿件。”

颊，本指脸的两侧从眼到下颌的部分。也引申指侧、旁边。汉语中没有“汗流颊背”的说法。

《舞力对决》：让你汗流颊背地走出电影院

本报讯 记者田华报道：全球首部真人3D街舞电影——《舞力对决》于9月8日全国上映。当天上午10店，该片佛山首映会在保利影院举办。众多影迷、街舞爱好者和媒体先睹为快，提前体验来自街舞和3D结合带来的先锋视听享受。

该片由第二届英国达人秀冠军乔治·桑普森，以及因为打败苏珊大妈而扬名天下的第三届达人秀冠军Diversity（多样化组合）领衔，是全球第一部真正意义上的“达人”电影。讲述了一支民间街舞团队和皇家芭蕾舞学院从最初的各种不服到联手打天下的故事。该片导演马科斯·吉瓦曾在采访中透露，《舞力对决》也是一部2012年伦敦奥运会的献礼片，片中将出现大量伦敦特色元素，展现“伦敦最新、最美的一面”。

首映现场，片中多场“斗舞”的火爆重头戏、舞蹈的阵型、摄像机的360度拍摄，让现场的佛山观众兴奋到尖已。真人3D街舞秀与英国达人的潮搭，也是很多年轻观众比较关注的亮据了解，该片将在乐视网及乐视TV频超清机独家播映。

语丝

钱穆胡适得外快

◎李也白

主持校务的司徒雷登，问新入燕大执教历史的钱穆对燕大印象如何。钱穆答：『初闻燕大乃中国教会大学中之最中国化者，心窃慕之。及来，乃感大不然。入校门即见「M楼」「S楼」，此何义？所谓中国化者又何在？此宜以中国名称始是。』其实，『M楼』『S楼』者，皆美国捐款人英文名字缩写，命名其楼，既是纪念捐赠，也为弘扬人道主义奉献。但钱穆既然说了，学校不能不认真对待。校务会议一开，改『M楼』为『穆楼』，『S楼』为『适楼』，其他建筑亦一概赋以中国名称。校园有一湖，景色绝佳，竞相提名，皆不以为最满意，遂称之为『未名湖』。楼名既改，有人戏谓钱穆：『君提此议，故得以君之名名一楼，并与胡适名各占一楼，此诚君之荣矣。』我笑：此实钱穆胡适得外快也。

“阑珊”不作“辉煌”解

◎邹立志

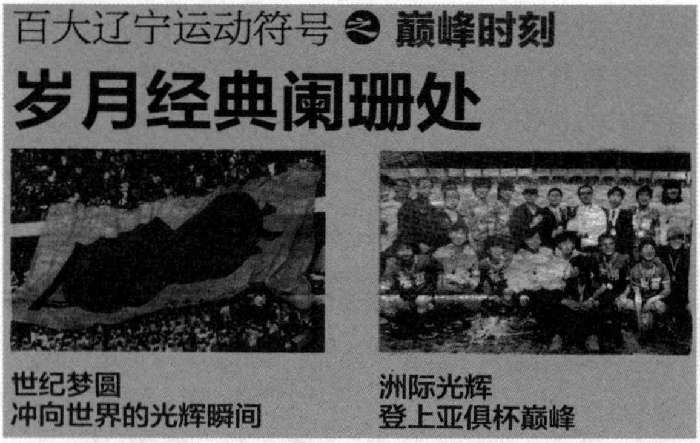

2011年7月20日，《辽沈晚报》之《健康十二运祝福特刊》回顾与辽沈有关的体育运动的“光辉瞬间”，其大标题是：“岁月经典阑珊处”。显而易见，此标题脱胎于“灯火阑珊处”，却把“阑珊”理解成光辉、灿烂、辉煌的意思了。这无疑不对。

“灯火阑珊处”出自辛弃疾词《青玉案·元夕》：“众里寻他千百度，蓦然回首，那人却在灯火阑珊处。”这首词先写上元夜灯火辉煌，游人熙攘；后写寻找心仪之人，于稠人广众中千寻百觅无踪影，回头忽见那人儿却在灯火稀疏冷落之处。其中“阑珊”一词，唐圭璋《宋词三百首笺注》注为“衰落之意”，胡云翼《宋词选》注为“零落”。可见“阑珊”不是光辉，不是灿烂，不是辉煌，而是衰落，是零落，是残，是将尽！这个词常用来表示时令、酒、音乐、意兴的将残、将尽。如：“春意阑珊”（李煜《浪淘沙》）“歌断酒阑珊”（贺铸《小重山》）“丝管阑珊归客尽”（李群玉《九日》）“诗情酒兴渐阑珊”（白居易《咏怀》）等等，其中的“阑珊”均不解作“辉煌”。

语林拾遗（八）

◎屠　岸

“混杂”一例

中央电视台12频道2011年8月16日《社会与法》栏目播出节目，揭露网上推销的保健品大都是假货，告诫网购者不要上当。主持人说：“那些保健品都是鱼目混杂”。

“鱼目混杂”，有这样的说法吗？

成语有“鱼目混珠”，意思是：用鱼的眼睛假冒珍珠，比喻以假乱真。

成语还有“鱼龙混杂”，比喻坏人和好人混在一起。

那位主持人显然是把这两个成语“混杂”在一起了。他应该说“那些所谓保健品都是鱼目混珠”才对。（2011-08-16）

“授权”及其他

《参考消息》2011年8月22日登出“美国之音电台网站8月18日报道”：《中国的发言人出了什么问题？》

报道中说：“应该承认，新闻发言人确实是个苦差事。他们授权有限，不可能什么都说，也不可能什么都知道。……”

这里，“他们授权有限”说法是否有问题？“他们”不是“授权”的施事者，倒是“授权”的受事者。是否改为“他们受权有限”较好？另外，“发言人”是指从事某种工作的人，而不是指某种工作（如“发言”），因此，说“新闻发言人确实是个苦差事”似乎也有些小问题，是否说成“当新闻发言人确实是个苦差事”较好？

报道中又说，“……遇到该市一位负责外事的负责人，……”两个“负责”，重复了，若改为“一位外事负责人”或“一位负责外事的人”较好。（2011-08-22）

“儿童诗人”质疑

《牡丹园》诗刊2011年11月出的总第27期上登了一则消息：“圣野先生九十寿辰祝寿会暨儿童诗创作七十年研讨会”于2011年5月15日举行。

消息说：“2011年5月15日，由浙江师范大学儿童文化研究院在浙江师范大学举办了‘圣野先生九十寿辰祝寿会暨儿童诗创作七十年研讨会’，来自上海、浙江、安徽等地的儿童文学作家、儿童诗人等欢聚一堂，共享先生七十年童诗创作的丰硕成就。”

其中“儿童诗人”一词用于此处可疑。

“儿童诗人”该是指会写诗的儿童。

圣野先生以擅写儿童诗出名，但他早已不是儿童。擅长写儿童诗的还有金波、任溶溶等人，他们也都不是儿童。他们都应该是“儿童诗诗人”，而不是“儿童诗人”。这两种说法是有区别的。

在“诗人”这个名词前加定语的话，可以有“游吟诗人”“抒情诗人”“叙事诗人”等。似不必称“抒情诗诗人”“叙事诗诗人”。若以年龄作定语，可以有“儿童诗人”“青年诗人”“中年诗人”“老年诗人”等。诗的品种中，有“儿童诗”，却没有“青年诗”“中年诗”“老年诗”。因此，只有当已经不是儿童的诗人写儿童诗时，才能称“儿童诗诗人”，也必须称“儿童诗诗人”，其中的一个“诗”字，不能省去。（2011-09-25）

"便泌"?

这次我有"照片为证"了。我请我的外孙女婿、摄影家钟志鹏拍了照,洗出来了,附上。

和平街10区2号楼院子里树上挂了牌子,上面的字是:

友情提示

请您帮助自己的爱犬养成不随处便泌的好习惯。

谢谢您的爱心参与!

和平家园居委会宣

这个"提示"很有必要,语气也是和善的。问题是什么叫"便泌"?

"泌",按《现汉》,意思是分泌。举例是泌尿器。有一个词:"便秘",按《现汉》的解释,是粪便干燥,大便困难而次数少的症状。这里是"秘"而不是"泌"。

"提示"上应该写的是"便溺"(niào),按《现汉》,这个词的意思是排泄大小便。

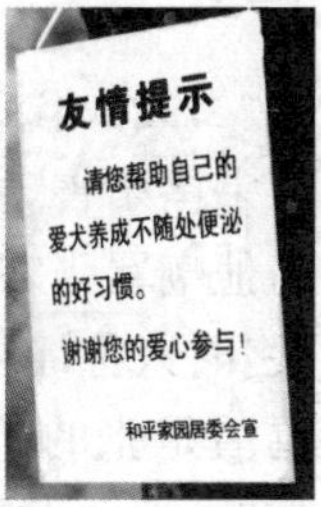

把"便溺"误为"便泌",使人摸不着头脑。"便泌"?根本没有这个词!(2011-08-27)

"刘灵"是谁

早在1999年国庆五十周年时,政府出资在本人居住的和平里社区修建了中华五千年历史石碑长廊。石碑有几块刻上魏晋间号称"竹林七贤"的七个文人的姓名和人像,人像均为浮雕,据说出于著名刻家之手。这七人是:嵇康,阮籍,山涛,向秀,阮咸,王戎,刘伶。一人一碑。

奇怪的是,刘伶变成了刘灵!

有照片为证。

中国古代有没有一个叫"刘灵"的人?我不知道。但竹林七贤中只有刘伶,没有刘灵!

我曾将此事向街道办事处反映。他们说,"木已成舟"(石碑已刻成),无法改正。长廊建立已十多年,至今保持原样。(2011-09-06)

“肾囊”不是膀胱

◎连广宇

1926年，名记者林白水惨遭张宗昌杀害。林白水之所以遇难，与他嘲骂张宗昌的总参议潘复有关。时人称潘复为张的“智囊”，林骂潘是张的“肾囊”。因为潘复字馨航，林白水是福建人，福建方言馨航与肾囊相似。

为什么“肾囊”是骂人的话呢？张鸣教授在《历史的空白处》开篇《当牛记者碰到强人的时候》一文中解释道：“肾囊，也就是膀胱，或者俗称尿脬。”

说膀胱俗称尿脬，这没错。可是，膀胱是隐于小腹盆腔内储存尿液的器官，人们一般不会用它去骂人呀！让我们查查辞书看。

翻开《现汉》，未见“肾囊”；再看《辞海》，“肾囊”没收。但《汉大》有，释曰：“中医指阴囊。”

既然是阴囊，那就不是膀胱了。辞书很容易查到，阴囊是包藏睾丸的囊状物，在腹部的下面，两股根部的中间。我是吴越间人，还可以补充一句：这物事上海方言称为“卵蛋”，正是可以用来骂人的粗话。

把“智囊”潘复说成是张宗昌裤裆里的东西，这种骂法，实在只有文笔老辣者能为之。而被骂的潘复，能不火冒三丈吗？向张宗昌一叨咕，林白水也就送了命。

肾囊与膀胱，生长部位不同，生理功用不同，肾囊不是膀胱，明矣。

《火眼金睛》提示

图1，“招幕”应为“招募”。

图2，“不绣钢”应为“不锈钢”。

图3，“疑心”应为“凝心”。

图4，“肉夹膜”应为“肉夹馍”。

“探鹂”岂能“得珠”

◎阎德喜

2011年8月26日，《文汇读书周报》刊登有《风流倜傥龚鹏程》一文，文中写道：“更旁搜西籍，穷泰西文化之精髓，探鹂得珠后乃调和鼎鼐，以自家面貌卓然而独立。”其中的“探鹂得珠”应是“探骊得珠”之误。

骊：黑龙。“探骊得珠”即从黑龙下巴底下，取来一颗珍珠。《庄子·列御寇》：黄河边上有个人潜入深水，得到一颗价值千金的珠子。他父亲说：“这样珍贵的珠子，一定是在万丈深渊的黑龙下巴底下取得的。”后来用“探骊得珠”比喻应试得第，或吟诗做文章紧扣主题，抓住要领。

鹂，即黄鹂，一种鸟，身体黄色，叫的声音很好听。传说“探骊”可以“得珠”，“探鹂”则闻所未闻。

应为“韬略”

◎常　洋

《杂文报》针砭时弊，很受欢迎。但其中常常会出现一些低级文字差错，让人遗憾。比如《可怕的“地下组织部长”》（《杂文报》2011.11.25）中就有一处：“尽管1967年出生的聂磊只有初中文化，‘长相斯文’，却颇有蹈略，深谙‘擒贼先擒王’的权谋。”其中“蹈略”应为“韬略”。

韬略，是古代兵书《六韬》《三略》的并称。《六韬》相传为周朝吕望撰，分文韬、武韬、龙韬、虎韬、豹韬、犬韬六卷。《三略》相传为汉初黄石公作，全书分上略、中略、下略。这两部经典在中国历史上影响很大，后世遂以韬略并称，用以泛指兵书及作战的谋略。

韬，从韦，本义指牛皮做的套子，是装剑、弓等兵器的，后引申指用兵的计谋。蹈，从足，本义指踩、踏，与用兵无关，也与计谋无关。

“风光迤逦”？

◎永 诚

2011年8月30日，《杂文报》头版有篇文章《桐庐“万强生态农庄”万元征集楹联》。文中有这样一段文字：“农庄占地1000亩，坐落于山青水秀、风光迤逦的桐庐分水江畔，四季鸟语花香，禽畜肉蛋，瓜果蔬菜全生态，可游可玩，可餐可住……”

首先，“山青水秀”应写作“山清水秀”。清，即明净。“山清水秀”是个成语，意思是山水都明净秀丽。现在所有词典收的都是“山清水秀”，而不是“山青水秀”！

其次“风光”与“迤逦”更是不能搭配使用。“迤逦”读 yǐlǐ，意思是：曲折绵延。它是个形容词，常作动词的状语。苏轼《巫山》：“瞿塘迤逦尽，巫峡峥嵘起。”也可形容缓行的样子。《水浒传·林教头风雪山神庙》：“(林冲)带了钥匙，信步投东，雪地里踏了碎琼乱玉，迤逦背着北风而行。”“迤逦”是个古词语，现代汉语中用得很少，它不能用来形容风景优美。

『发点球』？

◎阎德喜

今年《当代》第2期刊有《高官的良心》一文，是反映足坛反腐打黑的纪实作品。文中有句话这样写道：“绿城获得了一个发点球的机会……”其中的“发点球”无疑是“罚点球”之误。

“罚点球”是足球运动的术语，在足球运动的有关规定中，有明确的解释：“当守方队员在其球门前一定区域内(罚球区)故意踢、绊、摔、冲撞、推人或用手触球时，应被判罚点球，即把球放在球门前的罚球点上，由对方队员射门。”“罚点球”的破门机会非常大，是对守方的严厉处罚，故称“罚”点球。而“发球”则是一方把球发出，使比赛开始或继续。“罚点球”和“发球”是性质不同的两码事，况且足球运动中，也没有“发点球”的说法。

有此一说

法国人操的就是“骆驼祥子的生计”

◎李海书

《环球人物》周刊 2010 年第 29 期刊有《本刊驻外记者连线》一文，其中说：“前两年，我在巴黎看到了一个更有意思的现象，有人操起了骆驼祥子的生计，蹬着带篷的三轮车，专拉上班族。”《咬文嚼字》2011 年第 3 期《众矢之的》刊登《骆驼祥子拉的是三轮车吗》一文，其中说：从报道提供的图片看“一个年轻的女人力车夫，正坐在一辆三轮车上等客”，而骆驼祥子拉的是二轮的洋车（或称“人力车”或“黄包车”），二者不是一回事。所以“法国‘女人力车夫’，所操的并非骆驼祥子的生计”。

其实《环球人物》周刊驻法国记者的说法没有错，法国“女人力车夫”所操的就是骆驼祥子的生计。什么叫生计？《现代汉语词典》的解释是：①维持生活的办法，②衣、食、住、行等方面的情况。我的理解，“生计”就是“赖以度生的职业”。记者说的就是，法国女人力车夫操起了骆驼祥子的职业。法国女人力车夫蹬的三轮车和骆驼祥子拉的洋车，虽然在结构上不尽相同，但有一点是完全相同的，那就是，都属于人力车。两者的活儿都是用体力去拉客，只不过前者是用脚蹬，后者是用手拉罢了。既然都是靠人力车拉客来维持生活，怎么不是一样的生计呢？记者显然是说，法国女人力车夫也和骆驼祥子用洋车去拉客一样蹬着三轮车专拉上班族，这和骆驼祥子拉的是不是三轮车一点关系都没有。

也说『垂帘听政』

◎李春辉

阎崇年先生在《明亡清兴六十年》下册第 55 页上说过这样的话:“魏忠贤企图垂帘摄政。就是想立一个傀儡小皇帝,他自己来摄政。……”《咬文嚼字》2008 年 12 期刊有《魏忠贤企图垂帘摄政?》一文,文中说:“垂帘听政的做法”始于唐朝的武则天,唐高宗李治当政时,武则天隔着帘子坐在宝座后面参与决策朝政,后来用“垂帘听政”指皇后或皇太后执掌朝政。魏忠贤用不上这个词。笔者认为,这个批评冤枉了阎先生。

其实,魏忠贤“垂帘听政”的说法,并不是阎崇年先生首创,而是出自清初无锡计六奇的《明季北略》,其卷三有言:“十九日,魏忠贤与群臣议垂帘居摄。宰相施凤来曰:居摄远不可考,且学他不得。忠贤不悦而罢。”这里提到魏忠贤企图垂帘居摄。明史专家复旦大学教授樊树志先生的《晚明史》第八章中同样也说:“八月十九日他(魏忠贤)与大臣们议论到由他‘垂帘居摄’的事,意欲把未来的皇帝当作傀儡,由他来摄政。”

“垂帘听政”的核心意义是,不是皇帝的人躲在皇帝后面的帘子里帮皇帝处理朝政。古代多由皇后皇太后担当。但如果不是皇后皇太后的其他人也在宝座后的帘子里帮助皇帝处理朝政,为何不能称为“垂帘听政”呢?

“垂帘听政的做法始于唐朝的武则天”,也是值得商榷的。史载,最早的太后听政是在战国时的秦国。“昭王立,年少,宣太后自

《垂帘听政》剧照

“壳牌”的“壳”怎么念

◎李 甬

国庆前一天，广播中听到关于壳牌公司的一条新闻，“壳”念的是 qiào。后来问朋友，他说电视中也播过这条新闻，也这么念。不由得生出疑问：壳牌的壳，究竟该怎么念？

查《现代汉语词典》qiào 音，“壳”解释为坚硬的外皮。例子是甲壳、地壳、金蝉脱壳，并注明另见 ké。在 ké 音下，标明“〈口〉”，意思是口语，义同壳(qiào)，例子是贝壳、脑壳、鸡蛋壳儿、子弹壳儿等。

“壳牌”的壳究竟怎么念，得了解壳牌公司的来历——那公司的正名是亚细亚石油公司(Asiatic Petroleum Co., Ltd)，乃世界著名的石油公司，1903 年由荷兰皇家石油公司与英国壳牌运输贸易公司合资创办。后数年，该公司来华开业，其远东总部长期设在今上海中山东一路 1 号，以致这幢大楼被上海人称为亚细亚大楼。亚细亚公司为何别称壳牌公司？原来该公司产品的商标，是一枚贝壳，英文标铭为 Shell。

既然取义贝壳，那么按照中文读音，“壳”就应当读 ké。

知事，以同母弟魏冉为将军，任政，封为穰侯。太后摄政，始于此也。”(《后汉书》卷十上李贤注)可见宣皇后是太后摄政的第一人。但那时并不垂帘，太后直接面对大臣。同时期的赵威后，也就是《触龙说赵太后》中那个大名鼎鼎的赵太后，也摄过政。此后汉朝太后摄政屡见不鲜，如吕、窦、傅、王等先后把持朝政。那么太后摄政“垂帘”始于何时呢？根据朱子彦先生的《皇权的异化——垂帘听政》中的说法，始于东晋崇德褚太后。“永和元年春正月甲戌朔，皇太后设白纱帷于太极殿，抱帝临轩”。(《晋书》卷八)也就是说真正的“垂帘听政”始于东晋崇德太后。

百科指谬

武松杀人留名在何处

◎赵永成

2011年8月9日,《杂文报》第3版上有这样一段文字:

我突然想起《水浒传》里的草莽英雄来。他们常干些杀人放火、拦路抢劫的勾当,可是他们都行不改名坐不改姓,敢作敢为,从来不推卸自己的责任。像武松杀了西门庆、潘金莲,怕连累别人,干脆蘸着仇人之血于墙上留下自己的姓名,是何等的气冲霄汉啊!

这里把“武松杀人留名”的故事说错了。

武松景阳冈打虎一举成名,不但在阳谷县与哥嫂团聚,而且还做了县里的都头。一次他出差归来,晴天霹雳,他的哥哥已经命归阴曹。武松感到十分蹊跷,决心查个水落石出。他找到了西门庆、潘金莲毒杀武大郎的人证(郓哥、何九叔)、物证(武大郎的两块尸骨以及西门庆贿赂何九叔的银子),到县衙告状,可县官慑于西门庆的权势,不肯受理案子。武松无奈,就请来左邻右舍,当众审讯潘金莲和王婆,二人供认不讳。武松请人记录供词,众乡邻一一签名作证。当场杀了潘金莲。接着去狮子楼斗杀西门庆。最后武松带了潘金莲、西门庆两颗人头,押解王婆到县衙自首,县官念武松是个好汉,在狱词上做了手脚,判发配孟州。

到了孟州,武松路见不平,痛打蒋门神。蒋门神勾结张都监、张团练设下圈套陷害武松。企图在飞云浦结果武松性命。武

“支边”与“支内”

◎陈关春

2011年7月16日,《解放日报》第5版刊有《前儿媳将八旬老夫妇逐出家门》一文,文中这样写道:“沈老伯夫妇在退休前都是医生,上世纪50年代,远赴河南安阳支边,直到2000年才回沪。”让人疑惑的是,去“河南安阳”工作,怎么能说“支边”呢?

“支边”,即支援边疆建设,亦称“支疆”。比如,支援新疆、西藏等地建设,均叫“支边”。因为这些地区地处边疆,与邻国交界。

河南地处中原,是个内陆省,由沪赴豫,不是“支边”而是“支内”。“支内”,即支援内地生产建设。上海作为比较发达的沿海城市,曾有大批职工支内赴安徽、江西、四川、河南等地工作。叶辛《蹉跎岁月》:“历年来支边、支内、参军、上山下乡的上海人,在春节期间回沪探亲最为集中。”上述文章提到的沈老伯夫妇于上世纪50年代,赴河南安阳工作,显然是“支内”,而非“支边”。

松奋起反抗,杀了公差,深夜潜回张都监家中。听见张都监、张团练及蒋门神正在谈论陷害他的圈套,顿时怒从心上起,恶向胆边生,接连杀死三个恶棍。大概是杀红了眼,武松把张都监的妻妾、家奴等十多人全杀了个一干二净。最后武松割了仇人的衣服蘸了仇人的血,在白粉墙上大书“杀人者,打虎武松也”八个大字。这就是《水浒传》里充满血腥气的“血溅鸳鸯楼”的故事。由此可见,武松杀人留名是在鸳鸯楼。

武松杀潘金莲时当着左邻右舍的面,杀西门庆更是在光天化日下、众目睽睽的狮子楼上,是用不到留名的。而杀张都监全家,没人报信,留名墙上,目的是不连累别人,是武松磊落胸怀的表现。

是"金圆券"还是"金票"?

◎沈阳仁

2011 年 9 月 16 日,《辽沈晚报》A14 版刊有《更多无名的他们是我们民族的脊梁》一文,文中说东北义勇军战士为了解决经费问题,把目标锁定在沈阳城的银行,"(盖中华)把手枪在裤裆里绑好,就带着几个护卫大摇大摆地进了沈阳城。白天踩了盘子,晚上就下手,抢了一麻袋金圆券(日元)就跑回了老家"。笔者想说的是,"九一八"事变以后,东北沦陷,日本侵略者在我国东北发行过"金圆券"吗?答案是否定的,日本侵略者发行的是"金票",而非"金圆券"。

"金票"是上个世纪初日本侵略者在我国东北地区发行流通的纸币的通称。甲午战争后,日本全面吞并朝鲜,进而逐渐侵入我东北地区。1909 年日本人办的韩国中央银行(1911 年 3 月改称朝鲜银行)在我国安东(今丹东)开设办事处,发行日本纸币。1913 年 7 月,日本横滨正金银行也在我国东北发行日本纸币。1917 年日本政府指定朝鲜的纸币为在南满铁路一带的"法偿通货"(法律规定的可用于偿还债务的流通货币),并把正金银行的纸币发行权交由朝鲜银行接收。

金　票

“大理寺”说略

◎杨昌俊

2011年9月《杂文月刊》(下)所刊《鼠与器》提及袁世凯民国初期治贪的故事，其中写道:“三日内，从总统批准到大理寺审判、宣判、枪毙执行，王治馨已命丧黄泉。”此处表述不合史实,因为当时已无“大理寺”!

据《星经》:“大理二星,在宫门内,主刑狱事也。”所以古代掌刑狱的官员,有“大理”之称。《韩非子》陈奇猷集释引太田方云:“理，治狱官也。有虞氏曰士;夏曰大理;周曰大司寇。”汉代起,三公所居之处曰府，九卿所居之处曰寺,而“大理”之职位居九卿之列,所以把负责刑狱的最高官署叫做“大理寺”。明、清两代，重大案件实行大理寺、刑部、都察院会审，俗称“三法司”断案。

1898年，曾把大理寺并入刑部，不久又分开。据说有人常把“大理寺”误认为僧人居住之地,1906年将大理寺改称为大理院。1912年4月，袁世凯篡夺辛亥革命成果后建立北洋政府,沿袭清末立法,大理院仍然是最高审判机关。这一名称一直到北洋政府1928年结束后,才成为历史。

可见,袁世凯时期只有“大理院”,而无“大理寺”。

日本人宣称他们的纸币可以兑换现金,所以称为“金票”。“金票”上印有一个留着胡须的半身人像，所以还有“老头票”的俗称。上述文章中盖中华率人到沈阳弄到的那一麻袋纸币,应该是“金票”。

日本人没有发行过“金圆券”。1948年8月23日，南京国民政府开始发行名为“金圆券”的纸币，以金圆券1元折合法币300万元的比率收兑法币，并强制收兑民间所有的黄金白银及外国币券。由于无现金准备,不能兑现,加上发行毫无限制,结果造成币值猛跌,物价暴涨。这种坑人害民的纸币,很快就成了废纸。

百元美钞上的图像是美国总统吗

◎李光羽

2010年11月4日，《文汇报》“笔会”头条《一笑就塌的巴别塔》说到美国移民考试的情形。移民官问：“本杰明·富兰克林是谁？”被考者茫然无知，答非所问。文章就此指出：应试者至少应该知道“百元美钞上印的总统头像是富兰克林”。

百元美钞上印的人像确实是富兰克林（1706—1790），但富兰克林却没有当过美国总统。富氏是美国政治家、科学家，参加《独立宣言》的起草，出使法国缔结法美同盟（1778），又代表美国与英国谈判，签订英承认美国独立的条约。1789年美国选举57岁的华盛顿为第一任总统时，富兰克林已83岁，翌年就去世了。

顺便介绍一下现今流通的美钞上印的头像：1美元——第一任总统华盛顿，独立战争的大陆军总司令；2美元——第三任总统杰斐

百元美钞

《淮南子》和《览冥训》不是“两部著作”

◎李景祥

2011年9月22日，《辽沈晚报》C13版刊有《“大火球”从天而降　红山人哭别家园》一文，文中说：“最早记载女娲补天的著作是《淮南子》和《览冥训》。”《淮南子》和《览冥训》是“两部著作”吗？

《淮南子》又名《淮南鸿烈》《刘安子》，是西汉宗室淮南王刘安与其门客编写的一部书。该书以道家思想为主，杂糅儒、法、墨、阴阳诸家，《汉书·艺文志》将其列入杂家。原书内篇二十一，外篇三十三，颜师古注曰“内篇论道，外篇杂说”。现存二十一篇，《览冥训》为其中的第六篇，从未单独成书。说《淮南子》和《览冥训》是“两部著作”是不对的。

《淮南子·览冥训》也不是“最早记载女娲补天的著作”，因为《列子·汤问》中也有：“天地亦物也，物有不足，故昔者女娲氏炼五色石以补其阙，断鳌之足以立四极”。《列子》相传为战国前期郑国人列御寇所著。《汉书·艺文志》著录《列子》八篇。今本《列子》八篇，内容多为民间故事、寓言和神话传说，《汤问》为其中的第五篇。《列子》原书早于《淮南子》，所以有人说女娲故事最早见于《列子·汤问》。

逊，《独立宣言》的执笔人；5美元——十六任总统林肯，签署《解放黑奴宣言》；10美元——美国第一任财政部长哈密尔顿；20美元——第七任总统杰克逊，在对英战争中建立功勋；50美元——十八任总统格兰特，南北战争北军总司令；100美元——富兰克林，与10美元哈密尔顿一样，都不是总统，但在开国历史上，贡献巨大。

向你挑战

宽 容

（文中有10处差错，你能找出来吗？答案见本期）

◎立 青 设计

闻名遐尔的普吉岛，是世界著名的旅游圣地。

去年暑假，我梦想成真，来到泰国西南海域这个有"金银岛"之称的迷人地方。温暖的海水，乳白的沙滩，迷人的小岛，天然的洞窟……无不让我恋恋不舍，流连往返。

除了让人如痴如醉的自然风光以外，在这里目睹的一件小事，也让我久久不能忘怀。

这天，我在岛上一个渡假村的大厅里，看见一位工作人员正在安慰一个三四岁大小的小孩。小孩似乎受了惊吓，已经哭得筋疲力尽了。但无论怎么哄都无济于世，小孩哭声不止。工作人员惴惴不安，神色惶恐，急得一愁莫展。

经打听我才知道，这位工作人员刚刚带领许多小孩在一个网球场参加"儿童俱乐部"活动，孩子较多，一时疏忽，返回清点人数时少数了一位，这位小朋友落在了网球场。返回大厅发现人数不对，她才赶回网球场将小孩带回来。

不一会儿，小孩的妈妈来了。工作人员赶忙赔理道歉，并说明了事情的原委。看着可怜兮兮的孩子，这位妈妈会怎么做？痛骂工作人员一顿，还是马上向主管部门抗议？似乎都可能，也都可以。

但这位妈妈并没有这样做。她蹲下身子安慰自己的孩子，"已经没事了，你不是好好的吗？小孩要勇敢，这位姐姐不是故意把你扔下的。"到底是妈妈来了，孩子一会儿就破啼为笑，不哭了。

最后，妈妈坚定地对孩子说："因为落下你，这位姐姐非常紧张难过，看，她眼泪都流下来了。现在你必须亲亲姐姐，安慰安慰她！"只见小孩垫起脚，在蹲在他身旁的工作人员的脸颊上亲了一下，并且轻轻地告诉她："不要害怕，已经没事了！"人群中响起了一阵热烈的掌声。

我想，这掌声，不仅仅是为小孩，更是为这位妈妈响起的！时间已经过去一年多了，但这掌声还时时在我心头响起。

火眼金睛

图中差错知多少？

（答案在本期找）

吴　铭　杨光登
周元昌　牛　凯　供稿

1 | 3
4
2

ISSN 1009-2390
12>
9 771009 239111

2011 年荣誉校对名录

陈立中	黄祖平	孟　震	王新生	叶才林
陈书灵	霍民起	钱　锴	王亚和	余　华
崔建新	江志强	施金彪	翁　勃	张骏鹏
杜军方	李德贵	宋立君	谢冰滨	张　雷
杜声武	李继增	孙慕龄	徐仁瑞	张其雪
范宗钦	李文华	孙玉林	许诗胜	张婉倩
高玉林	李友平	王坚平	严佳明	张献通
顾崖青	梁　凯	王　伟	严志清	张子方
郭志国	龙炘成	王　炜	杨献平	赵世琤
黄典荣	卢　政	王向阳	姚九芽	朱明静